山右叢書·三編

山右歷史文化研究院　編

上海古籍出版社

八

目　録

劉宮詹先生文集

〔明〕劉虞夔　撰

田同旭　趙建斌　馬　艷　點校

劉宮詹先生文集卷七 ………………………………… 二一二

劉宮詹先生文集卷八 ………………………………… 二三二

張毅敏公集

〔明〕張養蒙　撰

韓兵强　張志江　點校

劉宮詹先生文集

〔明〕劉虞夔　撰

田同旭　趙建斌　馬　艷　點校

點校説明

《劉宮詹先生文集》十六卷，明劉虞夔撰。

劉虞夔（1553—1598），字直卿，號和宇，世稱宮詹先生。宮詹者，皇家詹事府詹事之意。明太祖洪武朝始設詹事府，主要掌管皇家内務諸事，重在對東宫太子及諸皇子的講讀訓導。詹事府設詹事、少詹事等官職，多由勛舊重臣，及孝義篤行、才望勛德之京官兼領其職。明中期以後，詹事府成爲翰林官遷轉之階，東宫講讀之事則由其他官員充任，名實已不相符。

劉虞夔爲山西高平米山人，幼時聰慧勃發，七歲能文。每日讀書厚可積寸，初治《尚書》，已治《周易》，後治《春秋》，咸自探討，不由師授。隆慶二年（1568），十六歲參加鄉試，高中舉人榜首爲解元。隆慶五年，十九歲中進士，選爲庶吉士，授翰林院編修，曾奉使秦藩。萬曆二年（1574），纂修《會典》，教習内書館。萬曆十年，任經筵講官。歷任翰林院侍講、掌東宫詹事府左春坊、太常寺少卿兼翰林院侍讀學士掌院事、詹事府詹事等職。因母親病逝，返歸故里。服滿後，有詔起爲國史編修副總裁，因遭彈劾而不果。《明史·逯中立傳》記："有詔修國史，錫爵舉故詹事劉虞夔爲總裁。虞夔，錫爵門生也，以拾遺劾罷。諸御史言不當召，而中立詆虞夔尤力，并侵錫爵，遂寢召命。"時劉虞夔父親年衰病身已在彌留，遂具疏辭官，歸里奉親。不久，父親去世，虞夔不勝父喪，悲痛而死，年僅四十五歲。

劉虞夔爲人恭謹，雖少年得志，但尊老敬賢，每遇詞林先達，必以弟子禮待之。酷愛讀書，每遇閑暇，即獨坐一室，攤書盈几，搜奇探異，至夜深而不倦。明王家屏《詹事府詹事兼翰林院侍讀學士劉公虞夔墓志》記其：“發爲文章，泉溢坌湧，而彌好深湛之思。其典制謂舊章徒傳鈔耳，必考義選詞，字雕句琢，無片語不工麗乃已。自餘應酬諸作，徵求者填戶，亦必遲之累旬月，躊躇滿志而後出之。即一尺牘，非再四點竄不發也。侍上講幄，依經演義，就事陳規，每斬于感悟。嘗説《詩》‘夜如何’章，反覆發明人主憂勤之念，上爲動容，顧謂輔臣，嘉其稱職。”萬曆八年、萬曆十一年，先後兩次任主考官，蕭良有、鄒德溥、梅國正等皆爲其門生。

劉虞夔好著述，文名較盛，著有《漆室葵忱》《中和堂稿》及《日録聞見》十卷、《觳語》二十卷等作，惜未傳世，僅有一生心血之作十六卷《劉宫詹先生文集》流傳至今。

《劉宫詹先生文集》爲明代崇禎元年（1628）長平米山劉氏家刊本，原存國立北平圖書館，1969 年收入臺北中央圖書館特藏組影印出版的大型叢書《國立中央圖書館典藏國立北平圖書館善本書目》。

劉虞夔故里山西高平米山村亦曾存有一部《劉宫詹先生文集》，後售出，不知所終，所幸有好事者在此書出售之前拍下書影。2013 年，民革高平市支部委員會據膠卷影印出版了《劉宫詹先生文集》（徐永忠主編《高平歷史文化資料》），該書遂得以完整保存流傳。

此次整理，即以民革高平市支部委員會影印本《劉宫詹先生文集》爲底本，漫漶模糊之處，則以臺北出版的影印本爲參校。原書各卷卷首皆題有“長平劉虞夔直卿甫著”，今皆删去。

本書點校者在《御定歷代賦彙補遺》卷七及《明詩綜》卷五十六中發現劉虞夔佚賦《擬越裳獻雉賦》一篇、佚詩《苦熱行》一首，在《高平縣志》等文獻中發現牛翀玄、黄克纘二序，分別置於卷末以爲輯佚和附録。

《劉宮詹先生文集》序

　　嘗聞行有餘，慕者可以師天下；文有餘，想者可以式天下。顧式天下者，代不乏人，能以其爲天下師而因以其爲天下式者，寥寥焉。何也？夫行胚胎乎性，文橐籥乎情，性之所關，雖崖聲無實，蔑或與奪。情之所至，則凡有蘊結于中者，其揮灑善華，噴嘘靈範，自匆能天而闕之。試觀日月星辰，晝夜與之錯行，而雲霆風露，雨雪電雹，爲之變化不測。山起西北，與水東南馳，而外截爲海。介鱗羽毛，齒角物果，寶藏之美從而蓄焉。蓋其爲物也，淳泓盤薄。鬱積者深，則其給于用也不竭。人之性情，蒸于精氣，凝爲道德，暢爲事業。吞吐而爲言語文章，亦若是則已。其竊怪華之盛者，中多鮮實；履之茂者，醇每不深。求其文可式而行可師并不朽于天壤者，予于和宇劉先生聞而知之矣。

　　先生産三晉名區，鍾薛雲叢象之秀，探虎陽龍躍之奇，賦才卓絕，學貫天人。以志學魁鄉薦，甫二十歲進士。讀書史苑，清望芳聲，海内外靡不嘖嘖，其最芬人齒頰者。先生年逾不惑，丁封翁之憂，哀毀過禮，溘然朝露，自非其孝思能篤，根極于至性至情而不容已，安能于强仕之時，而略無繫戀如此夫？是以溉于心，措諸躬，發抒之乎事業文章，譬猶木之自根而莖，而幹而枝，而芽而葉，而勾萌而條達，無非至性至情之自爲敷暢也夫！然雖謂先生往而未往可也。

　　讀先生之文若詩者，熒熒乎如矚河漢光華，而陰明舒慘，若有魁神物怪，先後而翕忽之也。恢恢乎如覽太山喬岳，長川巨瀆，蒸迫氛祲，而黿鼉蛟鱷，豹犀虎象，出没震耀之不可狎視也。熙熙乎如際良時美夜，風月和清，結綺聯襟，勝事迭舉，星馳電爝，揚袂欲飛，悦聽鈞天廣樂之奏也。因文以知情，即情而會性；原性以觀行，夫乃知先生不可幾及也。已矣，其先生嗣君計部公，于余爲同舍郎，故得早窺篋中藏。因梓成而序之，以志景慕。計部公貞志恬修，蔓然俗表，頃且興懷舞水，陳情終養，確確乎不以三公易其一日，此又非先生不朽之行，翱翔天壤，振起後人，有繩繩而未艾者耶？吾師乎！吾師乎！是豈以文式天下者可同日語？故曰：雖謂先生往而未往可也。

古閩唐顯悦撰

《劉宮詹先生文集》序

　　蓋人間世有三立并垂不朽，所從來遠矣。我明自世廟中朝而後，詞臣獨擅揆路業近百年，此前代所未有，蓋纂重云。爲相則游于立功之途，方在史局、詞林，惟是立言，其專職耳。故處承明、金馬著作之庭，清階華貫，所藉名聞來禩者第于遺文是寄，文洵要哉？

　　先生父彬泉公，嘉靖丁未進士，淮陽太守，式穀有方。先生甫十六齡，以麟經魁于晋。歲弱冠，隆慶辛未成進士，選庶常，授編修。先生辟耽書史，攻苦念年，日在石渠、金匱中，披閱縹緗，旁搜逸覽，宏博淹貫，兼綜百家，卓然當代儒宗，獨步一時，南方學士號巨擘者未能或先也。漢劉子政校書天祿閣，太乙老人然青藜杖云：“聞卯金好學，下而觀。”授書，與譚達曙。先生綽有家風焉，屬文不事靡麗鈎棘，語温潤似長卿，超邁似子長，莊雅似孟堅，殆融三家而爲一人者。即退之、永叔，直堪布武；至昭代獻吉、仲默，其并駕乎？居然大方矣。

　　先生天性貞恪，風度莊肅，雅負公輔望，奈年不配德，僅四旬有五。黃閣未登，經綸未展，朝紳惜之。

　　先生古文藝最多，録有真稿。殁時，賢嗣生未周歲，仲弟不知珍愛，輒以真稿輕卑人，坐是悉散失。迨賢嗣長繇先生廕叙爲南司徒大夫，始搜所遺草稿，僅存十之二三，彙而成帙，敬梓以行于世，庶幾覽斯集者尚可窺先生蘊藉云。余謭陋未學，非嫻論文者，奚能闡發先生奧詣？聊叙質言，以述實概，俟後之名公鴻搆特加宣揚焉。

　　辛丑進士、光禄少卿、高都郡人眷晚生張光房頓首題

賦

瀛洲亭賦

眷彼海東，粵有名山。照曜靈于扶桑，絶雲氣于兩間。會列仙而餐沆瀣，俯群嶼而絶岑援。風颯颯兮迴舟，□□宫之莫攀。濤洋洋兮蔽海，挾秋雨之漫潺。其上則摩碧霄，通黃闕。陟玉京其何遠，望瓊宫而若越，吸黃公之冥霧，挂赤虹而矻矻。其下則溢黃泉及鰲底，植女媧之四極，標共工之柱砥。扶渾沌而持坤維，鞭馮夷而溯海水。維此神山實號瀛洲，并蓬萊與方丈，氣瀜瀁而浮油，蓋真雲霞之上境，而仙侶之勝游。

若兹亭宇之崇，越彼詞林之署。亶鳩材而庀工。豈神宫而仙馭？將于義以何居？乃擬名而焕著。曰不然。物有擬倫，事有比形，矧弱水之東，事何杳冥？稱神踪與仙迹，亦何據而何經？維此詞林，職掌帝文。佟私人之稱號，揚内相之名芬。裁皇麻而輝鳳綍，司玉牒而典帝墳。或調梅于商鼎，或侍講于漢幃。或直東觀而燃青藜，或掌西清而傍翠闈。迹肇游于斯亭，治宣佐乎皇禧。豈誕妖之幻說，允明聖之良規。

乃兹亭之龍從，當院署之東偏。屹山崝而紆鬱，隆崛岉而中天。佟虛檐之雲構，象飛閣之霞騫。糾梗楠與杞梓，何隆棟之蜿蜒。列鬈彤于綉桶，乃桁梧之聯翩。芝栭攢羅而戢香，櫨枅要紹而環旋。載倚虛軒，載傍高堂。喬松青而鶴舞，奇花緑而蝶翔。修竹茂而蔭成，春草鬱而苔蒼。啓華扉而接巨儒，潤絲綸而縹芸香。掃瑶階而朝露接，馮玉欄而雲影煌。恍疑玉女窺窗而下視，旋如虬龍蹲跜而騰驤。睢縹玉珮，旖旎趨鏘。聳賢英之高朗，萃髦俊之躋蹭。允仙人之世見，何問安期于渺茫？

乃若澄霞滅宿，夜猶未央。看仙禁于伊邇，儼金莖于在望。金栱映紫宮而焕色，扁題對丹闕而增光。聽回飆之清颯，響玲索之玎璫。爐烟裊而低拂，宮柳碧而掀揚。彼接紅雲而傍帝居，亦何異乎溟滄？乃若皇風載降，聖化斯廣。俊材羅而陶鈞運，秘書抽而蘭臺敞。延師儒于巨卿，秩威儀于少長。養德問道，證今曩往。玄機高溯于昊旻，博譚遠究于垠壤。蘊温平于身心，諳經綸于指掌。將以作礎瑶圖，棟梁皇國。彼培柱砥而扶坤維，亦何異乎鰲極。此海東之山，允幻妄之誕飾；而詞林之亭，信瀛洲之真域也。

於乎。功興惟時，業成惟遇。是以達人撫勝迹而長思，蓋士際明時而深懼。乃今抱鉛槧而游斯亭，紆簪裾而脱屩屨。友四海之英儒，閲水天之湘素。矧九五當陽，荒憬寧附。誠當世之希逢，豈可廪大官而虚度？且六龍馳足，蒙谷如流。何若華以堪拂？悵羲和而莫留。將何副于奇逢，而無玷于瀛洲？乃亂曰：

惟亭崇兮，粤海東兮。仙惟帝臣兮，直絲綸兮。奠我金甌兮，肇斯亭游兮。邁世清夷兮，胡自規兮。慶堯封兮，思夔龍兮。

頌

聖母萬壽無疆頌代

臣聞坤儀静正，厚極所以常寧；離體柔中，大明用能久照。

蓋靜乃衆動之君，柔爲元氣之母。居德于靜，守道之柔，是謂建本不拔之鄉，葆光長生之府。昔星蛾得之以贊軒圖，任姒得之以綿姬麻，皆是道也。

洪惟聖母慈聖皇太后陛下，懿質安貞，惠心淵穆。昔在先帝，用憂勤儆戒弼成端拱之休；迨翊今皇，以恭儉溫文佑啓顯承之治。垂鴻翼燕，八載于兹。内則紀綱人序陰理明章，外則提挈天紘化樞默運。奠九垓于寧謐，煦萬彙以昭蘇。道允協于自然，心實契乎元始。兹者履端屆節，悅且開祥。東朝闢而宮佩鏘，北斗臨而帝居會。尊浮沉瀿，駐化日于堯階；樂奏簫韶，迴清薰于舜殿。萬國之歡心交邑，兩間之瑞應駢臻。即漢皇長樂之朝，未方其典禮；雖王母少廣之坐，詎喻其恬愉也哉？臣忝列外庭，忻逢大慶。祗深舞忭，莫罄名言。謹拜手稽首而作頌焉。頌曰：

粵惟道始，爰柔爰靜。居坤麗離，無爲守正。于懿聖母，稟一含貞。倪天蘊質，懷月儲精。儷極先皇，二南肇迹。治贊垂裳，功高煉石。孕虞育夏，帝業重熙。定謨帷帝，九鼎持危。迪保哲冲，鋪芬闡爍。宵衣侑勤，太練訓約。雖雖肅肅，刑家御邦。扇風汋穆，導俗淳龐。恩霈華夷，澤敷動植。六合豐融，太和充溢。周春麻序，聖誕丁辰。卿雲五色，寶月重輪。九位稱觴，六宮獻履。推荄占年，得天之紀。花明鳳袚，香暖龍爐。内朝燕喜，率土嵩呼。慶叶天人，聿懷多福。孝理方隆，慈禧有俶。紫庭宥密，絳闕高閎。抱以元氣，衞以三靈。母也端居，撫清履宴。海屋增籌，瑤池益算。萬有千歲，俾熾俾昌。保我臣民，錫極無疆。貞明日新，厚德永載。洋洋頌聲，賡歌未艾。

擬春祈聖駕躬祀社稷頌

於鑠明皇，膺圖應璜。炳文煇武，仁濡惠汪。六禩于今，萬宇時康。驪牙出櫟，旄頭銷芒。棧山航海，執雉貢筐。野無牛喘，庾有蓋藏。民歌擊壤，朝睹垂裳。鳴鳩拂翩，春日載陽。幽雅載和，田鼓其鏜。念惟陰祗，共工發祥。句龍平土，底定萬方。載考穀先，厲山之倡。周棄藝植，繼開農桑。厚載粒民，浚澤維長。古崇祀典，報德靡遑。夏松漢枌，苴白冒黃。冢土帝壇，懿典焜煌。乃詔掌故，載咨太常。命爾封人，考壝敬將。敕爾掌次，閱邸蹌蹌。吉日惟戊，獻占允良。樹之田主，乃薦嘉嘗。天子曰都，鴻典維詳。五祀之本，實厪聖王。齋明若惕，求夜未央。星驅鳳駕，月御陳行。鈎陳當兵，殷轔軍裝。載消夔魖，載抶獝狂。鏤象是驂，玉虬是驤。蠖略蕤綏，滲纚趨蹌。粢盛既戒，露茹蘭漿。玄瓚觓觩，寅恭弗忘。秬鬯泔澹，簠簋在旁。金枝中樹，玉斝四張。黑幣黝牲，絺冕白粱。雲門九奏，來儀鳳凰。葛天八闋，克諧笙簧。逷崇明德，上達馨香。回焱碭駿，椒桂掤揚。東方割肉，牛弘賦章。爰追本始，用介豐穰。景福于昭，皇厘茂揚。乃徵格享，乃若雨暘。三農誕慶，六府孔臧。夢魚兆協，集雀符彰。頹莖共秀，連理同芳。芃芃綿綿，上瑞斯昌。雲蕛滕蔬，岳嵰餘糧。藏于天下，乃萬斯箱。含哺鼓腹，歌舜謳唐。臣願天子，念此民依，視于羹墻，無貴異物，農工實傷。臣願天子，夙夜對越，戒怠防荒。軫茲王業，艱難在望。金甌永奠，蘿圖用襄。升平雍穆，萬紀無疆。

聖駕躬詣太廟時饗頌

於鑠明王，誕受禔祥。聖神御籙，文武允良。乘乾握紀，凝鼎當陽。總摶三統，醇釀八荒。天闔闓決，地垠開穰。璿璣齊政，幹枝有常。五氣順軌，品彙榮長。霜波載履，華菊落芳。肇稱殷禮，著存不忘。玄冥斗指，折木津梁。紫樞環轉，榆枌思皇。昊瞻岡極，鎬京在望。辰乩龜策，駕鳳龍驤。鈎陳森肅，警蹕趨蹌。葳蕤芝覆，紅翠曳揚。穆纚螭素，玲瓏珍相。乘輿庚止，鸞和奕房。璇題閒廓，邃宇琳瑯。髤彤綉桷，琬琰文璫。陸離旍萃，旖旎鸙鸙。雍雍對越，穆穆祼將。觓觡盈瓚，泔淡鬱漿。豐融薌芷，諧迭笙簧。金枝中樹，廣樂四張。八佾韶舞，三爵雲商。朱紘琴麗，藻服躋蹌。蠲滌純粹，椒苾芬芳。宗公駿惠，揚烈觀光。弸彄絳幄，英爽洋洋。徽焄陟降，盼愕徬徨。萃依洞屬，凌兢淒凉。昭哉大孝，惟德馨香。假哉祖考，純嘏克昌。丕顯丕謨，啓佑義方。在天奕赫，配彼穹蒼。九靈垂護，百祇翼襄。重華協一，塊北乂康。瓊膏蘭液，川溢雨滂。太和冲洽，湛恩濊汪。化參亭毒，瑞輯圭璋。猲魁殲首，炎卉承筐。琛輸月氏，朔稟夜郎。披旐摅款，解辮伏强。露零醴涌，麟游鳳翔。清寧胥位，壽祺彌臧。鴻休綿茂，峻業焜煌。功超湯禹，治軼虞黃。微臣奇覯，摺笏鵷行。洪鈞囿育，莫罄言揚。嵩呼華祝，秭菁無疆。

萬曆紀元頌_{有序}

歲壬申六月，今天子應河清社鳴之瑞，握昭華延喜之符。挌于文祖，光升帝籙。駗虬駕素，臨皇極而陟大寶焉。維時函宇亡塵，海外有謐。含淳咏德之聲盈耳，方內邕邕泰平。已乃披袞衣御麻之辰，又伏睹曜靈暉天，祥光煥宇，開矇瞖而揭昭明。于是薄海齊民咸鼓腹而嬉曰："天祚我皇基，萬紀丕禧；天佑我皇壽，萬年永茂。"亡論韶白一詞也。

是日也，上既御大紫，鈞華鍾籲廟而臨群臣矣，乃下詔若曰：朕惟寡昧，荷皇天眷受末命于我先皇，以眇眇之身而托于天下君王之上，朕甚悚焉。念惟繼體承祧，用輯寧我邦家。朕兹不明，惟二三股肱匡佐是任，以共衍宗脉于靈長，億千萬曆無疆焉，惟良顯哉？朕聞王者嗣世而改元，所用明皇統亦以示天下知上意也。其以明年爲萬曆元年，有司修儀，具如令甲。

　　蓋其時上冲齡睿哲，圖維庶理，即在諒暗，日孳孳未遑，凡
秩祀明禋，揚親晉號，肆眚敷恩，汰壬旌逸，剗蠹湔奸，諸典次
第畢張。已而上滋弗康，朝而臨羣臣，羣臣每奏對事輒親可否。
往嘗召輔臣詣平臺，面議大政。天語春溫，問勞殷殷焉。燁燁煌
煌，蓋數十年來所未易睹者。且又隆道崇賢，苴經未釋，即詔開
講筵。嘗御便殿披經史，即歲嚴寒未輟也，斯不可以窺皇德卜帝
功耶？臣惟天祐國家以綿昌，寶厤引于萬齡，則必篤生睿聖之
君，與天剖神符，地合靈契，綏三靈之眷而承九廟之神，故其德
美緝熙，治歌雍穆，于都乎盛哉！慶代之休聞而曠古之綦隆也。
我國家聖聖相承，闡繹紹天，二百年餘，濃化懿鑠齒于三代，治
休休扶轂漢唐矣。

　　乃今皇軌清夷，聖明臨御，恢德業而溥鴻鈞，憂治于復隍，
延賢乎握沐。即一時公卿百執事，罔不兢兢祇奉德意，滌瑕穢而
鏡至清。昆虫闓澤，喁喁嚮風，斯非萬曆無疆，爲皇圖皇壽之徵
也與哉？紀元萬曆，爲之兆已。臣不佞得荷上恩，出入周衛之
中，躬瞻景命，敢獻《萬曆紀元頌》一首，于以揭升平之茂緒，
摹清和之正聲，令萬世常戴巍巍，頌明明，臭馨香，含甘實。雖
未盡萬分一，亦臣之極思也。頌曰：

　　於鑠帝命，眷我皇祊。三靈篤祐，十華迓衡。天瑞誕降，地
符顯傾。祐茲瑤厤，萬紀遐清。乃生上聖，帝籙飛名。禧開姚
澤，兆叶大橫。玉鷄雲蓋，日角龍晶。秘寶載受，□□載迎。時
龍凤駕，華鍾鏗鏗。逢吉丁辰，布朔皇京。紀元萬曆，舄奕鴻
程。維帝冲睿，跨躐周成。步中雅頌，驟合韶韺。德洽六幽，化
育蒸萌。堯勛舜協，禹績啓宏。年開萬曆，聖德欽明。維帝體
元，德宇天姘。絜闓皇綱，恢廓帝紘。政剗瑕垢，人甄贗誠。緩
刑肆眚，布惠疏榮。扶章興理，綏世平情。游泳遐闊，浸潤懷
生。參神合契，由于夷庚。邁五廖廓，陟三登閎。萬曆之政，擊

壤歌賡。維帝元祀，皇軌隆亨。官鄰昭泰，尉侯混并。百辟秉德，萬域安耕。驪牙兆瑞，旄頭厭兵。穹廬貢賂，炎海斷鯨。野馴孕雉，塞寢鐃鉦。薄海安瀾，桴鼓稀鳴。萬曆伊始，玉衡常平。維帝沖懷，思政怦怦。馭朽之惕，納隍之驚。延賢當饋，見道于羹。東朝聽講，六籍研精。日臨皇極，清問公卿。未明求衣，保泰戒盈。政監成憲，論省紛更。永綿萬曆，濃化茂兹。天心祐聖，帝德升英。永格玄昊，彌錫嘉禎。臣願天子，宅師保大，景鑠風行。臣願天子，祚靈集祉，純嘏茂贏。萬靈寶阼，億載歌聲。

經筵頌

於鑠明皇，膺符應璜。解繩司契，闡繹紹昌。六禩于今，仁濡惠汪。旄頭消祲，驪牙兆祥。離身反踵，執雉貢筐。伏波南指，傳首蠻鄉。韶白含嬉，波塵不揚。皇風誕邕，宸虛未忘。念惟典學，帝軌皇綱。論思啓沃，訏謨贊襄。道在蒭蕘，學本羹墻。逖稽前聖，徽懿允彰。悉諸師炎，大撓啓黃。招輔帝辛，夷佑高陽。放勛重華，粵禹概湯。尹壽是資，務成是匡。問于成伯，學于西王。治隆有赫，聲衍無疆。天朝聖作，講筵制詳。明德載毓，庶理載商。神猷赫赫，睿謨煌煌。昔當正鼎，閎儀用張。繼兹春煦，風暖未央。乃詔輔臣，載檢舊章。乃敕大卜，練辰惟剛。祕殿龍嵸，玉陛文璫。虛檐神搆，飛閣雲翔。承明著作，金馬玉堂。賢英彙集，紆珮躋蹌。蘭臺石室，竹素芸香。瑤函璀璨，寶軸琳瑯。澄霞滅宿，辨色登光。展軘效駕，被練鏘鏘。天子曰嘻，無予怠荒。翊善之冠，襄龍之裳。七萃連鑣，九斿齊行。威蕤旖旒，魚頡鳥頏。馭臨皇極，清問嚮明。敷奏既終，霓旌彭彭。載涉雲橋，載闓帝閶。文華虎敞，法座龍驤。圖書左揭，經史右當。柱後惠文，豸立螭旁。嫖姚武猛，鮫函軍裝。臚句畢傳，儒臣啟囊。雲依丹幄，霧徹青箱。披經擷史，陳猷闡防。鈎玄極遠，腴潤漱芳。深溯黃泉，高極旻蒼。大窮昆侖，小晰毫芒。天子曰都，道源維長。宣徽于心，克佑予良。宣措于治，克俾世康。聖懷穆穆，睿思洋洋。一人覃慶，宴敞朱廊。班列金厄，序擁玉觴。大官供膳，酒人繼漿。幣出天孫，鏚分內藏。百辟歡呼，協氣汪泱。天子玄思，惕若未遑。視于無形，戒于未將。銘盤日新，體天自強。祛繁崇儉，旌直容狂。孕殷育夏，甄虞陶唐。臣願天子，惟時惟幾，几觴在望。臣願天子，戒盈保泰，治謹苞桑。師能自得，學豈有常？千齡磐石，萬域梯航。

平虜頌有序誤刻

於鑠明皇，膺圖應璜。炳文煇武，綏夏寧羌。五禩于今，萬宇時康。騊駼出櫟，旄頭銷芒。大卜獻占，夷賓冠襄。果通龍沙，執雉貢筐。伏波南指，傳首蠻鄉。韶白含嬉，波塵不揚。蠢茲東胡，尚梗化光。控弦恣覘，射雕踵狂。折膠躍馬，盛月侵疆。毒滋蜂蠆，悍逞螳螂。蹂我左臂，驚我遼陽。天子赫怒，前箸咨良。元卿庶寀，勵翼贊匡。詔謨輻輳，猷略輝煌。書陳係頸，策奏抗吭。磧北氣垂，胡命其亡。乃敕閫臣，用遣牙璋。貔貅犀虎，鱗次雲洸。載詔函人，屬盾淬槍。矛鋋飄英，鉦鼓其鏜。甲環闕鞏，車結武剛。虎臣桓桓，魚陣堂堂。恭奉天威，東征是將。驃騎蕭令，細柳陳行。梟鳴示兆，兔舞呈祥。震我先聲，慴彼陸梁。簷動而鼓，殺伐用張。鳴鏑擾亂，驪馬夷創。左奔谷蠡，右縛賢王。骨都殨血，屠耆刮腸。龍庭空幕，救死抉傷。何云建瓴，允茲破篁。指揮神速，廟算孔彰。諠馳吉語，奏凱未央。懸稿獻社，烈茂威揚。帥臣上奏，殲彼犬羊。掃其氄幕，罄其酪漿。天子曰嘻，莫匪予氓。還師振旅，固我疆場。乃頌周賚，疏爵銘常。乃築京觀，纘禹光湯。彼封狼山，載勒燕岡。物故稱是，夸詡徒長。何如一戰，雷摧電翔。受降再築，服遠威強。蕭斧函柯，衝軺息勒。塞無傳箭，朝睹垂裳。天子偃武，卷鎧投槍。遴賢飭治，振紀揚綱。曰惟明威，落膽豺狼。陽暄春煦，仁濡惠汪。曰惟明德，洽于殊方。臣願天子，思危慮安，徹土綢桑。臣願天子，飭時審幾，無怠無荒。千齡磐石，萬域梯航。

潘王千秋頌有序

史某載筆，考覽聖朝掌故。諸麟趾公姓守在屏藩而揚令譽，等河間東平賢，則上輒走璽書，錫袾冕玄纁褒異之，以風示天下。然天下諸懿親之分馳紐，而王者以國量其膚茲顯渥抑何鮮？

余家冀南，冀南一大都會曰潞。潞則高皇帝之介子王焉，國曰潘。傳七葉垂二百餘年，而當肅皇帝時今王嗣。王嗣時年少耳，仁孝公忠，繇于天性，居常絕一切紛華盛麗之嗜，而獨好觀古圖史，修文辭，被服造次必于儒者。蓋余嘗得王所注《心經》、《東銘》、《小四書》及《絲筩唵帙》諸詩賦，讀之渢渢乎偉觀哉！真天潢之彥也。彼對雅樂而頌中興者奚以逾茲？歷肅、莊二皇帝，以迄今上朝，璽書數數下，曰忠勤，曰忠義，曰好學。敦倫褒命之優，震耀睹聽于諸藩王無兩。然王滋弗敢康，敕已好修，益嚮于仁義，而王妃亦秉雍肅之德以佐之，化行全冀，有《葛覃》、《卷耳》風，又不啻漢獻憲兩王云。今年王春秋甫及艾，妃齡亦齊之，諸大夫國人旅進拜上箋爲壽。而戚里崔君汝才乃發使請所以致賀于余，余從左右後，紀術磐宗而鋪景鑠職爾。即黥淺謝漢二史才，然生居封域之內，耳載芳聲，不以直筆登汗簡，職史之謂何？于是乃不辭而獻頌曰：

赫赫祖皇，受天明命。磐石疏邦，維城肇慶。參井之墟，翦桐公姓。序傳七葉，令問聿宣。纘承金社，秉心塞淵。修姱洵美，允稱象賢。厥賢伊何，英標冠世。弘蹈先謨，儼操左契。篤守清貞，屛袪華麗。載其和懿，國以謐平。斂歸王德，游豫歌賡。王彌兢業，圖史陶情。碣石築宮，日華置館。應劉徐陳，儒纓座滿。大雅卓然，諸藩實罕。刉王淑儷，助政壼庭。柔嘉維則，險詖不形。度昭苤苢，仁著小星。蟄蟄繩繩，衍繁玉牒。徽音懋揚，彤管有煒。潞比周南，化流孔捷。聲聞于上，焕錫絲綸。輔衣朱黻，渥采紛陳。代更三聖，譽命重申。曰親曰賢，獨先瀋國。名實丕彰，恩褒殊特。帝裔以光，天潢作式。艾徵雙壽，盛夏之時。薰風南至，淑景遲遲。高唐張宴，小山獻詩。凡厥國人，叩閤旅謁。咸曰休哉，純禧駿發。願祝遐齡，偕躋黃髮。笙鏞弦管，歡沸若雷。卿雲絢彩，南極祥開。九穹昭眷，百福方來。太史陳風，邇在桑梓。爰述芳行，載宣茂祉。于萬斯年，汗青垂此。

詩·五言古

勸　農

條風來東方，鳴鳩拂其羽。煦煦土脉滋，郊原足甘雨。民事不可緩，良農且乘時。溪頭春草綠，銚鎛爭先爲。急耕爾西疇，急耨爾南畝。歲華不易得，蒙谷豈堪守？所以古先訓，力穡乃有秋。粒粒盤中餐，辛苦方可求。油油隴上麥，芃芃郊園穀。秋穫樂妻孥，倉庾滿旨蓄。不見惰農者，田原盡蒿萊。游手一何資，饑寒聲轉哀。無作鹵莽爲，深耰斯堅好。無學穉田者，豚蹄空自禱。家家呼飯牛，處處歌陽春。太平物熙然，喜見康衢民。

漁 樵二首

誰家綠蘿莊，遠在深谿里。墅是始寧居，隱似柴桑里。前峰雨霏霏，極浦雲瀰瀰。漁舫出無期，歸探忘筌理。

蓑笠懸釣竿，酒帘挂村市。午聞欸歌聲，遥見炊烟起。不知何代人，頗識桃花水。樂哉此幽栖，請記羲皇氏。

送蕭乾養户諫使封琉球二首

與君中秘時，相要比几歡。鷦鷯卑以微，威鳳同振翰。堅利斷金石，清芬失秋蘭。分曹共禁近，雙情炳如丹。之子忽銜命，四牡夾道看。送之城南隅，酌酒勉加餐。秋風吹路塵，皚皚霜氣寒。因君愈感動，揮袂誠獨難。

男兒志四方，厥生射桑蓬。投筆或以憤，茂勉異域功。請使一何奇，矢殫方外忠。行役豈不勞，達士襟靡同。君兹信壯游，帝藉宣華風。願言崇令德，歧路安足忧？

炎夏納凉

節序遇徂炎，兹宵在三伏。憑軒佇凉氣，中筵倦煩燠。寂寞對空窗，清疏臨夜竹。虫音亂階草，螢光繞庭木。簾月度斜暉，風花起餘馥。

玉河春水曲

融融太液津，灝灝帝城隈。春風一夕發，晴波冕瑶臺。方疑玉鳧翻，更照金烏明。緩濤搏素鯉，澄光接大清。清時帝澤深，涵入河中水。波逐東風開，丹霞照雲綺。乳燕飛鳴來，洗翼當河汍。輕花發玉堤，共競春光美。土潤鳩方鳴，田夫事郊澤。願將玉河波，灑作三農霖。

玉堂對雪

我愛玉堂清，玉堂對霏雪。瓊瑤片片花，皎皎寒光冽。恍疑柳絮飛，翻覺梅香結。璇宇轉凝嚴，琪樹看森列。白鷳已失鮮，皓鶴難稱潔。問爾何瑩明，白乎淄不涅。憶昔太平世，瑞雪無封條。而今逢康時，霏雺信所招。蓂草堯階日，歌曲郢玄遥。鋪粉何繽紜，颯颯吹祥飆。我游苦作庭，羞無兔園謡。濡毫欲紀瑞，豐穰頌聖朝。含毫復玄思，惕然起深懼。宮中暖椒蘭，雪卧誰云顧？貂狐擁重茵，膚裂嗟無襦。所以穆天子，黄竹哀無訴。所以負薪哭，衛君發倉庫。慚予肉食人，輕暖結虛度。聖主良知艱，長言聊自疛。

惜　陰

東鄰有芳樹，綠陰垂高堂。轉眼堂前陰，屋角留斜陽。斜陽倏淪入，玉鈎升西方。客子步當階，對此滋徬徨。問陰爾何往，馳轡行如鶩。仗劍隨其踪，力挽不回顧。詢之學士家，天行有常度。一去不再還，豈爲爾淹步？濛谷如輪迴，虞泉若波溯。世無魯陽戈，百年猶朝暮。不見朱顔子，走馬誇少年。馬蹄未云歇，兩鬢旋華然。人生信駒隙，虛度堪嗟憐。夸夫耽榮利，早夜膏火煎。君子企聖功，憂心日拳拳。學鳩槍榆枋，大鵬搏蒼天。托志各有繇，所貴窺真詮。古有祗臺聖，寸晷心弗休。後賢圖運甓，兢兢戒弛偷。彼豈事焦勞，感時豫所脩。予雖藐且愚，常思千古游。安能逐塵光，漸没同浮漚。少壯不自力，桑榆竟誰尤。勉旃惜分陰，聖賢與爲謀。

送蕭乾養戶諫使封琉球二首　代

天王大一統，德宇覆無垠。詔使指炎洲，萬里揚洪仁。擊楫眺黿嶼，乘槎凌漢津。紆麟而懷玉，照耀海之湣。停舸語夷王，中國有聖人。

令儀一何偉，如彼雙南金。烈烈青蒲譽，簡在聖明心。殊方借名使，花扆傳綸音。使旌發皇邑，使星映海潯。去矣早旋車，上注忠諫深。

贈田封君謝事歸閩 四首

鳳飛必千仞，而君翔棘枝。屹屹凌霞心，豈終囿藩籬？龍韜化雨濡，吏隱風骨奇。官閑襟度爽，嘗吟苜蓿封。有懷企蟬脫，乃擬歸去辭。祖帳別都人，悠悠劍浦思。

劍浦思何爲，雲飛天一方。結組忽逾年，萊衣違故鄉。嗟嗟宦游踪，華髮垂高堂。挂冠望南趨，云歸獻壽觴。庭闈紛瑞彩，烏紗映晴光。道行豈必身，矧茲燕貽臧。

燕貽一何奇，遺經舊韋賢。振振瑞麟表，蓬羽良褎然。錦標寰海冠，宏詞禁苑傳。載筆潤鴻寶，才名擅掞天。有子道堪寄，無官心轉便。歸來啓故廬，大隱題洞邊。

大隱斂幽芳，倏然擬滄洲。海外看椿老，天邊喜鳳游。朝栖槃澗側，夕咏旗山頭。三畝通蒿徑，一葉浮虛舟。林谷烟霞滿，無徒羨巢由。去偕采風人，應聽白駒謳。

咏《白鹿圖》

青莎雜樹間，騰倚見仙鹿。遥從嶺嶺來，不托黎丘足。芙蓉滿晴川，松檜森遠谷。遲遲春日陽，呦呦鳴似祝。欲獻金母環，偏隨鄭弘轂。將徵上相祥，已注長生錄。瑞圖垂千年，千年歌壽福。

詩·五言排律

奉旨恭撰大閱應制

璇宇泰階平，垂衣睹聖明。三雍修令甲，九服叶由庚。燧火陰山息，波濤瀚海清。鰲圖全偃革，貉表暫揚旌。有赫臨戎意，無虞保治情。狩思從洛水，蒐憶在岐京。淑候占春禊，彝章考夏卿。九重鑾起鳳，雙闕響飛鯨。翠纛飄蜺蓋，鮫函擁鶴笙。六龍扶日御，萬馬護天行。若澍當逢灑，非烟載道生。山川看作陣，草木似皆兵。七聖紛先後，千神儼送迎。蘭防開御幄，葛質起宸楹。蹕駐鵷鸞侍，壇升虎豹驚。三驅陳銳旅，七萃列嚴城。斧鉞王章肅，韜鈐廟算宏。謀臣班禹卨，猛將冠韓彭。幕下頻持節，行間壯請纓。黃麾宣詔旨，赤羽静軍聲。不似長楊獵，何如細柳名？迅飇乘鼓發，殺氣入笳鳴。置壘蛇形繞，分屯雁勢橫。箕張纊雪煜，壁立又峥嶸。象與勾陳合，光將太白并。折關吞虜易，超距許身輕。貍步聯千耦，熊侯建五正。僕姑新砥礪，繁弱舊排撠。引滿誇猿臂，睨遐逞鴟睛。妙穿飛衛虱，奇中養由蜻。健卒能咸展，材官技盡呈。三千趨趀趀，百兩出轟轟。日返神戈影，星流寶劍精。俄聞馳月捷，遂見掃天槍。吉語呼嵩沸，祥暉逼漢榮。乾衷符豫順，節制應師貞。電掣交緩鐲，雷喧卷斾鉦。彩鑾旋禁御，仙樂奏韶韺。七德敷文煥，千齡紀武成。簪紳齊抃舞，組練共屏營。巧力觀群品，甄陶出睿評。貫三彰法訓，弧百拜恩榮。至治元無戰，訏謨示有征。典堪超邃古，威已遍寰紘。貢使魂搖落，名王膽破傾。雕題歸化域，辮髮附編氓。象齒輸遐賮，騧牙表上禎。炎荒埋暢轂，朔野卧衝輣。寶命凝當宸，珍符兆迓衡。車攻周雅在，今日喜重覯。

陪祀帝王廟有作

帝迹千齡遠，皇禋萬紀崇。章程留國史，追饗毖宸衷。執象羲皇德，恢基宋祖功。三靈知幾閟，一道自相通。列室鴻儀備，分牢駿禮融。鳳笙吹秘宇，鸞誥擁仙宮。烈本開先重，謨看啓後同。鬱金香泛酒，靈幄細含風。玉珮珊臺側，金枝炳殿中。牲庖方燁奕，簠簋正龍緵。休典馨明德，神猷闡大公。告虔人翼翼，薦瑞氣葱葱。虎拜叨陪從，龍飛慶泰隆。受釐玄貺錫，格遠睿懷冲。頌祚蘭香襲，陳詩藻思雄。願言歌百福，純嘏介丹楓。

奉詔入直史館

泰道光天業，乾符屬聖人。譯重蠻貊賮，靈集岳川珍。禮樂熙風普，文章懿化申。圖書娛乙夜，侍從喜丁辰。便殿經常御，深宮翰尚親。龍綃開碧簡，鶴篆布丹綸。帝學高千古，皇猷照八夤。賡歌資治鑒，考蘊寓才甄。詔益儲胥館，官聯石室紳。分曹依秘宇，珥筆待清詢。玉闕沉沉曙，金鋪藹藹春。簽縹蘭省舊，飛藻柏梁新。辨悉雕龍隱，訛求亥豕真。竹書承命撰，蓮賦拜恩陳。曜欲輝奎壁，廬疑接漢津。掄材紛彥士，采菲逮微臣。共矢盟貞素，何詞頌睿神？敢將無逸咏，稽首獻楓宸。

賦得今日非昨日

倚蓋垂清象，運車如轉郵。三烏飛海底，六螭駕日游。咸池初浴拂，蒙谷倏淪幽。天健行無息，推移不我留。眷茲物候改，惕然起深愁。嗟余逢明時，虛度羞蜉蝣。參贊原吾事，中和在所求。大道靡難致，聖途詎易優？玄微載八索，奧秘散九丘。一真含太始，七鑿悚生蟊。兢兢懷靡及，冲冲思勿休。分陰侃胡惜，寸晷尼方憂。厭彼囂梦場，袪爾聲利謀。識象孤輪月，忘機一水鷗。君子良愛此，我何獨夷猶。顓侗無一得，作輟忽三秋。行趄鞭祖畫，見卓若顏由。溫飽非所事，簡編且旁搜。竅毛徒捍格，燃藜空繹紬。雕虫枝已末，飾檀殊可羞。龍驥奔逸足，鴻鵠志方酬。爲高因覆簣，濟遠藉方舟。就將乃有獲，弘毅仰前修。几吟聊以最，登岸慚非儔。居諸嗟歲月，惕勵抱悠悠。聖狂同一念，奇功顧所收。願言日新子，慎之歧路頭。

壽元相高老師六十詩五十韵

羲軒乘寶籙，夔契佐明皇。嵩岳鍾英早，星精孕秀長。脱笒窺至道，吞篆賦長楊。拜詔趨金馬，鳴珂步玉堂。東垣傾學海，西掖擅詞場。墨潤陽秋色，藜分太乙芒。獻箴隨甲觀，題笏進春坊。璧水依方絳，容臺佩復蒼。官詹頒錦渥，院學賜蓮芳。結主忠原篤，知臣寵更彰。堯廷先命相，舜紀再持章。履曳三公省，班魏百辟行。雲霄瞻特簡，槐棘掌承匡。秉軸人求舊，調羹帝賚良。相猷推直道，民俗懼非常。孫碩東人咏，遺忠北闕揚。金縢方啓册，赤烏即歸王。太宰留冰鑒，元臣總廟廊。八謨依紫極，出攝冠文昌。握髮延賢俊，披肝矢贊襄。辨奸消鬼蜮，許款化豺狼。足帑謀儲艾，安邊計徹桑。一言明國是，萬古秩天綱。目照黿紘遠，心開日月光。銓除頻置袋，條奏數封囊。體國衷惟赤，憂時鬢欲黃。經綸才霹靂，鍾鼎業焜煌。不念襟同海，無私節凛霜。逷夷詢富弼，獮虜仰王商。大體誰稱丙，清風更邁房。一人資柱石，九命錫圭璋。蟒玉霑恩纍，魚緋荷澤汪。天工須作綉，皇績睹垂裳。刀斗寧邊障，戈船靖粵疆。穿廬輸贄賫，儋耳應梯航。醇俗追三代，和風遍八荒。法明堪布象，化溥欲歌羊。鼓腹謠耕鑿，齊衡若雨暘。相功良不顯，帝力亦相忘。南極靈光灼，中台景芾穰。六旬綿鶴算，五載值龍翔。瑤庥洪鈞轉，天階奉紀張。拳枒慚弱散，化雨沐膏瀼。大呂迴元律，卿雲繞上方。監周今翊聖，生車昔開祥。初度陳桃宴，晴光照羽觴。長生何更卜，壽域已同康。海外來青鳥，天邊降玉漿。磐安應有祐，籌數自無量。願比松喬祝，長年毗棟梁。

挽馬老師

泰符熙奕葉，乾壤毓宗臣。竹箭河流駛，蓮花岳鎮鶉。五罐占聚漢，萬舞夢歸秦。奧域禎無爽，賢叢兆有因。韋平俱出陝，旦奭并興豳。百代終儲秀，千齡幾降神。眉良聞後輩，腦貴憶前身。繫紱雙龍下，垂弧九鶴馴。方韶才霹靂，及乢德嶙峋。禹寶知吳簡，周筒辨蜀錞。庫凌元凱富，壁映稚圭貧。賦吐甘泉鳳，經談曲阜麟。藍田空衆玉，陸海俯群珍。遑躒升三輔，騫騰第一人。鶯喬遷未晚，鷇食道逾醇。千丈松稱嶠，一枝桂羨詵。彤廷高射策，石室偉聯賓。朱翼轅追電，青萍氣燭旻。班初趨笋列，佩即采蘭紉。耿介波濤障，清忠社稷徇。漸儀方矯矯，恢度但闇闇。染者誰堪泣，磨乎自不磷。廿年傾日藿，一節勁霜筠。雅操云如此，榮遭固絕倫。緗翻芸閣秘，藻和柏梁頻。數草天王語，曾花學士茵。詞看司馬敵，筆料董狐鄰。隻字陽秋潤，單篇肆夏遵。耶谿觀薛燭，峒野相方歕。幾度持衡鑒，多材脫隱淪。桂苓熙永永，桃李郁蓁蓁。蒼珮橋門上，青衿壁水濱。飭躬師岳岳，累跰士斌斌。已似游洙泗，何如引白申？湙雷開甲觀，浴日正丁辰。帝問人中望，公膺詔下掄。篚筐衣賜赤，帷幄牓懸銀。耆德今疏廣，名儒古賀循。擎天成運戴，翼聖起儀宸。日獻昌言顯，時幾睿學純。翠旍猶入直，金鏡屢披陳。卓犖需殊渥，崢嶸陟要津。寵參樞斗位，巍簉廟廊紳。寢苦俄辭闕，徵蒲速遣輪。庥司羲仲亥，官總伯夷寅。履曳雲霄近，光依日月親。九重咨柱石，萬類仰陶鈞。簡注金甌舊，升崇玉鉉新。制宜俱舞忭，廷拜尚逡巡。即許公辭軸，寧毗孰秉鈞？承恩彌傴僂，戮力益忱恂。哺吐姬憂切，羹調摯味勻。沙堤旋薄暮，鼎席入侵晨。拱揖朝端化，吹嘘宇内春。藻施匡舜黼，霖降悦湯民。鑠景輝皇籙，休風煽海漘。騶虞歡有咏，窫窳静無猘。國衍安瀾盛，氓追擊壤淳。時方逢易晋，數乃叶玄磸。石晝曾奚涘，泉期忽已瀕。乍驚瓊夢與，詎意玉埋堙。抱疢微傷暍，薫危遂列賁。泄成充國劇，利作少翁真。魏令空防水，齊憂托采薪。中璫馳問寢，御藥賜濡唇。單閼年將逼，實沈祟荐臻。妖星先孛斗，大霧竟零莘。溘矣祛形累，蕭然滅幻塵。豈能忘在宥，應未偃經綸。國爾其疇乂，天乎顧不仁。濟川人寂寞，藏壑事酸辛。醫扁誠何益，巫咸莫可詢。黄腸兼葆羽，采貝介豐緡。九命加籩豆，三河治穸窀。帝招詞惻惻，天使路駪駪。翣指還雍野，旌揚發薊闉。甸圻皆慘色，春杵亦哀呻。縞素過千里，潸洟遍九垠。岳靈疑授璧，闕氣解迎輴。家樹蒲園櫝，丘芟荔國榛。玄廬封馬鬣，石槨老龍鱗。烏向庭前泣，牛從壠上蹲。旆常留畫像，誄頌勒貞珉。暗醲奄長謝，晶英儼未湮。寶奇藏乃豫，祉厚殁非屯。峻碩躋三事，祺康届七旬。謚文名曄曄，踵武嗣振振。苞翥河東薛，首驤潁上荀。簪纓才霅煜，閥閱譽琳珣。雀報源源遠，鱣祥世世伸。翹材初闢館，大冶共蒙甄。走本潜蓬藋，時方釋布綢。鉛刀慚斷割，蟠木愧輪囷。辟咡承師範，顔行聽誨諄。久欣墻仞侍，驚見几筵儐。曷忍哀晞薤，將期壽大椿。酬恩無負土，薦信有羞蘋。哽咽聲多噫，煩冤視欲瞋。綍謳飄颯颯，祖奠走踆踆。遥夜瞻箕尾，凄凉泪滿巾。

恭題《百子圖》

昌祚逢千載，多男應百祥。渥洼龍種出，阿閣鳳雛將。隊舞趨金埒，群游繞畫堂。寧馨珠映掌，有美玉成行。桐葉傳宮戲，蘭芽散國香。塤篪聯伯仲，褓襁識君王。翼燕謀應遠，含飴樂未央。綿綿宗社慶，瓜瓞咏靈長。

壽郜海泉姨丈五十初度

世業衡門隱，康強度艾年。濯纓丹水上，采蕨太行巔。市自栖梅福，塵仍寓葛玄。何心贏什一，雅興在山川。鬢髮看全墨，客顏喜尚妍。幽蘭方繞戶，藍玉欲生田。淑氣浮華屋，和風滿壽筵。黃花三徑外，青鳥九霄邊。四座稱觥斝，充閭盡俊賢。壺中春色駐，長此樂堯天。

夏晚乘凉

冷風雜細雨，垂雲助麥凉。竹水俱葱翠，花蝶兩飛翔。燕泥銜復落，鶗吟斂更揚。臥石藤爲纜，山橋樹作梁。欲待華池上，明月吐清光。

進祀册侍班有述

百神同翊聖，萬曆正開祺。嘉事厪明主，休徵叶盛時。未陳周禮樂，先上漢威儀。瑞氣浮黃册，靈光護赤墀。爲看仙仗入，因想屬車移。誰是楊雄客，甘泉賦僤奇。

聖駕躬詣太廟時饗頌詩

聖王崇達孝，典禮克先惇。趨廟欽成德，垂旒薦特牷。思皇明秩祀，懿烈荷洪鈞。心怵濡霜露，椒芬萃玉珍。有赫臨三后，無文洽百神。朱弦炎簋簠，絳幄焕星辰。簪珮官儀合，簫韶樂奏新。馨香升黍稷，福祉介楓宸。肅肅嚴如在，雍雍縮有循。振鷺觀周序，歌秋陋漢汾。顯謨難竟繹，瞻拊祝千春。

賦得日再中

日表瞻堯德，神符陋漢皇。雲華扶赤轂，海氣擁黃光。若木誰堪拂，陽烏自却翔。樹陰斜忽正，圭影短旋長。物睹中興聖，天開久照祥。此時清禁里，禹惜尚徬徨。

喜鵲獨宿梅樹

誰將金印鳥，繪入玉紈妍。樹色依消渴，花香對減眠。勞因成渡後，知爲擇栖先。羽覆黃枝露，巢浮紫笋烟。和風披拂處，送喜袖懷邊。仍解朝鳴意，慇懃報有年。

賀侍御太夫人壽

瑤池何處是，瀛海此重聞。饌有蟠桃薦，輝從寶婺分。臺期纔遘會，春氣漸氳氤。爲見萱花茂，翻知桂蕊芬。斷機名振世，告硯業超群。豸角司拜憲，螭頭掌帝墳。鍾英繇壽母，産瑞際明君。紫誥恩波洽，華堂樂事殷。里中榮戲彩，天上羨遺芹。宴欲傳青鳥，謠堪和白雲。松齡今自致，海屋古空云。遙望稱觴所，祥光散五文。

詩·五言律

吹　笛 恭擬題御軸《牧牛圖》四首

星精下鵲橋，弄影入冰綃。巢父應爲牧，蘇仙未可邀。絲韁沾露弱，竹笛韵風遙。無喘堪供問，天家玉燭調。

擊板

占牧憶西河，丹青態若何？熒蹄疑駿立，文角似麟過。日晚游原樂，風清擊節和。今逢堯舜世，寧戚莫商歌。

揮策

烟樹綠郊盈，圖呈萬歲精。趙雲看有似，吳月見無驚。性擾麾肱策，情歡跨背行。察賢因牧政，誰繼五羊名？

披簑

墨妙戴嵩傳，髫童控鼇犍。桃林嬉此日，梓樹化何年。帶雨簑歸急，凌風籜負鮮。今皇方考牧，濕濕咏周篇。

郊迎邃宇劉明府四首

茂宰分蕞邑，英名自大科。野花迎綬人，關柳護旌過。百里論才最，三台隱望多。知君躬化易，期月有弦歌。

仙令褰帷日，新秋正爽然。故推才脫穎，初試政烹鮮。惠似風先被，清將月并懸。劉昆今在晉，傾耳異聲傳。

象懸天列宿，官屬帝諸侯。雉欲馴丹澍，鳧先下素秋。人稱高第至，邑得大賢游。訟簡饒清興，琴聲竟日留。

伯子傳經舊，茲方邇晉城。百年師古意，四境望君情。雅化人猶記，窮閻世已更。繭絲堪最恤，明主慮蒼生。

撫時寓意

誰道逢春落，秋容倍可憐。數花紅照水，幾朵紫凌烟。節序無勞問，風光各自妍。昆虫機已息，似對海翁年。

題　兔

漢苑秋光老，西風塞草枯。縱橫沙片白，趫捷眼雙朱。避罘常營窟，聞鷹屢觸株。正逢西狩日，羽獵謾誇胡。

少保文莊公馬乾翁挽詩 十二首

華岳開神秀，清時見偉人。兼才班馬屈，直道傳伊鄰。夢卜諧輿論，岩廊得重臣。惜哉天下望，誰意遽沉淪？

精英乘箕尾，景曜暗中台。始愜宣麻賀，俄驚曳杖哀。巒坡悲劍履，鼎鉉憶鹽梅。華表千年鶴，西飛何日迴？

天意鍾公輔，栽培數十年。如何方柄用，奄忽竟長捐。玄緯應難側，蒼生未有緣。不禁清泪得，慟□繐帷前。

一代人中杰，三朝席上珍。至誠毗帝德，正色表儒紳。相馬夷知慕，登龍士益親。和羹今已矣，遺抱與誰論？

聞公訣絕夕，懷念繫唐虞。奈此非常遇，其如薄暮途。遺家無一語，報國有雙珠。不泯丹心在，應知戀帝都。

付托鈞衡重，恤哀禮數隆。浮沉千古嘆，俯仰一時中。素幔寒燈靜，空堂皓月空。浮生誠夢幻，感慨意何窮？

熙朝二百載，相業起開西。間氣投魚水，英標冠品題。崤函仙霧斂，秦嶺慕雲迷。今謚垂天地，巍然太華齊。

憶昔蒙恩詔，諸生忝勝游。隆師延國老，講業向瀛洲。日月門墻逝，乾坤几杖留。無由酬德誼，悵惘思悠悠。

浙瀝寒飆動，靈輀發玉京。丹旌寬對眼，絳帳不勝情。遠送臨歧路，相悲盡失聲。從來憐壽考，豈獨念生平？

縞素趨關陝，凄然感重尊。朝班分護使，驛路引歸魂。鳳閣音容杳，麟臺畫象存。堂堂餘正氣，猶似駐乾坤。

自歊秋陽照，長嗟玉振閑。顧紳思誨語，瞻几想容顏。萬里河聲咽，千年岳氣還。未能從執拂，雪涕望關山。

天語頻繁下，輝光慰寂寥。華褒孤品峻，世禄主恩饒。勛業存良史，箕裘托聖朝。所欣身後事，鸞鶯在丹霄。

望昭陵

因山看禹穴，擊壤憶堯勛。秘殿黃雲藹，靈岡紫氣氳。鼎成龍不返，野曠鳥空耘。萬籟鳴窮谷，疑猶哭聖君。

咏閣草

上苑秋光老，葳蕤卉尚方。草叢藏蚱蜢，葉暗隱蜣螂。繞檻空留影，栖枝半帶香。寫生臨墨沼，誰是似滕王？

詩·七言古

恭題《百子圖》

金屏綉幕春風起，柳䭾花嬌燕鶯語。繽紛百子競韶華，綽約群游芳徑里。小兒英英自有神，玉屑爲骨砆爲唇。大兒嶷嶷氣清澈，秋水雙瞳光照人。玲瓏錦石藏身入，藉草攀條坐還立。日映花枝紉綺明，露垂柳葉鬖鬖濕。刻竹當馬鳩當車，撲蛾調鳥更窺魚。善戲初非好弄者，幻來百技總成娛。掌中之珠自古重，或云孔釋親抱送。渥洼水上種爲龍，丹穴山中雛是鳳。鳳雛龍種世所誇，電繞紅流瑞帝家。桂殿早聞開玉顋，蘭官日睹長瓊葩。環珮珊珊采芣苢，關雎叶應麟之趾。周興何須祀燕禖，堯封自合多男子。周雅徽音傳太姒，唐幄漢池開百子。伊誰圖繪上彤幃？不羨螽斯與麟趾。春風吹花錦綉明，燕燕于飛黃鳥鳴。嬰孩無事得嬉

笑，相趁春風花底行。競爽呈奇見真態，半藏半出花叢内。分行
逐隊百戲新，宛轉踉蹌總堪愛。黛爲頭顱玉爲膚，明眸廣顙驕自
如。遍觀一一皆龍種，骨格迥與凡兒殊。綽約更疑姑射集，岐嶷
頻向郊媒出。謝家玉樹荀家龍，對此茫然空自失。縱然挑達也鍾
情，躍地攀楹意氣輕。珊瑚映墜錦襠卸，神駒跡弛傍人驚。共道
保民如赤子，閭里嬉游亦如此。和氣由來致百神，天潢錫羡從今
始。君不聞王風首二南，又不聞樂只歌南山。聖主真爲民父母，
小臣因頌百斯男。

送荆翁尊師視篆留院四首

　滄溟之水何汪洋，鍾靈孕秀清且長。虎丘環望拱三吴，篤生
英哲重琳瑯。少年壯氣吐虹霓，澄厨預庫胡云奇？麟旨潛沉窺素
王，漱芳汗簡青雲移。

　墨莊濡鳳筆飛鸞，琬琰璠璵四海看。結屬來賓觀國光，衰然
首舉朝金鑾。石室燃藜掌帝墳，早知清譽眷明君。玉牒青緗鴻寶
成，董良遷直何多勤。

　綰章留院沐恩嘉，名傳宫相傍東華。鍾山龍虎看王氣，六代
遺文屬大家。試詢南去拜綸新，天子延英重柱臣。嚴扉秘閣仍虚
席，坐待黄麻降紫宸。

　我本泥塗一瑣才，看書學劍沉蒿萊。馬蹄隨計苦風塵，刻鵠
羞成青鏡開。輪囷能充大厦叢〔一〕，兼收樃楠荷宗工。劍鋒愧鮮
豰山資，遭逢大冶何多鎔。徙倚文星一望遥，踟蹰清禁佇回鑣。
一筆堪持福海寰，無令擊壤專唐堯。

題畫馬

　古來畫馬數韓幹，聲名藉藉千載貫。只今繪圖者誰子？筆勢
縱横深得旨。毛骨丰神迥逼真，逸態却走畫中紙。韋諷昔日好圖

畫，好馬看來今誰是？手持一道匹練開，長楸蕭蕭寒色來。驊騮騅駬雜青紫，延首高驤相顧回。由來驥種産渥洼，伯樂誰人識龍媒？憶昔黃金求駿骨，驊騮一日滿燕臺。君不見穆王巡幸驅八駿，轉眼滅没風雷迅。明皇有日加御鞭，蹙踏萬里誰能信？

咏　菊

東籬之種三十六，亭亭青紫黃雲覆。細葉疏枝赤岸懸，肯向春風共馳逐。憶昔春融滿郊園，呈妍百卉倚籠樊。陽暄雨潤夜滋息，修幹夭喬帶澤繁。奇葩婀娜晴霞旭，人人忻看烟花綠。嬌態新成獨媚人，可戴嚴霜爭勝不？百花開盡始呈奇，含清何事自嫌遲。翛然雅致凌蟾桂，收得天香繞藥籬。繁華堪笑侈稱豪，抱爾幽貞節氣高。衆萼逢寒盡摇落，挺然獨秀胡屈撓？縹緲清芬絶蘭苣，宛如素女羞妝彩。金莖瑩凈吐芳心，琪樹森森柯不改。淵明對此自怡情，高潔原同節士行。豈爲沽名霜下杰，塵囂耻與并崢嶸。莫謂騷人餐落芳，盈盈丹色向秋陽。更堅晚節同松茂，獨步斯稱君子良。

詩·七言排律

壽外祖朝佐張翁八旬初度

弧南星朗映芳筵，又是非熊人十年。券折馮驩曾市義，舟游范蠡足稱仙。鳩筇駐歲春長在，鳳綃迎陽景正妍。閑吸雲霞調桂醑，幾觀湖海變桑田。逃名已自頤遐祉，種德還應契上玄。爭睹乘龍鍾慶遠，總因夢蚬發祥光。蔡家衍澤成羊祜，楊氏多書出馬還。但拜華堂遥獻壽，莊椿願祝八更千。

聖壽無疆詩

　　龍飛四海逢堯日，鶴算千齡兆舜年。樞電祥開生上聖，玉璜圖應際中天。八蠻面闊來周雉，百辟呼嵩集漢蟬。春麗蕡華增玉莢，暖暄桃實薦瓊筵。清時已見虞三祝，壽域還躋遍八埏。何幸微臣陪拜舞，願歌天保懌宸淵。

校勘記

　　〔一〕"叢"，據文意疑當作"業"。

詩・七言律

聖德中興詩十首

問寢承歡聖孝

長樂風清啓御扉，班斕五彩照龍衣。雲生寶幄承歡早，月晃瓊樓問寢歸。思邁周王躬達孝，喜從太姒奉音徽。祥光瑞靄瞳矓里，愛日應知日正晞。

宵衣勤政未明而起，昧爽視朝

聖主當陽理萬幾，宵興催御進裳衣。千官佩響趨仙仗，萬户星臨動曙輝。皇業向來基夙夜，宸心原自慎危微。侍臣更有雞鳴什，願奏椒房贊德徽。

緝熙聖學日臨講幄，寒暑不輟

蚤自恂齊識聖人，且從穆穆契文純。爰稽封畫同天健，爲法盤銘與日新。講幄晨嚴時駐蹕，經幃午近未迴輪。由來精一傳心後，始見皇王道統真。

隆禮師臣待輔臣以賓師之禮，每聽講及授書必起立致敬

古來咸德格皇天，學矣方臣寄特專。舟楫鹽梅曾倚毗，疑丞師保若周旋。平臺召對恩光渥，便殿讀經禮數虔。泰道兩交今一見，願賡喜起頌堯篇。

面獎廉能御門召見廉能卓異有司官，賚以金幣，又降敕獎勵

大計千官集未央，臨軒諭獎詔循良。金緋錯落恩光下，玉語殷懃德意將。本爲民安求吏稱，緣知道泰際時康。只今方國承休遠，治行烝烝陋漢唐。

詔蠲逋負敕戶部萬曆三年以前逋負錢糧盡行蠲免

聖明當宁切如傷，詔許蠲逋賜萬方。撫字漫勞唐拙吏，寬仁重見漢文皇。時平豈復窮征斂？民悅還應上壽昌。戴白垂齠江海上，歡聲鼓腹頌陶唐。

澍霖應禱春間微旱，上于宮中露禱，即日大雨，遠近沾足

皇帝齋心潔素真，時將露禱動高旻。崇朝不雨原非魃，一日回天若有神。望切雲霓俟我后，喜沾膏澤下于民。玄功應識皇仁渥，故遣甘霖溥作春。

植穀知艱上於宮中隙地皆種穀植蔬菜，欲知稼穡之艱難。自即位以來，年穀屢登，家給人足

玉食來方享泰和，宮中猶自藝嘉禾。上林春暖苗蔬放，閣道天迴雨澤多。主聖先能知稼穡，時清况不見干戈。占農應表豐年瑞，喜贊康哉叶帝歌。

九塞清塵北虜款貢，遼東奏凱

甘泉烽火息飛烟，喜見邊氓緩帶安。日照龍沙臣突厥，霜清雁塞走呼韓。金戈洗向天河净，鐵馬驕騰瀚海乾。從此恩威收一統，虞廷干羽漢衣冠。

百蠻歸款南平粵嶺，西定都蠻，交趾、暹羅補修缺貢

聖皇端拱御神京，南粵西梁次第平。舞羽已知夷類格，獻琛

仍見海波清。周成自合來重譯，漢武何煩黷五兵？共識帝圖天廣大，萬年一統頌明明。

游天寧寺

祇園幽勝傍郊聞，集雁林中幾刹分。錫住縈回仙子屐，花飛忽悟法王文。岩嶢寶塔懸遲日，寂寞瑤琴鎖凍雲。坐久塵心應盡却，一餐佛供飽清芬。

賀太夫人壽

天書重見下天庭，露滿萱花瑞液零。占鳳自榮飛蓋皂，助熊人重伏蒲青。春來弱海傳瑤草，老去漱山映婺星。歲歲上元張帨日，萬家歌管慶仙齡。

賀封君隱娛

汝水王門吏隱名，風流誰不羨劉楨。鹿車共御人偕老，雞樏縈傳客自傾。玉樹久高霄漢望，彤襜新映彩衣行。小山鴻寶翁曾著，顏駐桃花代幾更。

祝太夫人壽

武林仙宴起雲謠，疑駕班龍下碧霄。太白精堪歸壽母，小秋望自起清朝。恩依魏闕回鸞近，夢入錢江泛鯉遙。聞道桂峰家故在，漫餐靈實歲迢迢。

送詞臣還里

七年載筆邇龍顏，此日潘輿荷寵還。初着錦衣過故里，已裁玉版付名山。征帆夜渡三江里，魏闕晴看北斗間。莫戀慈歡君佇望，回車早綴漢廷班。

賀師相

沙堤遥接鳳城陰，上相朝天緹騎臨。官殿春風搖珮玉，姓名曉日照甌金。寧誇明主恩霑異，總爲蒼生望繫深。身起一朝纔十載，功成畫像到于今。

賀太夫人壽二首

旌幢笙管引桃紅，前舞歲星鸞鶴中。翠水真看歌梠母，丹顔却笑説笘翁。仙由桂裏孫枝露，帝闕蒲生諫草風。春到滄洲多瑞靄，誰將五色補天工？

瑣闈乞得帝金莖，次第重堂獻壽行。百藥早因丹龜字，一橋長伴赤松盟。千年碧藕瑶池宴，一日芳蓮陸地生。自是林門高十德，紫泥幾度濕柴荆。

送使臣册封秦藩還里

桐圭朝下使華分，建節秦關祇羨君。玉珮夜搖涇水月，仙旌晴卷翠山雲。萊衣正際還家會，宮綺偏宜獻壽勤。況是登臨多勝覽，錦囊應貯有雄文。

送詞臣封藩二首

仙班暫輟捧圭桐，河樹嵩雲入望雄。可是梁游人再見，況逢郢手調逾工。璇源故出諸藩上，茅社今分四岳中。想到平臺開宴處，揮毫彩色射長虹。

絳節翩翩出玉除，介圭遥布展親書。笄山馬度觀風後，滱水旌過愛日初。王邸自誇陳醴酒，里門人羨下輶車。行看華頂留仙露，携向高堂侑彩裾。

賀劉使君翁母雙壽二首

山城曾借下帷賢，未相江都博士年。廣袖自翁長玩世，高臺何國更思仙。齊眉幾拜鸞書命，皓髮雙開兔苑筵。雛鳳凌霄家訓在，兩分符竹一蒲鞭。

耄齡莫道鳳書遲，歲歲桃源雨露滋。尚憶垂弧乘是鹿，將因卜獵兆非羆。髮長自妙黃庭術，心逸人高白社詩。千里小秋秋獻壽，雁飛遙寄彩衣思。

送給諫還里

瑣闥當年好丈夫，歸來六十鬢還烏。蕭疏自詫田園興，抗直人高社稷謨。敞宴斑衣森玉樹，稱觴春色靄蓬壺。如君名遂身先退，誰獻輕舟范蠡圖？

賀明府生嗣二首

聞道神駒產渥洼，封人拍手喜無涯。角麟種種來天上，雛鳳翩翩集世家。北闕塤篪偕奏績，南燕椿桂并生葩。慶源自爾長祥發，弗履方升似日華。

琴堂日午韵方清，忽報萱庭玉蕊生。紫燕珠含溥水白，丹芬桂吐寶莊明。榴房已□〔一〕熊羆夢，蘭笋能符橋梓情。池上鳳毛天路近，佇看搏翮入蓬瀛。

祝比部三首

爽鳩分社遣鴻儒，名震雕龍列大夫。似向天孫探玉策，因逢帝子授金符。營丘賜履宗非呂，表海聞歌客是吳。雲起封中瞻練浦，日升島外眺蓬壺。

北堂喜見張旌過，東觀曾懷搤臂呼。六甲萱花開壽兆，千齡桂食奉康娛。綸宣鳳沼需賢急，節引魚軒報使俱。欲識往來飛傳處，奎光遙夜指方隅。

弧南遙夜爲誰光，八十仙翁舜子鄉。皂蓋昔來隨瑞雁，斑衣今去舞神羊。張筵地可通蓬島，卜獵人爭似渭陽。況是樵川流化在，陰陰春滿邵家棠。

游寺中偶成

選勝西郊次第聞，雁堂鹿苑路頻分。□□遠岫歸仙子，花落高天悟梵文。塔影漸遲籃□□，鐘聲常宿檻邊雲。忘言坐覺塵心静，法供堪餐飽素芬。

送周儆庵少司成之任留都

輦路春明柳色妍，南廱新詔簡才賢。名儒共羨今楊縮，良史還推舊馬遷。署近鍾山王氣在，望留燕闕帝心縣。夔龍事業應先卜，隨下徵書自日邊。

送詞臣封藩

桐圭遙捧弩前驅，宛葉封當天下樞。總爲宏詞傾盛代，偏將絳節使名都。隆中隴畝龍藏見，潁上樓臺鳳有無。去采風謠還旆早，橫經白虎待鴻儒。

賀壽三首

荷衣臥度古稀年，象應弧南啓壽筵。鶴髮餌銜滄海日，鳩官珂散秣陵天。栖遲顏駟今垂白，寂莫楊雄故著玄。怡老堂開將進酒，竹吟花笑倚堂前。

見説文章重國華，錦標高譽已傳家。漢朝世業金難比，周谷賢人玉可誇。日近許誰攀桂樹，時平偏自臥桃花。當年肺石留聲處，雲擁鍾山碧映衙。

秋風萬里彩衣心，獻壽遙將囊賜金。恩羨碧山歸後露，道行丹幄講前霖。闇高駟馬容猶古，機息群鷗狎至今。他日扶筇聽勝事，甌名喜慰萬方深。

壽陳宮允封翁四首

荷衣臥弄鯉湖烟，象應弧南啓壽筵。丹駐鶴齡蓬島近，名高鳩署秣陵傳。棲遲顏駟今垂白，寂寞楊雄故著玄。怡老堂開將進酒，竹吟花笑倚堂前。

抱策南來謁聖明，錦標誰復似高名？少翁業自傳經起，元亮身堪解綬行。一徑幽居清菊滿，千齡初度陸蓮生。海陬端聽金甌報，扶杖逍遙樂太平。

萬里秋風萊子心，侑觴遙囊御前金。靈株歲老仍承露，神翼淵潛自作霖。肺石仁聲占駟遠，滄洲野興狎鷗深。山中若問經幃上，聖主虛懷惜寸陰。

先帝羅才事尚聞，同升人自憶家芬。敢將慕李稱文舉，曾以交班望子雲。駒谷空遙南浦夢，鳳儀幸接北門群。因鴻欲寄金莖露，爭似壺山五德雲？

送詞臣出使

詞臣銜命出蓬瀛，驛路潘輿負弩迎。北闕遠分熊繹社，南游爭羨史遷名。雪傾郢里歌中藻，風采湘人佩上蘅。莫戀庾樓秋夜月，金華虛席計歸程。

賀六十壽五首

早歲懸車學采蘋，年來六十倍精神。長生自妙餐霞術，直諫時推許國身。壽宴每逢元節近，春光偏映舞衣新。獻圖莫羨輕舟客，名遂如君世幾人。

綺筵春色照龍山，丙子堯年今再還。和露金漿堪自酌，倚雲玉樹許誰攀。鳳銜魏闕青綸好，鷗伴滄江白髮閒。狼北一星奎共燦，舞衣纔下石渠間。

單父何誇花種神，由來樹德慶駢臻。開先金蕚徵如約，傳後檀根色轉新。竇氏桂芳堪共咏，王庭槐兆總同倫。春明雨露天邊潤，更見奇葩獻瑞頻。

鷥回仙綬拜恩榮，鶴擁霜姿喜氣橫。總以和熊成大樂，遂將鳴鳳起高名。朝中尚記如丹疏，杞上重游太白精。一曲鵲歌堪日娛，何須音奏許飛瓊。

武林仙宴起雲瑤，疑駕班龍下碧霄。老蚌世堪誇壽母，爽鳩人自重清朝。恩依魏闕回鷥近，夢入錢江泛鯉遥。家望桂峰靈寶在，天香應接壽觴飄。

賀　壽

琅函鏐綺下西清，幄賜馳將獻壽情。豈謂桃源仙迹遠，猶霑楓闕帝恩榮。三槐有兆頻傳綬，八瀨無心自濯纓。若夢金華承輦處，一經身佐帝欽明。

送師竹丈省覲還汝南二首

離亭呼酒紉蘭芳，有客南趨拜北堂。溮水不勞筒泛遠，峴山爭羨弩驅光。幾人載筆飛清夢，何處升軒摘紫房。總是銜恩深侍從，閑居莫道似潘郎。

頭黑金章已謝身，連枝庭樹玉嶙峋。鷗潯日永開仙宴，虎觀星遥過使臣。盛世豈安叢桂隱，長齡應駐碧桃春。斑衣報道朝廷事，帝夢非熊訪釣綸。

送陳玉壘二首

十年黃閣絲綸地，一疏懸車白碧寥。相業盡歸滄海貢，岩居久謝紫宸朝。魚龍日隱西江冷，薜荔烟含北渚遙。共喜賜金同二傅，未將家世遜三堯。

綠野堂前景自饒，錦川臺樹接烟霄。辭天身臥滄江晚，捧日心懸魏闕遙。優詔遠頒蒼玉杖，壽筵還奏白雲謠。謝安未便東山老，三殿徵書早見招。

賀王師相壽二首

爲羨豐山德隱家，年偕六甲鬢初華。人從鳴鳳看遺穀，身以懸鶉拜賜麻。日近許誰攀桂樹，時平偏自臥桃花。鹿門縱有流光者，那似親逢慶未涯？

鳩仗高堂六十同，明時又見鹿門公。羽衣漫飲丹丘露，瓊樹遙生白簡風。浮蚪宴開三徑里，回鸞恩下五雲中。乘驄此去將皇澤，全勝添籌碧海東。

致綉衣使者

嚴陵舊泛一魚舟，采掇汀花幾度秋。鍊骨忽聞玄鶴去，遺經還見玉麟游。鳥傳御綍歸仙島，駞宴瑤池望帝州。天上于今高綉斧，恩光常映霧山頭。

壽督撫太夫人

旌旄揚處靜江濤，雨露春深萱樹高。熊軾尚疑熊膽在，鳳冠幾拜鳳書褒。蒼生夾道迎三獨，白髮當筵問六韜。想到舊畿新令下，萬家歌舞奏雲璈。

送師竹丈省覲還汝南

寧親有詔下丹霄，聖主恩深侍從寮。闑外榮看驅弩近，津邊夢憶泛筒遥。萱花雨露年長駐，桂樹烟霞侶蹔邀。婺接奎躔光燭汝，彩衣應渡月明橋。

送沈少宰公省親

山公何事擁征輪，省覲新恩下紫宸。五色龍章青玉案，百年鶴髮白綸巾。前星座上稱賓客，南極光中見老人。聞道金甌消息近，還朝携取錦堂春。

送使臣二首

躍馬初賡上苑詩，秋風銜命出彤墀。地雄控海吳陵郡，人羨專城弱冠時。解艦雲亭過里近，襄帷天日眺州遲。君行莫謂違朝省，漢帝今將試望之。

爾焚諫草數相過，暫遣殊方意若何。帝德不緣通日域，使槎寧許泛天河。避船水怪驚龍節，繞髻夷王拜玉珂。聽説永懷堪慰藉，鯨鯢今盡海無波。

賀封翁壽四首

隱翁家傍楚江濱，猶記逃名有釣綸。鶴髮幾逢堯丙子，鳳毛高唱郢陽春。官縑忽易荷衣舊，使節俄驚薛巷新。一望弧南懸瑞色，華堂應是進卮頻。

解組閑隨鷗鳥眠，雲司冉冉秣陵年。栖遲顏馭今垂白，寂寞楊雄故守玄。瀨上烟霞供老景，湖邊花竹媚秋筵。笑看瓊樹餐金液，誰識閩山赤鯉仙。

堯闕芝泥拜命重，瑞浮萱樹露溶溶。鳳占世自榮朱轂，熊藥人堪重阜封。贏得玉臺緱氏訣，鍊將霜髮太湖踪。瑣闥天上霑恩近，宴日蒲萄賜幾逢。

丙子堯年六甲勻，丹顔玄髮駐長春。名從日下高瓊樹，身向江邊老葛巾。螺泛羽觴仙醞好，鳳銜絲誥帝文新。況逢金馬歸持節，奎映弧南獻壽頻。

賀　壽

天上仙人種碧桃，年年花發照春袍。祥開紫極南星焕，瑞衍青陽北斗高。海島傳箋來錦字，蓬壺引樂奏雲璈。中興元氣需培植，一曲華封倒玉醪。

送楊玉巘南歸

留君不住送君歸，白玉堤邊柳拂衣。挾策雖驚雙鬢換，著書肯教壯心違？定應碧海摶鵬遠，莫向青雲路嘆非。三十六街花有約，年年春色白衣稀。

送鍾上卿歸里遷葬

十年江海憶鍾期，何事相逢又別離。官苑早桃紅絢錦，都門新柳綠垂絲。金章紫誥遷龍卧，玉骨青山起鳳儀。聞道忠臣皆孝子，五雲回首莫栖遲。

送吳義阿南歸

都門爲別情何限，一路垂楊兩岸青。十四年光勞往返，七千塵土惜伶俜。文章應璧輝南斗，事業從龍起北溟。回首曲江花萼下，綠袍香襲酒初醒。

送許太史海岳江西封王

海岳高人彩鳳儔，持封千里出皇州。巨廬詩草舒清抱，滕閣風烟壯遠游。史館只今虛左席，文旄何日返仙舟？一尊漫折黃金柳，明月相思十二樓。

送陳云浦令寧卿

清才抱器鍾吳岳，雅志從官歷海濱。三尺精神揮斗漢，九皋風韵動朝紳。花栽滿地弦歌動，柱砥中流事業新。莫向長安惜分手，太平天子重循臣。

送高西原令介休

十年交誼重平生，百里新封出帝京。花簇馬前看仗劍，柳垂鶯外送行旌。弦歌未許遲遷轍，台柱還期捷有聲。一別都門忍三疊，雲橫天遠不勝情。

送使臣三首

涇原遥望使星明，君去賢王擁篲迎。分社地臨周密子，乘軺人重漢長卿。華雲西控崆峒險，間氣東浮洛澗平。最是輶軒多勝覽，可能新賦兩都成。

寶契無爲屬聖人，雕輿出幸玩芳辰。平樓半入南山霧，飛閣旁臨東墅春。夾路穠花千樹發，垂軒弱柳萬條新。處處風光今日好，年年願奉屬車塵。

秋風萬里彩衣心，獻壽遥將橐賜金。幽蕙有年還被露，閑雲無意已成霖。仁留肺石天非遠，興澹壺山日轉深。若問細旃承輦處，君王側席禮儒林。

送使臣册封德藩

曉露新裁上苑桐，玉珂金馬度薰風。璽書忽自來天末，簡命遙承向岱東。千里皇華馳漢使，三齊宗社識楊雄。此行陟覽多奇迹，誰共談天碣石宮？

松泉路翁初度

四朝耕鑿樂堯年，聊玩盈虛學計然。薜荔爲衣非隱逸，蘭蓀繞室是曾玄。爭誇鶴髮顏長駐，不識鳩笻步若仙。七十稀齡猶矍鑠，嬰兒單豹美難專。

賀冢宰二首

上卿崇望九重知，翊贊忠勤退食遲。籌國不遑勞啓沃，卜鄰何幸奉光儀。況逢玄鶴呈祥日，正值飛龍御極時。最是瞻依山斗近，爲翁一頌武公詩。

文犀爲帶鶴爲衣，曳履聲常步紫微。揚歷有年資黼黻，縉紳無數仰容暉。桓彝在昔稱衡鑒，杜預于今總事機。白首丹衷恩寵渥，請看勛烈勒常旂。

送趙太史使封吉藩

桐圭千里拜王言，玉署朝辭向楚藩。詔重頒封新捧節，名高射策舊臨軒。旌過瀫水鄉雲碧，棹擁湘江澤草藩。須憶堯仁先睦族，誰云漢使訪河源？

送劉衡野年丈册封周藩

仙班暫輟捧圭桐，河樹嵩雲入望雄。可是梁游人再見，況逢郢手調逾工。璇源故出諸藩上，茅社猶分四岳中。想到平臺開宴處，揮毫彩色射長虹。

送田太史使封淮藩

紫詔煌煌出鳳城，文星偏傍節星明。石扉暫輟青藜直，桐葉遙頒赤社盟。擁棹龍橋鄱水白，還家梅雨劍津清。漢皇坐待相如草，莫戀庭歡滯使程。

賀沈太史封君壽

初來抱策謁龍宸，誰似名高奪錦人。韋氏黃金功捧日，陶家白石醉收春。蓮花陸地逢弧度，桂實三秋薦谷神。他日鳳池絲竹響，普天歌舞祝靈椿。

送宮詹馳驛省親

十年帷幄帝王師，優詔寧親遂所思。彩服預裁程去日，金甌停卜待還時。郵亭駐問中原隱，秘殿敷陳上聖知。見説渭川垂釣叟，可曾觀子佐雍熙。

賀太夫人壽

柏舟賦罷強加餐，自許孤芳度歲寒。白首纔逢新鳳誥，黃門猶羨舊熊丸。堂開彩服春方麗，宴啓瑤池景未闌。況是侍臣恩賜渥，蒲萄頻見奉慈歡。

送邊臣還里

鯨波曾見集旟才，頭黑承恩税駕迴。蘭玉幸逢明主識，薏珠堪笑路人猜。鹿車御處雙筵敞，鸞綍飛時五色裁。遥望弧南占瑞彩，望中東壁近三台。

送親藩就國

星移玉署君行使，露灑金枝帝建侯。周室土田申伯邑，漢家辭命馬卿游。顧廬業去岡猶在，置堰人遙水自流。知有錦囊收勝覽，憑車一賦汝陽秋。

送詞臣封藩還里

詞臣捧詔出楓宸，況復承歡度七閩。津樹影搖江水綠，汀花紅映錦袍新。一函桐葉傳王命，千里星槎展帝親。歸去龍湖娛彩地，應思鳳闕待宣綸。

題畫馬

天房弄影素綃中，髣髴開元錦繡踪。映電姿堪超赤兔，生風鬛欲友蒼龍。幾年渥水嘉禎出，今日沙丘異相逢。聖代八陬皆息駕，游林嗅草任從容。

送邊將南征

楊花萬里點征裘，南望羅浮是惠州。世態徹屏雖落魄，君才題坐亦風流。明廬故說嚴生厭，召邸終難季布留。可信青萍龍氣在，暫漫一割未須愁。

送明府

璧水蕭條但一經，春風送爾又屏星。誰將薄宦憐淹驥，自是孤操任泛萍。望入蜃樓窮赤縣，夢回鵝列傍青冥。離歌莫道天涯客，海嶠兵氛近已寧。

咏園檀二首

檀心舊號百花王，今日園林見彩妝。不爲繁華稱富貴，能隨造化顯禎祥。地靈故托仙根閟，世遠翻徵手澤長。最是王槐鍾慶久，于今奕葉譽琳瑯。

露液春陰映彩樊，花王喜見百苞繁。瓊華不爲爭芳艷，仙種還看毓慶源。物應地靈先瑞氣，情含國色自無言。于今玉樹凌霄近，會睹恩綸暉曉園。

携游寺院偶成

玉粲才名天下聞，郊游珂自石渠分。鷟臺乍眺烟霞勝，鴻筆俄成錦繡文。和曲我慚難白雪，追歡人羨附青雲。非緣袛樹饒佳興，十載蘭交意氣芬。

初夏即事

祝融纔着火龍鞭，麥熟梅黄景在妍。見有野虞傳詔下，誰將官籤拜恩偏。晨朝乘月凉堪襲，午坐因風暖尚便。最念窮閻仍宛喝，薰風願入聖明弦。

祝翁七袤

共祝椿齡綺宴歡，八千纔向七旬看。雲邊製芰尋鴻泮，日下抽毫起鳳翰。瀣氣曉收滄海近，恩波春映武陵寬。疑翁舊托穹窿迹，閱世于今尚桂餐。

詞苑即事

秘館清虛切紫宸，涕緗萬卷集儒珍。青藜色映奎文古，彩筆光迎斗氣新。此日螢窗勞汗簡，他年麟閣侍絲綸。願將謨訓酬明主，不擬夔龍不道身。

送使臣

提封宛樂總雄都，手捧雙圭負弩驅。一賦雪園誰麗藻，重游蘭坂自清娛。隆中隴畝龍藏見，潁上樓臺鳳有無。千里輶軒過太史，采風歸擬奏唐虞。

題南昌高氏牡丹

池館春暉雨露滋，仙英又是毓祥時。不同凡種爭葩艷，獨向名園絢彩姿。人杰故看花發異，地靈應有氣先知。披圖霞綺神光合，誰道王槐事足奇？

壽何侍御父母

西山耽臥久忘機，纆事東游又念歸。家望烏臺高玉樹，身承鳳誥脫荷衣。三冬宴對寒梅麗，雙壽庭看白髮稀。疑是鹿門人尚在，清時始得拜恩暉。

送詞臣封藩

偉長銜詔下遙天，不讓浮湘太史遷。桐葉遠分黃子國，彩毫高和郢人篇。花明夢澤迎瑤節，月滿荊溪待錦韉。聖主好文非漢代，茂陵安得臥才賢？

賀太夫人壽

鸞引仙幢桃獻時，歲星捧婺映瑤池。歌謠此日兒真楫，洗伐何年嫗幼笤。種桂家聲三葉見，伏蒲氣士九重知。天從補後多甘露，灑到滄洲景正遲。

迢遞滄江樹影陰，片雲縹緲寄遐心。漫疑隱豹元非霧，堪信從龍便是霖。藹藹常凌千仞起，霏霏不受一塵侵。他時捧日中天麗，鳳翥鸞翔耀古今。

曉飛仙綍下龍樓，寵錫嚴陵一釣流。鍊骨久聞玄鶴去，傳經還見玉麟游。遥知紫府春方到，無奈斑衣日已幽。天上于今高綉斧，恩光常映霧山頭。

耄齡一爲拜綸絲，訝似桃源雨露時。自以垂弧乘是鹿，誰于卜獵兆非羆？花溪社結襟偏達，薤嶺經傳髮已奇。千里小秋秋獻壽，夢飛應道雁飛遲。

十年經席帝王師，優詔寧親遂所思。翠幄慚辭程去日，金甌懸卜待還時。留心爲訪中原隱，造膝應陳上聖知。借問渭川垂釣叟，可曾觀子佐昌期。

山龍需補舜裳成，斑彩猶懷萊子情。愛日總堪娱白髮，匡時誰與寄蒼生？纔收沉澀浮觴薦，轉覺風雲趣駕行。還到沙堤宵入對，天顏喜見泰階平。

壽林母二首

門外十德姓仍林，玉樹孫枝映日森。鶴髮彩班猶子舍，鸞鞸環珮更仙臨。蘭陔夢逐江雲遠，芹饌香携掌露深。何事柘湖春似海，墨飛花掖盡成霖。

桃宴笙簫鸞降時，婆娑笑顧歲星隨。飛觴自驗兒歌楫，鍊骨誰逢嫗問答。桂樹丹能開奕葉，芝泥紫漸濕高枝。伏蒲霄漢家聲在，補後天青四海知。

致給諫

昔年曾識起寒微，一日沙堤策馬肥。曉色封章趨紫綬，春風論道侍黄扉。參差宮殿開皇極，迢遞河山拱帝畿。聖代只今誰作雨？蒼生久矣重瞻依。

春日漫興

尋芳何事馬遲歸，戴月花前夜扣扉。遠徑叢篁陰乍轉，傍堤古柳綠初肥。雲深曳履回青瑣，日暮垂疑向紫微。回首上林春不盡，瑤枝玉露復霏霏。

題　兔

薊門朔氣滿沙場，野曠秋高塞草黃。跧伏自矜遠矢害，環山寧避逐盧將。長鬚趯趯形多狡，赤目爰爰力最強。絕勝周家西囿闊，縱民羽獵不相傍。

壽夫人

武陵仙宴奏琅璈，南極輝連婺女高。織履隱曾偕北郭，剪鬚名又起西曹。將飛魏闕回鸞紙，且夢錢江寄鯉濤。聞道桂峰家甚近，好餐靈實勝冰桃。

致詞臣居里　四首

階蓂七轉帝京春，漢綬慚嬰薜荔身。紫府鵷鸞天上狎，碧山猿鶴夢中頻。試憑霜刃能裁水，須信冰壺不染塵。寄與池邊鳴珮客，扁舟非是爲鱸蓴。

頭黑金章早謝身，連枝庭樹玉璘珣。星遙火觀過封使，日永鴛湖臥釣人。盛世豈容叢桂隱，長生已駐碧桃春。班衣報道朝廷事，帝夢非熊訪渭頻。

采藥逃名名已尊，韓康今代隱吳門。星遙虎觀過封節，月滿鷗潯獻壽樽。桂樹雲霄高世望，桃源雨露是君恩。君家染得仙花在，榮向榴房見子孫。

帝憶韓康采藥游，紫泥遙下五湖頭。赤霄一起池邊鳳，白髮閑隨海上鷗。里望使星過彩服，觸沾仙露映滄洲。花王本屬君家染，頃刻開時午是榴。

送詞臣

蠶叢卜世帝恩長，玉壘珠江帶礦光。載筆暫韋金馬署，飛旌遙度碧鷄鄉。檄宣茂德邛都外，銘著奇游劍閣旁。無奈錦城天萬里，清秋華月兩相望。

侍駕出郊

銀河南渚帝城隅，帝輦平明出九衢。刻鳳蟠螭凌桂邸，穿池壘石寫蓬壺。璚簫暫下鈞天樂，綺緞長懸明月珠。仙榜承恩爭既醉，方知朝野更歡娛。

聖時何地有非熊，晞髮方岩見釣翁。自便野衣鶉結後，忽驚恩綍鳳銜中。舞班夢切蘭香省，張宴人遙桂樹叢。歲歲弧南懸瑞日，蟬吟菖笑媚秋風。

送明府

垂雲雙翼阻青霄，遠佐飛鳬下古樵。雨洗綠林春散冠，花生采燭夜平徭。公庭訟簡苔痕遠，牘案琴清鶴夢饒。德化十年隆報典，烝嘗千載震明朝。

送使臣

仙詔遙銜下玉堂，孫宏第一漢賢良。毫濡竹苑仍游洛，業剪桐山又賜唐。玉節占星榮負弩，金莖沆露羨稱觴。輕軒雙御鳩笻在，誰賦雛飛四牡章？

挽　詩二首

嵩少天邊毓哲賢，最聞英望舊翩翩。督儲聞賦南曹重，持養封章北闕傳。人瑞未逢躋白首，帝恩猶見賁黄泉。無歌晞露嗟遺老，籌畫功留石室編。

嵩高忽莪〔二〕誕賢人，籌國忠勞竟致身。持斧西臺原勁節，督儲南署總材臣。庭留國器椿先老，墓帶皇恩柏尚新。叙迹最憐晞露咏，直聲應見耀麒麟。

壽王太宜人八十

光碧堂前玉樹春，戴勝門辟萬年塵。山河有美龍章赫，冰雪從看鶴髮新。舞彩仙仙霞共舉，腰金剡剡日重輪。遥瞻南極星光滿，只候中恒執法臣。

送詞臣歸里四首

使者仙槎出帝京，天涯芳草迥含情。青藜暫綴絲綸直，赤社重申帶礪盟。江上花將蘭作佩，郢中曲擬雪爲聲。明時簪筆應相待，未許文園臥馬卿。

建節南游羡偉長，當朝太史又浮湘。五宗漢社新分赤，百里周封故介黄。歌雪郢中飛藻麗，采風江上佩蘭芳。荆溪莫作文園臥，聖主隆儒泰道光。

星遥虎觀過詞臣，衣舞薰風獻壽星。玉節似傳青鳥使，金章難絆黑頭人。庭前樹發連枝寶，臥處萏深滿徑春。見説時清招隱士，可能叢桂遂閑身。

才子臨川天下聞，詩題新句紺園分。何如鄂寺烟霞地，又得王家錦綉文。和藻我慚難白雪，聯鏕人羡付青雲。興饒不爲株林景，十載蘭交意氣芬。

壽明府太夫人

長庚遥夜燭張星，況是循良奏漢庭。鷄色萬家歌製錦，鳳雛三世羨傳經。日長棠樹陰偏綠，雲靄蒸枝色轉青。爲問華堂湯餅會，何將孔釋玉驂停？

題玄兔

奇毹黑毳效嘉禎，北極蒼蒼轉玉衡。搗藥仙宫清影下，騰輝素練黑華明。千年毓秀餐靈杞，五德呈祥應水精。玄圃從來多上瑞，相將青鳥到蓬瀛。

遼東奏捷賀邊將三首

金袍製字寵梁公，何似明時靖虜功。祲氣盡銷青海外，恩光長駐錦堂中。醪投漢壘歡超距，凱奏周詩宴睨弓。莫羨里門傳盛事，麒麟閣上畫圖雄。

垂身麟綬兆非常，戎輅東來錫金光。毳幕聞風空朔漠，牙旗帶露駐遼陽。酺分鶴陣軍容壯，箸運龍韜廟算長。一代勛庸青史在，聊將殊遇紀華堂。

漁陽今受虎符專，爭憶行營宣諭年。聽履聲名懸魏闕，鐫銘事業待燕然。麟袍幾見轅門賜，燕頷終看册命傳。爲問舊游沱水上，一編曾似汜橋前。

咏庭松

清都衆木總榮芬，傳道孤松最出群。名接天庭多景色，氣連御闕借氛氳。懸池的的停華露，偃蓋重重拂瑞雲。不惜流膏助仙鼎，願將楨幹捧明君。

家聲憶昔肅皇時，春色同攀次第枝。慕李敢邀文舉譽，交班原負子雲知。夢依桃洞看龍臥，身傍蘭臺望鳳儀。欲祝芳筵筵自遠，問天佳氣鬱遲遲。

題《白鹿圖》應制五首

鹿鳴清燕敞文昌，新賀勞書奏建章。帝爲股肱飛寵數，天將胎卯應仁祥。銜環重自西池上，夾轂行依北闕傍。見説三銓懸水鏡，今宵映彩是瑤光。

東銓水鏡映星辰，望入瑤光散彩新。帝爲股肱褒最績，天將胎卯應深仁。銜環似作金方使，夾轂能迎玳宴賓。江漢遠徵麟趾兆，毓祥今日見麕身。

文昌署接斗垣齊，少宰書勞拜紫泥。階下舊馴王母鹿，宴前新獻孟孫麑。陽居大夏靈偏孕，苑似宜春宇尚題。五色光輝徵壽象，功成仁壽世同躋。

荊南尚憶永平時，六緯精呈麌麌姿。鄉起碩臣匡政宰，國占靈物見銓司。班毛每拂薰風藹，玉角長合湛露滋。主聖相賢卿貳協，太和還有鳳來儀。

鹿鳴敞燕鹿麕生，此日嘉賓報政成。官自天曹通化育，瑞鍾聖代兆勳名。呦呦豈食苹芩野？濯濯曾餐沆瀣精。旦暮三公符慶卜，仙姿長映畫輈明。

贈王隱君

雲海瓊仙振舞遥，烏紗新伏馴丹霄。晨來白鶴觀三島，夕倚青山對一樵。日永槐亭深落轉，風翻拜砌異香飄。大椿未許輕搖落，會見滇桑幾度雕。

送沈太史使封秦藩

連廬東觀侍丹宸，忽擁皇華遠去秦。玉節遥聯開樹色，銀珂漫蹋漢郊塵。天潢拜詔飛微册，藩里瞻恩勞使臣。佇看歸來謝明主，金鑾特召奏周詢。

有所思

絳帳分携三月餘，迓來封定更何如？天方砧響閨思碎，夜邸燈寒襪子疏。金蟾應堪驚織杼，玉裳計已駕行車。開山今夕知安次，長攝詹帷重起居。

慶成宴恭述

翠華縹緲五雲中，開宴蓬萊第一空。高燎精禋嚴上帝，大晡德澤遍群工。歌聲輕履花間鳥，舞仗低回水面風。一曲升平觀既醉，湛恩推與萬方同。

壽閩海陳翁

酡顏華髮映金章，怡老歸來綠野堂。石室梯邊棋作伴，木蘭陂底棹相將。一經抒百觀承幄，兩世橋魁亹繼芳。天上桂叢紅日倚，壺中歲月正初長。

承天門候駕

帝若命居太乙壇，禁門環珮集千官。紫虛縹緲聯銀漢，黃色氤氳轉玉盤。十里和風開輦路，九成仙樂遇雲端。祈靈迴馭朝元處，拜舞蹌蹌夜未闌。

三月三日修禊

右年瀟灑迥無塵，上巳尋芳鏡水清。修竹茂林傳勝事，浣蘭被禊憶前人。乾坤恍似成陳迹，風日清和及暮春。今日花池良宴會，一詩一咏樂天真。

清明隴上

春郊十里揚輕烟，寒食東風送紙錢。何處山堂依古木，誰家游子騎花驏。杏花沾露胭脂濕，柳氣迎風翠帶牽。無限英醾已塵土，鷓鴣原上怨啼鵑。

送魏司訓之盧氏

玉柳陰陰夾鳳城，一尊西送廣文行。青雲壯歲鵬飛夢，伴水儒冠豹隱名。有帳人看師道重，無氈自覺宦心輕。地臨伊洛流風在，爲向源頭訪二程。

送范太史使封榮藩

丹詔金函出漢宮，客星飛度沅城東。石渠帝使新持節，楚甸天潢舊翦桐。劍氣橫車過故里，湘流擁棹問遺風。明時擊壤歌堯德，爲謝桃源避世翁。

送蕭守之泰州

刺史分符出上京，羨君初命已專城。枕江地重吳陵郡，脫穎人高弱冠名。紆錦漫過牛嶺近，褰帷一望雀湖平。誰言長倩違朝省，試政懸知漢主情。

壽袁進士母

聖代誰高截髮名，江陽詞賦有袁宏。看花忽憶浮山色，投竹翻留易水情。人望靈蛇鍾大澤，宴傳青鳥足長生。最誇懸帨恢台日，正是泥金報者行。

挽母就輿歌四首

夫貴黃堂子玉堂，事傳彤管令名香。六珈早際風雲會，五鼎重沾雨露長。淑靈今日宜含笑，行看旌幢滿路光。八尺冢碑書德行，萬年家廟薦烝嘗。

去去仙靈何所之，似游緱嶺宴瑤池。濬哲祥源身自啓，繁昌慶兆衆咸期。六旬燕婉留青史，三錫龍光下赤墀。鸞軿歸向高丘上，多少冠裳墮淚隨。

四德當年自拮据，福兼終始竟誰知。天因淑媛徵麟綍，帝爲親臣賜鳳書。穆穆清風垂列傳，葱葱紫氣繞玄廬。歸藏永攬山川秀，簪綬雲仍慶有餘。

帝聞學士悼慈親，天語春温寵數頻。仙去翟衣恩自舊，賜來鸞誥秩加新。帑金特爲塋阡發，宸翰遥將俎豆陳。盛世于今多壽母，榮哀幾得似夫人。

雪霽早朝

鵷班向曉日方春，雪斂晴光晃紫宸。雉尾寒侵猶帶玉，龍池暖拂欲翻銀。千官獻瑞歌皇德，萬姓祈年仰帝仁。朝罷天顏多喜氣，康衢重見咏堯民。

壽劉侍御父母六十

六十雙筵喜氣漫，高踪應共鹿門看。羽衣日映丹丘暖，瓊樹風生白簡寒。三徑曉開堪泛蟻，九霄恩下有回鸞。不須青鳥傳家慶，到處迎騘祝胥歡。

壽貢進士父代

手扶鳩杖狎湖濱，七十年過倍有神。驥穴已聞三組舊，鳳池又見一毛新。堂開白髮迎春媚，宴對金泥進酒頻。聖世恩暉周藪澤，瞿硎莫羨鹿裘人。

送習太史扶侍還廬陵

幾載抽毫傍直廬，陳情又見轉潘輿。一帆身渡三江路，百代名傳二帝書。勝覽喜逢秋爽後，恩暉爭羨晝游初。螺川此去承歡日，應念金華席已虛。

壽韓太史封君

綺宴初開祝大椿，八千纔度七旬勻。雲邊製芰堪凌鶴，日下抽毫共睹麟。澧氣近看滄海曙，恩波遙映武陵春。赤松莫羨穹窿迹，聖代還聞食桂人。

壽何官允封君

漵水閑居伴白鷗，笑看鳳羽玉堂游。傳家詞賦楊雄敵，解組風流謝朓儔。萊彩新裁宮錦麗，霞觴遙獻桂漿浮。最誇經幄瞻天近，恩綍頻飛雪驛頭。

挽喻司徒二首

奕奕高飛潢水邊，身徇王職事堪憐。抗言敢折廷中檻，算賦曾勞馬上鞭。人瑞未逢歆白首，帝恩猶見賁黃泉。無嗟遺迹歌蒿里，留炳勳名汗簡傳。

驥子銜哀草奏聞，弋陽誰不羨封墳。張平材始司邦計，祖逖星偏照豫分。懷舊孤阡空見月，銘功豐碣起侵雲。爲詢遺篋今何在，半稿還留上聖君。

送熊陸海左遷之浙中

南指征帆向武林，送君秋色倍蕭森。三桃巧搆悲猶昔，一璧難投泣至今。霄漢每懷仙侣夢，風塵肯易歲寒心？賈生時已明公議，應去長沙聽好音。

壽侯諫議母代

柏舟一賦事艱難，獨秉孤操度歲寒。白首纔逢新鳳誥，黄門猶羨舊熊丸。堂開彩服春方麗，宴啓瑶池景未闌。歲歲沾恩先侍從，葡萄幾賜幾承歡。

送趙諫議言事左遷之筠陽二首

欲靖官鄰檻敢攀，直聲俄頃遍人寰。言增士氣千年重，身感君恩一尉閑。不以江湖忘戀闕，肯將杯酒動離顔。沖皇忽悟孤臣奏，遥夜徵綸下鳳山。

同游四載帝城隅，肯比浮踪水上鳧。謇諤多君能請劍，陸沉愧我獨操觚。去看鐵石心終始，回憶雲霄夢有無。本是聖明旌諫者，一遷流譽滿寰區。

送張太史還豫章

抽毫幾載傍宸居，寵命新霑御板輿。過里自尋司馬柱，藏山人羨孟堅書。秋深野菊迎歸艦，路遠江雲接故廬。此去金鑾應側席，早還仙佩莫躊躇。

送沈少宰省覲南還八首

談經桂殿憶蘭陔，虚席東銓許暫迴。鳩杖笑迎金綺賜，鳳飛書向玳筵開。几旬未老顔長駐，六傳初停詔已催。南極星連魁斗燦，近看旋處即三台。

三月鶯花滿路春，旌幢遙擁望雲人。丹丘宴啓仙騎鶴，石室編成帝獲麟。鯢齒逐歌追雅頌，鯉庭餘緒足經綸。鄞江故是黃公里，聖代還爲太子賓。

丹山赤水隔塵囂，大隱何知度五朝。開洞忽傳天吏到，賜衣猶帶御香飄。眠鷗訝見門前轍，舞鶴爭聽宴處簫。莫戀庭歡頻上食，九重懸望鼎羹調。

鳳雛歸向鹿門時，身欲逃名名已隨。柳驛三春迎駐馬，花綸五色映盤螭。承歡爲報贏[三]清朝事，獻壽偏贏秘苑詩。遙想桃源仙籍里，隔溪人指帝王師。

左轄持銓百辟刑，新恩賜沐喜趨庭。帝心已屬良臣相，天意應延憲老齡。長羨芝泥沾聖澤，不須桂食效仙經。往來飛傳何時到，屈指堯階數葉蓂。

列鼎重茵未足歡，白華一曲解頤看。天衣早補龍文煥，月鏡晴懸鷺序寒。山嶠餐霞聞廣樂，海濱望斗見長安。王尊亦念王陽馭，只爲君臣際會難。

非熊漫説後車榮，那似斑衣拜上卿。愛日總看娛白髮，匡時誰與寄蒼生。纔收沆瀣浮觴薦，轉覺風雲趣駕行。還踐沙堤朝鳳闕，九衢歌舞賀升平。

温室沉沉啓御筵，鴻儒入對首諸賢。十年玉燭調堪驗，一代金甌望久懸。陟岵暫違星漢上，瞻岩翻向月湖邊。詞林祖帳賡歌盛，況荷提携尾細斿。

題少宗伯張公閑雲館時公方請告歸八首

迢遞滄江桂樹陰，片雲縹緲寄遐心。漫疑隱豹應非霧，堪信從龍便是霖。舒卷悠悠凌碧漢，去來皎皎映青岑。山間莫戀烟波好，捧日中天普照臨。

枕江高館碧嵯峨，檻外流雲澹宕過。花射金翹顏似笑，鳥迎翠蓋語疑歌。霏霏吐月穿晴巘，靄靄含烟接素波。對此釣游良自樂，先憂天下意如何。

蓋影新從驛路分，飛來南浦郁紛紛。高天幾作冥鴻伴，勝地遙栖野鶴群。起處林皋光燦爛，蒸時柱石氣氤氳。明良異日虞歌奏，卻羨閑雲是景雲。

閑雲飛處卜居誰，一代名儒帝者師。出岫纔如丹鳳見，還山又與白鷗期。明時綠野偏招隱，早歲蒼生正繫思。方脫賜衣裁芰服，蒲車遙夜下丹墀。

學士冰銜貳秩宗，名山業就紫泥封。板輿忽憶安仁賦，蒿徑將追仲蔚踪。帝自金華思啓沃，人從玉鉉望勛庸。停雲莫道閑無事，計日西江起臥龍。

鼎呂聲名黼黻才，廿年風節在芸臺。鷦鷯豈是鴟能嚇，鳳鳥元非鳩可媒。一出丹書仍自獻，再歸紫閣爲誰開。行藏真似雲無繫，抱膝看雲勝面槐。

翠帷講罷乞漁磯，金綺煌煌六傳飛。天意定教司馬起，人情翻羨季鷹歸。坐令五岳尊盤谷，行見三台屬少微。祇愛閑雲雲似畫，影中魚水是祥輝。

玉殿書雲問保章，賢臣隱處指何方。昭回北斗輪囷氣，直接南天杳靄光。帝子洲邊趨露冕，仙人館下眺風檣。共傳詔使玄纁到，端待山龍補舜裳。

送蕭以占太史使秦藩取道漢陽省覲二首

分茅殿上聽臚傳，雲色何如奏第年。刑馬又開金社國，獲麟纔獻石渠編。過秦論著西雍勝，張楚名推左史賢。虎觀橫經新命在，斑衣莫戀鯉庭前。

因君卻憶舊游秦，荏苒堯年十二春。竹箭蓮花應似舊，芝泥蘭檢幾回新。隙光過驥能無嘆，關氣猶龍自有真。父老倘詢前亥客，<small>余乙亥使秦，君今丁亥。</small>浮雲羞絆薜蘿身。

送鄒汝光太史使岷藩道出安成省覲

璇原一派海寰通，帶礪巫黔控制雄。百粵遙傳開赤社，三苗卻恐賜彤弓。文星陡耀隨天使，湛露沾恩出帝宮。歸覲螺川談聖代，玉璜有兆起非熊。

送季亦卿太史使韓藩

磐石宗盟麟趾傳，鳳銜馳璽下遙天。化行密國周文聖，風采秦聲季札賢。涇汭開筵王好客，崆峒問道吏如仙。旰衡洞見西陲隱，入對明光借箸前。

送陳給諫使魯藩取道爲太夫人壽

倚閭鶴髮望星軺，絳節東來拜慶遙。明主剪桐開大國，諫臣焚草出清朝。兩生乍見龜蒙社，六傳還騰燕喜謠。海屋籌占萱樹茂，天從補後露華饒。

壽楊明府重闈太夫人初度<small>二首</small>

雙鳧何處導青鸞，髣髴崑崙王母壇。百里桃花遙布蔭，千年桂實幾加餐。舞衣屢薦封中頌，留硯翻成宴上歡。他日伏蒲多諫草，柏舟流化苑葵丹。

萱庭日永鳳書來，疑是懷清又起臺。四紀冰霜彤管在，三春雨露綺筵開。鵠歌尚入鳴琴操，蠶織俄成製錦才。列宿輝光環寶斝，直從南極映中台。

送壺關閻翁還里

皓首蒼顔却杖輕，西還匹練御風行。莫言虺夢乘龍兆，争羡
鴒原孕雉名。百歲餐霞游翠水，三春裛露下金莖。疑翁舊是壺關
筏，爲問前星到漢京。

聖駕躬詣太廟時饗

律轉元冥曉色晴，蒼穹濡露篤皇情。夔夔舜孝陳嘉豆，穆穆
周雍薦特牲。椒苾香隨仙仗人，簫韶和共羽鸞鳴。秉文休烈思無
射，獨怵趨蹌有事榮。

王賓小行李翁春秋五十

年少吹簫上鳳臺，和鳴元是謫仙才。知非蘧伯心彌壯，養晦
朱公迹任猜。封詔舊傳蘭檢在，壽筵新向桂叢開。西還最羡乘龍
客，携得金莖露一杯。

七言絶句

賀　壽十首

弧南星映婺星光，占屬三衢見壽昌。疑是鹿門人尚在，鳳雛
方向紫霄翔。

芙蓉爲帶芰爲鈿，偕老丹丘不記年。忽見紫泥天上落，籛金
何似一經傳。

南州高士舊稱徐，畎畝雙栖樂自如。身在滄洲春色永，玄纁
幾度拜天書？

華髮緋袍矍鑠哉，崢嶸山下綺筵開。翩翩青鳥雲邊至，携得東銓啓事來。

壟耕莫道但遺安，今日庭闈冠并彈。寶樹亭亭巢鸑鷟，羽儀千仞式鴻鸞。

澎湖泛舸薦青尊，蘭檢函來帝語溫。見説山公塋賜杖，雙親那得并霑恩？

法服裁雲山玉京，仙漿泡露下金莖。山中若問朝廷事，鵷序澄清藻鏡明。

一封丹綍織龍文，來自仙郎署里分。想到信安張宴處，五花晴瑩柘溪雲。

偉長名譽擅中朝，夢指南山獻壽遥。自是天曹多雨露，椿萱應見等松喬。

燕詒功驗九流間，鍊骨多年已駐顏。他日樞衡三錫寵，相將玉佩映萊斑。

題　馬

莫論牝牡與驪黄，八駿名標目九方。此日未須行萬里，且抛金勒臥斜陽。

傳臚後自述

柏舟賦罷强加餐，自許孤芳度歲寒。白首纔逢膺新誥，黄門猶羨舊熊丸。

咏紅蓮 二首

綽約丹苞絢彩奇，重葩似發萬年枝。何誇碧藕瑶池事，金母筵開景正遲。

天機織出朵雲紅，簇錦偏依長樂宮。翠蓋叢英應有意，將於奕葉兆昌隆。

咏黃蓮二首

芙蕖裛露散清香，疊出金英百子房。映水霞標嬌欲語，總因慈極慶源長。

金葩玉蕊鬥輕盈，喜見重臺瑞萼生。自是璇宮多淑氣，名花應解奏升平。

漁　夫

數椽茅屋逐江開，樹色蒼茫入望迴。幽興何如簑笠者？得魚換酒雨中來。

雨中恰似輞川圖，極浦浮烟景已晡。舟泊野橋情獨得，青山常對酒家壚。

咏園樹二首

珠樹瓊花滿上林，亂蜂輕蝶漫相尋。仙葩自是非常種，贏得天家雨露深。

名花綽約笑東風，點綴春光奪化工。蜂蝶昆虫閑自適，繁華全勝洛城中。

歌　行

壽育華張明府太夫人青鳥慶萱歌

岩嶤縱嶺插金天，上有青鳥翔翩躚。銜篆頻爲列仙使，獻桃一度三千年。慶源堂上高萱樹，此鳥年年賀初度。餐霞仙媼笑婆娑，玉卮滿酌瑤池霞。徐開丹篆視何祥，總説張星映婺光。奎璧長庚紛孕秀，鳳麟代代兆家昌。二難崛起才名世，仲韞瑰琦廷對制。牛刀小試宰雞城，期月弦歌遍南冀。薦書卓異奏宸旒，第一循良史傳收。蘭芽疊見慈顔悦，况遇仙齡七十秋。七月中元介繁祉，萱堂瑞靄氤氳起。製錦真堪作彩衣，芰棠何必思苞杞。列鼎重茵設帨辰，三多頌祝洽封人。台背兒齒閟宫壽，泄泄融融燕喜親。再詢青鳥他年事，業借回鸞恩湑至。合浦藍田珠玉繁，丹霄踵武雲仍嗣。鳧烏春明覲赤墀，璽書特荷九重知。詔問育民應有道，對如臣母育臣時。政成入踐岩廊上，補衮芳勳天下望。無勞心動太行雲，翟茀魚軒長就養。

陽春歌

蒼龍之神來東方，和風煦煦盈八荒。漢家天子有六載，至仁霶濡恩瀊汪。渚山一作報春聲，百卉忻忻吐華英。律氣已看回燕谷，青陽更有鳴倉庚。長安城中多少年，鬥花走馬盈街前。共記明皇判柳杏，且傳内苑擲金錢。乳燕飛鳴繞屋來，輕花細蕚傍瑤臺。太液暖融翻玉浪，光煦宫闈照蓬萊。祈年應見樂三農，四郊土潤肇田功。會有省耕傳夏諺，且觀議貸來漢宫。艷陽正值采繁時，光風轉蕙荇甲滋。應調六氣歌皇化，共賦陽春咏聖釐。康衢散作萬家春，萬紀同春荷帝仁。鞏奠金甌箕翼永，泰階常正撫三辰。

送三司馬閲邊

十月邊城寒氣生，鐵鉦利劍鏗鏗鳴。天子臨軒修戎索，司馬分符塞上行。試詢黄鉞出何爲？同承天詔檢戎兵。單于稽首已受約，諸將整斾還建營。遥看司馬飛斾去，貔貅被練夾道迎。衛青剽甲雲中境，李廣傳析榆關城。長鋋錔鍛揮青雲，雕鞍白馬委紅纓。來迎司馬聽指揮，共說瀚海今澄清。三塞登壇召軍吏，問爾防邊奚戒備？充國才營千畝屯，李牧久收幕府楠。羆熊簡練試何如？郊原晴日堪馳轡。帳前矢石聲如雷，窮荒落日臨軍隊。烏鳶不下黃雲淡，林深野曠孤兔墜。馬渡交河水斷流，六軍咸抱吞胡志。部校能搏千金矛，健兒挽弩聲啾啾。赤繩奮係左賢足，白囊欲裹溫禺頭。將軍長跪報司馬，司馬論功賞勞優。朝蜚荐剡馳魏闕，剖符萬戶皆封侯。匈奴聞說內臣臨，貘漿簋筐來蹲林。塵起豺狼膽皆落，永絕牧馬南侵心。稱藩長願奉皇圖，百蠻九譯同獻琛。司馬歸來報天子，彤弓宴賚恩琅琳。不數嫖姚畫麟閣，且看方召嗣徽音。騶牙已兆重爍瑞，旄頭永寢穹廬褐。天山胥慶挂弓早，清穆堯封傳至今。

贈張真人

暢月祥飆拂綺筵，曉來沉溎入厄鮮。當筵漫數容成庥，身閱堯時六十年。借問仙踪胡至□？其間曾隱鷗夷子。驊騮逸氣慕燕臺，蟋蟀遺風由晉里。消息盈虛大道存，達人意適他何論。扶節曳踪多佳興，陸沉豈必避金門。浮雲世態無留臆，保真贏得嬰兒色。君不見連城之璧藏珉中，未遇卞和誰則識？

題《畫馬圖》

唐人畫馬數曹霸，筆迹韋韓相上下。今之此圖畫者誰？經營意匠稱流亞。星瞳月頰霜凝蹄，玉勒金羈錦障泥。苑草茸茸春正綠，趡趨騎騎堪標題。疑是天房頻降瑞，超光躡影種多異。又似千金買骨年，驊騮一日爭趨燕。君不見糞却走馬世有道，大宛流沙安足寶。況今英主御飛龍，寧少飛黃來服皂？

題龍駒歌行 四首

龍駒其一

御馬驅龍駒，言在鄭村隅。追風籋景汗流珠，君王用之援神都。敵騎欲乘擣虛便，壩上鼓鼙奔赤電。壯心肯避壘前箭，翹然歛玉嘶風戰。丹青狀若虹螭變，世作宗彝藏丙殿。吁嗟乎天下有道糞走馬，誰識衝鋒當陳下。龍駒桓桓風骨奇，九重顧此長嘆咨。

黃馬其二

御馬驅乘黃，靈璧乃戰場。金駿掩映金羈光，因風南下塵飛揚。帝策乘黃拯邦鯢，貔貅轉鬥黃雲結。馬亦權奇志雄杰，忍鏑欲佐君鴻烈。鴻烈襄兮上心悅，傳在尺幅種殊絕。吁嗟乎天山歸馬功冠古，由來汗血經營苦。千秋萬歲斯圖存，永貽聖子與神孫。

棗騮其三

御馬驅紫騮，營傍小河洲。怒掀絳鬐吸河流，蹀躞一鳴殺氣浮。殺氣浮來麾騎進，南風尚競頻衝陣。故是房星降神駿，一創不驚再愈振。國工承詔施芳潤，貌出沙場力奮迅。吁嗟乎一戰功高萬骼毀，寧獨此馬雙貫矢。功成迹向畫圖看，保功無忘建功難。

赤兔其四

御馬驅赤兔，摧鋒白溝路。紅文紫焰凌空步，行翼天皇奠天祚。南來組練百萬馳，矢石蒙翳徹上帷。馬中僕姑矯矯隨，帶血蘭筋健不衰。絹素拂寫意態奇，覘倈太書含靈姿。吁嗟乎赤兔騰驥世莫比，祖皇戡亂嘗誇此。今日和鸞清且閑，當年跨此白刃間。

題《玄兔圖》歌行

兔有二端素與肜，自昔紀在圖史中。獨此玄貌世未睹，狷我明時始再逢。文宣二朝稱極治，天瑞地符皆畢致。乃有茲物來獻祥，寶繪至今存玉笥。我皇慨然慕前烈，特詔畫師重染涅。墨花幻出玉衡精，奇姿迥與中山別。含章韜采稟太玄，分明素練凝蒼烟。蹌蹌怳似游虞日，矯矯還同舞鎬年。畫動生色憶丹青，秋卉葳蕤散碧英。靈根爛熳垂珠實，依花藉草何雍容。顥毫獵獵吹霜風，不知桂魄作何狀。髣髴墮自瑤華宮，披圖感嘆憶二祖，殷狼周狐安足數？由來至治臻殊禎，何用遙遙訪玄圃。

玉兔行

玉衡之星毓爲兔，歲千則肜五百素。煌煌兩瑞世稱奇，獨此玄珍古希遇。天閶嘉禎待聖時，文宣二朝嘗來儀。考圖按牒驚創見，還憑墨妙侍仙姿。輕綃點染含生態，馴伏青田轉堪愛。葳蕤秋卉散群芳，掩映鮮毫麗如黛。千年搗藥芳桂宮，一朝獻瑞肜庭中。杵臼宵閑窺晧魄，車書春會播皇風。由來玄畜鍾靈秀，呈祥常是昌明候。黑玉有鳥化商壇，黑章有獸游周囿。黑貌參之相後先，咏歌應續商周篇。我皇御厤萬萬禩，此圖永作宗彝傳。

散歌行

沙堤平平百姓寧，樓閣高高相勞征。宵衣旰食勤萬方，明登宴下奉君王。世人但知誇富貴，丈夫事業誰能量。君不見周公吐哺伊負鼎，要令斯世如虞唐。

漁父歌

何來風雨狂且驟，鼓浪掀天等雷吼。魚龍深藏不敢出，長竿細網安措手。維舟江上急歸來，前魚尚可沽新酒。

掃妖歌行

荒郊漠漠斷人走，疏樹蕭蕭陰風吼。一人跨蹇奮揚鞭，怒目勁齒何雄然。群妖前後戲大路，三三兩兩相逐纏。嚙尾揪耳苦進退，勢力縈縈何計對。從來却鬼能鬭妖，豈知鬭妖反所撓。聖代正值清明際，魍魎魑魅敢爾驕。一見羲和扶桑出，千魔萬怪自潛消。

二十八字詞曲

萬年歡

日

滄海扶桑，見羲和奉轡，晃漾蕩谷。晴轉紅輪，宛是赤龍銜燭。高御璇霄玗轂。抱戴儼、彤雲紛郁。再中散、五色靈暉，太平占應皇籙。　　開祥有俶。今明主當陽，臨照千隩。化景舒長，非待魯揮夸逐。彩應崑山若水。更多少、丹葵同曝。晞光遍、蔀域窮閭，寸陰猶對宸屬。

月

銀漢清虛，見纖阿執御，蟾桂初發。千頃琉璃，湧出玉鈎奇絕。徐吐圓輝皎潔。滿三五、嬋娟時節。祥花耀、璧彩金波，年年長照雙闕。　　麻徵迴別。應昭代長秋，流化無缺。佇現重輪，嘉慶普天同悦。影内山河永列。對階下、仙蕨舒葉。姮娥薦、萬歲靈丸，向君王壽筵設。

應天長

風

鵬搏淑候，虎嘯佳期，瑞籟向青蘋起。卷霧驅烟習習，飄飄拂瑶阰。聽音寂，芳條里。五日叶、嘉禎堪紀。虞琴漢筑，入歌時，天顔欣喜。　　巽命八方被。獻賦稱雄，聖化前希比。玉琯和調占貢，還多越裳氏。箕星燦，莆蓂美。扇至德、普天遵軌。萬載銅烏，報麻祥，豐亨泰祉。

雲

龍噓出海，鳳翼騰霄，奇靄萬方争識。非霧非烟玉葉，金柯燦顔色。捧曦馭，繞辰極。碧漢上、綉文女織。望八彩、宛似堯眉，歡孚九域。　　曾紀軒轅職。爛旦賡歌，又見虞工飭。礎潤彤庭膚寸，成霖濡下國。召嘉祥，由孝德。標玉簡，茂昭皇式。歲歲保章，瑞頻占，祚綿千億。

雪

鶴翎映素，兔苑呈祥，喜六出天花麗。屑璐雕琪落向，瑶階作珠綴。曲和郢，詩賡衛。比皎潔、齊名蘭蕙。闕前髴髯，五神朝奏聞豐歲。　　主德今明睿。憶喻散鹽，眷入羹梅劑。四海如春豈爲，負薪纔布惠。鑒黄竹，周民敝。普聖澤、垂衣司契。玉馬金羊，獻奇禎、升平萬世。

霜

鴻飛届序，駟見占祥，對皚皚瓊廉結。散向丹楓疊玉，團銀景清絕。雜甘露，搖華月。聽幾度、豐鍾聲徹。西王母、入貢玄丸，金厄冰冽。　　睿鑒先貞潔。苑滿珠林，眷賞松筠節。化象神爐舒慘，天功歌有截。陰凝履，易戒切。長保泰、海寰康悅。五色繭，瑞應萬年光烈。

千秋歲

春

上林鶯早。綺樹含烟裊。柔柳細，夭桃好。金門環麗景，震陸呈祥兆。春到也，笙歌四海人熙皞。　　鳳舞青旂曉。行慶符天道。宜睿賞，飛宸藻。韶光千卉發，瑞靄層霄繞。椒殿里，燕禖又降商家鳥。

夏

綠郊葇秀。報是朱明候。梅雨過，薰風透。池塘荷浸碧，殿閣榴環繡。夏到也，人寰共樂舒長晝。　　數下金華漏。命遂賢陳酎。天籟發，炎蒸漱。元元消宛暍，處處躋仁壽。丹宸上，五弦更念虞民阜。

秋

仙露清露。滴下高天素。鴻篴漢，蟬吟樹。梧飄金井籟，菊裛東籬雨。秋到也，西疇萬寶豐年屢。　　商律調韶護。飭法傳天諭。農畝樂，熙風布。璇宵澄景麗，玉闕祥光護。星圖上，弧南彩映車書土。

冬

朔風蕭索。黯黯天寥廓。山骨瘦，溪毛涸。同雲玉宇凝，凍柳金堤落。冬到也，蓋藏庾廩家家樂。　　寒氣方旁礴。傳詔嚴

疆鑰。琪花散，梅枝弱。地下陽萌動，日邊春漸拓。緹室里，泰
元更起軒皇籥。

漢宮春

山

嶟崒岩嶤，眺青巒翠岫。層層如削。懸曦挂霧，隱映金銀樓
閣。巨鼇贔屭，不知年、名傳禹鑿。呈上瑞，象車秘簡，今日欣
逢聖作。　　靜德永，仁功博。結雲霖順候，九州豐樂。三呼獻
壽，聲與華封相若。貢來乘石，兆安磐、天階長托。受纖壤，成
高萬仞，又似帝衷宏廓。

水

浩淼潺湲，見脉絡坤維，潢通乾宇。習坎盈科，常逐桃花春
雨。天吳按節，委輸長、滄溟爲滸。逢治世，榮光浮瑞，呈獻圖
書秘府。　　纓可濯，瀾堪睹。況名標上善，澤膏下土。東流九
德，孔子當年吅取。洪濤萬里，度汪涵、娟微不拒。問今日，百
川何向，太液朝宗九五。

齊天樂

孝

天經地義傳千古，因親治光寰宇。養志揚名，寧神諭道，別
是一般觴舞。大哉舜矩。更止必如文，達須若武。漢殿奉巵，唐
宮進膳安足數。　　明主方今錫類，愛璇宮日，永承歡篤。祐燕
翼遵謨，鴻圖保泰，又勝玳筵簫鼓。儀刑率土。見潔咏白華，思
歌屺岵。四海風同，由一人化普。

弟

天倫最重惟同氣，誼本因心愷悌。且孺興歌，既翕入咏，彝

訓昭垂非細。皇家棠棣。又四海八荒，儀刑攸係。樓萼交輝，庭荊連蔭當今際。　　行葦遐思厚德，仰聖明端本，孔懷心契。游則偕輿，居常共室，友愛何誇漢世？陟岡瞻睇。羨賢有東平，輸忠勿替。萬葉鴒原，芳譽長相繼。

忠

河山正氣鍾寰宇，純臣道隆千古。衷比陽葵，志同霜柏，功業光扶天柱。逷稽哲武。若虞后華蟲，國家霖雨。奕奕旂常，煌煌竹帛垂聲普。　　今日明良會聚，仰吾皇睿聖，化昭絜矩。當饋延賢，宵衣考政，砥礪群工庶府。感時報主。見元凱當朝，雲龍風虎。喜起賡歌，慶升平、登三邁五。

信

豚魚可格孚盈缶，輗軏何車無有。晉紀伐原，魏聞期獵，芳迹猶然不朽。王綸非偶。將六合祗承，九州恪守。貞石堅金，渙汗堪侔共垂久。　　聖主方今交泰，羨攀如道合，虞鄰周友。任政推心，陳謨造膝，治化萬方歡觀。百司奔走。更賞罰必行，明開民牖。人助動天，億載徵皇壽。

永遇樂

仁

元善標名，春融應象，九州丕冒。行葦興詩，騶虞來藪，上瑞昭王道。白叟黃童，沾濡凱澤，鼓腹嬉游相告。祝聖壽、南山永峙，壽域如年同蹈。　　當年堯舜，帥民從欲，此日欣導。化本成，孚天下，和氣扶輿繞。期逢必世，群黎遍德，正是雍熙時到。每聽得、康衢擊壤，歡陳口號。

義

百揆躬裁，宸前斧斷，萬幾弘濟。宥密權衡，張弛經緯，適莫機無滯。風行四海，歌興有截，遵路群心咸勵。想商書、成湯制事，烈烈頌聲堪繼。　　應天陰慘，亦云秋肅，總象兩間正氣。貞石同堅，朱絲比直，臣紀茲攸繫。大法小廉，輸忠委質，持此長爲身衛。共贊起、熙風懿化，清時平世。

禮

天澤象昭，龜龍圖演，彝章明肅。聖主當陽，中和建極，聲教流荒服。山虫作範，量衡懸法，六典九儀彬郁。岩廊上、夔龍濟濟，贊成百千經曲。　　秦皇變古，漢高因陋，綿蕞徒然繁縟。玉帛鋪張，玄黄粉澤，叔季澆淳樸。何如昭代，化由忠信，遂睹移風易俗。今正是、積德百年，讓興比屋。

智

虛室生光，鑒空含耀，心正知止。百務糾紛，群黎遼曠，幾伏應難理。燭遐察隱，通微探賾，其要至誠而已。拂靈臺，内觀澄澈，宛然冰壺秋水。　　神機宣朗，謨猷默運，快睹明明天子。旒綴蔽前，闓闇萬狀，歷歷還如指。乾聰不鑿，豐亨普照，更願謹終邁始。共道似、日月恒升，永昌帝紀。

慶春澤

琴

廣厦清虛，洞門閬爽，飄飄绿綺新聲。韵入青雲，雙來白鶴瑶京。波澄太液游魚出，朱弦轉、又似鶯鳴。聽佳吟、流水高山，理性宣情。　　吾皇道化超炎宓，取絲桐觀象，和洽神明。文操孔徽，相將暢寫升平。萬民康阜全無愠，喜南風、虞曲猶廣。頌中興、功德巍巍，并奏韶韺。

棋[四]

名傳堯造。正直行王道。觀象還將治功考，歸極萬方熙皞。　楸枰莫演兵機，舞干九譯來歸。爲看沉幾勝算，因知保泰防微。

書

虎觀雲飛，麟臺日麗，簾櫳暗度芸香。萬卷五車，蝌形鳥篆輝煌。玉山清切依天苑，開金匱、軸盡琳瑯。載千年、聖神功化，道德文章。　將魯宮汲冢搜羅遍，今上邇英延閣，軼漢逾唐。睿覽孜孜，常聞乙夜垂裳。太平已入青編輝，企芳規、如見羹墻。看璇霄、奎璧星明，五緯聯光。

畫

政暇岩廊，春回秘省，閑將繪事評看。造化玄機，恍然貌在毫端。晴霞舒卷如能拾，輕綃里、萬里林巒。匠天真、點綴群芳，蔥蒨堪觀。　想當時解衣盤礡，殆胸吞雲夢，腹隱琅玕。幻藥函將，方諸靈水凝寒。吾皇鑒賞丹青意，憶凌烟、圖肖鵷鸞。又遐思、化普邢清，象示衣冠。

清平樂

筆

中山秋兔，錯寶裝新具。天上星文映毫素，揮灑萬方甘露。　綠沉管憶當時，江淹五色徵奇。欲賦長楊羽獵，何如心正陳規。

硯

紅絲金綫，染作仙葩絢。毛穎陳玄永相善，含潤偏承宸眷。　　方圓製自天工，馬肝光借磨礱。静里長年千億，非關刻鳳雕龍。

墨

紋犀堅玉，烟㒮徂徠木。新作龍賓獻黃屋，萬歲聲同嵩祝。　　異魚海外銜來，瑤箋片片花開。已見香凝雨露，何誇氣結樓臺。

劍

龍吟虎嘯，精氣高衝斗。皇祖曾提安九有，寶祚齊天長久。　　歸牛放馬時寧，匣中塵暗青萍。總屬尚方無事，常隨户牖同銘。

聯　句

應制恭擬撰御景亭對聯

七字二聯

九天淑氣開圖畫
萬里祥光稱豫游

魚吹碧浪游龍沼
鳥囀清歌應鳳韶

九字二聯

金鏡撫萬年九重豫順
玉衡齊七政四序咸和

帝德天宏鳶魚涵化育
皇仁日普鳥獸若甄陶

十一字一聯

仙榭枕千峰玉厄層層蒼萃
帝圖看一統金甌處處清寧

恭擬端午節走驃騎劃龍船對

五字六聯

繫彩游龍迅
穿荷畫鷁輕

駃騠歡嘉節
鸂鶒賀豫游

鬥草驚神駿
觸蒲泛彩鳧

艾帆龍影動
蘭棹鳳歌調

翔龍承艾輦
戲馬侑蒲筵

艾津驅水馬
桃印拱山龍

七字六聯

彩轙迅蹀長楊苑
蘭舫輕穿太液波

花發五時騰逸鬐
彩成百字簇仙帆

萬馬嘶風迎地臘
六龍扶日御天中

玉勒金銜紛耀日
榴林艾苑試追風

帆縈壽縷祥開永
楫作靈符利濟多

競渡萬年依楚俗
停橈一曲奏虞弦

九字六聯

蘭彎連鑣御苑虯螭出
艾艫銜尾天河蟛蜞浮

金勒虎舫懸彌歡驥力

彩帆龍鏡照聿迅鳧飛

歸馬三千千年觀逸足
飛龍九五五月奉芳娛

蘭畹榴皋飛揚千里足
赤符朱索照耀五花文

錦纜奉宸游盤傳黍角
牙檣供睿賞翠薦菖華

蒲艾馥仙舟龍呈夏瑞
彩絲明御棹魚獻周祥

浮碧亭

七字二聯

池開帝館風雲麗
檻倚天河日月明

花間彩石千峰秀
樹杪清泉百道飛

九字二聯

錦浪捲晴空水天一色
雕甍連夕照金碧交輝

丹鳳翔雲開九天閶闔

玉龍引水湧萬頃玻璃

十一字二聯

玉宇霞空萬里晴光擎赤日
璇宮霧斂一泓倒景浸青天

日麗虞淵冰鏡憑虛涵貝闕
風迴文沼玉巒聳秀入蛟宮

秋夜對

十一字聯

玉屑金盤景物三秋分律吕
珠簾貝闕長空萬里共嬋娟

律叶金颷秋到今朝三五半
天開勝界月當此夜十分明

萬境好風光閑對秋生桂杪
一般清意味坐看月到天心

金氣盛西方影射西崑册府
蟾蚿耀東極光聯東壁圖書

玉露初零一歲誰如今皓影
金風正好百年能見幾清光

雲净天空一片琉璃來海角

月明風細滿庭環珮雜秋聲

葱鬱兆佳祥遠挂銀河半夜
婆娑飛素影高懸寶鏡中天

把酒問蒼天何事清光萬里
停杯邀皓月今番圓滿十分

碧海波澄南極星光占早見
清秋風靜中天月色好同看

丹桂影參差我欲乘風攀折
白鷺聲上下誰教對月蹁躚

海闊天空萬井同瞻霄漢色
月明星朗千門共沸管弦聲

慘結恨秋陰今夜偏開好景
參差憐桂影良時獨吐清香

趙子獨游曳杖仰攀天柱月
枚生七發銜杯高眺廣陵濤

葉落青桐滿空中平分秋色
香飄丹桂環宇內疑坐春臺

素氣騰高回首間四山如畫

暮雲收盡凝眸處孤月當空

一曲舞霓裳何似人間水調
九重開玉鏡偏多天上秋光

貝闕敞瓊筵誰念玉關寒冷
天風吹海霧獨看桂苑分明

望關山一點秦城光分玉塞
聽砧杵千聲漢苑影伴金閨

十三字聯

紫鳳樓頭玉簫聲吹散一天雲霧
丹楓殿里冰輪影照臨萬里山河

大明朝喜日月重光良時堪對景
清虛府慮樓臺萬丈高處不勝寒

虹霓映彩艷如花玉女高懸寶鏡
霄漢絕塵澄似水天宮斜挂冰輪

瓊樓路接層城祇覺月偏長樂苑
銀漢星回一道不知身在廣寒宮

天開銀色界中萬疊樓臺籠苑外
人在玉華宮里幾聲歌管下雲端

長生殿里玉毫秋光遍三千世界
丹粒叢中金粟冷香飄十二闌杆

銀漢無聲是誰人暗把玉盤推轉
瑤天可掬惟此夜故將寶鏡裝成

人間水調韵翩翩倚檻如登玉宇
天上霓裳聲裊裊臨城不用金莖

清宵玩月氣三更恰聽東鄰笛裊
碧水澄秋光萬丈應知南海珠多

瑤臺顥氣千層遠駕金輪飛海岳
貝闕秋光萬里長懸玉鏡照乾坤

大明照臨無私四海九州同月色
佳節宴游勝賞人間天上共秋光

天開圖畫景當秋好把金樽泛綠
月映簾櫳光似晝不須銀燭搖紅

冰輪直可鑒毫芒無事青藜夜照
風景不殊游閬苑忽驚丹桂秋香

皓魄清輝露冷冷擎出仙人掌上
高秋霽景風細細敞開南極光中

中秋好景十分圓雲曲新翻上苑

此夕清光雙闕滿玉輿暫幸廣寒

攀桂樹分外清香人在玉堂深處

舞霓裳偏多艷曲仙游瓊苑上層

迢遞蟾光吐氣象萬千大明常徹

扶蘇桂影倚欄杆十二清興無邊

碧空萬里無雲望玉堂清華似水

紫禁三更玩月想瓊闕光景連天

芙蓉闕下絳河流仙掌偏承玉露

鳷鵲觀前明月度液池乍泛金波

千秋節里筵開占盡光華來上苑

萬歲樓頭月滿願分清影照窮簷

校勘記

〔一〕“□”，據文意并參殘留字迹，疑當作“引”。

〔二〕“荠”，據文意疑當作“漭”，形似而誤。

〔三〕“贏”，涉下句而衍，據詩意當刪。

〔四〕該詞内容與所標詞牌《慶春澤》不類，依《詞譜》《詞律》當屬《清平樂》。

册　文

擬封貴妃册文

皇帝制曰：帝王理萬邦，必以齊家爲本；德教孚四海，必以正内爲先。朕嗣統之初，建中宮之位。爰嘉令淑，咸有褒升。惟爾貴妃某氏毓自名門，早膺慎選。嬪于春宮之内，夙昭女德之華。恭慎惠和，諧琚瑀珩璜之静；節莊誠一，循詩書圖史之規。壼儀允茂于肅雍，奉養致隆于愛敬。恒存鷄鳴儆戒之義，適予《關雎》樂得之心。六宮所推，四德咸備。年歲滋久，輔翼良多。已進褘翟之榮，俾冠軒龍之貳。今特嘉授册寶，用表褒隆。於戲！大一統而端内政，予資翼贊之勤；率九卿以列母儀，爾懋徽猷之績。敬以象祀，仁以進賢。惟善以榮身，惟謙以崇德。惟儉以滋多福，惟慎以茂方譽。服我訓辭，永光寵録。欽哉！

擬封昭妃册文

皇帝制曰：朕恭承慈訓，式叙彝倫。惟王化始于宜家，既肇建中宮之位；而壼政資于多助，用敷求内職之良。名號攸崇，典章具在。咨爾某氏柔嘉爲性，貞静自持。禮度夙閑，動有珩璜之節；言容純備，行符圖史之規。爰副長樂之簡掄，俾翼坤寧之教範。兹特封爾爲昭妃。象應四星，麗紫垣而耀彩；榮先九御，煇彤管以流芳。服此寵光，迪惟淑慎。尚祗勤于夙夜，用集慶于家邦。欽哉。

擬封恭妃冊文

皇帝制曰：朕寤寐王風，明章婦教。蓋備官九御，誕敷魚貫之恩；而迎福三靈，端待燕禖之慶。喜聞吉兆，崇錫褒封。咨爾某氏冠族儲貞，笄年稟淑。宣下陳之蚤譽，鳴玉雍雍；效中壼之宵征，授環肅肅。夢遂徵于懷日，榮宜亞于倪天。茲特遣使持節，封爾爲恭妃，錫之冊命。於戲！溫恭惟德之基，儆戒乃妃之職。尚顧名而思義，恪贊陰儀；期昌胤以叶符，昭承景貺。丕助紫庭之化，永流彤管之光。欽哉！

擬封宜妃冊文

皇帝制曰：化先閨闥，式資協贊之良；禮重宗祧，宜廣繼承之道。爰率備官之茂典，載頒叙進之明恩。光我壼儀，亶惟邦媛。咨爾某氏儲祥令族，毓粹中州。端良合法相之徵，窈窕副好逑之選。徽容有曄，已參景曜于軒龍；懿號所加，宜亞聲華于倫翟。茲特封爾爲宜妃。椒塗敷秀，聿昭四德之休；蘭殿承芬，用佐二南之化。尚其祇服，勿替執勤。勉遵圖史之規，丕衍本支之慶。欽哉！

擬封和嬪冊文

皇帝制曰：朕惟周寢備官，本奉神靈之統；漢宮升媛，聿充法相之班。典禮具存，彝倫攸繫。咨爾某氏柔儀婉嫣，惠性幽閑。屬當秘掖之虛，克副慈闈之簡。眷德容之純備，宜秩號之渙頒。茲特遣使持節，封爾爲和嬪，錫之冊命。於戲！嬪以賓敬爲義，匪耽志于燕私；德惟和氣致祥，應儲休于螽羽。尚稟肅雍之範，永綏敦睦之風。

奏　書

擬慈聖皇太后奏書

伏以彤闈衍慶，崇名既薦于龍章；紫極承歡，至養宜伸于燕喜。時因事會，禮本情生。恭惟聖母慈聖宣文皇太后陛下：道比姜任，賢稱堯舜。祥開華渚，蕃禧誕發于冲人；化肇璇宮，厚澤潛孚于下土。至德齊天而莫報，微誠愛日以方深。屬嘉禮之初成，肆徽稱之再薦。河清海宴，幸逢萬國之升平；日暖風恬，更值九重之暇豫。卜以某日，敬陳嘉宴，仰侍慈顏。肅主饋之新儀，舉稱觴之至樂。伏願俯垂俞鑒，特賜降臨。移絳節於瑤池，茂對六宮之喜氣；受玉卮於漢殿，丕膺萬壽之昌期。臣不勝惓惓。謹奏。

擬萬壽宴會太后奏書

伏以華渚呈祥，誕頌篤生之烈；瑤池啓宴，式隆孝養之儀。禮協需雲，情深愛日。恭惟聖母慈聖宣文皇太后陛下：文明毓粹，聖善揚徽。始膺降烏之符，誕啓飛龍之運。尊稱甫薦，仰高厚之難名；震旦載逢，念劬勞之罔極。卜以某日之吉，肅陳桂醑，祇奉鸞輿。萃萬國之承歡，快睹慈顏之有喜；率六宮而介壽，永祈純嘏于無疆。臣不勝懇祈仰望之至。謹奏。

擬仁聖皇太后奏書

伏以寶冊升崇，永介齊天之祉；瑤觴獻壽，祇申愛日之誠。慶洽寰區，禧凝禁籞。恭惟聖母仁聖懿安康静皇太后陛下：性含巽順，功合坤元。佐穆考以膺圖，茂著明章之化；佑冲人而纘服，深培浚哲之祥。善慶攸鍾，元孫乃毓。屬徽稱之特薦，仰至德之彌昭。爲域中尊，既遂含飴之願；以天下養，宜修視膳之儀。卜以某日之吉，寅叩璇宮，導迎玉輅。樂且湛樂，且孺期共醉乎太平；福如式福，如幾尚遐綏乎純嘏。臣不勝懇祈仰望之至。謹奏。

擬端陽宴會聖母皇太后奏書

伏以化調玉燭，迓淑氣于端陽；筵啓瑤池，奉清娛于永日。朱明協候，紫藥凝禧。恭惟聖母仁聖懿安皇太后陛下：德備含弘，功侔持載。葛覃中谷，蚤躬絺綌之勞；護樹北堂，方享寰區之養。茲逢地臘，式荷天休。卜以某日之吉，仰叩慈闈，導迎仙躍。合新裁之扇，宣凱樂于六宮；繫長命之絲，祀遐齡于萬歲。臣不勝懇祈仰望之至。謹具奏聞。

擬長至宴會聖母皇太后奏書

伏以星輝寶婺，屆一陽來復之期；春藹瑤池，獻萬壽無疆之祝。式承燕喜，仰答鴻慈。恭惟聖母慈聖宣文皇太后陛下：柔順倪天，安貞應地。華胥媲美，壺儀夙贊乎軒圖；文母嗣音，慈訓益培乎周祚。九州爲養，萬福攸同。幸逢夢月之辰，允洽需雲之慶。卜以某日之吉，祇迎玉輅，肅薦霞觴。迎化日之初舒，用輸誠于愛日。戴昊天之罔極，期卜算以齊天。臣不勝懇祈仰望之至。謹具奏聞。

擬皇子百日宴會聖母皇太后奏書二道

伏以主鬯凝休，永錫萬年之胤；含飴協慶，欣逢百日之期。璇寢迎鑾，瑤池啓宴。恭惟聖母仁聖懿安康靜皇太后陛下：肅雍表化，清静頤神。儷體龍飛，坤德丕襄乎先聖；詒謀燕翼，震祥浚發于後昆。方堯母之怡愉，見文孫之岐嶷。考五名而申命，肇舉彝章。祝萬壽以稱觴，宜宣凱樂。卜以某日之吉，肅陳芳醑，祗迓仙軿。共酌兕觥，觀太平于既醉；賡歌麟趾，迓景貺以彌昌。

伏以蘭殿夢熊，集禎符于百日；桂宮開燕，綏福祉于九天。肅奉慈歡，祗申孝養。恭惟聖母慈聖宣文明肅皇太后陛下：道光任姒，功邁塗莘。瑞應玉衣，肇啓鴻圖之泰；尊居璇寢，深培虬降之祥。元嗣篤生，嘉名初命。含飴有喜，見主器之得人；視膳無疆，宜稱觴而獻壽。卜以某日之吉，恭迎翠輦，龍御芳筵。玉卮效祝于萬年，茂膺景佑；寶祚延昌于百世，共保丕基。

詔

恭擬皇子生詔

詔曰：朕以沖人，荷膺景命。深念宗祧之重，永圖胤嗣之昌。慈訓祗遵，大婚既舉。將萬年而衍祚，在一索而得男。屬望甚殷，嘉禎方兆。茲者荷天地之佑，祖宗之休，皇考之神靈，聖母之德福。今年八月十一日，朕第一子生，乃恭妃王氏出也。家邦之本攸繫，中外之心胥歡。大慶丕昭，洪恩普被。所有合行事宜條列于後云云。於戲！震祥肇發，上延九廟之隆禧；離照重光，下需萬方之渥澤。詔告華裔，咸使聞知。

擬春和勸農詔

皇帝詔天下：自朕嗣服，閱茲有六年焉。自惟寡昧，眇眇之身不能措天下于理。往者浡陰旱暵菑害我農穡，歲或不登，齊民鮮蓋藏。啼饑之聲嗚嗚于通都，或阽于死亡，朕甚怛焉。嘗詔有司蠲田租，或發郡縣倉貸之。朕又未嘗事宮建廣志意以困民，每期減大官，罷奏獻，省徭賦，敦儉守素，與民休息，而多稌多黍，竟不興兩穗之謠，意者朕不德，不能歆上帝，招和氣，以致爲吾民纍歟？朕恒念農者天下之大本，往年親耕南郊，率天下農，期于游者業，萊者穀，窶者實，而野不加辟。小民操奇贏游敖都市間，五穀靡于酒醴者多，食于六畜者煩，家無餘接新之糧。詔令數煩而功未興，朕甚怪之。

夫上令雖申而下不謹奉法，故法令日滋張而民日滋憊乏，是繇吏奉吾詔不勤而勸民不誠也。朕聞古良吏敦化敷治，使民戶咸給而室皆足，原隰無荒莱之土，且有馴春雉于中牟，散秋螟于九江者，豈朕躬不敏不明，不能致斯人歟？夫有道之世，百姓含嬉，餘糧栖畝。一莖六穗之巣、異畝同穎之禾，浡至畢集，天下懷安，朕何修而致之？今新春鳩方鳴，土膏胍起，民茲有事乎西疇，秉鎛抱瓮，甚劬勞焉，朕心念哉！其令有司給牛酒，勸民之勤力農者，使明知朕意。

誥　文

擬大學士張居正并妻誥命一道

奉天承運皇帝制曰：朕惟永康四海，式資元老之猷；崇冠三公，乃建太師之位。昭代久虛于峻秩，眇躬丕賴于良臣。端委廟堂而安社稷，運籌帷幄以靖邊陲。允稱特異之勳，宜錫非常之眷。咨爾太師兼太子太師、吏部尚書、中極殿大學士張居正：熙時名相，間世偉人。篤亮清貞，蓄以淵涵之度；嚴恭靜密，將以宏廓之才。受遺我穆皇，明保予沖子。輸忠匡辟，皆《伊訓》《說命》之言；論道經邦，兼《天保》《采薇》之治。修祖宗之彝憲，挈紀提綱；革臣庶之靡風，綜名覈實。既十六年而宅百揆，常一二日而襄萬幾。夙夜宥密，殫厥心翼成廟算；國家閑暇，明其政毖飭邊防。大猷遙授于三陲，奇捷遂威乎四裔。頒杖杜還軍之賞，首公槐謀國之賢。晋秩帝師，升崇世廕。仍授爾階特進光祿大夫、勛左柱國，錫之誥命。於戲！《書》云："永弼乃后。"《禮》曰："當師弗臣。"朕方尊卿以先生，天下視卿如尚父。道之教訓，期朝夕克胥匡；加以忠貞，慎始終其勿替。庶君相益孚于喜起，俾華夷恒慶于清寧。欽哉！

制曰：黄扉論道，秩崇天子之師；彤管垂休，名重上公之配。惟體國之勛庸益茂，則宜家之譽命彌光。先後惟均，存亡靡間。爾太師兼太子太師、吏部尚書、中極殿大學士張居正妻，累贈一品夫人顧氏，望宗鍾秀，君子作述。貞靜有常，肅肅縞綦之度；孝共無斁，雍雍繁褖之儀。佐開輔弼之功，不逮光華之祿。經綸補袞，勞猶念于衿褵；舟楫濟川，譽未忘于沼沚。兹仍贈爾爲一品夫人。明綸申錫，茂揚壺閫之徽；懿德尚存，永衛圖箴之範。

制曰：上賢使作三公，用匡化理；中壺必資一德，式贊公勤。繫于社稷之良，乃有閨闈之懿。載從崇爵，申錫寵綸。爾太師兼太子太師、吏部尚書、中極殿大學士張居正繼室，累封一品夫人王氏，名胄毓貞，哲人媲美。秉徽儀之樂只，協令德之邢于。榛棗栗以告虔，克嗣閨媛之後；絖紘綖而司織，常爲命婦之先。克相元臣，匡扶景運。眷捧日忠貞之績，知視星儆戒之勞。兹仍封爾爲一品夫人。先後褒章，增耀六珈之飾；始終令譽，永襄一代之勛。

擬大學士張四維并妻誥命一道

奉天承運皇帝制曰：朕聞亮采惠疇，惟人主論一相；攘夷安夏，乃大臣慮四方。若我孤卿，繄時上佐。文事而有武備，尊俎折衝；内寧遂無外憂，海寰清宴。念忠勛之特偉，宜眷禮之加隆。咨爾少傅兼太子太師、禮部尚書、武英殿大學士張四維，命世大儒，匡時良弼。有浩博淵宏之學，而本以純誠；有清方正直之操，而將以静密。簡知皇考，留佐朕躬。昔當小毖之初，將賴大猷之助。乃從詹尹升踐中台，更自秩宗洊躋亞傅。代予言而作相，夢卜允諧；訓朕志以交修，訏謨殫竭。茂展經綸于三事，丕端表範于百寮。調化廟堂，惟時惟幾而敕天命；計安邊境，既敬既戒以修我戎。五辰之庶績其凝，六月之膚公遂奏。乃眷東陲之凱，特褒前箸之籌。進宫秩于太師，延世官于環衛。仍授爾階光禄大夫、勛柱國，錫之誥命。於戲！伊尹左右，厥辟躬撫萬方；周公勤勞，王家首居四輔。卿曰時我帝方賚予。惟懷永圖，忠益宣于啓沃；受命篤弼，治咸底于雍熙。俾朕重拱仰成，則卿丕單稱德。欽哉！

制曰：官惟其人，特峻三孤之位；相在爾室，丕資一德之賢。勛茂著于鼎彝，寵宜均于閨閫。雖既備魚軒之號，尚重申鳳綍之榮。爾少傅兼太子太師禮部尚書武英殿大學士張四維妻，累封一品夫人王氏，邦媛令儀，台臣元配。賓敬允符于冀野，儉勤式叶于唐風。司饙雍如，克助和羹之德；辟纑樂只，能襄補衮之功。眷密勿之忠勤，如燕私之儆戒。式嘉令範，崇錫徽名。茲仍封爾爲一品夫人。渙命增華，有煒山河之度；泰交愈洽，無忘夙夜之箴。

擬大學士申時行并妻誥命一道

奉天承運皇帝制曰：朕聞虞廷弼直，股肱一體相成；周室附疏，文武萬邦爲憲。贊我安攘之上治，倚毗輔導之忠賢。矧先學而後臣，實左謀而右斷。宜加渥數，以答勛勞。咨爾太子太保、禮部尚書兼文淵閣大學士申時行，學本儒宗，才優王佐。忱恂篤亮而出之以溫文，博達淵宏而持之以端介。自明廷擢冠，史署蜚英。遂迪簡于先皇，用敷遺于後嗣。朕方訪落，卿即橫經，由儲寀至貳卿，直講帷凡六載。務引君子當道，頻獻箴規；爰立相以代言，不煩夢卜。閣學初兼于少宰，宮賓遂進于秩宗。人望咸孚，天工允亮。謀猷造膝，丕殫匡辟之誠；密勿和衷，肇建格天之業。協宣化紀，申飭戎機。帷幄運籌，洞悉防胡之策；邊陲禀算，遙收敵愾之功。有是鼎臣，可忘晉錫。太保升銜于青禁，綸章渙寵于黃扉。特授爾階光祿大夫，錫之誥命。於戲！訓朕志以交修，甘盤之功自舊；保王躬而賦政，山甫之職方新。篤乃初忱，乘兹大命。贊襄上理，輸翼爲明德之忠；光輔中興，成順治威嚴之化。欽哉！

制曰：穆穆明明而國治昌，爰資輔弼；夫夫婦婦而家道正，乃自閨門。褒序鼎臣之勛，必偕恒德之配。用宣陰教，宜需顯綸。爾太子太保禮部尚書兼文淵閣大學士申時行妻，累封夫人吳氏，維德之行，其儀不忒。雍雍繁袞，遵無遂之規；肅肅筥筐，著有齊之度。克襄碩彥，光踐台衡。黼黻皇猷，絲枲之勤勞乃著；調諧帝化，琴瑟之靜好斯徵。兹特加封爾爲一品夫人。鸞綍褒崇，已峻翟衣之等；鷄鳴儆戒，彌光麟閣之勛。

擬大學士許國并妻誥命一道

奉天承運皇帝制曰：朕謁陵薦祀，卜壤延昌。爰嘉預議之臣，載舉疇庸之典。矧惟輔弼，方賴忠賢。叙百揆以奮庸，毗一人而弘化。宜加隆異，特示眷懷。咨爾太子太保、禮部尚書兼文淵閣大學士許國，學本儒宗，才優王佐。淵宏博雅出于忠純，正直清方依于恪慎。曩自承華侍朕，尋因訪落推賢。六載翱翔，聯東禁北扉之秩；一心靖獻，效左經右史之勞。升師氏而更兩都，道德文章爲範；佐秩宗而典三禮，神人上下允厘。簡副冢卿，還居端尹。遂界執政股肱之任，俾躋尚書喉舌之官。入告謀猷，和衷以修一德；在公夙夜，勵翼而式百寮。贊贊襄哉，乾乾惕若。頃爲壽宮擇地，爰從鑾馭省山。勞勩茂昭，眷酬宜渥。乃晉宮銜之峻，兼升閣學之華。兹授爾階光禄大夫，錫之誥命。於戲！訓朕志以交修，猶念甘盤之舊；保王躬而賦政，共推山甫之賢。朕方深敕于時幾，卿尚永圖乎棐迪。登閣上理，勩相中興。欽哉！

制曰：臣哉作朕股肱，允匡化理；婦者，如夫賓友，能贊忠勤。肆酬上佐之勞，宜進中閫之秩。恩華所逮，存殁惟均。爾太子太保、禮部尚書兼文淵閣大學士許國妻，贈淑人汪氏，汪氏望族鍾祥，名宗儷美。奉尊章而崇孝敬，襄君子而秉柔嘉。沼沚雍如，式助濟川之望；袗褵樂只，弘裨補袞之猷。再命笄珈，遽捐環珮。眷予碩輔，表爾徽音。兹特加贈爾爲一品夫人。閭閻承休，尚迓穹階于累錫；絲綸闡譽，永歆顯命于重泉。

擬大學士余有丁并妻誥命一道

奉天承運皇帝制曰：朕薦號尊親，敷恩錫類。乃眷昌隆之運，良資輔弼之臣。端百揆以建忠猷，毗一人而襄孝理。勩勞特茂，褒序宜崇。咨爾太子太保、禮部尚書兼文淵閣大學士余有丁，鍾瑞稟靈，應期名世。淵涵博達而本之純誠，正直中和而將之敏慎。巍科脱穎，良史蜚英。文章高著作于儒林，道德懋論思于經幄。侍朕初從儲寀，推賢洊荷顯庸。長翰署而師辟雍，南北之芳規并樹；參春曹而貳天部，後先之偉績彌多。洎宮端明習于章程，而宰席久孚于夢卜。宗卿晉秩，秘閣升班。翼贊萬幾，殫竭股肱之力；交修一德，弘宣心膂之謨。屬兹大慶之成，嘉乃元寮之助。峻躋宮保，延賞世官。特授爾階光禄大夫，錫之誥命，於戲！輔台德以代言，方立傅[一]巖之相；保王躬而賦政，共推山甫之賢。朕將深儆于幾康，卿尚永肩于弼亮。登閎上治，光佐中興。欽哉！

制曰：官惟其人，參秉黃扉之政；相在爾室，必資彤管之賢。惟體國之崇功，乃宜家之德顯。寵榮并逮，存没宜均。爾太子太保、禮部尚書兼文淵閣大學士余有丁妻，累封淑人水氏，名族鍾祥，哲人儷美。禀雍如之令範，修樂只之芳儀。佐我良臣，爲時碩輔。金甌著望，聿彰釜錡之徽；玉鉉揚勛，允賴珩璜之助。音容已邈，譽問彌光。兹特贈爾爲一品夫人。閫闈承休，尚服穹階于累錫；絲綸闡懿，長歆渥數于重泉。

擬吏部尚書王國光并妻誥命一道

奉天承運皇帝制曰：朕尊親立愛，錫類疏恩。誕敷百辟之褒章，先逮六宮之峻列。矧宰衡要地，宮保崇階。眷勛勤之茂隆，宜眷酬之加渥。咨爾太子太保吏部尚書王國光，才猷碩偉，本以純誠；志節端方，持之慎密。再分壯縣，周踐銓司。銀臺升正于閞曹，京兆晉參乎農部。歷揚三紀，衆望允孚；子告七年，群臣咸薦。起佐秋官之政，旋躋地省之卿。經濟多方，帑儲大裕。林卧自安恬退，驛徵特寄統均。盟澄源正本之心，建礪世甄材之畫。官常以肅，仕路斯清。兹用覃恩，授爾階光禄大夫，錫之誥命。於戲！山濤之領吏書，獨持衡鑒；宋璟之居文部，丕振紀綱。惟才賢進退之所關，實邦國安危之攸繫。尚懋圖于後效，庸媲美于前修。欽哉！

制曰：冢宰用統，百官勛崇體國；賢媛能修，四德譽懋宜家。惟酬庸將表其內襄，乃命秩必追其元配。爾太子太保、吏部尚書王國光妻，累贈夫人張氏，令儀躬備，貞德性成。繫表雍如，奉尊章而敦孝敬；枲絲樂只，佐君子而著清修。方名卿力學下帷，賴淑儷宜勞中壼。眷言舊勣，申錫新恩。是用加贈爾爲一品夫人。生也有涯，未迂榮光于象服；沒而不朽，常歆顯命于龍章。

制曰：國卿特重乎天卿，總甄寮寀；家道疇稱乎地道，丕賴閨閫。肆銓衡之勣既昭，斯敬助之褒宜并。爾太子太保、吏部尚書王國光繼室，累封夫人衛氏，夭桃叶範，采藻遵箴。秉筥肅雍，嗣徽音于前媛；鳴環温清，供孝養于後姑。匡佐名賢，峻躋冢宰。眷鵷序澄清之效，知燕私儆戒之功。是用加封爾爲一品夫人。龍光重逮，丕揚圖史之芳規；翟茀以朝，永贊鼎彝之茂業。

擬禮部尚書徐學謨并妻誥命一道

奉天承運皇帝制曰：朕誕毓震祥，弘敷渙渥。眷惟六官之長，化理攸資；矧若三禮之司，惇庸允賴。肆勤勞之特茂，宜褒寵之加隆。咨爾禮部尚書徐學謨，學蘊淵宏，才猷碩敏。厚重見廟廊之器，清方稱社稷之臣。掄自明廷，試于部署。握蘭三省，賢聲最于諸郎；分竹二方，治行優于列郡。歷踐臬藩而多經濟，更持旄鉞而樹保厘。爰升司寇之貳卿，克佐詔王之八辟。曩因興望，遂正秩宗。和上下而治神人，邦彝具舉；厘文章而興禮樂，物軌斯端。屬慶典之告成，嘉忠勤之彌顯。兹以覃恩，授爾階資政大夫，錫之誥命。於戲！寅清而勤，夙夜虔任伯夷；敬保以濟，艱難周推彤伯。朕方法古之治，期在協和；爾尚圖今之功，底于明備。將用樹勣一代，罔俾專美二臣。欽哉！

制曰：禮行邦國，惇庸爰賴于名卿；化本閨門，順正必資于淑媛。茂獎相成之懿，宜承并貴之章。爾禮部尚書徐學謨妻，累贈淑人歐氏，望宗毓秀，君子作述。禀範袗禠，鳴珮環而無遂；揚芬沼沚，薦筐筥以有齊。敷大賚于巨寮，錫華褒于元配。令儀雖邈，芳譽如存。是用加贈爾爲夫人。篋圖留中壼之規，贊册作下泉之耀。

制曰：六官分職，式隆天子之卿；一德媲賢，爰重大臣之配。寵榮惟并，褒勸乃章。爾禮部尚書徐學謨繼室，累封淑人金氏，提躬端恪，秉德静專。克配良臣，穆穆修内政[二]。雖居處燕私之際，不廢篋規；迨委佗象服之年，尤持勤儉。屬廷綸之普及，宜壼秩之彌崇。是用加封爾爲夫人。祗遵彤管之徽，永贊素絲之節。

擬兵部尚書梁夢龍并妻誥命一道

奉天承運皇帝制曰：朕凝休衍祚，薦號尊親。敷恩方普于百寮，錫命必先于六列。矧宮保班聯鶴禁，而本兵位正鴻樞。特茂勞庸，宜隆寵數。咨爾太子少保、兵部尚書梁夢龍，宏才偉識，雅度謙衷。擢自大廷，儲于中秘。眷諤振掖垣之望，句宣騰藩臬之聲。歷開府則丕著保厘，貳計曹而克弘經濟。參持邦政，協贊廟謨。邊疆需專制之臣，節鉞屬壯猷之老。功多執戟，策悉修防。徵自朔方，領兹樞管。岩廊籌畫戎索，賴以恢張；尊俎折衝王靈，由之震疊。兹用覃恩，仍授爾階資政大夫錫之誥命。於戲！尚書帝之喉舌，圻父王之爪牙。朕方無怠無荒，國閑乃明其政；爾尚有嚴有翼，兵戢而動則威。益輸綢戶之忠謀，恒佐舞干之至治。欽哉！

制曰：制五治而無敵，國賴名卿；操一德以有齊，家資淑媛。肆舉酬庸之典，宜疏從爵之恩。爾太子少保、兵部尚書梁夢龍妻，累贈夫人武氏，鍾粹德門，作述君子。夭桃叶範，宣令譽于柔貞；采藻遵箴，暢賢聲于孝敬。雖珮環早謝，六珈之服未承；乃綸綍重光，四命之褒愈峻。是用仍贈爾爲夫人。圖史流芳而未艾，贊書表懿以方升。

制曰：朝有重臣以體國，宣猷爲職；婦無公事以宜家，媲德爲賢。斯内外所以相成，故恩數因之并及。爾太子少保、兵部尚書梁夢龍繼室，累封夫人馬氏，樂只笪筐之節，雍如縈袞之儀。克相名卿，茂揚偉勣。雖居處燕私之際，不廢箴規；迨委佗象服之年，尤持勤儉。屬廷綸之普錫，宜壼秩之彌崇。是用仍封爾爲夫人。偕承顯命于百年，永贊芳勣于八座。

擬吏部左侍郎兼侍讀學士陳經邦并妻誥命一道

奉天承運皇帝制曰：朕震祥協慶，渙號敷恩。眷儲賓領直于金華，久資啓沃；惟少宰推賢于玉署，方賴銓綜。功勣特隆，寵褒宜峻。爾太子賓客、吏部左侍郎兼翰林院侍讀學士陳經邦，秉德端方養之温粹，蘊才碩偉將以恪恭。脱穎巍科，儲英秘苑。載筆述國家之盛，提衡收文武之良。侍朕起自儲闈，惟爾常從講幄。析旨言澤于仁義，陳規志彈乎忠貞。歷銅龍羽翼之班，升華翰長；兼金馬論思之秩，晋列宗卿。頃躋賓位之崇，俾佐吏銓之重。入則緝熙朕學，執經史而侍旃帷；出則甄序人材，端表儀而操藻鑒。師言丕協，鼎望允孚。兹以覃恩，授爾階通議大夫，錫之誥命。於戲！商求多聞，乃兆爲霖之烈；周式百辟，爰基補袞之勣。爾尚交修，予惟克邁。將用沃心之正學，聿弘造膝之訏謨。欽哉！

制曰：坤著含章，妻道攸同于臣道；晋言蕃錫，大寮特異于群寮。非疏從爵之榮，曷稱勸功之典。爾太子賓客、吏部左侍郎兼翰林院侍讀學士陳經邦妻，累封宜人林氏，四德夙閑，二宗咸慶。肅肅守夭桃之範，雍雍修采藻之規。匡佐令人，茂宣嘉譽。治枲絲而助學，竟成石室之鴻儒；鳴環珮以勤勤，爰著金華之駿望。兹特加封爾爲淑人。永襄羔素之清聲，洊荷翟衣之顯秩。

擬總督薊遼兵部尚書張佳胤并妻誥命一道

奉天承運皇帝制曰：朕綏撫華夷，鑒古無虞之戒；顧懷尉候，酬今有備之庸。乃眷良臣，時維督府。茂勳既彰于桑土，崇褒宜耀于芝泥。咨爾總督薊遼保定等處軍務太子太保、兵部尚書兼都察院左副都御史張佳胤，經世瓌材，殿邦碩哲。忠清篤亮，歷險不渝；博雅淵宏，投艱彌裕。間者成功于兩浙，巋然繫望于四方。南國還旌，北門總鑰。籌虜情明如觀火，布疆索迅若建瓴。象指八條，提衡百將。保鏡銷萌之務，遠邇皆修；摧鋒敵愾之資，洪纖悉辦。軍中拔距，塞下垂橐。一麾齊介胄之心，文武爲憲；千里破旝裘之膽，精神折衝。故控弦屢挫于遼，而解辮彌增于薊。膚公三載，首冠九邊。延嗣予恩，告廷頒賚。特授爾階光禄大夫，錫之誥命。於戲！天子四夷爲守，居安思危；夏官九伐所宗，治內馭外。茲卿還部，佐朕管樞。尚攄至計于巖廊，常防控鏑；期樹殊勳于海宇，永息揚波。欽哉！

制曰：閫臣忠國，外嚴陰雨之防；閨媛正家，內慎明星之儆。能使龍沙遂靖，并升象服爲酬。爾總督薊遼保定等處軍務太子太保兵部尚書兼都察院左副都御史張佳胤妻，累封夫人向氏，四德夙嫺，二宗咸慶。孝敬奉春秋之祀，柔貞匡夙夜之修。勷相名卿，揚功幕府。仁弘挾纊，良由絲枲箴規；惠遍投醪，實賴酒漿諷勸。是用加封爾爲一品夫人。從文僚之峻爵，翟茀彌光；助武部之丕勳，鷄鳴愈勵。

御製書序

擬御製重修《大明會典》序

朕聞荀卿有言："欲觀聖王之迹，則于其粲然者矣，後王是也。"夫前王立法，而後王承之。即修飭恢張，庸詎有加于創造？

而卿之言乃爾無？亦以閱世久則俗遷，更事多則制備。必觀粲然之迹于後王之代，乃前王立法之意，相爲券證而愈明。是故遠稽掌故，近考時宜，賁詳于簡册以明布天下，慎率民而守焉，則後王之職也。

我國家二百四十餘年之法度，具載《會典》一編，鴻綱彪炳，細目曠分，創造于二祖，而修飭恢張于列聖，其所更閱非一代之故矣。鑒世無遺俗而揆事無遺制，以至于今，則所謂粲然之時乎？不寧惟法？方是編之肇修，睿皇咨之，敬皇輯之，毅皇頒之，凡三命紀述，歷三朝而後就，何其難也？蓋嚴覈章程，博綜品式，世不久閱不習，事不多更不諧。夫立法奚以異于此？

我皇祖世宗肅皇帝秉智臨之上德，撫景運之中興，覲揚光烈而以時斟酌潤色之，文物滋稱郁郁焉。于是乃命續弘治壬戌之編，迄于嘉靖己酉，網羅故實，益之新條，比編成進覽而不布，若于聖心猶有所未當也者。朕以沖昧嗣守丕基，兢兢祗奉先猷，恪遵成憲，深惟是編，溯續修以來又三十年所矣。微獨諸司後令闕焉而未收者衆，乃前令住收中往往淆淄澠，繆甲乙，俾繹法者不能分明，而舞文者因以蠹法，此非所以慎率民而示之守也。

當踐阼之四年，即命儒臣闢館分曹，重加編校，增其逸漏，正其訛舛，辨其紛錯，而兼附以近行之令，又十年乃成。頃因進御循覽之，則統類區別，條貫精詳，一展卷不下几席間，而見鴻綱細目粲然之迹，孰創造是，孰修飭恢張是，班班如指諸掌，是誠典常彝憲之林已。藉令按是而措之，日漸天下矩矱之中，可不勞而遝庶理，朕以此嘆軌物之盛軼于先朝，而科指亦少繁焉。荀卿之言曰："欲觀千歲，在審今日。"審今之繁于昔也，安能必後之不繁于今也？

嗟乎！法者萬禩無弊，弊者法之失耳。法有偏而不起之處，亦惟補其偏者以救之，救其弊無失其意，則聖王粲然之迹長而治功日楙。後有聰明澆薄者出而輕議國家之舊章，每借口曰：“琴瑟不調，必解而更張之。”夫調弦豈易瑟哉？朕既嘉與是編，庶幾仰成我皇祖之志，而復虞子孫臣庶之不愨于守也。爰因授梓之日，序大義于簡端如此。

擬御製重刻《資治通鑒綱目》序

朕以沖昧纂紹丕圖，即位以來，日進儒臣討論經藝，因命以《資治通鑒》進講，閱十餘寒暑，幸獲終編。歷代興亡理亂之績，炳然略具矣。萬幾之暇，又覽朱子《綱目》，深嘉慕焉。蓋其書因《通鑒》舊文，斷自周威烈王，訖于五代，筆削去取準于《春秋》。其指在正君臣之分，嚴夷夏之防；晰善敗之由，究天人之故，上下千三百餘年，大經大法，皦如日星。

信乎！萬世之權衡，繼《春秋》而作者。與我憲宗儲精藝文，嘗敕史臣刊正，梓于內府。顧歷歲既久，不無漫漶。偶得善本，取弘治中史官所修《通鑒節要》，接周考王而上溯自伏羲以冠于前，因加校摹，命工重梓，以繼成先志，重諸來裔有所考覽焉。

於戲！與治同道罔不興，與亂同事罔不亡。朕嘗以是書質之歷代之政，雖非一揆，然其治也，必其以憂勤恭儉之心，進用仁賢，遠斥邪佞，斯紀綱法度咸得其理，而天下安；其亂也，必其以逸豫怠荒之志，疏棄正直，狎昵群小，斯紀綱法度咸失其常，而天下斁。蓋所繇隆污大都若此，而幾則微矣。

夫以銅爲鑒，可正衣冠；以古爲鑒，可知興替。人主揆于前代之迹，誠襲其所以安存而易其所以危亡，則聖帝明王之治可幾而天命永保矣。是書也，所以裨益君德，助成化理，不亦弘哉？爰序諸首簡以自勗云。

擬御製重刻《資治通鑒綱目》跋

《資治通鑒綱目》五十九卷。蓋以三皇五帝、三代紀略二卷大書爲綱，仿《春秋》繫事之法分注爲目，依左氏備言之體，筆削惟嚴，衮鉞必當。宋世所稱"典刑之總會，册牘之淵林"，殆謂是歟？

朕于是書每翻閱而愛玩之，聞諸儒先曰：人主讀經則師其意，讀史則師其迹。三代而上帝王致治之法具載六經，其文則經，其事史也。三代而下代各有史，篇帙浩繁，即窮歲月莫能探討。獨是書綱舉目陳，詳而不蔓，簡而不漏，一披閱而千餘年法戒若諸掌，其文雖史，其義亦經也。以經斷史，則迹裁于意而事正；以史證經，則義顯于迹而義明。參已往之軌轍，圖方來之治安，實重有賴焉。如以侈見聞、資博洽而已，朕安事此？

擬御製重刻《證類本草》序

朕嘗觀成周六典，列醫師于天官，和王之六食、六飲，邦之疾病者、疕瘍者分治之，終稽其醫事爲制食。乃知自古帝王所繇保身保民之道，莫要于醫云。夫人負陰抱陽，燀爍寒暑，七情六欲，内外交侵，疇能無資于醫哉？惟藥之品彙稱名甚雜，草木金石分其質，寒温燥濕異其性，君臣佐使殊其用，矧夫山川寥廓足迹易窮，象貌紛綸目力難辨，不能一一剖別之，脱一妄投，即倉公理脉，長桑持囊，何益焉？

朕蒐輯群書，得《證類本草》。自神農定藥品分其種三百六十有五，歷後世方書無慮數十家，遞增至千有餘種，間復證之經史，形以圖分，物以地辨，性味兼備，體用靡遺。雖篇帙僅三十卷，而遐方絶域，異類殊形，莫不森然在目。古所稱十全之鴻術，六微之妙技，實統諸此。藉令世醫操故方，按圖而辨之，猶能隨試輒效，濟國利民，孰大于是？今海內元元有阽于疾痛而莫之省憂者，朕視之猶恫瘝在身，故開物成務思躋天下于仁壽之域。俾繹觀是書，其上者知養命以應天，中者知養性以應人，于以順五運之序，宣六氣之和，斂時五福錫厥庶民，而康寧壽考無疆，惟休其于國脉民生，亦有瘳乎？乃命工重梓之，爲叙其簡端如此。

擬御製《草訣百韵後續歌》序

朕惟自有書契以來，六義寖廣，八體漸分，粵若草書，興于漢代，離方遁圓，出同入異，亦既紛如矣。所貴獨金神爽，曲暢玄微，厥有指歸，艱于冥解，非得古人臨池結構之法，其道無繇也。《草訣百韵歌》一卷，《後》《續》二卷，諧爲韵語，覽記者便焉。

朕萬幾之暇，娛游翰墨，每當搦管，不廢楷模。及得是編，見其辨析毫芒，折旋體勢，收往垂縮之度，縱橫向背之方，分合異同之迹，若型範陳于彝鼎，若節奏按于宮商，類引條分，不淆神理，斯固字林之矩矱，而藝苑之指南也。機軸可尋，真詮不遠，惟善學者語之言外，得之畫中，其于書法，亦庶幾乎？爰命工梓之，而弁諸簡端如此。

擬御製《草訣百韵後續歌》跋

《草訣百韵後續歌》梓既成，諦而觀之，體勢咸備，雖其字不當陸書之百一，而點畫鈎連，鑄形肖象，則既曲盡其術矣。嗟乎！事未有離法而善者也。儻曰無意于佳，不求踐迹，即使杜、崔運指，衛、索濡毫，惡能遽超畦徑之外哉？雖然鬥蛇舞劍，可以資書；解牛斷輪，因而悟道。是故成法在古，妙契以心，變化神明，臻于極致，推之萬務，無不然者。朕于是得治理焉。若徒游藝揮灑之助，非朕志也。

擬御製《明心寶鑒》序

朕嘗莊誦我二祖《教民榜文》《爲善陰騭》等書，大都因俗示訓，言取易曉，其所采輯雖稗官野史有益勸戒者，靡所或遺，當時豈乏鴻筆臣之潤色帝訓哉？而文不蘄艱，義不蘄僻，正欲民熟于口耳而心易入也。乃若兩漢詔書、律令，下者見謂爾雅温厚，而小吏淺聞不能究宣，至爲特設文學掌故，此豈所以詔蚩蚩之氓哉？

朕暇覽《明心寶鑒》一書，大抵蒐掇群籍，分類纂言，其間雅俗駢陳，質文錯出，雖不足羽翼謨訓，而賢聖格言往往而在，其于誠世訓俗不爲無補。爰命所司刻而廣之，因筆數語于首，且其命名之意朕滋有取。夫以鑒照形則妍媸辯，以古照心則淑慝明，豈獨是書也哉？

擬御製《明心寶鑒》跋

朕既以《明心寶鑒》付之刻矣。因是思之，詩人好善不遺封菲，明主咨衆爰及芻蕘，何者？理由粗而致精，言或近而指遠。朕于是書特有取焉，匪徒博物洽聞，亦庶幾自附于聖王邇言之察爾。矧進此而嘉謨嘉猷禆益理道者，其敢忽乎？引[三]因復綴是語于編末，俾天下臣民知朕嘉刻是書之意。

擬御製聖母印施《道藏經》序

朕惟古之言道者曰：“道生一，一生二，二生三，三生萬物。”則道者天地萬物之本，雖造化不能違也，而宗其教者世猥以方外絀之。溯觀黄帝而下，若老聃、尹喜之徒，著書托喻，傳之後人。自是以還，言詮流衍，篇帙彌繁。至有黄庭大洞之法，丹臺紫府之經。秘檢靈文，往往而出論者，謂其雜而多端，信矣。然宗其大指，以清静爲本，慈儉爲用，要歸于冲虚恬淡，合體自然，斯其説亦不可廢焉。

我聖母慈聖宣文明肅皇太后佑啓冲人，遵守成業，亦既嘉與海内，休息乎無爲。間者又復摹印《道藏全經》，頒布于各祠觀，欲使人博習廣傳，回心而嚮道。《書》稱："斂時五福，用敷錫厥庶民。"意正如此矣。猗與休哉！夫今衆庶馮生，趨嗜逐好，敝精神、竭智力而不止者，一何其擾擾也？凡以不知道故。而道家之言，其精者不能筆之于書，今所存者糟粕而已。聖母取其精者，導朕以化天下，而推其餘以覺萬民。夫使萬民皆智，尊道而貴德，海宇平康之福、宗社乂安之慶，豈有窮哉？是用筆諸簡端，庸宣示我聖母頒經之意。

表

擬進《世宗皇帝實録》表

具官臣某言：伏以帝軌天敷，駿業揭千齡之範；皇謨日晃，鴻編標億載之光。才勵效乎三長，戴盆莫見；事允羅之四紀，測海良慚。哀堯典以成書，瀆舜瞳而錫覽。

臣等誠惶誠恐，稽首頓首。竊惟龍圖啓秘，遐彰造化之精；鳥迹呈書，逖肇文章之祖。第機先垂象，正皇迹之初分；而治本結繩，尚帝墳之未著。自史標左右，筆執簡于螭坳；而書記動言，遂貽謨于龜鑒。狐稱良史，允傳筆直之聲；馬撯舊聞，丕溢事核之譽。繼兹蘭臺石室，聿建專官；乃爾玉版金箱，益崇休制。自延喜之珍歷閲，而陽秋之録紜綸。徽懿漸湮，紀裁徒穢。

天朝肇啓，官始置于起居；皇制中新，事總專于實錄。聖神天繼，駕六七作之芳聞；典則星森，際五百年之昌運。十行一札，瑤篇光揭于圖書；綠字赤文，瓊牒輝浮于琬琰。藏書秘府，副在名山。牙籤之襲萬重；寶庅之標十葉。肆我世宗肅皇帝，英聰性縱，歷數天歸。金鏡載乘，纂服握珍符之瑞；玉璜允兆，開祥當翼軫之分。垂衣裳之四十五年，啓制度者百千萬數。傳心神秘，誕垂敬一之謨；典學淵虛，光灼四箴之注。欽天作頌，昭鳳藻以格玄；狩楚敷文，著龍興而啓聖。觀會通以行典禮，南郊之制森然；鑒今古以展孝思，大饗之儀秩若。下車泣罪，屢頒欽恤之條；當饋禮賢，廣布招延之詔。仁昭施藥，八埏解愠于薰風；德茂躅租，九域含嬉于化日。值旱沴而虔禱，何云却蓋之徵？服絺素以戒盈，允邁施繒之懿。法嚴殘墨，民安鸞鳳之休；治責悃誠，朝鮮麒麟之飾。宣風行而化洽，實内順以外威。羽斾北防，珍豺狼于破竹；樓船南向，殪蛇豕于建瓴。龍沙□鳴鏑之驚，鯨海擁澄波之頌。神龜祥兔，允協氣之蒸通；膏路頹莖，藹和風而潏汋。一人有慶，萬國咸寧。遐哉偉烈難京，允矣神功莫并。自非傳之金石，照耀前聞，何以炳于丹青，垂觀後嗣？離明載啓，渙汗重申。茲蓋伏遇皇帝陛下，纂大承天，紹圖建極。舜中允執，協堯帝以重華；武烈大行，纘文王之既洽。廓帝紘而機參亭毒；恢皇則而澤及蚑蠕。至治邕康，太和淳穆。驥牙兆瑞，象齒來琛。調六氣以鞏泰階，囿八夤而躋春圃。乃者謨先繼述，治豫覬揚。

甫當正鼎之初，即下裁墳之詔。西垣高敞，廣延持筆之臣；東觀弘開，彙晉懷鉛之士。采遺聞于六服，摭庶政于百司。分曹當紫闕之旁，彤管光依乎鵁鶄；灑墨際丹宸之近，青編暉映于雲霄。大書特書，允成章之具在；正例變例，悉洪典之昭揚。考茸方終，芟裁再及。字定陶陰之舛，篇厘淄澠之繁。自壬午之初年，訖丙寅之末紀。綱張目舉，卷別部分。雖神猷睿德之難名，庶巨業洪規之略備。仰龍墀而上進，扳鳳陛以恭陳。竊念臣等待兔才疏，屠龍技拙。班聯玉笋，殊慚潤色于皇猷；職縮綸扉，未效裁成于國牒。自承頒綍，實切飲冰。雖云寶帙之告成，實爾歲華之數易。拂塵掃葉，深知纂閱之難；窺管觀天，詎免遺忘之失？伏願道隆纘緒，治謹揚光。鑒成憲以無愆，佑後人而罔缺。舉則書，書必法，揭考烈于羹墻；慮以動，動惟時，儼身模于斧座。庶知今而嚮故，爰鑒往以戒來。丕顯哉，丕承哉，聖而繼聖；盡善也，盡美也，書不一書。綏先禄以底蒸民，萬劫化孚于同軌；配后京而求世德，九圍慶鞏于安瀾。

臣無任瞻天仰聖激切屏營之至，謹以修完《世宗皇帝實録》若干卷，裝演成帙，隨表上進以聞。

擬皇子誕生命婦賀表

伏以仙源鍾慶，弘開浚發之祥；慈極凝禧，備舉尊崇之典。神人闓懌，朝野忭忻。恭惟聖母仁聖懿安康静皇太后陛下，毓德穆清，禀資端淑。相先皇而理陰教，稱治内之姜任；佑今皇而建母儀，誦女中之堯舜。璇宮備養，喜慈慶方隆；甲觀儲禎，見元孫始育。萬國戴吾君之有子，一人崇大孝以尊親。爰卜靈辰，載加顯號。焜煌寶册東朝，增褘翟之輝；璀璨金章南面，受衮龍之賀。和氣雲蒸于桂苑，歡聲雷動于椒塗。妾等叨塵内職，快睹上儀。祇深拜舞之忱，莫罄揄揚之悃。伏願有秩斯祜，無疆維休。聖壽萬年景眎，益臻于長樂；本支百世洪基，永保乎太平。

擬皇長孫誕生命婦賀皇太后表_{代命婦作}

伏以慶積慈闈，浚璇源而貽燕；孝隆宸極，薦寶册以垂鴻。禁籥騰輝，宗祊篤祜。恭惟聖母慈聖宣文明肅皇太后陛下，柔順承天，含弘應地。揚芬嬀汭，媲美嬪虞。贊軌塗山，發祥纘夏。既篤生聖主，普離照于萬方；乃誕啓神孫，得震男于一索。蕊宮燕處，方隆視膳之歡；椒棭慶延，早協含飴之願。眷此孫支之自出，實惟祖德之當崇。玉檢金函，播徽音于彤管；翟衣鳳輦，赫顯號于璇宮。妾等夙被渥慈，欣逢懿典。情祇深乎抃舞，詞莫罄夫揄揚。伏願景福天申，蕃禧日至。享穆穆皇皇之養，萬有歲以無疆；衍繩繩蟄蟄之休，百斯男而未艾。

恭擬加上仁聖皇太后徽號命婦賀表

伏以璇宮詒燕，啓載震以麗明離；寶册勒鴻，尊重坤而綏福履。神人闔懌，社稷光華。恭惟仁聖懿安康靜皇太后陛下，清靜頤神，肅雍表化。《卷耳》功襄乎上聖，《思齊》德佑乎中興。選淑紫庭，祠虖迓三靈之眖；延昌朱芾，夢熊開一索之祥。蓋堯母怡愉，喜驗堯男之祝；而文孫岐嶷，推原文后之仁。茂闡彝章，崇升顯號。煌煌玉簡，東朝增褘翟之輝；穆穆金車，南面受袞龍之賀。尊之至，養之至，丕昭達孝于九重；見而知，聞而知，允洽歡心于萬國。妾等窺觀盛典，幸邁熙時。祇深拜舞之忱，莫罄揄揚之悃。伏願有秩斯祜，無疆惟休。壽考萬年景祐，益隆于長樂；本支百世洪基，恒慶于太平。

擬命婦賀慈聖皇太后表

伏以五位應假家之易象，初擇德而配至尊；萬方賡纘女之詩歌，共推功以瞻長樂。俯章順教，仰豫慈衷。恭惟慈聖皇太后陛下，聖善柔嘉，含弘光大。協斗維之昌辛祚，溯姚澤之啓虞華。從穆考初起龍潛，格玄穹已基駿命。遂發祥而索震，兆景運之中興；爰貽哲以乘乾，成冲齡之上治。茂膺顯號，彌介隆禧。仰母儀之尊極域中，謂皇壼之化先天下。特施姁嫭，肇建坤闈。思采荇得君子之逑，位埒椒爲聖人之助。博求伊始，祥定俄聞。

蓋摯仲之生文王，嗣徽方厪于國望；而莘邦之有長子，作合豈繫于人謀。乃賁以螭紐翬衣之光，俾司夫廟禋宮政之重。禮聿隆于著代，歡逾洽于承顏。資生之德至哉，既已造梟鶩太平之福；思媚之倫嘉止，且將緜麟趾公姓之休。妾等幸逢明時，窺觀巨典。婺星宵耀，占軒體之重輝；璇寢晨嚴，想翟軿之頻至。伏願謨昭彤管，祜篤紫庭。循京室之雍肅，而百斯男丕繁玉牒；斂箕疇之富康，而一曰壽永佑金甌。

箋

擬群臣賀兩宮聖母皇太后箋并詩

伏以初陽來復化生，見天地之心；百順承歡尊養，極帝王之孝。會南陸晷從節至，幸東朝慶與時新。喜溢璇宮，光騰紫禁。

恭惟聖母仁聖懿安康靜皇太后陛下，柔嘉作則，凤垂《葛覃》《樛木》之風；聖母慈聖宣文明肅皇太后陛下，聖善儲禎，茂衍《麟趾》《螽斯》之盛。徽問與五辰而并運，璇源凝六氣以交融。

我皇上圖大宅中，順時布政。乾旋坤轉，符貞元闔闢之功；海宴河清，際宇宙享嘉之會。茲者月維建子，序屬升陽。璧月珠星，兆啓踐長之瑞；彤闈玉殿，爰開獻壽之筵。鸞輿并下于雲中，龍袞親承于日下。景添宮綫，引壺觴九醖咸和，律應黃鍾，奏簫管八風正協。迎祥而薦冰紤繡襪，候氣則飛緹室葭灰。共誇景福，逐陽生陽，復一陽斂千禧而并泰；還道慈齡，隨日始日，舒一日衍萬載以長春。西王母不老瑤池，北斗杓長旋紫極。臣等叨參法部，幸俔芳辰。御陛陳音，莫效八能之技；廣庭侍宴，實深三祝之誠。敬代登歌，敢賡俚句：

暖律初回令節傳，承歡長樂會群仙。鸞輿并駕祥雲至，龍袞偏從化日鮮。緹室葭飛張廣樂，瑤池桃熟敞華筵。迎長慶洽慈顔豫，載頌周詩燕喜篇。

擬命婦賀中宫箋

伏以紫掖升華，肇啓二南之化；彤庭渙命，通觀六禮之成。慶溢寰區，歡騰臣妾。恭惟皇后殿下，鍾祥令族，毓粹神都。質柔順以俔天，德安貞而應地。屬聖齡方茂，來嬪有待于塗山；乃天意攸鍾，作合已占于渭涘。肆協神謀之吉，爰徵文定之祥。褘翟光華，星軒朗潤。獻秬秠而相祀春秋，奉九廟之蒸嘗；羞脯栗以承歡左右，致兩宫之孝養。聿章婦順，允稱母儀。象彼坤維，配乾元而載物；方之月彩，儷日馭以中天。永膺函夏之歸心；茂迓長秋之介祉。妾等幸際光華之旦，獲從朝謁之班。慶忭實深，揄揚莫既。

伏願化光壼政，道贊皇風。慶鍾乎《麟趾》《螽斯》，穆穆皇皇，益衍無疆之祚；和徵于《葛覃》《樛木》，雝雝肅肅，恒培有羨之祥。

致　語

恭擬加上徽號禮成皇上請兩宫聖母宴會致語

伏以璇宫進號，允孚萬國之歡心；玉食張筵，丕顯九重之孝養。蓋皇祚發祥于主器，而聖懷歸美于重闈。燕喜無疆，鴻厘有羡。

恭惟仁聖懿安康静皇太后陛下，倪天作合，端二南風化之原；慈聖宣文明肅皇太后陛下，夢日凝麻，衍百世本支之慶。至德陰敷于海宇，洪功顯佑乎宗祧。我皇上茂應中興，昭登上治。朝廷有道，穆清垂恭己之裳；宇宙無虞，荒憬息堘人之柝。兹者皇穹錫祉，帝武徵符。離麗明于大人，肇生元嗣；晋介福于王母，崇薦徽稱。既升玉璽以推崇，遂捧瑶觴而獻壽。聖孝彌光于視膳，龍衮承歡；慈衷正喜于含飴，翟褘御宴。七華扇影，遥遥映鶴蓋鸞旌；九奏簫聲，細細和鯨鐘鼉鼓。絡繹進桂漿之爵，繽紛呈桃實之盤。紫微迎寶婺以騰輝，祥聯前曜；黄菊應金商而侑酌，瑞藹後庭。將億齡駐少廣之顔，五福叶疇于洪範；且萬禩綿升平之麻，三多邁祝于華封。

臣等幸遘熙辰，叨參法部。隨鳳儀獸舞，莫助清娱；擬《麟趾》《螽斯》，願申俚頌。葵心敬竭，蔓語恭陳：

鸞鶴雙雙導彩輧，仙宮秋爽敞華筵。怡愉文母觀三祝，岐嶷湯孫衍萬年。寶鼎烟浮瑶瓾麗，金莖露泛玉卮鮮。八方歌咏天家事，遥指前星北斗邊。

擬皇子百日命名宴會致語一道

伏以堯男毓秀，届誕彌三月之期；文母稱觴，膺純嘏萬年之祝。洽歡心于四海，昭達孝于一人。喜溢寰區，禧凝禁簶。

恭惟聖母仁聖懿安康静皇太后陛下，博厚法坤，元闈倪天之駿德；聖母慈聖宣文明肅皇太后陛下，禎祥鍾震，夙彰啓聖之鴻功。偕升顯號于璇闈，共衍靈麻于寶祚。

我皇上資含上智，運撫中興。垂衣以御穆清，普雍熙于四海；絺冕而行温清，隆愛敬于兩宮。順動天人，慶闐廟社。篤生元嗣，協重暉重潤之歌；申命嘉名，舉有帥有成之禮。慈顔以懌，孝養彌光。爰卜令辰，式開華宴。翟褘雙御，畢朝環珮于瑤齋；龍袞親承，頻薦尊罍于綺席。桃實偕桂漿而迭進，金鏞間玉管以齊鳴。況一陽當來復之時，而六氣應迎長之候。瑞靄遥騰紫掖，和音正叶黃鍾。比華封願祝多男，肇紀百男之百日；居少廣宜躋上壽，還增萬壽于萬春。臣等幸遘昌辰，叨參法部。隨鳳儀獸舞，莫助清娛；擬《麟趾》《螽斯》，僭申俚頌。心聲未罄，口號重陳：

命名元嗣聖情歡，祇向慈闈導彩鸞。雲擁珠環朝絳節，露含玉醴簇仙盤。後宮喜獻東朝祝，前曜祥連北極看。天佑皇家多慶事，萬年錫胤萬方安。

奏　疏

請册立東宫疏

臣劉虞夔謹奏，爲循職守效愚忠，懇請册立東宫以定國本、以安人心事。

臣伏睹方今廟廊之上所爲借筯而籌者，内顧憂閨閫，外顧憂疆場。而臣愚竊以爲國家永奠磐石之基，潛消内外之釁，有要道焉，惟在鎮安人心而已。數歲以來，天下人心恫疑相告競惕而未安者，豈非謂建儲之大典久稽、豫教之鴻儀久曠？事關宗社，皇上尚爾遲留不决乎？頃者，吏部尚書臣繻率九卿合疏以請也，臣亦署名末行。踽踽待命而俞音未下，人心皇皇，孰不思效其芹曝？臣備員講讀，既未能啓迪宸聰，矧又守篆宫詹，濫竽儲寀，感時思職，義激于衷，安敢不披瀝專誠昧死懇請？

蓋今天下人心翹首拭目而望前星之耀久矣，爰自丙戌之春，綸諭渙頒，宣明長幼之定序，臣民曉然知上意所屬，冊立有期，豈不曰"俟二三年舉行"哉？顧縣丙戌以逮于茲，又閱五年矣。

今年元日，輔臣見皇長子于上前，仰睹睿姿岐嶷，承華毓德，正維其時，而請建之疏輒爲報寢，此非所以昭大信釋群疑也。我太祖高皇帝貽謀垂裕，家法炳然，蓋登極之元年，即立長子爲皇太子。

今皇上踐祚十有八年于茲，而主鬯承祧尚虛其位號，問安視膳猶闕其威儀，此非所以重宗廟尊宸極也。臣嘗撰《進禮經講義》，至《文王世子》篇所記，成周教儲之法，前後左右則有師保疑丞，春夏秋冬則有詩書禮樂，然綜其要指，惟貴于豫，是以教易入而德易成。今皇長子宮中輔導者何人？四時講習者何學？且年及十齡，視古人八歲就傅之期固已過矣。皇上聖情所鍾無亦寶愛之至，或慮其勞耶？

我太祖嘗論東宮官曰："人有彝鼎，尚知寶愛，太子承主器之重，豈得不寶愛之乎？寶愛之者，必擇端人正士以爲輔導，朝夕與居，使其熟聞善言，不邇詖行，自然漸漬以成其德。若惟委之于便嬖近習，是委重器于塗而不可寶愛之矣。汝等日輔太子，講誦説之時，必導之以正，使其明德，才器充廣，庶幾他日克勝重任。"

大哉，聖謨！真萬世之蓍鑒。皇上欲寶愛皇長子，乃徒處之深宮，委之近習，玩愒歲時，置學業于不講，無乃非我太祖所以垂訓之意乎？夫祖靈昭鑒，祖訓森嚴。天言播于華夷，天序既明于長幼，早正元良之位，用端蒙養之功乃今日第一重大之事，皇上何待而久不爲此？

伏願聖明需然發德音，特允諸臣所奏，先行建儲之大典，遂舉豫教之鴻儀，豈惟九廟咸歆，兩宮益悦，國本大定，人心胥安？在閭閻，則兆姓謳歌，志永孚于親上；在疆場，則六軍踴躍，氣彌奮于折衝。内外未萌之釁自可潛消，而泰和且洋溢于寰宇。

《記》曰：“一有元良，萬國以貞。”此之謂也。惟皇上俯察人心，亟賜裁決。宗社幸甚，天下幸甚。臣冒瀆宸嚴，不勝戰兢隕越之至。

丁憂請恤典誥命疏

臣劉虞夔謹奏，爲遵例陳情，懇乞天恩俯賜恤典并頒父母誥命，以光存歿事。

臣山西澤州高平縣人，由隆慶五年進士改庶吉士，授翰林院編修，歷升今職。竊念臣蓬蓽賤流，學術淺陋，遭逢聖主，拔侍經帷，且閲六載于兹矣。而寸長鮮效，寵賚頻承，未報國恩，遽嬰家難。

本年正月二十四日，接得臣父，原任直隸淮安府知府劉崇文，寄來家書，内稱臣母封安人張氏于萬曆十八年十二月二十二日在家病故。臣震驚仆地，五内摧傷，痛惟臣母少而艱子，既生臣爲長男，顧復百方劬勞萬狀。臣稍知讀書，則朝夕佐臣父以經業訓臣，臣賴以通籍清朝，濫竽侍從。而臣母先年僅因臣父以主事考滿得受六品之封，臣入官二十餘年并未加授，乃今溘然已見背矣，未徼一命之榮，遂抱終天之恨，此臣所以叩心長號，嗚咽飲泣而不能已也。且臣父年届七旬，桑榆景暮，孑然孤立，形影相吊，臣竊痛之。因念臣父生平坦衷直道，恥爲婟嫛。嘉靖間，奉差監兑江西，見忤嚴世藩父子，遂羅織户部事，逮繫都察院，勘問未結，適逢外計，徑坐峻條。其後巡按御史王湘極陳冤狀，謂宜還職録用，都察院覆奉欽依准其昭雪，而名挂外計之籍，竟未開除。萬曆十年，臣爲侍讀時，遇蒙恩詔，吏部具題，准冠帶閑住，而封典未敢輒請也。今臣母已亡，而臣父亦老，臣踽天踔地，求所以慰母于幽冥，解父之淒愴，其道無繇，惟有仰藉君恩以光被之爾。蓋人子事親均切顯揚之願，而講臣遇主，每多優特之恩。

臣雖不肖，其情亦人子也；臣雖不才，其官則講臣也，而安得不冀鴻慈之下逮以伸烏哺之私衷乎？臣伏睹先朝優遇講臣，往往不俟考滿，類得請封其父母，遂并封祖父母，則有侍郎溫仁和、詹事董玘之例；即犯罪除名者亦特予誥命，則有學士謝遷之例，載在國史，可考而知。臣皆未敢遠引，第就請恤之例言之，嘉靖四年十月，内日講官禮部右侍郎李時母邊氏未封病故，具疏請恤。奉世宗皇帝聖旨：“邊氏准照例與祭葬。李時日侍講讀，多效勤勞。伊父李楘還准與應得贈官誥命并祭一壇。欽此。”

臣章句微勞，安敢比時之萬一？然官品相同，子情豈異？況臣恭遇聖明，以孝道治天下，以優禮待儒臣，皆率由皇祖之成憲，即比臣母于邊氏祭葬誥命于例允符。藉令臣母因臣備員講讀之故，得蒙祭葬誥命之榮，而臣父不一沾恩，無論臣人子之情鬱焉未展，雖臣母泉下之靈必有戚然而不寧者。我皇祖疏恩邊氏而必追贈李楘，無亦念及此乎？夫因母既可以及父，移贈亦可以為封臣，用是乃敢昧死冒陳上于天聽。

伏望皇上憫臣哀苦至情，遵用先朝事例，敕下禮部覆請，照臣官品賜給臣母祭葬并頒臣父母誥命，以廣特恩。則九重渥澤既兼被于幽明，而萬死餘生當益圖于銜結矣。臣下情無任悲號瞻籲之至。

謝恤典誥命疏

臣劉虞夔謹奏，為感激天恩恭陳謝恤事。

頃者，臣因母張氏病故，具疏請恤并乞父母誥命。伏蒙聖慈察其哀情，下之禮部，隨該禮部覆題，奉聖旨：“劉日講效勞，伊母准照邊氏例與祭葬，仍與伊父俱給應得誥命。欽此。”

臣捧誦恩綸，且感且泣。竊念臣猥以庸材，叨塵法從。一經勸講，曾無開導之勞；六載趨陪，徒有曠瘝之愧。方圖砥礪仰答，遭逢福過灾生。遽致慈親之見背，痛深創巨，敢希聖主之垂憐？援故典以冒陳，望嚴宸而祇懼。忽睹俞音之渙發，驚聞寵數之駢頒。賜俎建塋，儀式并從乎三品；敷綸增秩，顯揚兼遂于二親。且恤自殊恩，迥邁稽年之格；而封縣睿斷，毋煩主爵之章。哀更徽榮，吊皆稱慶。在昔旐帷之駿望，所不敢當；乃今章句之鯫生，其焉能任？茲蓋伏遇皇上孝弘錫類，仁溥因心，謂臣嘗侍燕間，俾臣特霑鴻渥。澤瀼萱樹，終天之恨少舒，光被橋枝，愛日之情仍慰。臣拊膺感泣，鑱骨書盟。寢苫餘生，一息不忘于報效；傾葵素志，百身何惜于捐糜？

臣仰戴天恩，無任激切屏營之至。緣臣方病，伏由枕間，除另日赴鴻臚寺報名廷謝外，謹先具本，專令義男劉貞齋捧奏謝以聞。

回籍辭朝疏〔四〕

臣劉虞夔謹奏，爲回籍辭朝事。

頃者，臣丁母張氏憂，荷蒙聖恩特賜恤典兼給誥命，臣不勝感激，不勝悲慟。已經具疏陳謝外，隨于本月二十一日力疾赴鴻臚寺報名，次日廷謝，二十三日陛辭，恭遇免朝。該鴻臚寺查得萬曆十四年五月內，節奉聖旨：「其升任等項，出京應面恩面辭，的遇免朝，着自行題知，不必候補。欽此，欽遵。」

臣謹具本奏辭者，伏念臣暌違子舍，隨侍經帷。供夙夜之論思，乞身未敢；曠晨昏之溫凊，回盼徒勤。將謂沃心，庶幾養志。顧尋章摘句，簡編之獻納雖殷；然歷歲更時，旐廈之趨蹌能幾？素餐無補，深抱愧于伐檀；明發有懷，久含情于啜菽。孝慕冀加匕箸，慈親奄棄杯圈。觸地攀號，風木之悲正劇；呼天控籲，露蕭之澤偏稠。需殊恤于黃壚，疏特封于白社。徽榮若爾，圖報云何？茲當匍匐以西奔，曷已潸洟而北嚮？感乾坤之高厚，跼蹐怔營；依日月之光華，徘徊眷戀。迢遙去路，萍踪漸遠于五雲；咫尺違顏，芹曝寧忘于一日？爰攄積悃，載效微忠。

伏願皇上保艾聖躬，緝熙睿學。早定宗社萬年之計，永孚明良一德之交。思大舜之惟時惟幾，勵精圖治；法成湯之不邇不殖，寡欲清心。省刑體上帝之好生，節用蘇下民之雕瘁。程功振靡，衣繡毖戒于九邊；耀德銷萌，盂帶連安于四海。臣翹望丹宸，不勝悲感祈祝之至。爲此具本，親齎奏辭以聞。

謝賜馳驛及路費銀幣疏

臣劉虞夔謹奏，爲恭謝天恩事。

本月二十三日，臣因守制回籍具疏辭朝。二十四日，奉聖旨："知道了。劉係日講官，着馳驛去，仍賜路費銀二十兩，彩段二表裏，該部知道。欽此。"

隨蒙頒賜銀兩、表裏到臣。臣謹焚香望闕叩頭祇領訖。伏念臣草茅賤士，韋布寒生。東觀說經，屢沐便蕃之睠；北堂銜恤，重膺殊特之恩。涯分既逾，省循滋愧。跰而去國，豈思行路爲難？衰以還鄉，寧計懷資不裕？頃緣辭疏，忽冒寵綸。憐其奔訃之情，給以乘郵之檄。出精鏐于御帑，一鎰焜煌；分文綺于天機，七襄燦爛。頓使道旁觀者，爭誇稽古之榮；還將堂下獻焉，益侈顯親之孝。

臣感深隕涕，悲極搖魂。懷鳳闕以顧瞻，聽驪歌而遄發。塊盧歸伏，敢忘螻蟻之忠？溝壑未填，誓竭駑駘之力。臣仰荷天恩，無任激切感戴之至。

辭起召副總裁疏

臣木訥畸人，顓侗豎子。生逢盛代，幸簉清途。詞苑二十年，編劖靡效；講帷六七載，啓沃何裨？鶉濡愧于在梁，鶂躍憂于過仞。曠瘝之罰，蓄咎乃叢。方匍匐以悼慈親，更駢蕃而承寵恤。欒欒瀕死，恐君恩圖報之難；碌碌偷生，宜吏議搆成之易。深感藥言之瞑眩，庶幾茅塞之開明。瞻天焚訴行之香，爲皆可告；遁世寢鳴冤之草，事不求聞。有無悉聽公評，豈淆黑白？終始堅修素節，奚染蒼黃？自甘遐棄于溝中，誰望曲矜于輦上？在昔柏臺搏擊，既寬斧鉞之誅；于今芸館招延，猶辱弓旌之命。舊官重畀，新職益專。謂使過賢于使功，故賜環果于賜玦。祇慚薄劣，曷副甄收？荷日月之末光，六幽畢照；酬乾坤之洪造，九隕爲盟。固當竭蹷以追趨，安得趑趄而却顧。但親衰不仕，時乃臣經；且官病則休，實云國典。

臣父年躋喜懼，邁七十有二齡；臣身病極支離，醫再三無一效。臣與父更相爲命，父于臣惟疾之憂。感時驚過隙之白駒，思養愴啼枝之烏鳥。微獨依依菽水，又兼戀戀松丘。矧因奇疢之沉綿，爰致諛聞之荒落。毫欲濡而旋暈，卷纔釋而輒忘。即使衷赤勉彈，其于汗青何補？若或昧乞身之義，必將貽除日之羞。此臣所以被命兢惶，戴恩跼蹐，而不能已于控辭者也。

伏願聖明察臣悃誠，令臣休致。石渠盛事，雖亡繇徼附驥之榮；山澤殘齡，或尚可睹獲麟之瑞。上不累聖主知人之鑒，下亦全愚臣守己之箴。臣無任席稿待命之至。

校勘記

〔一〕"傅"，原誤刻作"傳"，今改。

〔二〕據文意并參駢偶格式，疑衍一"穆"字。

〔三〕"引"，據文意疑衍。

〔四〕此文又載清乾隆《高平縣志》卷二十二"藝文"。

經筵講章

四　書

　　子曰：“有德者必有言，有言者不必有德。仁者必有勇，勇者不必有仁。”

　　這一章書是孔子教人敦本務實的説話。孔子説，人心所存者曰德，曰仁；德與仁所發者曰言，曰勇。即其所存固可以知其所發，據其所發則未可信其所存。我嘗見天下有一等有德的人，也有一等有言的人，這德與言兩件都是人當兼有的，但其間自有個輕重之別。何也？有德者，造詣精深，義理有得于己。這等的人我雖未聽其言，然言乃德之所宣。有此令德則有此嘉言，是有德者可知其必有言也。若那有言者，善爲辭説，非不可聳人聽聞，然或便佞口給而已，未必真有所得，我焉敢信其有德哉？天下有一等仁的人，也有一等勇的人，這仁與勇兩件都是人當兼有的。但其間自有個輕重之別，何也？仁者存心正大，私意泯滅。這等的人我雖未見其勇，然勇乃仁之所發，物欲不累，則正氣常伸，是仁者可知其必有勇也。若那勇者，無懼爲主，雖是不動其心，然或血氣之强而已，未必盡出于道義，我焉敢信其有仁哉？觀孔子此言，則德、言、仁、勇四者，輕重緩急之分自有，可見君子當知所務矣。臣嘗考孔門弟子，閔子稱爲德行，而言必有中。宰我號爲能言，而行有不逮。顔子不違仁于三月，故能語之不惰。子路好勇過我，而于事無所取裁。孔子之言，蓋有所試之者也。

粵稽古昔祗台德先者夏禹，而昌言以贊虞廷之治；仁政治岐者文王，而一怒以安天下之民。蓋聖人之德仁，合內外兼體用而一之者也。仰惟皇上聖由天縱，學懋交修，物累泯乎淵衷，英華發于和順，德言并茂，仁勇兼資。允矣！繼夏禹、周文而獨盛者也。

臣愚，更願聖學益隆，聖修愈篤。持此術以修己，則以身爲教而不以言爲教，以理爲主而不以氣爲主。持此術以官人，則議論聳聽者必稽其功效之有無，剛强自負者必究其理義之當否，如此則一人倡之，兆民化之，敦本尚實之風由朝廷以達之天下，所以躋斯世于渾樸之盛，挽人心于大道之公者，端在是矣。臣等不勝惓惓。

《易 經》

彖曰："謙亨，天道下濟而光明，地道卑而上行。"

這是《謙卦·彖傳》發明卦辭的說話。《易經·序卦》：于《大有》之後，受之以《謙》，所以示持盈之道也。孔子釋其辭說道，卦名爲《謙》而繫之以亨，其義爲何？蓋天下之事滿則招損，謙則受益。不惟人道爲然，即天地之化亦有可驗者。今夫天穹然覆物，何其高也？然其氣則敷布流行而下交于地，所以一元鼓動，萬象光昭而燦然不可掩焉，是天道之光明以其下濟也。使徒示人以高而不能自抑，則資始之功不著矣。今夫地隤然載物，何其厚也？然其體則靜專柔順而仰承乎天，所以一氣薰蒸，太虛充滿而盎然不可遏焉，是地道之上行以其自卑也。使徒示人以厚而不處其卑，則代終之化不成矣。夫曰下濟，曰卑，都是謙的意思。曰光明，曰上行，都是亨的意思。卦辭之義如此，以天地之大而猶若運之以謙，況于人哉？臣嘗因是推之，乾，君道也；坤，臣道也。爲君者略堂陛之分而推心以接其臣，使情投意合，精神流通，而治功日著，非即天之下濟而光明者乎？

為臣者感知遇之隆而恪恭以事其主，使言聽計從，歡欣交
㣟，而勛業有成，非即地之卑而上行者乎？然則泰卦之辭所謂上
下交而志同者，亦謙亨之義也。然倡和有機，施受異道，故天必
下降而後地得上升，君必俯接而後臣能自效，若乃以崇高自恃而
恥于屈己從人，以聰明自滿而憚于虛心納善，或欲有問而恐示不
知，或欲有言而疑為失體，如是而欲普下濟之光，難矣。上下之
情既隔，壅蔽之患自萌。臣下亦何由靖獻而成輔理之功哉？

仰惟皇上體道淵沖，持心抑畏。圖治則委成耆碩，俾展其猷
為；嚮學則進納儒臣，使攄其啓沃。固已受謙之益，成泰之交
矣。然臣愚猶以為萬幾多暇，群賢在列，細旃廣廈有面議章疏之
成規，暖閣平臺有召對公卿之故事，誠以朝講之便舉而行之，不
過借寸晷之閑，垂一顧之重，而使天光下濟衆志咸熙，大小臣工
將莫不鼓舞濯磨以圖稱塞，明良之咏作而太平之業成矣。臣何幸
躬逢其盛！

> 象曰："山下有澤，損。君子以懲忿窒欲。"

這是《損卦・象傳》孔子示人修德的説話。懲，是警戒的意
思。窒，是阻塞的意思。《象傳》説艮象為山，兌象為澤。此卦
艮上兌下，是為山下有澤，澤氣上通，以潤乎山，有損下益上之
義，故名為《損》。君子體此，以為吾身所當損的，莫如忿與欲
二者。如遇可怒之事，孰能無忿？忿心一上，就如火之方熾一
般，不戢則烈石焚，原莫可撲滅，不但乖吾心泰和之度而亡身及
親，皆由于此矣。故君子惕然深思，常常以為警戒。就是一時觸
犯最難忍耐的，也要着實禁止，不使忿怒得逞而失之于暴戾也，
這叫做懲忿。遇可愛之事，孰能無欲？欲心一生，就如水之方決
一般，不塞則沉陸，滔天莫可堤防，不但淆吾心太虛之體而喪生
伐性，皆由于此矣。故君子奮然用力，每每為之防閑。就是百般
玩好最易引誘的，也須痛加遏絶，不使私欲橫流而遂至于縱肆

也，這叫做窒欲。夫理欲不并行，損益正相反，懲忿則忿日消，而性氣自然和平；窒欲則欲日寡，而本原自然澄澈，其于修德之功大有裨益矣。損故受之以益，豈不信哉？

臣觀宋儒有言：莫難平如怒心，莫難制如欲心。可見聖賢之學全在治心，而至于人主尤爲切要。蓋生殺予奪之權，獨運于上，喜好逸樂之事，畢陳于前。怒或不戒，則刑罰以之失中，甲兵以之輕動，或以一時之怒而基百年之患矣；欲或不節，則恣耳目之所好，窮心志之所樂，或以一時之喜而遺四海之憂矣，損孰大焉？故《洪範》戒于作惡，《丹書》貴于勝欲，此人君修德之要務也。

我太祖高皇帝嘗怒一朝臣上疏迂蔓，左右從而詬之，既覽疏有可采者，乃召詬者戒曰：“吾怒時不能諫，反激之怒，何異以膏沃火？”又嘗論治身之道曰：“人之欲非止男女、宮室、飲食、服御，凡求便于己皆欲也。惟禮可以制之。”大哉皇言！誠萬世聖子神孫心學之法也。仰惟皇上聖度寬弘，淵衷純一，雖天威震赫，而停刑恤刑之詔每遍于寰區，即内殿燕閒而省心養心之箴常揭于户牖，信能鑒往轍而遵祖訓矣。更願玩味《易》詞，緝熙聖學，法陰陽舒慘之用，常以仁厚而濟威嚴，察理欲消長之機，無以逸豫而忘儆戒，將見氣和形和而萬物無不和，心正身正而天下無不正矣。臣等何幸躬逢其盛！

　　天地以順動，故日月不過，而四時不忒；聖人以順動，則刑罰清而民服。豫之時義大矣哉！

這是《豫卦·象傳》孔子極贊豫道之大的説話。忒，是差。《豫》之爲卦，坤下震上，震動而坤順，有順動之義焉。故《象傳》贊之説天地聖人所由一理，未有動不以順而可以言豫者。以天地言，本太極之理，以爲造化之樞紐而陰陽五行順布于上下之間，是天地以順而動也。由是日月四時各有常運，晦明不愆其期，寒暑不爽其序，一往一來都循着天地的氣候，而不至于過且忒矣。以聖人言，本一心之理，以爲萬化之主宰而操縱闔闢順施于政治之間，是聖人以順而動也。由是四海兆民咸順帝則，不犯于刑而刑自措，不罹于罰而罰自省，會極歸極都遵著聖人的教化，而無不信服矣。夫"日月不過而四時不忒"，是和氣流行于兩間，天地之豫也。刑罰清而民服，是和氣融液于萬國，聖人之豫也，而皆以順動得之。然則順動之道，天地所以生成萬物，聖人所以悅安萬民，皆不外此，豫之時義其大矣哉！

臣嘗考之載籍，王者和陰陽，序萬物，則三光明而四時正；布政不均，則日月晦冥，寒暑失序。何哉？蓋天地之動與人主之動相應，順則民心和而天地之和氣應之，逆則民心乖而天地之乖氣應之。動胡可弗順也？然人主之動莫大于用刑，而感召之至速者亦莫神于用刑。傳稱春殺無辜則歲星失行，薄恩好殺則太白失度，至于賤臣叩心而六月隕霜，孝婦含冤而三年不雨。蓋幽抑之情、愁苦之氣，皆足以召陰陽之沴于天地之和，真有捷于桴鼓而莫知其然者。故聖人戒煩刑，理冤獄，求[一]其生而不得，然後與眾棄之，正所以順動而保天下之豫也。仰惟皇上心涵造化，動協時宜，謹天戒而停刑慮囚，重民命而懲貪祛虐，固宜刑措不用，熙然太和之世矣。然圄圉未見其空虛，閭閻不免于愁嘆，臣以爲未可言豫也，更願擴天地好生之心，繹聖人順動之指，明并日月照臨普及于幽遐。信若四時，聽斷不移于喜怒，過于仁，無過于義，務使刑罰之常清，殺不辜寧失不經，必期萬民之咸服，則聖德被于無外而王道蕩乎不偏，豫大豐亨之治將與天地同悠久矣。臣等不勝顒望。

象曰："益，損上益下，民說無疆，自上下下，其道大光。"

這是《益卦・象傳》孔子發明人君約己裕民的說話。《益

卦》下震上巽，巽自《乾卦》變來，震自《坤卦》變來，損
《乾》初爻之陽以益《坤》初爻之陰，自上卦下于下卦，有損上
益下，自上下下之象。《象傳》釋其義説道：這卦名爲《益》，
豈徒專利以自益哉？凡天下之事損益相因，損得其道則損者所以
成益也。人君治天下，誠能減損上之所有餘，補益下之所不足，
或散府庫之儲以濟閭閻之急，或蠲山澤之賦以充田里之資，那下
民霑被這等的恩澤，四海之内到處皆歡然感悦，豈有疆界可限
乎？這恩澤非臣下所能與，良由明君處崇高而慮四方之幽隱，居
富有而知百姓之艱難，是以德意出自天朝之上而下于普天之下，
處處荷阜安之賜，人人蒙樂利之休，其君道豈不廓然廣大、赫然
光明乎？夫下民歡悦是下受其益，君道大光是上受其益，上下兩
有益，此卦之所以名《益》哉？

　　臣嘗論之：君民一體，休戚本自相關；天地生財，公私止有
此數。損上則益在下，而國常治者何？寬仁之政愛戴同心，富足
之民供需易辦，上似損而實益也。益上則損在下，而國常亂者
何？掊尅之政怨讟叢興，貧乏之民誅求難應，上似益而實損也。
考之前代，如成湯不殖貨利，子惠困窮；武王發粟散財，大賚天
下。故輯寧永清之治成而惟正之供用之不竭，此損上益下之效
也。漢靈帝、唐玄宗剥民膏脂積于内苑，故中平、天寶之亂起，
其所私積徒爲寇資，此損下益上之效也。

　　我太祖高皇帝嘗曰："人君制財與庶人不同。庶人爲一家主，
則積財于一家；人君爲天下主，當貯財于天下。"又因閲庫嘆曰：
"此皆民力所供，以爲天下之用，吾何敢私？"聖訓昭垂，其公
利厚下之心可想已。仰惟皇上勤恤民艱，殷憂邦本，遣部臣以賑
西北，既發帑儲；遣諫臣以賑東南，再頒國課。損上益下何以加
此？而議者猶以爲内供浩大，歲額滋浮，征輸損于下，取用益于
上，此不可不長慮也。

臣愚，更願深玩《易》詞，仰思祖訓，勿恃國家之全盛而謂會計爲迂談，勿崇禁苑之秘藏而謂公帑爲外物。損濃甘之嗜，不但啼饑之民受其益，而冲和自養且有益于聖躬；損綺縠之工，不但號寒之民受其益，而敦樸爲先且有益于聖化；損燕游之費，不但流移之民受其益，而清平無擾且有益于聖心；損便僻之賽，不但疏逖之民受其益，而明斷無淆且有益于聖政，將見聖德日益廣大，聖治日益光明，而萬國歡騰，萬年永賴矣。臣等何幸躬逢其盛！

象曰：“洊雷震，君子以恐懼修省。”

這是《易經·震卦·象傳》孔子警戒人君畏天保治的說話。洊，是相仍而至的意思。孔子說《震》以一陽動于二陰之下，其象爲雷。此卦上下皆震，象雷之相仍而至，故曰洊雷。雷乃天之威怒，其聲激烈，已自可畏，況于重疊震動？而謂之洊雷，則其可畏又甚矣。故作《易》者將這洊雷之象以喻國家多故，灾變頻仍，就如雷之不住聲警遠懼邇的一般。人君體此之象，當此之時，安有晏然不以動念者？必須心存恐懼，上憂天命之難諶，下慮民心之易渙，慄然無一息之少寧，如言動喜怒有不協于道，必加意省改；禮樂政刑有廢墜不舉，必及時整飭。如此則危機之隱伏者防之于豫，而可以潛消事變之猝臨者。救之有方而不成後患，庶幾化灾爲祥，轉禍爲福，而國家可保也。

蓋明君之事天如父，上天之愛君如子，父方怒而子能敬畏以承之，未有不悅豫者，這是斡旋造化的機括。然天道人事相爲表里，若不修人事而徒責望于天，譬如無維楫而渡江河，鮮不覆矣。故又以修省爲要，這是轉移世道的作用。惟實心與實政交修，天意與人謀兼得，而處震之道盡矣。臣觀史册，雖綦隆極盛之朝，未必無猝遽糾紛之患。然以唐虞之黎庶艱食、蠻夷猾夏，而不能損太和之宇宙。周室之饑饉荐臻、玁狁內侵，而未嘗貶中興之盛業。良繇堯舜、宣王敕戒時幾，側身修行，又能任用賢臣，共圖康濟，故天災不能勝人，殷憂更以啓聖，而治道于今爲烈也。

皇上德運乾剛，心存震惕。憫旱災則蠲租發帑，東南之命脉重蘇；軫邊計則召對咨謀，西北之機宜洞照。蓋宸慮日周于萬宇，明良交儆于一時，真與堯舜兢業同符，而周宣不足侔矣。但人情多狃習于無事，而事至則恫疑相顧；即劬勸于有事，而事定則宴安自如。此雖責在臣工，而振勵率作之機實自上始。更願思祖宗締構之艱，體天心仁愛之至。處法宮如臨上帝，罔敢戲豫而馳驅，撫成業若履春冰，益務綢繆于牖户。裁私昵，重大本，永垂佑啓之鴻猷；舉實政，簡真才，丕振修攘之駿烈。則和氣即爲禎祥，先憂可以後樂。作《易》者繫笑言啞啞，震來虩虩之後[二]，蓋若爲今日設矣。臣等不勝顒望。

《詩　經》

蠢爾蠻荆，大邦爲讎。方叔元老，克壯其猶。方叔率止，執訊獲醜。

戎車嘽嘽，嘽嘽焞焞，如霆如雷。顯允方叔，征伐玁狁，蠻荆來威。

這是《小雅·采芑》篇周臣方叔南征軍中歌美其成功的説話。蠢，是動而無知的意思。蠻荆，是荆州蠻夷。大邦，指中國説。猶，是謀。訊，是問。醜，是俘馘。嘽嘽，是衆。焞焞，是盛。顯，是明。允，是信。來威，是畏服。

《采芑》之詩説道，彼蠢爾無知之蠻荆恃其險固，敢與中國爲讎敵，故我王遣方叔往征之。方叔年雖老矣，然閲歷久，諳練深，折衝禦侮之謀猶則更壯也。其壯猶未易窺測，但見所率之師徒有能執言問罪者，有能獲俘斬馘者，奔走宣力之人皆智勇如此。所率之兵車嘽嘽然乘數繁多，焞焞然行列振彩，摧鋒陷堅之具又衆盛如此。故威聲遠播，如霆之擊、如雷之震一般。夫以既明且信之方叔，豈至此而威聲始播哉？他前此曾北伐玁狁，運籌決勝，整旅督兵，逐至大原，玁狁遁去。那蠻荊素畏其威久矣，一聞南征即皆寒心破膽，望風來服，南方遂寧。觀于方叔之成功，足徵宣王之善任，周道中興有由然也。

臣按：南夷梗化，自古有之。在我朝則湖廣、四川有苗蠻，廣東、廣西有猺賊，雲南、貴州有土夷，皆盤據山箐、溪洞之間，雖未敢負固爲讐，亦屢聞竊發爲患。蓋因中國地遠法疏，威靈不振，兵驕將惰，制馭失宜故也。仰惟皇上應運中興，殷憂南顧。擇人而授節鉞，增重事權；傳詔以諭戎行，大彰賞罰。征羅旁，翦巨寇，則千里蕩平；征緬甸，擒元凶，則三宣底定。《采芑》南征之功不逾于此矣。

> 信彼南山，維禹甸之。畇畇原隰，曾孫田之。我疆我理，南東其畝。

> 上天同雲，雨雪雰雰。益之以霢霂，既優既渥，既霑既足，生我百穀。

這是《小雅·信南山》篇述公卿力田以奉祭祀的說話。南山，指終南山說。甸，是平治。畇畇，是開闢的意思。田高平處叫做原，低窪處叫做隰。曾孫，是主祭自稱。同雲，是陰雲一色。霢霂，是小雨。周人說，國之大事在祀，而祀之大本在農。瞻彼南山，百穀于此乎生，粢盛于此乎出，誰開此利者乎？信維大禹治之，以利萬世者也。故自水土既平而上原下隰，皆畇畇然爲可耕之地，而我曾孫因得而田之。于以正其疆界，別其條理，順其地勢水勢之便，或南其畝，或東其畝，溝洫之縱橫異制，水泉之蓄泄咸宜，蓋至是而禹功爲克纘矣。顧可盡者人事，難必者天時，使冬而無雪，春而無雨，百穀奚自而生乎？今時而冬也，上天同雲，雨雪極雰雰之盛矣。春而又益之以霡霂之小雨焉，夫雪之浸漬者久，雨之滲漏者深，則天澤之施既優且渥，既霑且足，由是土膏潤而嘉種滋，地利興而苗稼盛，有不生我百穀者哉？此我于農事之成，不敢忘禹，亦不敢忘天也。

臣按：周家以農事開國，時則天子有藉田以供上帝之粢盛，公卿大夫亦各有采地以奉宗廟之祭祀，其于田疇疆理之制，水泉灌溉之宜，天時旱潦之備，視之如其家，無不省察而籌畫之。故身親其事而心知其艱，心知其艱，故于務農重穀憫恤補助之政為獨詳也。後之人主高居深拱，既罔知小民之依，而郡縣有司衣租食稅者，亦惟知以簿書細事為勤民，奔走疏節為盡職而已。凡夫田疇之理廢，水泉之通塞，年歲之豐凶，反漫然莫之省憂，無怪乎農事日隳，民生日困，國計日益不充也。

仰惟皇上崇重農功，勤思民隱憂，亢旱則步行祈禱，感陰霾則手詔求言，固知精意潛孚，天心昭格，豐穰之兆且將符周詩之所歌矣。但墾田之令雖布而荒蕪尚未盡耕，恤農之詔屢申而流移尚未盡復，地有遺利，民有遺力，豈非有司具奉行之文、朝廷鮮勸率之實乎？所謂勸率之實者，工役省則不奪農之時，刑獄省則不擾農之業，賦斂省則不竭農之財，技作玩好省則不疲農之力。蓋人君必有務本之實而後民事乃興；必有節用之實而後民生乃厚，是在皇上一加之意而已。臣等不勝顒望。

賓之初筵，左右秩秩。籩豆有楚，殽核維旅。酒既和旨，飲酒孔偕。鐘鼓既設，舉醻逸逸。大侯既抗，弓矢斯張。射夫既同，獻爾發功。發彼有的，以祈爾爵。

這是《小雅‧賓筵》篇衛武公飲酒悔過的說話。此其首章，言因射而飲者，始時禮儀之盛。古人欲行射禮，必先設燕賓之初筵，是賓主方纔就席，那時左右列坐，秩秩然各有次第。所食的殽核實在籩豆濟楚陳列，所飲的酒醴盛在罇罍調和甘美。一時飲酒的人甚是齊一，無有參差混亂者。此其未射之先禮儀如此。射必有樂，前期一日設懸于兩階。質明將射，乃遷樂于下以避射位。那時鐘鼓都已安定，賓主相爲獻酬，賓受酬爵，奠于席前，而弟子各舉以交錯往來，兩階逸逸然有序也。此其將射之時禮儀如此。射箭的把子叫做侯，把子中心紅圈叫做的。凡射設侯，中掩其半。到這時節，纔命弟子脱束繫向左邊。大侯既張矣，弓矢亦與俱張。那時三耦、衆耦各自相配，引弓發矢，爭獻其功。人人心里都要射中紅心，期舉豐上之爵以飲不勝者，而己得免于飲也。此其方射之際禮儀如此。使凡飲酒的都似這等，豈至于沈湎乎？何行爵無算之後，乃"側弁""屢舞"而不知戒也？

大抵古人飲酒，一獻而賓主百拜，以成揖讓之文而防荒耽之失，故酒以行禮，非以生禍。此詩初筵之意也。臣觀衛武公嘗作《抑》詩以自箴儆，蓋慮無不周，備無不飭矣。飲酒細故，而賓筵若深以爲悔者何？誠以君德之修，不難于大廷廣衆之中，而難于宴閒幽獨之際。人情之常，每謹于應事酬物之頃，而肆于飲食燕樂之時。且衛邦即康叔之封，而臣民染商紂之化，酣歌長夜，麯蘗是耽，武公繼康叔而撫其土，一篇之中，屢致意焉。推此而聲色貨利不邇不徇，玩好逸游必慎必節，皆可類知矣。仰惟皇上清心寡欲，克己省身。風俗之奢縱有懲，臣工之宴會有禁，若武公所戒固無庸慮已。第細行必矜，明主所不廢；慎終如始，修德之令圖。

臣聞禹惡旨酒，至與禽荒色荒，同垂明鑒；文王教毖酒，至謂喪德喪邦，皆自速辜。又曰"德將無醉"，曰"迪畏天顯小民"，夫將之以德則中有主而不迷，持之以畏則外有制而不亂，"經德秉哲"皆從此出。將見聖心日益清明，聖躬日益純固，而宗社萬年無疆之休端在是矣。臣等無任惓惓。

文王在上，于昭于天。周雖舊邦，其命維新。

有周不顯，帝命不時。文王陟降，在帝左右。

這是《大雅·文王》篇周公戒成王首述文祖以明德而受天命的說話。于，是嘆辭。陟降，是升降。周公說，吾王今日受天命而有天下，亦知其所自乎？蓋周自后稷以來，積功累仁，其德至文王而益顯，故肇基開業，其命至文王而始凝。今我文王雖升遐久矣，而其神靈不昧，猶赫然在上，若與日月星辰相爲昭明而照臨下土焉。是以周家立國千有餘年，邦雖舊矣，而誕膺天命，以撫方夏，傳及子孫，則自今日始也，天之命周則維新焉。

夫文王在上而昭于天，則是不待生而存，不歷久而泯，有周豈不顯乎？周雖舊邦，而命維新，則是會商之已替，適周之方興，帝命豈不時乎？然而命之新，實由于周之顯，蓋以文王德與天合，故神與天游，一升一降，常不離其旁側，宛然在上帝之左右。所謂“于昭于天”者如此。是以能佑庇子孫，永延福澤，及于今王安享成業而坐致太平也。嗣守文王之業者，可不追思文王之德哉？

臣嘗論之，王業本出于天命，天命惟歸于有德。有德之君奉天啓運，與天爲一，豈肯拂天所以命德之意而以天下私其子孫乎？子孫能聿修厥德，上帝佑之，烈祖亦佑之，而業日以興，周成康之際是已。子孫或荒墜厥德，上帝棄之，烈祖亦棄之，而業日以替，周幽厲之際是已。周公作詩以告嗣王，而反復言文王之明神，曰“于昭于天”，曰“在左右”，若謂上帝烈祖實相與鑒觀子孫，而旋轉興替之運者，其規戒之意深矣。

洪惟我太祖高皇帝至德配天，不階尺土，非若周家猶藉舊邦以基新命也？今高廟神靈在天有赫，方且左右上帝鑒觀後人，然則修德凝命，何可一日而不慎哉？載觀《我將》之詩，言“畏天之威”，畏天，固所以畏文王也。又言“儀式刑文王之典”，法文王，即所以法天也。修德之要，惟在畏天法祖而已。仰惟皇

上憲天聰明，遵祖典制，孜孜圖治，翼翼省身，固不待姬公之規
而已邁成王之德矣。臣愚，更願益務日新，恒思時保，勿以春秋
鼎盛而學遂間于緝熙，勿以中外泰寧而志或移于游豫。一言一
動，凛如上帝之臨；一陟一降，儼若羹墻之見。則烈祖常佑成
命，常新昭明，陟降之神將日監在兹，而萬年有道之長，且遠過
周厤矣。臣等無任惓惓。

    綿綿瓜瓞，民之初生，自土沮漆。古公亶父，陶復陶
穴，未有家室。

    古公亶父，來朝走馬。率西水滸，至于岐下。爰及姜
女，聿來胥宇。

這是《大雅・綿》之篇周公述大王起祚艱難以戒成王的説
話。瓞，是小瓜。沮、漆，是豳地二水名。古公，是大王舊號。
亶父，是大王名。陶，是瓦窰。滸，是水邊。岐，是岐山。胥，
是相。宇，是宅。周公説：吾王今日嗣守成業，君臨天下，亦知
周祚之所自起乎？比方那瓜結成的雖甚大，必因枝蔓連綿不絶而
後漸長焉，其初生乃弱小之瓞也。我周自后稷封邰，雖爲生民之
祖，不窋奔竄，民又久喪。其生公劉，遷豳而周乃昌，則民之初
生實自沮漆之地始然耳。傳至古公，風俗猶樸，故皆不諱其名。
豳地苦寒，其人民都住那燒瓦的窰竈，或是重復的窰，或是穿穴
的窰，并未有居家庭房室的。又遭戎狄侵凌，古公不得安居而倉
皇轉徙。清晨走馬，率由那西方沮漆二水邊巡行相度。行到那岐
山之下，乃同其妃姜女相與定宅焉。蓋古公避狄之難原爲遺民以
安，故獨以其家從也。而豳民從之如歸市，則德之感民深矣。夫
周自邰遷豳，自豳遷岐，值戎狄侵凌之日，備嘗險阻，惟本其仁
慈惻怛修德于國，而天命歸之。周公既叙豳、岐事，即言文王服
混夷，撫方夏，由此而成，欲成王遐思起祚之艱難而敬保之也。
《詩》稱"成王不敢康，夙夜基命宥密"，豈非有得于周公之

訓哉？

臣觀國史，紀我熙祖自句容始遷于泗，仁祖自泗再遷于濠，值胡元亂離之日，徬徨草野，親業農桑，非若周家憑藉世封之國也。本其仁慈惻怛修德于鄉，而默享天心，肇膺景命，其起祚與公劉、大王同艱難，抑又甚焉。

至我太祖高皇帝百戰經營，驅胡元，翦僭竊，遂開今日之太平。蓋祖陵碑記中曾歷叙起祚艱難之狀以示後聖，安可不惕然遐思，凜然敬保乎？仰惟皇上孝隆繼述，志切憂勤。頃因輔臣恭進高皇帝御筆，亟取累朝訓録覽觀之，與成王之聞言即悟。夙夜不敢康，同一揆已。

臣愚竊謂人君保祚之難，惟其不思起祚之艱難，故爾既思艱難，又何難保之？有誠使思蓬茅之居處，則勿崇侈于宮室；思畎畝之耕稼，則勿馳騁于游畋；思風雨之櫛沐，則勿晏安于衽席；思麻褐之被服，則勿厚征于綺綉；思簞瓢之食飲，則勿酣縱于甘醇；思荊布之操作，則勿思昵于便辟。以此制心而清明在躬，以此制事而清和咸理，四海固苞桑之業，萬年綿瓜瓞之宗，皆從此致之也。伏惟聖明留意。

　　追琢其章，金玉其相，勉勉我王，綱紀四方。

這是《大雅·棫樸》篇歌咏文王之德的説話。追，是雕金。琢，是刻玉。相，是質。勉勉，是勤勵不懈的意思。凡網罟有總繩，張起來則爲綱，理起來則爲紀，都是統束的意思。詩人贊美文王而托物以起興説道：凡文采成于人的叫做章，物孰無章？惟雕鏤精金，琢磨良玉，人力極其工巧，這便是極好的文采。體質出于天的叫做相，物孰無相？惟純粹如金，溫潤如玉，天生極其完美，這是極好的體質。整齊一世、兼總人群叫做綱紀。

惟我王之德之純，勉而又勉，自强不息，與天同體，無日不運于天下，這便是四方的綱紀。蓋四方之廣，無一物不該括于人主之心，而人主之心無一時不流貫于四方之衆，故一念懈則必有一念之不得其理，一息懈則必有一息之不得其理。而惟勉勉如我王，則心常運行，物常總統，誰不在其綱紀中？如張網者，提其綱而條目無不振舉；如理網者，握其紀而頭緒自然分明。所以説"勉勉我王，綱紀四方"，此髦士歸之，六師歸之，而文王之所以興周也。

臣三復此詩，"勉勉""綱紀"一言，實人君治平天下之要道。蓋四方異俗，群生異情，萬有不齊，欲使整齊畫一爲難。必尊卑上下，各得其所。如身之使臂，臂之使指；木之有幹，幹之有枝，條理秩然，輻輳而歸命于上。令無不行，禁無不止，總億兆人若一人之身，這纔叫做綱紀。國有綱紀則治，無綱紀則亂，而其本則在人君一心。君心勤勵不息，其精神常運用于天下，斯紀綱賴之以立。一息則弛矣，故勉勉爲要。堯兢兢、舜業業、禹惜寸陰、成湯檢身若不及，皆勉勉之謂也。後世人君臨御之初，鋭意治功，每能自勉，及其中歲，或誘于聲色玩好，或奪于燕樂游畋，往往"靡不有初，鮮克有終"。

我太祖高皇帝嘗曰："朕歷年久而益懼者，恐爲治之心懈也。懈心一生，百事皆廢，生民休戚繫焉。故日慎一日，惟恐弗及。"大哉皇言！誠與文王之勉勉同一揆已。恭惟皇上，總攬萬幾，殷憂四海。頃者，元辰召對，益孚喜起之交；手敕傳宣，申明寅恭之體。繇此綱紀四方，即文王豈有加焉？

臣愚，所欲獻忠者，竊以爲人主當防未萌之欲，而懈之一念尤爲易萌，將豫遏而潛消之，莫切于詩之所謂勉勉者矣。頃者，深居法宮，凝神静攝，固知聖心非倦于勤，而上下之精爽不相流通，中外之意氣不無間隔。伏望每月中以數日臨朝講，而勿曠廉陛之儀；每日中以數刻覽章奏，而勿稽裁答之命。則一鼓舞而人心奮揚，一瞻對而神采百倍。將見萬方歸化，萬曆永昌，皆在此勉勉一念而已。臣等曷勝顒望之至。

> 瞻彼洛矣，維水泱泱。君子至止，福禄如茨。韎韐有
> 奭，以作六師。

> 瞻彼洛矣，維水泱泱。君子至止，鞸琫有珌。君子萬
> 年，保其家室。

> 瞻彼洛矣，維水泱泱。君子至止，福禄既同。君子萬
> 年，保其家邦。

這是《小雅·瞻洛》篇美周天子會諸侯以講武事的説話。周
家并建兩都，東都臨洛水以爲勝，故各章首二句皆言洛水以表東
都。泱泱，是深廣。君子，指天子説。韎韐，是皮做的蔽膝。
奭，是赤色。天子畿内六鄉六遂，每一鄉一遂出萬二千五百人爲
一軍，故天子六軍，即是六師。鞸，是刀鞘。琫珌，是刀鞘上下
之飾。

昔周道中興，天子講武于東都，而諸侯來朝者美其得制治保
邦之道，故作此詩。其第一章説"瞻彼洛矣，維水泱泱"，此我
周之東都也，天子從西都來朝會于此，四方無虞，冠裳畢集，其
福禄歸于一人，就如茅茨苫蓋厚積起來的一般。是時天子乃易衮
冕而服韎韐，大陳師旅，演習教閲，明示賞罰，以激勵鼓舞而作
其氣也。其第二章説"瞻彼洛矣，維水泱泱"，天子至此東都，
乃釋[三]珩璜而佩刀劍，親閲六師，振揚威武，以潜消奸宄之萌，
而益衍靈長之祚。自今至于萬年，保其家室，用此道也。其第三
章説"瞻彼洛矣，維水泱泱"，天子至此東都，會諸侯以講武
事，萬方福禄聚在一人，以丕振國家之威靈，而長享太平之盛
治。自今至于萬年，保其家邦，用此道也。

蓋承平易生乎釁孽，守成多溺于晏安。古帝王思保萬年之
業，必以飾武備爲先務，常恐玩愒無事，以至一旦變起而不可
支。故成康之際周召陳規，每日克詰戎兵，張皇六師，有由然

已。臣觀今日京營有團操之兵，邊鎮有主客之兵，內地各有衛兵，郡縣各有鄉兵，武備豈不設哉？顧聲容雖具而實效則疏，三營之兵怯弱難用，是京師武備可慮也。九邊自貢市以來，忘戰既久，銳氣潛消，客兵遠戍，疲于奔命，是邊鎮武備可慮也。衛軍徒有空名，鄉卒祗供役使，是內地武備可慮也。

仰惟皇上智勇天錫，聖武布昭，曩歲躬勤萬乘，大閱六師，允合周家會洛之事矣。頃來風霾小異，輒詔疆吏以防胡，水旱多虞則敕守臣而弭盜，茲者偶睹星占，又惕然兼諭內外，惓惓若此，何憂武備之不修？

然臣愚猶以爲講武有要，振武有本，豈必勞御蹕于轅門更滋煩費，集親兵于禁苑徒啓禍階也？惟勿以浩大之工疲軍力，勿以浮濫之用耗軍需，勿以私昵之賚瀆軍志，此非振武之本乎？召見公卿咨詢籌策，論邊腹緩急之備，評督撫將帥之材，有能獎率戎行，修舉邊務，實效彰明者旌異之，虛文掩飾者黜罰之，此非講武之要乎？萬年保邦之道，端在于此。伏惟聖明留意。

《禮　記》

> 賢者狎而敬之，畏而愛之。愛而知其惡，憎而知其善。積而能散，安安而能遷。

狎，是親近的意思。畏，是嚴憚。憎，是惡。安安，是安其所當安。記禮者說：常人之情多有偏而不正、執而不通者，若夫克己復禮，事事皆合于中，則惟賢者能之。常情于所親狎的人，相與情熟，未必能敬；賢者則狎而敬之，藹然相親，未始不肅然相敬也。常情于所尊畏的人，外貌致恭，未必能愛；賢者則畏而愛之，隆之以貌，未嘗不聯之以情也。

人有善的固嘗愛之矣，而于愛之中有不可掩之惡，則又知其惡而惡之，何至于溺愛而不明乎？人有不善的固嘗憎之矣，而于憎之中有不可泯之善，則又知其善而愛之，何至于絶惡之太甚乎？君子用財有節，財固有時而積，然聚于己者亦可以散于人，不至私利以自殖也。君子經德不回，固止于其所當止，然守其常者亦可通于變，不至執一以害事也。賢者之所爲無往而不合乎中，如此何莫非主敬中來耶？此可爲修身之法矣。

　　臨財毋苟得，臨難毋苟免。很毋求勝，分毋求多。

　　記禮者又說：人情莫不趨利而避害，好勝而貪多，惟君子則善制其情而歸之正。故臨財苟得，是傷廉也。必以義止之，一介不取，萬鍾不加。縱有時而得，亦義所當得耳，非苟得也。臨難苟免，是貪生也。必以義赴之，爲臣死忠，爲子死孝，縱有時而免，亦義之可免耳，非苟免也。忿怒不平的叫做很。很而求勝，則必以強暴取禍矣，當以義自懲。一朝之忿忘身及親，可弗忍歟？分與應得的叫做分。分而求多，則必以盈溢致損矣。當以義自裁，本分之外不加毫末，敢求多歟？夫臨財可以觀廉，臨難可以觀勇。不求勝是懲忿之學，不求多是窒欲之功。能是四者則情得其正而行合于中，亦庶幾乎賢者之可法矣。

　　制農田百畝。百畝之分，上農夫食九人，其次食八人，其次食七人，其次食六人，下農夫食五人。庶人在官者，其禄以是爲差也。

　　這是說庶人受田之制。食，是供養的意思。先王分別溝洫，立爲井田，庶人每一夫一婦共受田一百畝，是農田之制，皆以百畝爲準也。然一樣受百畝之田，而所入的分數不同。有上等農夫，糞多而力勤的，只這百畝田內種下來的穀子便可以供九人之養；若其稍次，亦可以養八人；又其次，亦可以養七人、六人，然猶不失爲中等農夫也。若糞少力惰，則爲下等農夫，僅可以供五人之養而已。

　　蓋王者能均天下之田畝，而不能均其地利與人力，故出産有多寡之異，如此，若庶人以身服役于官，如府史胥徒之屬，既不暇治田，則官當給與祿食，其間多寡之數亦照這農夫所入之等，視其勞逸以加減之。如服役最勤勞的，可與那上農夫一般，便當給與九人之食，以贍養其家；其次或八人、七人、六人，而下至五人，其遞減分數亦如中下二等農夫，各食其力，而不使食浮于人，亦不使人浮于食焉。可見先王于課農恤役之中寓勞民勸相之意，所以國無濫餼，野無游人，而上下相安，公私咸足也。

　　天子五年一巡守。

　　這是說天子下臨藩國之禮。"守"字，即是"狩"字。諸侯既入朝天子，自述其職，天子猶恐其民風吏治之詳不曾親見，無所據以行賞罰，故又須五年一次親出而巡狩于列國。其謂"狩"爲"守"者，以其出不爲田獵，不爲游觀，專在巡行諸侯所守之地，以修安民飭吏之典。如下文所云即其事也。

　　歲二月，東巡守，至于岱宗，柴而望祀山川，覲諸侯，問百年者就見之。

　　岱，是泰山，以其最尊爲諸山所宗，故稱岱宗。天子當巡狩之年，其所到的地方，各隨其月令、方向先順了陰陽，然後及于所行的政事。如歲當二月，則木令司春，發育萬物。其盛德在東，故宜巡狩東方。

　　東方之山以泰山爲最高，天子東行至于泰山之上，先燔柴以祭天。次將東方境內之山川皆于此望而祭之。蓋乘輿所至，禮當祭告百神，爲民祈福，非如後世封禪荒唐之說也。那時東方來觀的諸侯候過柴望禮畢，天子始與相見，行以君臨臣之禮。既見了諸侯，且不問及他事，先問那民間有老成耆德之人。年登百歲者，天子親至其家而請見之，行以貴下賤之禮。

　　蓋諸侯是一國之君長，高年係一方之人望，故禮神之後，先見此兩等人。而年至滿百者，尤山川元氣所鍾，其見聞必廣，可資其教益。其筋力必衰，難屈以召見，故特加之殊禮，使民知老老之義也。

山川神祇有不舉者爲不敬，不敬者君削以地。

居高的叫做神。居卑的叫做祇。不舉，是不舉祭祀。諸侯爲一國山川之主，凡境内山川載在祭典的皆當舉之，不可廢也。若廢棄明禋之大事而不舉祭祀，則是忽慢神祇，不敬甚矣。

諸侯而以不敬喪德，何以主領山川？故天子特削奪其地以示罰焉。蓋山川附于土地者也，不能修山川之舊典，便是不能守土地之舊疆，此所以削奪之罰宜在其地也。

古者公田藉而不税。

藉，是資借的意思。古者井田之制，每一處畫爲九區，中一區爲公田，外八區爲私田。每到田功當興的時候，百姓一齊出力共助公田。但凡耕種收穫等項事務，都是資借百姓之力，所以叫做藉。百姓既已出力助成公田，他自己私田所出産的都聽百姓自用，國家不復取其賦税了，這便是"藉而不税"。

自周衰，井田之法壞，田皆計畝定税。既有夏税，又有秋糧，那百姓勤苦萬狀，一年所收的還不勾一年税糧之用，轉死逃亡，流爲寇盗，皆由于此。蓋井田雖不可復行，而寬賦税以恤民，使邦本嘗固，實今之要務也。

市廛而不税。

廛，是出賣貨物之地。農田乃生民之本業，商賈乃游民之末務。先王惟恐百姓每趨于商賈，不肯務農，故將那商人出賣貨物處，都徵其地鋪之錢，所以示裁抑之意，欲使他反本力農，不敢逐末也。既徵了地鋪錢，他的各樣貨物都不復取税了，所以示寬恤之意，不欲重困之也，這便是"廛而不税"。後世商賈的貨物件件有税，至立爲專官，已非先王之制了，況又有非時之采買，加以左右之需求，而商不能支，國不能給矣。豈非因君不節儉，故公私爲之俱困哉？

天子無事與諸侯相見曰朝，考禮、正刑、一德，以尊于天子。

這是説天子臨朝勤政，諸侯述職盡忠的意思。無事，是國家閑暇之日。天子當國家閑暇而不敢怠荒，勤御外廷，勵精延攬，與那四方述職的諸侯時常相見，這禮叫做朝。言及其朝，早見也。那諸侯來朝，豈徒瞻望威顔，奔走下拜，以虚文尊天子而已哉？

其述職之事有三件最要緊的，蓋禮有崇卑隆殺，將因此時互相稽考，以防僭逾之萌。刑有輕重出入，將因此時互相質正，以除偏枉之弊。雖已考禮正刑，尚恐同事的友邦二三其心而不齊一，又將因此時交修一德，以效和衷之風。這三件纔是諸侯所以尊天子的實事。

蓋考禮既明，則王章有赫，誰敢不欽承？正刑既協，則王法有嚴，誰敢不祗奉？一德既同，則人人各竭其精誠以戴天子，如神明在上，誰敢不靖共？這等看來，天子之尊至矣。推原其故，皆因天子日接群臣，憂勤不懈，方能致此。後世有天下稍無事而天子遂深居厭政者，如唐天寶之季，不旋踵而致危亡，豈非萬代所宜鑒哉？

錦文珠玉成器，不粥于市；衣服飲食，不粥于市。

這是以儉勤示民的意思。但凡國家欲要民皆儉樸，則不可示以侈靡。那錦綉之文、珠玉之飾作成的器皿，若許賣于市上，則民將以侈靡相尚，而樸素之器皆不復取用矣。所以錦文珠玉之成器的，皆當禁之，勿使得賣也。國家欲要民皆勤力，則不可示以偷閑。那製成的衣服、造熟的飲食，若許賣于市上，則民將以偷閑自便，而口體之需皆不自經理矣。所以衣服飲食之成熟的亦當禁之，勿使得賣也。

　　五穀不時，果實未熟，不粥于市；木不中伐，不粥于
市；禽獸魚鱉不中殺，不粥于市。

　這是以慈愛示民的意思。凡物之長養，收藏各有時節，故人
之采取貿易，貴合時宜。五穀之時，如夏時收麥、秋時收禾之
類；果實之熟，如四月橘熟、七月瓜熟之類。蓋五穀必應其時，
果實必至于熟，然後可以取而賣之。若不時未熟，方在生長之
際，豈可許賣于市上？不但是五穀與果實當然，那山澤之間所產
的樹木，必是已成材的纔可伐而賣之，若枝幹微弱未堪采伐的，
也不許賣于市上。舉這兩件，但是傷了植物生長之性的都在所禁
矣。又不但植物當然，那飛禽、走獸并水所出的魚鱉，也必須長
大的方可捕而賣之，若品物稚小、未堪殺用的，也不許賣于市
上。舉這一件，但是傷了動物生長之性的都在所禁矣。

　　此以上四節，首節重在名分，次節重在法式，又次節重在儉
勤，而終之以慈愛，可見先王執持禁令以齊一衆志。惟其義立，
而仁乃益昭也。

　　六十歲制，七十時制，八十月制，九十日修，唯絞、
紟、衾、冒，死而後制。

　　這是泛言人子送終之禮。大凡親年漸老，則送終之具亦當漸
備。六十歲以前尚未稱壽，猶可不備也。既過了六十歲，便當先
備其棺木。棺不易成，其制作之工須以一歲計，故叫做歲制。再
過了七十歲，便當先備其身外的大衣服。大衣用物料多，買辦裁
製須以三個月計，故叫做時制。再過了八十歲，便當盡備其近身
的小衣服。小衣用物料少，買辦裁製止可以一月計，故叫做月
制。到此則棺木、衣服皆已全備了。再過了九十歲，惟恐從前所
備之物或原作未精，或久而有損，更須重加修整，每日點檢，故
叫做日修。

　　既已修整齊備了，獨留下四件易成之物，其束尸的繩索叫做

絞，其裹尸的單被叫做紟，其斂尸的大被叫做衾，其裝尸的袋子叫做冒，這四物本不難成，不必預作，且亦不忍預作，直待既死之後乃制之也。人子送終之禮，斟酌緩急而爲之備，其先後次第如此。

> 膳宰之饌，必敬視之；疾之藥，必親嘗之。嘗饌善，則世子亦能食；嘗饌寡，世子亦不能飽。以至于復初，然後亦復初。

親嘗，是說世子嘗藥。嘗饌，是說他父母吃飯。善，是甘美。凡世子事養父母之禮，每日但是司膳的進饌，世子須當敬慎察看，果甘美堪食否？或遇父母有疾服藥，世子須當親口嘗試，果和平對症否？若他父母吃飯覺得甘美，所用頗多，則世子心便歡喜，也能多吃些。若是不覺甘美，所用甚少，則世子心便憂愁，也就不能飽食了。必待他父母疾愈身安，照常飲食，復如初時。然後世子，也照常飲食復如初時。

可見古之世子遇父母有疾，只是食不能飽。至于武王，則一飯再飯，都看着父母所用的以爲加減，其情更迫切矣。先儒謂古昔世子之禮尚多，而書記散亡不能盡考，但存此三條，故附錄于篇末，以終文王、武王之事，以示爲世子之法焉。

> 仲尼曰："昔者周公攝政，踐阼而治，抗世子法于伯禽，所以善成王也。聞之曰：爲人臣者，殺其身有益于君則爲之，況于其身以善其君乎？周公優爲之！"

周公抗世子之法已見上文，此章又引孔子之言，實其事而贊之。仲尼，是孔子的表字。于，讀作迂，是委曲的意思。優，是有餘裕。孔子嘗說道：昔者周公當成王幼年，以冢宰攝政踐阼而治。時所以必舉世子法于伯禽者，蓋因其時成王已爲君了，不可教以世子之事，以此從權就借自家的兒子身上做個樣子，名雖教伯禽，其實所以善成王也。

夫大臣欲引君于善道，却用善道教自家的兒子，其身之所行，委曲亦甚矣。嘗聞之古語説道，君臣之義無所逃于天地之間，那爲臣的殺己之身有可以補益于君，亦當不顧性命而爲之，況只委曲其身，無大利害，而可以引君于善道？則周公以聖人之德，叔父之親，行此大忠大孝之事，豈不綽綽然更有餘裕乎？按：此章注解謂“踐阼”之上衍一“相”字，恐其起後人之疑，以爲周公當時真曾南面居攝者，殊不知上下文原自分明。于成王稱“莅阼”，莅，乃坐而臨莅之義，人君之位也；于周公稱“踐阼”，踐，乃立而登踐之義，人臣之位也。可見周公止是攝政，未曾攝位。此新莽之自附于周公爲世罪人與？

　　師也者，教之以事而喻諸德者也。保也者，慎其身以輔翼之而歸諸道者也。記曰：“虞、夏、商、周，有師、保，有疑、丞。設四輔及三公。不必備，唯其人。”語使能也。

這又是解説上文設官命名之義。世子“出則有師”，而師之職何爲哉？事得其理便是德，若要世子所知皆明通于德，必先講解世子的事理，以教導而訓示之。假如有父在，即教以事父之事，貴于孝；有君在，即教以事君之事，貴于忠。把這秉彝之德，使世子件件都曉喻了，這是爲師之職。世子“入則有保”，而保之職何爲哉？身合于正便是道，若要世子所行皆率循于道，必先謹慎世子的身體，以輔佐而引翼之。假如謹其身之食息起居，以戒嗜欲；謹其身之視聽言動，以防非禮。把這修身之道，使世子件件都歸正了，這是爲保之職。

然先王豫教世子命官，固有分職，而選用尤須得人。古昔傳記上曾説，虞夏商周之教世子，既有師、保，又有疑、丞。疑，是問難釋疑之義。丞，是左右承弼之義。師、保與疑、丞并稱，叫做四輔。師、保與太傅并稱，叫做三公。這“四輔三公”不必備設，只要道德純全、堪爲模範的人，方可用之，古昔傳記之言如此。

蓋謂先王設官之意惟在選用賢能，非徒備官充位而已。可見先王最重的是教世子之官，分任既極其詳明，選任又極其精當，所以世子朝夕相與的都是正人，其薰陶漸染養成賢聖之君，佑啓升平之治，有由然哉。

> 君之于世子也，親則父也，尊則君也。有父之親，有君之尊，然後兼天下而有之。是故養世子不可不慎也。

此即是申明上文之義。世子將有天下之責，而必先教以爲人子、爲人臣的道理。何哉？蓋以世子而視天下，固將來之爲父、爲君者。以君而視世子，親則其父也，世子乃其繼體而爲子者耳；尊則其君也，世子乃其北面而爲臣者耳。夫世子將爲人父，而己先有父之親，盡了這孝親的道理；將爲人君，而己先有君之尊，盡了這忠君的道理。如此則其學問德業，都從卑小發端，不敢放肆，而後可以履至尊之位。藉富有之基，兼天下而有之。蓋世子立愛始于一父，立教始于一君，而將來普天下臣民合敬同愛皆歸之世子，此豫養之效也。若使年幼驕養之時，便習于崇高富貴之態，視天下無一人有加于其上者，則爲父必不慈于其子，爲君必不禮于其臣，天下雖大，可以恣睢臨之，空名守之哉？故人君教養世子不可不慎。觀周公身處相位而必追仿君父教世子之法，不敢闕了向上一層工夫，則後之爲君者，其可不以儲教爲先務哉？

> 故聖人耐以天下爲一家，以中國爲一人者，非意之也，必知其情，辟于其義，明于其利，達于其患，然後能爲之。

“耐”字，讀作“能”字。辟，是開闢。此下又詳說聖人治世安民之道。普天之下萬姓雜居，本非一家也，惟聖人能合異以成同，而使之爲家，如父子兄弟之相保焉。中國之內兆民并育，本非一人也，惟聖人能聯屬以成身，而使之爲一人，如手足腹心之相用焉。這不是聖人以私意遙度而强爲之也，蓋難一者衆人之勢，而可一者衆人之情。

聖人知此情之在人，原于性生，遷于物感，故惟推情以治之，而不一者皆歸于一矣。其治情之法，須要開闡其義理以教訓之，使人知有所守；須要顯明其利益以歆動之，使人知有所趨；須要宣達其患害以禁戒之，使人知有所避。如此則化條具備，防範周詳，那百姓每賴有聖人在上，相與會歸于皇極之中，自然道德一而風俗同，形骸泯而爭奪息，然後能以天下爲一家、中國爲一人也。

何謂人情？喜、怒、哀、懼、愛、惡、欲，七者弗學而能。何謂人義？父慈、子孝、兄良、弟弟、夫義、婦聽、長惠、幼順、君仁、臣忠，十者謂之人義。講信修睦，謂之人利。爭奪相殺，謂之人患。

上文所言乃聖人治天下之大綱，此即其條目也。如何叫做人情？或爲喜樂，或爲忿怒，或爲悲哀，或爲恐懼，或爲忻愛，或爲羞惡，或爲嗜欲，這七情皆因感而動，人人有不待習學而皆能者也。

如何叫做人義？爲父的當慈愛其子，爲子的當孝敬其親，爲兄的當溫以友其弟，爲弟的當體以恭其兄，爲夫的當率婦以義，爲婦的當聽命于夫，爲長的當施惠于幼，爲幼的當順承其長，爲君的當仁厚以待下，爲臣的當忠誠以事上，這十件叫做人義，世間人所行合此纔爲得宜也。

至于人之相與，有以誠信之言互相要結的，則爲講信；有以和睦之事互相敦勸的，則爲修睦，這兩件叫做人利。蓋和氣所感，可以遠怨，可以弭兵，彼此皆受其利益矣。或不能講信修睦而至于憤爭，憤爭不已至于劫奪，劫奪不已至于互相戕殺，這三件叫做人患。蓋乖氣所感，小則傾家，大則傷命，彼此皆受其患害矣。若非聖人戒之以所患，歆之以所利，安能使人以義用情而同歸于正哉？

> 故用人之知去其詐，用人之勇去其怒，用人之仁去其貪。

此承上文"事君以自顯"而言。人君用人，當取其所長，捨其所短。去，是棄。蓋中人之才，有所長必有所短。如有智謀的，或挾術任數，易流于詐，故人之智者吾用之，取其明敏以圖事揆策可也。若其狡僞詭譎，一時巧發處，這便是詐了。雖不能使智者之無詐，而能棄去其詐，未嘗一概以爲智而誤用也，所以說"用人之智去其詐"。有勇力的，或性粗氣暴，易至于怒，故人之勇者吾用之，取其果敢以任事建功可也。若其忿戾恣睢，一時橫發處，這便是怒了。雖不能使勇者之無怒，而能棄去其怒，未嘗一概以爲勇而誤用也。所以說"用人之勇去其怒"。人心慈和仁愛的，名也愛，利也愛，官爵也愛，易入于貪，故人之仁者吾用之，取其煦煦不忍以濟人澤物可也。若其件件都好，事事都愛，一時繫戀慮處，便是貪了。雖不能使仁者之無貪，而能棄去其貪，未嘗一概以爲仁而誤用也。所以說"用人之仁去其貪"。

這只在人君能知所辨，然後能知所用。且一人之身，有知、有詐，有勇、有怒，有仁、有貪，就其中辨別，棄短就長。故不善用之，則詐爲智累，怒爲勇累，貪爲仁累；苟善用之，則去詐以成其智，去怒以成其勇，去貪以成其仁。此天下無全才，惟聖王爲能成其才，而國家亦得其用也。

> 義者，藝之分，仁之節也。協于藝，講于仁，得之者強。

這又是推明上文"陳義以種之"的意思。藝，指事說。仁，指心說。聖王治人情，必賴于義。這義之在人，乃斯須不可離者，而其效何如？凡人日用所行的事務，叫做藝。藝主于泛應，而有義以裁制之，則大小輕重得其宜，是義者，“藝之分”也。凡人心里所存的惻怛，叫做仁。仁主于博愛，而有義以權衡之，則親疏隆殺當其可，是義者，“仁之節”也。人能知義爲藝之分，而推行之際，無適無莫，務求事事合于時宜；知義爲仁之節，而存主之間，量己量人，務求念念依乎正理。這便是“協于藝，講于仁”，而義即在是矣。

夫義乃天理之當然，人心之公好。人而有得于義，則施爲允當而衆志感孚，動作咸宜而群情懾服，不必恃勢位以爲强，而義理之强自可無敵于天下矣。故聖王治人情，必以陳義爲要務也。

> 天子以德爲車，以樂爲御。諸侯以禮相與，大夫以法相序，士以信相考，百姓以睦相守，天下之肥也。

此承上文說達順之效，不但家肥國肥而已。以天下言之，天子至尊，乃總理萬方者也。則育之以仁，正之以義，乘這仁義之德以行，就把來當做車一般。然而車行之疾徐，皆繫于御者之操縱，又必取法律吕調協其節度，循這和樂之聲以動，就把來當做御一般。在天子如此，則群下皆有觀感矣。由是諸侯分理一方者也，或朝或聘，各尊禮制以相與，而大小效藩屏之職。大夫贊理一國者也，或事或使，各奉法制以相序，而上下無僭逼之嫌。爲士的必有個朋友，則以忠信互相考質，篤久要之誼，而無詐僞之風。爲百姓的必有個鄰里，則以和睦互相守衛，結同志之歡，而無乖爭之習。由朝廷以達之邦國，由邦國以達之田野，人人敦修道義，處處率履綱常，四海之内翕然風動，這便是天下之肥。推其所自，皆由順達而成，非聖神功化之極，能如是哉？

> 君無故不殺牛，大夫無故不殺羊，士無故不殺犬豕。君子遠庖厨，凡有血氣之類，弗身踐也。至于八月不雨，君不舉。

這一節因上文說諸侯之食禮，遂推廣牲不可輕殺的意思。

君，是指諸侯說。故，是祭祀、宴饗等項事故，庖厨是殺牲作食之所。"踐"字，讀作"翦"字。周八月，是建未之月，即今之六月。殺牲設盛饌，叫做舉。凡日用常食，當各隨名分爲之限制，而仁愛之意皆在其中。諸侯之分殺于天子，須是有祭祀、宴饗的事故纔可殺牛，若平居無事故，只可食羊豕，那牛便不可輕殺了。大夫之分殺于諸侯，須是有祭祀宴饗的事故纔可殺羊，若平居無事，故只可食雞豚，那羊亦不可輕殺了。士之分又殺于大夫，須是有祭祀宴饗的事故纔可殺犬豕，若平居無事故，只可食蔬粟，那犬豕也不可輕殺了。

凡此禮制之限，實皆仁愛之推，然君子仁愛之心無時不有，非但不忍輕易殺牲，就是那殺牲作食之所，尚且避而遠之，見其生不忍見其死也。又非但避遠庖厨，凡是有血有氣之類，各樣昆虫草木，都不忍身親翦殺他，愛其生不欲致其死也。這一念的仁愛，不論名分尊卑都不可無，在國君關繫尤重。那國君心存仁愛的，常願雨暘時若，年穀豐登。或遇上天示儆，亢暘爲災，至建未之月久旱不雨，則禾苗盡槁，生民何賴？國君必須減膳修省，不復殺牲爲饌，必待霖雨既降，然後可復其常制焉。

可見人君平居，當以仁愛爲心，既不忍輕殺一物，豈忍妄殺人乎？乃若遇災思懼，雖當殺之牲亦減而不殺。凡清心節欲、惜財省費之事，又可類推，其和氣感通而天心孚格有由然已。

《政要直解》

"當今群臣之内，遠在一方，流言三至而不投杼者，臣竊思度，未見其人。夫以四海之廣，士庶之衆，豈無一二可信之人哉？蓋信之則無不可，疑之則無可信者，豈獨臣之過乎？夫以一介庸夫結爲交友，以身相許，死且不渝，況君臣契合，寄同魚水。若君爲堯、舜，臣爲稷、契，豈有遇小事則變志，見小利則易心哉！此雖下之立忠未有明著，亦由上懷不信，待之過薄之所致也。豈君使臣以禮，臣事君以忠乎！以陛下之聖明，以當今之功業，誠能博求時俊，上下同心，則三皇可追而四，五帝可俯而六矣。夏、殷、周、漢，夫何足數！」太宗深嘉納之。

機上持緯的木，叫做杼。昔魯人有誤傳曾參殺人者，來告其母。一次、二次，其母不聽告。至三次，其母聽之，遂從機上投杼而走。引此以比方人言既多，人君必將誤聽的意思。

魏徵又說：當今群臣之內其違離陛下、遠處一方者，節行難于上聞，讒言易以交搆，若有讒言三至于陛下之前，而陛下終不聽之，不似曾母之投杼者，臣竊思量忖度，未嘗見有如此之人。夫以四海之廣，士庶之衆，豈真無一二可信之臣哉？

蓋人君能推誠待人，則人人皆可信用；人君若蓄疑待人，則人人皆有可疑。若此者，乃人君自生疑貳，豈獨是人臣的過失？夫一介庸常之人相結爲交友，尚且以身相許，至死不變，況君臣之間，其心孚意契，志同道合，如魚之于水，歡然相得，豈有不可相信者乎？若爲君者，有志于堯舜，則爲臣者亦願比于稷契，人臣既這等自許，豈肯一遇小事即更變其前志？一見小利即改易其素心哉？雖是臣下樹立忠節未能顯然表見，可以取信于其君，然亦由君上素懷疑人之心。待臣下過薄，所以致臣下之難信也。孔子有云：「君使臣以禮，臣事君以忠。」若如此相疑，豈君臣事使之常道乎？以陛下聖明之德，以當今功業之隆，誠能旁求一時之俊，又廣延博取，布列庶位，君上推心以任下，使臣下委心以事上，上下同心，無有猜疑，則群賢效用，庶績咸熙，可以上比三皇，追配而爲四，次比五帝，俯列而爲六矣。彼夏、殷、周、漢四代，又何足數哉？

太宗聞魏徵之言，深爲嘉悅而采納之焉。伏觀魏徵此疏，備言人君當禮待臣下，而終之以信任勿疑，其言諄切懇至，然人君所以能信任賢臣者，必先清心寡欲以養剛明之德，遠佞親賢以開公正之路，辨別毀譽，振飭紀綱，使君子不致畏謗于小人，小人不敢肆讒于君子，然後明良喜起，可無間于始終，而治功以成也。

夫委大臣以大體，責小臣以小事，爲國之常也，爲理之道也。今委之以職，則重大臣而輕小臣；至于有事，則信小臣而疑大臣。信其所輕，疑其所重，將求至理，豈可得乎？又政貴有恒，不求屢易。今或責小臣以大體，或責大臣以小事，小臣乘非所據，大臣失其所守，大臣或以小過獲罪，小臣或以大體受罰。職非其位，罰非其辜，欲其無私，求其盡力，不亦難乎？小臣不可委以大事，大臣不可責以小罪。任以大官，求其細過，刀筆之吏，順旨承風，舞文弄法，曲成其罪。自陳也，則以爲心不伏辜；不言也，則以爲所犯皆實。進退惟谷[四]，莫能自明，則苟求免禍。大臣苟免，則譎詐萌生。譎詐萌生，則矯僞成俗，則不可臻至理矣。

魏徵告太宗又説：人臣之分職不同，明君之御臣有道。于大臣則當專委以大體，使之綱維庶政，表率百僚；于小臣則當分責以小事，使之各效一官，共熙庶績。此自古帝王爲國之常經，致治之要道也。乃今日委任職事，既知以大臣爲重，小臣爲輕矣。至于有事之時，則又聽信小臣，猜疑大臣，信其所輕，疑其所重。如此則大臣不安其位，小臣得行其私，欲求至治，豈可得乎？又政體貴于有常法，令不可屢變。大體，乃大臣所任也，今或變而責之于小臣；小事，乃小臣所司也，今或變而責之于大臣。小臣居非所據，大臣失其所守，則紀綱紊亂，體統混淆矣。煩瑣細碎之事，大臣既難兼理，將以小過得罪；艱難隆重之托，小臣不能獨任，將以大體受罰。授任既非，其官行罰又非其罪，乃欲求人臣奉公無私，竭忠盡力，豈不難乎？小臣既不可委以大事，大臣亦不可責以小罪。既尊任以大官，又苛求其細過，使執刀、持筆的小吏阿順上意，承望風指，舞亂文墨，播弄法度，委曲附會以成其罪。大臣當此之時，若自陳辯白，便説他不肯認罪；若含忍不言，又説他所犯皆實。進亦招謗，退亦招謗，不能自明心迹，則苟且僥倖，惟圖免禍而已。大臣惟圖苟免，則詭譎虚詐之心漸生。大臣有詭譎虚詐之心，群臣都仿效爲奸僞，轉相習染，遂成風俗。這等風俗既成，則禍亂必起，又何可以致盛治哉？

觀之古昔虞咨百揆，周命六卿，皆專委以大體者也；其九官十二牧，三百六十屬，皆分責以小事者也。若帝舜之待禹皋，成王之待周召，同心一體，無有猜疑，故大臣得以安心展布，小臣亦恪修厥職，而泰和之治成。後世若衛獻公信小臣疑大臣，幾亡其國。雖漢光武之賢，猶責三公以吏事，何怪乎治不古若哉？宜魏徵惓惓以是爲太宗告也。

又委任大臣，欲其盡力，每官有所避忌不言，則爲不盡。若舉得其人，何嫌于故舊？若舉非其任，何貴于疏遠？待之不盡誠信，何以責其忠恕哉？臣雖或有失之，君亦未爲得也。夫上之不信于下，必以爲下無可信矣。若必下無可信，則上亦有可疑矣。《禮》曰："上人疑，則百姓惑。下難知，則君長勞。"上下相疑，則不可以言至理矣。

魏徵勸太宗信任大臣又説道：人君所以簡用大臣，委以重寄，正欲其盡力于公家，小大之事知無不言，乃爲稱職也。若爲大臣的避忌形迹，恐招謗議，遇事隱諱，不肯進言，便是不肯盡力，這豈是人君所以委任之意？故君之于臣，惟責其盡力，不取其避嫌。若大臣舉薦人才，即是他故舊親識，其人果爲賢能，可裨實用，亦不嫌于私黨。若大臣畏避嫌疑，但舉那疏遠不相識之人，其實不稱任使，徒務虛名，又何貴于公薦。所以然者，蓋因人君以猜疑待大臣，不盡推誠信任，乃欲責大臣忠以事上，而無畏罪自保之心，恕以持已而無避謗疑人之念，何可能哉？大臣避忌形迹，固是大臣的過失，然實因其君之不信有以致之，君亦未可謂得御臣之道也。夫君臣一體，上下相因。君不信臣，必是疑下無可信之臣也。若果下無可信之臣，則是上亦有可疑之君矣。

《禮記》上説道：君上好爲猜疑，則官多更易，政多變遷，百姓將因之搖惑。君上既疑臣下之難知，必事事防閑，時時察聽，君長將因之煩勞。君既疑其臣，臣亦疑其君，上下相疑，則顧忌益多，釁端漸起，又何可以言至治也？嘗觀古昔盛時，明良相得，道合志同，人臣心惟爲國，而人君亦相信以心，無有一毫疑貳之念。下逮春秋，若祁奚內舉其子，外舉其讎，當時猶能信之。後世毀譽橫生，猜疑交錯，人君不能分別賢否，每蓄疑以待臣，而人臣處多疑多懼之日，惟務飾私避罪，巧僞多端，遂成禍亂。觀魏徵反覆敷陳，可謂深切著明矣。

校勘記

〔一〕"求"，底本漶漫，疑爲"樂"。

〔二〕"震來虩虩"，原作"振來虩虩"，據《周易》改。

〔三〕"釋"，據詩意當作"飾"，音同而誤。

〔四〕"谷"，據文意并參《貞觀政要》卷三《君臣鑒戒》當作"谷"，此形似而誤。

議

郊廟祀典議

臣惟自古帝王光膺寶籙，仰陟天璣，則必禮秩明禋，典隆追報。肅殷薦之鴻儀，受溥將之駿惠。遐格于玄昊，登陟于祖考。于以幽感靈神，明彰理道，徽謨懿軌，閎竹帛而鏡無窮。故曰人生本乎天，萬物本乎祖。仁人爲能享帝，孝子爲能享親，允哉！皇皇乎！郊丘宗廟之祀，信上世之鴻模，明王之懿鑠也。

臣嘗考邃古之初，皇迹初分，王模未闡，沕穆漫滅，郊廟之典靡得而云已。迨至顯象呈儀，逾繩越契，于是嬀舜蜚聲于肆類，殷王彰典于觀德，姬周之興郁乎文哉！載在方册。自漢世以來，典章文物，大都制因時變，事以人殊。雖可以詫當時，誇後世，要之紛綸叢雜，莫得而殫述矣。

洪惟我國家創歷開天，制禮考式，鋪鴻藻，申景鑠，燁燁煌煌，真可以跨元初而陋近代，是故郊祀之初肇也。太祖皇帝初膺大寶，即建圜丘于鍾山之陽，建方澤于鍾山之陰，而祀以二至之日。已又詔丞相善長、學士安、太常卿惟庸議從祀，學士同、濂議獻禮，制亦章章明已。乃洪武十年春，上感齋居陰雨，覽京房災異之説，始定合祀。作大祀殿于南郊，祀昊天后土，蓋自是合祀之制既定，列聖循之，亡有變更。至世宗皇帝九年，言官夏言請分祀，上乃下群臣議，于是衆議盈庭，不可辨詰。主分祭者，若都御史鋐等；主分祭而以成憲既定者，若大學士璁等；主分祭而以山川壇爲方丘者，若尚書瓚等；主合祭而不以分祭爲非者，若尚書獻夫等，累數百人上其奏。上曰：“分祀，禮也。”于是作圜丘于天地壇南，稍北爲皇穹宇；作方丘于北郊，稍南爲皇祇室。蓋至是分祀之典再復，實我皇祖、世宗皇帝宸斷也。

臣以爲從古言郊祀之制，其異同辨論不過曰分與合，以及配享之位而已。今配享定矣，分祀之制改正于先朝，蓋祖《周禮》“蒼璧”“黃琮”、“四圭”“兩圭”之分，以及《大司樂》所載“冬至祀天”、“夏至祀地”之文耳。夫典章至周而大備，我皇祖實遠宗之，臣何敢議？臣以爲今日郊祀之典，所可議者，特爲之明合祀之説焉耳。何也？制因時變，而禮以道通。是故禮行而協，即末代之制可述于明時；禮行而不協，即皇王之規無補于季麻。今之以合祭爲非者，豈不以肇始于莽新故耶？

臣嘗考之《虞書》曰：“肆類于上帝。”而不言后土。先臣丘濬以爲，類合于上帝，言天則地在其中耳。夫天之與地，猶父之與母也。王者父天而母地，祭天地而同壇，猶享父母而同室也。將謂不可乎？濬又以爲，《周禮》司服掌王之吉服，止有“祀昊天上帝”，則有“服大裘而冕”之文，無所謂祀后土、地祇之服。由此觀之，則合祭天地，其神有兩而主祭惟一人。惟神之兩也，故兩其器，蒼璧黃琮、四圭兩圭是已；惟祭之一也，故主祭之人止服大裘是已。此固不可謂無説也，此今日郊祀之議也。然而斯禮也，可以罷議也。蓋分祀合祀，其主于誠敬也則一，而祖周祖虞均不可謂之非帝制。況世宗且親定之矣，舍成章而事紛更，徒以滋勞耗也，而豈今日所當先乎？故曰可以罷議也。

臣再考我國家廟祀之制，太祖皇帝建國之初，即于闕左建四廟，奉祀德、懿、熙、仁四祖，廟與主皆南向。元年，定四孟歲除五享。二年，令清明、端午、中元、冬至時享。三年，時享復舊。九年，改建太廟，爲正殿、寢殿九楹，楹爲一室，中室奉德祖，其次如四廟儀。自是太祖以下升祔，皆以世次序室位，制亦章章正已。

乃弘治元年憲宗將升祔，議者咸謂，九廟既定，四祖宜以次奉祧，而尊太祖爲百世不遷之祖。于是禮官爲屈義伸恩之說，曰：議者知尊太祖，不知太祖之尊其祖也。國家自德祖而上無復可推，則德祖視周后稷不可祧明甚，上從之，乃定德祖爲始祖，奉懿神主于祧廟。蓋自是而祧遷之禮載定，列聖相承亦無有變更。

至我世宗皇帝九年，坐文華召輔臣時鑾。禮官言，議復古七廟之制，咸謂漢明帝同堂異室之制未盡爲非。又謂太廟都宮南至承天門墻不遠，地勢隘狹卑損廟貌。又謂陛下冠冕珮玉紆曲之途恐難遍歷。又謂皇考雖專享世廟，然視列聖同享猶爲退遜，蓋時上以列聖不得專廟故也。疏上，上不允。竟改廟制爲專廟，諸廟合爲都宮，尊太祖爲太廟居中，昭穆六廟左右列，成祖廟在六廟之上，表功德百世不遷也。十七年，遂尊獻皇帝爲睿宗，祔享太廟位孝宗之下。至二十年，宗廟災傷，建新廟，乃復故同堂異室之制。蓋至是則四祖皆祧而九廟之制既定，亦我皇祖、世宗皇帝宸斷也。臣以爲累朝議廟祀之制者，其異同辨論，亦不過曰，始祖之祖之祀，祧遷之禮，廟貌之制耳。

今廟制定矣，始祖之祀改正于世宗，蓋以尊我太祖開天肇運之功，上遵孔子“祖有功，宗有德”之說。夫祖功宗德，萬世不易之定論，而我世宗實憲章之，臣何敢議？臣以爲今日廟祀之典，所可議者，特爲之酌祧遷之義焉耳。何也？禮緣義起，而孝因心推，是故至禮莫嚴于君臣之義，而大孝貴諧乎祖考之心。秩義以別名，因心以繼志，明王所以考禮作則，而稱達孝于天下，率以此也。昔之尊獻皇以睿宗而祔于廟也，豈不以非是則不足報宏仁而稱達孝也與哉？

　　然臣嘗考之《春秋》：文元年，禘于太廟，躋僖公。傳曰：升僖于閔之上也。躋者，不宜躋也。夫僖以臣先君，不可爲訓。今獻宗之于武宗也，義何如哉？想當時睿冲之德，臣禮之修，則今舍君臣之義而位武廟之先，竊恐非獻皇之心也。議者謂今穆宗山陵工就，升祔有期，宜體獻皇之心而定祧遷之制，奉世廟以極尊崇之禮，別九廟以全君臣之義，可乎？

　　昔當世廟之建也，殿柱產芝，聿昭靈貺矣，豈獻皇在天之靈固有以此爲安者乎？且世次之常，祧遷所必及也，與其終祧之而祀以別室，孰與今奉之而隆以專祀者之爲尊乎？此固不可謂無説也。此今日廟祀之議也，然而斯禮也，不可輕議也。蓋人情多泥于所常行，駭于所更變，而議論邦婁，非斷自人主不可。況且暌世宗之意矣，立異説違祖志，徒以速後論也，而豈今日所敢議乎？臣故曰不可輕議也。然臣聞之，井蛙不可以測海，夏蟲不可以語冰，曲士不可以諮大議。臣何人哉？敢以妄論？

　　臣竊睹今皇上執契參神，秉樞運化，日臨元卿碩輔，相與籌咨國是，興舉皇綱，甫嗣洪基，即舉燔柴之典昭格于皇穹已。又鳴和鑾，驂青虬，躬事于太廟。斯禮也，固廟堂之碩畫而聖天子之訏謨也。行且視明歆昭鑒，景貺駢臻，必有諸福之物，可致之祥，以佑昌隆之祚，而顯享帝享親之瑞者，臣何幸躬逢其盛焉？臣謹議。

國朝館閣名臣考議

　　議曰：語有之，千尺之木非一歲之樹也，千尺之紉非一日之績也。國家建官稽古，惟館閣最號嚴凝，秉國持鈞，佐天子致升平者，率往往于兹乎在焉。二百年來，斌斌史牒，豈非聖皇豐芑之貽而菁莪棫樸之所培植哉？顧立德有常而建功不一，或以德望，或以功業，或以文章，或以才敏，固斑斑然靡可以一而齊也。

余因考洪武中，如宋文憲龍門著述，金陵際君，不嗜殺人以勸止。其授經天子前，未嘗不時時言仁義也。謂明興文學之倡非邪？仲敏長厚，備萬有經術，練政體。同文留心史事，依堯舜之末光，玉版金箱，多所裁定。兩吳文而不靡，豈所謂才敏之士耶？王公直詞勁節，炳炳如丹，殊有足嘉焉。皇路初夷，燕分啓聖，當時吉水之英敏，永豐之明達，廬陵之敦厚，新淦之沉默，南昌之樸諒，陳謨榻左，真可謂都俞再見。然而解黃或短于德，廣儻或病于容，幼孜或失于沉，數子者亦文學才敏士已耳。文貞、文敏、文定光輔三朝，謨謀匡贊，文章政事，即房、杜、姚、宋奚讓焉？儻所謂德望功業兼之者是已。曹文忠佐命英皇，陷軀遘難，節足稱矣，然而相業亦無甚奇聞也。李文忠老成修潔，節義剛正，量足以容而志不可奪，可不謂難焉？劉忠愍孝弟忠潔，名節慷慨，爲文金舂玉應，人共寶之。如月蟾、夫犀二子者，誠德望文章之士，非耶？若時彥文詞典贍，樂易豪俊，時亦有稱焉。行儉器量宏偉，性嚴重寡言，非文忠、忠愍者流乎？劉文介褒然□冠，沉潛明潔，蓋厚德長者也。李文達輔日月于重光，開誠布公，陳謨揆策，功光國牒矣。商文毅方果好直，當王陳并政之時，而侃侃正論，雪煜朝端，鈞陽謂其爲賢佐第一，豈虛語耶？之二臣者，信矣，其功業彪彪也。彭純道休休好善，再入政府，真可謂德行之士。而劉叔温秉心不疑，質直無顧，不理于口，良可惜焉。堯弼專心問學，爲文簡樸尚古，然建白議論，尤犖犖不群，豈徒文章士云哉？定之博學孝友，氣溫色和，與物無忤，則德行君子也。羅公宏才邃養，讜論危言，清標節概，真所謂浮雲富貴者與哉！昔人謂充其操則殺一不義，行一不辜而得天下不爲，信不誣矣。宜興、洛陽、餘姚，當敬皇屬精思治之時，陳謨造膝，啓沃良多，而邱文莊天人邃學，經濟宏才，數臣者固德行功業之標標者，馬、倪、張非可同日語也。李長沙、楊新都，當權璫肆焰，國事危疑，而能維持匡挾，功可少乎哉？王文恪淵純敦毅，劉文肅持重剛方，其亦一代良相乎？而浮沉隨世，則皆其累耳。林亨大剛方貞介，才贍學優，陳伯獻稱其凛然不可犯，信矣。迨我世宗皇帝嗣麻，服維時楊文襄清望芳猷，應變如解席。文襄、張文忠抗疏議禮，足成帝孝，排紛解劇，蓋亦艱哉乎難已。石文隱清修無玷，毀譽不撓，亦各有足多者。他如安陽正直，素履皎然，高陵馴篤，動遵古誼，崑山淳正，抑抑謙恭，三君子者使假之年，而遇主柄政，其所施爲，豈盡在商、彭下哉？

嗟乎！名臣固難，而論臣亦難，即諸君子所樹立固各人人殊，然當今之世能植功表業，流光照耀，蓋亦可以爲難矣。

弭盜議

國家當綦隆之運，上下怡熙，夷狄賓貢，四郊不壘，百僚秉德，豈不謂長治久安哉？然比者奸宄之徒嘯聚草莽，糾結盤據，連年不息，內地騷擾，兵革動搖，稍不戒嚴，輒至塗毒赤子，膏血田野，甚至攻劫名城，殲殪梟將，流毒郡邑，不可勝言。其東南江湖之上，西北平曠之野，數十爲輩，白晝剽剝，賈客罄囊，行路咨嘆。守吏視之如貪狼毒虺，不可撲滅，使其編戶良民曾不得聚廬而安居焉。此其俗至大不仁也，失今不治，若河決魚爛，其可駭汗，豈特今日哉？

故愚以爲盜賊之所以肆行無忌，敢于冒上而不顧者，惟其未安也，而安之在于擇其人；惟其未足也，而足之在于豐其財；惟其未備也，而備之在于嚴其防。欲擇其人，毋亦慎守令之選乎？夫民之所以爲盜賊者，其情可知矣。或閭里惡少，椎埋鼓鑄，聚徒博陸，一呼千應；或豪門子弟，美衣鮮食，勢窮資盡，迫于饑寒；或驕兵惰卒，窮無所歸，亡命嘯聚，苟延旦夕，其黨類不可勝數也。朝廷不能盡知其奸，故以其任責之守令。守令者，所以承流而宣化也。今之所使爲守令者，非里選之賢，固取諸呫嗶文詞之薄技，而限于资格之不得不爲者耳，果能盡得其人否乎？好剛者奮其暴鷙之威，則窮治以爲能，是驅民而爲盜也。厭煩者任其茸〔一〕闒之習，則養寇以自安，是縱民而爲盜也。然則盜賊之興，豈皆民之罪哉？

今宜于科目之内，擇其仁明果敢、諳習民事者，使之居于盜賊之地，嚴游惰之禁以作其勤，革淫侈之習以返其儉，民既勤于業而儉于欲，自無輕舉妄動之非，然後布其威信，薄于征役。威信布則民勇于防禦，而揭竿者有所畏而不敢；征役薄則民安于室廬，而樂土者有所恃而不恐。及其行之而有成績，則爲之增其禄秩，褒其勤勞，或十年不調可也，或居官長子孫可也。恩威既著，法守可依，莫不賣劍買牛，雖黃巾、赤眉無足畏矣。此守令之當議者一也。

欲豐其財，毋亦舉義倉之法乎？語曰："豐世無盜者，足也。"夫必豐世而後無盜，則非豐世而可仍其爲盜乎？聖人不能使世之必豐，而能必民之不爲盜者，惟其有備之之術而已。夫人情一日不再食則饑，終歲不製衣則寒，饑寒切于民之肌膚，雖慈母不能保其子，況君之于民，欲其不爲盜，得乎？自先王積貯之法既敝，而後世常平義倉之法興，其法取諸富民之家而貸于貧民之手，積于無事之日而散于荒歉之歲，行之既久，民無菜色，鄉有善俗，此《周禮》"荒政十二"之遺意也。昔朱文公以是行于浙西，當時下其議，著爲令甲矣，獨不可仿而行之乎？今國家夏秋之税，歲有定額，什一而賦，家給人足，豐世無足慮矣，獨其救荒之法未講耳。今宜令殷富之家量其厚薄輸之官府，而有司又以其公帑之積，時其贏絀而納之，其民之行誼方正者，鄉各舉一人，付之以贏縮之權，一遇歉歲，使民皆得仰給于義倉之粟，而不責其息。民既不窘于天災，奈何背公家之法，棄田園，衽金革，而自投于必死之地哉？然議者必以爲無故而徵斂必大擾民，而不知損有餘以補不足。及其荒歉之歲，富民亦得安其田疇，長爲樂國而無離散之憂矣。此其義倉之當議者二也。

欲嚴其防，毋亦編保甲之法乎？昔衛鞅治秦，令民爲什伍而相收同[二]，連坐告奸者與斬敵同賞，不告奸者與降敵同罰。行之十年，秦人道不拾遺，盜賊屏息。今其法具在也，而世皆以其嚴峻不復用之。然愚以爲天下無不弊之法，而在乎有善用之人。用之善，雖秦法可大治也；用之不善，雖《周禮》亦土苴也。何也？一鄉之大，不皆盜，亦不皆良，彼爲盜賊而無以覺之，覺之而不舉而又無以定其罪，民其不胥而盜乎？故盜賊之興，其始以有所私之人，而其所私之人又必倚盜賊以爲利，故此二者交爲亂也。今宜略仿秦人之法，使之十人爲甲，甲有長；十甲爲保，保有正。比閭而居，連阡而守。其止而內也，督其所習之業，不農不工而游手游食者必盜也，察之；其出而外也，詰其所向之方，不吳不越而遷徙無定者必盜也，察之。甲之內有爲盜者，則以坐于其甲之人；保之內有爲盜者，則以坐其保之人。彼無故而受污辱之罪，必更相戒勉，一有不義，雖其親故不能以相庇佑，而況其他哉？然其中又或有奸黨之徒，妄肆指摘，以陷人于法網，則又在乎良有司者斟酌其意而行之耳。此保甲之當議者三也。

夫是三者，守令之選本也，朝廷之責也。義倉保甲之法具也，即所以責于守令者也。然皆所以制變于未然，使之欲不爲盜而不能也。夫治河者，未潰而治之則易爲力，及其既潰，雖有良策亦已下矣。善治河者，善弭盜者也。當今之計，何以逾此？若兩廣之地，其事勢又有異者，在田、古則虐焰已熄，當先于撫循；在惠、潮則桀驁方張，當先于撲滅。撫循之術，則前之三事無容議已。撲滅之法，在今日急務，孰有逾于練土著之一事者？而徵調之令無歲無之。夫客兵之害，豈若盜賊之猶可治以盜賊之法？而當事之臣往往罷練兵之議而不講，是遏一盜而增一盜也。若此者，豈謂土人尩羸不可用乎？

昔春秋之時，畫野分州，列國各自爲守，未聞借兵于列國也。漢世沿邊各設郡置兵，亦各以其郡當之，未聞借兵于列郡也。今兵食兩疲，廣右士卒被甲而臥，曾未得一日安枕，猶謂練兵之議可已乎？此又撲滅之法猶之治河者，築堤扞口以塞其衝，不可一日而廢者也。此法既行，然後寬脇從之誅以安反側之心，布賑貸之議以息瘡痍之困，調其紀綱，齊其法度，則聖天子、賢公卿所以建萬世之長策，豈特區區一方之盜而已耶？謹議。

論

王道無偏黨論

王道猶天乎？天之道至正，故寒則未嘗不暑也，日則未嘗不繼以月也。天之道至公，故寒暑不私一物也，日月不私照一方也。王道亦至正而至公，故其于天下也不持。于是不狃于非，不間于人，不有于我，不牽于同，不離于異，蕩蕩然如寒暑日月之無專運、無私被也，此所謂皇極也。是故萬化萬事紛綸叢委于天地之間，跂行、蠕啄、飛潛、動植，隸首不能殫其算，《齊諧》不能志其誕，夏革不能窮其數。

然以王道之至正至公者而燭之，則繁者不能蔽其明也。物情人則，獝狡懁譎，堅深隱幽，齟齬離合。險于山川，難于知天。如五都之市，遝雜詭幻；汶陽之稼，雲蒸霧屯。然以王道之至正至公者而析之，則幽者不能掩其聰也。朝廷邦國紀法政刑，人材禮樂艱難紛頤，利害糾結議論邦寁之際，以至于穿廬毳幕之夫，棧山航海之族，以王道之至正至公者而馭之，則遠者不能惑其斷也。是何也？一道以運之而已矣。且王者握天下之樞，裁天下之變，其藝極之陳也，固天下之所環向觀法者也。而偏則倚于物，黨則累于私，斯以隘其同天之度而皇極隳矣，惡在其爲王道哉？

　夫天下萬化萬事其迹也，至正至公，其道之主也。即天之寒暑運旋、日月代謝，莫不有陰陽之體、貞明之度也。以言其道之深也，浸浸乎其若江河之灝博，源莫可極也。以言其道之明也，昭昭乎其若星辰之燦麗，人莫不見也。以言其道之宏廓而變易也，泛泛乎其若四方之無窮，其無所畛域也。此故曰王道蕩蕩也。是故伐異以援同，矯同以立異，離經執拗者，是偏黨也，非王道也。執己以排人，徇人以眩己，曲局謬暗，是偏黨也，非王道也。守是而昧于非，泥非而惑于是，嫌疑趨避，是偏黨也，非王道也。惟王者執矩矱以齊天下之短長，執權衡以定天下之輕重。其協之至正至公而協也，則有好其好也，即無偏無黨之好也。欲天下之譽己而爲之，吾無是心也。然即爲之而天下譽己，吾固不計也。其協之至正至公而弗協也，則有惡其惡也，即無偏無黨之惡也。恐天下之議己而爲之，吾無是心也。然即爲之而天下議己，吾亦不計也。以立異以徇人，以泥非而有所爲，有所不爲，則偏也，王道不如是也。以援同以便己，以守是而有所爲，有所不爲，則黨也，王道不如是也。即如寒暑之流行也，天道也，而無衣者惡寒，當爐者惡暑，然天不爲無衣而殺寒，爲當爐而減暑也。何也？無偏無黨，天道宜然也。日月之周旋也，天道也，而曝物者喜日，夜行者喜月，然天不爲曝物而使日長，爲夜行而使月不隱也。何也？無偏無黨，天道宜然也。

是故天道即王道之神而默也，王道即天道之明而溥也。王者同天之道以立政，是故同異無所淆也，人己無所炫也，是非無所膠也。何也？至正至公之道在我故。紛綸叢委，既跂行、蠕啄之繁，而明有兼燭也。堅深幽隱，邏雜、詭幻之情，而聰有兼析也。朝廷邦國之政、糾結邾婁之議、遐方遠服之事，而馭之罔不中則也。何也？至正至公者盡天下之道，故罔不通也。猶詹何之捕魚，持綸正竿，在我有全魚矣。乃一垂餌而出巨鱗乎千仞，盡魚之道故也。蒲且之羅雀，審弓結繒，在我有全雀矣。乃一舍矢而下鳥乎紫霄，盡雀之道故也。

蓋大道在我，自可以萬應而不窮，無偏無黨，王道蕩蕩，正其道之所以爲大也。雖然王道無偏黨至矣，然必有天德，然後可以語王道，故偏者心之倚也，黨者心之私也。心有所倚，有所私，而曰無偏無黨者，僞也。必齊明以養其心，純一以貞其度，天德立矣。視物我利鈍處之一矣，乃出其德之正而應天下則無偏，出其德之公而應天下則無黨，庶幾所謂王道乎？此又要領之論也。

臣事君以忠論

自古言人臣事君之鵠必曰以忠。夫人臣分職任事，勵翼承匡，其責至煩殊矣，乃獨指而歸之曰忠，此遵何誼哉？蓋忠非他也，心純于爲君而無一毫自顧之謂也。其爲心也，不虞安危，不計榮辱，不憂毀譽，不恤君之知與不知，己忠之白與不白，而惟君之憂吾憂之，社稷之利吾利之，斯己也，此忠臣之心也。是故名爲忠君而心乎己者，僞忠也。一心以忠于君亦一心以計于身者，僞忠也。忠君而不計身矣，然欲君之知我之不計夫身，欲天下稱我之不計夫身者，僞忠也。凡此者皆似忠而不忠者也。

惟忠臣之用心也，視治國家即如治其家焉，視君之身即己之身焉。吾能佐君之身，使其德成而化普也，此固君之福也，而吾之福即以此焉。吾能襄國家之事，使其政興而民康也，此固國家之便也，而吾之便即以此焉。君身福已，國家便已，當其事成而吾適安且榮焉，有名稱焉。君能亮我，而吾之忠亦得暴于天下，此固君享其成，臣與其寵也。忠臣之心，則曰吾心惟爲君耳。初非計此而得之，吾則奚庸喜也？當其事成，而吾或遭其危，罹其辱，人又從而毀之，君不亮我，而我之忠不得表于天下，此蓋君受其功，臣蒙其罪也。忠臣之心，則曰吾初心祇以爲君耳，非以爲吾身也。君之事既成，而吾又奚恤也？此心純于爲君之謂也，故曰臣事君以忠也，是故或順君以承指而不嫌于諛，或拂君以進直而不嫌于戇，或立議以違衆而不嫌于偏，或采謀以同人而不嫌于黨，或稱功以張己而不嫌于伐，或任難以冒罪而不嫌于矯，此無他心之純于爲君焉耳。彼其心以爲不如此，則不足以竭己之忠而襄君之事，是故寧使冒天下之嫌以圖自盡其忠焉，如此而已矣。

嗚呼！君猶父也，臣猶子也。子之事父也，純其心以左右之，而勞瘁所不辭，其不當父之事者鮮矣。臣之于君也，純其心以贊襄之，而身名所不計，其不當君之事者亦鮮矣。何也？心之純焉故也。是故尚大體、尚條奏，其矩殊矣，而均以忠于漢；善應變、善守文，其規兩矣，而均以忠于唐。上殿若不相能，下殿則和好，至有推車子之喻矣，而均以忠于宋。蓋人臣惟不純其心耳。能純心于爲君，則雖形迹異同，而均以成其忠，此無足異也。

是故有大臣之忠。大臣者，其權重而地親也，其任難而事瀆也，而其道也尚于公明。不公與明，非忠也。公矣，明矣，而心非純于爲君，非忠也。彼忠臣者，純其心以輔佐其君，不以君任之隆而專也，不以人嫌之重而避也，惟使君德成，庶理洽，而他無所計耳。

有諫臣之忠。諫臣者，所資以補闕而救失也，達隱而明微也，而其道也尚于讜直。不讜與直，非忠也。讜矣，直矣，而心非純于爲君非忠也。彼忠臣者純其心以匡拂其君，不以言之聽而高也，不以言之弗聽而貶也，惟使君過繩，國是定，而他無所圖耳。

有庶臣之忠。庶臣者，分之疏而怠易生也，職之卑而私易圖也，而其道也莫不有自盡之職。不盡職，非忠也。盡職矣，而心非純于爲君，非忠也。彼忠臣者，純其心以修舉其職，不以我之弗肩乎重而偷也，不以君之弗知夫我而肆也。惟使君政理，己分盡，而他無所謀耳。此忠臣者，雖其崇卑遠邇繁僻之不同，而其純于爲君之心則一也。

吁！此言忠臣者之貴辨其心也。是故彼出入將相、名聞四夷者，吾不以爲忠，而于朝天自誓之際乃徵其忠。顧命定策、安措泰山者，吾不以爲忠，而于死生以之之言乃徵其忠。蓋以言乎忠視其心耳，心誠純于爲君矣。即其爲諛焉，戀焉，偏焉，黨焉，伐焉，矯焉，而其忠固純然也，況不爲是者乎？心不純于爲君矣，即其不諛，不戀，不偏，不黨，不伐，不矯，而其忠固未之有也，況贗飾之者乎？

此故曰忠也者，心純于爲君，而無一毫自顧之謂也。非是則非忠也。雖然，忠臣之心亦難辨矣。盡忠于平世易，盡忠于危難之世難；盡忠于常事易，盡忠于艱重之事難。獨不觀木乎？春夏之方茂也，雨露潤澤，百植紛紛兢[三]秀。若降以玄霜，雜以嚴雪，在冬夏青青，唯松柏獨耳。是故惟忠臣乃能純其心，而夷險不逾。惟純其心而夷險不逾，乃所以爲忠臣。斯固弗可弗辨也。

述志論

　　夫人之植身于天地也，其始必有所不爲，而後有所必可爲。要惟素豫諸身而不之渝焉耳。且人當隱居岩穴之時，繹經訓，歷今昔，見一善，孰不躍然慕之？見一不善，孰不憤然唾之哉？劃然長嘯曰：“吾當爲伊傅，爲周孔。”心蓋恢恢大矣。而一當其位，則渀涊浮沉，委而棄之不恤焉。或又慨于世不我用，而自負其奇，曰：“吾非不能致斯君，澤斯民，以康衢斯世乎哉？顧世不之用耳，吾其如彼何？”然一旦際明時，持大軸，而卒卑卑無以自見。

　　吁！此何以爲也？是故實不中其聲，竅言也；苟圖華利，階進釣名，侈心也；依阿計祿，舉生平而弁髦之，稗行也；邁昌隆，躋通顯，而不能紓素志于可行，樗材也。要之，皆心之假此以夸人而非真所謂志也。彼知所志者則不然，不必于赫赫可紀之名，而在我者自定焉。不必于囂囂大言之播，而素豫者自堅焉。蓋天下之宏功巨業，不在樹建施爲之大，而本吾素行者以基之。夫人之欲揚宏功、恢大業者，亦不必遽期于高遠難成，而本吾素行者以修之。

　　是故明德、立功，非二也；治身、康國，非殊也。惟其居常也見有所定，而志有所不爲，然後其當天下也心無所不燭，而天下事無不可爲。蓋其識也明，其守也正。其所自待也大而遠，闡猷彰道，潛耽論著之詳，而非以梯榮；抗志籌時，游心帝皇之略，而非以鬭靡。以之窮居，則爲懷貞，爲抱德；以之大行，則爲致主，爲匡時。

　　要之，志固一而非二也。何也？未有能立德而不能立功，亦未有治天下而不本于治身者。即古今以志稱多矣，而獨曰：“志伊尹之所志。”夫尹之志，必欲堯舜其君，堯舜其民，然使世無成湯之聘，則尹豈空焉已哉？蓋尹之志不在翻然應聘之際，而在千駟不顧、一介不取之時。今觀其端行介節，非堯舜之道不以待其身，則其出而爲天下，非堯舜之隆肯以待天下哉？是故言志者貴修其所素豫，而不必遠有期也。彼惟不知在我之素，而馳心于振世絶倫之事，夫是以不掩其言，卒爲天下笑耳。

嗚呼！防川者塞源，正影者端表。墨子見染者而泣之，懼其入乎蒼而蒼，入乎黄而黄也。夫人于始進也，可不慎所趨哉？必也無狡獪以巧宦，無詭異以釣聲，無爲絺繪以炫詞，無爲齷齪以媚世。端吾身，治吾行，以彼不顧不取者，自待而純乎正焉。德庶可立，身庶可淑，本源庶可植乎？由是心乎國家而不爲身謀，俾事業炳朝廷，勛庸蓋天下。雖至于勒帛銘，常特取諸吾素豫者，而一敷張之已耳，奚難哉？若身未能淑，而且曰：“吾志欲堯舜吾君，堯舜吾民。”是大言無當，吾誠不知其可也。

孔子高子順子魚論

古之賢者憂天下之弗治，而憫其道之不行，則必惓惓思自效于天下，率至于不可而賫志以没。此亦可以觀見幾之明焉，扶世之公焉，守道之節焉。然君子未嘗不悲天之弗佑賢人，而使之遭遇之不偶也。予嘗見孔氏子高、子順、子魚，生周漢之間，聞其行事，遷史不詳載。觀儒家諸書及系牒，嘗紀穿不赴楚、魏、趙之聘，曳長裾周游齊、魏間，著《讕言》十二篇以寓意。斌相魏，尋寢疾于家。子魚當秦末，從陳王涉，卒死陳。

予謂三子者，謂知幾扶世守道之士，非耶？蓋世異而心同者也。何者？三子聖人之裔，救時行道，其心之相承也素矣。周命既頹，虎狼之秦焰然横行于天下，孝公以來，窺周鼎吞諸侯，其志豈朝夕故耶？穿也，斌也，蓋知其必至于亡周，必至于殘毒天下，必至于毁道焚經，而思以抑之者也。鮒又身當之，目擊之，而思以延家緒，拯世厄者也。故穿之鄒[四]聘也，其知縱橫之國伯仲于秦，不可挽而之王道乎？及觀其論對諸侯說陳世故，偉然一高世撥亂之才，固非徒事自潔者比也。贄[五]將之魏，謂使者曰："王若用吾道，吾道固爲治世也。雖疏食飲水，吾猶爲之。"

然則子順豈區區功名士哉？相魏未幾，即裁嬖倖之官以事賢才，節無名之祿以賜有功。吁！于此可以徵設施之兆，興周室抑暴秦之機矣。卒至陳大計而不用，乃長吁以去，曰："天下其將盡爲秦乎？"蓋即仲尼之傷東周也。魏君而能竟斌之才，安知天下之不復反秦而爲周也？至鮒身當祖龍誅夷殘滅之世，一聞丞相上燔書之議，乃退隱嵩山，藏書壁中。無何，陳涉起，而鮒應聘爲博士，意者知天下亂極，真人將興，翊道脉，撲膏火，或于涉乎在耶？其從涉也，蓋望涉之或可有爲而行其志。觀涉之召之曰："今吾興義兵以討不義，子宜遠來以集其事。"斯言其有以感鮒之心乎？君子固不以成敗論矣。

嗚呼！三子者或憂秦于未帝之前而思易之，或憤秦于既帝之後而思拯之。其迹不一，而所志一。予故曰：世異而心同也。其知先也，見幾之明也，憂憤而不之釋也，扶世之公也，卒不得遂，而抱身以去，抗志以死也，守道之節也。

是故以三子爲僅守家學，是輕三子者也。以三子爲賢，而謂其無心于天下，亦不知三子者也。乃或謂穿之辭聘爲忘世，斌之相魏爲就祿，鮒之從陳爲事非主，則又大謬不然。使三子而遲出，逢漢祖之君，則必將輔漢爲周，以除秦苛而興王化，留、酇之功褊矣。使漢祖而早興三子之時，則穿豈肯栖栖于徒步，斌豈肯長嗟于卧寢，而鮒豈肯抱志以歿哉？

予故曰：君子未嘗不悲天之弗佑賢人，而使之遭遇之不偶也。雖然使穿、斌之志早行，則秦未必至爲帝；鮒爲涉用而不死，則天下未必漢有。然則三子之卒賚志而無成也，其又天以重秦禍，啓漢祚耶？

慎刑論

王者治天下而不能無刑罰者，何也？蓋刑罰，天子之所以奉天心而仁下民，有其慎之，不可去也。且天愛生民，而民不能盡若天之心，天不能自治，又不忍縱之不爲治也，乃于億兆之中而立之曰：“天子使之齊一其亂，而平治其情。”然則天子者，天之所用以仁下民者也。天子愛育斯民，而民不能盡若天子之訓，天子不能盡化以仁，又不忍棄之不爲仁也，乃于愛育之中而振之曰：“刑罰使之清肅其紀而明章其教。”然則刑罰者，亦天子之所用以仁下民者也。然注措之間死生以焉，又民命所關而上帝之所重者，故明王慎之也。

且王者安必用刑罰哉？嘗溯論之，圄圖、犴狴、清室之拘，皆刻慘地也。桁楊、棱棤、桎梏、徽纆，皆不仁器也。關三木、肆市朝，以至五法三章，皆殘殺人事也。夫天子奉上帝命以子厥庶民，固將仁育奠安之云耳。顧乃好爲殘殺人之事，齒之以不仁之器，而措之乎刻慘之地，豈其心之毒螫忍薄，顧藉手以陵轢乎黎甿已哉？

蓋聖王有義刑而無倖刑。自天之生人也，情具則欲恣，欲恣則争起，争起則不得不用刑。藉第令争起而不有刑罰以齊之也，世且馳騖于膠膠擾擾之場，有拳者敢搏，有足者敢騁，弱肉而强食之，愚守而智籠之，怯退而勇苦之，世不棼然于主玩法而滋爲亂也，亡幾也，而胡能服也？此無異故家無怒笞，則豎子嬰兒之有過也立見，蓋自古記之矣。故聖王明于天之道，察于人之故，皋陶明刑，蕭何造律，治其刻慘之地，用其不仁之器，而試行其殘殺人之事。

當是時也，勵世德邪而風化大行，是以刻慘之地而居其所不容愛，以不仁之器而加之于不仁之人，以殘殺人之事而施之于所當殺也，使天下之民且恣者也而警，且暴者也而戢，且惡者也而良，故曰仁天下也，非殘也。夫以殪死者有矣，而禁天下之食則悖；以乘舟死者有矣，而禁天下之船則悖；以用刑衰其國者有矣，而弛天下之刑則悖。吁嗟乎！即使堯舜帝天下，斷乎不可無刑罰也。然而刑罰本以服萬民，適足以衰世亂治何？蓋有説矣。

夫後世之法不直漢三章十八篇也。執法而守死不盡李悝輩也，明習律令世不多陳咸也。而愛憎者易移于出入，迷眩者或謬于寬猛，將順者多乖于重輕。其平也不平，其中也不中，將使賤臣叩心，霜飛燕地；庶女告天，風襲齊臺。刑罰不清，而民且紛囂而訾議之矣。是故橋下驚馬者，罪不止罰金，則天下謂文帝爲憯忍主矣，奚服爲？照平君以公子得釋罪，則天下謂孝成爲庇私親矣[六]，奚服爲？此刑罰不可不慎也，民之所觀也。

吁！茲刑罰也，君不得庇親臣，父不得私愛子者也，仇不得加而親不得減者也。聖王知其然也，故將繩奸民而不遽繩也。有棘木之議，廷平大理之設，轜軒讞獄之使，何也？欲其審也。有贖刑之條，減死之令，罪疑惟輕之言，何也？恐其過入而傷善者類，爲惡者笑也。必其于慎審已，于罪當已，乃猶下車而泣之，卒從吏議，具于五刑，蓋其罪必無原，而忍一人爲天下創也。此蓋其謹刑也，不以私奸公，不以疑害明，不以貳易信，而刑罰斯清矣。其始也本惡刑，而不得不刑；其既也刑所不得不刑，而終以止刑，此萬民服之謂也。

是故刑罰之行也，愛憎不入，親仇不私，則天下莫不服朝廷政之公；幽逖必燭，滯疑必決，則天下莫不服朝廷政之明；罪當所罰，斷不後時，則天下莫不服朝廷政之信。懷侈之萌，競爭之族，罔不惿惿畏法，詵詵向道，曰：天子方嚴敕國章，懸明鑒，示天下準，吾獨奈何侮三尺，甘自罹罪辟爲哉？且將見強者化于弱，智者化于愚，勇者化于怯，百姓逸于田里，樂于職業，而裂軌蕩經之心不生。裂軌蕩經之心不生，則奸民少而良民衆。雖以刑措不難矣，而天下不已康乎？

夫聖王獨化于陶鈞之上，凡有不義固非能家禁而户防之也，怒一人而千萬人鑒也，辟一人而千萬人懼也。何也？爲之標也。刑罰固聖王化民之標也，標立而化行，所謂稀鳴桴于砥路，鞠茂草于圜扉。皇極會歸之風，王道平康之福，皆自此臻之耳。雖然，是刑罰也，豈率易用之哉？蓋刑罰猶水火，然善用之則以澳滌之，不善用之則以焚溺之，有巧有拙，在爲政者審之耳。韓非、申不害、商鞅之法，寧成之史，張湯、趙禹之廷平，天下顒恐而患之，百姓泯泯皆有遠志，是豈古聖王用刑敕法之義哉？

吁！古者春官小宰以木鐸徇于路，曰：“不用法者國有常刑[七]。”蓋誨諭先，刑罰後耳。後世教化不修，木鐸不置，催科急于撫字，督責急于勞束，夫民不知禮義，則不耻罪辟而甘蹈之矣。爲政者不究其本，見此董睢恣裂軌不若訓也，曰：“彼自作孽耳。”嚴爲刑，峻爲法，第恐剋核太至，必有不肖之心應之，即刑罰嚴固弗能禁也。是以秦之法多如秋荼，密如凝脂，而奸不止。然則聖王欲清刑罰而服萬民也，其尚務厥本乎！

説

知人安民説

天下猶大木也，人其木之枝乎？質散而擁，芘藾弗貴也，民其木之幹乎？腹蠹而蝕，連抱必仆也。治天下如養大木然。理其枝，使皆良材也，而蔭之所芘斯廣。培其幹，使之根荄固，而木乃有年焉。然治天下則又甚難也。人心至險而難測，民生至散而難奠，故皋陶陳謨帝舜，而于知人安民，獨以難敕之。信哉言矣！然豈無其故哉？蓋人之知也，在難知心。親民者，失乳保之道而民始病耳。

夫天下至廣大也，豈曰無材？時當太平之盛，固宜皞皞乎，康衢華胥矣，而可竟諉于安民，難哉！顧銓衡苦授任之艱，閭閻多愁嘆之迹，以人言是邦之楨也。秉忠誠以爲國者，豈盡無耶？乃魚目之雜明珠者，則四疵生焉。其囂然曰："天下何難治平？"若談孔孟而匹伊周矣。投之艱，則乾喉焦唇冒冒焉，是言之贋也。標清幟節，大言崇議，信卓犖才矣。覈之實，則邪鄙污濁，無一可名，是行之詭也。以侈心乘者，每托爲豪舉，傲然自放以稱爲奇杰；以忮心乘者，每功赴患藏，排人自植以濫要名譽。是數者，以貌觀若良材矣，焉知其心若是耶？

小民之困苦于下者，抱甕占星，勤終歲之勞，以之供正賦且不給；而小吏更爲侵漁，叫囂隳突，犬豕弗寧，將何以奠生也？水旱相仍，啼號遍野。上念一弗及，而官租更爲嚴較，易子析骸，將何以全命也？以殘肆者，每嚴刑以戕下，拷訊無完膚，且數就斃矣。以貪逞者，每誅求以殖私，朝令而夕申焉，曰："官命出某貲，供某帛。"蕭蕭然，柚杼空矣。噫嘻！此民之所以日益困乎？憂國者，懷固本之思，真長慮也，然而無以正之，則枝葉益凋而根本愈撅，弊有不勝言者。

嘗觀宋朱考亭氏論，知人必以《易》之陽明陰暗定君子小人，斯非觀心之要乎？循此而試之，素行不能掩矣。由是試華以觀澹，試利以觀守，試劇以觀理，試疑以觀斷，人或可知乎？漢帝之詔守令曰："矯飾外貌，似是而非，甚厭之。"而獨于悃愊者深嘉焉。誠執此以課吏，而又視戶口、墾田、囚繫以爲殿最，緩催科，優撫字，民之稅駕或有日也。此枝之剔其曲擘而良材見，且以培根荄而幹永固也。

嗚呼！晉平之食客多矣，盍胥以背毛腹毳比之？是國得人則昌，而匪人則非也。東野畢之御善矣，顏淵以鳥喙獸攫危之，是邦視民爲安危，疲不可極也。然斯二者治天下可緩圖哉？若曰："舍《易》説而能知人，舍守令而能安民。"或又曰："二者堯舜已難之，而竟以難委，則非所敢知也。"

辨

忠清仁辨

或有問于予者曰："吾聞之，嗜衆説而不好乎聖人，惡睹其識道？然則聖言衆言之標也。孔門言，道莫大于仁，乃其言仁不過曰'無欲'，言求仁不過曰'推己及人'。今有人焉，同物我而忘喜愠，其與世也厚而公，謂之忠宜矣。于推己及人，奚難焉？身抱高世之操，而不卑卑握齪以徇世，其自守也貞而亮，謂之清宜矣。觸類以充之，獨不可至無欲之地邪？乃孔子語子張，許楚令尹以忠，許齊大夫以清，而于仁卒難之。豈仁道之大，卒不可企邪？夫哆脣煩而略心身，此輕才風説之徒，而志學者之羞也。子其爲我根極之。"

予應之曰："否否，不然。仁道之大也，猶八極焉不可以頃畝也，九州焉不可以道里也，談何容易？雖然，請爲子議乎其説。夫仁也者，全天理而亡私心之謂也，非是則非仁也。自夫人居身絶喜愠之形，待人無物我之異，自他人觀焉，凡可以公己而公人者亡不爲矣，凡可以祛有我之纍而順自然之天者亡不爲矣。然未知之人也，其果全天理之真而亡私心者乎？其亡喜愠也，安知其非遭時之莫可奈何，而强安之以賣名聲乎？抑心則無仕喜，已慍而貌飾之乎？其以舊政而告新尹也，安知其非假此以樹德于後人乎？抑將游揚于君而市其公乎？夫有一于此也，即名之忠不可也，而又奚仁乎？然吾固不敢遽以此待之也。自夫人眠天下之亂而高蹈，以稱潔身之名，自他人觀焉，凡所謂一介不取予者，在斯人矣；凡所謂肥遁居貞而至死弗變者，在斯人矣。然不知之人也，又果全天理之真而無私心者乎？其奉身而去也，安知非避難而有不得于其地者乎？抑與亂者素齟齬乎？其遄奔而之他邦也，安知非懷翔視而擇所利乎？抑或去其地而不能無尤悔乎？夫有一于此也，即名之清不可也，而又奚仁乎？然吾亦不敢遽以此待之也。何也？天下方視華進爲丘山，視擯間爲洿澤。用之則虎，不用則鼠。朝受命而夕飲冰者，豈少哉？而彼則鎮之静而齊之一也，不以之滑涽也。天下方聲名相鼓，慘乎百弩，禍福互傾，恬于五兵，陽授飴而陰割刃者，豈少哉？而彼則同人己而炳大公，不以之動忮心也。孔子以爲令尹之行，謂其出于誠而無私也，固未可知也。而人之能此亦難矣，故命之曰忠，曰是能徇國而亡身者也。誠焉，無私焉，則幾仁矣。而或未必其然也，吾固不敢許以仁也。此辨忠與仁之大較也。方今之世，附邪則交易固，黨亂則身易顯。以當時之名公節士，且有伏尸一哭而罷者矣，而彼則身丁其亂而痛然思遠之，庶幾哉有若洴之心焉，似將奮鴻冥而避弋者之網也。懷土恒物之故情，況再越國而莫適居，亦何利于己？自海濱之後以節去者幾人？而彼則避世以擇居，而慨然世風之同，循其迹焉，似有聞朝歌而即回其車之心也。孔子以爲文子之行，謂之出于誠而無私也，固未可知也。而人之能此亦難矣，故命之曰清，曰是能潔身而去亂者也。誠焉，無私焉，則近仁矣；而或未必其然也，吾故不敢許以仁也。此辨清與仁之大較也。大都忠者，仁之醇而不撓者也。仁者必有忠，忠或未必能全仁也。何也？忠近于仁，而天下之僞忠多耳。清者，仁之巤而不滓者也。仁者必有清，清或未必能完仁也，何也？清可以至仁，而天下之僞清多耳。此忠清仁之辨也。"

或曰："誠若是也，則仁果爲絶德乎？"吾應之曰："仁豈難能哉？無私焉而已矣，以言其公用則純心焉而已矣，能純其心則仁矣。予請語子以仁者之忠、清可乎？夫負衮而朝，避流言而束，夾輔以宣忠，制禮樂而開太平，此奚有于喜愠？又奚有于告不告乎？蓋其几几之度純無私者也。仁之至也，而萬世莫不仰其忠。避紂而逃之，慕周德而歸之，卒之恥食不義，去而饑死，此又豈違之之一邦之淺淺也乎？蓋其求仁而得仁，純無私者也。亦仁之至也，而萬世莫不仰其清。允哉天下之大忠、大清，非天下之純仁者不能也。小忠，大忠之殘也；小清，大清之賊也。似忠、似清，則又殘賊乎仁者也，而惡得輕以仁埒于忠清乎？噫嘻！劍之似吳干者，常匠視之眩焉，得歐冶則判矣。馬之似飛兔者，常御相之忽焉，得伯樂則辨矣。忠清之似仁者，常人評之膠焉，得聖人則章矣。然則孔子之論忠清仁也，信衆言之標也，而惡得以議諸？"

日月交食辨

星官家推月之行，凡歷二十有九日五十三分而與日相會，是謂合朔。凡日月之交，月行黄道而日爲月所掩則日食，是爲陰勝陽，而其主則在君。若日月同度于朔，日行不入黄道則雖會而不食。月之行在望，與日對衝，月入于日暗虚之内，則月爲之食，是爲陰與陽亢，而其主則在后。以故有天下者，觀象審機，則因事惕慄。日食而王素服，蕩天下之陽事。月食而后素服，蕩天下之陰事。

予曰：有是言也。初豈若是泥哉？何也？天道遠，人道邇，天命難諶，而王者常存敬天之心，故朝日而夕月，仰則三光，下綜八寅，修政明刑，飭度彰教。其理陽也，固無待于日之食而滋防。其理陰也，亦無待乎月之食而增謹也。日兢兢焉，慄慄焉，庶理修張矣。而猶或天度有常，日月爲食，則又惶惶焉省曰："吾行獲戾于天乎？不然，而胡適見于日也？"適見于月也，蓋天變無常見，而君心有常憂，固不必謂某陽事不修而致日之食，亦不必曰修某陽事而可使日不食也。不必謂某陰事不修而致月之食，亦不必曰修某陰事而可使月不食也。且其畏之也，不分于日月。則其理之也，又何分于陰陽？即使日食之適應于陽矣，而時或有長門擁漢姬之寵，南威輾晋文之政者，將欲任之乎？月食之適應于陰矣，而時或方内多虞，外庭叢脞，而獨秩禮于壼梱之間，明儀于笄黛之屬，可乎？譬之人焉，思饑而備粟，思寒而備衣，故不謂不饑而棄粟，不寒而可裂衣也。亦不謂防饑者而不必理衣，防寒者而不必治食也。且天行有陰陽，猶王者之有仁義也。凡爲慶惠，爲禮樂，爲制度，爲仁之屬者，奚政匪陽？凡爲威肅，爲兵伐，爲刑憲，爲義之屬者，奚政匪陰？固不必謂日之食王主之，而月食則后司之也。若不根極王者敬天之心，而局局焉以陰陽分配于日月之行，則月行黄道而月掩乎日，陽則屈于陰矣。欲以扶陽也，將不謂抑陰乎？月之行與日對，陰則敵乎陽矣。欲以抑陰也，將別出于扶陽外乎？今夫天渺而難知，或應食而不食，甚矣推測之艱也。隋張胄元獨得其妙，以爲月行内道，在黄道之北，食則多驗；月行外道，在黄道之南，食則多不驗。脱或政事未修，隱憂滋露，而徒見日之食不驗也，將謂吾陽事無足慮，可乎？見月之食不驗也，將謂吾陰事無足慮，可乎？

然則王者之務在敬天，敬天無時則飭政亦無時，固無論于陰陽，亦無論于日月之食不食，食之驗不驗也。不是之圖，而惟究意于京房董符驗之説，則雖謂魯宣彰善于大有，堯湯損德于水旱可矣，而陋不既甚乎？予懼世之泥于末，不知其本也，作《日月交食辨》以明之。

解

心爲嚴師解

客有以《師説》來質予者曰："子知師乎？《禮》云：'學之道，嚴師爲難。'然嘗試論之，非師之嚴難，顧人知自嚴其師難耳。且子不觀乎？青萍越砥不能淬鋙缺，月題皂棧不能範竊銜，博喻廣約不能化僻志，豈其所受教固弗可强邪？某欲求所自嚴焉，而後求嚴師也，于子爲何如？"

曰："嘻！子可與言師已。子知自嚴焉則幾已，顧子將奚師焉？"客乃瞿然避席而言曰："師不同乎？"

曰："天下有三師：陳函丈以指畫，啓絳帷以横經，假鼓篋以孫業，待叩鐘以知聲，慴躬而趨，辟咡而對，聽講乎容席之間，而呻吟乎佔畢之側，慄人之命而範人之趨，則常人之師也。以天地爲模範，以黄虞爲大宗，以萬化爲挈覽，以一貫爲歸程，抑之或卑而受教于塗行，斂之或纖而問道于藝工，游心乎灝博之林而抱真乎太虚之府，亡專學，亡專師，而亦亡非學，亡非師，則聖人之師也。啓泰定之宇以爲談帷，闢昭朗之塗以爲三席，斂屋漏之畏以爲夏楚，守反照之知以爲罕譬。清夜無人，吾師出寧，蕭然備弟子禮以事之，謹奉之，時無怠焉。身迹所至，吾師儼臨，凛凛然奉令承教，敬而將之，若恐得罪焉。此師于我最親最嚴，亡幽顯微巨，常與吾居，而吾事之嚴，是則善學聖者之師也。夫天下有三師，顧子奚師焉？"

客聞之，適適驚，規規然自失也。予乃復曰："請爲子而竟三師之名，可乎？夫常人師人，聖人師天，善學聖者師心。然斯師心也，子所謂求自嚴，于茲乎在也。且道未始有封，肖翹喘蝡，往古來今，孰非在心充滿天地，苞裹六極？亦孰非此心能嚴諸心而內照內修也？罔藉于外也，即謂之有常師可也。心師有常矣，運其所常師而旁通博采之，如孔子禮于聃，琴于襄，官于郯，樂于弘也，即謂之無常師可也，而亡嚴，亡不嚴矣。是心斯聖矣，獨奈何天下心之不師，而卑卑然就人而事之，捧牘而問之，若負建鼓求亡子也？師臨而嚴，師去而弛，朝而惕，夕而忘之，若土梗也，即假道託宿亡異也。吁嗟乎！陋已。”

客乃復瞿然避席而言曰：“請目子而求所以師心焉？”曰：“嘻！師心豈易喻哉？蓋心非師也，知其所以嚴而持之于道，故曰師。使人晨而警，中夜而慄，循吾天機而奉之，更嚴持之，則謂心爲真師也固宜。晨而警，中夜而慄，惟徇所謂邪思僻慮者而奉之，更嚴持之，則謂心爲僞師也亦宜。然則心信爲嚴師哉！”

述

玉山講義述

昔宋朱考亭氏論學玉山，與其徒程珙究仁義之原，而分析其異同之辨，又明仁統四德及仁義體用之機，末復推本乎性善，而要以尊德性道問學之事，有味乎其言之也！予謂天下之道，不識其真，則眩惑而無循，是猶目蒙糠粃而睨泰山之巔也；不極其原，則淺鄙而多岐，是猶手未識繳矰而談蒲且子之射天也；不體諸身，則浮遠而無當，是猶以塵飯塗羹而充饑者之腹也。聖學無傳，大道以湮。或以仁爲內而外義，或以性爲惡，或疑孔獨言仁，孟兼說義，甚矣其言芬如矣！夫大塊賦我以形，即賦之性以管攝之。夫性至一者也，分之爲四德以殊其體，顯之爲四端以露真機，然未有未識其真而端緒可尋者。

今觀玉山之講，則可以見仁義之真機焉。夫仁之對義，猶陽之對陰，此其偏言之也。仁固一仁，四德各本于仁，此其專言之也。孔孟之言豈顧自相左耶？鴻濛之初，厥有降衆命之性而皆善也，猶授之官而無不使稱職也。拘于氣稟物欲，始堯舜與凡人殊，古與今異矣。觀玉山之講，則知本原之地，聖愚同原，而作聖之功立焉。孟子所謂道一，豈徒虛語耶？道本諸身而通乎天，本大之無外，小之無內者。是故尊德性而不道問學，則抱守幽寂而寡博通；道問學而不尊德性，則玩象循物無以涵葆其天真。體諸身而交養之，則一心之靈盡天下之道，性善仁義推而行之廓如矣。玉山之講其悉中庸未發之深機耶？夫既析其真，復極其原，既極其原，復要諸身。予故曰有味乎其言之也。

夫人之于道也，豈顧鹵莽者然哉？必凝其誠乃葆其精，既葆其精乃見其真。且庖丁之解牛也，踟蹰四顧，心有全牛矣，乃一游刃即無不中窾焉。詹何者善捕魚，持綸正竿，心有全魚矣，乃一垂餌而出巨鱗乎千仞之下，無傷罟焉。蓋其誠凝也。夫人之談性道也，其亦先于誠乎豫耶？能誠則心源湛一，真知夫天之與我之良，所謂存心致知，此其最要者矣。因以是足朱子之意。

疏

擬正士風疏

臣某言：臣請以人身喻天下。君者，首也；政刑、禮樂，其股肱四肢也。士風者，元氣也。元氣受病，人弗之先知，猶士風漸漓，世弗之先覺也。今有人病元氣者，每見其四肢康然也，則曰吾無疾病也。或有告之者曰：「爾元憊矣，行且病，在骨髓，弗可藥矣。」然而人未嘗怫焉怒，及其一旦病劇，露于四肢，鑱石橋引、案抗毒熨弗能及，湯液醴灑、渝浣袪滌弗能逮，于是始悟而求醫，雖俞跗、岐伯驚走矣。故知元氣貴于先調，則知士風貴于早正。蓋折萌杜芽比之見兔顧犬者，固自難易相百也。臣惟今天下士風有十疵焉，其正之之柄一，而所以行之者十。臣敢爲陛下終陳之。

臣竊惟陛下齊聖聰明，解繩司契，六年以來，濃化懿鑠，即荒憬疏逖，罔不漸濡。强胡抱贄稱臣，北藩炎荒執俘，傳車闕下，治化不已光大乎？方內不已乂寧乎？且聖明方勵精庶理，不明求衣，而元卿碩輔又翼翼贊襄，以共雪煜于炎景之會，即今百辟皆淬勵爭效。以礪操也則比羔羊之風矣，以勤事也則嚴夙夜之兢矣，以秉公也則矢朱絲之直矣，及青衿之士服屬屢而潛蒿莪者，亦罔不礪節砥心，養德蘊業，以思彼應龍乘雲、螣蛇游霧之盛。蓋此皆陛下叶氣蒸通，上暢下溯，真可以甄陶虞唐，孕育殷周矣，而又何病于士風之不正？雖然，苗山之鋌、羊頭之銷，歐冶鑄之，則墨陽、莫邪水斷陸剸，然謂歐冶之劍，盡無嚙側贏文者，則非也。山桐之琴、澗梓之腹，昭文鼓之，則濫脇號鍾，組商雜羽。然謂昭文之琴，盡無漏越枉橈者，則非也。然則今天下豈可以隆綦淳洽而遂謂士風無可憂哉？臣請以臣所謂士風十疵者，爲陛下明其意。

夫臣所謂疵也，何也？漸也。形迹似良而實則非也，幾潛著而人不覺也。所謂漸也，何也？狃于常見而不之疑也，習于常行而不之變也。自常人視之，孰不曰此未足爲士風病也？然而天下之治每病于兹，何也？弊端潛匿，而僞足亂真也。辨晰未加，而奸日滋蔓也。因循故常，根日深固也，苟非有當機之敏，察微之智，又安能辨？及于此而亟正之哉？且往者爲士風病也，莫不曰苞苴竿牘，坐嘲銅臭矣。今之士風如是，而得行者少也，莫不曰投井下石，排人巧進矣。今之士風如是，而得行者少也。臣所患者，特謂以議政者尚宏遠矣。今或崇論紘議，浮游無當，聽其言辨矣，而措之事則鷙悖而弗可行，是鍥舟膠瑟之見也。此士風之鷙于繁詞也。以解棼者尚才捷矣。今或更張恣意，不顧是非，似解棼盤錯矣。而核其實績則蹧蟺[八]不得成，是烹鮮治絲之擾也。此士風之鷙于炫才也。器資誠也，而貌悃衷猭，言訥內狡，可謂誠歟？斯風既倡，宜士之飾羽而畫，視文深爲忠實也。行尚高也，而流遁決絕，裂檢逾閑，可謂高歟？斯風既倡，宜士之矯譎蕩經，以買名聲于天下者紛紛也。學以明道也，假明道而植私，譚浮夸而略實，可謂學與？假是而掩人，誰復詰其贋也？仕以明義也，口恬退以揚聲，潛覬覦于華顯，可謂義與？踵此而欺人，誰復辨其心也？不特此也，均勞之義，人臣所知矣。而或重內輕外，趨易辭艱，不知任使，惟辟可擇而取與？欲規釋負，則托病疴爲口實；欲速轉遷，則視官府爲蘧廬，此病在趨避者，未盡去也。指背之使，百司所識矣。而或率意任情，挾疑抗順，不知以背使指，可以逆而違之歟？上則畏議而動見局攣，下則懷嫌而事敢恣睢，此病在名分者，未盡革也。喜趨承，善迎悅，不阿者爲輕己也，遵法者爲滯暗也。以喜怒程功，以文貌課績，于以別賢不肖可乎？此病在愛憎者，未盡免也。人未有倡吾不敢先，人既有建吾不敢異。依葫蘆之故樣，善桔槔之俯仰，于以乂康治績可乎？此病在浮沉者，未盡絀也。夫是十者，由前觀之，則所謂形迹似良而實則非者也，幾潛著而人不覺者也；由後觀之，則所謂狃于常見而不之疑者也，習于常行而不之變者也。夫士風如此，臣恐猥狡日滋，轍尋日益，不至大壞寧止哉？

　　臣以爲天下之治雖多端，然而紀綱者，則所以肅之之具也。

唐韓愈以紀綱治亂係天下安危，豈徒虛語？今之所以救弊者，固無以逾此者矣。何也？今士風薄矣，其漸也，弗可長矣。誠使陛下修救其柄，毖臣工而嚴布之，是故察言以審行，勿使多言者得逞其淫亂也，則國是宜定也。責治以課功，勿使炫才者得恣其張詡也，則綜覈宜嚴也。德稽其心，勿循其迹也。所謂辨心迹者，不可緩也。行稗實用，無期于卓也。所謂敦本實者，不可後也。絀異學矣，而示之趨，從事支辭必禁也。名恬退矣，而辨之心，形諜成光者必懲也。他如趨避未厘矣，久其任，報有成績，乃從而超遷之；弗有成績者罰之，或激勸可并行也。名分未立矣，睢恣弗率者重繩之，仍申爲令以諭告之，則人心可以畏而變也。考課以實績，不以文貌愛憎爲褒，刺者必罰也。論政而能任事，首功決疑冒險者亟獎之，首鼠兩端無赦也。由是十議既救而賞罰之行也，不以貴倖僥，不以嫌疑詘，不以二三惑，不以文具應，必賞當良，罰當佞，紀綱立矣，士風庶可正乎。於乎！此正士風之議，固方今所至要也。若曰方今士風異于昔矣，可無過憂矣，則是滋涓涓之水而疏之源也，不知其流不可塞也；惑爝芒之火而遺之薪也，不知其熾不可撲也。若曰數者卑卑不及格也，欲正士風，吾且爲唐虞，爲三代，則是取猿狙而衣以周公之服也，不知其物之異也；越人短髮文身，而宋人資章甫以適之也，不知其不當于用也。吁！舍此而欲正士風也，尚有他議哉？

雖然，臣尚有說焉，臣請以臣始所喻人者終之。夫人之病元氣也，延醫而治之，醫曰："吾有二術可以已疾。先鍼砭以袪毒蝕，蓋治標也；後湯醴而噓天和，蓋治本也。"今操紀綱之柄而修其十議，亦所謂治標也，治本之方可獨不講乎？何也？服官在朝，士風之係固重矣，然而學校者，是風化之原也。今士之談孔、孟，口伊、周，力行道德者固多矣，然或哆游言以釣奇，略躬行以飾末間，又有凌上慢法、玩視國經者。吁！士風之本蠹矣，而徒以責于在朝，可乎？

臣惟我太祖皇帝開天立極，諸如《大明集禮》《洪武禮制》《諸司職掌》諸書，豈非垂統良規，士風明範耶？誠以憲章之，而申俞于人人，則成章昭灼，所以一衆志而陳藝極，莫要于此矣。豈特徼于有位？即黌序談經之士、巖居麓處之夫，亦罔不化德而式範矣。然則禮教之崇也，非治本之要乎？雖然，臣所言者其略也，若夫規恢籌策而變易之，則在陛下與一二當事者留意焉。昔宋有善不龜手藥者，世以洴澼絖爲事。客買之，説吳王，水戰大敗越人，吳裂地而封之。其不龜手一也，或以封，或不免于洴澼絖，則所用之異也。臣前所議一洴澼絖計耳，誠以大用之，則庶幾哉！邕噩醇穆之風溥，而天下化成，安知洴澼微計不可收裂封巨功耶？臣不勝悾款之至。

書

與友人論學書

僕惟君子之植形兩間以明道者在知學，以知學者在知本。學之本維何？心是已。夫今人之談學者，孰不曰吾學且上法天地乎？遠襲堯、舜乎？近宗周、孔乎？夫道至乎天地而止矣，至乎堯、舜、周、孔而大明矣。學而能法天地，襲堯、舜，宗周、孔，亦可以爲學矣。乃不知吾所以宰天地之形者何在，所以基堯、舜、周、孔之精者何在，而乃遽曰：吾能爲學如此矣，俯而視天下之學皆小矣。蓋即河伯見秋水時至，渚崖之間不辨牛馬，而欣然以爲天下之美盡在己也。夫大塊賦人以形，而虛靈者即具焉。人以其虛靈也而存之則爲心，是心固天則之根抵，而聖學之真源也。是故仰而清，俯而寧，乃法象之圍吾心也；蚑行而蠕喙，翹翾而動殖，乃品物之森吾心也。物情人則，往古來今，乃萬彙之寓吾心也。

是故學本于心，而充滿天地，苞裏六極焉可也。自格物致知以至乎平天下，推其心焉，一貫也；自灑掃應對以至乎神化性命盡其心焉，一致也。是故學本諸心，而陶冶性情，鎔鑄道德焉可也。故古人之學也，心學也，徹上下，會精粗，成終始，該博約，貫明誠，斯其有得諸心故也。今人之學也，口耳者也，高企則下遺，卑循則上脱，潛耽而外遺，泥粗而精泊。始憤也不竟其終，終悔也不營其始。約而不知其通，博而不知其要。明而不知貴于誠，行而不知先于擇。是惟其無得于心故也。

是故學能得諸心，即嘉禾之種于田，而堅穎好栗順焉而成也。學無得于心，即祁連之木形長五尺，而卒不免隨刀以改味也。故君子之學也，學諸心焉而已。靜無也而養之，動有也而通之。滌其淬窾，祛其粃垢，而虛靈者有常明也；培其淵源，通其散殊，而廣博者有兼運也。睎聖賢矣，而不睎其所以用力者，心之哆也，善學者不如是也；務實勝矣，而行或有馳于名勝者，心之夸也，善學者不如是也。巨細無間也，久暫不渝也，知行不偏而動靜有常也，何也？心之正故也。榮利不忻也，威禍不怵也，得失盡忘而隨適皆安也，何也？心之定故也。是心存者德，涵者道立。曰吾法天地也，而吾心真有以天地爲郭者存焉；吾襲堯、舜，宗周、孔也，而吾心真有以堯、舜、周、孔爲同歸者存焉。斯爲善學也已矣。而或者乃曰是不然，心固非易持者爾也。不曰芴乎芒乎，而無象乎？是故執清守虛者則曰：吾學以無爲也，不知心固可使如死灰乎？執有徇象者則曰：吾學以有爲也，不知心固可使爲芻狗乎？若此者，不以喪心，必以滯物也。而吾爲學者，又將何以致其功乎？蓋是又在善學者辨之也。

校勘記

〔一〕“茸”，據文意當作“茸”，形似而誤。

〔二〕“收同”，據《史記·商君列傳》，當作“牧司”。

〔三〕“兢”，據文意當作“競”，音近形似而誤。

〔四〕“邻”，據文意當作“卻”，形似而誤。

〔五〕“贇”，據上文“斌相衡”云云，當爲“斌”之誤。

〔六〕據《漢書·東方朔傳》，“照平君”，當作“昭平君”。“公子”，當作“公主子”。“孝成”，當作“孝武”。

〔七〕“掌”，據《周禮·天官·小宰》當作“常”，音近形似而誤。

〔八〕“鱞蟫”，此處底本有眉批：“音陳敦，氣不安定也。出《莊子》。”

書 序

《歷代名臣奏議》序代

《歷代名臣奏議》蓋輯自我文皇帝云。永樂十四年，詔學士士奇等，采郷代進言當國家事、著名實于春秋者，悉網之勿得漏。乃肇自周紀，迄于元季，析卷三百有五十，標目六十有六。歷世嬗代、興主頹國之緜，靡弗考焉；振紛澗亂、燭治暴功之迹，靡弗攄焉；察奸度險、證幽闡遐之謨，靡弗鳩焉；危辭風說、微言激論之遺，靡弗拾而萃焉。蓋哀諸輯之所未全，而分門以署章，鏡時以明範，則又嘗百家之鼎而藏嚼之矣。書藏天禄，臣不佞，頃得受而讀之，敢稽首爲之序。序曰：

臣竊睇斯輯中，先正諸名賢所以危明憂治而弼之大猷者言，豈不斌斌乎哉？然而觀三代之言，則何謇諤之微而泰和之洽也！夫敬勝陳謨，天子齋沐，彼其言直灝灝爾，而聽之者慄焉如恐不勝。蓋其主齊聖而臣和恭，筌宰邕愜，皇道以穆，固不事乎嗶嗶而務多言也。下溯春秋，樸風蔑矣。乃如一言省刑，三賞來諫，猶燁燁煜煜，譚者侈焉。

自秦漢以來，君人者端委而尸居，垂旒而淵嘿，穆穆乎若形高乎九霄之上，望者莫得睹而矢心焉。于是忠士蓋人，明公智客，倚漆室之柱，銜野人之芹者，往往披肝膽，抒情愫，叩闔伏闕，藉手尺牘而陳天下之宜，何上下之闊絶也！以故治安陳策，感時太息。微行上章，厥憂危亡。晚治偷佗，十漸乃啓。末葉頹忒，陸奏深切。吁嗟乎，奏議之翩翩也，其叔季之世乎！雖然河清可俟，羲軒莫難。復觀今之世，其孰能不波諸，卑卑握齪，囁嚅當世，而甘爲首鼠寒蟬者亡論，即其張吻摇唇，好爲訩議，浮游而無當，君子亦無取焉。乃若居今鑒古，勃勃乎負當世之才，攄閎謨而哆確論，見天下之便，計國家之宜，從之則太山，不從則纍卵，纖語片言，使天下重于九鼎大吕，此其才豈殆有所操切哉？非苟而已也。

間嘗反覆斯輯，觀歷代所上言，大要有六美焉。禍害剥膚，激而陳之，謂之智；隱機潛伏，微喻而通之，謂之明；未事而先憂，謂之豫；察影辨源而曲防之，謂之遠；侃侃而陳，不顧忌諱，謂之直；憂在國，不在身名，謂之忠。自古慶代能臣，所以匡主德而祚邦庥，未有盭此者也。奏議可少乎？或曰：奏議即善已，明星皓皓，華藻之力與？有引而高之者焉。議而上之臣也，聽而庸之則君也。藉第令君不受言，即使汲黯簪毫，賈山奉簡，奚以益？是故良藥苦口而四海蹠盭，曲突疏聽而九服膏火，伏蒲謂激而閶閤喪生，請劍謂狂而孔壬塞路，斯又豈進言者罪也？語云："弘道不難，遇君難。"信有味乎其言之矣。

方今聖天子握符膺籙，虛懷勤政，朝臣每建白事，嘗止輦受其言，審可否而張布之，上下和同，即成周泰和亡讓已。舉斯輯也，以陳當宁，則助燕覽而證興衰；以礪百工，則起忠肝而資鑒誡，有裨于治，豈淺鮮與哉？臣故特序諸首簡，以揄揚我文皇帝貽謨厲世之意云。

重刊《十三經注疏》序

十三經何昉乎？蓋自洪濛啓而大道彰，經學興而訓注作，于是《易》始田何，《書》始皇甫謐[一]，《詩》始毛萇，暨《春秋左氏》《公》《穀》之三傳，高堂生之《儀禮》《周禮》見于劉歈，《禮記》昉于二戴、后蒼，而《孝經》則河間顏芝倡之，《論語》《孟子》則出于孔安國、趙岐，《爾雅》則成于子夏。自兹以來，韓康伯、巢猗諸人分門守業，人傳其師説而訓詁之學紛然，此十三經注疏所由名也。

而或者乃謂予曰："吾聞經以載道，曼繁握齪非經也；道以彰訓，器度名物其末也。是故日月出矣而爝火不息，吾知其難于光也；時雨降矣而猶浸灌，吾知其勞于澤也。蓋小不以眩大，末不以間本，粗不以撼精，非不以疑是。今《易》《詩》《書》尚矣，《孝經》《論語》《孟子》聖訓之彰也，吾何喙焉？乃《春秋》則以三傳而猥附于經，三禮又雜出于二戴諸人之手，固漢世儒者之雌黄，而《爾雅》《方言》諸經并列，寧不爲附贅縣疣病乎？然則十三經者，經之穢者也。"

予應之曰："不然。夫道未始有封，學未始有常。經者，以載道也。是故以道觀之，大而不多，小而不寡，孰本孰末，孰精孰粗，孰是孰非。其大而博道之宏，其小而窺道之幾。其粗而識道之郛郭，其精而啓道之橐籥。本以曓道之末，末以證道之本。是以察道之非，非以形道之是，猶東西之相反而不可以相無，猶堯桀之趣操岐途而未始不同之天素也。由此觀之，又何以知《周易》《書》《詩》《孝經》《論語》《孟子》之足以盡載道之經？又何以知三傳、三禮、《爾雅》之不足以爲彰道之訓？是故大不遺小，本不遺末，精不遺粗，是不遺非，不可偏有，不可獨無，蓋惟視其得諸身焉耳已。彼《易》《書》《詩》諸經無論，即《春秋》，非三傳不能明，然三傳作而《春秋》漓，因三傳之粗而求筆削之精，吾道自有《春秋》固不在褒刺予奪之間也。三禮出于漢儒雜矣，皇王制作之精，中和經緯之則，不以二戴、后蒼諸人而始有，亦豈以二戴、后蒼諸人之起而爲之湮？由其末而求之本，循其非而極之是，則吾道自有禮樂，固不在經曲周旋之煩也。《爾雅》《方言》固爾，昆虫草木之則大道豈遺？考名正物之方，聖學豈棄？以其至小求窮其至大之域，吾道自有淵源，不足度數名物之委瑣也。是故道有得于身，即三傳、三禮、《爾雅》而皆精蘊也。道無得于身，即《易》《書》《詩》《孝經》《論語》《孟子》而皆糟粕也。何也？道惟無體，本貫大小、本末、精粗、是非，而無乎不有也。經以道爲體，學經者以得道爲極，故亦不以大小，本末，精粗，是非而爲之高卑，爲之棄取。彼師大而無小，師本而無末，師精而無粗，師是而無非，猶之師天而無地，師陰而無陽也。其不可行明矣，而又安得謂三傳、三禮、《爾雅》之書，不得埒于《易》《書》《詩》《孝經》《論語》《孟子》之列而謚之穢？吁！此十三經注疏之不嫌于并刻也。"

或又曰："不然。審如子言，則道自有真焉，十三經者，其迹也。而又刻諸何爲？"予曰："子不見夫漁者之于筌，獵者之于蹄乎？得魚可以忘筌，然無筌而得魚者，非也。得兔可以忘蹄，然舍蹄而得兔者，贗也。得道可以遺經，然匪經而得道者，幻也。斯十三經之刻也，所以具筌存蹄也，而烏得謂之不可？"

《河南鄉試錄》序 代作

萬曆七年秋八月，郡國遵令甲，復當論秀于鄉。在河南則御史某實監部中，維時秉憲申要，束飭簾內外事唯謹。簾以內則某某典試，簾以外則某某提調，某某監試，咸矢公矢慎，如御史指。既戒，乃合提學副使某所簡士若干人三試之，拔其俊若干人，并錄其文之如式者以獻。某以執事，宜宣言首簡。

某往讀漢紀，徵睹其制，令博士得與諫大夫循行，郡國舉茂才異等士，則竊意察舉吏民。進賢絀不肖者，部使者之職也。博士守在六籍，何與薦士？乃今身自從御史及諸大夫後，祗役大

邦，則大喜過望。顧自惟經學淺陋，孰與漢專門家？彼各持其一
家言授弟子，因而舉之故有當也。某經學既不足爲士程，而茲中
州士所爲業故，又未嘗切磋究之，安能以意逢占射覆，而幸其或
中，遂以決豪杰哉？且元光時六籍初出，人文猶尚詘焉，諸博士
弟子稍能依師說，不悖所聞，已即褒然舉高第，則微獨有司易得
士，士亦易進也。

明興二百餘年，文治代光，道化旁洽，自山陬海澨，經生學
子所在斌斌，矧茲嵩、少、河、洛之間，古稱文獻淵藪，伊、
傅、申、甫而下，一何其多賢聖乎！藉令今所舉士第如漢經生
然，即歲一舉，猶將不可勝收，顧去國家需材之意遠矣。異日
者，士稍稍習剽剟，馳騁于浮言，皇上需然下明詔，刲滌其陋
習，諭諸生治經義，務明理道，通世務，以實學濟實用。於休哉
聖訓！海內士誦服久，亦既斐然鄉風矣。而中州去輦轂下近，顧
化宜益洽焉。

故某始入棘，程多士之文也，兢兢奉科指尺寸，無敢以意，
所收必上意所欲徵進者，所置必上意所欲汰斥者。蓋竭日夜之
力，評騭參伍，具見其文質，而後乃敢授御史籍奏也。則庶幾哉
士有明理道，通世務者在于收中，以塞明詔，而爲縣官用，然豈
敢望哉？

蓋漢博士亦嘗數遣矣，終元光之世，其粹然以儒稱者，唯董
仲舒一人，它無足數焉。至從諛飾詐，希人主意用事，如公孫子
者，彼其始，曷嘗不以經術進乎？而世且以曲學多詐，庭詰而面
辱之，雖致尊顯，垢彌甚耳。某敢謂今所收士盡爲舒而不爲弘
耶？然而其爲舒者具矣，今視其言，原本天人，敷陳王伯，辯晰
義利，即董生受簡而談，宜無以過。顧董生不能得漢武，而今多
士際昌朝而乘泰運，遭遇則獨奇焉。

皇上建極，君師日延攬儒英，興修聖統，得士如董生，必且

置之論思獻納之列，多士豈可謂不遇世乎？藉令公孫子居今，且不能飾其藝以售于有司，即幸而售，曾不得與掌故，何能一日朝堂之上？故某知多士之必爲舒而不爲弘也。多士勉乎哉！

夫官先事，士先志，志舒則舒，志弘則弘。志舒即千襈之下猶將執鞭慕之，志弘即同時已有訴而辱之者矣。多士宜何處焉？若曰斯卑卑爾，吾方望步武伊、傅、申、甫間，奚有于漢儒？則某益大喜過望。然某以經術進多士，宜度多士能爲者告語之，固不在設高論以虛詙多士，且舒固伊、傅、申、甫徒也，惟多士擇術而邁往焉可矣。是役也，巡撫某某振紀宣猷，雅□[二]士範；御史某某章軌貞教，肅振士風；藩臬都閫某某則贊襄防檢，并預司存。某某則將命兹方，適會成事，而某某以入賀行，某某以職事出，得并書。

《山東鄉試録》序 代作

上萬曆之七年己卯秋，天下當復比士于鄉。監察御史某奉命按山東，監臨比士事。豫走檄賓四方之儒官而致之，至則以某某考試，某某同考試，職簾内。又推擇其藩臬之臣，以某某提調，某某監試，職簾外。御史申功令，悉飭之惟謹，乃合提學副使某所簡士若干人三試之，收俊七十有五人，而籍其名氏暨其文奏焉。某以職事宜序。序曰：

《詩》有之："高山仰止，景行行止。"漢史遷嘗引此，而深有概于孔子之鄉云。某間者盱衡來，三復《詩》而勤求其意，説在乎遷之序《儒林》也。昔孔子折衷六藝以垂教于洙泗，當時附驥尾而游者，親受微言，禀大義，轉相傳業齊魯之間。自孔子在他邦而思吾黨，則亟稱曰"斐然"，斯其鄉，固已重矣。方六七縱橫軺才諷説之徒鶩，乃齊魯間獨尊孔子，談仁義以闢之，崎嶇瓦合之秋，猶抱而幾一遇夫夫也，志豈須臾忘世哉？

漢興表章，有詔掌故東，于是齊魯諸儒乃輩起，修萌牙屋壁之餘，以風天下。而天下綴學之士皆響臻，蓋遷所序儒林事大都如此。繇此言之，高山之可仰也，景行之可法而行也。齊魯間固不出里閭儀孔子，而天下又以心儀孔子也者，儀之齊魯間，齊魯間所趣舍關天下良重，第恐不遭時，時得如漢而功彰彰乃爾。漢以後千餘年，而儒林于今爲綦盛。天子睿文豈弟，作之君師，經史不輟于談，簨簴不解于懸，瘅寐延儒，而儒爭輳。當此之時，齊魯之儒者與天下相雁行而進，而天下往往柬耳目，儀而重之，但以孔子之鄉而重哉！無亦趣舍關乎斯，且亦以時盛故，而晞其功，見之奇也，而齊魯間即欲樹功焉，以塞天下儀重心，即安施之爲可。某聞之，時綦盛則必漸有其波俗，而儒之振波俗者，必豫謹于綦盛之時。今之時寧少章甫句屨，方領而習矩步之儒乎？家禮樂，人詩書，量操縵鼓篋之聲以海，而儒之遞盛，俗遞波。或有其儒之者，而不有其所以儒，則夫起而樹風天下功，亦齊魯之一時也。

某請借齊魯諸儒在漢時事以爲喻。彼其顓門一藝，代代相傳，童而習之白首猶有所丘蓋，而不敢以臆談，亦何慎也？游文于釋之幻，老之虛，而竄旨六藝中，博奇以亂聖，儒乎？某乃今知齊魯之所以風天下也。漢政事即有疑，下諸儒策問，諸儒傳經義，科別其條而對之茂明，國家之大體無爽也。略讀孔子而暗世術，齗齗守佔畢之諛聞，而鮮當於鈞用，儒乎？某乃今知齊魯之所以風天下也。非徒如此也，老師先生涉一經以教，而其弟子推轂，治官民多者以百數，無慮大氏[三]廉節，稱其學。兢兢也，嚌矢六藝，梯榮利而陰售其譸誕佞兌之行，百愛韋全之計，不一愛學之棄，儒乎？某乃今知齊魯之所以風天下也。夫以今儒林之綦盛，而俗之萬有一波者，顧出漢齊魯諸儒下。雖家禮樂，人詩書，其于時猶曰負之。某頃見上書者尋端言儒林，而滋難于其始，進指幾無外，茲三者天子僩然被陶甄而運之，思得所謂約持博古通今、口行交相覆之儒以風天下，安知上不溯源儒本，而東顧齊魯乎？齊魯間亦誰待而不先倡此？古記曰："奔車之上無孔子焉，奔俗之人無賢士焉。"故孔子疏十六物之儒行，而首之曰"自立"。且齊魯間，不熟聞夫泰山之號爲宗者乎？以其居物之始，奏功地也。儒能始物而奏功，則天下亦將泰山宗之矣。

嗚呼！今洙泗間孔子所留迹常滿也，附驥尾而游者，闛闛侃侃之遺風可想而見焉。東人世世親炙而化之，其斐然弗減于昔也。席夫鄉之重，而乘夫時之盛，稍一自立，則有泰山之功，而或不免于奔俗。假設生縱橫之標季，將不尊孔子而髡搖于衆，假設天下如曩時掌故尚未東，表章之詔尚未下，將遂没没墨墨，無抱器匡時之志乎？某意今齊魯之斐然者必不偷焉而已也，某固知今齊魯之必有以風也行矣，第勉之。有如蘭臺、石室間學遷職而序今時儒林之盛者，復歸賢齊魯而功之日，齊魯一以真儒之效風天下，天下響臻，則奚獨孔子之鄉益重哉？盛時亦益重矣。某不佞，竊取遷所序意，序籍端以當券，而又惓惓焉未竟忠告也無已第謝曰有遷所引之詩在。是舉也，某官某某，例得編之左方云。

《陝西鄉試錄》序 代作

萬曆乙酉，天下復當論士于鄉。聖天子翩然紹修皇祖之成憲，詔特遣廷臣分部出而臨校之。于是左給事中臣某當校陝西，以秋七月某日陛辭往。比至，則巡按御史臣某、所辟召某官臣某、某官臣某咸集，遂署爲同考試，司闈內，而某官臣某、某官臣某爲提調，某官臣某、某官臣某爲監試，司闈外，御史總監臨焉。進河西巡按御史臣某、提學副使臣某所簡士，如故事群而三試之，拔六十五人，籍其文，第以其質獻，勿贗遵新令也。籍成，臣當有言首簡。

臣伏而深惟，夫關中非所謂西周故壤哉？昔者周宣王中興，《大雅》歌之矣。臣嘗考覽其詩，首《雲漢》，蓋宣王憂旱而作也。乃《崧高》《烝民》《江漢》《常武》諸篇遂鱗次繼之，此何以故？無乃宣王側身修行，思其先祖，思其群公先正，而因得求賢致治之道哉？當是時，申伯、仲山甫、召虎、南仲諸臣，輻輳響臻而匡四國，周人序其詩以繼《雲漢》，歸美于宣王。若曰此《雲漢》憂勤之效已，明代重熙，上聖躬建中興之業，宇内清和咸理，逾一紀于兹。間者恒暘小示異，睿情皇皇不暇寧，圭璧三命，至步而親修雩于郊。夫宣王第靡神不舉焉而止，曾躬自勞苦如是哉？臣不佞，職時在奉蹕，竊睹天顏愀然，御行幄而咨吏治，儼若思先祖，思群公先正，而想見其得人之盛也者。是年秋，遂取嘉靖比士之令令天下。夫宣王時，第鄉老、鄉大夫、群吏獻賢書焉而止，又曾顓遣王臣如是哉？繇是以觀，上之望霖雨，需賢才，德意邁宣王遠甚。臣心儀天下當必有如申伯、仲山甫、召虎、南仲其人，斌斌輩出，翕而效功于明時，則以周已事徵之也。又心儀諸被命校士，臣期得士于天下易，而臣獨幸校關中滋易，則以周楨之生此王國徵之也。始臣馮軾結靷西入關，望二華之山嶽嶽然，而崑崙之河流逶迤如帶經其下，其薈蔚之氣膚寸而興，不待頃而族，霈然而雨施之。《記》曰："天將時雨，山川出雲。"豈非謂先祥見哉？

觀士亦有先祥焉。含黃氣，吐奇葩，此亦賢士之雲已。蓋臣入關而品士，文其高者凌萬仞，有如二華之山，而洪深浩演者有如河。微覘士氣于詞端，無慮大氐皆敦厚沉雄，而激昂自振奮，直欲孅周楨千歲之前雁行之也。臣亟收之曰："西周士，西周士。"以應上《雲漢》憂勤之效，斯其庶幾也哉？夫惟明主軫《雲漢》之憂，晞得西周士；而西周士之抱才楨王國，晞得遭明主。兩相得，臣故曰滋易。雖然，易但目論耳，爲易故因不箴其難不可。且士亦知夫嘉穀之所爲貴雨者乎？貴其時，澤之也；霪澍之，非澤，與旱屬同。是故才不蘄多，蘄于良；功不蘄奇，蘄于適。

今聖人在御，函夏晏清，萬不侔宣王時事，然而幾康不輟儆，宵旰不忘籌。文武憲邦，蕃宣揉治，方且需士爲申伯；補袞職，將王命，明若否而賦政，方且需士爲仲山甫；經營四方，整修六師，如霆如雷，以震九夷，方且需士爲召虎、南仲。士出而在事，信能師諸周臣而樹之功不邪？臣聞之也，矜功不立，虛願不至，烏得席周楨之生此王國而遽易視之也？即無問諸周臣功，彼其柔惠且直，小心翼翼，匪安匪游，既敬既戒，非士當官之所宜自效乎？士行勉之矣！堅乃志，一乃心，追躡乃鄉先正之遐迹，無愧爲西周士。異時《大雅》之歌作，美上中興，而取今賢才方周楨士，登兹籍者得參一焉，猶之比肩而立，臣等校士與有榮矣。籍又多之，則臣大喜過望，慎勿自悖其所見祥而程功不讐望，俾世按籍羞之曰：“此西周士也，而應明主《雲漢》憂勤之效，顧居天下後。”

是舉也，壯獻綏于貞度，維風士于清夷，而納之雅化則有總督三邊某官臣某、巡撫陝西某官臣某。

《四川鄉試錄》後序代作

夫蜀材藪也，其所產梗柟豫章，往往棟梁楨幹天下。凡國有大營建，輒西嚮望而待材焉。頃者，蜀當賦木于將作，詔守臣遵度而簡之，應如響。噫嘻！蜀誠材藪，顧蜀材之爲天下重者，寧獨梗柟豫章已乎？治室材以木，治國材以人。在往代無遑遠引矣，溯明興而璪奇魁壘之人起于蜀，亦往往棟梁楨幹天下，凡國有大毗任，亦若西嚮望而待材焉。頃者，蜀當賦士于天府，詔廷臣遵度而簡之。

于是以臣某、副臣某往，某則相與思惟，明詔兩入蜀，簡木木應，簡士士必應，庶幾哉可藉手效于國矣。已又深惟，昔者蜀人蓋嘗角人材而三之，以爲聖人之材天地也，次山陵川泉，而次木。今夫木，堅心而多節，似志；積小以高大，似修；先本實而後枝葉，似德；蔭可芘結駟，施諸大厦而棟梁楨幹焉，似功；斯其材爲賢人之材已。即未敢與天地之稱聖材者等，何渠遜山陵川泉哉？乃夫已氏顧下之，無亦以木之材品異，而觀者難之乎？是故有散材也者，有具材也者，有良材也者，有碩材也者。而散材也者，貌每疑于碩。彼其膚完而腹蠹，以方山陵川泉，粲焉可以材信者，宜遜之也。此匠石之所以不顧于社櫟也。

始某來蜀時，仰而觀峨眉玉壘之山，俯而觀沱潛灧澦之川，其嶔然潰然，目擊之而材存。至觀山陬之茂樹與川澨之叢林，雖干霄蔽日而弗敢遽材之，非謂有膚完腹蠹者亂之乎？推士亦然。蓋某既入闈而觀士文，以其循道守貞也意其志，以其識弘且毅、致隆高而不詭于程也意其修，以其敦本崇質也意其德，以其謀王略、籌國是、通達時宜也意其功。夫觀士之術止此矣。執此以衡决材品，碩材兼之，良材參之，具材時趣而時舍之。若散材第似之而非耳，是猶膚完腹蠹之木也。

夫以明主孳孳注意士，新功令，遣廷臣，藉非得碩材良材而進之，無以稱塞奇遘。脱或遞下，簡士者將安所傅罪乎？且讎僞而假，真蜀人嘗羞之矣。藉第令蜀木讎于真，而蜀士讎于僞，蜀亦安足重焉？某不佞，幸尾朝襘之顔行，竊伏睹上意，蓋在覈真材，修實政，以陶化天下。有司象指言："夫士先資之言，將用成信也。而故事則皆簡士者代爲之，示天下僞，奚以彰物軌厘之便？"詔曰：可。于是所籍士文皆信。

嗟乎！士之文信于籍也，孰與言信于身乎？以籍信簡士者任之以身，信則士所自爲矣。今簡士者既籍文以信士，士盍益務淑身以信籍，言志操之信不渝于端貞，言修行之信不渝于恪慎，言德誼之信不渝于篤誠，言功業之信不渝于忠順，寧樸毋華，寧平毋側，寧簡毋苛，寧遲鈍毋寧利巧，則蜀材固人人而楩柟豫章也。出以棟梁楨幹天下，流聲光烏有已時哉？不然，是以膚完腹蠹者進也，大厦將焉賴之矣？人亦有言：木從繩則正，君子度己則用繩。

某至譾陋，無能相長。籍成，直述所以忠告之意而繩士，士尚勉旃。毋俾異日者按籍有後言，謂廷臣之簡蜀士，顧弗如守臣之簡蜀木哉！

《山西鄉試録》後序代作

夫晋故唐虞夏三聖人之都也，自夷、禼、棄、翳諸臣相步武其間，而上下數千年，往往多魁壘宏碩之士翼世主，世主資重之。

明鼎北定燕，晋則輔右地，被聲教早，化濡漬于人深，以故二百餘禩以來，大儒名臣崛起，巃嵸然益以張晋，而諸一材自表見垂英聲，又纍然如矢集的，何其盛歟？第觀晋山川，則黄河輸自崑崙，渾渤匒蓋，下龍門，蜿壇若將護之。而太行盤紆隱隆，越千餘里以爲東道藩衛。中若霍、首、汾、沁列障而縈帶，不易指數。《詩》不云乎："維岳降神，生甫及申。"蓋材賢固地靈之所塕結而臻也。始某既聘來經域中，翔徊瞻眺，喟然嘆信晋國之興材非偶而已。又覽圖經，考晋所遺風俗，則曰："質直而好儉，故采椽土塯之軌也。力作而矧勤，故癯黑胼胝之度也。恪恭而敦節，故拜稽僉讓之儀也。思遠而憂深，故昌言儆戒之則也。"

以晋之山川恪固豐厚若彼，而又有三聖人者以振之，則風俗之樸茂端凝若此，固無足怪士生其間，箎羽儀爲世用，寧有不砥行敦誼，光流邦家者乎？人亦有言：行誼，實也。言藝，華也。

今天下之所不足者，豈華哉？邕熙久而日浸淫于游言，稽實行者溺其職矣。主上至神聖，飭庶政以躬行先，崇樸素，抑浮夸，獎忠勤，戒窳惰，高恬退，斥婦婣，籌經久，略淺近，凛然一體堯蹈舜率禹而臨之焉。即采爾晉風陳上前，豈非上所樂聞，而閔閔焉思得以任使之哉？夫蓬之生麻也，不扶而自直也，所托者殊也。今爾諸士既托踪名陬而薰其習，出以應當世之掄舉，即所陳言，某得縱觀焉。大抵簡而毅，冲而永，儼然見其有約已任勞，克讓先憂之志。充斯志也，而效之于國，以翼襄濃化，豈難乎？雖然，是安敢遽以爲然也？昔者堯蓋見人而知，舜任而知，禹以成功舉之，三聖人者皆異道以求之孜孜耳，而猶然有所失。

今之舉士以言也，逢占射覆，固莫覯其人斯如何也，而矧曰試之功成哉？某故曰未敢遽以爲然也。嗟夫！古之人行所欲樹則言攄之，言所自許則行踐之。今諦爾諸士之言，業既斌斌矣，行而違之，其卒也諜髁[四]而不任，飾羽而畫，將謂晉風何？握齪浮沉者志爲卑卑，而慷慨立勛者見超于世。主上體士臣厚甚，法紀明，函夏謐，人人自庶幾一當清時，龍興雲從，于此時而不成名世之業者，非人豪矣，而況爾三晉之士哉？語有之：「劍或絶側贏文，而稱以項襄之劍，則貴人爭帶之。琴或枉撓闊解，而稱以楚莊之琴，則側室爭鼓之。」今稱爾諸士曰晉之士也，猶曰項襄之劍而楚莊之琴也，某亦懼爾之或爲絶側贏文、枉撓闊解者也。若是，則晉之山川蒙垢也。吁！爾諸士念之哉！

《武舉録》序代作[五]

臣豎儒，載筆史局間，一再分校禮闈士，則鰓鰓懼無當。夫士業儒，臣所業也，猶懼無當。今奉上命，從臣某往典試武士，臣乃滋懼。夫武士之師呂望臣師，見爲發揚蹈厲，命曰亂臣，以儷唐虞，嘆才難焉。夫何嘆？嘆德也。德之不詣，而發揚蹈厲之已盡，臣誠不足以觀。矧其徒衷不測之心，第知勝敵耳，無論勝怠勝欲矣。七書之外，罔識丹書，而竊附師術，以幾推觳，臣愚，又何以觀之？顧業被命，不敢辭。退而受事，事竣，退而受簡，序其後，則拜手稽首揚言曰：

於昭聖武，殆《書》所稱"作之師"者哉？今萬宇謐寧，重譯輸款，易名而徵爵，號解辮而問冠履，世際升平，主上無所耀其武，然聖德英毅，間亦引强驪，發軒轅，遜其五兵，至占風候氣，申固邊圉，則疇人謝不敏，曾未嘗命臣等講讀弢鈐，誦鷹揚之詩也。是天授，非人力也。無何，而劍挺鬧于吳市，戟鋋淬于滇池，流鏑鳴于幽冀，天聰天明若察來以著象者。是以七萃九軍之徒遠迹非熊，如風從虎，息心豪懨，思呰皇靈。都肄則試弁舉關，即戎則負蘭投罝，乘敵則坐甲枕轡，人人于城腹心矣。此臣得之騎射者猶未也。李廣飲羽，不加衛、霍。曹彰摕象，名劣羽飛；羊盧搏秘，望絕敖曹。彼其稱力，寧如稱德？及觀諸士，壯猷奇策潏乎靡涯，素書不爲深，而陰符不爲玄，抑何雄視千古耶？夫發揚蹈厲可以教，傾飛蹷張不可以訓，逸材之杰非夫聖武維揚，又安所得是材而埏埴之哉？抑惟皇上至德，可望而知，伏觀化原，何疑從君之士？臣愚庶幾幸免于懼。雖然，臣猶慮諸士窺天測海，未盡大觀也。

往皇上幸視太學，諸儒瞿然顧化，然而掄才登俊尚懼勿稱。今此期門材官之流，豈其親炙王度，見而知之乎？臣惟曩歲大閱，侍臣叶仁、義、禮、知、信，庸作歌以紀其盛。夫五德者，德之詣者也，文事武備于焉衡概，臣師得之以冠百王，吕望得之以陳《丹書》。存之斯爲理，而聚之繇于我，是故敬怠理欲吉凶之門。鑿凶門，摻凶器，貴從其吉。師中有吉，汝其務之。五者一得，太白遙徙。蓋尚父不能畢其辭，我皇上闡繹而昭宣之，諸士獨得不聞耶？聞之勝怠則無敗禮，聞之勝欲則無敗度。無敗之行，是爲全勝。推轂全勝，是爲得士。得士者昌，夫何懼？爾諸士他日效邊陲，列環衛，盍相與言上曰：高皇帝之置軍府，有稽仁、稽義、稽禮、稽知、稽信五司焉，惟陛下能自得將師。彼六王媲于十亂，五者之效也。請格劍梃，銷戟鋋，返流鏑，成六王之勛，明五者之效。臣藉有靈寵，安問私懼？且諸士虎臣自命，方取萬姓之阽危震慴者底定之，使無反側，獨奈何貽臣以懼也？臣不佞，日望之矣。

《武舉錄》後序 代作

臣某考覽故記，竊有感于文王渭陽之事云。驗史編之占，而不得龍彲虎羆，得呂望，後車載之以歸。周興王業，望也遂爲萬世武臣師。事何卓絕也！上英武天縱，頃歲躬御靺韐，講春蒐之禮于郊，都肄諸期門、材官蹴張，技擊之上下而臨觀之，儻亦有非龍非彲非虎非羆之思乎？一時橐筆侍從臣引鷹揚以頌。

會朝之清明，美哉洋洋乎！一大明之雅焉。渭陽之事方斯蔑矣，顧不知諸期門、材官亦有足當後車之遇者否？乃上之注意滋不忘，今年秋又命臣耦臣某較天下武舉士，臣則相與效史編，而心占之曰：“是安得其人如望也者”而進之。已乃伏而深惟文王即思士，及方國二分之域耳。非若國家功令布九圍，九圍程歲而賦武材，以天下爲之籠也。大勛未集，昆夷密須猶繹騷。又非若國家函夏晏清，量賮琛之四至以海，而休檀車駟騵無所用也，望也雖抱龍彲虎羆之材乎，鼓刀朝歌，賣漿棘津，七十餘年而不遇，齟然而齒墜矣。玉璜兆符，渭陽之語乃始合，竟尚父于周而佐燮伐，樹勛名于鷹揚，斯其事卓絕，故足震輝睹聽也。令望生今時，寧待渭陽而遇哉？度即遇，第内之爪牙環衛，外之建旟守方隅，稱良將帥而止，安所樹卓絕之勛名震耀哉？繇此觀之，時平制定，而較武以望幾之過。

　　然當明主承平，不忘武備，遐思龍貔虎羆之材，而不以望幾之亦過。臣固有所質而知之矣。曩歲上思文王棫樸作人之風，而臨辟雍，觀天下衣逢執經者，幾得所謂濟濟之馨髦媲周楨也。臣不佞，嘗一再分較禮闈，則見士瞿然顧化，薪樵不可勝收焉。夫上之思文王之士，文武重等耳。聖人神化所埏埴，獨奈何于武士疑之乎？

　　蓋臣既被命，則探望書龍貔虎羆之戎略，而衡概古今于詞端以測士，士左右應之，大都出入《六弢》《金版》間，儼乎揖望千齡之上而角談之焉者，豈顧讓哉？繼自今進而在事，無第曰時異事異，而項項然雁行避影，不敢望望也。人亦有言"精神折衝"，夫望之折衝在《六弢》，而精神乃在《丹書》。《丹書》曰：敬勝怠，義勝欲。今介胄所不足但材勇籌策哉？烽寢羽藏，嬉而愒日月，拾潘之不戒而啓戎心，戎馬一躪邊，則蓋蚜張功，□支吾其上邀官賞，彼敬義之坊裂，而怠欲眊其精神折衝焉資矣？微獨丹書，兵家言，將德崇五敬于三至，而尊四義于十守，似非士之所素習乎？上修和有夏，何論周王？往風占小不諫，輒申諭邊臣，明斥堠，擊刁斗惟謹。匈奴代更，諸言中國鈎奇而御之者乃萬故。詔予之嗣封而立長，一切茅狙之説絶勿施。上意所嚮，方且用《丹書》敬義之指恢戎索，而下不務象指，非夫也。

　　臣聞之：大兵不創，建鼓不出庫。兵之號爲全勝者，非鼓之日也。推轂而得五敬四義之人，以其先勝勝之耳。敬謀無壙，敬事無壙，敬法無壙，敬衆無壙，敬愾無壙，五敬完而精神之折衝也壯。義便國不負兵，義急君不顧身，義濟難不受生，義剖疑不辟罪，四義具而精神之折衝也專。勝奚俟交綏而決乎？故《丹書》稱敬義，期之曰勝，勝非勝敵國之謂也。心亦有敵國于此則怠欲。是將惟勝己之敵國以勝國之敵國而全勝之形哉？鋋若莫邪之刃，嬰之者斷；鋭若干將之鋒，當之者潰。圜居而方，止若磐石。然觸之者隴種而退耳，斯誠天下將已。雖檀車不解懸，駟騄不被鞍，猶足以鷹揚名之，而況緩急亦代事也？有如間者吳滇之弄梃，遼薊之鳴鏑，封豨跳而貢斧膏，孰非士自樹地乎？士行勉之矣。脫臣之占舉不下史編之占田，則臣大喜副望。慎毋滋怠欲，消敬義。鰲于《丹書》，終不能以萬一幾望，俾萬世後謂明主思龍彪虎羆之材，視思棫樸之材之效異，而遂觭重文王渭陽之事哉！

蒲坂楊公《獻績申錫錄》叙

《獻績申錫錄》者，志今少師天官卿楊翁自一品九年至十二年考績，天子褒諭寵賚升蔭之蕃渥，及其推讓陳謝之疏。具錄成帙，厘爲二卷，蓋以感非常之遇而崇奉揄揚焉者。

先是，翁受知世宗，自奏三品績及一品再考，業已刻《獻績殊錫錄》志之已。是錄所紀則自穆皇及今天子事。錄成，翁仲子培庵君持示某，且命之序。某生也晚，又局趣未有奇，何能窺翁之涯涘，乃敢輒陳臆見乎？竊嘗覽觀今昔，見天佑國家，必錫之老成耆碩之臣，以鎮群望而匡朝廷，則又先委之以決大謀，肩大事，俾其建不世之勛，結主上之知，天下素畏其威名而仰其德望，夫然後坐鎮廟堂，己不勞而人安之，翕然乃以心服而不敢蠱立。此蓋天之所相成，非偶而已也。以故勛庸昭炳，恩數便蕃，寵冠乎群工，而光流乎百代，豈徒爲愚夫愚婦詫見一時，以咨嗟而誇耀之云爾哉？

今少師楊翁少負奇質，弱冠登朝，自起令長安，已著異政，爲當時稱首。及歷職方郎，諳九邊圖籍要害之處，熟戰守機宜，遂洊受重寄。當是時，推轂翁文武全才，遷按察大夫。視學齊魯之間，齊魯之間亡不翕然服翁化也。既而鎮西寧，則虜披靡不敢窺西寧；略薊遼，則虜空幕不敢近薊遼。右衛之困樵采者塞矣，天子念非翁莫可平者，乃墨衰絰强起視師。甫及境，虜遁去。明年，再移鎮范陽，范陽寧。天子曰："是惟推赤心爲國者。茂乃勞績，朕心簡焉。其進少保，入樞府總四方兵。"

當是時，翁之名播聞四夷，即田夫、稚子、野嫗、嫠婦亦亡不頌翁之休聲而引領之者。此無異故，天之所以揚翁之威名，而顯其德望，以留爲數世之用者端在于斯，是以簡正天官。當嘉靖隆慶交會間，天下倚以爲重，而主上嘉其忠。雖未久，忤執政者投簪組去，而人心思慕實惓惓焉。莊皇帝明聖，鑒翁忠在社稷，廷大臣無兩者，旋召起視司馬事。蓋雖倚任老臣，實留爲子孫計。及今天子始踐阼，即還政天官。維時上以冲齡嗣服，人皇皇有深憂，比聞翁一歸銓，而天下晏然亡他慮。此可徵翁素望之鎮人心，而勛舊臣之係重國家固如此也。彼其品秩進冠于孤卿，封蔭屢承于前後，百辟景其風猷，一人資其弼亮。四夷使來京師，罔不詢問翁，爭睹其風采。此豈非天之厚厥福澤，篤佑而安全之，以爲國家萬萬年無疆之毗也與哉？

抑余聞翁奏九年及十二年績時，天子問天曹官屬所以遵故實酬勛者，天曹按舊章惟一品三考有鈞陽馬端肅公事在，絶無及十二年焉。遂兩以端肅事請。嗟乎！端肅在孝宗時造膝陳謨，内廷召見者屢矣。今上聰明天啓，益孳孳國家事，且將手詔召翁，問平天下之要，翁之德業勛勞益蒸蒸驅周旦、召奭而上之，而寵數之蕃，眷命之渥，又烏有已時也？《詩》曰："樂只君子，邦家之基。"《書》曰："公其維時，建無窮之基，亦有無窮之聞。"敢是以爲翁頌。

岐泉梁公《三世承恩録》序

同卿岐泉梁公，余家嚴年執友也。會穆宗紹繹統天，建皇儲，覃浩曠恩于中外，公列三品。大父、曾祖父例膺誥贈，涣龍篆于汾原，賁纓組于上世，刻《三世承恩錄》于家塾，記載異數，光揚殊遘云。刻既成，公紹介于京，命辭于史某。抱鉛槧于虎觀，草綸綍于螭頭，直也。持公刻而味之再，噩噩乎王言之大，眷眷之渥，而詫公之稀覯矣。令甲所載官階三品，遞上封爵，始上其祖而光祿特進，勳級無上，又士人之所罕際者也。

公少賦穎睿，長皈範模，依經辨志，時侍師席受講譯，輒能了解其大旨，潛玩風雅之精，博核子史之粹，督學于晉者每大奇之。時詔慎貢選，公學行卓，選充太學生。癸卯，舉于鄉。丁未，偕計春官應制，上優賜焉。初授雲南司主事，蘊經術以蒞官，出明允而讞獄。得情而矜，平反而恤。人皆頌不冤之定國，嗟耳于昔，幸目于今，且溫良樂易過之。考上，封授大父。大父祿養京邸，哦冠服趣闕謝。時大夫榮之，非若謙奔驅于負米，悲風木于結駟也。五載殿最，擢守慶陽。慶陽薄塞鄙，土瘠民罷，非可以威肅束。公豈弟秉心，綏和敷政，凡不急之役省，有益之政興。公以赤子撫邊民，邊民以慈父戴公，故竹馬歡迎于旄倪，袴襦騰謠于娃稚，義渠人德之。尋擢關南道憲副，惠洽威讋，興元路口實于今不衰。帝心簡在，復轉行太僕卿。值莊皇俞正震儲位，嘉公丕績，懋乃官，賞公大祖、大父、祖母、母，□崇顯矣。簪紱鼎新，寵靈益奕，公其不榮遇乎哉？

繼進藩參，分守西涼。歷按察使，總憲巴蜀。寬而有制，方而不苟。若磬折詭遇，公甚恥之。時方嚮用，年僅逾艾，當路者銜毀之，免而家食焉。余固艷公晉錫之蕃，而又訝公蜀道之難也。於戲！儒有席珍以應聘，釋褐而膴仕，靡弗抱精白以徯媚，思靖獻而奮庸，旌徽于宗親，而樹光于宅里也。然而阨于機逢，靳以秩品，時已乘而不通藉于高華，榮荷一命，天幸已，矧榮三代乎哉？

公清節偉于廊廟，懿行重于西河，惠愛洽于三川，聲華燁于四海。或謂公有遺榮，非耶？公榮仁禰祖而位負德才，君子不能不浩嘆矣。然豫投珪組，頤貞丘園。徙倚芸窗，弦歌薰榻。陶咏而步卜商之室，嘯傲而服郭泰之巾。摩三徑之松菊而去來，把九陽之萸帽而舒卷。寵辱兩忘，愛求一化。天心眷德，麟種兆祥。神駒躍于蘭階，琪蕊叢之玉砌。象賢開先，濟美立待。公茂對而徵逸，綽綽乎縣春秋于無疆矣。

咦！厚德光流，良弼帝賚。且非[六]羆，乩于渭濱，蒲輪馳之魯邸，不崇朝而弓旌下德門，不將勤存遺于耆碩之側，憬殷殷矣。公用而亮天工，舍而樂天真，不朽不在兹乎？榮名寧有既也與哉！兹綴其概而弁之錄端，以徵世德云爾。

《麻城劉氏族譜》叙

夫類族之道，不難言哉！天地生人，其初一耳。乃其後永久滋蔓，至錯繆相紛，不可統緒。王者屢省而亟憂之，詳爲之法，而約握其機，故其祚公卿、士大夫，以土而攝其人民，則各命之姓氏。公卿、大夫士之家各按其姓氏，系以宗法，而所謂比閭屬黨者又聯以邦比之條，使之相受而相和親。故《周官》所以係邦國者曰“牧以地得民”，曰“宗以族得民”。蓋地廣而民夥，立之司牧，則聯一之勢成于上；民衆而支分，別之氏族，則親附之俗應于下。然則古公卿、大夫、士者，內而攝固其族，所以昭舊德，隆宿望，保世以滋大；而外使比閭屬黨之民，知世本所在，維係而不解。故曰“九族既睦，百姓平章”，言上有定宗，則民無亂族。此古者其民常聚而不散，常親而不貳也。

麻城劉公既令江陰之三月，則首爲鄉約法，群鄉之子弟教之孝弟力田，而擇高年有道德者主其會，月朔爲讀法，則宣聖訓，所謂六條教民者。蓋期年而桴鼓不驚，游惰有警，四鄉之民且相率以禮讓興矣。劉公顧退而念曰：“夫影標自準，枝斜從幹。乃吾將綴屬若民，而吾族之人且有出遂不收者，是吾徒慕于稀闊，而惇叙之行何淺鮮也？"

于是則取大參公訓所叙譜更爲銓定，而屬不佞爲之序。不佞既受而讀之，則作而嘆曰：嗟！余讀劉氏譜而知其載述之勤具五善矣。闕疑以徵信，故斷自彦三爲始也。尊祖以崇讓，故嚴于列祖而昆弟不次也。重嫡以著代，故詳于繼嗣而妻妾必紀也。述規以示守，故係之家訓也。合族以明親，故終之月會也。惓惓乎守善載德，昭明世而法懿美者三致意焉。劉公不以隆名之化得之于牧，而乃以首善之誼振之于宗，斯公之意深哉！

不佞往蓋讀《易》矣，《渙》之三曰："渙其躬，無悔。"至于四曰："渙其群，元吉。"夫三當下位，其躬僅可無渙；而四以居上得君，遂能群天下而使之不渙。茲非劉公收族齊民之意乎？劉公誠進而修古賢，公卿大夫之業必且敕厲其宗，使之益興于仁讓禮樂。如古之世家大族者因以振教群品而輯和萬民，則比閭屬黨安有奇邪？而睦婣之化不可興哉？不佞故曰："劉公是譜也，蓋達大《易》之奧而善《周官》之遺者矣。"

劉公名守泰，隆慶辛未進士，爲時賢令，乃其政紀大都備于公所布鄉約云。

《王山人詩》序 代作

《吳越游》者，余友王山人東游吳越，累詩若干卷，而陳君貞父梓之，以示同志者也。山人生于吳之僻壤，而遐視豪犖，泠然有國士之風。山人于書無不讀，而酷嗜《南華》諸篇。性放達，善飲，喜游覽，尤樂爲聲詩。放山人年未四十，而足迹半宇內，居常酬咏自如，中無倚着，每謂所知曰："吾慕莊周子之爲人，欲周覽一世，栖神八極以庶幾乎？"所謂逍遥游者，而未知所稅駕也。貞父梓其東游諸稿，命之曰《吳越游》，義固有取也。

山人亦嘗游鄴下，又由齊魯如京師。余始仕，則遇山人于京師，得其詩讀之。篇帙甚富，皆山人渡江以北所題識名山大川，及所與游善者陸生伯玉輩往來唱和之章也。山人居京師，京師人皆藉藉譽山人，稱山人詩，然其所稱譽殊不類山人，惟貞父及海上王太史道山人與其所爲詩差當。當是時，猶未見山人今日也。山人去京師一月，而余歸山中。明年，余得南徙，而山人不復留京師，多往來吳越間。吳越方數千里，名山大川多所歷覽，所至輒多題咏，而此中作者故不乏。又四方染翰之客往往接轂而至，所與從游益廣，所賡和之什尤多。余雖不獲時時從山人，而山人游必有吟，吟必示余。余每見其所吟，諷誦左右，山人而窮極東西奇麗之觀也。

山人東游凡五載，得詩凡六卷，似征已別有録，不具是編。是編之刻，非山人意也。山人蕭澹自適，閒放不拘，故其爲詩皆亮節逸響，如鳴鶴接止高格，音韵清遠，讀者令塵襟俗慮灑然一空，而山人不自有也。故其蓄益腴，思益玄，格益高，而詩日益工，視昔貞父及太史所稱許又駸駸欲上矣。然山人博雅有文而行誼修飭，非其分，雖一介必審，而意度豁如，無傲睨縱放之態。其志潔，故其詞芳；其趣遠，故其衷暢。

余以是益多山人非獨好游又能忘物，非獨能詩又類知道也。孟軻氏所謂“窮不失義”“修身見于世”者，非耶？山人故與貞父期，將遍覽寰中名勝，歸著所得，上追作者，然後遺世獨立，游神玄漠，以竟所志，庶幾哉古之游譚于方外者哉！今貞父行且與計偕，奉制對，將周旋皇路，未暇果前約，而山人方銳意探奇，留心述作。游何限吳越？詩何限今所梓傳也？梓既成，貞父已自有述，又謂余與山人知故不淺，屬綴一言于首簡，故著其大較如此。欲知山人者不獨以其詩，當并得其爲人云。

校勘記

〔一〕“皇甫謐”，據文意并參《尚書正義》當作“皇甫謐”，“謐”字乃形似而誤。

〔二〕“□”，底本漶漫殘缺，據文意并參殘留字迹當作“端”。

〔三〕此處底本有眉批：“氐抵同。無慮，總計也。四字出《漢書》。”

〔四〕此處底本有眉批：“音跨，不正貌。句出《莊子》。”

〔五〕此文又見明劉士鱗《明文霱》卷三。

〔六〕“羆”前，據文意疑當有“虎”，此誤脱。

賀　序

賀吕豫所相公考滿序

少保吕公逮事肅皇帝，當莊皇帝時，侍講幄，晋大宗伯。今上嗣服，拜相，實與元輔張公光輔新政云。

先是，上亟嘉公忠純，至是歷一品滿考，詔晋兼官廕子，獎眷有加焉。公起桂林，其實出自楚，故楚諸大夫屬余言稱賀。余觀于公蓋誠確自許，有古大臣風。閲歷三朝，操履若一，與元輔異體同心，無異時一切猜嫌之迹，用能弼成主德，布列衆正，使朝叙綱舉，方内安瀾，公協贊之勞其鴻巨彰彰者如是有本哉！余因諸大夫之請，而有感于昭代之盛非獨天運隆也，地靈亦往往應焉。夫五佐多冀發，十臣多雍産，在昔侈談之矣。

我太祖起淮甸而佐命輩出，成祖起燕邸而豪杰景附，姑難悉論，請論今日。何者？肅皇帝之嗣統也，衡和湘漢之間其發祥地，三楚自是稱多賢。于時燕翼貽謀，規恢萬載，其大計在樹人，而公業與元輔張公接迹侍從。夫張公起江陵，肅皇帝所簡畁以侍莊皇者也。受遺柄政，于今勛德無與二，惟公名位忠猷與之副，以誠心直道相與左右其間，而亦楚之自出。何以故？蓋中葉聖作，天將固其洪業，使引之靈長，篤生不二心之臣，以翼贊世世，而衡湘之間爲之豫毓冥會，惟所自出并應枌榆白水之祥故爾。時當羅致英賢，以貽來許，則風從雲會，不期而合。

今上尊用耆舊，國熙代理，則不假旁求廣分，若取諸其家素有而豫待焉，豈非楚地靈一時之盛與天運之隆交感符合而致然哉？余以是益無疑于虞周二祖時，而尤謂今日于公有不可勝賀者。何也？天子春秋鼎盛，講學親賢，孜孜匪懈。老成謀國，豈惟其初？將圖其終。昔在君奭，二公日一〔一〕輔成王姬載以隆，常欲告老，感周公共濟之誼而不果，卒之弼亮再世，鴻號千祀，至今并稱周召。古人以忠愛相許類如此。公于今日得無似之？夫上遭冲聖之君，下有相許之賢，藉是同德共濟，多歷年所，宇內之事何求而不成？以熙隆平于億萬載，垂休光無斁，使百代之下無獨稱周召，余故謂爲公賀當未艾。不然，天運地靈所爲交應與蕭皇計樹之爲烈，豈其虛也？姑于今日之舉昌言之。

賀張鳳磐相公一品封廕序

天子萬曆之三年，鳳磐先生張翁繇宮詹拜宗伯太學士，入相。相之再逾年，加太子太保。明年，加少保，封其先一品累三世，而廕一子中書舍人云。

當是時，翁相三年矣。左馮右翼，致天子泰治之盛赫然號中興，旂常鍾鼎且著其功而銘焉。天下每聽睹手詔褒勞翁恩數，某等輒歡忻歌舞，賀翁而賀晉，謂晉自入明代來，相之起而遂成社稷之功者無之，有之自翁始，乃晉河山之靈鬱二百年而後大發于翁也。余曰：唯唯，否否。翁微獨關晉河山乃爾，殆天將佑國中興而保其泰也，相乃始崛起于晉，而翁其特隆者焉。嘗索耦于古今而準于《易》矣。殷繇湯至于中宗且七葉，巫咸輔政，功猶未竟顯。更十二葉，而高宗得傅説，爰立作相，殷乃中興。傅平陸人，巫夏人，皆晉產也。

明繇聖祖皇帝至于英廟，時亦且五葉，薛先生一輔政，功亦未竟顯。更六葉而天子特召張翁于家，爰立作相，明乃中興。翁蒲人，薛先生河津人，又皆晉產也。索耦古今兩泰代，此不晻然兩符合哉？而此四相者，往往當國中葉，一崛起功未竟，再崛起乃遂之，即百代望其人，若趾接卿雲之上，濯日咸池而扶其轂使再中焉。蓋傅之遂巫也，張翁之遂薛先生也，功等也。而余間者鋪觀翁徽懿，質之殷書，誠躡傅之遐踪而媲之焉者。何則？翁在隆慶初，勸講帷幄，比從上青宮，陟而列三事，日造膝告猷于蝃蝀蠛濩之中，主德日以睿聰，而天下日嚮治。閱二朝，所謂"朝夕納誨，啓心沃心者"非歟？翁弱冠翔詞林，揲道德爲英華，而愈銳情經濟，凡禮樂彝章、人材吏治、錢穀兵刑、四徼九夷之說，悉探討而識存之，以身任天下重久矣。故其在政府匪但襄潤帝綸，裁成皇史，朝廷大述作紘宇宙而章三光者多翁筆。每詔下，考一典，議一政，所未嘗聞也，所未嘗見也，不轉漏之頃卒然問安出，翁輒舉統類應之，單辭片語輒爲一代蓍鏡云，而翁益勞謙而不有。余竊睹其星趨侍丹宸，直黃扉，日旰乃始下，志念深矣。遠方之民有困苦者，吏有惰窳而溺職者，賢才有未舉者，于九卿百執事之謁也揖而進之曰："意祖宗之法不盡遵修歟？何治之具多而臻實之寡也？"體國而籌之，欽欽然而嘔喻示之，容忱恂授之斷，可耶？否耶？一叶以興論，而無少茹吐喜愠顏面于其間。人人象翁指，化薄爲忠，而不敢以其進究之言售。百度昭登，所謂多聞建事，監于先王成憲，政事惟醇者非歟？翁常言：相之所圖共濟者國耳，協心元相暨一二國老，猷念之投有桴鼓響應之效，而無枘鑿不相及之虞，以夾輔天子。天子親灑宸翰，賜之曰"一德和衷"。所謂"暨乃僚，同心匡乃辟"者非歟？

　夫古載籍所紀中興相臣，功則傅巖爲冠耳。覽其已事，爲巫相所未竟者章章可指，而當時咸仰風焉。今翁之徽懿爲薛先生所未竟者，乃粲焉允備，躡傅之遐踪而媲之，宜天下歡忻歌舞，賀翁且賀晋也。繇此言之，即八溟五岳之靈，鬱千萬年而大發于寰宇，亦豈數數而胡獨云晋河山哉？余故曰：天將佑國中興而保其泰也，相乃始崛起于晋，而翁其特隆者焉。既索耦于古今而準于《易》矣，《易》卦之《泰》，蓋在國中葉邕熙時也。五君位，虛中以毗九二之相，而相爻乃居乾。乾，晋之方興也，無亦保泰之相多晋產，則古今四中葉可驗乎？相治泰之功成其君，占曰"以祉元吉"。而君特錫之九命以酬功，斯其相占曰"以光大也"。

殷二相及薛先生者代運而往已，方今明天子躬聖虛中，毗台司泰交之孚，且上隆于英廟，何問殷二宗時？而翁之左馮右翼治天下泰也，社稷褆安，華夷闐懌，業介天子以元吉之祉矣。天子之錫命而光大之者，穸恩異數方焉奕乎孟進，茲寧渠足賀哉？然余又聞翁尊人少保翁身發祥源，澤流函夏，以不自生能長生，近大齊之年而體強神王，儼然稱憲老，翁之弟若子後先踵武魁三晋，是歲仲君又褎然舉制科異等，英英乎翩羽高鳴。始基之也，非封而榮，非廮而昌，又不知殷二相及薛先生曾有不？此無異故，天將佑明而成中興綦泰之治，斯其君之國，相之家偕祉同光如此。

當翁拜封廮時，晋桑梓大夫族立而謀術天下所焉賀晋者賀翁，謂余首諸大夫之顔行，請致詞。余第指數晋先哲陳翁前，而憶翁與余少也俱受《易》，乃引《易》。

賀楊虞坡太宰一品四考序

士勵翼奮庸于國，誠得累歲月之勞，而拜一命之榮，以逮其親莫不津津色喜，侈談而崇奉之，曰："此天寵之詒也。"其以傳世輝映罔極，矧夫班聯八座之尊，位躋公孤之右，綸章焉奕，晋錫駢蕃，寵冠乎群工，而榮施于五世，此豈與尋常斤斤務舉職者比資而論績哉？

吾鄉少師楊公，自弱冠登進士，起長安令，佐郎署，視學齊魯，填撫西夏，經略宣、大、薊、保諸邊，入典本兵，再柄銓政，以及今官。揚歷四十餘年，而晋秩師保，亦一紀于兹矣。考上，天子璽書獎勞，遣使持文綺、楮幣、羊酒馳賜公第，加贈公三代如公官，任子一人。吾鄉仕京朝者歆艷殊榮，謀爲公賀，屬某敷紀其盛。某曰：

自古大臣股肱帝室，翊贊鴻勛，則有封拜錫予之典，故召穆克平江漢，則王賜之圭瓚、秬鬯、山川、土田，所以榮世德而勸忠勤也。公令長安以循良稱，佐郎署以靖其顯，督學齊魯俊髦蔚興，填撫西夏膚功屢奏。右衛之困，天子起公衰服中，提師往援，虜聞風宵遁，三雲以寧已。兩督重鎮，固阨塞，調兵食，易將吏，疆埸之間隱然長城焉。其勛業聞望，蓋不待今日已，不在召穆下矣。比典本兵，柄銓政，某不能窺公之詳，然見邊使日至，羽檄交馳，衆方眴轉皇惑，而公之方略輒具，其所擘畫靡不中肯綮者。銓司白當除吏，左右莫知，而公之銓注又輒具，其所任使靡不當材品者，故公爲司馬則沿邊之士增氣百倍，其爲冢宰則奥援窺竇者縮慄而不敢動，此其柱石廟堂幹[二]旋元化，豈特嚮蕃宣一隅之功耶？

蓋公自弱冠時，業以天下事自任。凡禮樂、兵刑、人才、吏治、錢穀、户口、水利、邊防，無不綜貫其説，而正大之情，剛方之氣，又屹然壁立萬仞而不可撓。故其出而宰世，文經武緯，隨試咸宜。翊奉三朝，後先一節，天子諒其精忠，百辟景其風采，謨謀足以斷國是，威重足以折奸萌，惠澤洽于蒸黎，聲靈震乎殊域，爲國元老，克享榮名，寵賁先人，慶延苗胤，宜哉！公于河東爲冠族，其先贈公蓋秉憲蜀臬，綽有風裁。而公子五人，復趾美科第，掄魁文武，蒸蒸然篤前烈而引長之也。夫大臣得兼贈廕如公，世已罕遘，而況有不徯報而顯，不廮叙而榮。如公之家世者，求之古今寥寥焉，豈天欲昌大公之勛業，而前作後述，福禄壽考之盛宜無弗備耶？非植德豐茂者，其孰能當之？謹序。

贈王疏庵大司徒奉詔還里序

今上御極之初，拔擢宿德名賢，正位九卿，而陽城王公自總督倉場度支入尚書省視事，及今積四年所矣。

先是，公以勞瘁致疾，又母太夫人垂白在里舍，每晏居深念，意不自得也。屢上書求去，乃宸眷愈篤，一歲中往往予告臥邸第，遣郎吏從其邸白事決之，如是者數矣。頃疾弗支，疏情固請，于是天子察憐其意，賜乘傳歸里就醫，特敕所司候起居平以聞。公得命，治裝戒行有日，諸卿大夫屬余言。

余惟大臣之進退與庶官異。進不苟進，進有道焉；退不苟退，退有義焉。守道莫如竭忠，引義莫如惇孝，古之制也。夫大農領天下之經費，亦大煩艱矣。異時海內初定，諸務草創，日不暇給。然縣官供奉有餘，而國用弗詘者何？豈不以上下勤恤，文省事約哉？于是之時，夏忠靖、郭忠襄相繼領大農，稱賢焉。厥後作業劇而財匱矣。聞之嘉靖中，大庾粟弗能支，而帑藏至僅三四十萬金，公私之積可爲廩廩，一遇有急，彷皇無所厝，自是大農之經費日益難。

方今聖皇躬儉德，朝野承休風，北虜效順，宇內宴然，宜不侔曩昔矣。然諸邊歲例如故，虜市供應難裁，東剿建夷，西平都蠻，兩廣猺獞，閩海通賊，軍興之費無歲無之，加之天災流行四方，代有民力困窮，屯鹽堙蹛，比于夏、郭時難易何如也？乃公剛毅有執，精勤不倦，諸所綜理，如省繁文，并職掌，抑奸商，恤解戶，覈邊餉，清漕規，賑災傷，究貪墨，程曹屬，課有司，咸其犖犖大者，而釐革宿蠹，弊絕風清，尤號爲從來所未有。以故帑金儲至四百餘萬，視昔什倍有加；而庾粟陳因備積足恃供億，四出未嘗乏絕。頃者修漕議工，動稱巨萬，胥仰給焉。假令有如不然者，其胡以贍之？此可以知公勞勩已，即忠靖、忠襄二公處之，安軼此哉？

公嘗謂泉貨之資邦計，譬無異取蓄水于卮，而斟酌之矣。蓄不培則源斯枯，卮不固則流易竭。故蓄貴其裕，而卮忌乎隙。不杜其隙，不愛其蓄，雖盈必詘，況已詘乎？公蓋自宰大邑，歷夏官銓曹，躋京兆卿貳，迨乎于茲，其所淬礪諳練素矣。用能艱勞不辭，嫌怨不避，卒以裕國阜民，功載宗社也。公知無弗計，計無弗當，事制曲防，皆可垂典式，俾諸郎署咸有考，爲書將成，成則後有繼者直舉而措之耳。繇斯以觀公所謂竭忠于國，非耶？乃今念太夫人春秋高，疚于懷，輒遺寵祿去，是純孝也。此與古大臣進退之風何異焉？或者曰“功成名遂身退，智也；身名俱完，上也。何愉快也！”余獨以謂然非，每見世人譚兩疏解組，忻艷爲不可及，孰知夫大臣之去非難也，顧所以處去者誠難，彼兩疏所乘如彼，先幾以去，故君子稱之。至若遭時遇主，至尊官矣，竟沾沾取完名，奉身而退，則無乃非大臣所存乎？今而吾知公之心，即去，有甚不恝然者？行且歸，歸且奉太夫人顏色。融融泄泄，霍然病已，所司聞，上將使使者推蒲輪致公意。太夫人必曰：“老身幸無恙，若亦健，其勉事聖主，無急私念爲也。”公庶曰：“母有訓，敢不敬共哉！”嗟乎！大臣之存心乃如此矣。

奉贈太宗伯平翁陸老先生予告南還序

今天子御極之禩，有詔起少宰華亭陸公于家，進大宗伯。是時公在告且十年所，固辭不拜。而天子特以宿德重望強而致公，至則斂容，禮下之甚，一歲中賜告者數，遣郎吏從其邸白決曹事，不以朝謁煩公。而公固乞骸骨去，書五上，乃得請。上爲降詔褒美，賜乘傳以寵其行。然公蹙然意不自得也，曰：“嘻！夫臣乃廢居草野，而上過聽而驛召臣，臣自以狗馬病不能事事，而上重傷臣志，而厚爲臣禮，恩至大，然臣所以報淺鮮矣。夫遘會明主，受特達之知，而沾沾蒙潔身之名，安得嘿而已乎？”即上書言天下大計，累數千言，曰：“以是報天子，畢吾志。”公之進退雍容如此。

始公之至也，公卿以下注意高仰之，計且持國秉，以道德匡輔主上。求去之日，相與陳義深論，譬說百方，終不能得，則謂公雅不好仕進，抗然有以自高而行。竊從公論議，察公之心，及聽睹天子所以待公者，蓋君臣之際，可謂兩得而俱重者也。夫道德之臣與功能之臣異，凡知效一官，材任一職，則必馳鶩奔奏，殫慮竭精，極其力之所可至，以陳功見能，而上乃縻以祿秩而程其績叙。道德之臣不矜智名，不斬勇功，要以惇明方執，寄國典刑，係天下之望，天子尊任而優禮之，不以職務勞也。用其言，行其志，以風示百僚，維世訓俗而已，不以名爵羈而使也。

古者仕為公卿，歸則為鄉之老，其鄉之子弟受法焉。天子臨觀辟雍，則親詘帝尊，祖割執饋，修憲老乞言之節。其重如是，顧豈必任職處位，出入廟堂而參帷幄哉？公既壯登朝，已卓然負經濟之志，蓋晚而為主上强起，自顧其筋力之所不能，而後去之，其望實隆于朝廷，而言論風節有所式于鄉之子弟，庶幾古所謂大臣者。而上亦遵修古誼而曲聽公，進不窮其力，退不奪其志，俾純德之臣、不二三老巋然并見于明時，斯亦所以隆高聖德而偉太平之觀也。由是言之，公以其身重，則上亦重矣。上以公重，則國家亦益重矣。故曰君臣之際可謂兩得而俱重者也。

公之歸也，鄉大夫謂行宜有言，于是乎言。

賀張鳳磬太宮詹晋太宗伯輔政序

萬曆乙亥秋八月，維時天子躬秉萬幾，勤思股肱之佐，擇所宜置諸左右者，乃晋宮詹鳳磬先生為太宗伯，俾參大政焉。制下，朝市莫不喜相告：“蒲坂張公相矣。”乃先生方典校《莊皇帝實録》，直史館，顧獨不聞也。有頃，吏入報，趨出，治奏書，謝不任。上手敕褒答，論所爲倚毗至意，先生乃拜受命。于是諸縉紳爲先生鄉人者謀所以賀先生，則屬某使爲辭。

某聞之，天隆時雨，山川出雲。夫雲以其膚寸之陰紛綸變化，從六龍而上馳，衆見謂長河大岳包絡太和，磅礴而鬱積，所使爲靈也，而不知乃緜玄穹閟覆將降康而溥明賜，而精祲乃泄越于山川。此天意也，故曰天地交而萬物通也。名賢哲輔出而佐人主，宏太平之業，曷嘗不本之天運哉？我全晋表里河山，前九州而啓宇，靈淑鍾匯，兩戒莫敢望焉。自三聖光宅，有若稷、卨、皋、夔相與謨明弼諧一堂之上，至今譚明良之盛際者誦慕其地不衰。然歷夏而殷，猶必五百餘歲，而後傅說顯于武丁之世，則非獨地靈間值之難，乃纂隆之運天固靳之矣。

明興二百餘年，列穹階而踐台席，諸稱爲冀産者豈少乎？而獨于相業詘焉。英宗朝，文清以少宗伯召置東閣，相矣，而格于意所不便，不數月輒謝去。文端以青宮舊學結知孝廟，時莫不以相屬之，而兩薦不果，官竟止司農卿。然則天意所重靳于兩公者，宜有待于先生。先生用文學簡知肅皇，擢首詞垣，名寵振宇内，豈不欲需以自輔哉？乃未相而留以待莊皇。隆慶間，先生日執經白虎幄，被眷遇最隆麻。旦夕且下，而會莊皇御群臣之日淺，又未即相而留以待今上。緜斯以觀氣不厚蓄者不震發，數不交值者不奇合，天舉累朝熙洽之運，積而會粹于今上，舉全晋靈淑之氣積而會粹于先生，兩操其重而兩相待，固宜其震發而奇合也。

以此卜世，將又一唐虞之際，殷宗之年乎？夫三聖出而五臣更佐其朝，而先生以宿德重望簡在嘉隆之際，即放勛重華之所疇咨也。殷宗恭默三年而得說，而今上冲齡踐阼，虛己而聽于元宰者亦三年所，而適以其期相先生，以質爰立之辰，即巧歷不能得之矣。世當復躋諸綦隆之理，不亦猶時雨降而油雲合，其霶霈霶足可跂而俟耶？某故曰天意也。然五臣在唐虞之世，兢兢各抱一職以顯，而說之相殷宗也，亦唯朝夕納誨而止。乃先生之輔理，自股肱、岳牧職無所不統；水土、樹藝、禮樂、刑政、工虞之事績無所不綜；庶頑、讒說、寇賊、奸宄、蠻夷、猾夏之防虜無所不悉。其責倍重于五臣，而精志倍勤于說，乃知天固舉累代間值之氣積而會粹于先生，而先生所以靈承天意者亦不易矣。

蓋先生既相，皇上親灑宸翰，賜之曰"一德和衷"。先生尊奉而昭揭之，仰顧頻思，瞿然若有所深契也。其和衷于浼穆之地，諧化瑟而調鼎實者，則不可得知。然嘗竊觀肅皇末，國政在柄臣，士大夫方折于骫骳脂韋，而先生獨靜正以信其概。莊皇初，國政制于多口，士大夫方騖于獧狙浮競，而先生獨沖挹以遂其高，調成變化之宜，實先生所素具者。夫其祇若聖訓固所以靈承天意者哉！異時譚明良之盛際者且述其指，以與《皋謨》《說命》并傳，而先生相業果自喜起交修，而後上下三千餘年一遘也。何但張吾三晉而已？敢以是鳴國家之盛，而因以抒吾黨欣願之私？

賀王鑒川督撫秉政本兵序

史某曰：於鑠哉！天之純佑明矣。明休美無疆之業，巧歷莫之得矣。異時匈奴弗譓，邊歲歲苦兵，而今則稽首稱臣，表奉貢矣。環九方而塞萬餘里，桃李之垂于行者莫之恐援焉，則今少保王翁惠哉？六七年間，方內一清，大廷少事，第日扢考鍾鼓之和聲，而四夷不爲別馬以朝，舞羽苗來，豈復加茲？然天子無泰心，益虔鞏勞謙，而嘉與填時之臣永圖之也。今年夏，又特命王翁卿司馬本兵柄，上若曰："桑土之政重，朕一以先憂寄卿，則伯益儆戒無虞意也。"則聖謨遠也。

初翁還自塞上，天子念翁比勞苦，且紓之，乃屬治羽林佽飛，又移治爽鳩，未遽以樞政煩翁。而天下心儀翁切甚，曰："翁蚤當樞，終福國。"詔乃特畀之云。諸國家之所以建威銷萌者，天子垂衣裳咨之，翁端委韠帶，左右畫而襄之，城郭不待辨，溝池不待扡，而天下無宿憂，則豈非以明主不忘危而塡時之臣在事哉？蓋自臣戎之議成，而翁之勳銘盤盂也，溯百代無方之矣。天下之信嚮翁若蟬走火，而仰翁若陰雨之于黍苗也，實芘蔭膏澤之，手撓顧指，莫不恃之以爲安。上衛天子，下鎭撫天下，在此時耳。

昔周公之忠，規召公勖成王之政曰："君，惟乃知民德，惟其終。"言召公練事久，誠民深，得力公家，則惟是紹庭時也，翁今寧無似之？然觀周公悁悁數百言，而總其要歸，歸之曰"敬用治"，大臣謀國之心固如此。翁始入視司馬，即取故事貫詳而曲列，一切剗去故縱愉假道人者，而程功欽欽然，曰："天下方謐，陛下厪于先憂，以吾承心任，管樞事。"此亦欲乘時，時間不容息，即玩愒何以報上？是周公敬治之謂矣。司馬治書疏皆翁手自削牘，授侍史封題，郎吏竭蹷奉成章而不能贊也。內外諸執事上書有所欲言，下部覈，翁從掌上圖迴，可者，白決上行之；其不可者，爲慷慨指而罷之，不徇人以具文而已也。所賦功令灣于民心，遂于四方。猛將起，銳士奮，人人仰上而勉盡，萌生之孽、蒛盛之奸盪然祓心而化之。蓋視事不三月，而績已章章丕振，則翁真塡時臣哉！世往往歆艷宋韓、范兩公拜樞密，天下酹酒自相慶；溫國司馬公一秉政，遼夏人凜凜戒其疆場之司："慎勿開釁輕生事。"至今讀其史，猶灑然異之。

頃翁一拜命，播詔旨，九區之內而歡，塗歌邑頌之聲所在而然也，即酹酒者何以殊焉？四夷遙在絶徼外，戒與不驟，而知彼其行事可覘也。間者西北諸臣虜效職滋益恭，而東胡忽一旦有款書，願得比單于朝請于塞，嶺表百年寇故雉兔逃入山林者而近亦授首，帥粵之臣若竈上騷除耳，可不謂奇焉？此無異故，翁之威名聞四夷久矣。轉移一日之間，而折衝厭難之神乃爾，尚安論戒哉？語曰："養由基睨而猨號，有先中中之者矣。"于翁亦云，夫使明天子躬舜德，有舞羽之化，而其臣之耆碩忠猷方驅乎周召，威名震遐邇，迹韓、范司馬不啻過之。四夷皆如苗之格，遄夏之戒，而天子又時時以無虞之徼照臨焉，則天下之治豈不猶泰山而維之哉？代一而足，而兹具兼之，是豈人力？于鑠哉！

天之純佑明矣，明休美無疆之業巧歷莫之得矣。是時全晋士大夫旅進拜翁于邸以賀，屬史某爲之辭。翁之臣諸戎狄，以靖中華，某業辭之獻矣。無已，則請申説天意以質翁。翁既新膺簡命，而翁之子適以其期奉大對，趾美賢科。人輒謂，天方純佑明，亦且爲明以純佑于翁無疆也。真知言哉！

賀王鑒川大司馬三載奏績序

初莊皇帝之賜款五單于弭塞上兵也，今少保王翁爲議首，實賓致之。上以爲功勛高無與比，遂繇右都御史一歲間遷至太子太保、兵部尚書，錫一品三代封。封之逾年，而天子新受命，恩加翁柱國，虜人三貢不釬約，籌益大信，再加少保。

當是時，翁防邊數歲，歲勞苦，天子思念之，召入治輦轂下諸軍，以重天下本。而翁適以其明年滿一品三載績當考矣，令甲前已頒封，同品不二命。天子謂翁社稷功臣也，特聽而予之，遂再進翁三代柱國少保如翁官。

史某曰：某于翁之功而徵我國家萬年景祚，韜軼周邦云。昔者周蓋號郅隆，而成康既没，四夷侵矣。宣王之時，玁狁最大，荊淮則伺之而張也，而時幸有尹甫、南仲、方叔、召虎諸賢以靖之。四方既平，王心載寧，播在聲詩，百世企中興之光者亡既，吁！以方今日，難易何如矣？虜歲覬邊，烽火無寧，中原歲歲而備之，罷于奔命，焦穫鎬方，而巴粵間諸叢頑數窺間，謂我急北無如何也，與荊淮之在周時無異者。代閱九朝，何嘗一日弛懷倈戡定之念哉？而今始肇于翁，取翁之迹與周四臣之已事而較之焉，蓋不啻兼美而特冠之者。

翁弱齡通籍，自爲司寇郎時，固已握暢奇黃石之言，竟關之政矣。已而憲吳中，則備島夷吳中。又憲延州，則備羌夷延州。數遷而撫西寧督全陝，虜惛翁威名，盡張掖、酒泉萬餘里經歲無一鳴鏑。先聲所播，亦何羨夫赫赫顯允之稱。亡何，移鉞而當帝畿肩臂間。值虜人不輯其家，衖而逸其所愛幸孫南，此利害不旋踵者，翁厚禮遇之，而毖飭其備具。虜引兵來，訶得所遇備狀，咸感悚，不驕而去，而遂有解辮心。方斯時人籌虜猶射覆耳，欲勿許者什九，翁力以其議上，允之封，而宣恩威，布信義。虜歡然大悅，輸我畔人，傾漠北諸部酋以千百數牽臂而盟，無一人後，由是貢市定矣。單于長，故驕，業已王比藩臣。翁則導之，稽首受上詔儀如藩臣，單于王尊漢天子如神明。歷五載，貢益恭，市益滋謹，而人始服翁之制虜如撥蠻也。當其首上議也，群口斷斷，可不謂非常難必之事哉？而翁以一身塞利害之衝，議乃定，鴻略所揚，亦何夸夫"經營""旬宣""嚴翼""文武"之咏？所病爲堅敵莫甚單于，單于臣，北徼既靖。而會天子并策而南暴其功，諸山箐川藪之寇望風而獻凱者十數奏，亦猶荊淮之視玁狁焉。連四海以爲帶，安于覆盂，邊人蒙戈，以虎皮示不復用，老者嬉，稚者哺。而天子穆然端拱于上，思道禮賢，亡復鄉者南北之虞。

翁亦以其時進位孤卿，翊天子出岩廊，邕邕肅肅峩峩如也。而溯厥本始，則翁肇成之，膚勛所弘亦何侈夫于曩"來威""式辟"之頌？且也周得四臣，人畢其長，僅僅薄逐虜，稍安輯南夷耳。明天子即多賢，然一時耆碩宜無足當翁，而翁乃身備四臣之徽懿，直使穹代不臣之狄永永爲漢藩。威聲所被，群氛翦而內外清，雖明天子無競之烈復邁周宣，不謂公之功冠四臣上不可也。故于此而徵我國家萬年景祚，韜軼周邦云。

夫周之酬勛四臣不具見，第見召虎亦不過曰圭瓚、秬鬯、土田而止。若舉孤卿之重，所謂"貳公弘化"者，錫其先三世之上，寧有哉？明天子禮極勛臣，公特蒙茲賚，且權爲裂令而從之，固公之功勛高，欲酬必爾，要亦有繇焉。觀周王之策召虎也，曰："于周受命，自召祖命。"錫慶象賢，此其始基之者。翁大王父孟華翁積善累仁，嘗爲義堥，以掩宗人之骼，舉宗德之，願天昌厥後茲昭受帝寵，而適上逮于孟華翁，夫豈偶然？有召康公之明德，而後有穆之勛，則王氏是已。

方公拜新恩時，全晉士大夫謀所以賀公者，而授簡于某，使爲序。某既公慶國家，而私不能無忻躍于公，因推著公之世德如此。

賀石首王太夫人榮膺恩誥序代作

聖天子御極改元，錫慶覃恩，大司寇石首王公適自南司馬召還，遂得贈其先大夫顧齋翁如己官，封其母太淑人。曾爲太夫人時，太夫人春秋八十又五矣。恩綸浹奕，褕翟加輝，一時縉紳無不咨嗟而歆艷之。公同年在九列者，皆母視太夫人，就某問言。憶昔嘉靖丁巳，公以參伯保厘河東，某嘗爲文壽太夫人。當是時，太夫人壽甫七袠，公官四品，其祝頌僅一鄉士耳。乃今晉穹階，躋上壽，群公濟濟，盡天下士，珠履盈庭，何其盛與？

嘗聞顧齋翁之初舉進士也，時方議禮，客有欲希寵幸者，數過翁，避人語，太夫人輒于屏後竊聽，間以質翁。翁語以不可之故，太夫人力贊之。居無何，其人驟登鼎貴，心甚銜翁。翁遂迆遭外服，太夫人亦不沾一命。一日，翁忽謂曰："若悔疇昔之言乎？"蓋嘗之也。太夫人笑曰："君果以是爲榮耶？吾惟願君爲名賢，爲哲士。"楚人至今傳誦，以爲女訓。翁性耿介，居官勵冰蘗操。既捐館，家道中落，太夫人拮据教子，居然有斷織之風。久之，公舉進士，令吉水，佐兵曹，藩臬豫、晉，太夫人咸從之養。已而遷雲東兵憲，雲東絶塞，風勁而霜早，又日聞刀斗聲。公不敢奉以往，時時顧雲瞻悵。太夫人聞之，遂單車自楚來。于後公之遼，奉之遼；之陝，奉之陝；之留都，奉之留都。頃公被召，輒草陳情書，太夫人愀然曰："新皇冲齡踐阼，爾爲大臣，義當與二三元老誓竭股肱之力，今豈爾將母時耶？吾且就爾養。"甫抵國門，即膺寵誥，人皆謂積慶之報云。

楚東南粵區，名山大川甲于天下，巨卿碩輔代有其人。我明若夏忠靖公、李文正公，格天之業，後先相望。忠靖太夫人廖嘗迎養京邸，文皇聞其賢，嘆曰："非是母不能生是子。"文正久位鼎鉉，色養太夫人麻，融融泄泄。二公遭際良亦奇矣，然皆邁迹自身，故兩太夫人者不聞有相夫功。詩人所稱"令妻壽母"，二百年間僅見王太夫人耳，寧非衡岳之靈、江漢之秀哉？

公經濟類湘陰，淵源似長沙，翱翔中外逾三十年所。至樹有勛伐，即今明刑弼教，長我王國，出則垂魚翼贊輸忠，入則服彩周旋矢孝，人生大節繄公兼之矣。矧主上明聖，推心任公，弼亮之休方將焜燿寰宇，其寵被太夫人者自當無已時也。某雖不敏，尚願搦管以俟焉。

賀李義河少司徒考績序

今天下蓋急財賦而難度支，上常操其急以趣辦，責成于下，故圖之愈難；下常任其難，奔走竭蹶而憂不濟，故需之愈急，是兩者交相病矣。于是以法一切苟紓眉睫之患，心計之吏起而析秋毫，務爲精覈，不知其澤之竭也。大臣不然，不徇小便，不求近切，劑量嬴詘之間，兢兢持國體，以宣皇主德，而使民陰饗其利，則豈非所謂萬世之計者哉？主上冲聖，勵精爲理，慎擇六卿，分厘庶政。

維時應城李公以名碩受簡，自廷尉擢二地官。會大司徒缺，以公攝事，乃從掌故，閱户口圖籍，慨然嘆曰："天下民力竭矣。夫御者馳驟不已，銜敝橛脱，即易以造父猶不免于敗。必休馬更鬈而後進。今之民，其亦銜敝橛脱之時也。"于是疏請上，言元元所以困苦狀甚悉。上需然發德音，量減天下明年租税，諸民間負縣官錢輒以予之。吏宣布詔書，所在歡若更生矣。公又日夜深維，以爲前代生財之法在今日尚闕一大政，錢法是也。則又條錢幣所以便狀上之，謂："古稱錢者泉也，如水之行地中，一日廢則土膏涸。"又云："錢者，權也。人主操富貴之權以役使天下，而説者以爲利不酬本，所費多而所得鮮，此非天府之算也。請令天下行錢法便。"于是詔水衡都官及郡國皆鑄錢，以銀爲母，錢爲子，使母權子而行，國用以濟，而民亦不重困。

先是，太倉告匱，令民入貲得補三舍生及郎吏，則大學猥雜而選舉陵夷。至是有以爲言者，公力持之，欲遂罷其令，疏不盡行，而鬻爵之議亦稍格矣。夫公職財賦，領度支，乃獨導主上以德惠，毋開利孔，其指歸于損上益下以爲貨源，所謂錯國于不傾之地，而藏于不竭之府者也。大臣之謀國如是哉！公貳司徒滿三載，所司以最績上，天子嘉悦，璽書褒勞，進公父母、太父母如公官，録其子一人太學生云。

公嘗守毗陵，毗陵諸大夫仕于朝者，徵予言爲贈。予嘗按漢黄次公、薛贛君皆以治郡高第入爲九卿，至丞相，然其功名皆損于治郡時。何也？則彼以治郡之體爲國體也。公自名給諫出守毗陵，能孳孳務民，以和雅愷悌變化其俗，即潁川、馮翊不過矣。

迨積功望至今官，其所謨謀規設獨能持大體如是，蓋不以上之所急，徼一切之功；不以下之所難，偷一時之便。其爲國深慮，施澤于民甚博。藉令公益持柄用事，即嚮所稱三者乃其徵已。夫干霄之木，絜之百圍，凌千仞而不撓，所植者深也；蔽川之檻，益之千斛，而蝕水不加尺，所受者巨也。公之材干非直干霄之木也，其量非直蔽川之檻也。異時位益尊，注措益廣，勛績亦益懋，將社稷生民賴之，獨財賦度支重哉？若彼次公、贛君者眇小矣。諸大夫其毋以潁川、馮翊之政沾沾誦公也。

賀王西翁少司徒考績序

聖天子御極之初，所拔擢任用列在九卿者，皆名德鴻猷老耆重望之臣，至語耿介篤古，則樂亭王公尤犖犖著稱焉。

方是之時，公由南奉常登銀臺長卿，秩三品矣。抵今積六年所，蓋三品再滿考云。上特眷甚，封廕異數視昔有加，而論制褒嘉之詞他公卿鮮有也。可謂躬遭遇之晊榮，綦臣子之上願矣。而一時同鄉仕在朝者僉謀趨賀門下，謂某職典筆札，屬以言。

某聞大臣之奏績與庶官異。何則？主上之付托弗同，而中外所係屬者巨也。夫庶官之職，一事、局一方也，簿書治，期會得，則見以爲能；胼手胝足，剚煩理劇，則見以爲才；銖積寸累，日計月會，而程功課效之無失，則見以爲賢，若此焉止矣。惟大臣不然，總衆務以提綱，不自能也；攬群策以弘濟，不自才，不自賢也。及衆務畢集，群策具舉，而庶官之能皆其能，庶官之才賢皆其才賢矣。

昔人謂老成人之在國家，非必于商功利，課殿最，而雍容廟廊，頑廉而立懦，敦薄而厲偷，不大聲色，德澤之及人者深且厚，斯則大臣之績而社稷之塤也，此豈與夫簿書奔走，一手一足，銖寸日月，因執以校短長之效埒哉？余觀王公誠心直道，表里洞然，而至于臨事有執，則義形于色，不因人前却而易其守。自爲御史時多所匡諫，莊皇帝爲虛己聽從者數矣。而持憲激揚中外，所歷最久，功業已著，聞望已孚，衆莫不推轂以爲有大臣風。及游陟卿亞，副司空、司寇、司徒之政，正色率下，坐鎮雅俗，如泰山喬岳，而措寰宇以安，即史漸所稱宿德老成，未有增于是也。

竊嘗聆公之緒論矣。籌邦計者皆曰："今天下財詘何以故？浮淫之蠹實爲之。是故太古之世，財在山淵；盛古之世，財在閭閻；中古之世，財在公帑；挽近之世，財在巨猾者，蠹之尤也。尤蠹弗去，財安從饒？"公固不然。木不朽，蠹不生；本之弗理，而蠹是去，夫蠹難圖也。天下寧有盡蠹之術耶？亦正其本而已。重農抑末，厲勤絶偸，敦樸崇儉，而倡之繇上始百司庶府，下暨齊民，咸有節制，勿使逾度。如是則元氣實，元氣實，即有蠹且不害，況其安分自足，漸以銷乎？此夫去蠹而不以術，攻猾而弗用刑罰者也。以是譚之，公之持大體，匡時庇民，可概見矣。

推斯道也，雖治平之要，何以加焉？且計曹之責，益甚重矣。國家設六曹卿，分天下治，銓曹、計曹居其先，豈非謂治天下大端在用人理財耶？公以質行耿介篤，古之德而諳練精詳，持論長厚，夫既效之邦計而得矣。從此以往，柄銓衡之寄，理統均之治，豐功偉績，所以仰答主知，下副物望者豈其微哉？至夫光裕顯榮，偉當世聽睹，又何止今茲者？抑令人有所慕而興焉。《詩》不云乎："豈弟君子，四方爲則。"嗟乎！碩賢上卿，樹國表儀，則《大雅》歌焉，乃若王公者，足當之矣，足當之矣。

賀殷石汀大中丞平古田序

古田故隸桂林，蓋西粵之奧而嚴厄之邑也。其地多崇山、藤崖、箐壑，綿延數十百里，地巇而處獷猺，以故多嘯聚爲亂，馴而至。嘉靖癸亥甲子間，獞猺數引衆，勢遂益獰狼，破省府、兩藩司官，寢寢然輕西粵矣。當是時，賊已憑山依峽，倏去倏來，根蔓延不可劘也。及今天子御宇乘符，詔群臣圖可以佐廣南者，于是臣下始建議，上爲特開府，簡重臣授以節鉞，俾得便宜無奏報事。時賊久猖獗，累朝治未及平。及新制下，人忻忻咸以爲委任度越往昔千億，掃滌在茲舉云。

巡撫廣西今晉少司馬石汀殷公者，歙人也。少壤〔三〕瑋瑰奇，博雅有雄膽，登進士仕朝。時朝方苦南寇北虜多事，公抵掌曰："使吾異日得持方寸符，揮千兵步壘陣間，當不三月殱賊首，爲主上銷宵旰，第不卑爲儒紳。"業官大行人，擢諫省給事，遷督廣西學。時廣西固病賊，公每分攝憲署政，即能諳地形，審方略，陰習知賊情僞，雅悉粵中，兵民以是慴服公，且謂："公終必靖我粵也。"

會上方遴專閫才，將畀治廣，公適以憲長應中詔，上更賜敕旌，異而遣之。公至廣，宣布主上德威，暴賊渠魁罪于中外。凡往所膠議攣曲事，公悉破而張理之。于是三軍士皆神悚色澤，咸曰："昔固慴服公，今果然。"且喜天子任遇篤，而隆功其可屈指計也。

故廣西每議征費累巨萬，公至，數軍實，汰蠹靡，理餉糧。調度既當，乃圖其山川形勝，陰部署將士，使某軍斬某柵截某口，某軍出某間斷某道。部署既定，于是再宣暴罪惡，及誓諸將士，將士咸感憤請死，遂引兵。時隆慶庚午十二月一日也，披藤蘿，蜒轉而上。賊時久眇玩廣軍，嘗曰："今年言大征，明年言大征，何不速來？我可整相待。"以故敢睢恣無忌如彼。及大兵猝至，出意外，即眊瞶不知所爲。迨明年春二月朔，我師還，斬首七千餘級，平堡柵以百數。數十百年盤根牢錯，寇一旦剪艾殆盡，所費兵糧尚未十萬云。于是廣人復歌踊歡呼曰："昔固知公終必靖我粵，今果然。甚矣天子任公之明也！”上乃下詔褒公功，增秩，賜誥制，即天下臣庶亦莫不仰朝廷簡任得其人，且羨公之揮霍弘猷，定艱而襄國者。

某不敏，從朝士大夫後。嘗憶童時讀宋《狄青傳》，記其夜會崑崙，諸將方坐待，乃不終朝而關奪。廣南平，以爲千古奇勳。夫青武人也，視公何如哉？智高雖悍鷙，未若獞猺之蔓盤難剔也，其事之難易何如哉？則功之崇卑分矣。蓋天欲爲聖主紓南顧，特假公以宣力焉，以故事奇而功高。然則公功之成也，又天也，非人也。因敬述爲公賀。

校勘記

〔一〕“一”，此字底本有刪除符號，依底本録入，當爲衍文。

〔二〕“幹”，據文意當作“幹”，形似而誤。

〔三〕“壞”，據文意當作“璟”，形似而誤。

賀　序

贈蔣君重修翰林院序

皇帝在宥五年，策天下顒雋士，賜第三人，寵之翰苑。更拔其尤者拜內，于中讀祕書，恩至渥也。

時署舍寢就圮，命司空繕完之，復闢地增舍者三。先是，吾儕注焉睹夫匠人斲，圬人墁，傾敝者撤，堊黝者飾。工次第具舉，問董其事者誰，則傍有偉丈夫，所謂郢人蔣君也。與之坐，問其所以，則避席對曰：“僕也，何足辱明問？僕自〔一〕結髮補郡椽吏，稍知文法，無他略。不謂良二千石，謂僕也能簿書管庫而下悉倚辦。惟不憚勞勩，卑卑恭謹，幸無扞文罔，以至于今。又不謂大司空氏，猶吾二千石也，興動一切委焉。惟是課工玉堂，良謂厚幸矣，奈何卑位拳曲，謹而自全？公等視吾曹直上茸耳，不亦銳乎？”

吾儕聞之舉，揚聲應曰：“烏謂是與？夫居上不可以爲高，居下不可以爲卑。猿狙據千仞之穴，而驪龍藏九重之淵。人亦安能論位崇卑？直所盡職何如耳。故仲尼不以委吏貶聖，老聃不以柱下史貶賢，此足徵矣。今吾等職在討論，而君職在教護。君不負大臣委托，修玉堂之居；吾等不負明君造育，修玉堂之業。職不同而盡職均也，安所較短長耶？且每怪夫人世崇儒而紃吏，何也？儒者曖曖誦習陳言，行未及見，而偶見收于有司，其名猶多掩取之者。彼夫郡邑之椽，歷三試更數十年，出入波濤齊泪之中，不知乎？人謂我未愚，閔然無補于事，勿論已，知乎？竊竊焉飾以矜愚，舞文爲奸而麗罪辟者，不可勝言也。吾懼夫掩取之難也，人奈何輒自菲薄哉？君第爲之。儻異日者，以勞稍遷，其猶漢公卿乎？"于是蔣君頓首謝退。

工成，欲得一言扢其事。夫魯修閟宮，僖公主之，詩人終頌奚斯者，不忘所作也。今吾藏修有寧居，公則感朝廷，而私亦不能無介然于君，奚惜乎一言？且得君平生于京山李公門下甚悉，道君爲郡椽吏，時業已辱使臣蔣君之名稱，其蓋附青雲之士而益顯哉！

賀吳鵬峰侍御奏績序

吳公鵬峰守御史且歷三載。初按浙理椎政，繼按山東代巡察之役，既竣事還臺，例當奏三載之績。御史大夫最其考，移于主爵者曰："某也，貞度肅紀，是誠稱于憲職者也。"主爵者最其考，聞于上曰："某也，流惠剔蔽，是誠裨于吏治者也。"聲績蔚彰，登陟褒錫，且洊至，諸臺長修故事，舉同寅之賀，授簡徵言于某。某不文，又未嘗久在事，烏足以窺公涯涘？雖然，某幸廁諸臺長後，宜執策申詞，而山東爲某桑梓邑，公之布威稜、宣德意于巡察時者，得諸閭父老所睹記甚悉，遂不敢以不文辭。

竊聞之，政之理，順其機而導之，乘其敝而救之而已。蓋寧謐平康之治以無事處事，而不以有己之私與焉耳。故矯情者鮮功，任己者僨事，殆求之逾迫而效之愈艱已。自天子不省方觀民，而以巡狩之事委之風紀之司，命御史歲持斧四出，問民疾苦，糾察吏之賢不肖，以計興革，修慶讓，是御史之所事天子事也。責崇任巨，柄重法詳，蓋理亂之繇實係焉。藉第令席威福之資，操之太急，抑或任偏獨之見，謀之弗詢，則諂事僞應者至，一切以遁心承之，及畢事而釋吾權，且從而議其後，其何以佐萬姓而綱紀四方也？

公舉進士，選爲行人。行人時以使事出，采方内民間之幽隱，既得，隨所周歷畫其便宜。再擢爲御史，旋復以守制歸。故問學之所淵涵，器識之所注措，其静觀重發者久矣。及蓄遂乃施，積深始著，誠郢人匠氏之運斤以斷、迎刃而解之際也，堊可滅而肯縈無弗中者。是故按浙則興利芟敝，上以籌國之課，下以慰商民之心，未嘗紛紛議更革而檢覈綜理，即錙銖弗爽弗渝。按山東則明先機，持大體，不爲縶搏操切態，而奸伏宄息，吏畏民懷。海岱之間逡逡嚮風報政，豈不浹浹乎曩者信義之國哉？夫公以一身歷浙魯之巨區，當理權巡方之重務，顧莫不因俗宜民，勵精明于渾厚之中，科條不擾，辭令不煩，而群工飭，庶績熙，名實自孚于上下，風裁才猷足以爲同寅之倡，而無負于上之任使。兹其故某得而言矣。

公持己褆身，兢兢罔敢失尺寸，而碩大惇厖，務于民休息，履常蹈素，恥炫飾以賈聲譽。聞其巡察時尤虚懷稽衆，察部中藩臬郡縣之良者咨詢必至，疑貳不形，蓋古稱“出入師虞，同則繹”，公庶幾得之。既不矯情以病其公，又不任己而自用其明，此之謂大人，此之謂至明。固宜其行無不得，動即有功也。執是而往焉，需明陟，躋隆階，任愈崇則權日益重，亦惟以無事處事，而不與以有己之私，則措生靈于寧謐平康，而文武爲憲，社稷是毗，將于公乎致之矣。

上冲睿神聖，勵精圖理，行且簡臣工之明習國家務者，與之條論張弛，陳例利害，以潤色太平之業，又將于公乎屬之矣。然則公之兹考也，固旂常竹帛之權輿云爾。諸臺長曰：“唯唯。吳公其永有休聞，而凡我同寅亦與有榮施矣，請書之于簡以俟。”

賀劉乾齋侍御舉子序

初，劉君子春舉進士，拜潁川令。潁川吏民歌之曰：「潁水長，侯祚昌。潁水冽，侯嗣哲。」久之，劉君被璽書徵去，謁天子，天子廉其治行第一，擢御史，司察舉輦轂間。而輦轂間諸吏民復爲歌歌之也，曰：「肅清皇里，幸驄馬御史。保茲御史，介以繁子。」蓋是時，劉君長年矣，久未子云。乃其爲御史之明年，果舉子，符所爲歌之者亦奇矣。天道遠，人道邇。世之言天者，且謂黝然灝眇。我不敢知，而劉君之天人孚契，若取火于燧而挹水于淵者，此遵何慶哉？夔也粗聞之矣。夫天之于人雖甚懸殊，而其至精流通蓋未嘗一息不屬也。天之報人也，疇其徵之鑒以其福；人之動天也，亦疇其徵之召以其德。天不人不因，人不天不成。考德絜福，而天人之際可溯而知也。劉君者，晉名家子，其先大人所謂秉鉞行塞上，建勛勞肅皇帝之時者。而劉君生有雄才，吞雲夢八九，然居常貌若不勝衣，與人交絕不爲喬宇倚魁之態，人翕然歸之。官而治潁川，一務以身勤下，孳孳得民和，居四載如一日。天子召置憲府，清風凛然，宵人者心折，而君第持大體，便社稷，椎拍輓斷，不鷹擊毛摯，沾沾司空城旦書焉。以故在所謳歌，德洋而惠普。噫嘻！得衆動天，是孰非劉君之所以召福者歟哉？人歌之而天鑒之，其拓胤錫美，福應響臻，非偶而已也。余又聞之，天之生物，積薄亟成功小，積厚緩成功大。故藜藿蝡蝡日數寸不可爲櫨，而梗枏豫章之生也。七年後知乃可以爲舟，理有固然者。天之鑒劉君而昌其後也，不既積有年哉？而鬱極厚發，今始協以熊羆之兆，其意豈但已焉？異時劉君之家有結于門之駟、蔭王庭之槐者且于是在，而天之祚劉君固恢恢乎大也。且也劉君方攬轡行，行爲天子肩貞度之重，聲光益晉，無窮已時。繼自今業益隆，德亦益博；德益博，福亦益茂。安知與蘭夢鳳之祥不有踵至迭起，而丕顯天人之應者乎？某蓋與劉君同年舉，知交深，輒執是爲劉君賀，而諸同游謂某史氏也，屬使序之，某故爲陳説其兩得天人者如此。夫劉君諗天人所爲錯輔者，第種德也。則砥志清時益兢兢有翼哉？《詩》曰："其胤維何，天被爾禄。君子萬年，景命有僕。"則劉君之介福以之矣。曰："高朗令終，令終有俶。"余且于其德施願之。

賀燕翼齋户部治儲還闕序

燕君者，晋翼人也。始用宰邑，聲奇之，召入爲户部主事。居無何，而户部中諸公咸推之，乃遂奉命往治儲通州云。通州在帝城東偏不數十里，置利津其間，而領之以司農之屬。署藏錢，主出内，諸巨豪大猾相與盱睢而目攝之，務持吏長短，意稍或不中，即爲蜚語讟張，朝鼓唇而暮聞上矣。故法亦滋讟，不法亦滋讟，今天下稱利津爲難，而通州則難之難者也。以燕君往，豈非上簡重之而界所難嘗之哉？時史夒以役去，不及酌酒祖燕君都門，而比還，則見君望隆隆起。亡論士大夫言君椎拍輇斷，不沾沾一切牢籠之術，而能正己以裁人，即販夫、牧子罔不稱君持法平，上饒裕公家，而下不令我輩困也。久之，燕君既職滿當代矣。于是同君事通州者諸君與君交歡，深念其行，不可無贈，乃授簡史夒序之。史夒者，自籍名晋中，以至舉春曹對御，歲月日時與燕君無兩，知燕君，乃序曰：

夫燕君初爲宰，蓋在新鄭、成安二邑云。莊皇帝時，執政自鄭起，攝冢卿用事，欲擇官桑梓而才君，君乃得鄭。鄭令之所吐茹，四方易以指名也，君但匑匑奉公而肅事，雖數數見齮齕，而終未嘗不嗒然輸心，服君以爲賢。既以是聲聞當時。調而來燕趙之郊，燕趙郊又大邑，剽悍素難治，君破觚爲圜，身拊循其下，孳孳得民和，未幾而民化之矣。嘻！是兩者足以徵燕君，奚羨户部事哉？余觀《漢紀》，策士謀臣惟勃敦厚可屬大事，率有味乎其言。世所云奇偉倜儻之士，居常陳節談任如屑輯，豈不逴然稱賢乎？而一旦奧援臨之，則競周容而改錯者，何可勝道？稍稍涉紛難之衝，投多懼之地，鮮不譁然尤詢規脫之也。若是者，即有奇，安庸？乃敦厚長者之士多退讓醇謹，不飾羽而畫，而亦不追曲，不辭難，隱功以臻焉。此其人雖爲之執鞭，忻慕之已。余雅從燕君游，燕君恂恂修質行，遵大體，絕不爲喬宇倚魁之態，而蹈矩履規，兢兢若恐有所失。溯乃建豎，則御豪宗而以義格，理悍衆而以化乎，縮錢穀多口之司而以頌聲光之，所謂敦厚可屬大事者，非耶？今天下最急財，而元元亦雕敝重困矣。天子御澣以先之，歲歲下明詔，汰浮稽實，而又大蠲賦以寬民，意甚拳拳也。所爲奉宣德意，求以約經費而康窮閭，兩利俱便之道，則有賴于司計之臣。嗟乎！余于燕君能無望哉？史稱勃雄少文，第以敦厚故遇主取將相。今燕君尚益堅素操，勉圖維計曹事，遘休明之世。而上事聖君，將何鴻不建，何峻不登矣？

會燕君既代來，余爲諗燕君如此，因以復諸君贈言之命。

賀沈肖山封君恩封序

今上御極，晉號兩宮，下推恩之令，凡在仕典者得以子爵逮厥父母。余鄉沈伯子晴峰官太史，詔封其肖山先生如太史官。按令甲，郎官大夫非秩滿不得封，士故有通藉金闕，紆曳朱紫，而竟老爲微文故事所束縛，父母不沾一命者。太史授職未幾，以例得封其尊人，龍章寵秩，煌煌榮矣。同郡集都下者徵文賀，儼然造予請焉。某曰：“余不斐，且太史在，某寧渠能乎？”

然余以所聞肖山[二]先生義至高，又習于太史有足術者。先生積學嗜修，鄉黨稱扶義不侵爲然諾者也。少負簦游，業已田百氏之藪而漁獵之。既入粟補太學生，先生雖游胄舍乎，然聲聞益藉甚。時徐相國爲司成丞，藻賞之，諸同舍生爭慕響臻，所重執經候門者屨嘗滿矣。先生數殿場屋，故倦游。而太史少違弇，聲實蔚起，乃嘆曰："吾束髮受書，即不能自致青雲，孺子能矣。"遂絕不應士舉。太史蒙父業，舉甲第高等，既又選入中秘，俱謂封章可立致，乃逡逡退讓，前後請告者且十稔奇。先生養恬食白，視封章榮寵亦未數數然也。語云："善仕不如遇合。"信然哉！今天下以市道交，太史秉特操，屹不爲勢焰染指。肖山先生亦恒戒曰："世俗之見，慎勿濡染。"蓋斷斷嘐嘐如也，人以故稱是父是子云。

先生春秋五十六，舉丈夫子四人，長太史，餘皆醇行績學，翽翽接袵起矣，故曰"子孫振振"。福祿靡艾，其在先生夫！夫壽考榮貴，世所謂吉祥善事，竭蹙早夜而趨也。乃桑蓬短褐之夫曾不得齒公車，紆寸組，而其後或有賢子孫振之，顧涉日久而食報遲，非白首長世不得爲封君貴人。爲封君貴人者，又多席寵惰淫，陵轢里姓，以快意于脂田、甲宅、貨布之贏，聲伎之奉，是藉天子寵靈以導侈也，寧不亦奸訓辭以忝王命？

先生性友愛，懷獨行君子之德，居常杜門力學，足不攝公府，澹如也。嘗條列宗規，舍業以贍族人之貧者。他若賑宴□[三]，畫均平，大都犖犖可稱。藉令得操尺寸，推擇爲天子吏，豈不稱能臣哉？今國家縣世賞，諸起微細者猶然蒙賞格，惟上不辱命，下不辱親，是爲難耳。太史負奇節，駸駸柄庸，方益晋德業，著功名于春秋，封君且誦義譽命無窮，某等何論？今日余聞肖山先生訓諸子甚嚴，即太史已顯念不置，故太史能文章高世，比德于古人，非獨太史能也，肖山先生亦嚴父也。然肖山先生引義慷慨，聲稱縉紳間，政有太史耳。世之名公巨卿起家經術者，豈少哉？砥行立名，若肖山先生父子間微鮮矣。言竟，曹子德修輩躍然曰："公言肖山先生父子也足當平生，請歸以頌肖山先生。"

賀許繩齊州守考績序

史虁嘗説《詩》上前，至《采菽》曰：“樂只君子，殿天子之邦。樂只君子，天子葵之。”輒繹其旨而演之，以迪于上。謂古列國之有侯，猶今列郡之有守也。非邪？誠得循良豈弟之君子，爲天子鎮安邦域，而天子揆度其功旌異之，待以不次，選諸所表位公卿，亦如《詩》所云“路車”“玄袞”之錫四方司牧臣，其疇不澡雪精神勸于政？當是時，河清人許公初奉大對，縣高第擢爲澤郡守。

余澤人也，一再見于公，而灑然異之，所謂“殿天子之邦”，公殆其人已。雖傾蓋未睹公之大全，而心儀公爲人儼如岱宗之山焉，巖巖萬仞以立，委蛇磅礴，不辭土壤以成高。方將膚寸興雲，霖雨天下，而滋液滲漉，乃從蕞爾一郡先，則有事先配林意也。天子一旦修“路車”“玄袞”故事，其在公兹行乎？余因説《采菽》，遂更端爲之賦《蓼蕭》曰：“既見君子，爲龍爲光。”豫徵其德之不爽，而殿是邦也，誠望之矣。

無何，余以予寧歸里中，三年，日偕田間父老耳而目公之治狀，果爾與德徵符。蓋公之莅郡也，清操皭然，有拔去園葵之風。約已裕民，衣鹿布之衣而飯藜藿。出則騶御寥寥，不欲其三耦，塗之人莫識其爲郡大夫。居常戴星而興，端委堂皇上，亡愠亡喜，亡吐亡茹，提衡德法而輕重布之，不游意于衡之外，不爲惠于衡之内，郡乃大治。余爲之賦《羔羊》。藉令在位者皆節儉正直，夫人而公也，上豈憂天下哉？

先是，郡比歲不登，餓莩枕藉于道，民裹足望樂郊，而逝者四馳不可遏。公惻然下令曰：“勿去，吾能衽席爾。”乃發庚粟振之，下壼飱哺之，罷而染癘者按桐君之録已其疾。于是留者堅，逝者旋，它郡流氓争來就公，願受廛，城門之趾相錯也。余又爲之賦《鴻雁》。民之保兹安宅，誰其奠之？

公方心勞拊字，乃益寬督賦法，與二老約：“是赤子之嗸嗸，而忍操如束濕？且豈其給也而逋上供？”元元感公言，輸賦罔不若時者。蒲鞭懸而弗用，倉庚鳴，使鐸人號于路曰：“公問農，公問農。”四封之内庤鎛如林，嬉而緣南畝，歲乃大熟。道遇煢獨無所歸，曰：“于我育。”蠲傛，卵而翼于官。憐其鬻子，予之贖。遠近聞者咸沾襟焉。余又爲之賦《七月》，使民得歲時力田，生養休息，舍哺于康衢，是公之大有造于澤也。

公雖孳孳得民和，然絶不假道宵人而骫三尺。胥吏治司空城旦書，稍陳橡其間，立讁之。異時，黑衣虎冠之卒悉罷，勿復遣。訟人兩造，造于公，公徐出，片言斷曲直，人人神明公，而齰舌捒心服之矣。余又爲之賦《泂酌》。夫行潦也，而可以濯罍。豈弟君子誠欲墍乃民，民奚難乂之有？

公治化大洽，幾于刑厝。乃注意興才，簡諸逢衣矩步異等士，日程其業而指誨之。政暇則引諸生説經義，令鄉校修程伯子之舊章，僻塢荒陬弦誦斌斌嚮于學。余又爲之賦《泮水》，士克廣德心，豈非以魯國之儒一人在事哉？

然公猶不自謂政成，而虛懷折節，躬躬如畏然。每延見縉緌諸大夫，問郡所宜興除事，未嘗不辟席受之也。所執贄而見、還贄而見者若而人，靡不心醉公謙，而薰然化于其德。物無道，正容以悟之，而使人之意也消。余又爲之賦《緇衣》。嘻！公之好賢至矣，乃人之好公也如之何？

今郡人家尸户祝，公愛之如父母，而歸之如流水。老身長子戴其德，讀所布化條，必志曰“許公法”。舉所頒儀式，必題曰“許公規”。至于阡陌之間，一桑麻，一桃柳之蔽芾，必咏而嘆曰“是許公之所賜而蔭也”。余又爲之賦《甘棠》，公之闓澤入人深矣。

蓋公雅抱名世才，而滋益以茹古涵今之竑蘊，凡禮樂、兵刑、天時、地利、國計、邊防諸大政，綜貫其說，如炙轂輠間。發爲文章，飄飄乎凌雲，遷受簡而誼操觚不能逾也。余又爲之賦《裳裳者華》。公豈獨"有章""有慶"云乎哉？"左之左之，無不宜之。右之右之，無不有之"矣。

是年，公滿三載，秩當書勞，在晉三監諸大吏咸署曰："晉循良豈弟第一賢司牧。"以書入奏上請，上尊顯公，風示四方，宛若余曩時說《詩》迪上也者。余又爲之賦《嘉樂》。公業以則效之，令德宜民人，其爲四方之綱宜矣。

上方寤寐思太平，安知不憶余說而行《采菽》之詩乎？行《采菽》之詩，必且以路車、玄袞錫公，必且不次明陟公以公卿之位。公目擊今天下疆圉、繹騷、閭閻、愁嘆，運辰獻于赤墀文石之前，使九有秩寧，兆人樂業，國家寶鼎之安若泰山而四維之，乃公所爲殿天子之邦也，猶之乎殿是邦也。

余既以公慶上聖明，知人善任使，又思慶余說之果行。蓋公所領邑四，而余邑明府楊公將偕三公爲公賀，問余詞。余烏能詞焉？楊公用詩起家，第以詩賀如此。夫《采菽》之詩不云乎："便便左右，亦是率從。"言其時左右賢諸侯者皆能象賢平其政也。余觀楊公暨三公清風善政，象公之指而宣導之，平均治辨與之埒，懿乎盛哉！上即揆度公功。而問諸從政者賢，必且偕召四公，相與同心左右天子，殿萬邦，需其續之奏也。余更請以《卷阿》之詩進。

賀潘蘆山年丈刺開州序

進士初登第，而脫屬履乎壁水之下，天子命之官而試之政。而其秩自京授外者有三，司理、刺史大夫、縣長是也。司理、縣長率往往以吏治才蜚譽荐剡，天子嘉勞焉。又賜璽而徵之，以爲諫大夫，不即西臺直指使者。惟刺史不得徵，既三載，乃守格除郎省副乃已，故人多盱盱難刺史大夫云。

予讀書院中，暇則取銓曹所上除吏章閱之，閱至此則長吁曰：「嗟哉！刺史一輕至此哉？」既而曰：「非自刺史故輕，乃人輕刺史耳。」夫刺史守專城，領所部縣道，比之太守尊固若少降，然實即二千石亞也。

我國家稽古建官職，首重親民，惟刺史職較太守于民則最親。夫親民則澤易流，澤易流則主德易宣，主德宣而臣職乎幾矣。乃往有自刺史擢即侍郎者，非以所隆重茲乎在耶？而胡人不自知所重，而益騖趨其所以輕？乃有聞州除懍懍不自樂者，夕下車、朝而即覬內遷規釋負者，又有苟且事簿書文具應上責、延愒歲月者。夫審是則人咸謂刺史輕，詎不宜矣？予且閔且慨，因悵然曰：「使即有刺史而在，吾且爲面規之。」

居無何，予同年友太原人潘君適有除命，當刺史開州，予始聞，呀然曰：「潘君亦刺邪？非宜也。」蓋潘君才弘雅奇杰，論掔掔有達士風，人咸謂潘君當內除，近天子，必多所裨益，且樞要不遠也。今乃爾潘君且動心。已予復悟曰：「是唯潘君宜，匪潘君即動矣。」乃往潘君邸賀，且以徵潘君。潘君果愉愉殊自得，予因謂潘君曰：「吾聞鳳皇不鎩羽而栖，應龍不曲翼而翔。以君之才非刺史宜也，而官適值之，將于君何？」潘君劃然而笑曰：「嘻！子過矣。子獨不見夫梓人之役匠乎？指而曰斧，斧者不敢不右。顧而曰鉅，鉅[四]者不敢不左，遵所任也。蟻不以封畛而忘其逍遙，斥鷃不以非在鵬翼自阻其翱翔，盡所分也。且吾以一布衣，槁項黃馘，至微淺矣。今一旦起而笲仕王家，即擁皁蓋，乘朱輪，布檄而下之縣部，罔不慴慴聽要束，尊吾爲上大夫，其于吾不既多乎？且吾第悚職分弗盡，而貽任我者憂，負刺史名，庸敢謂刺史輕？」

予聞其言，輒俯首曰：“嗟潘君！嗟潘君！予固知唯君宜，今信然。夫有潘君必能使刺史重，予復何慨焉？”會潘君行，乃即以前所慨告之，酬夙志也。開州地劇而政繁，以潘君才且銳志圖大其規，爲開州之治其典乎？予且俟潘君巨聲入都闕也。或曰：“唯唯，否否。今天子明聖，核績課功，諸刺史賢章著者，亦且有即郎署，遷爲諫大夫、臺使者，示優異矣。庸獨謂潘君不乎？”予曰：“吾固知之。夫潘君不以刺史爲輕，庸肯以諫臺者爲重？”夫是固不以告潘君也。

賀施小槐金吾榮膺詔擢序

余不佞，侍上經幄中，時時紬繹史志備講勸，每誦漢何武薦辛金吾之言，而心竊疑之。夫爪牙之臣，一鶡冠武人耳，何至比宮之奇、衛青折衝厭難，勝于亡形？無亦武之藉口爲甔言而過張之哉？已復考覽漢家掌故，孝武帝太初，中尉而置金吾，領緹騎徼循京邑，按疑事，譏奸萌，清輦下之塵以風示天下，蓋《周官》虎賁之職云。談者曰：“吾御也，執金革以御非常也。”又曰：“金吾，鳥也，辟不祥，故官名取象焉。”夫莠盛苗穢，則穢蒢攸宜，牧馬者去其害馬者而已。芟奸刈慝之用以安民也，胡以異此？而況帝都天下本，所資以察警而澄清之職，顧不重歟？

乃漢之領是職者，往往選懦不事事，罕所知名，史但侈其輿服導從之雄光生滿路，而鷙擊毛舉見爲才者，若郅、寧兩中尉之流。天下顫恐恐而患之，史竟列之酷吏。夫慶忌在當時，第以明略威重、行義修直聞耳，武乃推高之，如前所云云。蓋金吾之善于其職，而流聲人代間在此不在彼。

明興，置環衛之官與漢制等，而衆建屬員，分職徼循之政，自列校以上，大司馬歲課其功聞天子，天子按賞率而序進之。然余所睹記諸金吾之善于其職者，亦何鮮也？長安中車如流水，馬如游龍，開甲第康莊之衢，而擁靡曼，盛歌鐘，多曰是金吾貴人。彼其設財自娛而不佐公家之急，爲偷而已矣。異時夫已氏武健嚴酷，務爲一切鈎距之術，以釣能聲，閭閻細氓一罹其于陬，而蒙夷滅者不可勝道。元元重足屏迹而畏之，不啻比之蒼鷹乳虎。明環衛之官誠等于漢制，而末流滋弊大抵亦似之，豈其攝徼循之柄漸靡使之然哉？抑明略威重行義修直者之難其人也。

今上睿明，纂歷服，詔書數下，務飭法以弭奸，而不游意法之外，賞罰必覈其名實，于是人人自愛而樂奉公。諸備在爪牙官類緩帶雍容，折節爲儒雅，而亦不惰窳其職，即都廂内外民物浩穰，諸奇邪不衷之，故一有萌芽必剪之，而比閭不知驚也。獄市未嘗擾，而奸人自絶迹，無所容也。蓋輦下號肅然澄清云。

夫京邑四方之極也，察警公嚴，遏逃象指。比年滇、粤、吳、楚間白徒瓦合，伏莽泗淵，吏一施其污赭之權，渠魁不旋踵而就撲滅。詰之以僕區之法，或蔓引及都廂，乃其游魂久已鳥獸竄，不敢須臾假息焉，豈非以爪牙之臣部索明而驅除之令豫乎？繇斯以談，指折衝厭難而歸金吾功雖過，然其芟奸刈慝以爲天下先，功亦安可少之也？余心有概于武之言，而陰求士金吾中，意其必有如慶忌之賢者。蓋萬曆辛巳冬，金吾小槐施君以歲報功，進秩一級。余未習知施君而習知上之賞功不僭，輒臆而推賢于施君，儻亦明略威重、行義修直之人，非邪？

施君之友林君與余善，爲余道施君，且請序。余乃本述建官之繇，而申説其重以人。書之賀施君，然所爲規施君亦于是乎在矣。

賀潘母王貞婦榮膺旌詔序

劉子曰：余執筆列在史官，職得紀天下閨闈貞懿之節，以宣皇化，廣屬世風，而況近在鄉人所習聞，若潘母王貞婦者，則安得不呕呕論著之？

　　初，貞婦年二十餘，亡其夫，誓天決死，所爲雉經幽室中者數，家人數數，迹而解其經，經[五]得不殊。諸宗族里黨咸來，大言曰：「若不觀堂上白髮垂垂，而藐諸孤未立耶？顧欲死，死而何詞謁夫君地下？」是時貞婦有舅姑在，春秋高；其子四，長者但舞象年耳。家又貧，貞婦疆起，爲撦撦然攻苦支門户，旦暮自織縑，縑成而市甘毳以奉，二尊人忘子之亡也。居常推燥居濕，撫諸孤而指織縑之機導之善，如是者三十有餘年。二尊人安其養，後先以天年終。四孤皆成立，而文明用儒起，爲郡諸生，有才聲。蓋貞婦之不死，而以其生振潘氏宗，生節固賢于死也。

　　萬曆戊寅冬，直指使者行部晋，廉貞婦苦節狀，奇之，以聞上。上以下大宗伯，大宗伯具請，詔郡國給錢顔其里中閭旌之，比功令。于是貞婦名曄照耀圖史云。

　　余間者考覽傳記所稱述，若齊殖婦枕尸城下事，未嘗不咨嗟嘆其行甚烈，然亦計無復之耳。藉令殖有垂白之親與一綫之緒，在婦未必即以身赴淄水也。乃陳孝婦梁高行飲泣要言，上奉下撫，間或終自刑以踐信，一何慘痛焉？非節之難，所以守難矣。方貞婦經時，出萬死不顧一生之計，豈在枕尸事下？而貞婦翻然憂仰俯之無賴也，悲夜臺之未瞑目也，羞代終之職之不盡也。而間關死喪間忍而生，蓋死有重于泰山，或輕于鴻毛，則貞婦辨之矣。《行露》之咏，天下蓋傷之。貞婦精誠所感動，齰然内外信其操，從容遠辱，無所事慘痛自刑，以發舒其靡忒之志，躋堂則代子，趨庭則代父，閱有長年，卒使節植而家昌，名顯而身完，此陳、梁二烈之所不能得，而貞婦得之，豈偶然哉？蓋天陰祚善良則介以繁祉，而人主明褒節義則光以譽命，斯貞婦兩有已。然貞婦聞詔輒潸然泣曰：「未亡人不早從穴，而偷視息以博非望之名徼帝恩，未亡人愧死矣！」則又顧其子諸生文明曰：「吾何知稱塞？吾獨藉手孺子，效尺寸耳。孺子第勉之。"貞婦日兢兢持謙不欲盈，余以是知貞婦之福澤阜昌未艾云。

貞婦里人崔明吾子敏德者與余姻，爲余道其事甚具，且請書焉。而余以爲是史家者職也，乃不辭授簡。

送趙樂軒年伯分教仁和序

余讀功令，則深睹國家廣屬學官之意云。凡郡學皆置學博士，擇民材俊若通一藝以上補博士弟子高等，則受餼于學官。三歲輒試有司，按繩尺謹擇可者與計偕詣春官，其入等可進士者。春官籍奏，天子親臨問賜第焉，而復以次除吏。即沉淪庠序，不得志有司，則董學使者歲課其業，以受餼久次貢之春官，卒業國學如弟子。願受職者，補郡縣博士，爲弟子師。

夫起進士爲吏，與貢爲人師者，所繇殊路矣。然大都取賢斂才，詳延天下方正博聞之士，以興教化，潤色鴻業，其歸一也。自法意寢微，往往以資格限天下士，諸自科第者率見褒寵，稍由任職更推轂至大官，而郡縣之師以不出科第見，謂冗散卑濮，錄錄未有奇節以稱書聞，上輒坐故事，量移王官國學而止。夫既已命之爲師，使郡國縣道之子弟儼然尊事之，又從而屈抑之，下無得師之重，而上失育材之道，非國家始創制意也。

余願推國家之意，略采古法，益重郡縣師之選，如漢世所稱賢良茂材、方正博聞之士，杰然于時、年力甚盛者使任其職，銓司勿泥故法，稍引擢異等。至文學侍從以上，令諸部使察舉，優以賓禮，別于升斗簿書之吏，然後郡縣師益自重，而海内郡弟子翕然皆知嚴師，斌斌興乎禮義太平之原也。蓋余持是説間以質之好古者，而未嘗訟言于人人。

是歲趙樂軒先生適以汶上司訓起家艱在，補浙之仁和以去，而屬余以言。余聞先生爲弟子時好學篤行，于百氏無所不窺，其文詞不詭于大道，涇之人士咸推先生。其教汝上當齊魯之郊，古所謂閑于文學、好禮義之國也。先生身教督之學成而行尊，諸山東大師無不靡然尊讓先生。先生固賢良茂材、方正博聞之士，非耶？

余嘗過武林，攬觀湖山之勝，求其縉紳先生與之游，蓋文物滋多于魯，其士習雅馴知嚴師，先生教必行，道必益重，安知部使者及銓司不有好余說而行之者乎？必自先生始矣。余與先生子善政同舉于鄉，知先生于是乎言。

送朱君之任浙江按察司經歷序

夫家云世家，國云世官，非以冠裳承承，祿爵相襲謂哉！然人子嗣親非乏名位之足患，而惟令德之難。人臣事君，弗以徼寵是榮，而能盡職之爲貴。故位不必紹其前，德似則善；官不必續其業，職舉則良。繇斯言之，則冠裳祿爵之相襲承承也。爲足以世稱云爾乎？要有出乎是者矣。或乃曰：席世家以官，軌度易循也，聲華易揚也，圖猷展采易樹也，茲又不然。夫世官者，居常惟無軋于己，故恒驕；惟便習于榮觀，故恒慢。驕且慢，不可以爲理，曷言易也？以余所攬古昔之際，邁迹者多奮自植，而象賢者率難克副，豈不以此故耶？然則在紈綺中非其所好，惟孝惟忠以無遺佚前光者，自非踔犖俊杰才宜莫之能矣。

朱君今少司寇朱公季子也，初以貲署兵馬使，既而授浙之臬司經歷。將行，曩與余辛酉同舉于鄉，而今仕都下者凡若干人，俱屬朱公門下士，故于君有通家之雅，僉謀爲贈，而問言于余。余惟吾師朱公望隆上卿，德表群寀，聖天子眷注方殷，日事襄贊，蓋至尊顯，勳伐炳焉煥矣。而又令君宣力于外，君雖寵榮乎，然進念國恩，退奉庭訓，所期以竭自致而報君父者良亦匪輕，則安得不兢兢翼翼哉？

余觀朱君閎才績學，溫貌而介中，閑于詩書禮學之教，而尤諳練乎當世之務。是行也，吾知其裨益于監司也多矣。異日者浙之東西有稱豎激揚之效，俾吏稱民安者，吾知其必君也審矣。昔黃次公以治行高等累秩顯赫，乃其始徒用貲進耳。方今破格待賢，如君才者世豈靳之乎？斯其孝忠令聞將爲世家、世官者則焉，微獨拔乎流俗已也。語云："樹德務滋，世濟其美。"其有之矣。

贈畢鍾雲授侯門教讀序代作

我國家盟山河以祚列侯，俾有大勛勞者世世襲休美，甚盛典也。又慮其漸被綺紈，鮮克由禮，乃人制令閟家塾延文士以訓諸子孫，俟有成效，始上聞而授之官。然必預給章服，載之文札，自公而下，咸得爲之，不以一一請，兹其規模至閎遠矣。獨以承平既久，法矩漸弛，世祿家爲子弟隆師取友固多，間有藉施予以市私恩，其人之賢不、事之信僞不暇論，兹豈朝廷設置初意端使然哉？難言之矣，難言之矣。

予鄉丈畢鍾雲君家于休寧之閔川里，世以詩禮閥閱列名卿者代不乏人。其先人公獨高尚樂志，不嗜進取，時與道學先正講明聖賢之蘊，所著有《問辨》等錄，皆自心得中來，允爲後學指南，厥積厚矣。乃鍾雲君綽有尊人風，幼讀書了大義，不拘拘章句繩墨間。弱冠游南廱，與信陽師竹王君友善，登臨覽勝，雅好山水。緣多疾，旁攻軒岐書，即能洞曉脉理，頗自謂得真旨，不效常醫尋方對症爲也。其聰晤過人如此。客歲冬來京師，伏羌伯思泉毛公廉知鍾雲君才，時師竹君登翰苑矣。得請于師竹君而以延之家塾，寵之章服，諸與通家咸榮之，屬予爲贈言。余曰："此安足爲鍾雲榮也？"鍾雲有雋才，假令竟所至，當必自致青雲。獨念先大人養背，欲述其志，乃韜晦自媮，若云必以此屑屑爲榮，適則非其志也。雖然，君不自以爲榮，而人之慕君者必欲榮之無已，是寧無可言也？

夫鍾雲磊落慷慨士也。幼失怙恃，家有餘饒乃一不入私室，盡以付家人，周窮乏。其操持刻厲，雖米鹽、婚迎巨細之務咸自經理。其與人交恂恂然自下也，其遇事輒不引避，毅然當之，故朋友凡有謀者必稱鍾雲云。余與君同梓里，恨識荆之晚，見其與師竹君交莫逆也，非世俗之所謂交者也。今茲師竹君有秦隴之役，微鍾雲靡所與同矣。同道相資，窮達一致，視世之徵逐勢利之場，握手傾肝膈相歡也，一遇利盡勢疏，炎涼異態，其于爲人之賢不肖，即霄壤奚啻也？夫以鍾雲君生逢養高誼，犖犖有足稱舉若此，則由此致位，得行所學，雖輔世長民亦不異者。而偶一見知，小被囂謗之美，曾是足以語沾沾乎？余故不謂鍾雲榮，即榮亦非鍾雲志者，誠見其所持者大，庸詎少思泉之舉，且薄鍾雲哉？

余辛未歲獲附師竹榜，又同中秘侍筆硯，師竹蓋嘗以弟視我。夫師竹君端人也，其所取必端矣，矧鍾雲君爲余鄉人，又親見其賢者乎？故直書以序之。噫！若思泉公亦可謂知人能得士矣。

送李西槐冠帶歸省序

余讀漢史，至宣帝論"庶民所以安其田里，而無嘆息愁恨之心者，本于政平訟理"，未嘗不掩卷而繹思。嗟乎！自古人君心恫民瘼者，靡不以是責諸民牧。夫何服官政者，或深文剝意，或剛愎任情。藉口哀矜，輒開肆赦之門；自矜鈎距，頓投深陷之阱？此之謂"刑罰不中，則民無所措手足"，能使其無嘆息愁恨之心乎？噫！是皆逞智能以爲明敏，持姑息以惠奸宄，不明于律令者之所爲也。使其素明于律令，則發言盈庭，迎刃而解，殆猶執鑒以臨物，妍蚩萬狀，不遺纖悉矣，又奚慮夫訟之不理，政之不平耶？是故哲王恒重夫詳刑，君子貴先于習法，而淑問如皋陶，不冤如于公，每見稱于紀傳，茲講讀律令、載諸令典者昭如也。

今天子建元之歲，汯邑李君西槐以明律令應試天曹，名在甲乙，奏授正八品秩，一時與之交者咸嘖嘖榮之。是歲之冬，余適與鄉薦至京師，寓于侄氏廷舉之宦邸，會君于座上，睹其儀度雅飭，已竊異之。及聞其籌畫民瘼，語若懸河，益信其爲有養之士俊。余釋褐南宮，試政比部，過而與之論刑書，則支分節解，于凡律令條例之同異莫不曲暢旁通，而各極其奧，由是而知天曹之慎可與，欲中是式者之難其人也。雖然，嘗聞之先儒曰：刑者輔治之法，能使民遠罪而已，蓋非爲治之本。若夫邁德種恩，樹以風猷，俾農氓安逸于畎畝，女工吟咏于機杼，歌凱悌于雅詩，續循良于漢傳，此則國之楨幹、民之父母，而當寧之所屬望者也。

吾知李君他日之臨民，誠有若徐杜之策名前史，伯律之揚歷先朝，政平訟理，豈不綽綽然有餘裕哉？而冠裳之授，殆不足爲君之榮矣。故于其歸省也，特悉次是語以貽之，且以申余侄久要之誼云。

送程玉峰榮還新安序

新安程氏自梁忠莊公以來，世以忠節孝誼聞于時，而族之蕃衍實甲宇內。雖其地無兵燹之變，亦其恩禮浹洽，聯屬有法，故其子弟習聞孝弟忠信之教，相親相愛，愈久而愈盛也。

玉峰翁少警敏有材，恥爲章句。里人多販鹺，翁試爲之，輒有次第。然好赴人之急，不規規握算較錙銖，獲利獨倍他賈。他賈喜侈，日痛飲縱博，擁美姬，飾孌童，歌舞自娛。翁獨悃愊如寒生，日與昆季子弟講孝弟忠信之道，惕然恐墜其家聲。翁其隱于賈者歟？

余同年友春臺張君，翁館甥也。今年秋，翁揚舲漕渠，至京邸。會以例授太醫吏目，將返棹淮濱，抵其故里，葺廬易畝以貽厥后。與族中長老優游結社，輀車繫舟，爲投老計。其鄉人之寓京師、既與春臺居游者，咸謂翁野服而來、冠裳而去而榮矣，不可無贈，則以屬余。翁嘗理釐事，寓義陽最久，余頗悉其賢，茲于翁行獨有感也。

夫士大夫之汲汲于仕也，不猶翁之汲汲于釐乎？仕期厚禄，不猶釐期厚利乎？士以仕爲家，不猶釐以舟爲家乎？然翁獲利也，意不在賈，非如史遷《貨殖》之所紀也。又幡然返其故里，驚濤逆浪，惟恐復觸而仕也。汨没宦海，竟忘首丘，然則翁之歸也，獨以一冠帶榮也乎哉？余甫通仕籍，乃爲此言，非敢有所矯激，而睹翁去竊嘆焉，因以自警不遂汨没，則翁之惠我大矣。是行也，冠服且不足榮翁，矧余言也乎？若夫家世之蕃，聯屬之法，則譜牒具存，故略而不書。

贈王鄰溪之留都軍幕序

余家食時未識王子，辛未秋，王子來京師謁銓，造予。予見王子溫端敏闓，予固心多王子，賈人能無馴驗態也。王子有父且老，旦夕娱其親，猶思以□□〔六〕，□〔七〕輸貲得授官。亡何，王子以椽曹除留都中□□〔八〕，□〔九〕日將歸便之官，且以奉章服爲乃父壽。予里人居京師者相率而觴之祖道，因進而問予以言。

予曰：王子斯行也，意可徵哉？夫人情，父罔不欲其子之顯庸，然而親壽耄耋老田間，子心亦罔不皇皇然。至于受卑微，計斗升之禄、簪帔之榮，如古抱關擊柝者流，夫豈顧曳青裾甘爲此役役哉？彼其心蓋有爲也，王子素號長厚，重于鄉，然常廢居廛井中，固非營營鶩聲華、炫耀禄位者，乃一旦爲其父請冠服，已遂受牒而出，不辭卑官。

　　嗚呼！王子之心，豈不以得少沾恩奉君禄承娱慕〔一〇〕齡與哉？王子固非爲身仕也。夫王子起貨殖，未嘗游詩書，耽習道教，而能隱不忘親，仕不謀身，可不謂奇焉？予固不敢以賈人視王子也。王子且行矣，計過里時峨冠拖綬見其家大人，其家大人必沾沾喜，問所以能其官，第對曰：“兒願得以禄俸奉大人，第强力獲免罪戾爲大人憂足矣。卑官也，曷敢有他志？”雖然，予于王子固不若是望也。夫自古善賈者莫過計然，今觀計然曰：“知鬥則修備，時用則知物。”蓋言能知時也。故歲在金穰、水毁、木饑、火旱，而能審農利病，爲市糴宜，時所在故耳。

　　今天子明聖，核績課功，一長一技罔不圍鑒觀，嘗數詔銓臣，勿以格詘材，即胥吏諸流亦得藉以表賢能，往往坐升叙矣。夫王子所以自效，兹又非其時乎？又不徒握齪懷禄，爲乃父榮也。往予與王子談，王子口娓娓不窮。間有舉朝事一二，王子亦能相度曲中。予固知王子才，必有以自樹，因即其所喻賈事規之，諒王子固能服予言也。

校勘記

〔一〕“自”，原作“有”，刻印後改爲“自”。

〔二〕“山”，原本無，此爲刻印後所補。

〔三〕“□”，底本漶漫不清，據文意疑當作“元”。

〔四〕“鉅”，據文意當作“鋸”，音同形似而誤。

〔五〕“經”，據文意當作“竟”，音近且涉上而誤。

〔六〕“□□”，據文意疑當作“禄俸”。

〔七〕“□”，據文意疑當作“乃”。

〔八〕“□□”，據文意疑當作“軍幕”。

〔九〕“□”，據文意疑當作“擇”。

〔一〇〕“慕”，據文意當作“暮”，音同形似而誤。

壽　序

潘王千秋壽册序

　　余聞之荀卿云："周姬姓五十三國，而子孫莫不爲天下之顯諸侯。"蓋周之盛王躬仁厚之德以流化，子孫之世世而漸劇之也深，故公族多顯者。《詩》歌之曰："於嗟麟兮。"言瑞世如麟也。

　　溯漢以來，帝者德衰而化駮，麟趾之瑞稀聞，其縎圭組，纂茅封，生于帷墙而長于阿保，往往驕佚失道，名堙没而靡稱焉。即河間、沛東、平三王蔚起，號玉林之秀，然累世而有一人猶足繼踵，漢二史亟采而書之，且舍毫而嘆，見以爲知憂好禮之鮮也，則居勢使然。於乎？微獨居勢，要亦視俗化之所漸劇善不耳。去周二千有餘歲，而天潢之浩衍，乃綦盛于明，高皇帝王諸子建邁世之安，垂兹十葉間，諸懿親之迪德，蜚聲顯于天下，班班具史策矣。而潘國今王賢最著，當嘉隆之際，天子嘗三下璽書褒勞之焉。

　　余從梓里中習其聞問，王蓋庶幾兼漢三王之行者。里中人曰：初王弱齡居子舍時，即恂恂異于群子。先憲王鍾愛之，比封而兩太妃襲翟茀重堂之上，王夔夔色養，寢門時時有鳴鸞之音。與介弟和愉，敦常棣之誼，而務以節行相修，弟竟以才顯。在深宮絕宴私之謁，宮中象指綌紛繁蘋之事離離然。史所云"孝友樂善"，王之謂也。身都千乘之尊，而恫恤窮閻之瘝。民有罷癃病，親予藥而問之，歲饉則發倉而振之。然終不假道宵人而市聲寬大，公族或奇邪蹈非僻，輒取祖訓讓而跽諸庭，彼心謝不敢乃已。國人干縣官法，必重法繩之以懲後，曰："吾方兢兢奉天子三尺，寧爲爾曹城社邪？"史所云"矜嚴履法度"，王之謂也。蔬糲不輟餐，浣澣不忘御，猨岩雁沼之勝虚而不游，日偕賢豪賓客若宗媺之彦，坐敕賜勉學書院中，研精經史。九流七略之書靡所不究，而淵衷有得，則援筆爲文章。嘗手注《心經》《東銘》及《賦丙子鶴木》諸篇，飄飄乎有磅礴萬物之氣焉。史所云"被服儒術，大雅不群"，王之謂也。斯三者，漢三王人一而足，遂表表冠諸藩，而王乃今兼有，豈第以王之聰明卓犖繇于天性，故能知書好禮，不移于居勢乃爾哉？

高皇帝仁厚之德，源泉蜂涌，軼迹隆周，而天下之世世而漸劇之也。即疏逖昌暗、牧童游女猶興起于皇化，而矧胄出神明、家承謨訓者乎？固宜王等諸賢王迪德蚩聲而顯天下，振振比瑞于麟也。今年王五十春秋矣，其世子暨諸仲季皆象賢嗜文學，將裒次名人才士，并諸宗英所爲獻壽之篇以佐觴，而乞余序之。

曩余家君七十，王函詩來稱壽，自爲序。余兹不可辭，乃列王之賢于右方，而申説之曰：夫周五十三國之子孫顯者不概見，見于時則有若衛武、魯僖云。《詩》之《閟宮》祝僖公壽曰"純嘏黃髮，如岡如陵"，意肫肫懇至，而武公壽且逼大齊矣，猶使人日誦《抑》詩于側以自箴，其企德之歡與檢身之篤兩可想而見也。今以遠邇之歡企于王者而發之詩章，純嘏岡陵之祝備。王自今春秋益高，德益盛，以余懸度其檢身之念，將無亦樂聞自箴之語乎？余是以不剟引壽之説，而序王之素行，以質于王。《抑》之詩有之"誰夙知而莫成"，今王既夙知之矣，即自箴，第永堅其行以成之而已。

賀元輔張師相五十壽序代作

今元輔少師張公，生蕭皇帝乙酉，迨今上之甲戌，春秋纔五十耳，業已事三朝，相二君。嘻，奇矣！夫人臣當吾世而遭景炎不疇，欲孟晉德業，光春秋哉？而資適逢世者要不數數見，即瀕皓首而博寸功，猶然竭蹶稱難矣，若少師公者真其罕云。皋月之三日，少師公覽揆之辰也。公門下士某等將以其期旅進拜公于邸，乃先儼然詣余，請屬辭爲介。

余惟往當天子以冲年宅諒陰也，代更之初，國多釁矣。少師公以一身左右其間，內開主聰，外調和庶政，鼎足以疆著，令甲稱其勛焉。此非子大夫所目睹而心識之哉？而余何以稱之？余不佞，即以其時承上簡命，俾參陪公，預末議，深惟重難之寄，蚤夜思贊公未能也。而見公二載以來，道行而化顯，身寵而君尊，實政茂起，貞士彙征，年比登，兵弗用，中外欣喜而相慶，此又非子大夫所目睹而心識之哉？而余何以稱之？

嗟夫！孰植喬木？下已成陰。孰翊天子？世已化臻。少師公之功業，既芬馥在人人口，第不俟余言以顯也。無已，則相與道語少師公之心焉。往余守春曹，見上眷注公，嘗召見平臺，面諭之曰"忠臣也"。當是時，公感知遇，退上疏，即以忠自許。其略曰："人臣之道，必秉公爲國，不恤其私，乃謂之忠。"嘻，旨哉！渢渢乎，其言之也！余深味其指，書之座右，用自鏡云。其後與公同典密勿，且暮相隨從，乃溯憶公之言，未有不酬者。

公初佐上理新政，政叢委，公悉心而區分之，一準以成憲，曰："吾膺首輔，當爲國家慎守法度，彼騁臆見而釣奇名，將謂國事何？"銓司白當除官或報罷，必問其人當不，未嘗藉天子威福以己意橫其間一髮也。居常推心以無私率衆，而衆亦心信公，諸窺竇宵人者屏息不復作。公雖貴重于人臣無兩，然以善與人無所吝。百執事有以職事裁于公，事當即予之當，脱弗協又指狀而示之協，無務蔑人之能而傅主者罪也。其在上前陳規鑒，即危亡語益深言不少顧，上斂容而聽之，往往手詔褒賚公。公謝弗敢，乃益務與公卿庶府臣圖迴咨訊，吐握以任天下之勞，直將以主泰爲身祺，寓[一]謐爲家祉焉。余于是益信公所謂秉公爲國不恤其私者，乃公之所身踐，而其符上諭稱忠臣，道固有繇也。

知臣莫如主，上固已知公忠，及其功之成也，又喜而嘉之曰"純忠"。蓋後先同云。抑余觀漢儒之論忠也，至于安社稷，感天地，而百禄至之，其應豈不章章乎？夫公之純忠，社稷業賴以安已，天之鑒公忠而禄之也，其云何？天子睿聖，方在妙年，少師公純忠，又當壯歲，明良泰交，譬之四時方在春耳。天鑒公忠，必使之永毗于社稷，欲使永毗于社稷，則必錫之繁祉長年以資之。雖天之禄公忠，實以純佑我國家非偶也，在禮五十未言壽。是舉也，勛伐爲重則齒爲輕，故不以冥靈大椿之語及之。

壽少傅朱篛庵序

熙代登理綦隆厥繇主上聖哲，亦惟是淳龐瓌偉之臣以翊衛而匡扶，故祚滋昌大。臣功載旂常，乃厥靖共之分，則亦惟天若元德以錫玄貺而協貞符，故年彌永，踔哉葢乎！天人通感之際，機若影響然，蓋從古記有之，而今也有炳炳可睹者已。

少傅篛庵朱公，社稷重臣也。端月之三日，實維誕辰。搢紳方前期致祝焉。公于時適命役小築，發舍旁故址，得一奇石，諦視之，具體類山，背隱隱起壽字，刻有諸銘辭其上，皆籀文丹畫，所志則先正甕忠定公家獻壽舊物也，僉謂朱公壽考徵應云。于是余鄉人許少岡君詣余，告之故，且道其服事司隸屬下有年，德公無以報，幸太史叙之，某將藉以壽公。

余念少傅望甚巨，兹事又甚奇可紀。余即不文，然曷敢讓焉？則言曰：世人恒曰："天道遠，人道邇。"其可信乎？夫天人相去誠懸矣，乃其至精流通未始一息不屬也，故天之鑒下，誰得而見之？詹以其福，人之動天，亦孰從察之？決以其德，故德茂則無遠弗格，福至則有開必先。少傅有淳德以出在名閥，有武德以升在崇秩，有恭德以樹其令聞，有惠德以贊其治平，淳、武、恭、惠，胥善物也。善氣導迎，何福不集？繄諟奇石韞韣于二百載之前，而烏奕于二百載之後，茲豈偶然也哉？其必有莫之爲而爲者矣。彼有獲玉璜于磻溪而釐勛立，受五岳圖于丹臺而修算延，是固玄符頗亦詭異，孰若名家故珍，事實義貞，瑞應何其著歟？

少傅之福壽，余不得而究竟矣。國史稱蹇忠定篤實厚重，貴而能謙，歷仕五十餘年，始終完名。論者以少傅勛德與忠定相等埒，而福壽當尤過之。余則以爲知言，顧少傅聞之獨退抑不自居，茲其所以賢也，然學士大夫業已往往多聲歌頌之矣。

壽太宰王疏庵年伯序

上英齡撫中興之運，五年而化旁洽，九宇寧。上弗遑暇豫也，日孜孜思所與陶甄天下材，以總攬周行，彰物軌，端有望于統均之卿。乃超然下明詔，即拜前予告地部尚書陽城王翁于家，進天部，馳封傳急徵之。翁疏辭，上報曰："向者卿在度支時，國家幸賴卿。卿其更煩爲朕入視銓衡事。《傳》不云乎：'用人理財。'兩者皆今之所蒿目而咨也，朕欲得卿兩襄也，朕日夜待卿。"于是翁奉特命乘傳入，而冕旒位寧間，虛己以聽，充庭振鷺之臣心相袚濯首嚮之，治象忻忻起已。逾年，朝政淑清，風灑于四隩，名者實，枉者直，莠盛苗穢者息，群工勸職，百度登，黎元浸福，中興之運益昌焉。

方以內延頸跂踵，祝天子萬年，亦莫不願翁壽考且寧，長爲

上董正治官者，而翁適以冬十一月朔逢初度。邑子某曰：某竊以
考夫成周有道之長，而知翁壽云。昔者周宣王中興，仲山甫爲冢
宰，大雅之臣紀其懿爍，《詩》歌之曰："王命仲山甫，式是百
辟。"曰："邦國若否，仲山甫明之。"美哉！渢渢乎詳言之矣。
乃首章則溯測其源曰："天監有周，保茲天子，生仲山甫。"蓋
周先盛王之德昭監于天，而天篤開其中葉之英君也，乃豫錫以保
乂之賢臣，如仲山甫者出，而周之郅隆引以長，天祚邦家，非獨
君受命，臣之生亦不虛如此。明紹天逾十葉，上乃中興，其重熙
之聖緒邁周宣，而代則象之。翁于時爲冢宰，其翼國之宗，勛溢
仲山甫，而迹則配之。鋪觀翁懿爍而揆《詩》之歸賢仲山甫者，
殆所謂異世而□□兩[二]，安謂逮哉？子沾沾前說《詩》，胡不風
我而但頌我？

某曰："翁安得讓斯？天固有意，且仲山甫當宣王初，位冢
宰，遂兼太保保王，躬持政四紀餘，上知翁深，方將托翁以師保
之重，長塡安中興，躋萬曆于仁壽，不啻比仲山甫矣。異時翁勛
益盛，春秋亦益高，夔乃請更端以《抑》之詩進。"

壽閔水東大司馬六十兼拜新恩序

上嗣服壬申歲，經歷君升上疏，言其父前大司馬水東先生閔
公，上曰："是嘗于雲中饋餉者，有解圍功。其復乃秩，賜致
仕。"蓋公先是以質直不嫟婀人，遂解秩以去，至是始承恩命云。

大司馬閔公者，畿內任丘人也。少倜儻，有吞雲夢八九之
志。既舉進士，拜理官之汴中，汴中稱治。已入爲御史，聲實蔚
起。詔特簡御史爲史官，繇史官遷督晋校。余生也後，不得以其
時賷函從門下講業，然嘗竊竊剟緒餘于鄉校長，言公課晋士時，
齊功令，昭物軌，而其歸一本于德行，即枝辭蕟言無取也。士斌
斌嚮于雅化，才之興迄于今稱良焉。心故嚮慕公，想見其風采。

洎余叨窺史局，尋公所舊游處，公業已投簪組去餘十載所已。

上二年爲歲甲戌，屆公攬揆之辰，壽閱一甲子又八，故晋諸生爲公門下士，今則聯佩官京師，將使使壽公，且爲新恩賀也。儼然過某而授簡曰：“往閔先生一課晋，而使晋士重于九鼎大呂，天下莫不聞。顧吾儕碌碌，無能以寸樹復先生，而先生今年春秋六十餘高矣，將何以爲效？且先生社稷臣，而功勛之施太半乃在晋。子晋人也，知先生，善爲我明其意。”蓋以公繇督學一之陝，即還掌晋憲。已復自晋藩司左右使開府，督雁門諸關。已復爲司農右侍郎，轉雲中餉，始陟大司馬，所注措咸晋地，故云。某曰：“語有之：‘駃騠休足，干將藏鋒。’人嘗指兩者有壽之道，乃今觀于大司馬閔公，豈不信然乎哉？”

始公當肅皇帝時，匈奴弗憞，邊數數苦兵，天子旰食而簡閫臣，諸臣將上指惟恪，稍稍坐弗辦。上即簿責人，人自惴恐，而公適以其會典西北邊諸撫御事，大有威名，故備代郡則虜人不敢牧代郡，餉雲中則圍兵不敢困雲中，公之望逴躒振，公卿聞，莫不謂公且以一身繫九邊重，且暮佐天子膺社稷之寄矣。乃簡命一承，旋即謝去，若將老焉。此豈直以資菜葹盈室，故紛不厭夫默黮之言耶？無亦休駃騠，藏干將，天乃留餘于公而錫之以壽耶？

抑余聞公家任丘，任丘人雅稱公長者。自始解褐爲貴近臣，至提兵塞上著勛名，絕不爲兑倨輕翾之態。已而得謝，又遹然無阻色。既抵滱水，將涉，召經歷君命之曰：嗟乎！吾自少博一第，往往爲千里游，今而涉，吾知免矣。于是角巾歸里，翛然蓬蒿，未嘗投公府一足。見諸貴家子侈脂田、甲宅、聲技之奉，嚅蹋有司前，心蹙然非之。時時誡家人以素約，間與故所游稱觴自適，其于當世之好澹如也。

夫世之人竭蹶功名，沉酣寵利，一弗當意，即悵然若喪其所有，此謂重傷，何有于壽？公進故無俠志，而退又不以縛詘，其心豁然于林壑之下，此莊生所云，縣解而神益和，形亦益固。繇斯以基壽，即期頤百年可量乎！藉第令公以樞管大臣受天子心，蚤夜躬天下之勞，其視遠耽林壑，葆形頤神，恐未必遽，公故不爲世焰染指，乃一謝能豁然若是。即使天欲勞公以功名，公且不得謝，安能有其豁然者乎？余故謂公之謝，乃天之所以留餘于公而壽之，非偶也。

而諸公又爲余言，公子經歷君以廉慎持官，具出公教指，諸孫翩翩皆國器，直欲繩公武而光之、然則公既備德于身，又肇祥于子孫，異日者顯名殊伐，烏奕乎無窮，其寵被于公者又烏有已時也？曾今日之恩足賀哉！于是公諸門下士皆曰："善！子之術閔先生也足當平生，請書以壽閔先生。"

壽王疏庵大司徒六十有二序

今皇帝踐阼之初，燭弊圖新，嘉與股肱大臣登閣治理，于時典尚書省者六，而吾鄉有其三焉，太宰虞坡楊翁、大司馬鑒川王翁、大司徒疏庵翁也。虞翁治吏，鑒翁治兵，而翁治賦，三翁同時肩國家巨重，若鼎足然，稱最盛云。然治吏者詘不任，治兵者汰不精，所虞在有餘，而治賦者伸詘爲贏，所虞在不足。

某從史氏後，嘗閱兩朝故實，見章牘下大司徒者徵責請乞紛糾旁午，蓋未嘗不蹙額爲在事者難之。翁事肅皇帝朝，以少司徒督儲太倉. 會南北用兵，邊書狎至，翁治芻芻具，治餉餉具，朝廷得不以軍興爲憂。尋翁請告家居，累召不起。先帝疆起翁司寇，尋自司寇遷大司徒。時上末年，頗事徵費，數遣使宣索，一不應則譴訶繼之。翁按舊牘辨之，不逾時，舊牘所不載者即抗章奏罷，衆咸服翁之執焉。

今皇帝冲年共儉，海內幸無兵革。翁奉上意指，力主節縮諸科率病商浮稅病民者，所蠲貸不可勝紀，要以開塞導流，爲國家興自然之利，若疏錢弊，復屯額，正鹽策，通漕實，鏖奸批蠹，法斬可久，而未嘗摻一切權宜之術。國家經用不益賦而自饒者，翁之伐也。

今年萬曆紀元仲冬朔日，適翁懸弧之辰，全晋士大夫爲翁壽，屬某爲詞。某惟翁自邑宰入更部寺，兩踐台省，所在聲績炳麟，足難指數，而殫慮極思，綜畫于三朝者太半乃在財賦，其審勢若布棋，較額若累黍，受會若推策，斥耗杜浮若郤大川而防潰也，可不謂盡瘁哉？乃志意精力彌久不遷，每望見翁朝堂之上周旋奏對，翩然若壯少，謂即耄耋期頤不啻也。豈天生名賢其所禀受自與人殊異耶？抑其神完而德全，若所謂批大郤，導大窾，歷久而刃不折者耶？則無他術，其道蓋本于大禹、周公。

昔者大禹作《禹貢》，九州之賦入以其等。周公作《周禮》，内府、外府太宰得詔王會，衆見謂佐理致太平之迹耳。然二聖人者在相位最久，而壽又最長。乃知均調節嗇之道可以壽天下，亦可以壽其身。蓋國之財賦，身之榮衛，流貫周浹，其理非有二也。翁今治天下則福澤融鬯，兆姓昭蘇，以治其身則恬愉康疆，和理貞固，盡禹與周公之道矣。語曰：“愛以其身爲天下[三]，乃可以托天下。”信然哉！信然哉！特因同鄉之請，書以歸之，以見所爲壽翁者乃爲天下祝，而非徒侈談于里人也。

壽陳石溪先生七十序

余少受博士《尚書》，則已聞石溪先生，心嚮慕之矣。先生以《尚書》講業，自省試籍南宮咸魁其經，海内士争誦其文以爲式。其所爲疏義出，而諸家之説盡廢。當是時，閩中大師涉《尚書》以教者，莫能右先生。然先生雅不善宦，自其爲州縣吏，數忤上官指，以得譴罷，蓋位不過郎署，年不及耆而輒謝事，以老棄其職，如脱敝屬。士大夫則翕然推高先生，而惜其經術不盡試也。

余升朝晚，不及事先生，而獲交歡先生之伯子中允君于翰林。中允君授經儲宫，從上起踐大寶，日侍講幄，進而陳悃納約，誦説所聞，上未嘗不稱善。退而與同列辨析疑義，發攄所自得，人人爲之解頤心服，蓋其淵源所自大抵出先生。先生曰：“自吾釋官而後知吾之貴，吾老而後知經術之爲用也。”其意念深矣。于是先生年七十，中允君既重違先生志，不得造膝下希韝奉觴，則以諗諸朝士之能言者。而余不佞，執經從中允君後，則請以經術壽先生。

嘗竊覽古傳記，自漢興，明經宿儒往往祖伏生、申公之屬。伏生仕秦不過博士，及年已九十而文帝使太常掌故往受其書。申公仕楚困，年八十餘乃用弟子推轂，起而議明堂事，尋觸聞罷，斯可謂不遇矣。然其傳業寖廣，弟子以久次相受，高者致卿相，爲天子師，次猶得崇論竑議，備虎觀石渠之列，及傳緒且十餘曹矣，猶然自名其師説。而天子至稱爲大師，而不敢以帝尊加之，功與洙泗并存，而名與喬松争壽，其重如此。

先生以《尚書》名家，好稱引，先生明道術不在伏生、申公下，其被服儒行不能刓方爲圓，與當世俯仰，嶷然殆齊魯之家法，而轗軻不遇以老，抑又似之。然先生爲博士時所指授弟子，與海内之讀其文詞疏義而私淑焉者不可勝數，其中固多顯者。而中允君在日月之際，嚮王道以納聖聰，令上日聞所不聞，明所不知，而日益睿智。有如上問中允師説所繇，中允則謹對曰：“臣無他，師臣父之説云爾。”則上不必使掌故受先生書，先生不必乘蒲輪起，而微言眇論固日在黼宸之側。

異日者，中允君致卿相益貴，用事盡行先生之學，則先生功被寰宇而名烏奕乎來兹，世所稱無疆之壽有以加此哉！中允君第夙夜公家，益成先生志，即無希韝奉觴膝下，先生壽矣。

賀何震川先生壽登六袠序代作

莊皇帝五年辛未春，會試天下計偕士。吾師震川先生同校禮闈，以《尚書》拔在選者十有九人。及今上即位元年癸酉秋，先生又奉簡命主南都鄉試，得士若干。越明年，聯進者亦有十九人。而前後諸人俱出先生門下，因得共敦同門友誼云。今年乙亥，先生之尊人仙室翁躋六袠矣，薤賓中旬一之日，是爲翁誕辰。于時諸友各以分職就列去，而聚首都下、昕夕先生門墻者，兩榜惟八人而已。乃相與謀所以壽翁，僉謂某齒居卑，授簡使擇言獻焉。某不敢辭，于是儼然頓首再拜而言曰：

語有之，褚小不可以懷大，綆短不可以汲深。師翁德深祉大，固非小識短材所能窺也，則奚言而當？雖然，請術天人之際，可乎？《傳》云：「明德之後必有達人。」又云：「天之報人也，不獨其人，且報其人之天。」蓋貽之前，酬之後，是鴻均之大常也。即世之頌德者，非願福于當年，則祈慶于來許，是人代之恒情也。天之與人一理也，審矣。顧玄繹悠渺，而應感隱微。植善于此以食其報，有及其身者，有于其後人者，有一再得而始發者，然未如祖父孫相繼登閣之爲顯也。又其間報之，或以富資，或以貴榮，或以蕃枝胤，然未如奕業才賢濟美之爲厚也。若夫既顯且厚，可不謂天人協符，吉祥善事之殊尤絕盛者歟？乃今則師翁固當之矣。

翁之先大父[四]先生道德文藝爲海內宗。自明興，諸公名世者指不四三屈，而大復先生褎然稱居最。當其時，位不副德，年未究業，人惜焉，而曰「浚閟厥祥，後其大昌」。故翁生而天姿夐異，甚類大復先生，即弱冠游泮，衆固已推轂爲公輔器。迨癸卯登賢書，無識與不識咸謂：「是爲大復先生後者也，是能克肖大復先生者也。」誠慕之矣。爾[五]于時無泰容，既而六上春官不遇，衆靡不詫，翁亦無沮色。謁選得懷遠令，懷遠大治。部使者交薦佐郡德安，德安人誦之，猶懷也。居無何，以入賀，遂疏乞休。

　　是時，震川先生登著作之庭，爲天子貴近臣。同時諸與先生游者率諷翁聲名籍甚，方期大用，不宜引退，而翁翛然竟歸。翁之稱言曰：“夫握于越之劍者，輒發而輒藏之，不輕用也，寶之至也。柤梨橘柚實熟則剝，枝葉摘披，此非以其材能苦其生者乎？吾固祛所苦以自寶焉。”翁歸甫數年，而震川先生以舊學名德郅宮允之位，日侍啓沃，上眷彌隆，行且登樞秉鈞，功加寰宇矣。人第嘖嘖爲社稷慶，寧渠知翁纘緒累德，厥施未光，乃滂礴淪鬱而弘發之先生耶？繇斯以譚，翁之爲達人固大復翁明德所貽，而震川先生之焜耀鑒鈞，是天所以報翁，又以報翁之天也。自鄉人惜且詫于兩翁者，吾知灑然于此矣。天人之際，豈不矚乎忠信明白哉？且聞之義陽士大夫言，翁爲人高雅博大，居己清約而薰然慈仁，能振人之急，然又謙冲不伐，斯鞠躬長者也。某雖未接翁丰神，每進而目擊先生，而翁之道已存矣。

　　今翁德日益高，身日益貴，乃愈益冲虛恬澹，游心乎塵溢之表，而物無以滑其和壽之道，以故年周芝輪神王，色澤不減少壯時，人或謂翁有仙風，即翁亦以仙自命。夫寓形宇宙，獨仙最壽，乃太室、少室在翁鄉竟上，其中神芝瑶草、三花璃樹、石髓玉漿之屬，而浮丘王喬得而餌之，并能駐顏縣算，載在圖經，尚多傳之，翁豈通其術耶？然以某觀，翁殆有所托而愉焉者也。夫翁忘冕軒，遺世累，注焉而不盈，酌焉而不竭，泊然暢與天倪適，古之所謂樂全人哉？而震川先生方且道佐唐虞，繼翁之志，先生之昆季二君掄魁振藻，方且兢〔六〕秀爭先，翩翩接翼而起，況復諸孫蘭茁未艾者乎？是神芝瑶草、三花璃樹、玉漿種種在翁之門，猶將糠秕浮丘而土梗王喬也，夫奚羡于仙爲？

莊生有云：至人葆其真以爲身，其餘以爲天下，則翁是乎？《詩》曰：“嵩高維岳，峻極于天。維岳降神，生甫及申。”視翁之後，其爲甫、申不虛矣。兹其壽也，雖與嵩高埒久可也。

壽潘笠江都憲七十序代作

御史大夫雲間潘公既致政之三年，爲嘉靖乙丑，躋壽七十。諸與公仲子某同進士舉者，謀所以爲壽，徵某詞。某間嘗按兩漢公卿，若丞相、御史大夫，天子所倚爲社稷臣者，其任職既久，春秋高，然後乃引大誼，乞骸骨去。惟天子閔勞以官職，幸而聽許，乃賜安車駟馬以歸。既歸，而歲時璽書存問，國有大政事，猶使使即其家受對，決所疑。其既耄耋矣，則天子奉以爲更老，至親詘帝尊，祖割執酳，憲而乞言焉。夫大臣之進退恭讓、完節榮名若此，而天子之尊賢逸老、恩施隆渥如彼，故史家傳其事，而後世常欣艷其遇。然余觀上下數千載間，身際其時而全履其盛者何鮮也？

余始登第，獲睹御史大夫潘公于廷，正笏垂紳，峩然班行，侃侃如也。及退食自公，雍容委蛇，貌恂恂如不能言者。余固已尊慕公爲人。當是時，主上獨運萬幾，綜核名實，四方有異聞逆賊，輒簿責諸公卿，諸公卿無不人人惴也。又國家獄有疑，上嘗齊居受讞事，往往中覆。理官數以文法被譴讓，甚者立斥，獨公總風紀，持憲令，屹立其間，入無阿指，出無撓法，搏擊不避權貴，昭雪不遺覆盆，潔行獨修，奉公極慮，蓋天子嘉其忠誠，百僚師其風采，而國家賴其便，海内無知與不知咸曰：“潘公社稷臣。”

夫公歷郎署、藩臬，出入兩都，更進爲九卿，至御史大夫，其任職久矣。顧其年尚强，不應古大夫致仕之誼。然抗疏乞身，蟬脱聲利，胡其決也？即兩漢名公卿，何以殊焉？今年已及耆，而形神充腴，精明强力與壯夫等。天子方稽古禮文，修國家之缺，延攬英杰，尊用耆舊，不蒲輪召公則軺軒之使，存高年諮大政者必之公。公之壽自今至乎耄耋，則必以更老備乞言之列。天子且親尊禮之，如漢史所稱述，豈足道哉？

　　然鄉人爲予言：公歸，角巾里第，翛然蓬蒿，獨時時著書，追古作者。間行故所釣游處倘佯自適，其于當世之好泊如也。嘗署其堂曰“留餘”，蓋志在遺福子孫云。而仲子今爲留曹郎，伯子擢進士第，其季從事宮詹，諸子更進，用有顯名，大與漢石氏、韋氏相類，他公卿未有也。仲與予同進士，厚善，故予并著之以壽公。若乃頌禱之義，則《南山有臺》之詩備矣。

壽李南臺封翁八十序代作

　　天子簡重碩耋，將講于古昔杖朝之禮。吾鄉太史李君大父南臺翁，今年首夏春秋進八袠。于時鄉大夫宦寓都者數十輩敬介幣太史，使者走庭下祝之，命某爲言代觴焉。某以齒居卑，又寅于太史，敢不拜命？

　　竊睹郢志，載建炎佺游，及碧鷄金蓮事甚奇，知富水多山嶠，其人往往長生，故今逾耄躋百、俟南山之咏、希赤松之迹者，即京源三滏間足屈指焉，是亦安所稱茂哉？第融考所萃，綝豫岡昭，履康則形謝矯健，延休則業艱光啓，膺晲則際靳臕華。矯健矣，光啓而臕華矣，能復必其躬遘三世、慶洽一堂者之尤爲罕儷耶？信乎，備祉之難云，乃今郢中縉紳言南翁登上算，猶風行泠御，所爲任寒暑，課操作，不啻少壯，真有頡[七]姑射而雁行庚桑者。矧圭璋綉裳雲仍接武，世所羨榮慰鼎養無一不可致于前，彼靈椿勁茁而湛露日瀼不遲于此，抑何祺也！此洵翁誼素誠積厚之報哉？京山故饒邑，人習于居廢，翁始恬服園野，稽植數十年，其扶義喜施，逡逡長者，蓋數十年如一日也。迨承綸錫更迭，于人情極矣，則益折節敦約，無改于布衣，以是群情慕頌，籲呼李翁。

夫天助者順也，人助者信也，挽近有子孫齒公車，縮寸組，輒席寵以導侈者，其脂田甲宅、紈綺燕趙之奉疇不快志于閭井哉？卒之佚德基戾，未盡食頃餘而名與身俱澌滅矣。此其人不有于福，乃何有于壽？封翁固時稱貴乎，而居常晏夷若是，夫亦賴其旋之協獻于天人，以迓景祐而引遐厤也。某又嘗觀富水東爲雲夢，中有山盤紆隱隆，塊然無當于世也。所生赤玉玫瑰、梜楠豫章之屬，美者飾萬乘，宏者柱明堂，人莫不推產自出，而其山亦終古凝鎮，若爲訶護之，豈不利澤之庇于代者大且邈，則造化且有恡固乎？

翁世德貽發，後嗣五華先生陟顯總藩，究禪寰海，尋以告養請，號清朝廉明大夫。而今太史擅英中秘，蔚焉公輔之望，都人士胥視謂前有吉甫，後有德裕，非栖筊則奚開之？斯功施于國家者莫可數計而周知，以食其報，邟與籛喬等齡，維嶽齊峙，正造化所云恡固者也，寧獨百年已乎？由斯以談，雖摘鴻寶，歌瑤池，獻神沙赤箭之符，傅石脂金髓之瑞，亦烏足以爲翁上難老哉？《詩》有之：“樂只君子，邦家之基。樂只君子，萬壽無期。”願諸鄉大夫述此藉效李氏之門。

壽張內山年伯六十序代作

天生卓犖瓌奇之才，乃不盡用其才者，殆將永其年，抑得其後昌且賢也。今觀大僕內山張公，其若人哉？公浙之山陰人也，自居庠中時，才名即已藉甚，一時業文字者皆以公爲標格矣。嘉靖丁未，登進士第，歷官尚書儀部郎，擢楚副憲，董學政。楚人才藪也，公教之務在寬大，不屑屑科條。至校文衡，持冰鑒，杜塞浮兢，一切稽成案，訪時譽，故事悉屏之。而據文評品優劣，先後輿論允愜。其簡拔首列者多掇取高科，至今彬彬在朝署，故楚人士追論前督學，則曰山陰張先生云。

既而轉江藩大參，時分宜當國，官其地者難于執持，公獨不少屈，曰："宦之通塞，命也，寧能撓法悅時宰哉？"以是竟被論，左遷雲南憲副。雲南總兵官沐氏憑藉世勛日以放恣矯橫，巡撫沃州吕公、巡按竹崖王公、紫山劉公痛裁抑之。公時視憲司篆，實與三公同心。凡沐氏所爲，悉論如法。沐氏深銜之，且齮齕焉。適武定土夷鳳繼祖結黨叛亂，勢甚劻勷，兵連川貴，巡撫吕公奉命討之，爲贊策決機，偕一二藩臬大夫分道進剿，數月寇平。公斬獲渠魁，撫安反側。論者謂黔中武功一振于國初傅征南，再振于麓川，三振于武定。武定之功則吕中丞、張憲副其稱首也，故兩臺叙薦以公爲最。而同事者乃見嫉忌，思攘其功，會公遷行太僕去。沐氏乘間讒搆以報蓄怨，同事者又從而爲之瀹訛。語曰："衆口鑠金，積毁銷骨。"當道不無投杼之惑，而公遂歸田矣。夫天界公之卓犖瓌奇之才，爲國家典文揚武，不可謂不見用矣。而用之未竟，輒以中廢，何耶？

乃公之解組歸也，則飄飄然若山人處士，徜徉林莽泉石間，因憶賀季真"惟有門前鏡湖水，春風不改舊時波"之句，名其別業爲"鏡波館"。每習良朋契友觴咏其中，陶然自樂，不復知有攻之而戚之者。即公自爲館記，其雅致可想見也。以是年六十神清朗健，即少壯不是過，其于耄耋期頤之齡可坐而待矣。假令公盡用其才于名位勛猷，而不得自暇自逸，以葆其元神，怡其性靈，則安能壽履悠悠如此？

秋九月十有二日爲公誕辰。先是，辛未春，公冢嗣首臚授撰史，撰史君念歸捧觴，以奉職伊始，未敢請也。乃謀于同年聚館中者各爲詩一章，彙次繪圖以壽公，屬某爲之序。某于撰史君雅厚通家篤誼，可無以爲長者壽哉？聞之徐偉長曰："夫壽有三：

有王澤之壽，有聲聞之壽，有行仁之壽。"三者之壽，以仁爲本。公以卓犖瓌奇之才不獲尺用，而韜晦斂藏，與物無競，亦庶幾哉仁者矣。王澤之壽，微公孰與歸哉？而撰史君之昌且賢也，亦孰非公聲聞之壽之無窮哉？嗟乎！吾乃今知人之有才能者，惟不盡用，乃爲善用。老氏之學，大抵冲退句〔八〕守，爲天下谿，良有以也！良有以也！

壽汪雙塘封翁雙壽序

先生新安人，今開府閩越大中丞汪公父也。先是，中丞公守襄陽，以辛酉上郡得封先生爲中憲大夫，母胡氏爲太恭人云。

先生少負異能，多所旁中，綜百家言，爲儒任俠。嘗以鹽策豪游吳越間，見吳越大賈率廢舉與時轉貲貨，以爲賤丈夫齷齪，遂罷不爲賈。會詔開武學，先生以膂力知兵事得試爲武生。久之，以吳太母諱言兵，輒又罷去。其後遇碣石異人，授以使物劫老之術，赤銅可化爲金，先生甚珍之。一夕土釜作雷鳴，亡其藥，先生乃謝絕諸方士曰："吾業不能游乎罔罝之野，而息乎鴻濛之鄉，以上無天而下無地，安所從人間就大藥耶？"已見中丞公生而有異骨，大喜，謂："吾家世德鍾此兒。"遂常戒鄉人："高吾門里，令可容駟馬車矣。"後中丞公弱冠舉進士，選授大司馬郎。其鄉之人聚而嗟服，以爲先生今于公云。中丞公之爲郎也，好爲先秦兩漢古文詞，一時學士大夫爭誦之，先生則不以爲可。"兒幸服宮闕庭，上之稽考先朝故實，若名公章疏，可以爲後事之師；下之習司馬法，察將士能否，邊圉堅瑕，可以當一而之寄。釋此不勝而工爲文，藉令一旦在事，將無以博士語臨之乎？"〔九〕即先生不以身用世，而其言固以辨天下事于游刃如此。

先生居恒英氣勃勃，不受睚眦于人，顧獨自中丞貴後。折節居里中，二十年不入城府，太恭人以裘褐相之如一日。壬戌，先生杖于鄉矣，時中丞公業已自襄陽擢閩越憲使。屬有師命，趣入閩，又以文武才被詔，監大將軍兵，以平島夷之擾我閩越者。功既成，上甚嘉說，累遷公今官。公則愀然謂大將軍曰："曩不佞從將軍海上，間關百戰，家大人憂之。今賴將軍之靈，庶幾戎衣一釋，即得請急歸侍家大人養，私心足矣，豈期猶以尺寸之勞徼福王命哉？"因頌"畏此簡書，不遑將父"之詩，怏怏不自勝。尋遣使迎養邸中，會太恭人有疾，不克就。中丞公俛匐謀于大將軍："幸教不佞，顧此方寸已亂，不復能一籌。今且解軍符去，苟全吾母子旦夕，即及于罪，無辭也。與其厚自貽悔乎？"大將軍慰之曰："第無慮，太恭人今瘳矣。自公舉兵以來，所全活海上生靈不下數千百萬。孫叔敖之母不云乎：'有陰德者必有陽報。'天獨無意于公乎？且今日之事，所謂'受命則忘其家，臨約束則忘其親'時也。以愚意計之，即亟解軍符去，徒以驚怖太恭人耳，何益哉？"太恭人疾果不藥起，公謝曰："微將軍言，不佞未知所稅駕。雖然，竊願有謁。家大人雅好文，得將軍一言以壽，無異持拱璧歸耳。"大將軍曰："固予方橫戈疆場，何暇剿儒墨以辱公？往見公抵掌天下文士，雅及楚人吳國倫，今其人爲公邵陽守，與余善，公豈欲之乎？"公笑曰："可矣。"

于是大將軍走書幣，屬國倫言，且申之曰："中丞公固欲之。"國倫因報書大將軍："國倫賤有司也，方結束奔走，中丞臺而使執筆以揚其世德，直之則疑于諂，不直則亡當。謹拜命之憂，請俟他日圖之。"越丙寅，公復迎養，先生顧從社父老飲甚歡，無行意，惟太恭人就養閩邸中。無何，中丞公坐不阿鄉大夫得謗，當移公開府他鎮。公以告太恭人曰："奉母還山，終身色養，兒志也。如謗者之言非情何？"太恭人顧謂："若不憶欲棄軍符時耶？是何計人之非情也？若又何不自忘其情？至見于面，而使中智之士得以從旁窺若耶？"中丞公乃攬鏡自照，其色頳，爽然自失曰：“誰謂兒丈夫，不肖吾母萬一？聞譽不喜，聞謗不怒，今受命矣。”于是欣然奉太恭人以歸。先生則倚杖待于閭曰：“吾固知兒之反也。夫立大功于天地，而久以居之，其能免乎？由老子功成身退之言，則久于閭非兒所也。吾老且以爲安，兒無忘非情者遺德哉？”

中丞公既歸，乃奉上所累賜鏒金緋衣，前爲先生、太恭人壽。又日令供具設酒食，遍召先生所嘗與飲社父老相娛樂，蓋自是口不言功矣。國倫曰：“是何以復大將軍矣。余觀中丞公年始強仕，位列上大夫，臨大敵而不驚，居大功而不有，海内豪杰之士願爲執鞭者多矣。亡論先生平居義方之勞，即前所爲戒子數語，居然人倫之鑒，而後所稱引老子，蓋亦明于天道也與？太恭人使其子鑒形自失，不謂有遠覽深識哉？古之賢父令母類多有所托而顯其名迹，乃若先生、太恭人何必然？”

中丞公名道昆，大將軍東平戚繼光也。

校勘記

〔一〕“寓”，據文意當作“字”，音同而誤。

〔二〕“□□兩”，據文意當作“同符爾”。

〔三〕“爲天下”前，《莊子·在宥》有“於”字，此引脱。又所引原文本作：“故貴以身於爲天下，則可以托天下；愛以身於爲天下，則可以寄天下。”

〔四〕“大父”，據下文所稱當作“大復”，“父”字音近而誤。

〔五〕“爾”，據文意當作“翁”，形似而誤。

〔六〕“兢”，據文意當作“競”，音同形似而誤。

〔七〕“頡”後，據文意當有“頏”，此誤脱。

〔八〕“句”，據文意疑當作“拘”，音同形似而誤。

〔九〕此句前疑脱“曰”字。

壽　序

壽李七泉僉憲七袤序

不佞某之直講金華也，首説《詩・庭燎》，其指在勸上勤政親賢云。已乃有次第説《白駒》者。余適適然驚曰：“今天下玉人而岩谷者，誰哉？”比退而深惟，竊嘆以爲鳳凰翽羽亦有冥鴻，械樸登材，寧無幽菊？在今天下余固未悉知，若三晉則七泉李先生蓋其人已。

先生屯留人也，自罷爲憲大夫歸，葆真函光，澹然逌然，不以世故攖其慮，而自托于逍遥嘉遁者流。所居環堵蕭然，闢地爲園而沼之，蒔花豢魚其中。每當景物清和，從容問童子，園花盛開，沼魚大上，則邀里中二三名賢長者相與緩步而觀之。觀已，命觴浮白，相和爲詩歌，甚樂也。夫先生所謂岩谷之玉人也，非邪？朝廷雅知先生名，又謂先生年老，不欲以官政勞先生，先生乃得其岩谷，今先生七十春秋矣。仲子冠生游太學，間過余，請所爲壽先生者。蓋余聞之李耳言：“孰能安以久之徐生？保此道者不欲盈。”豈先生以之哉？乃出處之似也。

初先生令滋陽，當東道之衝，冠蓋相望，而朱邸暗其間。先生外支客，內裁戢王左右，總之，勿屬于民。河決徐、沛，先生捧檄分治渠，渠成而上使使微伺之，諸分治渠臣往往以贋飾被譴讓，獨先生渠屹然無不中程者。故太宰有族子甲詭傳遽而行，勢張甚，先生廉知狀，繫甲歸太宰所，太宰由此重先生。夫先生爲令時，雖强項不徇俗，然據鷄肋而施牛刀，抑何危也？已用令治行第一，擢侍御留京。留京去天威遠，寄紀法于臺端，先生以身爲堯階之屈軼，指諸宵人不衷之徒，謔謔無少避。先生後上封事三十餘物，其中如請置禁中章奏籍，省減尚方賚予、議寬東南民力，皆關切國家大體。而最後以二相分攝天官御史大夫事，草疏極陳其不可，將諷上攬權，乃憸壬釣奇，業已陰讒之飛聞二相焉。

夫先生爲侍御時，雖直躬不顧私，然探麗珠而搆鳩媒，又何危也？已失相國心，銜之，出僉司隴西憲大夫事。循行張掖、酒泉間，恤三軍庚癸之呼，而作之氣者乃萬，故先聲遙震蹟林中，胡馬不敢南嚮。既起自予寧，更治雒，雒諸豪齚舌斂手，墨吏望風解印綬去，一路肅然憚先生風裁。而先生竟以介操忤大吏，蜚語中之。主爵當先生調，調甫入蜀，而先生輒拂衣歸矣。

夫先生爲憲大夫時，雖殊方不貳節，然涉羊腸而脫虎口，又何危也？乃今危易而之安矣。方其逍遙乎樂天之堂，第見訢然發者爲園花，悠然泳者爲沼魚，心與天游而無復罥薊于其中，鄉之膠膠焉、擾擾焉者，庶有豸乎？蓋天將使先生不盈于位而盈于齡，斯先生得謝朱紱，乘白駒，去而高隱，斂其所欲軒磊古今、挻埴海宇者，而盡爲陶性怡神之用。

故自先生之隱也，耳不聳于危聞而聰，安則聰可久焉；目不眴于危視而明，安則明可久焉。唯安之，故能久有之，乃徐生之道已，乃先生百年上壽之徵矣。余不佞，間憶先生于國而當上勤政親賢之日也，深以先生白駒之去爲先生惜。又憶先生于家而當其陶性怡神之日也，遂以先生白駒之去爲先生慶。嘻！是固先生所自壽也。而太學君壽先生，奚所效之？無已，則有一焉。往鄉人爲余言，先生雖隱身岩谷，然篤忠不忘主，時時督二子學，勉旃致身清時報上恩。今長公褎然偕計待公車，而太學君茂蘊偉才，昂昂千里，旦暮間將接趾青雲之上乎？析圭擔爵，雁行奏其功，衍先生未竟之澤，俾先生名益永，斯乃所以壽先生哉！藉如一日，上昧爽臨朝，思《庭燎》之詩，而先生二子咸篋在鷺聲君子之列，夫先生名上所雅知也。有詔問二子，具言而父起居狀，則謹對曰："臣父老白首，然尚欲杖而行。"□□即不勞先生以官政，必需先生爲國更老，儻又遣蒲車西之屯留道乎？于是講臣某請進而説《禮》曰："五帝憲，三王有乞言。"此之謂也。此明主勤政親賢綦□之化也。

壽王愛荆太老師暨配吳宜人六十壽序

凡人之有其有者，囿于有者也，其有也狹。惟有矣，而不有其有，是能物視其有，其所有者始閎，是故君子所貴乎道者，能物視其有而已矣。善夫，獨龍氏之言曰："大盈若冲，其用不窮。"是故若虛若愚之旨，吾夫子其或有取爾乎？彼世負英稱、抱才雋以徼高華之榮者，豈鮮哉？顧氣溢神炫，鮮能含光劑采而厚其藏。諸謕謕者亡論，即宋蘇子瞻氏與其弟子由氏，其才美并燁然震一世，并登巍科，列膴仕，世咸侈稱焉，乃卒以言語文字賈釁蒙詬于時，至以世所艷而稱者目爲不幸，豈其然哉？是二子之所以爲有者，蓋不能不有也。

余竊怪明允素所淵源而[一]子者暗于道矣，彼明允嘗自負，謂天之所以與我者不偶。嗟夫！天之不偶與我者，豈直語言文詞已哉？且自謂言有幾于道矣。今其《衡論》、《權書》、《機策》具在，由知道者觀之，于道幾乎？非耶？

余往祇役吳中，稔聞愛荆王翁賢，式其廬，恨未見其人，頃幸得交于令子長公、次公，則益有慕于翁。長者長公爲荆石先生，捷冠南宮，對大廷及第，茲官宮諭，爰立有日。次公和石踵魁天下，官儀部。兄弟高華，世未之兩，乃其瑰文閎議博綜富蓄，方之二蘇，不知孰後先。其程身類新玉脫石，皭然不受微塵之污，即二蘇或不無少讓。若二君者，可謂有矣。而顧與與然，容容然，恂恂若布素儒也。余每從之游，靡不爽然失而翛然坐消已。所謂大盈若沖者，非歟？夫盈大矣而沖用之，是故國體之流業，而楨邦之瓌棟也。彼木之棟明堂者，必托根于崇阜；鯤之躆蒼昊者，必泳化于天池。觀于二君，而翁之所以蓄德崇祉者，豈淺淺哉？其必篤于道而閡于有，視明允所以淵源二子者爲有間矣。

今歲翁與其配吳宜人壽均躋六十，長公門下士劉某等相率徵文爲翁壽，而門弟鄒德涵、余弟定力甚無似，亦幸係藉焉，余安敢以不文辭？余惟孟子有言曰：“爲天下得人謂之仁。”即翁篤生令子可以托天下者兩，其仁天下何弘耶？且也長公三柄文衡，而次公載典儀司計，所得而致之王國者彬彬多天下士。又異日者進而諧大軸，以茲雅度，必能躬吐握以盡收一世人才，沂測其源，翁之所以仁天下者，又何弘耶？仁者壽，自古記之矣，何庸余言？雖然，蓄德崇祉，翁爲之前矣。模德而速肖，爲之後者實在門下士。惟諸出公門者胥篤于道，而不有其有，即翁之所以仁天下者益遠無窮，是則所以壽翁也已，何庸余言？

壽封翰林檢討沈慕閑先生八十序代作

我蛟門先生以國史編修授經天子，至親寵焉，今年翁慕閑公壽八十。先是，先生欲圖請告不克，不敏某曰：“隆慶間，大學士蒲州張公欲以諭德乞歸省，天子命乘傳去，即來，此其比也。”先生曰：“此相君事，吾何敢援之？且今上固不輟經也。”某不敢應，退而嘆息。蓋先帝時，冬夏則暫輟業，故近臣得以私請云。會慕閑翁命長公來喻止先生，先生遂已。諸門人咸欲壽翁，某因言焉。

夫松柏産岩谷，直上數十尋，冬夏青青。澤雉十步而啄，百步而飲，其神善也。雖然，岩谷萬木，青青者松柏獨也，鳩生而柱，燕生而棟，則澤之飲啄安乎？于人亦然，聞音者蕩，觸色者流，談獵者狂，身山居，心闕游也。故有遠勢利，絶嗜欲，以完其天年者矣。亦有極侈靡，矜勢能，以娛其天年者矣。完者澹然，娛者愉然，易之則皆病。然娛之養不若完之養也，雖然非其至者也。勢利牽于待，嗜欲盈于觸，適來適去，何離絶也？松柏貞心，故岩谷而壽，桃李報焉，然商丘猶然笑之。樗之擁腫，櫟之詬厲，其陸沉者矣。雉非薪乎樊中，不能不樊中也。故有所遺者，非其至者也。

不敏某嘗聞于慕閑翁矣。鄞人多儒，翁顧弗業儒，衣布食粟，夷夷然韜其光也，非逃爵也。恬然淡虛静，無健羨無玩好，睹豪奢則若污也，非離俗也。生平未嘗怒，稍嘿則已甚。譽珉爲璧，指白爲黑，而弗以爭也，非忘是非也。諸子各有業，而室内烝烝如爲業而已矣。蓋蛟門先生亦曰：“我兄弟未嘗不兢兢于大人之意，而自少及壯無譙呵也，非弛教誨也。”故貧困也弗戚戚，而恒足于爲生顯厚也，弗揚揚□□，而恒足于爲娛。夫且以高潔爲尰矣，夫且以食茅粟爲濡需矣，夫且以宅山樊爲有嗃矣，夫且以鑿壞爲遁天矣，夫且以洗耳爲機巧矣。日游于人情，而情弗得攖之。譬之靈鳳焉，阿閣可巢，梧桐可栖，德輝輝弋〔二〕人弗敢慕也。

又譬之大玉焉，精氣應于天，歷世寶之，時陳于東序而弗雕弗琢，非故弗雕琢，璞者勝也，享年也。譬之靈椿焉，生于介丘，數千歲爲春秋，世之枯榮，非其枯榮者也。故昔諸弟子之見于翁也，猶季咸之見壺子也，濕灰也，杜權也，坐不齊也，因以爲茅靡也，一也，于委蛇無窺也。衆人之見于翁也，猶逆旅之事陽子也，迎將也，執席執巾櫛也，避席避竈也，爭席也，一也，于大白無當也。夫乘六合之正氣以游無窮，至人也。不逆寡，不雄成，不謨士，真人也。慕閒翁其真人邪？至人邪？抱德而居，歷年歲不衰，精然嬰兒，翛然黃眉，蕭然鹿裘，斐然華冠，睹之而嘻，望之而疑，撞者挺也，勺者蠡也，嚇者鴟也，笑者斥鷃也，增益者涓埃也，何能詞哉？何能詞哉？亦姑妄言之云。

賀戴堯川年伯七衮拜新恩序

天子孝奉慈宸，已鏤玉升賜號，乃特下恩澤詔書，而余同年友左諫議戴君之尊人、前別駕堯川翁者，得即其官晋一階云。居無何，天子修歲令，使使大封諸侯王，而以戴君持節當封行河汾間，則去戴君家虒祁不啻可宿舂焉，而又封傳所必經也。度戴君西過祁以五月，月之十有四日則堯川翁七十初度辰，於是戴君沾沾喜曰："嘻！自吾從隴令召，而來司議挍垣下，每指數家大人杖國之年近，心未嘗不怦怦動者，念馳典未霈也。今霈矣，而又徼天子使，適以其期道里中，奉一卮膝下。夫國恩與家慶會，而吾幸兩得躬覯之，吾快焉，吾快焉！"則日夜敬制爲盤龍舞鳳之檀，載天子之制詞褒勞堯川翁者與其節，并廷見受使之禮畢，乃乘軺車西望河汾間以行。

晋人之爲戴君同年友者十餘曹，相率祖戴君，且爲戴君、爲堯川翁賀也。顧而謂史劉生曰："盍序之？"史劉生嘗讀《詩》矣，《四牡》之使臣倭遲周道，而上之人曲體其將父之懷，亦不過作苞栩之歌勞之而止，固未嘗申命上逮其親焉。而《北山》之大夫劬勞不居息，則瞿瞿然恐以靡鹽而貽父母憂，安論酌康爵也？夫人情豈相遠哉？則所遇之難已。今戴君一奉上指使，得歸遂將父之懷，而業已儼然先命辭勞戴君，而褒逮堯川翁。芝泥爲奕，苞栩之歌有是哉？天子燾土展親禮至盛，非所云靡鹽。戴君使又在其鄉，堯川翁縣弧之日，紆朱綬坐堂上，睹皇華馳驅從東來，拜堂下。已而希韘鞠跽，稱百年之觴。里人連騎結駟，持羊酒前爲壽，融融然樂而無憂，斯非《四牡》、《北山》之所不能得者乎？

余以是羨戴君之遇韜軼周時萬之矣，而間嘗與戴君談其家世，則具悉堯川翁生平云。初堯川翁一仕爲別駕，之魏都，魏都稱治，而竟悒中淡面，不能爲孅趨卑疵之狀，以失大吏心，免去，而翁意殊安之。歸而寓情《考槃》之三章，角巾蒿徑，于一切淋漓艷冶之好泊如也。燕居深念早隱身嶄岩，無繇報明時畢志，則數數督效戴君，而戴君遂用諸進士名高簡令隴。復用令治平第一，入爲天子補過臣，朝上書，暮以風澤暨天下望，剸剸重朝廷矣。乃戴君時時語人令隴曰，祔元元而燠咻之者，指多出自翁。其在諫扉，則翁之函誨來，振勵以朝陽之鳴雝雝也。蓋堯川翁雖隱鱗戢翼，功已見于時。而翁鶉居若無有，獨以長厚濡忍之行行里中，里中化其德，則往往比翁陳仲弓、荀季和焉。夫是兩先生者，朗鑒淵猷與翁類，天下皆仰之，爲人表而官皆微，德皆止其鄉，不竟用。以其用者，托之乎子孫。子孫尊顯累世，則天之報兩先生也。

以今戴君事觀之，固堯川翁之食報于天者，非耶？天子心異戴君才，將度次□〔三〕用。而堯川翁年七十，余聞其方瞳丹顏，善飯疆步，甚健也。戴君第以時乘天子隆遇，務益宣忠謨，建魁壘瑰奇之業。凡堯川翁所欲言與所欲爲者，盡展而效之上前。佐在宥流澤四海，以成堯川翁志，不知兩先生之在當時，能親見其子如是乎？異日者，功滋高譽，命亦滋懋，堯川翁介大齊之年，而拜穹封，恩輝晉錫歲歲無已時，又不知兩先生亦曾得此未也？戴君且行矣，有如獻壽罷，堯川翁呼君前謂曰："老身扶杖而觀兒功，良樂，兒亟還事天子，毋戀戀我爲。《詩》不云乎：'不遑將父，劬勞事國。'"史劉生則嘆曰："懿哉！此堯川翁所爲壽，而戴君之所以壽堯川翁者也。"

賀楊太夫人貞壽序

萬曆甲申，直指使者行部畿甸間，上疏言固安貞媛苦節狀。詔下宗伯，宗伯請旌表以風示天下，如令甲。詔曰：可。于是檄有司建棹楔于其閭顏之。

當是時，貞媛有孫楊侯，新舉進士，觀天部政。逾年，而侯拜命，分符余高平，余始通謁。睹侯之庭，有學士先生詩歌在焉。再拜而請事，侯瞿然曰："不佞大母蓋盛年甦也，而不佞兩尊人又早捐不佞以逝，微大母推燥居濕，不佞幾無生。大母又日夜思為振先大父後，則黽勉督不佞學。艱苦萬狀，逾三十年所，而不佞幸策名清時，皆大母之力。今大母春秋高矣，荷明主恩，居常顧謂不佞曰：'老婦不知所以報，是在孺子。'"侯語未畢，余復再拜賀侯，又以賀太夫人之德邵，而天之佑太夫人者隆也。間嘗考覽傳記，如共姜伯姬者流，其操行卓烈瑰琦，而孫枝不少概見；李密、范喬之祖母董董逮養耳，身固未嘗有堅貞苦節之譽，可以式閨闈而耀圖編，蓋兩得之難如此。方太夫人失所天而誓心也，其卓烈瑰奇之行，豈在共姜伯姬下？然煢煢撫一線之緒，寧渠必大其門，而侯竟績學擄才，對明廷，簽羽青雲之上，以太夫人名顯。夫侯雖能顯太夫人名乎？藉第令宣猷樹功，以譽命暉重萱之樹，無論較李密、范喬何如？而堅貞苦節之譽，則太夫人自有之業，已先侯之功聞當宸，恩綸有加焉，可無束于封不更旌之格。此夫保祚而祚昌，植節而節光，皆古四媛之所未兼也，而太夫人獨兼之，非天佑貞淑能爾哉？

蓋侯之治余高平期年矣，內履方嚴，而外施仁惠，庭有懸魚，園有拔葵，而郵人無竿牘，曰："象太夫人貞也。"孳孳恤齊民之困，呴嘔之，卵翼之，而桁楊日稀于圜土，曰："象太夫人之貞，而以慈字下也。"繇斯以談，侯之顯太夫人名者，其在斯乎？今百里祓心嚮化，戴侯之澤而祝其祉太夫人，播爲詩歌，鏗鏘甚盛，不啻如余曩所見時。會侯以覲闕道里中，函而獻之太夫人所。太夫人色喜曰："吾鄉也不知所以報上恩，吾乃今而知所以報也。第在吾鄉也，推燥居濕，黽勉督學之時也。"

噫嘻！此所謂吉祥善事，非邪？繼自今太夫人春秋益高，而侯位日益峻，功澤益宏，合四海之頌聲爲太夫人壽，太夫人百歲千歲顯名無已時，是太夫人以侯報國，而侯以報國、報太夫人，又不知古四媛者有此不？侯將還治邑，則具侯軒御太夫人俱，而侯之同年友楊君屬余爲言舉觴焉。余間者耳桑梓父老歌祝太夫人詩，思一繼響焉未能也，今又奚能言？然余聞太夫人本以西河之經學督侯，侯遂用《詩》第。今余無事爲它言矣，敢敬請首廣《南山有臺》，而鱗次以《柏舟》《閟宮》之什進。

壽秦母葛太恭人七裘序

太恭人者年七十，蓋兩拜恩封矣。夫世之閨闥算珥者何限？而往往無賢父若子以振之，第抹摋不顯，而太恭人幸兼有焉。中饋北堂聲光并煜，人輒詫曰："鴻祚也。"在令甲，吏秩滿始推恩，士大夫或苦爲微文故事所束縛，象服翟冠竟白首不內逮，而太恭人期適遇合，以故再膺天子之睊靈，重綸輝映，家稱太夫人，又詫曰："慶閟也。"

吁！今之所爲低徊艷異于秦氏宗大都云然矣，而不知太恭人之臻此有繇焉。往余與秦大夫文橋同第進士，相厚善；而大夫子今給諫燿，則余授書中秘時所推轂士，相知深，以故習聞太恭人賢甚具云。初大夫既一心官政，而以中事倚辦太恭人，嫕婉敬承，未嘗有所失。大夫故耿介秉持操，絕不染世焰一髮，而太恭人每匔匔內贊之。大夫嘗爲戶部郎，領楊州賦，當行，而太恭人請曰：「彼利藪也，則群口之囷乎？秃而施髦，正本之謂何？」大夫首然之，既之揚，廉以治官，而慎率下。去之日，賦人爲立石頌德，太恭人與有力焉。既有子爲給諫，給諫司直闕前，且有所疏言，暮必爲太恭人陳説狀，即所論善，始色喜爲飲食，笑語異于他時。居常語之曰：「兒勉之矣！天子以國論當否，全倚諫臣。兒待罪諫臣，幸勿翻易憍虔而奸天子命，爲先大夫羞。兒勉之矣。」給諫兢兢受命，不瓶不壞，蜚聲禁闥，不獨其性能也。

以予所聞太恭人賢，若孝奉尊章、仁遇媵侍、恩振婣族者誠甚且不論，而繇斯兩者，即鷄鳴克警，熊丸善訓，豈逾乎内德茂矣。以食其報，則夫介慶祉而履鴻昌，固自然之符也。當是時，太恭人已七十業遭誕辰矣，給諫將敞筵被彩，袳轉鞠跽，稱堂下壽，而問余以言。余謂之曰：「嘻！給諫亦奚以問夫壽太恭人者哉？壽者，售也，各售其平順所自行也。以太恭人之所自行召聲若彼，基澤若此，厥所售者偉矣。即其所售者函之以引年而益算，雖康于磐石，壽于旗翼，猶不雩而雨也，而奚俟問乎？昔有穰田者，持一豚蹄盂酒而祝曰：『甌窶滿簹，汚邪滿車。』余竊笑其持者狹，而祝者奢也。今給諫英齒棳持，其所游刃始發硎耳，誠奉太恭人教指，礪德砥行，以孟晉聖時之助伐。異日者持所堅建以責報于天，而介福于親，將聲益震，祚亦益鴻，澤益多，闡亦益慶，太恭人之所爲壽不組獻而華，不觴祝而樂矣。是在給諫也夫！是在給諫也夫！」于是給諫再拜曰：「燿也不佞，乃我師視其後而鞭之，敢不勖從懿祝，以蘄爲母太恭人壽？」

壽韓孺人年伯母六十序代作

韓君第而爲太史三年，大人友蘭翁、母陸孺人有恩錫矣，然皆居吳不從仕。其後二年，而翁滿七十，當稱觴，韓君方有史事，不敢以請。後三年，韓君始舉兩丈夫子，而會孺人壽六十，又當觴。于是韓君稱曰："嗟乎！吾辭親而仕有年矣。日者大人壽，吾慊慊不歸者，徒以史未竟也。今竟矣，而又會母氏壽，而又弄兩雛，誠得歸而奏一卮膝下，吾快之若越鳥之翔林也。"則求以奉使出，冀得假道圖省覲。而上嚮用韓君殊甚，有詔令直禁中起居注，記諸司章奏，于是韓君又不言使事矣。然獨日夜南向望，咨咨悁悁不置云。

某生前勞之曰："君何念之深也？夫養有以身也者，有以志也者。夫壽有以文也者，有以名也者，不同日談矣。今夫南海之淵澤至衆也，而合浦獨著于世，不以其吐珠耶？西極之山萬里，而瑜次，稷翼之名列往記，不以其韞寶玉耶？地因所出而名者有矣，況人乎？君今幸而備法從近臣，入則列在幃幄，奉石渠同異之對，退而守承明著作之庭，紬繹金匱之圖書，以宣爍鴻懿，傳之久遠，代爲制命，敷訓百世，以渾噩爲國華，出而考究古今，習識國家之務，以儲大業，此其顯融光大，榮耀當世可睹矣。誠以時恢志，竟樹風績，使名與天壤共敝，而聲與金石不朽，則孺人者亦庶幾鄒孟氏、呂申公之母矣，顧不永哉？且如是其志樂矣，樂也，有弗壽耶？而必以擎跪奏一卮爲快，里人子能之，君何慕焉？"韓君曰："善。"

居項[四]之，舍人從吴來，言友蘭翁庭中有并頭杓藥，如大碗盎，暐燁可愛，又有安石榴同蒂而兩實，璀然含珠，皆世所希有也。某生又前賀之曰："華并蕚者，是翁侁儷當享榮、稱厚養未有艾也。榴者多實，其應子孫蕃衍至無窮也。以君已事符之，豈虛哉？夫陽燧設而火生，方諸懸而露降，精之所感也。凝和召祥，其必有道矣。幸求工畫者圖其狀，吾將使諸君咸歌之，而賫以爲孺人壽，于君何如？"于是韓君躍然喜曰："幸甚！不敢請耳。誠若是，可以當歸矣。"

先是，友蘭翁壽，同館諸君子嘗爲文祝之。至是謀所壽孺人，而使某生致詞于生，與韓君言若此，則稍稍叩其平生云。孺人者，吳處士陸公女也，而育于舅氏郭封君所，以適友蘭翁。而韓君兄弟四人皆少，孺人鞠育之以成。其于友蘭翁四十年，翁第蹋屩扣舷，遨游山水間，終不問家生產矣。孺人少讀書，博通傳記，能道古往事，善策事，情言曲中，即丈夫有心計者不如。其賢如此，韓君兄弟似焉。今言壽者率徵西王母事，以爲西王母者居群玉之山，山乃上帝册書之府也。孺人好傳記，而子以文辭爲大儒，其無乃受紀于册書之府耶？若是則壽烏可量哉？

壽無錫施太孺人序

無錫施君懋揚既舉南宮，穆皇帝臨軒而賜策問，奇施君，爲拔置高第，于是施君即其年六月得授祠部主事云。祠部爲六曹清秩，施君雅以文學能其官，名藉藉動公卿間。已乃施君獨念其母陳太孺人老吳中，吳中去燕數千里，不可以安車致太孺人來也，則輒草陳情書上之。書略曰：“臣吳人，家素貧，幸有母旦夕冀斗升之禄。臣今叨恩待罪于朝，而臣母年高，道里遠，弗克迎以來，臣心竊念之。臣謹按令甲，朝臣生長南方，親老而求便于養者得改南官。臣願陛下推恩比令甲。”詔曰：可。乃改施君爲南吏部主考功司事。夫南中官亡論樞散，然率閑局，無所事事，世之趨纖華急聲績者稍偓蹇不欲居，而施君以奉母往。于是朝士大夫曰：“嘻！施君素固奇才，今其爲人可概也。”然非獨施君能也，即其母亦賢母也。施君既得請而歸，則坐太孺人鷁舫中。不旬日，即抵留都天官郎舍，以朝夕視寢膳焉，愉愉邑邑相樂已。

當是時，太孺人年已七十，誕日載臨，施君爲敞筵被彩上壽，希轉鞠跽，捧觶而言曰：“策不肖，得奉吾母大人教，齒公車，紆寸組。往惟南北之隔，弗獲奉色養，又恐一日之速螯爲吾母大憂。今幸徼主上恩澤，得無周大夫鞅掌不遑將之勞志慰已。願吾母享兹家樂，而介純嘏之慶。"祝已，太孺人爲色喜，傾一觶。施君乃又稽首仰天祝曰："往吾母大人佐先君子治梱内也，恤婣黨，輯鄰里，心務周人之急，見人于阨困，心誠怛焉。當策治舉子經，母訓之曰：'兒勉之矣。丈夫窮經致用，將以利物耳。彼握觝無所及于物，安用窮經爲？'蓋其慈仁之性根于天者如此。願天其降鑒吾母而錫以泰寧之福。"于是，酒三行，施君拜堂下。

南中學士大夫罔不羨施君得將母已，又羨太孺人賢，能有子如施君也。人以事告史王氏，史王氏曰："嘻懿哉施君！余于施君之壽其母也，未嘗不低回歆艷以爲難云。"當施君居祠部時，南首夫椒之下，寧不卑陬失容，戀戀如結哉？乃一旦請于君，而君聽之，上之不以内顧虧策名之義，而下之得將母之歡。入而承顏，出而展采，可不謂奇覿焉？而施君猶然愛日無已也，又爲蘄景福于天。夫柄于君，君及畀之已，柄于天者將何如？

然余聞之，天猶谷也，人呼之則響應焉。語曰："天所助者順。"又曰："人所歌舞，天必佑之。"有母氏之德，而加以子之情，此所謂順之道而人之所歌舞者也，天豈吐之乎？繇斯以談天之錫太孺人壽，即期頤百年固未可量已。施君與余舍弟同舉于鄉，余素知施君爲人也。屬施君使使來徵辭，爲太孺人壽。余爲叙術其大端如此，使歸以侑太孺人觴云。

壽梁孺人六裒序

時稱南海梁文康後多賢者，自余爲諸生已竊聽聽之。迨今備員館末，日與中翰諸大夫相從事，幸識梁君于柏陽呂君所，尋知即文康孫嗣也。于是輒臆嘆曰："誠賢者，豈尤得所議訓云？"無何，呂君輩屬余言爲其太孺人壽，并以梁君所悉母氏之美來。余手受之，益信梁君賢。

嘗謂抑不掩親，孝不飾善，是無待而然者。第挽近靡尚，多所矜惜，脫遘堂上設帨矣，將蚤夜竭蹙章縫家言，主爲侈艷，率不概親之生平焉。故摽淑則則匹媺于鵲巢，奕閫嫠則張徽于蘋藻，高慈範則武緘于蓼莪，如入鍾山，所在見璧，以方古任姒，且不啻過之，奚若是委委也？毋亦以義取承慰，雖溢罔忌，而衷所孜孜者，務爲一切愉快之説乎？是烏云壽而衹滋之誕也。

今觀梁君所悉母氏素，皆饋帷細事，執巾足辦，殊無所謂載翊不近，如俗所稱説云者，而婦順母儀，卒亦不偭寸軌，可不爲令焉。蓋孺人始名閥，服坤德夙矣，肆歸梁，愈閑代静，事其姑嫜、夫子以敬聞。梁故饒貲費，孺人克自苦操作泊甘糲，爲諸姒先，未嘗有所芬華。乃若樂善喜施，急人之困，至脱珥無留色，以是鄉人德之，呼爲梁母焉。夫子見背，家道中落，復拮据教子。每撫衆氏泣曰：“自吾爲汝家婦，世不乏顯者，獨奈何可微于汝之兄弟乎？其弗墜箕裘爲地下人羞也。”以故衆氏佩誨振振，伯者紹先休，號爲貴近，餘亦皆南海才丈夫，要不惟其性能也。凡此盡孺人貞履媛實。總之閨閣之外，梁君一無所儇好矣。然此詎止爲母氏賢哉？而實壽基也。

余觀傳稱番禺東接伯慮，其人易長生，其説渺漫。而獨《貴生》篇有曰：中衢而致尊，盡者速也。流水不腐，户樞不螻。蓋本生不越形神，太耗則敝，大逸則窳，是謂重傷。今觀孺人秉秩婉懿，約之嗇，課率內政先之以勤。勤故形不虞逸，嗇故神不虞耗，歷百歲猶掇之耳。則今躋稀齡，氣正顔澤矯于少壯，然有本也夫！有本也夫！壽之日，孺人就養京邸，會大慶覃恩，視子官封爲大孺人。龍章寵賁，嘉祉駢駢不具論，論其賢與其所爲壽乃爾，以見梁君之孝非與挽近賈美于親者同，且知有太孺人然後有梁君，則時稱梁多賢者，又信非偶也。

壽李太孺人八十序

稱壽非古也，能千金一言爲李母加三七箸哉？然竊嘗誦《四牡》之詩，而有概于盛代之行役云。其《詩》曰“王事靡盬，不遑將母”矣，卒之“載驟駸駸，豈不懷歸？是用作歌，將母來諗”。若是忠君而心親也，所謂臣子之盡，非耶？則余于李君請，又安能嘿而已乎？夫舉人間世沾沾嘉祥，善事耉考顯榮耳，寧不無解之期而推燥居濕所不可必得歟？即得矣，道猶酌然注有挹也，彼白首長算躬承翟蕡者，胡搏景耶？

今觀太孺人春秋幾八十所矣，聞居常奉匜沃盥，强馼等少壯，而李君新取第，徼主上寵靈，載命而南，計下里門日，鞠跽進旨，御賓百住，人曰：“誰哉有子若此？乃不意閭中荆布，盈于齡而亦盈于祉也。”故今侈紀覬，勿論大齊以迓順萃，雖三釜謝美焉，章縫家詞之餘腴矣，烏所藉不佞？如欲引以爲太孺人重，請更其説。按令甲，仕者能其官，天子走璽書褒異之，因以令名尊人，匪淺鮮瀜瀟紈縠間也。故言壽易，以職壽難。不見史所述陶魚梁、鄭魯郡二慈氏箴訓其子乎？遺餉瑣屑耳，堂內弗與外政，二氏獨斤斤焉俾嗣人勉飭砥節，號當時廉明大夫。邰傳襎，而後知陶，知湛，知鄭，知崔，此夫大壽壽德，不宴而慶也。

李君拜吾郡理官，苴且有日矣。太孺[五]望之奚啻二氏？夫理官司察讞辟，長耳目，任至重也。挽近鑿視治，率草菅黃緘爲名高，不抱齊婦之狀而犯嚴母之戒者纔十二三。比南郡愚朴易罹頌繫者，桁楊相枕者，屈沒于指導而待有功者，如鱗仰流，君無何能有所平反拊循乎？入以上食太孺人，必色喜，日喜則神日王視人間，世所説帨而歆艷將萬之哉？維晋二氏以子著而載籍不明其年，陶、鄭有鼎養之志，而遘非其季，故罔以綸錫。逮太孺業躋耋矣，李君負才蘊，始初筮清朝不撓吏。異時崇敕豐甌，耀萊服而戌削闈珮者善，果不能埒士行未云孝也。由斯以談，假使君歸而頃白湖爲上尊，俎紫芝爲加豆，采燭銀花實之膏，繪縣圍槐眉于其側，侑飲扶來娛晨夕，直捧檄而解顏者耳，孰與乘遽而造福于民而介履于親之爲閔耶？斯庶幾謂職壽，而《四牡》「大夫來諗」之心。

李君歸矣，八月某日爲太孺人辰，君願余言先康爵。余辱在齊民，齊民不善僞，口德則祝，祝則欲久，而欲久其所親，第持以往乎？君語余，太孺夙閑詩禮，多義方。有如展寧畢，一旦呼君前：「未亡人耄，幸強飲也，奈何後公家役而以詩顯？《詩》不云乎：『王事靡盬，不遑將母。』」則是足以爲太孺壽，而吾郡厚庇矣，復何有乎不腆之説？而亦何有乎千金？

壽黃母吳孺人七十序

余嘗讀司馬氏所爲《貨殖傳》，其稱巴蜀寡婦清，至使秦皇帝以爲貞婦而客之，爲築女懷清臺，其事甚偉，要之以富厚故，余謂不然。世之善治生者咸祖陶朱、計然之策。夫其鬥智任力，取予變化，趨時若鷙鳥，而利之歸如流水。上之則持文好德，躬岩穴奇士之行；次之亦棄捐餘財，厚附賓客，游揚其聲名。故列侯貴人慕義稱賢，引與鈞禮，命之曰素封。蓋閭巷所稱丈夫率若此矣。乃家人寡婦身不行市邑，言不出閨閫，而禮抗萬乘，名顯天下，此豈獨纖嗇筋力，俯拾仰取，若販妻賈嫗之雄而已耶？

古者珩璜琚瑀以爲婦容，絲粟酒漿謂之婦職，故曰：「無非無儀，惟酒食是議。」休其蠶織，則詩人譏焉。彼擅數世之利，挾不訾之家，用財自衛，不見侵犯，類非圖經所稱洲懿之節也。而命之曰貞婦，秦雖右富強，棄禮義，獨詩盩至是哉？且夫折節傾交以爲上客，是應侯李斯之所搤擘鼓頓而求也；高臺巨宮以明得意，是陽翟大賈之所傾家而釣奇也。乃窮鄉寡婦冒然尊異于秦皇，此必有過人者，安知非秉節殉義，永矢靡惑[六]，如共姜、伯姬者流乎？抑或內德素茂，能訓孤保家，無墜其世業，故聲聞章灼，取重宮闈，若班氏昭者流乎？余怪司馬氏不深惟其終始，而猥與販妻賈姬同類而褒稱之也。

今郡國商賈倚市轉轂者不可勝數，新安最盛。玳犀珠玉貨布之湊，往往積著成業，不可勝數，鹽最盛。曩歙人茶山黃君者，以賈鹽游止廣陵，負奇士之行，而其配吳孺人相之有內德。茶山君早逝，孺人益自約敕，動止乎禮義，訓二孤若庶子，有《樛木》《鳲鳩》之風。儻所謂貞婦，非耶？今其孤伯仲咸才俊，通朝士籍，而仲以最績貤封孺人，天子錫之贊書，假以榮號，孺人名益顯，儻亦如懷清之遭乎！蓋上舍黃君泮者，茶山君宗弟也，介余鄉人杜君，言孺人抱德終始，今其年七十，將以月日稱壽，乞史氏賁之詞。余察其言不妄，故論著之，俾世知孺人貞婦，不以富厚官也。

壽蕭太孺人六十序

莊皇帝五載，余與臨安蕭君同舉進士，尋同受詔讀中秘書。又月相比，日相就也，因習于蕭母賢。無何，蕭君拜給諫，封母氏太孺人。封之明年，爲今歲甲戌，太孺人春秋六十矣。維時年弟兄夙群館者數十輩辱在子行，屬余言爲壽，義何敢以不嫻辭？

嘗聞之內教曰：斷織丸熊，至拮据也。故士自束髮從游，輒正鵠于一第，曰：“吾席此爲罔極慰，竟之終旦暮遇耳。然列不必交戟，榮不必褕翟也。知交者諢而傳休焉，間引以稱觴矣，詎望之深乎？”蕭君釋屬一旦，已乃歷玉堂，排省闥，號天子侍從臣，方振也。太孺人以耆齡康福臑若貴，龍章早錫，是爲寵光。且也晨夕邇養，靡倚閭陟屺之艱，正千鍾可及，勿問三釜時也。

以享以悠，其于大齊猶掇之，豈非嘉祥善事、生人一愉快乎？請執是爲酌者先。雖然，此吾儕侈頌之私耳，非孺人所自爲壽也。

余觀公父文伯，位通顯矣，戴巳爲陳勞逸諭幅畫者悉于纖縷；少君抗義司隸，晚見其子登臙，然鹿車之誠不忘，在約紀并存而録之，門內之聲千載永人耳目。此謂不組綺而華，不宴祝而慶者也。今太孺人雖笄珥者乎，而概識實丈夫。蕭君司議直日，有所疏報，暮必叩可否狀，須蕭君持論善始就寢焉。居常每撫兒語曰：“兒以一介布衣徹主上靈貺，以庇于未亡人，于人情極矣，顧未有致涓埃者。吾聞事親以適，吾惟願汝爲明臣，爲諍士，庶乎得一當天子恩，而予亦令名。奈何處禁近之上，而忘夫兢兢者哉？”以故蕭君服訓矢白，不瓅不壞，爲清朝儀表，不獨其性能也。由斯以談，孺人之賢豈在二氏下？則其所垂耀來褉者，又安有已時耶？是謂長生久視之道矣。即今設帨空首，御客百住，煌煌稱尊人歡，于蕭君心得矣。孺人不色喜，寧能復以前不腆之説進耶？

人亦有言：積土草木生，積德年齒隆，天之道也。蕭君謂余：孺人孝婉天出。先是，其王母御家人嚴甚，孺人侍之唯謹，卒適其意。又敬事其先君子如賓，即封君怒易起，終身無間言。豈非婦順母儀，兩篤其美者乎？內德茂矣，以食其報，郅跨玉姜而眇華陽之算，亦其自然之符也。始所欲爲酌者先，意在斯乎！意在斯乎！要以孺人自爲壽者，于彼不于此也。諸弟兄曰：“唯唯。”吾儕在館時，子良故與允修爲比几，宜子良習于太孺人如此云。

《壽椿圖》序 代作

《壽椿圖》，徐文學章甫爲其尊人文麓先生壽也。先生博學，能文章，結髮名蒸蒸起。正嘉間，姚中人禮經生，豪視海內，一時學禮者無不抑首下姚中人，而姚中人又無不抑首下先生，即先生亦翩翩然自謂：“科名唾手得也。”久之，侵尋以老，老而始應貢爲學官博士。再起，再官泰州人，且謂先生老矣，先生獨心語曰：“吾第不老，此其故余，小子識之。”夫人輕用其身，而重持名位，焦思蒿目，餲險甘囂，無暇遑一頓席，稍失意輒復熱中鞅望悒鬱不已，竟之形疲神竭，老期至矣。先生隱約窮巷數十年，達覽興替，陶豫往靈，世無用先生者，而先生因不輕自用，故不官不老今即官矣，而地僻務省，奔趨迎謁之不煩，而簿書期會之不及，晏坐傳經，從容談議，是官亦無能老先生也。

往先生以謁補來京師，章甫從之，學士大夫子第聞章甫且來，莫不挾策負篋擔贄師事章甫，願須臾少留。而章甫重違先生，先生行且謂曰：“吾骸臟垓存，初不相假，爾即從，何能裨我哉？第留。”遂跨匹騎驍驍然去，余聞而壯之。一日，章甫手所繪圖過余，曰：“子嘗壯我大人，我實念之。業且南矣，謀以斯圖爲大人壽。吾游燕，此猶得諸燕市者，子盍題其端？”乃某以圖嘗繪椿也，遂請説椿：“漆園子稱大椿最壽，春秋動以八千，心竊疑之。夫以梗梓豫章之美也，拱把而上，即無遁于般、倕，高者折之，巨者削之，纖而曲者繩之，斤之，剝劊培擊，以能苦生，率中道已矣。椿獨何能而春秋無算耶？及觀櫟社樹以散木自全，而始解椿之能壽，蓋亦以無用爲大用也。是故椿之所不得爲梗梓豫章也，匠伯之所惜也。其得爲櫟社樹也，神人之所祥也。”

章甫聞而沾沾喜，曰：“嘻！子説椿而實謂我大人，大人即散木乎？芝菌枯榮凡幾見矣。然此我大人自爲壽也，而我之壽之也何居？”乃某又請喻椿：“南山有松實則可餐，西池有桃餘亦可啖，此壽産也，而倘其氣味不投，椿弗壽矣。倘其有以相投也，則王槐、寶桂、寇柏、田荆得一焉皆足以壽也。揚芳英于春華，植修幹于歲寒，四産者之敷榮，而椿亦隱將芘其籟也乎？故蘿附木而齊高，芷逐蘭而增馨，物有相成，理固然耳。"章甫瞿然曰："嘻！子喻椿而實謂我，我守株者也。顧所不欲槁首而榛蕪者奚從樹？子其質言勖我？"于是某申之曰："吾聞名壽爲上，人壽次之。人壽以百，即所稱大椿以千止耳。修名既立，天地無極，是以君子務修名也。章甫而欲壽其親也，其尚是務乎！其尚是務乎！"

校勘記

〔一〕"而"，據文意疑當作"二"。

〔二〕"弋"，據文意當作"哉"。

〔三〕"□"，底本漶漫，據文意疑當作"擢"。

〔四〕"項"，據文意當作"頃"，形似而誤。

〔五〕"太孺"後，據文意當有一"人"字，下同，不再一一出校。

〔六〕"惑"，據文意並參《詩·鄘風·柏舟》當作"忒"，形似而誤。

碑　記

擬御製聖母慈聖宣文明肅皇太后
禱雨龍潭靈應碑

　　朕嗣大厤服十有三載，恪遵我聖母慈聖宣文明肅皇太后懿訓，惟欽崇天道，保乂萬民爲兢兢，罔敢或懈。歲乙酉，自春徂夏，恒暘爲灾，地坼泉乾。農乃無麥，深惟厥咎，在于朕躬，用率百官有司步禱于郊壇，分命大臣遍秩群祀，庶幾徼崇朝之澤焉，而油雲屢合，屯膏如故。我聖母悼黔黎愁痛之若彼，憫余冲人焦勞之若此，因謂朕曰：“古稱興雲致雨類有神以司之。聞都城西有龍潭，昔禱嘗應，盍往祈焉？”因命某官某人即其地齋祓以請，果得雨，七日而大霈，畛隰沾足。于是朝野咸喜色相慶曰：“此我聖母皇太后之賜也。”朕惟聖母尊居慈極，膺慶重闈，靚密怡愉，宜無一物可煩其慮，而猶注意天行，勤恤民隱。雖朕之不德，致詒之憂，而終格天心，通神貺，轉枯爲潤，化饑爲穰。俾朕得保有此子遺之民者，則我聖母明德之庇，不啻弘矣。爰命所司葺祠奉神以著靈異，而因以彰我聖母之德于無窮，且紀其事于石，系之銘。銘曰：

　　惟歲在酉，亢陽爲害。罪已籲天，澤施未霈。致厪聖母，憫念閭閻。曰是民天，國脉所係。古禮有榮，式昭龍德。是宜告誠，毋後毋忽。澄潭淪漣，靈物蜿蜒。升爲油雲，甘霖溉沾。湯禱桑林，宣歌雲漢。七年始蘇，兆民睊睊。惟茲旱暵，咎在朕躬。謂天蓋高，難其感通。有物蜿蜒，爲帝行雨。慈念所鍾，神職斯舉。既優既渥，庶其有秋。粒我蒸民，維神之休。猗與神休，我圖其報。龍潭黝然，有嚴廟貌。

聖母慈聖皇太后重修東岳廟碑銘

今天子郊祀上帝，晋接萬靈，明庭岳鎮海瀆咸在焉。泰山稱群岳長，以其居東方，爲萬物始交之地，且王者受命報成，未有不睹符應而臻泰山者也。今天下郡國皆有東岳廟，而京師則廟朝陽門之東。相傳唐宋時已有，國朝正統中規恢之。每歲遣太常致祭，而都人士女祈祐禳災，各自財以祠云。

蓋臣嘗讀睿皇帝建廟碑文，大要歸于厚民生及順民所欲，明德遠矣。百餘年來，廟寢頹圮。今上御極，奉聖母慈聖皇太后命重修。又念征調煩民，乃捐帑金若干緡，命司禮監太監某擇內臣廉幹者董其役。若天若育德暨七十二司以及佐神之四祠，大都因舊爲新，而裹以藻繢，塗以金碧，煥若更始。又于左右建鯨鼉樓，東爲監齋堂，使中涓守之，以奉祠事。工始于萬曆乙亥八月某日，越明年丙子八月告成。上命臣勒文以紀其事。

臣聞聖王先成民而後致力于神，亦有爲民而徼福于神者，故御災捍患，祭法所載。矧泰山爲群岳長，其德主生，古七十二王登封勒岱，束馬懸車，所費什伯巨萬，彼猶然爲之。今財賦不徵都邑，調役不煩閭左，而廟仍故址，地便工省，其事之勞逸難易何如耶？且聖人因神道以立教，彼愚民無知，或玩法于昭昭，至其稱頌機祥，陳説冥報，則未有不惕然懼者，神不爲無助也。不寧惟是，臣仰窺聖母皇太后垂恩儲祉，保護皇躬，將廣建功德，以祈萬年胤祚。雖無文咸秩，況岱宗爲祀典所載者乎？而皇上孝奉慈闈，仰答玄貺，雖節用之旨時佩，而有其舉之莫敢廢也。今賴天地之靈，山川之神，豐廡屢報，四夷咸賓，是御災捍患，允符祀典，將無負聖母皇上修禮之意，而睿皇帝所稱"厚民生，順民欲"者，宣在茲矣。臣不佞，敬用揚言，以記其略而系之以銘。銘曰：

巍巍神京，萬靈擁護。東岳有廟，厥惟世祚。徂徠新甫，則百斯年。歲又寢頹，祗事弗嚴。聖皇御極，百神受職。豈不懷柔？爰重民力。惟聖母慈，保護皇躬。靡神不舉，靡愛斯工。惟皇大孝，仰承慈造。無言不酬，無德不報。乃輸內帑，乃命中涓。民不知役，廟貌孔麗。蒼龍青旂，紫霞神女。濯濯厥靈，以妥以處。自堂徂基，自牛徂羊。神束宴娭，降福穰穰。降福維何，雨暘時若。灾癘不嬰，兵祲不作。都人致頌，天子萬年。我后純嘏，如山如川。泰山岩岩，京邑翼翼。聖德神功，勒銘岡極。

隆慶辛未科題名記

皇帝嗣統御極，秉德綏猷，五載于茲，爲隆慶辛未。維時四郊敉寧，百嘉忻豈。方內士翔洽淳風，涵泳彝訓，會逢資適，斌斌乎盛矣！頃禮部大比，士貢中式者四百人于廷，皇帝親問，策之以隆禮敦化教民成俗之道，賜某等進士及第出身、同出身有差。已，所司循故事請立石題名，上命臣某爲之記。臣謹拜手稽首言曰：

夫士之進也，必重乎其始。故朝廷于士之始進也，亦必重乎其名。名既揚于王家，藏于天府矣，而又勒之貞珉，樹之太學，豈匪欲藉以昭示無疆，垂不朽哉？然所謂不朽，大都不出魯穆叔所論次曰：立德，立功，立言。夫植節砥行，由積斯崇。建伐竪勳，歷試乃著。諸士屈首受書，幸一旦離蔬釋褐，德與功且未有表見，乃今日所數陳固以言揚者也。茲其言即如古所稱可立之以不朽者乎，其未也？《記》有之："事君先資其言，拜自獻其身，以成其信。”夫所尚乎言者，將以飭行，表世，安衆，軌物。杼軸乎天人之理，叙正乎經緯之宜，繇之可以察時變，觀化成也。斯其爲迪德之徽音，懋功之左券乎！唐虞之隆，九官十二牧在列，德用彰功，惟叙棐迪光施，虎炳區宇。及今觀典謨所載，一都一俞必明試而求可底績。即漢代制策，亦往往見之行事，而隆中壇上籌畫數語，迄今照耀簡册。卒之程力矢能，終所措注，罔渝初指，此豈虛中澤外，言不薪用，用不要厥成者哉？君子進德修業，忠信所以進德也。修辭立其誠，所以居業也。夫修辭立誠以存忠信，則其爲言也敦尚焉。

今諸士之言具在，述道義，慨然慕古昔，至談當世之務，則又纚纚然中窾郤，豈無一當于利害者？藉弟令舉登對之語，盟諸心持以終身，次第酬焉，毋庸違，毋宦怠。履素守貞，自獻以成其先資之信，則雖一言幾乎道而有裨于治，亦可以不朽。矧惟德與功于忠信基之乎？異日者襄翊明昌，表見于時，以貽無疆之聞。兹石也，俾後世有觀焉，曰“夫夫也”，其所謂不朽者，固在彼不在此也，臣有厚望矣。儻其枝葉之勝而本實漓也，修飭藻績，搴芳味腴，必以藏山之旨爲立言計，抑未爾。至有嫵媚辭說，包伏奸諛，以游徼榮利，而又有懷珉襭瓊，炫籠瞀之言，回易視聽以售其恣睢，塗外之術難窺，席前之策自悖，是士之敝者也，且爲兹石羞。臣于是乎有餘懼矣，是故申告而終戒之如此云。

進士題名記

莊皇帝御極之五年，親策天下士，賜張元忭等四百人進士及第，出身有差。故事，進士題名國學，用以紀盛詔來，宣朝廷廣勵之指。而是科迄今獨闕未備，言官以爲請，上命臣某記之。

臣嘗讀《詩》，至《卷阿》之篇，竊見周成王時，馮翼孝德之士與高岡之鳳，翽羽離鳴，人主至盛，車馬待之，而當世以爲文明之瑞，其盛如此。蓋至于《棫樸》之《雅》，《桓》之《頌》，曰“遐不作人”，曰“保有厥士”，乃知薪樵之化，豐芑之謀，文武之涵育人材，啓佑後嗣宏以遠矣。

蕭皇帝神明壽考，養士之澤深。莊皇帝策之于廷，而登之于天府，然未及盡試。皇帝纂謨承烈，羅俊彥之士，置之周行，子大夫乃皆受事服官，奔走中外，效其尺寸之用。凡籍名于兹者，皆祖考之所敷遺，惟皇上所使而命之者也。

臣謂嘉隆之際，若文之譽髦，武之燕翼，而《卷阿》矢音，當自今日始。臣第爲國家得士慶，安所置詞？雖然，臣受上指，宜有所訓誡，詞易可已，則請以詩人之義繹而陳之。周之髦士自其習于三物，成于四教，賓興于鄉，升于司徒、司馬，而詔之太宰，夫豈無俶儻非常之節，瑰奇不御之才？而《詩》獨稱馮翼孝德，媚于天子、庶人，上下賴之，則何所取者？專所責者重也。士凡效一官，任一職，有才者率作以致功，有節者忼慨以明志，皆足以樹顯績而獲尊名。至于人主之所毗輔，以圭璋其德，綱紀四方，使海内清和咸理，則惟豈弟篤誠純德質行之士，不炫才而通、不矜節而定者，乃能弼時仔肩、弘濟艱難之業，故足任也。子大夫奮迹躐景，十有七年，其更有司之議，奉上之進退予奪者數矣，高者列華要、拾級公卿，次則侍從臺省，次則藩臬大僚，其治迹功伐、言論風采班班暴著于天下，天下固已推高而艷慕之。臣謂子大夫行且負重荷艱，進而秉國成，係岩石之望，宜有純德質行，與《卷阿》之士輝映後先，不第以一才一節沾沾自多而已。

臣嘗誦先帝策士之詞，大指欲法成周崇長厚之風，修禮讓之實，歸于蕩平，子大夫于時敷對，有先資之言在焉。此則自獻成信之日也，子大夫其務崇厚修實，惟馮翼孝德是則是效，上以純心直道匡輔明主，而下禔福元元宣治平之化，庶幾哉對揚休命，無負于任使，以稱于天下，曰"藹藹吉士，媚于天子、庶人"，視成周奚讓？異時必有播諸雅頌、鳴國家之盛者，臣不佞，引領俟之。謹記。

重修太僕寺記

隆慶己巳秋八月某日，太僕寺卿顧某言：陛下幸過聽使臣待罪僕卿，領國家閑牧之政。自京師三輔及旁近藩省，凡地產馬，若牧馬編户暨州縣主馬之吏咸供職賦如令，臣得假國威重，據公署而莅之。又賴陛下仁聖，振恤黎庶，貰民當出馬者徵其錢，寺以故多藏錢，主守出納，臣咸與有。士夫受任輦轂下，下臨郡國，委簿牒實帑藏其中，係觀視不細，而直堂牖門垣之間，經十數歲廢不治，示天下庫陋，傷國大體，臣誠非之。又故事，寺百需咸仰贖鍰，自傾節縮，佐縣官僅僅，所有不足以更費。臣請括寺所轄州縣贖鍰未入者，大司馬以其羨葺公署，上無厚費而下令寺易觀，甚便。制曰："下大司馬。"大司馬霍公力主其議。制曰：可。乃以某月某日庀匠事，凡撓腐者易之，頹塊者築之，上漏旁穿者瓴甓之。爲屋若干丈，用毀爲堅，因故爲新，役不逾時，費不及國，越若干日告竣。公將勒貞石以示來者，屬吏行記之。

按國家初置太僕典馬政，北平故開行寺，俾諸監苑實上駟以壯北邊。文皇帝既定鼎，詔升行寺爲北京太僕，與南滁比。睿皇帝朝始正令名，蓋百有四十年于兹。卿以下故設兩少卿十二丞，丞各分部督郡國馬。自天子用言者言，損丞員大半，存其三令主調兌，而益少卿一人遞領京營驗印寄牧之事，以故丞選益輕，無能有所預，而少卿局于其職，志不得輒行。卿又高秩，率遠者一歲。近數月，輒一遷去，不暇謀寺事，以故視廨宇若郵傳然。即傾圮不治，漫不加省。而頃士大夫重費遠嫌，掇靜約之譽以相尚，稍排眾議有所更創則譏姍繁興，危以文法，故任事益希。噫！其甚矣！

昔衛文公國于楚丘，新集耳，乃定中營室，至椅桐梓漆畢具，而詩人論歌文公之德曰："秉心塞淵，騋牝三千。"夫惟懷忠篤慮久遠，故能附眾立國，富有千乘，其效可睹已。今國家方制萬里，庶府百司各奉職以聽，方將崇論竑議，度前規而備後觀，乃區區囨寺顧逡巡苟簡，不復議葺治。丞曰："吾位卑而言高，不敢。"少卿曰："無任劇而責分，不能。"卿曰："吾旦暮且去，不暇。"即是心也，已不能懷忠篤慮久遠，而欲善于其職，致乘馬之富，得耶？公初在先朝以切諫杖謫徼外，直聲震天下。會主上臨馭召起，三遷而至今官。則修廢剗弊，求政之所亟，首上書，重丞選，均勞協恭，咸秩庶事已，率就茲役以庇後人。其秉心若是，是可書已。

公疏言："唐盛時比屋充盈，縑易一馬，往往歸功監牧，稱張萬歲、王毛仲，安知今世無若人者？乃顧貴耳賤目懷材異代乎？"蓋自謂也。行三復其言，甚壯公之志，故備著之，使後有興焉。贊公議者，少卿李君某、張君某、阮君某，丞王君某、趙君某，法并得書。

新修應州城記

應州距雲中僅百餘里，虜入塞東窺渾、蔚則出其左，西伺朔馬則出其右，故雲中四州，唯應稱要害焉。數十年來，一二叛人誘虜內嚮，所至為墟，獨城得幸無恙，以待奔命之眾。顧城土墉土疏而善潰，緩急不可恃，唯曰以天之福。官師人士居重于內，兵甲器械設列于外，虜自恫疑恐喝而不敢近云耳，豈長計哉？

先皇帝臨御之四年，今少保大司馬鑒川王公居督府，單于歸我叛人，款關乞貢，塞上若將去兵。督府公言于上，請得核邊城之不治者，稍予工費，令加甃砌，期以三年告成，報可。于是下檄城應州，州守吳公偕守備李公，略城方廣丈尺而計工焉，州得十六，衛得十四。公集鄉士夫及諸父老謀曰：「公等知斯役乎？以衛若父子兄弟，令世世相保也。顧其費巨，安能盡倚官鑼？公等有力者宜自效，有貲者宜委輸。吾爲若先之。」因爲藉，自置其俸若干金，鄉士夫而下以次自占。民散處者屬義官某等分部其衆，數畜以對。凡有車牛者賦炭及石有差，其無貲畜者賦其力，俾即故城之墟而陶焉。復下令役者免輸，輸者免役，能趣辦者得即即業。于是州人皆踴躍爭願盡力，時辛未冬也。明春三月經始，則諸費已會城下，得不病農，農且耕且役，番休以時，蓋歷癸酉秋九月，纔兩年而全城之工畢。

是役也，礨石爲址，石厚數尺；累甃爲堳，甃周數匝；聚灰如丘，委炭如壑，以及門扃樓櫓之費，計數萬金不啻也。然民無重賦，官無靡廩，即所予稍食工直總之不能二萬金，而省者中半。雖州與衛各垣一方，其調節嬴詘，公固主之，衛特受成而已。進士田君又爲余言：「公初舉役，畫城于堵，度其規方毫寸不爽。其稽會也，卷石不得出入；其儲材也，細若鈎繩斧鑿灰盂堊帚之具罔不豫飭；其課工也，陶者、斲者、引者、削者、塗者、甃者人授以指，罔不中度。」蓋其精敏有幹略如此。

嗟乎！州城之當甃久矣。歷百數十年未有首其事者，非獨其貲不足，虜騎馳突猝若風雨，即覆一簣猶懼不終，安能乘三年之間緩帶而規更始？賴社稷神靈，夷夏輯睦，疆事稍紓，公及此時遵督府公成議，拮据綢繆，不遺餘力，爲百姓建金湯而詒永業，即自爲長子孫計，豈有加焉？後之繼公者，得人人如公之忠謀，整堅葺瑕，益務修備，豈憂匈奴哉？爰述其迹以告職方。

公名守節，字□□，直隸之真定人，庚子進士。由聊城尹莅州事，以久績增秩郡貳，復留守，蓋城成而遷尚書郎也。守備李君迎恩、夏君芳相繼興事，共肩勞勩；州吏目王君師益、衛指揮梁君勛則協力贊成者，得并載云。

重修昭應宮記代作

玄帝古未有專祀，漢用方士言"天神貴者曰泰一，泰一佐曰五帝"，始列爲五時，而北時居其一焉。其帝爲顓頊，其神爲玄冥，其德爲水，其于星爲辰。辰星七宿，而虛危有龜蛇之象，兹俗所稱爲玄武者也。

靈貺明威，代有徵應，而我成祖文皇帝龍飛燕邸，用建丕基，維帝陰翊左右，其迹尤爲炳然。今都門西高梁河之滸，故有昭應宮以祠帝。相傳蒙古至元六年有龜蛇并見河上，元人以爲祥，因即其地而宮之。由今以觀，實開我明定鼎之徵，非爲元也。

宮在憲廟時嘗賜璽書監護，而正德中御馬監太監谷公者實更葺之，顧祠無常主，歲久基搆摧圮，祀事遂廢。道士李宗玄私以宮求鬻于番經廠太監畢公敬，敬以其事白司禮監太監馮公。公嚮事先帝時，嘗一夕夢謁祠，宮敝甚，若將告神以經始者。及寤，念之弗忘。至是聞敬言，往閱廢宮，所見與夢適合，因捐貲三千金，屬某某以某年月日鳩工而舉役焉。且謀于衆曰："夫祠事始未嘗不肅祇，後稍怠慢也。藉令守非其人，他日將復有私鬻如宗玄者奈何？"乃言于上曰："臣幸給事掖挺，蒙被寵渥，伏自惟念無所報塞。間者祇哀皇上賜予之惠，臣不敢私敬輸之神，爲葺敝宮一區，以祀上帝。庶幾徼神之庥，祐國庇民，永延聖祚，此臣夙夜之微忱也。請即以其宮給御用監爲公廨，使得專主祀事，神且有常饗焉。"上嘉其意，許之，仍賜帑金若干。兩宮聖母太后、潞王殿下暨公主各賜金有差，諸中貴助役者又若干人。蓋幾閱月而告成事，其中爲大殿者三，爲小殿者四，爲鐘皷樓者各一，別有崇教堂、三清、五老、三官諸殿，以至齋舍、庖湢、門垣之制，悉起其故而新之，而宏杰瓌麗固不啻數倍曩昔矣。

宮既成，公以狀屬余記其事。余惟聖王在宥天下，旁洽百靈，故國有禜禬祈禳之事，猶將索神而禮之，矧天帝之尊嚴者乎？《記》曰：“有其舉之，莫敢廢也。”惟茲玄宮肇祀且三百餘載，守者無以夙夜奉灑掃，而因規以爲非利公，且爲禾黍，爲污萊，河上之祀幾爲隊典矣。先事而見夢，豈神之靈固預通其感耶？公歷事三朝，小心畏抑，見稱純恪。今上以冲年踐祚，劻勷擁佑，勞勩有加焉，其中心誠敬孚質于神明久矣。今茲之役，經費不煩有司，珪幣不領于天子之太祝，身率其屬以共祠事，而歸福于國與民。夫使國與民無所用其禜禬祈禳，而陰受其福，功德孰有盛于此者乎？是宜紀其事而系之以辭。辭曰：

伉貝闕兮高丘，溯光景兮臨流。開聖緒兮有俶，儼神物兮繙紏。歲荏苒兮代謝，鍾與簴兮易處。靈剡剡兮何歸？□巫咸兮無所？犖文石兮瓊材，增厥搆兮崔嵬。列周廬兮布□，闢九關兮洞府。駟玄虬兮委蛇，撫長劍兮陸離。焱臨睍兮故宇，雲馮馮兮下垂。羞桂糈兮椒漿，考鍾磬兮喤喤。紛總總兮拜舞，憺神志兮娛康。殄氛祲兮祚嘉祥，調四序兮叶三光。闡神休兮八荒，贊天子兮垂裳。

饒邑羅侯去思碑記

三代而下，吏治惟漢爲盛。至讀《循吏傳》所稱黃次公、朱仲卿、召信臣之屬纔數人而止。自數人外，材能豈鮮乎？然要以所居民富，所去見思，廩廩德讓爲良，則釋此數人莫與也，蓋其難如此。明興，吏治近古，其後邑熙久漸于末俗，眂前稍偷焉。莊皇帝即位，銳意嚮洽，袪靡爲朴，制度綱維，政令壹稟于舊章，以故四方長民者奉職循理，往往有可紀云。

羅侯者，汝寧人也，名名士，字以旂，舉嘉靖乙丑進士。初授晉江令，未期月晉江大治，民得之肖像以祠。繼而令饒，又大治如晉江。未幾，以異等擢秋曹郎。饒之人攀轅擁位，不忍舍去。于是義民路一鳳、李百亨、魏瞿等無慮數千戶競走當路，所乞留不得，乃僉謀爲生祠事之。以余鄰治甚邇，請于余曰：「吾饒被水者數矣，民咸失業。羅君勞來安輯，有大造于饒。以邑父老所睹記，未有如羅侯賢者也。侯有庇民之德九焉：薄賦輕徭，一也；敦儉節費，二也；寬刑息訟，三也；戢奸慝、蘇窮困，四也；敷教化、振士類，五也；撫字勤勤、催科無擾，六也；修墜樹廢、振災恤患，七也；調停有方、公私俱便、省一切不急之務，與民休息，八也；正身率物、約己裕人，而本之以操持廉潔，九也。吾民往見令吾邑者，即欲有爲，然或不能無私顧故惠弗終，又或有所興革，動以掣肘見憚，乃侯獨灑灑其德，一以爲民，藉令人今克己治家，事有過此者乎？無矣。每爲百姓謀，諸如水患等，區畫既當，當路者難之，侯毅然蘄必達，恫切于中而義形于色，議竟以定。藉令人今父兄爲子弟圖，有過此者乎？無矣。吾民父老賢羅侯，以謂未之前有也，可見于此矣。幸爲記，著不忘，以觀來者。」余語之曰：「昔庚桑楚處畏壘，畏壘之人欲俎豆之，庚桑楚懼而逃，居其實，不居其名也。羅君施實德于饒，猶之庚桑楚，非以幾此也。汝民奚不察羅君也，而必顥顥之爲？」僉曰：「鄙人何知嚮其利爲有德，吾民德侯深，思侯不置，故爲此，豈謂有加于侯哉？且名者固所不取也。」

于是史劉子曰：善夫！世之牧民者視官如傳舍，故民視官如旅人。脫有稍稍得民者，在所則譽，去則已焉，去而思者或鮮矣。羅君賢乎哉！吾觀其爲人，貌莊而色溫，韜彩弗炫，至扣其衷韞，其于濟時利物，若饑渴之于食飲也。以若經緯所抒洽之民心，實飫其實已，非所謂才誠合者歟？不然，令聞或以矯立，而細民難以苟得，饒之民安所私羅君？彼其有結于誠而然也，斯于居富去思、德讓君子之遺風亦庶幾哉，可不謂賢乎？論次既具，饒人將携勒之石，乃從而歌曰：沱水流兮澤與長，樂只君子兮不能忘，後來繼今兮監兹章。

涿州修學均田記

涿守沈侯既爲州之逾年，隆慶辛未實始修學。越明年成，遂均田。屬其貳秦君庀事，浹月告竣。

學凡展拓舊址若干步，增築師生廬舍若干楹，爲尊經閣一，爲梁三，表以綽楔，繚以周垣，隘者闢，圮者植，撓腐者堅，黮黭者麗，既成而民不知勞焉。田凡沃衍之地若干頃，岡阜水泉林麓之地若干頃，爲税若干。湯沐之賜，營牧之場不與。是凡畝以步計，區以畝計，權畝以制賦，權賦以定役，無侵畔，無棄野，無漏籍，無溢税，既成而民不知勞焉。涿人則相與歌曰：“思樂泮宮，作之渠渠。侯所作矣，髦士攸宜。”又歌曰：“倬彼甫田，我疆我理。惟侯甸之，嘻我婦子。”于是秦君使來告余，請記。

余嘗按西漢長吏京兆馮翊之洽，大抵勵使少年，摧擊大姓，以明察武力勝，舉其職愉快而已。而蜀郡文翁修起學宮，招延博士弟子，士乃喟然嘆典于學。召信臣循行阡陌，作渠治田，爲民興利便，南陽賴之，史家列之循吏。夫此兩人者，令與察士健吏絜智度力不同日語矣。要以順流疏疾，修廢舉墜，宣導鬱滯而孳孳務民，故足術也。涿爲州隸京兆，其治視漢馮翊，侯之明察武力足以爲治辦，樹赫赫名，乃獨先教化，急賦役，使操縵鼓篋之地煥焉更新，民版賦籍畫一可守，迹其所爲治，可不謂循良任職者乎？然文翁當蜀郡富饒之日，乃至減省少府用度。信臣□〔一〕自首事時而已立石田畔，防紛爭，蓋規設創置其難如此。涿縮轂遠道，供億百需之所仰給，公私益貧，列侯貴人，奇虻大俠所侵奪并兼甚衆，蠹事不可勝詰，有司議征繕則憂詘乏，務蒐剔則畏怨讟，此其勢尤有難者。侯乃從虛耗之後，興不貲之工，承積弊之餘，修無窮之利，其功等而力倍，事成而上下安之，則惡用明察武力爲愉快哉？

余謂涿人知謳歌頌嘆樂侯之成，不知侯身爲之之難也，故論著之，後有傳循吏者得以覽觀焉。侯名應坤，山西蒲州人。秦君名登，吳江人，諸有事兹役者，并得書于左。

重修詹事府碑記

我國家葆固聖圖，綦隆皇化，乃益毖重元良，培凝國本，于是設詹事府，處春宮僚屬，蓋以翊弦誦于龍樓，佑兩明于鶴禁者也。府肇建文皇定鼎以來舊矣，顧閱歲滋深，霜凌風削，以故諸柱礎拱棱亦稍離奇，未悉庀飭。歲壬申，府臣上請修治，詔可。于是命虞工鳩材，謹擇能者，而使之揮般輸之斤，督奚斯之繩，運離婁之明，磨湮者飭，圮堊者葺，離缺者飭，于是鴻基載新，駿圖益壯，煌煌乎謨豫搆堂而功光繼述矣。事既竣，例伐石記歲月，當有言爲之記。臣謹拜手稽首揚言曰：

於都乎休哉！古稱神龍驤則卿雲流，聖人出而里社鳴，豈不信然與哉？故功興于時，業成于機，然時遇而功弘，功弘則後之覯其功者思矣。機覯而業隆，業隆則後之覯其業者憤矣。是故昌隆炎景之會，固百代之所以照目也。雪煜踔躒、雲蒸雷動之休，固千載之所以抗足而歜也。詹省諸宮僚雖代不乏人，然而或以卿佐兼領，或縮綏春宮而司直史局，或又員有不必兼者，此其階誠貴近已。能典司青禁而躬逢毓德之期者幾邪？即府中故基，未嘗不時時號修繕、數完飭已，然而能使丕基再新，恢弘光灼而式際兹期者又幾邪？

我皇上神聖，眷茲國本，往者納禮臣言，詔修東宮出閣儀，于是揀麗正集賢、學純行修之士，授詹事坊局諸銜，俾直講讀，典校閱，即今談經虎闈，紆佩銅鞏，邕邕然異數奇遭，光邁千古已。夫學雖資豫，然而教貴責人，是故劍之鬩盤盂刿牛馬，其鍔也非礪以青萍，斂以越砥，吾知其刺弗能入矣。鏡之照鬢髮，察微毛，其明也非粉以玄錫，磨以白旃，吾知其矇然弗見形容矣。故欲鎔利劍必資良砥，欲鑄明鑒必預良淬，欲養睿德必勅良傅，允哉詹省之官！固非可以易而稱也。我國家建官稽古，于百司庶府錢穀兵戎雖罔不勅重，然惟宮詹坊局之職必儲之禁林，養以歲年，及其既長養成就矣，于是廷詢而博訪之，必有道術者、博聞而孝悌者始除而任焉，即匪是不除也。此其制載在令甲，豈非為儲君重哉？居是府者可思已。

於乎！時不虛逢，機靡徒覯。今皇上方隆慎儲宋，而東宮殿下又英聰岐嶷，遠邁周成，行且視規匡陶鑄。即詹事諸臣中步武旦奭，弼佑昌明，洊雷揚聲，磐石奠業，流聲照耀，即數千萬年後，方將使覯覯休光而思自奮者蒸蒸焉。則茲石之堅也，固後賢之標也矣。臣謹記述徽懿，勒之珉首，蓋欲見詹省諸臣之際非常，固即重修之役亦非常也。謹記。

溫玉亭記

溫玉亭者，仕優齋之外亭也。亭八角，高十有五尺，深廣略等，上覆以板，歲久不治，不蔽風。工人稍葺飾焉，改日而亭煥然新矣。掾有善書者，使顏其楣曰「溫玉」。《詩》不云乎：「言念君子，溫其如玉。在其板屋。」板屋，西戎之俗也。隴以右故戎地，其俗至今未改，亭以故得名焉。學士家凡言《詩》者，陳十五國之風而誦之，至于《秦》則曰：「此西方亢厲之音，非先王溫柔敦厚之教也。」

余獨明其不然，天于國家必有與立，則忠義之道歸焉耳。同心僇力以獎王室，可不謂忠乎？靡室靡家，事不避難，可不謂義乎？余觀秦人《無衣》諸篇，其赴義如流水而欲忠于上，如盲者不忘視，西鄙不以爲遠，板屋不以爲陋，車鄰駟驖馳驟不以爲勞，弓矢矛盾之間危且不測不以爲懼，其室人思其夫之從役而歌之，亦不以仳離有懟詞。《小戎》之卒章曰："厭厭良人，秩秩德音。"亦何其言之曲而中也？倘所謂温柔敦厚，非耶？

秦以一隅之地招六國，代周而爲帝，豈直以力量經營天下而已哉？忠義之餘風固有以得士力而萃人心耳。特任其慷慨激烈之氣，其流弊必至于喜事好勝，而數傳以後，用事者如商鞅、范睢之輩出，慘覈少恩，遂以取敗，而非其設端使然也。風者，因乎氣者也。五方之民風氣異，宜殊歌而同樂，殊哭而同悲。秦無論已，彼十四國風者安能比而一之？要其旨歸，不失先王温柔敦厚之意，則可謂云爾矣。

仲尼知其然，是以《黍離》降爲《國風》，而《秦風》并列其間。其删書也，以《費誓》《秦誓》嗣《文侯之命》，誠傷夫周之盛，能以忠義佐王者僅得一晋文侯。而魯，周公之後也，其嗣君又不皆伯禽。彼穆公者西方霸諸侯耳，奮然思得休休無技之臣而用之，周秦之盛衰固已判矣。忠義之士利人國家蓋如此。

自漢以來，西戎諸國漸被聲教，夷爲郡縣，而征人仕客往往不樂游其地，游者不勝帷墙之愛，鄉土之思作爲詩，歌哀怨愁苦，若樂府所載《隴頭流水》以下，讀之令人欲涕。至于唐而蓋盛，是以鄙夷其民而傳舍其官，務爲苟簡自恣之治以卒歲月，忠義何有焉？夫其設心如彼，而所謂聲詩又如此，其有愧于《小戎》之婦遠矣。

今天子有道，守在四夷，隴以右與内郡北虜保塞矣。番小訌不旋踵而定，然宦游者猶不能無望，余竊怪焉。余初至若不習地，忍之，稍進則安，久則更若有所可戀而不能釋去者，蓋樂其土厚而水深，無江南卑濕之虞，又喜夫板屋之爽塏，功不費而容身易也。獨愧夫人之不能如玉，而隴右士民不以余爲有罪使得儼然于上。亭成，述所受《詩》以爲記，且志余愧，以告後之吏茲土者。

高平縣學重修奎光樓記〔二〕

樓蓋在邑之東南隅云，倚學宫而建，題曰“奎光”，謂奎畫主文，故象之。更歲月久，不修且壞。上萬曆之四年，明府劉公雅意陶冶人群，挈張化本，乃嘆曰：“語有之：‘爝蟬明火，致鳥樹木。’學宫者，賢士之林，而闡風聲，示觀聽，所以爝焉而致之耳。不佞幸縮綏百里爲師帥，徼聖時之福。奸狴清，畎畝寧，環封寡事，所孳孳報上，則惟以興材爲先。夫號一邑首善地，崇樓鼎建，上應文明之曜，而下具士景瞻。歲時秩祀，俎橫經席，戴縱垂纓，泳俊髦其下，繫風聲觀聽匪輕，獨奈何基宇庳湫，坐廢弗省，狹人文之貴而傷邑大體乎？且有司爲天子廣屬賢材，而承陋踵敝非職也。”遂與廣文三先生議，稍伐石近山，增崇故址，而諸棟梁榱桷第仍材斧藻，無創，煩庾司以其羨餽作者，公不病費而私令在泮有雄觀，礪諸士心甚便。乃以某月某日鳩工，越數旬告成事，則儼然穹窿宏麗度往昔矣。三先生者念公嘉惠學宫深意，注作人孔厚，是不可無記以貽來者，而謬屬之余。

余惟奎爲西躔，晋興地似之，余高平域大而習淳，則晋諸方冠。入明初百餘年，草昧肇夷，奎文鬱然未光也。憲、孝之際，天下久邕熙，章縫翔洽，而一二賢司牧者來宣明主德意，招延弟子，鋤耰比屋之萌，始愧然嘆興于學。肅皇帝四紀，諸君子翩翩聯袂，駕八駿而升昆崙，豈奎文蔚昌之教使之然耶？繁縟滋多，一變而靡，而士間者或暖暖姝姝以自説，兼以政罔身先，蓮廬假息，隆儒造士，則見以爲迂遠而漸羽益稀。

噫嘻！文之刓缺，樓奚論矣。昔魯侯泮宫之修新舊耳，而詩人歌之曰"敬明其德""維民之則""既作泮宫""濟濟多士，克廣德心"。至《有駜》之章，則陰慶其得人，而比儀文于振振然群飛之鷺，何其盛歟？夫惟身明，則人之德以光；新敷教之地，而士之易心而應上。群起振振，文之盛乃爾，斯其故可睹已。公甫止軒綏即椎拍輐斷，怛焉飭身而正物，建長利，綜實功，其澤下浸于窮閻，而篤亮公清有所則于邑之人士，庶幾《詩》所云"明德"者。重舉贏泮水之工，而不難一寓之樓，象彼色笑知教，此不可以意見乎？以故風聲焱馳，一日而新四境之觀聽，布衣紃屨者知上之興文甚切，而己之應期宜先廣德心而效之。異時文教旁魄，魁壘奇碩之材坌出而董顯，蜚鴻伐于周行，將不第曰儀如鷺振而已也。即四海之内望邑之人文者，且疑奎光之特燭于是方，而樓之名幸賴公而終驗，必有賡泮水之詩歌公者，豈惟一邑重？晋大重矣。

公諱某，直隸安肅人，萬曆甲戌進士。三先生爲教諭趙君某，訓導王君某、楊君某，而邑丞田君某、簿蘭君某、尉徐君某，皆與襄斯役者，法得備書之。樓初搆，所以若其規度具詳邑志中，不復記。

新建永寧州碑記

州故古田邑，蓋新建自今天子辛未歲始云。古田者，故隸廣右，處山菁巇岩中，地最險厄，居土猺多嘯聚爲亂，且其來久。每上奏，天子輒旰食。既御極五年，北虜首款關，西土諸羌酋亦繼踵獻筐篚，獨古田寇猶盤劇，未盡剗去。上乃下詔議，僉曰："小醜匪茹弄梃山菁間，蓋踵故苗氏習。上明威神武，能遷專闉臣授斧鉞，第驖駒狐豚耳。”上乃發閭左之夫，遣羽林黃頭之卒，修樓船下瀨之具，命文武憲臣往平之。斬藤蘿，披岩塹而上。往賊久猖獗，即古田邑已委為寇巢穴未滌也。及大兵猝至，即剿夷奔逐，蕩然告平，獲其渠魁韋銀豹獻之朝。天子嘉焉，詔若曰：“俞惟劇寇久盤固，殘毒我齊民，為粵西憂，朕甚念之。既克平，惟爾將士功惟良顯哉！顧淑始者防終，其以議善後事。”

于是粵諸臣議即其地為永寧州，興校庠，聯保伍，欲風以教化。夫永寧，固新建之州也，當有言以記。某聞應龍驤首則蜃蟆伏潛，鳳皇翔天則鷗梟匿羽，聖人御世則裔夷款順，妖祲清澄，蓋其道然也。自上御極，新命覃敷，張皇綱，恢帝紘，益光且大，協氣蒸通，曼羨濔沴，即日域月窟罔不奔走未央，願請吏比臣妾矣。以故粵西寇一奉天誅，即犁庭掃穴，復我城墉。蓋蜃蟆之足不敢假息于龍淵，鷗梟之羽不敢側影于鳳枝也。行且築京觀，頌上功德，某復何言？

某惟徒切者踵憂，深防者寡患，且古稱俞跗善治疾，今觀其鑱石橋引，案抗毒熨，既湔浣其三陽五會之邪氣，然必調湯液醴灑，以噓扶其元和，而後年可引焉。匪是，雖壽民且為殤子矣。人有惡荊榛而芟之者，或告之曰：“必伐其本，不然復生。”其人弗聽，蓁施芟且旋茂矣。

夫古田故延寇地也，能保居猺無復列柵稱兵如銀豹輩邪？變風移俗，絕纍杜萌，顧所以化誨而檢防之何若耳？今已建學明彝，群其弟子教之矣，又置保伍使互覺察矣，所謂易劍刀為牛犢，將在斯耶？噫！建州而名之曰“永寧”，斯可以伺上意也。且上廉績課功，諸仗鉞開府及藩署守牧皆謹擇可者往治之，良籌石畫，安知不善俞跗之術，厪伐木之戒耶？

烏虖！無憂探丸者未戢，憂乏尹賞之治長安也；無憂廣陵寇之奪攘，憂鮮張剛單車之約也；無憂渤海弄兵，憂龔遂之拊安未協也。欲以寧斯地而永之，其又于人乎在耶？某于永寧制法之詳不暇悉，姑記其大者如此，且以風當事云。

巨鹿縣重修儒學記代

同年費君堯年以尚書郎出知順德府，其屬邑巨鹿重修學成，寄書某，屬爲記。而諸生馬德興、楊體元實來，其言曰：

吾邑故有學，天順間，邑令張紀稍拓弘舊基，以至于今，垂百餘年，不修且壞。會都諫鄭君大經時以節推署，□慨然嘆興于學，飭才鳩工，人應如響。而又會中丞曹公亨□檄勸成，且斥俸金佐費。今太守費公繼至，遂卒成焉。成之日，隆慶戊辰春也。距鄭公首事時凡閱歲再稔，而廟堂齋廩、瓦壖題榮，以及鐏罍俎豆之飭，焕然增新，實如始作。諸先生以時率諸生褒衣斐履，觀游其間，其可謂厚幸已。

昔漢召信臣守南陽，能興修陂塘水利，以溉民田，而繼守杜詩因其遺迹不廢，且有“前父後母”之謠。以今都諫、太守二君事觀焉，其謳歌在人，顧不美歟？然吾竊嘗邂逅鄭君，其行方而學醇，其言澤于禮義，而費君則直吾傾蓋友也。年雖少，博聞好修，有非孔孟不師之志。彼且身爲型範，而笑口鳴鋒，豈以土木之事標致庠宇，急人知而誦之哉？夫巨鹿之士能由二君之意以誦法孔孟之言，則亦庶乎得其門矣。

蓋昔嘗怪常山信都，土膏而民厚，其人物又俶儻多奇，而侯芭、張禹巨鹿産也。史稱芭游學四方，遑有大志，而安昌侯至爲帝者師，貴重無兩，惟其沾沾自信，不軌于聖人之道，而石田冠玉，刻鵠雕龍，文美而實不效，故末路正于師受太玄，極良田上賈之奉，泯泯無所樹立。夫聖人之道，其脂腴博美，如庶羞之簇盤，雖調于易牙，而使陳平爲張具，九獻而不餐，則糠籺先之。故加邊倍鼎，不如其下咽；崇覽閎議，不如其見道。夫道不可見也，而善學聖人者，爲能内得于躬，各就其性之所近。故游之乎詩書禮樂之塗，充之乎視聽言動之際，而明之乎君臣、父子、夫婦、兄弟、朋友之倫，仁者、智者、狂者、狷者、中行者，入焉而名足，用焉而實效。此治古之世，教易行而道易明也。今世學者，患其刺謬于群籍，苟以老莊緒餘潤色孔子，抨彈百氏，其說蕩稽而雅博，而中庸模稜之士至籍以市名賈寵，要之不邁于道，君子恨之。

夫侯芭、張禹，志士之所不取也，而色笑以教賢，有司所以相待又不薄，其周旋。作序而不以聖人爲師者，非吾徒矣。夫巨鹿之士尚相與勖之。是爲記。

重修演武亭記

泫氏額有演武亭一區，坐瀕丹滯，雨集山濤，暑衝秋齧，堤岸崩圮，殆爲水伯匯浸。邑劉侯振而新之，鞷虞衡之材，伐太行之石，鳩陶埴之工，驅子來之旅。稱畚略基，量工命日。增卑倍薄，撤故飾材。茲五楹之堂于北，閡雙戟之楔于南，峻牙章之臺于中。退食有齊，宴息有閣。繢以丹堊，采以青藻。飛革苞茂，煌煌壯而麗矣。懼師徒誾于六步七步之律也，繚以垣墉，百堵鱗次。召其跡落弛千大雲屯，縣賞格，時簡閱，荷盾矛森侍于旁，披介胄馳走于下。蕭矣軍容，赫焉武備。歸然榆關柳塞，虎豹之埶雄峙山隅。且轉徙之煩匪擾于鄉，呀呷之聲無號于市。降婁躔而戒事，鶉首正而告成。侯將載歲，日第工庸。乃紹介于京，乞言以紀。

語曰：「天下安，注意相；天子危，注意將。」今天子堯仁纘圖，舜德光宇。道化翔洽于海壖，聲施漸訖于埏㙫。夷落獻琛，獽獠輸賮。月支日出之部、辮髮貫胸之酋，靡不稽首稱藩，伏鼠執贄，利睹聖明，幸濡汪澤。兩階于舞，尚虞舜之誕敷；因壘崇降，邁周文之怙冒。鑄鋒鏑，櫜弓矢。放馬歸牛，不觀兵時也。厥工肇興，不幾于勞乎？是堂雀之歡，非厝薪之隱憂也。司馬法曰："天下雖安，忘戰必危。"天生五材，誰能去兵？兵不樂試于治世，治世所不諱也。成周比閭族黨，出而折衝御侮。故糾糾之夫，桓桓之武，不啻《兔罝》《車攻》咏也。秦郡置材官，漢因之。唐有州郡之兵，宋有廂鄉之軍，畜衆容民，除戒不虞，兵之不可偃于天下也審矣。

今海內乂寧，家圖閑暇。尺籍之兵，郡縣之民也。苟治識大體，政圖未然。專封疆者，捍御而較貔貅之士；寄守令者，豫戢而募干成之夫。繕營壁，精器械，時練閑，無一不可當百者，則先事有備，盡地爲兵。超距烟聚，格鬥星羅，敵愾之聲震于雲外，而奸宄萌銷，蠆毒膽怖，自將不戰而無敵矣。肆遘聖人在御，神武而不殺者乎？

夫三晉之鄙，長平之墟，用武地也。昔抱貞[三]守澤，籍丁男三之一，農隙角射，三年得勁卒二萬人。故昭義步射冠諸軍民，到于今稱之。明徵在策，鑒憲不遠，何世之業官者恒以營建爲嫌，樂因循而憚改作，視公家爲傳舍，聊以托宿，遲明棄去？若侯之任勞任怨，整隊厘蠹，理國甚于理家，顧不難哉？

嗟夫！徹桑濡袖，謀士也；憂治危明，藎臣也。侯抱文事武備之猷，紓外寧內憂之略，侯之謀不其爲藎臣乎哉？余歌《周雅》而賡《魯頌》，志侯報國之貞，而因冀疆圉之臣咸奏乃績云爾。

題南昌高氏牡丹記

宇宙間精英之氣常有待而後鍾，故地生異人率預呈于物產。有開必先，一氣之旁礴蓊鬱爲之耳。物非靈于人也，草木得氣最先。奇花異卉與景星卿雲、祥麟威鳳無間一氣，瑞其一物，而于聖賢君子而不知也。世之耳目恒然矣。高爲南昌著姓，溯樹德自高城始，本支蔓延，在羅舍者益茂而蕃。高城去羅舍十里許，先世庭除牡丹一叢，歲日久，榮盛若植之初，會當吉祥善事，則燦發鮮麗，尤倍常春，家世沿爲瑞徵焉。膳部大夫汝謙氏與余托瓜葛，耳熟其事，屬余記之。

夫深山大澤實生龍蛇，氣所鍾矣。大江之西，五嶺北來，四川駛走，萃于洪都，至羅舍更逶迤停蓄，岡巒環抱，元氣鬱結由來矣。高氏詩書奕葉，世紹厥芳。自汝謙氏而上，三世簪纓，伯仲森然挺秀一門，樸械之英栩栩疊出，人謂景星卿雲麟鳳哉？鍾元和而苗靈華，豈國色天香、絳萼綠苞是謂乎？或以牡丹爲富貴之品，殊不類于清貞，幽而芳，花實何知？第特所貴重，加之名，則遭也。若遠避塵氛似恥自眩以希世知，免爲豪奢玩弄之具，蘊錦韜霞照耀林皋，又幸哉得所托矣。余聞樹德與藝植類，氣化篤于目，林務滋加培之日勤，斯人事倍于天工。以高氏之德，況得數君子者起而振之，豐芑是謀，益培孝義忠信之緒，華實并敷，引于勿替，它時考祥徵慶，則三槐不爲異，五桂不足多，而高氏牡丹且隱然名動天下矣。

重修貢院記

皇上御極之元年秋八月，言官言：“陛下幸以冲齡嗣位，孳孳勸學，詳延方正傳聞之士，日與崇論議，究道術，而又顯著綱紀，修舉廢壞，光施文惠，以風四方。天下之學士即阻深暗昧者，莫不延頸企踵，思耀于光明矣。顧人主致士莫先于隆陶獎之權，而要以作新志意，回易視聽，非有崇建偉觀，何以令天下拭目而愉快也？臣謹按令甲，國家取士以制科，每三歲輒貢士于鄉已，從春官上計，率鎖院三試之，故獨貢院之在畿內者，間歲得一再從事，乃其制獨庫陋弗稱，無以尊重事，嚴國體。又百執事各瞻其事，而湫隘嚻塵燥濕之不時，何以稽奸慝而警禁御也？臣請得下所司議，宜少恢宏舊制以度後觀，甚便。”

詔下工部詳定，部臣首畫經費，主出水衡錢十六，而佐以京兆贖鍰。更爲相地所宜拓者，東西得若干丈。其南北市廛業當除道者，官爲償以厚直，共得若干丈。奏既具，上特允其請。乃以萬曆甲戌某月某日鳩工庀材，營始匠事。其外表綽楔，列交戟，簾之外爲樓五，爲堂一，爲號舍四千八百有奇；簾內爲聚奎堂者一，爲會經堂者一，爲考試官房者四十有一。他若監臨督察，下迨庖寓輿隸諸有事棘內者，率樹之堂廡，閑之垣檻，凡爲屋大小三百四十七楹，凡爲費四萬九千九百餘金。稽度既備，傭役惟時。越明年，乙亥九月，告成事。尚書郭公謂余當有記，且勒諸石，以示來者。

余惟明興以來二百餘禩矣。當文皇定鼎北平，百司庶府實始創立，惟時草昧初闢，而文明猶鬱，列聖嗣起，道化翔洽，詩書戶講，士之挾策而至者往往填溢省院，至無所躋足，而羅棘遮截則見以爲褻士。世廟未嘗一議增創，屬財用方詘，僅一開壖道，輒復報罷。

我皇上臨御之初，首采群言，廓然更始，其以建都邑之觀而關人文之麗，皇皇哉，盛矣！昔者宣王中興，肇作新宮，而其臣歌之曰：“如翬斯飛，君子攸躋。”至《閟宮》之頌，則侈其松柏題梲之盛，而曰：“孔曼且碩，萬民是若。”夫其奠君子之居而可以順萬民之望，即興作何病？斯其事可睹已。主上秉冲聖之資，躬勤儉之德，方且規美舊觀，增飾洪業，乃他務未遑而獨首舉斯役，令遠方下士逖聽踵武，知上之求士者甚重，而士之自試者不輕。異時文教益章，真才愈奮，崇論弘議之臣布滿公車，相與明道術，執經藝，以稱所任，使上下相發，允答聖恩，其于廣屬賢才之道顧不偉歟？如是則以躋君子而若萬民，誠比德周室而掩美魯宮矣。

語曰：“觀乎人文，以化成天下。”又曰：“建首善自京師始。”臣竊謂皇上獨兩得之。輒于其成得備紀其事如此，以著皇上所以開太平之原者，實本之作成人材云。

修貢院記

明興設科取士，鄉舉上于春官，率三試拔之。其試院在京師者，雖鄉舉兼焉。要以專職會試之用，粵自投戈之後，率爾講求，隘庳弗飭，敝在簡陋，殊非所以稱重地也。往者紛紛議遷議闢，而僅自世廟來年一開衢道而已，豈國家盛美之事必經久始備，抑或待其人而行耶？

我皇上嗣登大寶，儆救幾安，德化翔洽，封內無事，可謂庶職咸理，百廢具興矣。近又特允言官之請，增修試院。詔命司空并京兆尹議費如例，而董以司空之屬。乃擇能吏揆時庀徒，隙地可拓拓之，民居可易者厚值以償。約廣其故址十有二，而簾以內外爲堂者三，爲樓者五，爲房爲所者以數十，爲號舍者四千有幾，而庖作邏伺之處不與焉。固以重門環以崇墉，隘者闊，墜者舉，闕者具，復宇相瞰，壯麗閎敞，翼翼乎掄材之奧區，文昌之密府也。猗與！盛美之事備之此矣。

然余惟國家興務廣業不靡于虛，起敝維風不膠于固，此聖智所必講也。方茲役之經度，苦勞費而見謂難，我皇上毅然新之，遂績于成。成而有所甚勞厚費矣，或忽不省，我皇上必然覈之，遂歸于實。天下之敝何不可振者？今世風士習敝也，皇上曠然懷古，嘉與維新，毋乃將以是振起之乎？余觀《易》之《觀》曰：“聖人神道設教，而天下服。”然夷考其《觀》也，四言“國光”，五言“我生”，未有見其神之者也。而于《賁》發之曰：“觀乎人文而化成天下。”固知《賁》乃《觀》之施，而文爲神之用矣。

兹役也，定是謀始斷自宸衷，吾以觀其生；炳休闡懿，昭垂無極，吾以觀其光；由兹以純一視聽，回易志慮，令天下有所興起，以縱皇途而游帝域，吾又以觀其化。此三觀者，聖人所以設教之大端，而衆之服自此也。是故龍蛇生于大澤，鳳凰鳴于高岡。彼其所以致之固高且大者，有以翕洪閎而耀景靈，是以神動而瑞呈耳。賢才，國之瑞也；試院，掄士之場也。聖天子大中正之觀，止文明之賁，以龍蛇鳳凰厚望海内，夫既大其澤，高其岡，而祝致之矣。士生其間者猶踵陋襲舛，不思爲寥廓之翔，則豈神道不足教而人文不可以化也哉？知繼今必有人瑞如龍鳳者出，而當聖世之網羅也。

《詩》曰："維岳降神，生甫及申。"又曰："豐水有芑，武王豈不仕？"如岳果神而芑可培也，則我皇上所以作新人才者，此舉蓋大有裨矣。某年月日記。

傳

贈光禄寺卿路公傳

路公者名聰，潞之屯留人也。不詳其字，或曰英憲朝民俗椎樸，相命輒名之不字云。公生魁梧悍堅，有膂力，智略輻輳。居衆中議論捷出，如矢激刃解，紛糾立斷，聞其言，即至暴抗無不灑然屈服者，里中固嚴重之。

成化末，大盜王弘起燕趙，轉掠澤潞間，勢張甚。至屯留，益殺吏民，屯留人振恐。公奮曰："嗟夫！賊乃蜂起烏合，操攮粗棘矜，鬥千里而莫之誰何，彼謂晋無人哉？"即詣令請授甲，願得當一隊，必破賊謝百姓。令壯而許之，乃募邑中敢死士，得數百人，諷以大義，人人爭踴躍。公爲設方略，携賊腹心使爲内應。因率兵尾賊至余吾，賊方食，公從後急擊，大破之。獲其渠率，餘黨悉平。令上功部使者，厚賜金帛，謝不受。乃署爲陰陽訓術，稍益屬任之。縣有疑事，輒就公亭質。間使董城垣、學校諸工，公所受事立決，所督治費省而辦，衆無不稟受約束，而令益器其能，數加旌賚焉。

正德中，巨璫何慶者，故恃瑾驕恣，大爲奸利。當過屯留，公受令指逆諸境。從容進曰：“側聞宣徽義甚高，屯留令擁篲徹席，日夜供具以勞，下執事惟宣徽之所命之。雖然，屯留小邑也，未嘗見天子貴人，悉索敝賦不足充犒食，願左右無驚邑中。令得以其私齎擊牛釃酒爲宣徽壽，使下吏布其腹心。”慶欣然爲之斂戢，邑中賴之。

公雖敏幹强力，應變圜轉，然務行其德，急人之困甚于己私。前縣令張鵬坐事斥，貧不能自還，公爲倡邑人，共治橐中裝，直數百金。令德公入骨髓，戒子孫：“無忘路某，路某活我。”至其孫巽言舉進士，常舉以語人。里有儒生貧不能婚，公卒捐數十金，助之爲娶婦。其赴義慷慨皆此類也。

路之先不顯，自公之子某爲某官。暨公孫某舉進士，歷仕有聲績，今爲光祿卿，以新天子恩澤詔贈公官如其孫，而路氏始大。然士大夫稱路氏世德皆本于公。論曰：

魯連有云：“所貴天下士者，爲人排患釋難解紛亂而無取也。”豈屯留路公謂耶？天下無事，謀智勇辨之士無所施其材，卒然有急，連城跨邑之吏，坐選軟不事事，擯棄僇辱者何可勝數也？乃如路公身不挂銅墨，位不當民社，起委巷布衣中，設策奮力，存孤城，殲劇寇，成功不居，可不謂奇士焉？及其厚施薄望，不侵爲然諾，身所嘗振惟恐見之，古稱俠士之義方兹蔑矣。

假令公藉尺寸去奧渫而升本朝，其建豎可勝道哉？然公身不試用，而其效托之乎後人。夫天道猶酌也，挹彼注兹，豈不信乎？

沃陽李公傳

沃陽公者，晋曲沃人也，姓李氏。李氏世世有令德，其七世祖源舉金進士，即同知箔州有惠政者也。沃陽公之父曰讓，讓博覽書記，尤習《通鑒》《家禮》扶義而行，晚爲縣憲老，几杖受有司饆。娶于薛，舉三丈夫子。長明善，丞宜陽；次明道；次明性，是爲沃陽公。字復本，嘗自號沃陽，里人嚴重之，稱沃陽公云。

公生而穎敏，垂髫從鄉校學，學且通。當是時，伯兄業籍名諸生間矣，不視家，而憲老好蠲貨急人之困，輒倚辦公。公乃謝鄉校，去賈。游關以西，裹足行千里，足重繭，終不問馱。凡公所策廢，居應如響，而公壹以義操之，非義千金不顧，諸關西賈人咸以此多公。公既修賈以寬憲老于施，而憲老老，公乃罷游，侍朝夕，希韝跽，上食惟謹。俯而過兄前，力事爭受棘，翂翂如也，怡怡如也。

居里中，飲人以和，腰膴相邀，非公來不樂。而公慷慨持議，平里中直曲，必就公亭質，聞公言乃皆服。宵人不衷之徒怍，公知曰：“奈何見短于長者？”世有抱竊癖者，公伺知之，弗泄。一日竊公縑而露，窘甚，乘夜自歸公，公第好辭勉其遷善而已。其人大感愧，矢自祓濯，卒化爲善良。公起家雖積纖累微乎，而扶義好施不啻如憲老。里中負公錢，公察其窶者，常封券還之。或以田宅鬻諸公，溢索直，公諾而溢予直，陽若弗省也。族子甲有出債者，息入稍過，公碎其債書而讓之。舉宗象公指，凛凛皆務爲德厚。

蓋公恒自嘆生不業詩書以顯，而老巖間，于是督諸子學嚴甚，遂有子尚思爲今天官大夫。大夫嘗以明經博雅冠三晉賢書，而孫永培後輒踵武，再世省元，聲華耀海内，本公之教云。方大夫蔚起軒對，官秋曹，公數函書恧飭，孳孳恐肺石之或冤。已更天官，則又曰：“人固未易知，官人何容易也？”乃一之京，視大夫藻鑒群材狀，而日樾門謝絶賓客，以故大夫用公明修潔重于朝。公凡再因大夫邀天子恩澤，而封司勛員外郎。尊顯已然，公歸而布衣蔬食，筥簋不加于曩時。時時杖藜之田，與被襂襨者伍，劇談原隰，油油然適也。冠蓋貴人式公廬請見者，公顧往往遜避之。所居環堵而園，其隙植衆花，其中菊最蕃茂。每對菊觴咏，翛然有陶元亮之風焉。

公元配曰梁宜人，實舉大夫。蓋宜人嘗受四字經于其父刺史梁公所，歸公而壺内大治。始薛老失明，宜人日夜奉侍，與俱卧起上下，如是者數年。大夫始下帷，即然脂火趣之讀，不徒呪嘔爲愛也。繼曰許宜人，而賢亦足紹之，皆相公起家者。初梁卒時，治窆于祖阡，次宜右，青烏家以利不利摇公，公笑曰：“家昌在德，不在窆。吾擇其利，誰當不利邪？”竟定右窆。而後乃竟利子孫，斌斌門閥日益光大矣。然天下推轂李氏名德，咸本于沃陽公。

論曰：余間者覽學士名公之紀術沃陽公生平也，大都引漢文範先生云，豈不謂公表正鄉間，盜猶然感化，誠與文範先生相肖邪？文範先生翔下位，隱嵁巖，而子孫元方、長文世駿顯，史稱此兩人賢，寧渠前遜乎？天下顧以爲公慚卿，卿慚長，何也？古記有云：“材不及林，林不及雨。”第溯所溉發焉者功之也。沃陽公以嵁巖始終隱約，較文範先生滋甚，而溉德發名與之等。今天下稱天官大夫風獻卓榮矞然瑩然，而省元偉蘊高標，英英乎凌雲千仞，孰與元方長文賢？瑶林望起橋梓間，大廈將需材焉，而棟梁繇沃陽公之雨之者深矣。其功不可及已。且文範先生後以不丁辰，故顯者遞遜賢干隱，而今也何如哉？遲之他日，有奕世踐公卿之位而名德重光天下，必曰是沃陽公子孫也。鳳見以其時，以顯鏡隱，遞相重也。然則沃陽公之世澤，文範先生無乃遜之哉？

封奉政大夫戶部郎中陳公暨配姚宜人傳

公姓陳氏，諱和，字廣平，別號南居，廣州南海人也。世居蟠岡里，正統間家乘毀于兵燹，故世系莫詳云。

大父某。父某，號粵山。并隱德不仕。公生十二歲，喪母。粵山公故商游賓象間，遂挈與西居數年。頗益修父業，貲大饒，雄于閭右。然雅好行德，喜誦古書史，善爲詩，其内行潔修甚備，閭右稱之，不以其貲也。事粵山公至孝謹，每隆冬夙興熾炭，候于卧側，日以爲常。粵山公卒，分財多讓其伯兄，無幾微出于言色。既娶姚宜人，生子俊，且長，益相與課督之。俊乃舉進士，官戶部主事員外郎郎中，于是誥封公如其子官云。

公既貴，人望之儼然讓路矣，顧折節爲退遜。歲時伏臘，角巾布袍行里中，父老子弟走相訝曰：「陳封君不衣錦，乃角巾布袍哉？」則愈益附公，高其義。公性亢直，常面折，不能容人過失，人知公無他腸，竟不忤。里有爭事咸走公所亭質，公從容出，片語決之，無不灑然心服者，其尊尚之若長吏云。里人或貸公百金以賈，而客死。公爲歸其襯，絕口不言收責。有貧者，常捐貲助之矣，及其病也爲賙之，死也爲殯之。其他好義專趨人之急多此類。

宜人温惠端重，有婦德。自相公起家，及所以賑貧賙乏，輒從中從臾，公之稱于里中，宜人有力焉。俊官戶部時，遣人迎養。公以問宜人，宜人曰：「吾與公再叨榮恩幸，安享拓境，此豈跋涉遠道時耶？且吾兒方勵官箴，聲籍甚足慰吾二人願矣，正不當朝夕煩兒服養分其心。"公頷之，竟不赴。已而公病，宜人日夜侍病，公固謝之不能止，竟以勞瘁先公一月卒。

公年六十有九，宜人年七十，合葬于蟠岡阡。子二人：長即俊，今爲寧國府知府；次恂。□[四]子曰：余與寧守同舉進士，相得如生平，驪睹其爲人，斤斤孝謹淳如也，蓋緣南居公哉？俗化之敞[五]也，衆庶仿效，漸于侈靡，何況封君貴人，藉權力光寵，足以自尊大爲娛樂。乃余所聞南居公終其身若寒士，此與萬石君家恭謹何異？人臣尊寵遂集其門，不亦宜乎？及觀宜人終始又卓然齊德矣。夫婦德士行交贊也，不信然哉？不信然哉？

贊

石溪先生像贊

蓋聞荀卿有云："象形不如論心。"旨哉其言之也！小子某鄉嘗執筆爲石溪先生狀，竊窺先生德心之萬一焉。其居貞守介，履素函光，即所謂"浮雲富貴"不高于此矣。其扶義敦倫，施仁振厄，即所謂"胞與民物"不弘于此矣。其闡教育才，飭躬章範，即所謂"博約誘人"不懿于此矣。其執言排難，抗節解紛，即所謂"剛大塞天"不烈于此矣。豈畫史之所能貌哉？間者從畫圖得拜瞻先生德形，又適適然驚，規規然自失也。儀觀則嶷然而端凝，如太山喬岳；氣機則逎然而暢溯，如洪塹巨川；容輝則頵然而樸茂，如翠柏蒼松；丰度則藹然而沖融，如春風冬日。小子烏能狀之？繇斯以觀，名德之士寶諸内者澤諸外，心形交相證，而益見其大全。卿也顧岐之非通論也。雖然，此兩者皆未足以概先生。

先生身踵一代之靈淑，爲國家生秉樞扶運之臣，是先生一身固天下治平所繫也。善證嶧先生之德者不于身于天下，今天下跂而觀中黄大紫之上。見三事燮和，九功穆叙，孰非先生德心之所貽？見六符明潤，四隩晏清，孰非先生德形之所著？而咕咕焉第即先生之身以概先生，不亦淺乎？于是綜其大指述贊曰：

明興良弼，三起冀方。作求世德，德厚流光。薛父傳經，張公市義。洵美先生，高標彌異。道躬岳岳，偉度輿輿。貞儀蕭蕭，遠志蓬蓬。蘭室薰人，荷衣潔已。槐蔭在庭，桃蹊在里。孝廉獨行，徵對明廷。纔宣鶚奏，遽引鴻冥。博雅多聞，蔚爲士表。弘闢龍門，遂呈鱣兆。望廬感化，負笈爭趨。僉稱憲老，又曰名儒。委祉儲和，篤生碩哲。忠教丕承，昭登相業。河津蒲阪，未竟施霖。大猷弘濟，帝賚山陰。啟自先生，德全神王。何以窺之？素絹留像。像圖麟閣，不在其身。像徵燕頷，乃翼後人。德像昭昭，丹青惟肖。功像恢恢，汗青永燿。生而不宰，人貌而天。隱身豳畎，其福紘綖。星應少微，中台同燦。髣髴先生，神行霄漢。遐思寢廟，快睹徽榮。揚言作頌，敢告祝宗。

許處士暨配汪孺人贊_{有叙}

夫當世能文之士所稱術洗馬君父母語，豈不累累味腴搴芳哉？間者或以其絜仁扶義而不身食報也，乃徒逐錐刀之末，竟廛間以老，則爲之三嘆。而余以爲人遇何常，丈夫遵時舒意而自適耳。方心諼公割授叔子金持券之束，不索，第焚去，翛然日觴咏。而汪孺人亦好德，佐公施，充其意，即萬鍾猶之乎蕣華，曾何芥蒂焉？而顧樂以廛隱。語曰：“鳥飛準繩。鳥之還山集谷也，未嘗無曲也，而名繩則以鳥意南而南，意北而北也。”夫公惟以其意適廛鳥，不可哉？然余觀公屯膏不用，一以界之洗馬君。洗馬君持經術從天子，龍飛于茲，五六年無一日不在帷幄，俾聖聰日起，而方內日嚮治。溯厥源本，則曰公孺人。公孺人雖廛間已隱，然功見天下矣。藉令身遇，何加焉？而洗馬君方駸駸揖柄丁軸，閔霖雨之望，歸公孺人名無已時，則夫指窮于爲薪，孰與其火傳也，而不知盡也？天之報施善人長，豈必身哉？于是綜其遺行爲之贊。贊曰：

　　犖犖公蘊，聲著游東。尺書結客，而傾其雄。望之者則以爲陳遵之馮几而治百通。惃惃公德，孤賴姘懞。誣輒不校，而割滋豐。企之者則以爲卜式之脫產而猶數給其窮。矯矯公節，行似遺弓。折券寧顧？視厄乃恫。感之者則以爲馮煖之市義而邑人以空。坦坦公度，晚困且矇。杖鳩而咏，以泄以融。聽之者則以爲曾參之曳縰而商歌之颻颻。矧公之內刑壼闈，淡茹苦攻。又墾耘之偕龐德，而麈春之佐梁鴻。嘻！數子之芳懿紛已兼之公，而胡可方公乎濮上與陶中？無亦公之託隱于是，而相羊容與乎其衷。談者謂公手栽玉樹，而不及睹其苞蘤之崇。廛以隱，隱以終。而今廣廈細旃之上有格心輔德之功，則公雖未試而燕翼之澤已洪。異日者天子書積善之墓，賁大邦之龍。一祠而賜牢之熏赫，八尺而蹲螭之穿窿。亦何必飲醁數勺乃爲祿養之厚，鬖纓雅拜乃爲恩褒之隆歟？

箴

太子箴

　　乾步于昭，前星耀芒。坤維厚載，幼海望洋。象惟太子，纘緒承潢。蒼震主邑，黃離繼明。搖山肇瑞，銀牓題房。粵惟妖誕，何裨聖王？必崇三善，乃貞萬方。作棟吾國，作貳吾皇。理亂安危，實係少陽。教維早豫，治以綿昌。遡稽聖哲，胎教允詳。虞廷迪冑，寬栗溫剛。抗法于禽，戒鮑于姜。闕下廟趨，持敬皇皇。采齊肆夏，中度蹡蹡。齒胄視學，勞謙若惶。邪蒿必却，淫黿是防。虧膳有宰，司過在旁。邪動既約，君德乃光。允茲周人，有道之長。暴故鑒今，中夜徬徨。禹陰是惜，堯羹在望。白珠青纊，犀笄琳琅。玄弁九旒，黑舄朱裳。勿華其服，惟德乃章。象輅鸞旌，旂赤麾黃。青蓋朱轓，九旗煌煌。勿佗其儀，惟善乃祥。蜃池雞戟，甲觀畫堂。桂宮蘭殿，青鏤朱廊。勿榮其居，匪貞弗康。溫淳甘臑，易牙之嘗。腥膿肥厚，露菇蘭漿。勿侈其餐，淫乃爛腸。馳道嚴趨，寢門肅將。毓問東華，飛英上庠。師保疑丞，審喻克襄。羽籥干戈，時術孔臧。觀書乙夜，求衣未央。勿誠于庭闈，而牽于帷墻。勿貌以恭寅，而衷則怠荒。天命民艱，顧諟于湯。時機國政，明習靡遑。推其辨牘，而燭照微茫。充其對日，而電晰紀綱。勿探春華，謂諛爲良。勿憎秋實，爲[六]忠爲狂。何庸伊笙？五典爲簧。師惟旦奭，陋彼智囊。勿細纖塵，謂惡無傷。勿微覆簣，小善靡忘。克一允協，主善無常。禮苟垂鑠，問杜流芳。霞騫日晃，霧徹雲洸。海潤星暉，令聞孔彰。遡凌周頌，遒掩漢莊。文顯武承，光覯烈揚。奠茲磐石，係于苞桑。朝覯謳歌，萬祀無疆。

雝肅殿箴

北辰紫宮，惟皇宅中。身爲民表，心與天通。斯須不和，則乖沴起。斯須不敬，則傲慢叢。念常生于所忽，禍乃基于無窮。是以聖人事心，天命是敕。欽厥止，日謹萬幾；處深宮，心周八極。不以嗜欲滑和，不以逸豫減德。無作好，無作惡。藹藹熙熙，如春斯煦。無荒色，無荒禽。兢兢惕惕，如淵斯臨。勿謂燕閑，人莫予觀。一喜一怒，作人燠寒。弦急者絕，器平者安。優優和衷，爲君實難。勿謂宥密，人莫予弼。一動一言，恒爲度律。危懼則存，驕泰則失。昭昭神明，相在爾室。在昔成周，宇內太和。由雝雝其在宮，友琴瑟而不頗。亦曰懿恭，小民懷保，由肅肅其在廟，克對揚于祖考。我皇睿哲，是謂智臨，匪高明之不足，貴育德于靜深。我皇撫運，是謂開泰。匪豐亨之未臻，懼此心之或汰。樂以平其情，雖鍾虞不設而若聞希聲，然後心和氣和而天下平。禮以飭其志，雖升降未施而若持重器，斯謂無逸乃逸而天下治。故曰冲和者養威，澹泊者養禄。危厲者養安，憂勞者養樂。以古爲師，于何不儀？平平周道，惟皇所之。以心爲鑒，于何不見？穆穆文王，惟皇所憲。朽索在手，勿謂無傷。覆車在睫，奈何弗防？和不可流，敬不可忘。慎終如始，萬壽無疆。

銘

應制恭擬撰硯銘十六首

聖人觀象制器，如阜如岡，如川之方至，以永贊文明之治。

端貞厚重，靜以制動。太朴無文，文林利用。

補天餘石，治爲席珍。星光曄曄，露華浸浸。用以沛萬國之甘霖。

咫尺天池，几席之上。運化鯤鵬，筆端所嚮。

即墨賢侯，端方平直。振藻斐英，承宣帝澤。

雲之津，月之窟。發天葩，光萬國。

堅貞任磨，靜虛能受。質有其文，在帝左右。

仙人露掌，移在几間。霈斯玄液，潤澤海寰。

爾體凝堅，玄象先天。飲兔之泉，躍龍之淵。

壁水泠泠，金星熒熒。頡皇所寶，垂于萬齡。

陶泓之德，曰惟静專。仁者宜壽，于萬斯年。

如阜如川，几席之上。吸露蒸霖，其功蕩蕩。

卞璞倕斤，鑿爲學海。兔穎含清，龍章焕彩。

片石寒泉，噏芳流潤。義畫堯文，待汝而振。

廉隅砥礪，含章可貞。結鄰御幄，永贊文明。

石潭象成，雲津月窟。蔚發天葩，光被萬國。

應制恭擬墨銘五十首

二句

爲黑爲文，蓋取諸坤。

龍香神劑，含章經世。

常知楷式，是謂玄德。

官爾客卿，贊我文明。

葆其玄光，暗然而日章。

黑松使者誠仁者，摩頂放踵利天下。

珍尚方之瑜糜，霈玄澤于華夷。

爾能凝精呼萬歲，何如菫英佐文治？

豹囊隱隱凝玄霧，啓而用之爲文蔚。

爾形毓于玄霜，而含奎壁之章。

四句

十二龍賓，曄曄有神。騰騰露霧，散爲雲霖。

圭璋之象，蘭蕙之香。温潤而栗，振藻流芳。

玄之又玄，象帝之先。染其雲翰，爲章于天。

守玄抱一，松滋賢侯。穆清供奉，潤色皇猷。

松烟之精，九子其名。本長生之質，開蕃衍之禎。

鍊筑陽之石，膏徂徠之松。凝精振采，而輔蒼頡之功。

推移不下几席，而光被乎萬國。汝惟守黑，天下孰與汝爭白？

杵魚胞，蟠犀角。作玄精，佐典學。

黝然而文能闡，塊然而澤能演。嘗不朽于立言，是以天下樂推而不厭。

知白守黑者聃，守玄尚白者雄。爾將何處？乃馨其德而芳其功。

二句

知白守黑，爲天下式。

魚胞熟兮玄香吐，宸藻挾兮鸞鳳舞。

露瀼雲騰，以贊我文明。

法沿于超邁于谷，其文如犀暨如玉。

黝然□精動爲用，以文致平惟爾重。

四句

拂金星，開玉簡。烟靄出，龍蛇縮。

管城與鄰，陶泓爲匹。上方瑜糜，如玉斯栗。

九河之精，是爲客卿。染翰擒章，龍耀雲蒸。

處晦而能明，體剛而用柔。玄之又玄，至德之儔。

松烟之製，龍賓十二。蓬萊晝永，聲傳萬歲。

二句

爾質匪石奚爾堅，爾志用晦乃愈妍。

錫爾湯沐曰石鄉，殫精竹帛永流芳。

高效天兮渾玄，卑法地兮凝堅。

肇封松滋表厥功，麗澤楮穎堅厥聲。

何蒼璧而杳兮，何烏金而光兮。

四句

晨烹碧霞，夜搗玄霜。馥瀉金壺，清映玉堂。

膏腴相，烟獨草。潤文房，惟爾寶。

惟爾翟之兼愛，故爾澤之大同。摩頂放踵，又可以勵節于匪躬。

私以龍劑，藏所豹囊。蓬萊玄處，風襲天香。

犀玉宣精，超谷繼軌。翊我明昌，永章厥美。

二句

守黑以萃玄精，含章而贊之治。

斂玄圃之烟霜，供上方之筆札。

拂紫玉以流膏，含仙毫而焕彩。

囊里豹藏霧密，池邊龍躍雲蒸。

玄液槃絲綸之藻，清輝生簡册之香。

四句

金之堅，玉之玄。及清窩，飛寒烟。

静若韜光，動則流芳。惟汝之德，暗然日章。

萬杵凝膏，雙龍焕質。斧藻萬物，玄功洋溢。

虬松之精，鍊爲烏金。濡毫染翰，輝映文林。

蒼璧半圭，玄雲萬疊。以流以申，其文炳曄。

奉旨擬撰琴銘五首

一

乾圜坤方，四時六合。肖在絲桐，化機攸託。調徽振響，協氣氤氳。中和位育，德肇天君。

二

君弦張綱，臣弦振紀。文武加弦，象徵喜起。鼓其太和，萬年受祉。

三

琴者樂之輿，御之通治道。上歌《南風》詩，下歌《越裳》操。八方德意宣，九譯和風導。一曲奏升平，因之念持盈。遐哉羲炎指，絲桐理性情。時時考厥聲，無令泰心生。

四

削桐嶧山之岑，繩絲製爲清琴。急張焉而易折，少弛焉而或沉。唯節和而志正，乃中律而諧音。皇極剛柔并用，時防偏陂于心。

五

宮弦溫兮君德光，商弦清兮相道襄。深推舒釋謹刑章，均諧之鳴政有常。回邪不爲正直妨，必義取象憲皇王。非因鄒忌義乃彰，紫庭穆穆清徽揚，因斯審治萬年昌。

碑　銘

明故提督巡捕錦衣衛管衛事左軍都督府都督
同知贈右都督介庵楊公神道碑銘

公諱俊卿，字伯輔，太宰楊襄毅公第四子也。襄毅公督學齊魯時，實生公歷下。公電目，隆準，豐頤。自少警敏，有膽略。襄毅公嘗飲客，及丙夜，客寐，襄毅公亦寐，户外有物，立而人啼。公手格之，應聲遁。凌晨，奴産子入厠牏，見一赤狐舐談以死。于是襄毅公乃益大奇公。

嘉靖甲寅，以襄毅公潮河功官錦衣衛正千户。公始治《易》，已治《禮》，實業文事。既廩武，乃遂肄武。自金弢玉版諸書，旁及歷代名將傳，靡不殫究。襄毅公故隸兵政，久習兵，居常又爲公論説兵法及古今成敗，以故公武略絶群伍。癸亥，隸錦衣右所管事。甲子，舉順天武試第一，授武德將軍，以督理玉芝宫勞晉署指揮僉事。是年襄毅公知武舉，公引避不與試。而益孳孳肄戎，作結友栖都城洪慈寺，晝角射，夜篝燈，披覽韜鈐者三年。戊辰秋，登寺閣，顧見西垣下有赤光如日狀，其大如輪，衆愕甚。公自如也，曰："意殆魁光乎？"暨冬，果舉武試第一。

故事，第武舉者得以其官晉二秩，公雅不欲驟進，辭免。故以工晉秩，僅用武舉資授指揮同知。無何，晉南鎮撫司僉書管事。己巳，扈駕大閲，賜獅衣一襲。庚午，今上御東朝，用薦晉堂上僉書管事，供侍衛，賜飛魚麒麟衣及綉春刀鑾帶。壬申，上御極，用潛邸勞晉指揮使。尋命督昭陵，方中役，工成，晉署都指揮僉事，賜白金文綺。又明年，追論方中事，禠秩有差，公亦用是左遷署指揮使。先是，大行在殯，中貴人晝夜促工急，所司刻日報命，公白曰：「弓劍重地，即幾不日成，獨不爲萬年計乎？」當事者心是之，然無若中督嚴也，及是乃益多公慮遠。癸酉，襄毅公病，予告歸。公手疏乞扶侍，報可。甲戌，晉提督街道，未行而襄毅公捐館舍。公又手疏乞終喪，復報可。丙子，服闋，補前職。有内中貴人賂私侵地者，公廉按其罪，立出地。已扈駕祀方澤，賜珍鍮、豆葉、縠巾、紈扇諸物，分上方膳者一。已以大婚六禮勞賜白金、彩花文綺，分上方膳者三。冬扈駕祀圜丘，賜珍鍮、豆葉諸物，分上方膳者四。已卯，改提督巡捕。

時都城内多豪俠，鳩集亡賴惡少年，爲摯剽人子女、貨寶。公拜命，奮曰：輦轂下固令人蝮鷙如是耶？立廣敕指條十事，揭諸堂皇曰：「公賞罰，一事權，慎機密，詳獄情，嚴比勘，謹夜巡，重關防，均勞逸，寬詿誤，緝游民。」令既布，諸豪俠人人股栗。千夫長馮昕依倚權璫，數以非罪罔人于辟，公收案致法。大猾牛恩擅磔人，公禽誅之。富室某子甲爲盜藪，公把其罪，縱使督盜，以其諜獲盜六騎，悉伏辜。庚辰，扈駕謁山陵，賜飛魚衣、白金、鑾帶。已命黜陟羽林軍。辛巳，扈駕大閱，賜飛魚衣、鑾帶、椰瓢、伽袋。夏，執僞鑄符印罪人王禮卿以讞。冬，考績，會獲官私不法事一百一十七，得殊死、城旦、舂以上二百九十二人，以勞晉署都指揮僉事，賜肥羜、上尊、寶鍮。壬午，皇子生，以恩實授懷遠將軍。冬，執僞鑄符印罪人楊承宗以讞。已，命藉巨璫保家，往輒止僕隸，挺身獨入出，必袒而示無有。明年，以太夫人喪，乞歸葬。上念潛邸勞，加賜祭一壇，給傳歸。會駕閱壽宮，復命居守。事竣，歸營太夫人窀穸。比還宮，又執逆子孟世臣以讞。已考績，會獲官私不法事一百三十二，得殊死、城旦、舂以上二百六十三人，以勞晉都指揮使，賜如初。乙酉，再命黜陟羽林軍。會建慈寧宮，詔司巡察，以功晉左軍都督僉事，賜白金、文綺，封驃騎將軍。秋，扈駕閱定壽宮，復賜白金、文綺。麻聚陽者，故與同舍嫗私，有妊，爲逆旅主人覺，聚陽忿，殺嫗并逮主人。主嫗驚，援之，復爲所中，墮妊死。公曰：「法，刄三人者磔市，今乃五乎？」執奏，賜文綺、寶鏹。冬，盜竊大倉帑金，上震怒，大索，公購得之。已復執逆子于邦才以讞。上悦，賜白金、文綺，復敕司馬議功賞。已，又賜蟒衣一襲。丁亥，執逆子胡海以讞，賜肥羜、上尊。冬，考績，會獲官私不法事一百五，得殊死、城旦、舂以上一百五十有五人，以勞晋都督同知如初，賜戊子元日薦羹饌。睹所佩先世玉帶，感泣爲文，遣仲子歸奠襄毅公墓下。已乃疾作，遂不起。公既兩爲舉首，及歷官奉專敕者一，奉公敕者再，宴慶成者一，宴禮部者四，直殿班者再，充廷試巡綽官者三，比試中府者十有一，扈駕祀社稷者二十有二，享太廟者四十有六，耕籍田者一，幸大學者一，供事潞邸者一，奉諭褒獎十有二，恩榮寵遇斯亦人世所希覯也，而冢子又方成進士，官翰林院檢討，意謂祿爵且無量，乃僅享年四十三以卒，豈所謂造物忌全者耶？然公之歿也，上詔賜祭五，屬有司爲營兆域，晋贈右都督。而檢討君與其弟扶襯西歸，朝之薦紳無論知不知皆來會吊，可謂終始焜燿者矣。

襄毅公之詒澤也深哉！公雖用武健敢摯起官，然好行其德。少所嚴姬先生白首儒冠，歲時割俸爲壽，歿爲治殯葬，字其遺孤。衛尉某犯科有迹，當奪券，公曰：「奈何以嗣人一眚故，棄若祖父艱關百戰勞乎？」重榜之，置其罪不問。同舍生老而窘，就公，公厚遺之裝，遣歸。其人後背德，至爲蜚語謗公，公若弗聞也。君子謂公後宜蕃。公爲兒時，嘗中痘，瀕危。太夫人夢黄冠而羡者寬譬之曰：「是兒當貴，無虞。」疾問：「若爲誰？」曰：「我乃文昌君，世所稱爲張仙者也。」及將没，蒲之比丘有夢羽葆數千迤邐從天下，驚問故，曰：「楊神且昇，我輅之。」豈其有自來者耶？不然，何先後遭遇之隆也？公所著有《介石樓藏稿》十卷、《姚墟纂異》十二卷、《紀事録》六卷。

公先世華陰人，徙蒲自公大父瞻，仕至四川按察司僉事，而楊于蒲最著，然至襄毅公乃益大。襄毅公諱博，仕至光禄大夫、柱國少師兼太子太師、吏部尚書、贈太傅。配段氏，封一品夫人，實生公。以襄毅公貴，瞻以上三世皆贈如襄毅公官，妣皆封如段。公生嘉靖丙午二月十八日丑時，娶大司馬鑒川王公女，封一品夫人。男子四：長曰元祥，即官翰林檢討者也，娶羅；次元祺，娶洪；次元祐，殤；次元機，聘王。女子二：長未字，次字李緝芳。孫男子一：奕芳。女子一。諸孤以某年某月某日葬公于某阡。某公既銘諸幽矣，復屬予以墓隧之碑，予辱交公三世間，誼曷容辭？銘曰：

惟蒲有豪，武略振世。乃魁澤宮，乃縮七萃。出入交戟，惟日月際。數禽蟊賊，以清畿治。天子曰嘻，予爪牙使。矧乃先臣，爲國況瘁。寵錫駢蕃，爰旌爾世。桓桓令子，維玉清吏。既開厥先，復昌乃嗣。天之錫釐，胡公獨備？蒲阪之陽，汾水之澨。玄宮楚楚，惟天子賜。端尹勒銘，遺千萬禩。

校勘記

〔一〕“□”，底本漶漫，據文意並參《漢書·召信臣傳》疑當作“固”。

〔二〕此文又載清乾隆《高平縣志》卷二十“藝文”。

〔三〕“抱貞”，據《舊唐書·李抱真傳》當作“抱真”，“貞”字音同形似而誤。

〔四〕“□”，疑當作“劉”，蓋爲表謙而闕。

〔五〕“敝”，據文意當作“敝”，形似而誤。

〔六〕“爲”，據文意當作“謂”。

墓志銘

高文端公墓志銘代作

隆慶壬申五月，穆宗皇帝大漸，時召三輔臣受顧命，南宇高公與焉。越六月廿有四日，公竟以疾逝，不及光輔今皇，天下共惜之。其子循學既奉襯歸錢塘，將樹墓，乃持松里馬公狀來丐銘。余自入詞林，歷冑監春官，咸辱從公後，雅慕公平生，頗能道之，其曷敢辭？

謹按，公諱儀，字子象，南宇其別號也。世籍杭之錢塘，居今東花園里則自高祖南山公德銘始。父東園公鉞、祖樂靜公富、曾祖商隱公源，并以公貴累贈禮部尚書。母徐氏，贈夫人。

先是，東園公嘗夢于肅愍公過謁，怪之。已而生公，心獨喜。公幼警敏，長益自負。爲諸生時，即有于公後人圖識焉。嘉靖庚子，舉鄉試第六。明年，舉進士二甲第一，選讀中秘書，大爲執政所器重。癸卯，授編修。丁未，同考禮官。戊申，以疾告歸。還，與修《會典》。壬子，命充穆宗藩邸講幄，適丁東園公憂去，不果。而太夫人亦繼逝。服闋，尋升右春坊右中允，理國子司業事。久之，出掌南京翰林院事。自通籍垂二十年，至是官。官久，不得調。與公同列資後者，或尊用過之，然終無少望。人或有勸公當自爲計者，公謝曰："大丈夫顧道義何如耳，亡論名位崇卑。彼借喻積薪興慨封侯者，吾猶竊竊然非之，又安能俯首貴倨求顯庸哉？"

蓋公爲人沉毅，有大節，不詭隨人。初幸臣宗伯務從諛，奇公才，願招置門下，備草奏，令其子私焉。公深辭，至劫以危言，弗爲詘。家居時，會浙鄉人以通政奉命至，倚元宰勢，甚燻灼，諸以所屬部下禮往見，獨公遲過從，乃往，至則擊鼓馳甬與之抗，大驚錢塘人，京師聞者靡不駭服。在國子，諸生中有爲奸利、鬻能者自代，公廉知，狀發之。元宰爲請至再，不從，卒攷案置法，其守正蓋如此。以故往往忤當路，而公執持彌堅。

比壬戌，元宰罷，上且知公賢，遂用諸臣推轂，升太常寺卿兼理國子祭酒事。甲子，升禮部右侍郎。明年，轉左侍郎，尋改吏部左侍郎。丙寅，升禮部尚書。無何，世宗崩，穆宗即位，中更四十餘年，典禮莫稽，公覃思參訂，秩如也。所建白覆奏并關大體，如諫止游幸，罷采珠玉，請蚤建太子親賢講學，及主薛文清公從祀，革張真人道號，諸事悉備公疏中。

時中官有上言郊祀者，事下所司議，衆相顧莫決，公奮曰："郊祀分合，自古有之，奈何蔑先朝法制，勞費萬民，而下從庵寺之請？大不便。"議竟寢。居秩宗凡三歲，請托無所聽，強御無所避，一切以直道行之。計所汰太常冗官四十八員，省太醫、欽天諸冗費數千緡，免宗藩怨曠男女數萬指，悉公之力也。

公既夙夜寅清，兼分裁《世宗實錄》，以勞疾作，上疏乞骸骨，數蒙慰諭勉留。戊辰，充知貢舉，事竣，復以疾乞休，疏前後凡十二上，乃報可，加太子少保，賜馳驛歸。歸則假鄰人館，日杜門謝客，書史自娛，足迹不入城府。雖退閑養素，而繫中外望愈重矣。逾年，有詔召還。辛未五月，就道，會道病且歸，懇疏如前，不允。公乃感激，單車赴闕下，輔導今皇儲官已，晉文淵閣大學士。甫三月，而公遽歿。上聞悲悼，爲輟朝賜祭葬，贈太子太保，謚文端。歿之前日，天子猶遣使存問，江陵太岳張公往視，撫膺泣下。

嗚呼！自壬戌而來，迄于茲，公受知君相最深，海內方拭目以觀勳業，乃年不滿德，謂之何哉？公偉軀幹，寡言笑，外若恂恂而中藏靈識。與品騭人材，剖決大事，較若黑白。雖終其身，人莫敢干以私。然其胸次豁達坦夷，忘人小過，好獎進後生，庇覆善類。曾兩教秘館，再師成均，一時譽髦多所造就焉。居常折節爲儉，不畜媵妾，不起樓臺。即身都卿相，家無贏資。卒之日，屬其僚友、門人治喪具，啟篋僅得賚金若干，苦不足辦，亦足以占其清操矣。大都公素履懿德，睹諸大臣及臺諫疏可考也，茲不載。而余竊謂公氣不激昂而自奮，守不齷齪而自貞，尤古大臣所難，雖其天性然哉！實有養盛之功焉。距生正德丁丑十月三日，享年五十六。

配鍾氏，封夫人。子一，即循學，官生，娶某官馬公女。女二，長適江西按察使吳公子果，次適馬公子應華，俱國子生。孫男一，曰瀛，聘鄉進士金君女。孫女一，許聘山東道監察御史余君子博。以某月某日葬于某所。余既志其大者，而爲之銘曰：

哲人克生，于彼南土。肅慜之後，惟申繼甫。弱冠俊起，以揚厥芬。皎皎者誰？寧污叔文？直道如弦，貞心匪石。不避豺狼，而況蜂蠆？炎炎已滅，乃漸登庸。天子曰嘻，汝作秩宗。三載惟寅，進忠退義。退而復進，列茲三事。龍飛于天，鳳鍛其翰。不朽者名，是曰文端。其文維何？金玉追琢。其端維何？泰山喬岳。生無第宅，歿有斯丘。武林鬱鬱，奕世同休。

大宗伯東武朱公暨配夫人陸氏葉氏
合葬墓志銘代作

東武先生之卒也蓋浹二紀，而子爲宗伯云。其元配陸夫人卒先先生，繼配葉夫人卒後先生。各二紀，而宗伯公以葉夫人故，并請恤于朝。上眷念甘盤舊學，乃非時予誥，贈東武先生、宗伯，兩夫人夫人。詔所司營其兆域，而并賜祭焉，實異數也。宗伯公既歸，則掇其父母懿行，屬余爲志。余與宗伯公同舉戊辰進士，官詞林，又同執經侍上講幄，久諗其家世，不可辭。志曰：

先生朱姓，諱公節，字允中。起家鄉薦仕，至泰州守。先後系胤及生卒歲月具詳少師申公志中。先生蓋恬淡履高人也。自爲諸生，文行表表。既舉于鄉，名益重，郡守相過先生必式廬，折節交歡先生，而先生愈翛然遠引。結詩社于息柯亭，所從游皆當世好修士。平生最慕陶彭澤之爲人，比謁選，果令彭澤。

彭澤俗好訐難治，奸民竄匿山谷，爲有司梗。先生諭以信義，招徠之，蠲煩苛，期與民休息。至大姓有撓法者，輒用三尺從事，弗少貸。于是閭左寧而豪右戚，乃戚者則府怨矣。時島氛方熾，先生大成城，城完而民不擾。又建議守備小孤山，以遏寇衝，寇不敢近。環封安堵，則以暇日群諸儒生講說經義，彬彬成弦誦之風焉。民舍火，先生拜火，火輒止，民德先生，歌聲遍野。遂用治行異等遷守泰州，彭澤人肖先生像，祠而祀之如陶公。

泰故凋罷郡也，歲罹兵荒疾癘，元元流離，多積逋，以方彭澤更難治。先生至，則罷諸不急，安集而循拊之。宵人或私獻遺，先生痛自責：「守豈有失德耶？此奚爲至我？」自是，終先生在事無敢私謁者。三殿工興，花石之役及泰，供億騷然。先生盡括贖鍰，而自捐奉佐之，以寬民力，民乃蘇。泰瀕海，有魚鹽之利，而河故道塞，舟不可行，又曠野無陂塘蓄泄，第委潢潦于歲，先生乃疏鑿老東河，引入維陽，修明水憲，分百畝之什一而渠堰之，商舶以通，農大穰焉。開府大蒐豪猾，蔓延及無辜，先生力爭，出所部數十人于死，開府才先生，并以它部爰書聽先生亭決。出者彌衆，則相與謀尸祝先生。先生曰：「法如是，非私爾也。」戒已之。

蓋先生在泰歲餘，泰大治如彭澤，乃彭澤怨家螫先生，翕而中先生以蜚語，仍用彭澤令罷去。去時泰人老稚扶携于途，飲泣攀輪以送。復肖先生像，祠而祀之，如彭澤云。先生歸里，顏其居曰"悠然"。入則祖韝上食奉母歡，下帷手一編授二子學；出則從社中故舊角巾觴咏，一切世紛泊如也。人益服先生高。

元配陸夫人，内德純茂，見先生所自爲壙志。生二子一女，未立，而陸夫人卒。先生難其繼，曰："安得如吾陸友也者撫是藐諸孤？"已而聞葉翁女賢，室之，是爲葉夫人。葉夫人視諸孤不異所生，諸孤依之，忘母之亡也。最屬意仲子，曰："他日所恃亢宗者在是。"仲子，即宗伯公。少而癯，嘗讀書塾中，風雨暴至，方謖謖不勝怯，而夫人提一褐，冒雨疾趨來，呼衣之矣。其諸調護多類此。先生顧宗伯兄弟大喜曰："若曹無母而有母，吾復何憂？"舉一子，甫四齡，而先生卒，宗伯實長育之。宗伯戴夫人慈，母之如陸夫人在，屢奉安車迎養，而夫人雅不欲以晨昏定省分宗伯心，不至，則又遣其婦陳夫人躬往迎之。

會少弟暴卒，宗伯哭之痛，且瞿然深念曰："母愛弟甚，今將如母何？"無何，葉夫人亦卒，宗伯號泣孺慕。改卜吉兆，啓先生、陸夫人之竁，而奉葉夫人以合葬焉。

嗟乎！士固有志，先生本慕陶公宰彭澤，竟以彭澤去，所謂千歲一人如繼踵，非邪？然陶公嘗嘆"室無萊婦"，爲詩責舒宣無文術。彼其五柳在門，世但稱曰"晋徵士"而止，孰與先生伉儷兩賢，而又有仲子奉其遺經，起而事聖主，踐斗樞之位，門閭之間，三槐陰芘，駟馬騰芳，天書賜號，世且稱曰名宗卿？繇斯以談，先生風概即與陶公相肖，乃所遇過之矣。要之先生達人，遇不遇非所以論先生。爲之銘曰：

山陰之朱自尉里，傳至秩宗家崛起。出雲作雨稽山峙，東武先生無乃似。捧檄初爲慈顏喜，巾車歸來從黄綺。積有餘慶貽厥子，南宮北斗高曳履。相將二姚疇離祉，毖芬五鼎同秩祀。佳城鬱鬱天錫爾，億萬千年視斯誄。

四川僉事七泉李公墓志銘

不佞始升朝，聞諸薦紳大夫稱説嘉隆間名御史，必曰留吁李先生云。會先生起家僉臬，廷見上奏事，聲琅然，進止顒昂，班行中爭跂而觀之，曰："是夫之爲人巖巖者，嘗在南床草疏劾兩權相，相豫詗而陰中之，出補外。乃今倔强猶昔。借今端笏立陛前，豈異堯階屈軼哉？"亡何，先生拜官之蜀，輒翛然投簪綬歸隱。蓋余嘗以言壽先生，謂先生宜應明時出，安得竟老玉人駒谷間？而先生以萬曆壬辰二月十日卒矣。嗟乎！傷哉！公卒時，余方執先淑人喪，欒欒苦甴，不得走哭先生，而先生仲嗣太學君儼然顧余于倚廬，請銘先生墓，曰："先生治命也。"余雅知先生，安敢辭？

按御史中丞八泉李公所著狀，先生諱之茂，字汝培，別號七泉，潞之留吁人。先世有逸民子實者，當明初時，衣褐衣謁高皇帝于金陵，陳便宜事，上曰："是民也，而忠吾國。"乃命司徒爲立中民戶，子實生純，純生孝，孝生讓，以明經薦入賢關。讓生仁，仁生朝卿，累贈奉政大夫、陝西按察司僉事，娶于郭，贈宜人，即先生父母也。

先生生而穎異，弱不好弄，甫一齡，贈公殁，家故宴空。郭宜人韶年持柏舟之節，右辟纑而左抱先生嘔呃之，日中突無烟也。比垂髫，即卓犖邁倫，初受《孝經》、小學于伯丹山翁，所一過不再讀。已，受《尚書》爲文蜂湧原泉，援筆數千言立就。乃其攻苦下帷，不啻映雪囊螢也者。嘉靖壬辰，補逢衣茂才，與中丞公俱。中丞公業《禮》，先生交歡中丞公，日相與上下其議論，乃更業《禮》。兩人才名岳峙，人稱"晉南二李"，以比

"平輿二龍"焉。庚子，舉于鄉。癸卯，游成均，因從歐陽太史講業長安中。太史說《詩》，先生又更業《詩》，蓋先生湛涵六籍，包羅百氏，而隨牒應有司科指，則以三經著聞。當是時，先生方用行誼表晉儒林中，而文聲流播宇內。一時學士大夫靡不以名世期先生，而先生八上公車，不屑卑卑爲經生家語，竟以蠖詘。

時郭宜人垂白在堂上，先生嘆曰："俟河之清，人壽幾何？且吾親所爲歷百艱，畫荻鞠我，亦欲見吾所自樹耳，何必華山之騄駬？而後行遠乎？"于是乃就銓，拜山東滋陽令。滋陽傅郡而邑，縮南北之衝。吏飯厨傳無所出，往往借資朱邸。朱邸豪陳掾其間，重漁民，民困甚。先生曰："令即蘧廬其政，奈何秦越赤子邪？"乃創爲官舍，一切粮芻、几帳、輿馬、旌幢之屬，皆取辦于公廩，而擇其典守稽其出納。于是百年孔道之繹騷盡刬，民歡然若更生焉。

邑當覈賦，先生閱賦籍，嘆曰："是瞀瞀者而忍操如束濕，將謂邦本何？"減徭稅，省供輸，期與民休息。役所不得已，又時時拊循而振恤之。非大典禮不張燕。居常衣鹿布之衣，而飯藜藿。出則騶御廖廖，塗之人不知其令也。修廢舉墜，扶弱抑強，左右凜凜奉要束。吏舞文即細如蚊首，而先生洞燭之，諸權貴人無敢以竿牘撓先生政，最慎于刑罰。平陰之郭素封也，用閱牆故獄留十年，甲跳而誣乙抵其辜，先生一訊得狀，置甲于理。嘗夕按圜扉，有童子而桁楊泣者，則其祖負官金而三世逮者也。先生惻然，取贖鍰白金代之償帑而釋之。其明決仁恕，雖他多類此。

乙丑，河決徐沛。肅皇帝命大司空出行河，檄先生董夏村水憲，費不煩而築堅。大司空上河功，詔增奉一級。丙寅，報政兩臺，薦爲齊魯第一循良令，詔予恩。于是先生二親暨內子咸受封綸焉。無何，遂以賢聲異等，被徵命。滋陽人攀轅乞舄，車枳不得發者久之，乃相與立祠祠先生，紀遺愛于碑。碑成，而過者輒墮泪，誠思之也。

明年丁卯，莊皇帝踐祚，拜先生南臺監察御史，用覃慶晋御史封。時封事多留中，乃請置禁中章奏籍，以防壅敝，語侵大璫，大璫皆爲股弁。戊辰，請告歸。庚午，入臺。尋奉命巡視鳳陽倉，搜剔隱弊殆盡。會江北歲不登，粟貴而金賤，則從民之願，疏請改折，公私便之。魏國子爭爵，事連勛貴大臣，上命南臺議法，諸直指多以嫌故引避。先生曰：「法官避，誰當不避者？」挺身斷其曲直，衆取先生議以上，襲乃定。先生在臺中獨立持風裁，每矢口談天下事，骨鯁不爲周容。時新鄭內江以相國攝銓憲，操柄專且重，非高皇帝法，群臣無敢言，先生毅然草疏論之疏成，以示同官，而同官飛聞相國所，相國銜之，遂出補陜西按察僉事。然天下皆知先生出以論相故，人人景慕先生名，咸稱爲朝陽鳳矣。

先生分陜，當理餉甘州。甘州萬里孤懸塞也，屯種多積逋，故事習爲羈縻，亡敢問。先生謂：「屯廢而責餉于民，猶反裘而負薪也。」乃嚴按故牘，三五申令而比覈之，寬其日月以待，于是屯政舉而餉充。鎮城圮，大中丞屬先生繕葺之。先生視城，故沙築也。沙善崩，歲歲崩築，民勞烏有已時。乃建議易以磚，遂屹然成金城焉。

未幾，以郭宜人喪歸。癸酉，今天子新受命，再用覃慶晋僉憲封。明年，大中丞上城功，詔賜白金、文綺。乙亥，免喪起，補河南，當分巡汝洛間。攬轡登車，慨然有范孟博澄清之志。按百城之內，凡撟虔吏虎冠而噬元元者，刀筆扞文罔者，閭右憑城社恣睢莫誰何者，大俠椎埋爲奸者，悉以三尺繩之。一路肅然，桃李之垂于行者，莫之敢援也。會盧氏盜鑿山挾礦金，聚群不逞之徒以猖亂，先生設方略擒之，餘黨鳥獸散。大中丞且上先生弭盜功，而忌者讒焉，以蜚語聞上。上謂先生兩朝才節實臣也，不宜爾，下所司考驗，而先生冤果大白。庚辰，補四川，當治兵叙瀘間。時都蠻新平，移大將駐師守之。先生招徠反側，毖修其戒備，將吏偷不事事者嚴罰之。于是衆心歡且惕，靡風乃勃然振。

會有詔省官，以叙瀘事兼領于川南，先生當徙職。蓋廟廊重先生望，且以艱巨畀先生，而先生琴鶴東還。值其配趙宜人喪，遂堅卧不起，時年甫六十餘。或勸先生駕，先生曰：「君不見南山之南，北山之北，白雲良足怡吾老。陶元亮五柳幽栖，自號羲皇上人，吾將效焉。」乃誅茅治圃，搆風亭月榭其中，以魚鳥花卉爲娛。每葛巾芰服邀客清游，一觴一咏，暢然自適。蓋十二年間，人謂留吁大隱，可方箕潁之重云。

先生孝友仁厚，貞介慷慨，悉稟于天性。自痛失怙早，奉養郭宜人，朝夕祖轊跽上食。嘗瀝血草疏，聞宜人節于朝，既拜旌命，睹坊表，輒泫然泣數行下，聞者莫不感動。一姊字長子，相距六十里而遙，問鑽之使踵相襲于道。與人交正色嶔嶔，設取予，已然諾，排難解紛，義所當赴，視利害榮辱若鸛雀蚊虻相過乎前也。坦衷無城府，絶不爲謾語卮辭，傾蓋之友言必披情愫，見突梯陶誕、首鼠兩端者，必憤而唾之。能自忍困，不能忍人困，里中待先生舉火者，無慮數十家。他若助婚喪，撫孤稚，拯厄榮，燔券不收責者，更僕未易述。丙戌，歲大侵，盡發家庾食饑民，遠近嚮之，全活以萬計。好獎引儒生，開塾傳經，戶外屨常滿。而更加意敦倫守道之人，雖少賤必俯而讓左。脱素屨奇邪，即貴顯，先生未嘗過而問焉。以故宵人儇子嚴憚先生，而賢人君子則翕然頌之不容口。没之日，三晋薦紳皆欷歔惋嘆，謂「天奪我人倫鑒，後起者將何師焉？」此豈聲音笑貌爲之哉？

先生生正德丙子七月二十有七日，得年七十有七。元配趙宜人，先先生卒，儷德先生，能勸相先生官中外，語具八泉中丞公所爲志中。繼配徐。趙宜人舉子二：長都生，己卯舉人，娶于申朝邑簿時寵女；次冠生，太學生，娶于馮吏部選人希閔女。女一：適庠生暴所學參政孟奇子。孫子五：成棟，太學生，娶于馮庠生肯穫女，次君出；成楨，娶于陳憲副簡女；成柱，聘于龐庠生鳳梧女；成楫，聘于霍舉人應麟女；成模，聘于暴庠生所養女，俱長君出。孫女三：一適庠生暴恒貞，次君出；一許聘長子鮑衡人中丞希顏子；一幼，俱長君出。葬以萬曆壬辰十二月十六日，墓在城南祖兆之旁。

史某曰：余觀李先生立朝，大節炳炳如丹，視古之埋輪請劍者，豈讓焉？一鳴輒斥，迴翔外服者且十年，乃先生無幾微見顏色，理官如家，所在有甘棠之愛。年未至，而懸車相羊于蘭皋蕙畹之上，春風風人，夏雨雨人，望廬而成化。嗟乎！先生終始全德，所謂三晉魁壘耆英者，非耶？傳稱沒而可祀于社者，微先生其誰與歸？世往往謂先生施不究蘊，惜先生，今先生麟趾代興雁行間，方將奉先生經綸之緒，建勛名于昌辰。語云："造物之報人，不于其人，于其人之天。"所爲報先生之天者，乃于是乎在矣。余不佞，景行先正，既志其事于羨門之石，以示鄉人士，使之能自得師而繫之。銘曰：

矯矯先生，兩間正氣。紉佩好修，卓哉匡世。法星身應，何懾鼎臣？忠規迪上，逆耳披鱗。霖雨首施，何難邊吏？惠澤感人，畫形墮淚。考槃薖軸，千仞鳳翔。德輝遠覽，迹隱名彰。里羨丹顏，朝思黃髮。纁帛方徵，蒲車且發。一朝蟬脫，神返太虛。貞風勁節，太史可書。我儀古人，龍門御李。獲事先生，執鞭幸矣。高原大隧，永兆昌隆。牛眠叶吉，將啓槐公。洵美先生，儒林丕式。億萬斯年，有銘在石。

司徒郎陳陽山公暨王宜人合葬墓志銘

某曰：古志有之，率馬以驥，治己以仲尼。夫仲尼恥躬行之未得，而欲無言。顧世所稱理學家，浮慕奇聲，抑何嘐嘐也？乃亦有被服詩書，迪履仁義，暗然修質行君子之德，而不矢口爲名高，若余里人陽山公者，可不謂難哉？

公諱謨，字思禹，別號陽山，姓陳氏。其先縣州永樂人，元初有昭毅大將軍資壽，官晋之寧鄉而家焉，子孫遂爲寧鄉人。資壽生玫，玫生仲信，仲信生琬，琬生敬先，敬先生仕庸，仕庸生諒，諒生璀，璀生繼道，始縣儒術起，爲汲丞，有惠聲，即公父也，母孫媪。公既爲留都曹郎，最考，乃贈丞如其官，孫宜人。

初丞三子，而公季，少穎敏，有遠志。卅輒補縣諸生，乃從丞之汲，受學汲西溪劉先生所，盡得其舉子業也者習之，而公忽霍然自悟，曰：“嗟乎！本號爲士者，業已游意聖賢之途，而豈徒卑卑佔畢文辭技止乎？”于是精研理道，反爲設驗于其躬，擇地而蹈之，恂恂如也，欽欽如也。憲使者來寧鄉，廉公行誼，檄獎之。公名日著，久之遂用。

嘉靖丙午，第晋鄉書，然里人雅高公，不以其第云。公既第，念鄉故鮮老師先生，而學者鬱滯于大道，乃群諸彦士，相與修業西麓書舍中，而己爲都講，其學溯濂洛諸儒之説，以遠窮六籍之淵源，旁逮史家、詞賦家、黄老、名法家，罔不融晰其指而裁其衷，卓然見超于流俗，遠近弟子重繭摳衣，爭願出門下。公所陶鑄引掖多聞人，而公竟以學窺道真，不欲綉鞶帨投時好也，故數上春官弗第。公嘆曰：“俟河之清，人壽幾何？夫士屈首治經，顧其適于世用，奚如爾？”遂謁選天部，得環令。

在環，獨携一僕爲執爨，飯一蔬，衣一縑，蕭然不異爲寒生。奉法孳孳，而環以大治。兩臺推轂公治第一，至課諸長吏，輒曰："若可方環令不邪？"秩滿，競上章留之。又一年，乃擢為固原守。固原，號隴右巨鎮，鎮臣置轅門其間，諸軍興，物物倚辦，守日檄旁午，無休時，而公應機左右畫，綽有餘閑。他如清屯畛，拊流氓，待庾儲，理淹繫，迄今固原人頌之。蓋公先後為令守，薦疏凡十六上，其歌清風而紀茂澤，兩地墮淚之碑相望也。尋召入，為前軍都督府經歷，即拜南京戶部福建司郎中。

公在南曹，治賦有能聲，然曹事簡，第益沉潛于學，嘗讀《周易》及《孟子》"夜氣""盡心"諸章，忻然有獨得之趣焉，蓋公造詣滋深矣。無何，以入賀還，染微痾道中，比抵南，三閱月遽卒。蘊宏而弗盡究，惜哉！

公天性孝友，諸生時遭父母喪，廬于墳側豸山寺，容欒欒三年弗見齒。伯兄早逝，事其仲恪恭，旦夕每食不進，兄不敢先也。一姊而寡，分橐而贍之終身。撫伯二孤，劬劬篤愛，手一經教之，孤并以儒顯。昭毅大將軍墓苦河蝕，公跋涉艱難，經營改窆，未嘗以宴為解。歲時行家禮，悉準考亭儀節而斟酌之，里中咸遵為範焉。生平設取予，已然諾，所施振甚眾。衷坦夷不為崖岸，人一被公延，心灑然歆慕之矣。操持恬素，絕一切紛華聲利之好，而慨然欲明聖賢之學。然又無抗言殊論，務遵繩矩日用間。公殆企仲尼德行之科，而篤信以好之者，非邪？

元配王氏，能操勤儉相公，閫以內肅肅雍雍，然先公卒，贈宜人。繼王氏。公生正德乙亥十一月二十二日，卒萬曆己卯七月十九日，春秋六十五。王宜人生正德丙子二月四日，卒嘉靖丙寅四月八日，春秋五十一。公丈夫子四，女子三，俱王宜人出。復陽，娶王氏；復常，庶生，娶李氏，舉男簡，繼王氏、白氏，舉女三；復敦，娶張氏，舉男範、符；復衷，庶生，娶張氏，繼張氏，舉女一。公女：長字太學生張魚；次字貢士曹種，卒，而季女繼之。諸孫皆聯姻望姓。公之卒也，復敦、簡扶櫬自南歸，卜以某年月日葬公祖塋之次，啟王宜人厝祔之。而奉公之猶子司訓復彝所爲狀來請余銘，復彝蓋即公鄉所撫伯兄孤云。方公講業西麓書舍時，余與公以道義爲石交，雅多切劘之益，知公莫若余者，余安忍不銘？銘曰：

言弗譁衆咀經腴，行亡絕俗軌道趨。理民累勩領郎符，帝書褒異才大夫。金城完節美且都，歸偕淑儷安黃壚。吁嗟乎！斯其免愧于仲尼之徒。

敕封知縣南山陳公暨配孺人侯氏合葬墓志銘

蓋不佞某北門視草時，嘗蒙主指爲侍御陳君演封綸，以故知其父母云。侍御君行部淮南，還報命。無何，而母侯孺人卒。不佞吊諸其邸，侍御君拊膺哭已，乃再拜請孺人銘，曰：“俟歸廬，當函狀授子。”比侍御君歸，而思孺人輒哭，哭輒投筆不能治狀，草草且具。而父南山公卒，侍御君悲痛滋益深，巒巒苦塊間。逾年，乃始奉司徒楊公所爲狀書抵不佞，曰：“子忘昔日之有成言乎？敢并以二尊人銘請。”不佞義不可辭。

按狀，南山公姓陳氏，諱萬壽，字仁夫，南山其號也。諸陳故有嬀之苗裔，其先世居蒲之河津，元季有諱得者徙安邑。得生泰，泰生通，通生玄，是爲公父，曰處士公。初，處士公抱德隱嶙岩，爲人倫型範。其配曰申貞媛，蓋公生甫七齡，而處士公歿。貞媛忍死而生曰：“未亡人不早從地下，第爲是一綫之緒耳。”間關萬苦，爲行營高敞地以安厝處士公，而力枝梧外難，里人或迫之移志，百方不能得，則相與齗齗之，至煩官府乃白。其後直指使者行部晋高其節操，凡三顏其閭旌異之。而青烏家相處士公所厝地有吉兆，則以爲天眖貞媛云。公材穎茂絕人，年舞象讀書有雋聲，以孤故中輟，易而業農。比長，奉貞媛命，娶同邑隱士侯公春女，是爲侯孺人。孺人肖德于公，如漢鴻光之相贊。公躬耕，孺人躬辟纑以養貞媛。貞媛治家嚴，公孺人雞鳴問寢，能得其歡心。貞媛齋素自持而好施予，雅厚諸戚屬，每意有所需，輒先意承之，未嘗以無爲解。貞媛嘗仰天嘆：“吾幸見爾成立，安得更含飴一抱孫子終吾志乎？”歲癸卯，孺人震侍御君，而公之陝，夜夢神人呼公起，曰：“觀懸旐。”如是者再。公覺，而思古之占夢有云：“旐維魚矣，室家溱溱。此男子祥也，而有貴徵。”比抵家，乃聞侍御君即以夢之夜生，具以夢語語貞媛，貞媛大奇之。時時戒公孺人：“謹教兒，兒非凡兒等。”以故侍御君方垂髫，公即爲延請經師，親重纑百舍而致之。家貧，無接新之儲，孺人必日奉洗腆經師所，見鄰有吟誦聲，則謂侍御君曰：“彼亦人子也，而勤學乃爾，爾奈何讓之？”蓋貞媛屬心侍御君甚切，曰：“吾老及見此寧馨兒采芹泮水間，吾無憾矣。”歲乙卯，貞媛以天年終，公孺人哀毀幾絕者數，諸楄柎藉幹之事咸合于禮。既葬，睹遺物，意遺言，輒泫然泣下。或中夜起泣達旦，不能寐焉。蓋貞媛歿之十有四年，爲歲癸酉，而侍御君以其經魁晉賢書。又二年，成進士，除隴西郿令。尋用才聲卓犖，移鎮原。兩迎公孺人，公孺人念貞媛不及見，淚輒淫淫盈睫也。每侍御君晨上食，公必訓之曰：“士釋屬屨而縮銅章，百里元元所寄命也。爾其無忘所爲兢兢者。”見侍御君戴星而治，孳孳得民，和則色喜。比侍御君用循良第一徵拜爲今官，公又訓之曰：“吾曩者被襏襫田間，聞呼繡衣使者來，輒走匿，吏望塵而禱伏者相屬于道，吾以爲御史綱紀一方，所貴布法安民而已，焉用赫赫爲？”孺人則謂：“持法宜寬，勿以重刑繩下。”侍御君謹受命。甲申，拜天子封綸，而公孺人實就養京邸，冕紱冠帔謝于廷，顧侍御君曰：“吾先世積德百年，而後有今日，國恩幸逮二老人，二老人何緣報國？惟願爾盡忠乃職以報耳。”乙酉，侍御君奉詔按兩淮，事竣，道過家，眷戀庭闈，且具疏請告，而公孺人亟止之曰：“二老人扶筇容與，而睹汝乘驄持斧事清時良樂，藉令汝希轞鞠跽，朝夕吾前，吾不樂也。”侍御君不得已乃行。行甫閱月，而孺人卒，明年公又卒，以故侍御君痛之深云。

公天性恭友，歲時饗祀奉俎豆，齋慄如事生。初，貞媛子其族子郎，公遂兄事郎。郎亡，葬它所，每上冢必迂道親造之。事三姊如兄，姊乏則倚辦于公如外府。方貞媛有外難，伯舅申公實維振之，而賴兄諸生言白之官，乃免。公德申公，每食必祭，絕甘分少以供應下帷資，二十年無間也。有三外兄、二內弟，皆依公以立。公又慷慨扶義，赴人于厄，甚己之私。人有急貸公，公傾囊無難色。貧者輒燔其券書，絕口不言收責事。嘗曰：“吾橐空，施不留一金，而吾意甚得。吾視金在猶疾在也。”食一甘旨必與友人俱，道遇所知交，雖邂逅匆迫中，必握手叙繾綣乃去。心坦夷無城府，人有過嘗面折之，不移時遇之如故。待臧獲輩皆有恩義，門以內訴訴如也。邑宰心重公素獻，歲以憲老禮禮公，公遜謝曰：“此禮國家所以崇德，吾安敢任之？”非公事足不涉公門，以故里中月旦評，必推公以爲鵠，部使者過邑必式公廬，交檄表揚焉。孺人性端淑明慧，精女紅，幼誦《內則》《女誡》諸篇，輒曉其大義。既于歸，事媚姑如母，事公如賓。蠶桑杼柚不釋手，身以勤儉爲家先。見一器置非其所，必惋惜而正之，所衣衣三澣不輒棄。居常莊靜寡言，而梱政穆然咸理。

公生正德甲戌五月十日，卒萬曆戊子五月二十九日，得年七十有二。孺人生正德丁丑四月初一日，卒萬曆丁亥四月十五日，得年七十有四。子一：遇文，即侍御君，娶楊，繼胡，贈封皆孺人。女四：李存周、郭洛、李登舟、張大順其婿也。孫男二：應芳，庠生，娶李，繼劉；應台，幼，未聘。孫女三：字李楨、李鳳騰，其一幼。曾孫男二：忠益、忠監。侍御君卜以□年□月□日奉公、孺人合葬，墓在城北祖塋之次。

史劉子曰：余嘗從交戟間睹侍御君皂囊白簡，談天下事往往引大體，不毛舉驚擊，驄馬所循行，墨吏望風解印綬去。然迹其敷政，第椎柏輗斷而民安之，類有得于家訓者。乃今觀南山公夫婦所燕詒，良肖。《詩》不云乎："教誨爾子，式穀似之。"是可以銘已。銘曰：

柏舟之節堅而祚斯延，昌後曰有賢。柏臺之名顯而訓斯闡，賁先曰有典。中若鴻光，冊畝相羊，仁積厚而澤流長。翼翼牛岡，豎碑在陽，照耀龍章。曰：是明隱君子，南山公伉儷之藏。

敕贈知縣東丘萬公配封太孺人陳氏墓志銘

元城令萬君某居其母太孺人憂之明年，而使使京師，抵其同年進士劉生某所，奉狀焉，請爲之志銘而葬。

狀曰：太孺人以嘉靖癸未閏四月四日生，生五十有六年，而以萬曆戊寅四月二十三日卒。卒之前數月，甫歸自元城云。方元城君再除令，往之官，即安車以迎太孺人。太孺人來，元城君衣冠扶之，入拜堂下，捧觴爲壽。太孺人遽曰："若且無事觴老婦，且問若：元城于古輿地誰國？俗安尚？若何以治元城？有可語老婦者不？"元城君跽對曰："夫元城古所謂魏之國也。兒來時見境中多桑麻力本之業，而人矜節樸，里無澆風。兒駑下，甚懼無以稱令，則日夜深惟令子民猶子子也。兒竊憶大人子兒時，時時拊摩兒，察兒燠寒饑飽。間衣食兒，而又指機畫荻，以導兒于善，不率乃抶之，曰：'勿納于邪！'兒何以治元城，兒無忘母大人之所以子兒者而已。"太孺人曰："固也。若不聞天下無難母，有難令耶？母心誠在子，而令之心且在其名譽爵祿也。即不以是攖令心，令無難。"元城君謹受教，乃起，注觴觴太孺人，而太孺人亦喜，爲手三觴醼焉。已，又行視元城君舍中，橐皆空，鮮裝，金甊餘塵色，而爨無欲清之人。太孺人則大喜曰：

"老婦不憂爲元城令母矣，藉使元城肥而令瘠，而養母以其廉，足矣！"元城君所領縣故在郡城中，事叢委，且視事，宵漏下過二十刻乃休。入舍，太孺人簀燈熒熒然，理紡而待之，以爲常。元城君從容諫太孺人勞也，太孺人憂曰："若孰與公父文伯家，而不戴巳我？我安望焉？"元城君憮然謝不敢，乃已。太孺人在元城二年，日斤斤程元城君于官，官奏最。

一日，太孺人因念東丘公丘壠歸。東丘公者，元城君父也。嘗力學不第，而應諸生貢，丞棗強，自免官。以其學授元城君，元城君竟第，往令南陽矣，而東丘公卒。東丘公卒時，太孺人所欲從地下者數，顧以元城君在南陽，遠未來，乃强起爲含痛執其喪事，猶猶然畫而哭諸堂，聞者揮涕。棗强封邑小，丞秩卑，東丘公雅不以雌伏自貶節，而太孺人躬織縑資之，即一指沐未始煩縣官。蓋東丘公家故饒也，身既爲諸生，不問家，家乃中落。太孺人作勞井臼前，常糠覈自食，而必腊腒待東丘公。東丘公能竟學無中虞，則亦以太孺人故。

初，太孺人適東丘公而少，家人睋其少少之，意且不習婦，而太孺人居則鷄鳴起，候舅姑寢楹之間，環珮珊然。雁行姊姒行閨中，俯而讓左，離離如也。手出諸女紅精絕無兩，享禮宴賓，一切所分職不趣而辦，而不聞有嗃嗃聲，于是閫內外津津口太孺人賢，太孺人殆天性，非繇習矣。

太孺人姓陳氏，父璧，母常媼。璧之先宋州人也，祖旺，從高皇帝起，有佐攻功官焉。四從官而占籍家并州之偏關，子孫遂爲偏關人。太孺人所舉男子子，即元城君，娶楊氏，封孺人。支子世明，聘張氏。所舉二女子，千户黃雲龍、諸生常守中壻也。孫男子化孚、邦孚、有孚。化孚，優給指揮僉事，聘蘇氏。元城君奏最時，恩封太孺人，有今稱；贈東丘公如其子官，自有志。

史某曰：余讀狀，則謹論次述太孺人生平，犖犖大概在志中，而稍又附益其軼事，編之左方，俾後世得覽觀云。蓋東丘公之爲丞，爲母亡免也。待報，不得急馳歸，乃先以太孺人歸。歸而東丘公父病，太孺人代子召醫，操藥而修繕萬方。父病且劇，忽瘳，人謂太孺人孝感也。萬氏廞指揮者宗子亡，亡嗣，推廞東丘公，東丘公心不受，以觀太孺人，太孺人曰：“夫子昔所願怡老白雲何如？而今豈規榮介冑間，默默低頭就之乎？”竟謝罷。東丘公無子，太孺人風使內姬，姬內而太孺人自有子，然太孺人所以遇姬滋厚，最後姬薄乃舉子世明。太孺人獨善視世明，遺簪珥卒盡予世明，曰：“吾恨不見少子婚！”嗚呼，賢哉！太孺人葬于萬曆七年某月某日，墓在將臺山之阰，與東丘公合。銘曰：

閔黃壚，啼夜烏。杯棬在，遺澤俱。師于子，賓于夫。佐廉丞，績令名。丹綸之命，翟茀榮孝奉尊章，仁逮下祉寢隆昌，未艾者，彤管作斯銘，徽音烏奕垂千齡。

袁州訓導萬谿俞公墓志銘代

吳有好學篤行君子曰萬谿先生，姓俞氏，諱國振，字終玉，別號萬谿，學者稱萬谿先生云。其先出宋御史中丞□，□子俟從宋南渡，遂家于吳，歷數世，三徙而占籍長洲，以耕讀世其業。父某，號南澗翁。母錢氏。

先生穎敏有遠志，少而師漕湖錢太常公，長益銳意于學，泛濫經史百家，爲文詞蜂涌捷出，援筆數千言立就。常試弟子高等，有司讀其文，輒見嗟異，注意高仰之，一時名聲籍甚。先生顧獨奮曰：“嗟乎！士業已屈首治經，游意乎聖賢？奈何以聖賢事上人而已，下之乎？”則反而求諸六經，通貫融洽，卓然益自信。

間讀昌黎《原道》諸篇，好之，然弗謂至也。雅慕莊渠魏先生，從之游，聞“辨志”之說。已乃從東廓鄒公所聞于陽明先生者，有味乎其言之也。造次未嘗不稱引聖賢，孳孳矻矻，必至而後已。遠近弟子摳衣登堂爭願出門下，陶鑄引掖俱聞人，而先生以不能屈意舉子文，試竟不第。特以久次上春官謁選，得袁州學博。他博士率以冗散自詘，倚席不談，日課諸生脩脯，冀稍屬魘去。而先生獨深非之，至即群諸俊彦者十餘曹，差次程品，以經術行業相劘切，諸生貧者相餉遺，輒謝罷，更贍給之。所居敞陋，有司欲加葺，先生以爲無益于士而勞民，弗葺也。袁人士乃益嚴重先生，而他博士内慚意忌，更傾先生坐兔。先生家故貧，既免歸，益貧。居委巷中，服御單陋，食脱粟之飯，晏如也。且暮手一編，吟誦不輟，著書無慮數千萬言。

一日，夢道士索烟霞二十斛，求文章兩股間。驚寤曰："吾將逝矣。"賦《觀化》詩以見志，以爲人生而成形，形滅而神歸太虛，安所非道文章事業長物也？後二日，竟卒。卒之日，與客談如平時，神氣不亂云。是爲隆慶己巳三月□日，距生弘治丙辰十二月七日，年七十有四。

配廉氏。生子男四人：長汝宗，娶錢氏；次汝言，邑學生，娶蘇氏；次汝虞，娶戈，先卒；次汝教，娶黃，繼金。孫男九人，女十一人。曾孫男五人。

先生性至孝友，方諸生時，食貧，而事父母甚備，能極致甘毳。喪葬從禮節，未嘗以無爲解，推以事太母，亦如之，諸父昆弟及鄉人稱之無間。爲人簡易真率，不爲崖岸嶄巇之行。故舊交游，即貧下，常與持案對食，談累日不休，人人自親，而中實耿介，不可以不義屈。前郡守欲致先生爲弟子都講，折節下之，先生不應，因勸之，謹謝而已。平居論當世事，以經濟自負，竟老于文學。其志不讐，間發于著述，然非其好也。有《甲辰政議》《三教考略》《武臣經世略》《君相格言録》及他著述若干卷，藏于家。

嗚呼！自世之衰，士大夫鶩于功利，輕背其師說，間號爲理學家，則持論幻眇，高自標置，每以釋氏宗旨竄入孔氏書，而巧者或鼓舞氣勢，浮慕名聲，爲學術大蠹，視先生何如也？先生無抗言殊論，而造詣不詭于聖賢，不務孤介獨行，而嶄然不淬窳于俗，斯所謂好學篤行有道者，非耶？行之先人贈諭德公出先生門下，爲行語先生云。然而孝廉王君某，先生同志也，其狀先生亦云然。于是乎銘。葬以某年月日，墓在郡城東某鄉。銘曰：

崇論若迂，質行若愚。淵默而尸居，醇如廓如。身名其土苴，仙仙乎歸藏者形乎！游太虛者神乎！吁其徂！又言不譁衆，聽之醇如。行無儕俗，軌道以趨。吁嗟乎！先生歿也不亡。神游太虛。夫以天地爲蘧廬，身名爲土苴。窅然而藏者，非先生歟？

處士鳴野張公墓志銘

鳴野張公者，今進士張君珮卿之父也。往歲丁卯，高平劉子與珮卿偕舉于鄉。又八年，而當上御極之首科，珮卿擢進士第。時劉子守翰林，得時時過珮卿。珮卿間嘗道鳴野公無恙，輒沾沾喜加于顏色。於戲！詎意八閱月，而鳴野公卒耶？計至之明日，劉子吊諸其邸，珮卿撫膺哭，具言公生平狀，且傷公故白首一經，拮据教子，子幸策名而不食其報也。其言絕痛，已乃再拜乞銘，劉子亦潸然悲而許之銘。

按狀：公諱大鶴，字于皋，別號鳴野，世晉趙城梗璧里人。祖厚，父杰，母陳氏。公生穎敏特達，少讀書過即成誦，遂泛濫經史，爲文辭蜂涌捷出，嘗驅管數千言立就。補博士弟子，試高等，有司讀其文，輒注意高仰之，以爲使趙城重，必自是驅管生矣。趙城自藺卿以來，上世蓋多賢者，而入明朝，則泯然廖廓，竟無一人上公車奉大對者焉。公既心憤之，乃益自負，而人之殷望于公者亦云爾。公家貧，無儋石之儲，雖嘗佔畢呻吟，日夜不少輟乎，而亦以數窮窘，不能致洗腆資交游。株守一經，逾三十載弗售。公乃嘆曰：“嗟乎！吾少故慧，抵掌古今，直以功名可俯地取也，今髮騷騷斑矣，而猶若此，與朱泙漫何異？吾聞之，君子得其時則駕，不得其時則蓬累以行，吾不復應士舉。”遂謝學宮去，躬耕隴畝，撫諸兒。

是時，珮卿年少，公心獨喜，奇珮卿，曰：“是子不獨振家聞，而且振趙城之聞，吾志所未讐，讐之此矣。”嘗侑之讀書，及課所作業，至夜分不寐。珮卿竟資適逢世，振羽王庭，繇公之教也。公爲人嚴毅，有大略。居衆中議論灑然，如矢釋刃解，衆不能難。里人咸憚重公，有疑事輒就公亭質。公嘗面折，不能容人過，然聞其言竟傾心服之，無敢蠱立者。公家雖貧，每正襟束履而見客，不言儳甚者。日昃弗火，亦逌然無怍之色。客有遺之資，不受，第謝曰：“士宜貧貧，吾自便耳。”以故蕭然四壁，竟終其身焉。晚年見珮卿蒙父業，舉甲第高登，未嘗沾沾以子故自艷喜也，而爲書督珮卿自效益力。未幾身病，誡家人勿以聞珮卿，而自詠詥撫簧歌曰：“昨日何生？今日何成？日慎一日，完如金城。”蓋公故秉特操，端介幽貞，自少至老，未嘗墜尺寸。卒之日，因述古語自况如此云，時萬曆二年九月初五日也，距生弘治癸亥八月十二日，壽七十有二。

初公配賈孺人，舉四丈夫子：長琯，娶衛氏；次珩，即珮卿君，娶李氏；次瓚，娶王氏；次璠，邑庠生，娶馬氏。女二：長適洪洞人忻州守宋溱，次適洪洞人衛援。孫男五：其蘊，邑庠生，娶宜良知縣史君雲鶴女；其政，娶太學生高君希古女，琯出；其才，聘耆賓賈君瑋女，珩出；其壯，瓚出；其澤，璠出。孫女六：琯一，適李維茂；珩四，一適李節，一適王三才，一聘賈芳名，一未許聘。瓚一，且幼。卜以某年月日葬城之東曰官莊村者，即鳴野公墓也。銘曰：

賢兮何徵于其子，玉樹亭亭公之似。身不䣓用子顯名，言兮如箸振趙城。生雖厄窮死名軼，國有恩暉需後日。松楸鬱鬱公此藏，萬斯年兮勿蘍傷。

史某曰：語有之：「不知其父，知其子。」豈不信哉？始予未及見鳴野公，而幸獲交珮卿。慷慨倜儻，有千岩萬壁曾不足當其才者，而貌嗒然一出之以謙夷。予嘗奇其行曰：「是必有所儀訓者。」乃今觀鳴野公狀，豈不魁然絕類乎哉？以是審其不溢也，故銘之。

誥封一品太夫人高母鍾氏墓志銘代

嘉隆之世，館閣諸名賢秉清方之節，而嶻然不淬于俗，繫天下重望者，首稱武林高文端公云。然余聞學士先生言，微獨文端公秉節茂也，蓋亦有内德之助焉。萬曆己丑，文端公配封一品太夫人鍾卒于里，第其子中書循學哀告于朝，恩命且下，乃奉莫比部睿所爲狀，請余志而銘之。余景行先正，雅慕文端公之爲人，習其家範，銘不可辭。

按狀：太夫人姓鍾氏，浙之仁和人也。父曰拙峰翁潭，母冷媪。鍾于仁和爲大族，其先世隱田間不顯，而世世以德義化鄉人，有善祥焉。初青烏家過其先壟，相之曰：「是丘也，法當鼎貴，而耀自宅，其無乃以女士興乎？」未幾，果生太夫人。太夫人生而穎敏莊嚴，與卓犖丈夫子無異。八歲通《孝經》小學諸書，兼精女紅。翁媪心奇之，謂且與相者語符，不輕許字。

當是時，文端公垂髫負雋才，父東園公爲慎求良儷，聞太夫人賢，乃委禽焉。年及筓，歸文端公。文端公方衣逢衣治博士經，而太夫人拮据操作以佐之，矻矻孳孳如也。

文端公用嘉靖庚子舉于鄉，明年辛丑成進士上第，簡讀東觀書，使使迎兩尊人。而東園公意耽武林山水，不至，太夫人乃獨奉其姑徐來邸中，晨昏鳴佩珊珊，自上食惟謹。然文端公時時念東園公不置。癸卯，拜翰林編修。無何，急請侍母歸，太夫人從中贊之歸。歸而東園公趣其還朝甚力，太夫人委蛇前謂文端曰：“子臣之職重等也，而子職可相爲代。君第往供臣職以順親心，婦請代君所以供爲子職者。”東園公聞之弗許，曰：“令吾兒獨身守官，下將誰與做鷄鳴邪？”太夫人不得已，乃從之官。丙午，奉恩詔封孺人。太夫人在官中，得一旨羞必腊之，不敢適口；得一華穀必笥之，不敢被體。歲時獻致二尊人，所以悦文端公意，而文端公孺慕滋益深，終不以父命爲解。戊申，竟移疾歸，與太夫人希轉左右，承歡色養者二年。東園公復趣其還朝，至則遇皇祖爲莊皇帝開朱邸，置講僚，詔推擇詞林碩望，首文端公。命甫下，而聞東園公訃。文端公匍匐南奔，太夫人實偕，擗踊與之共，持喪勤勞乃萬故，每以不及視東園公疾，躬親琀襚，飲恨無已時。祭之日，輒泫然相對泣也。已而姑徐亦染疾。太夫人不解髢而侍簣前者三閲月，湯藥非口所嘗弗進，中裙廁牏必手自浣濯。露香禱于天，蘄以身代，而姑徐乃竟歿。文端公以過毁欒欒柴瘠，不勝喪，諸中外一切事，皆倚辦太夫人。太夫人斟酌損益，悉合于禮經。人謂即文端公治此，奚殊矣。

　　蓋文端公素冠居里中，又四年，既起家，始遷春坊中允，管國子司業事，再遷南京翰林侍讀學士。久之，乃繇太常卿管國子祭酒事擢禮部侍郎，改吏部兼學士，升禮部尚書。太夫人皆從官，與襄内政焉，而朝廷亦兩進太夫人號。丙寅，以少宰秩滿，進淑人。丁卯，則以大宗伯奉恩詔進夫人云。

　　文端公之爲大宗伯也，會蕭莊二皇帝鼎革之際，丕厘典禮，廷議蜂涌錯出，咸取衷春曹，且暮待報。文端公考古憲經，而酌時之所便宜次第條奏。其一志在公不問家，則以有太夫人故。每文端公夜草疏，太夫人輒然脂火辟纑與俱，曰：“吾聞男女效績，愆則有辟，古之制也。吾何敢偷逸而坐視夫子勤？」文端公故善病，不任勞，己巳，以病乞休。疏十二上乃得請，加太子少保，乘傳歸。

先是，文端公舊第灾，不復營作，歸而假館于人以居，蕭然如儒生。太夫人實操先世遺資，謹司其出入，家計賴以稍給。壬申，今皇帝初閣講學，詔簡名德舊臣可備保傅者，特起文端公于家。辭，不允，乃單車詣闕。至則晋文淵閣大學士，入參機管。甫逾月，會莊皇帝大漸，召三輔臣受顧命。時文端公已病，强趨侍玉几前，還而抱烏號之悲，病增劇，遂不起。

太夫人聞訃，哭幾絕者再。已乃忍慟而經紀文端公喪，凡賜塋、賜俎、諸大事，部使者及門必内取太夫人指行之，所擘畫犁然允當。蓋太夫人既稱未亡人，而綜持家術彌務爲勤儉，數顧其子循學命之曰：「而父入官三十年，以清白自砥，家無贏貲，門無雜賓，小子識之，無忘所爲兢兢紹先德者。」循學謹受命。乙亥，授中書舍人。戊寅，奉恩詔贈文端公爲光禄大夫，太夫人爲一品太夫人。太夫人後文端公十八年而卒，卒時猶亹亹言文端公朴忠事，人主矯勵風節，惜其不久相位，則又謂循學曰：「後世當令讀書守家訓，無愧爲文端公子孫。」語訖遂瞑，是爲萬曆己丑六月二十一日也。距其生正德丁丑十一月十八日，得年七十有三。

狀又述太夫人賢明治家，動協于圖史，文端公篤于孝友節義，太夫人實從臾之。事二親始終盡禮，歲時食一蔬一果，必薦新家廟。季弟爲青衿弟子，時勉以力學，如嚴師。伯母吳寡而無子，月遺之以槁粲，而又爲之立後，死則調棺斂葬之。妹女于張，亦嫠也，迎育于家，撫其諸孤如己出。諸姻黨疏屬有婚喪，皆不吝傾囊振恤，而獨不喜隨俗，爲祈福施舍。性尚恬素，布荆不輟御，藜藿不忘餐。上所賜文端公金綺，必什襲藏之，曰：

“此天寵，何可褻也？”而大官法餗必以事先享賓，未嘗自奉。又周知世故，凡物力盈縮低昂皆能坐策之，人不敢欺。待臧獲有恩而不戲法，即所鞭朴，人人心服也。

屬纊之日，內外宗戚及家人千指，皆伏地哀號不能興，其德之感人如此。太夫人舉子一，即中書舍人循學，娶通政馬君女，封孺人。女二，長適憲副吳君子禮部員外郎果，次適馬通政子國子生應華。孫男一，自瀛，早卒，娶太守姚君女。孫女一，適參政余君子郡學生士博。曾孫一，士文，聘鄉進士王君女。中書君以某年月日祗奉恩命，啓文端公隧而合葬太夫人于賜塋。

余嘗觀呂文簡公所著文端公志，未嘗不喟然而嘆也。當嘉靖之季，時政慘黷，士爭騖于功利，而文端公數出數引歸，所謂鳳凰之不可笯，麒麟之不可縶也，非邪？溯考其時，太夫人實同心一德，有桓少君挽鹿車之風焉，可不謂賢哉？比化瑟更張，而文端公大用，鳳麟再見，卜世升平，藉令久于相位，乃其燕婉箴規必且有福邦家而澤函夏者，奈何天不憗遺一老，使太夫人晚節十八年之間，第爲鼇緯之私恤？悲夫！余重有感于太夫人之歿。爲之銘曰：

湖山之間，陰陽毓端。伉儷象賢，兆符鼎貴。國毗家倚，一體同功。鳳麟天下，台斗女中。素節嚴嚴，精忠耿耿。隱顯埶偕，鳴環相儆。宣勞翼翼，典禮雝雝。夙宵疇贊，贈佩相從。彤管持箴，蒼生望濟。惜也文端，乘箕早逝。佳城葱鬱，是帝賜阡。隧而相見，璧合珠聯。百世流光，九京不作。埋石羨門，大書閫㜰。

墓志銘

誥封夫人栗室李氏墓志銘

李夫人者，少司徒建齋栗公某之配也。夫人生十有九年，而適司徒公。適司徒公之十年，司徒公仕。仕三十年，而夫人三拜天子之封命，乃從司徒公謝政歸。歸又六年，夫人卒，壽凡六十五云。夫人之卒也，司徒公書來告曰：“于乎！不穀糟糠婦，先不穀返泉下矣。惟是藐諸孤未立，而不穀老，安能含悲強效漆園子作鼓盆箕踞態乎？”其言甚惻，遂乞銘。余與司徒公同桑梓，交最久，不可辭也。

按狀，夫人世潞之某里人，父李翁鈢，母崔媼。初夫人齠齒即穎慧，善女紅，翁媼鍾愛之，曰：“誰氏寧馨兒幸字吾女？”諸栗故上黨名宗，而司徒公少勃勃有英譽，乃委禽焉。既薦羞廟見之禮成，恭下修婦職惟謹。當是時，司徒公家三世太夫人嫠居北堂之上。夫人承顏奉甘毳，咸得三太夫人歡，曰：“婦職不當如是邪？”姑太夫人陳染病瘻，夫人不解髢而侍榻前，與俱卧起上下，弗瘳則以身祈代，宵拜北斗而叩心者三年。方司徒公治博士經，夫人伺諸講業者，友生來，數擊鮮而進之，竟客去不聞庖聲也。

司徒公舉庚子晉鄉書第一。甲辰，登進士，用王親法除守壽春。夫人從司徒公戴星出，莅官則授舍鑰夫人。夫人下楗守舍中，廩廩言無逾閾者。僚嫗或私遺金珠簪珥覘夫人，夫人莊語却之曰："我將荊布而佐守之廉耳，烏用此？"司徒公漏下二十刻還舍中，夫人尚篝燈熒熒自紡績，績成而當脂盂之費以爲常。司徒公繇壽春守歷數遷，乃布政關西，累勛勞簡在天子，特寬王親法，超爲九卿，而夫人業以布政秩膺二品封貴重矣。然翟冠象服，非歲時祀饗第笥之，飾爲芬華靡曼者輒屏去。每飯漿一盂，蔬一簋。左右微諷夫人，夫人曰："我聞先姑言：'福若機上縑，固有福，敢汰侈過幅邪？'"

歲甲戌，司徒公歸自留京，翛然寄興槃澗之間，而夫人時時製隱居服獻之，以順司徒公志。蓋司徒公歸，夫人已脊脊病也，猶鷄三號興，周視一切蘋藻筐筥之事、宗戚吉凶餽遺之節，親擘畫而辦之。病且革，口娓娓道某物所未理者宜如何，乃瞑。故司徒公深悲傷，謂夫人以死治其家云。夫人與司徒公敬相待如賓，即宴私無惰容。司徒公三遭危疢，夫人三護調安之。司徒公備邊昌平，出御虜，虜乘風縱火急，夫人遙望見蔽天烟狀，焚香禱于天。禱罷而返，俄大雪降，似神鑒之也者。

夫人生正德乙亥十二月二十七日，卒萬曆己卯十月十六日。舉二男子：崇德，官生，娶祝氏，繼王氏，指揮景明女；崇正，太學生，娶楊氏，守備一教女。二女子：長配輔國將軍珵圻，封夫人，早卒；次適副千户任爾節光禄卿環子，封宜人。孫男子一：嘉寶，出崇德。夫人墓在某山之阡，葬以某年月日。

嘗觀古傳記稱，冀大夫妻之賓敬其夫也，而今司徒公夫人亦然，豈全冀間代有端慎幽貞之婦，故兩相肖似歟？夫人之淑行雖非一，大都以儉勤著，則《蟋蟀》之遺風焉，乃知《詩》所謂"瞿瞿良士"不獨在男子，而女中亦有之。噫嘻！是可以銘已。銘曰：

餽夫于耨，昔相大夫。餽夫于學，今相司徒。思憂無康，土風之舊。染化代深，有茲閨秀。生多茂祉，翟茀光榮。没留徽譽，鸞鏡悲鳴。佳壙覆如，魄其永息。彤管銘之，萬年考德。

徐母蔣孺人墓志銘代

蔣孺人者，故尚寶少卿徐公履祥之側室，國子生時錫之母也。尚寶公嘉靖辛丑進士，仕若干年卒。孺人先尚寶公卒于邸，時錫年十三，嬛嬛失怙恃，于諸孤中最孱弱。稍長乃即其家塾，從予授《尚書》。居常，自以時過失學，頗自感奮，旦暮挾册，伊吾不絕吟。間爲余言，母孺人不幸早夭，數千里還鄉而厝淺土，數年不葬，意愴然深悲。夜半燈熒熒，獨坐飲泣，涕泗承睫而不能止也。余心憐之，約異日爲銘孺人，然時錫未卒業，而余以上計行。既登第爲史官，數歲而抵余書乞銘，曰："不肖孤所爲慰母氏泉下者在此。"余矍然起曰："嗟！是固嘗爲余言而怛然不勝楚者乎？吾業已心許之矣，不可以不文解。"

按，孺人家世吳江人，父蔣翁廷金，義俠也，母姚，并右族。孺人生而靚慧，長通《孝經》《女誡》諸書，尤習隸首法。蔣翁愛之曰："必適貴人。"尚寶公家故饒，僮僕數千指，既貴，不能視家人產業，則自門以內，米鹽騷屑咸仰其配張夫人。而張夫人素賢，爲請副其室，于是乃得孺人。孺人既歸，柔夷婉嫟，內教謹備，甚得尊下心。

尚寶公之令諸暨也，孺人從之官，夙夜持閫內，井井居處服御，常如侍張夫人。張夫人多事後姑，孺人念，廢朝夕時製繡組纂飾，馳爲兩夫人壽，兩夫人察其勤慎，交稱之。乙巳，尚寶公遷比部郎，過家。有群盜抉關夜入，孺人倉皇引子女匿奥室中，門楗重不可舉，孺人素羸弱，力下楗持之，遂得疾。甲寅，尚寶公奉詔諭江淮，事竣還朝。召孺人入，孺人逡巡強就道，值燠甚水涸，官舟艱行，役人苦之。孺人爲斥簪珥，募助挽舟乃前，至抵都下，簪珥略盡。居逾年，疾且革。執時錫手泣曰："不見汝成立，命也。吾母事張夫人，夫人娣姒我，必字汝，汝慎無辱我。"卒，而家人無大小咸悲傷之。尚寶公病卒，歸，櫬與孺人櫬異舟，孺人舟腐敗嚙水，舟人且汲且行，竟涉徐淮抵家，櫬登而舟解，人以爲孺人善，果得陰佑云。

嗟乎！女婦助籩，承夫與嫡，難乎其兩當也，其敬慎之不足也。孺人攝而不專，寵而不有，可不謂敬慎乎？使君子持此以處下位，奚至爲尉易守也可以居寵利矣？孺人生某年月日，卒某年月日，年三十一。殁八年，子時錫娶陳氏，故大司成陳公霽之孫。孫男二，某某。未聘女一，許字禮部員外郎尹君在庭子。時錫以某年月日葬孺人于晨臺山先塋之東南數百步而近。銘曰：

江有汜，子之以乎！諧爾尊也，肅肅履乎！永思者子乎，表彤管者史乎？既固既安，其無死乎？

林母王孺人墓志銘代

王孺人者，南濱林翁正薩之妻，翰林院庶吉士林子景暘之母也。林子舉隆慶戊辰進士，有詔簡諸進士文學異等者讀書翰林，以故林子爲庶吉士。居翰林有聲矣，然時時念翁孺人，欲乞歸。孺人使謂之曰："兒幸始進第，努力問學，毋念家，若翁嫗無恙也。"林子乃不敢歸，則安車迎翁孺人。孺人不可，曰："終不可以子故去吾君姑。"君姑，謂翁母鄭孺人也，老矣，則慫恿孺人行："奈何傷兒心？"故孺人强從翁行。至京師，燕居深念姑不置，逾年竟以疾卒。卒之明日，某某吊諸其邸，林子拊膺哭，爲某某稱説孺人生平，及所以没身慕姑狀。又傷孺人不至中壽，禄養無何而遽背也。其言絶痛。已則再拜乞銘。于是某某深悲憐其意，許之銘。

按編修趙君狀：孺人姓王氏，世居華亭，爲著族。祖某仕爲行人，父某號東園公，母周氏。東園公有女子七人，皆愛，暇則群諸女榻下，手授字書，孺人則能通字書。已輒授《孝經》、小學大義，孺人則能口舉大義，固自少時而東園公以爲賢。及歸南濱翁，爲林氏婦，事舅姑思庵公及舅省涵公、姑鄭孺人，婉約端慎，動有禮法，咸得其歡，閫以內雍雍如也。南濱翁自以家督，事無巨細，咸躬親之，一不以關諸弟，而孺人亦謂："我長姒也，誼當爲諸娣先。"居常，縫紉績紡，魚膾醴酪，若歲時享祀賓燕，率自操作，日僕僕不休。或勞苦孺人且休矣。孺人曰："而不聞邪？《禮》：'舅姑使冢婦，無怠。吾勞固當是，性所安也。"聞者莫不賢之。南濱翁有同產弟妹，婚嫁極豐。孺人黽勉擘畫，不趣而辦。及翁諸弟有急，傾貨貸之，孺人無吝色。故南濱翁以篤義稱里中，孺人有力焉。

林子既治博士經，讀書輒至夜半，孺人常手女紅侑之。又時斥簪珥，資其游學。所交文士至其家，孺人屏聽其言，輒喜爲設飲食具進，竟日乃罷。故林子淬志積學，至掇取科第，儲育禁林，繇孺人之教也。

孺人生正德丁卯正月六日，卒隆慶庚午二月十五日，年六十有四。子男一，即景暘，翰林庶吉士，娶滕氏。女一，適沉[一]公，早卒。

史某某曰：語有之："不知其母，知其子。"信哉！余觀古丸熊截髮者流，皆以子故聲施後世。籍第令屈首受書，而不能以取榮名，挾策竟老，則雖有慈母，靡得而稱云。今孺人幸教督林子，而林子克紹厥訓，資適偶合，蜚英著作之庭，此其貽孺人名豈有既乎？而孺人乃諄諄念姑，竟以死。等死耳，死有賢母之義，而孝不衰于姑，死何愧哉？蓋孺人可以爲難矣，余是以銘之。其葬以某年某月某日，鄉曰某，是爲王孺人墓。銘曰：

胡來乎燕山？從吾子兮盤桓。胡思乎雲間？望吾姑兮潺湲。襯而還，坎而安，鑽石埋詞何萬年？

墓　表

通議大夫都察院副都御史雲汀齊公墓表

在遼陽某山之原有丘罩如，曰故通議大夫都察院右副都御史雲汀齊公之墓。公仕肅皇帝時，以才名著，車轍所之，頌聲在道，而之晉者凡四焉。某生也後，雖未及事公，而數聞里中諸老先生言公所爲治晉狀，輒喟然而嘆也。嗟乎！自世波日下，而仕不蓮廬其官者幾何人？公視官如家，務明大體，建長利，馭吏必興其治，造士必成其材，安民必究其澤，以故去晉三十年而晉人思之，猶甘棠之思召公也。是寧可以貌得之哉？蓋其德之浸灌人者深云。觀于晉，而他方可知已。

公諱宗道，字叔魯，嘗自號雲汀。其先青州日照縣人也，三世祖遷實遼陽，遂占籍廣寧之右衛家焉。公以嘉靖甲午舉京兆上第，戊戌成進士，授蒲城令。蒲城爲關中壯縣，而縣故多大猾悍鷙，敢持吏長短。公至，取其尤者一人罰作之，一縣中皆慴伏。公乃與民約，所興罷皆循法以宜民，期年而蒲城大治。兩臺交疏薦公有理煩才，徙治咸寧。

咸寧，都會地也，案牘旁午，公庭立，不移晷而判之。有餘閑，猶日關説諸司大吏間，受檄治事，事朝下，夕返報，于是諸大吏心奇公，推轂之曰：“令不當如是耶？”薦疏益多于蒲城時。

壬寅，徵入拜四川道監察御史，數抗章言事，無少避，而經濟大猷具見所條議邊防事中，迄今多遵行之者。

甲辰，行視兩淮鹽策，公謂：“東南海王之國，鹽鹺利最大，顧牢盆稱困，將謂國計何？”于是，講求便宜通商以時，豪右斂手，不敢撓三尺。歲饑，公奏請浚薔薇運河，饑民赴工而就哺，所全活巨萬衆，漕舟亦賴以無憂。公暇則簡維揚，譽髦士，立課課之，士蔚然興起，相與歌頌。公著《烏臺化雨編》，世多傳誦焉。

乙巳，按山西，晉壤地褊小，而民食力，公以爲官不撫字而剝民，是狼牧羊也。獎廉能，懲貪墨，諸貪墨吏望風解印綬去。晉多藩封梗法，法不得行。會王孫某奪民田，公斷田歸民，而薄責王孫左右，王孫大慚服，于是諸藩奉法惟謹。

丙午，當秋比士，公秉憲持衡，飭闈內外以公慎。所收盡一時名士，躋通顯樹德業者未易殫述，其在余同邑則今符臺郭公，忠孝廉節表表，爲海內重云。

己酉，關中饑，萑苻盜起，廷議簡求名碩往治之，以公爲陝西按察司副使，備兵漢中。公乃先發倉廩，飼餓人而捕盜魁刑之以徇，曰：「等死耳。盜死刑，饑死義，民何擇焉？」于是寇攘旋止。歲旱甚，公齋三日，露禱于天，爲兆民請命。禱已，甘霖不旋踵而澍，歲乃豐。

庚戌，匈奴大入，烽火徹于近郊，有詔召天下藩臬負才望者十人入備緩急，公名與在召中。至則命領薊鎮，修邊事。公周行塞上，視某險厄未防者、某亭鄣走集未堅完者、某壖湟未隆浚者，相機宜而繕之，環薊邊千里，所在有金湯焉。事竣，改領直隸民兵，遷山西布政司左參政，守南冀。晉固公舊游，父老聞公且至，歡然相賀曰：「是昔衣繡衣，戒吏勿侵漁我者。」公下車，問民所疾苦，提衡德法而布之，封中益嚮化。又時時加意陶鑄人材，不啻如在維揚云。

癸丑，遷按察使，仍治晉。公深念：「外臺糾官邪，理民枉，吾爲署長，焉敢弗慎？」居常，肅然執清方風型屬吏，屬吏殿最，秋毫不得姑息。雞三號，即起視爰書，其獄疑者，未嘗不傾側法令，反覆求生之也。尋擢四川右布政使，未行，特擢都察院右僉都御史，巡撫大同。雲中故苦虜，虜闌入，無敢與攖鋒，第縱之飽掠以去。公嘆曰："如此，安用疆吏爲？"申嚴要束，簡將士，數軍實，掌上圖方略授之。

乙卯，控弦南牧，輒敗北，斬獲首虜三百有奇。捷聞，上資公金幣，進副都御史。會鎮師有詔獄逮，而軍興給後時，行間譁。公挺身前諭之，出庾藏恤軍，諸軍乃帖服。當是時，分宜貴用事，網賄，諸邊臣爭入賄如鶩，而公伉直若弗聞也者。分宜銜之，會御史論上谷撫臣病不事事，遂擬旨波及公，當外調。公聞報，怡然徑歸，省其二尊人封侍御閭溪翁、陳孺人于家。

亡何，翁孺人相繼以天年終，公樂樂哀毀柴瘠，服既禫，督府諸臺先後十餘章薦公。公竟堅臥不起，卜築城南之野田一陂，圃一區，葛巾逍遙，帥家人作業其中。時或采藥高山，投綸流水，翛然樂而忘世焉。公雖托于隱人乎，每聞四方大事，抵掌劇談，咄嗟不得一當也。其忠毅之氣，紘偉之蘊，儻亦有不能自閟者歟！

噫嘻！天下方多事，縣官率難材，薪之樗之，豈不謂谷無幽蘭，嶺無亭菊哉？乃齊公獨末殺即，岩間以老，何也？夫以齊公材，第令建鉞在事久，盡展其猷爲，威讋五單于，帶盂九塞，奚俟今日而見乎？繇此言之，非材之難，而用材者難已。公所著有《按晉行稿》《雲中奏議》若干卷，藏于家。春秋凡七十八而卒。卒之明年，葬斯丘，以耿孺人祔。耿孺人貞靜有內行，克相公賢，先公卒十年所。

當公訃之入也，符臺公偕其同年友起部齊公過某，而胥命曰："齊先生功指半在晉，子晉人也，知先生，先生墓旦夕封樹矣，子其有意乎？"乃介公之子太學生許以狀來。余按狀爲表公治行之大者，使刻石墓陽，後世得以覽觀焉。若公孝友高義，及其生卒歲月、世系胤族之詳，業有鴻筆志之矣。

敕封禮科給事中晋山張公墓表

語有之："天道恢恢，豈不大哉！"余乃今竊有概于晋山張公事云。晋山張公者，余郡樹德醇儒也，而中困于家難。夫羊羹雞距或修怨，公脫身虎口，第忍之。乃其內薛孺人又慫恿公以忍，安知後報乎？然余聞難公者之族圮矣，而公孺人有子諫議君而祚光門庭之間，蔭槐隱將芘其駟。繇此觀之，天道非邪？是邪？而史遷顧惑之，何也？殆規魔之說也。公孺人卒，諫議君次第謁學士陳公、太宰王公爲志銘，襄其窆穸之事，而復屬余表諸墓之陽。往余與諫議君游館下厚善，又以同郡習知公孺人，焉可辭？

蓋澤郡之西北偏有里曰大陽，大陽多名貴人，而張東里先生以憲老居其間，扶義施仁，人人無不嚴重東里先生者。東里先生業有三丈夫子矣，晚得公。公幼聰，殊于他子，東里先生鍾愛之，韶而受書，一涉睫而成誦。年舞勺，爲文詞原泉蜂涌，濡筆立就數千言。束髮籍學宮，稱弟子高第。大陽中諸公語曰："東里先生後自此興矣。"而薛公者有女甚賢，方爲慎鳳鳴之卜，心獨偉公，徑予女，是爲薛孺人。孺人歸，而公不憂仰事，學彌專，業亦彌進。每視學使者來甲乙諸生，公名常在甲，英譽蜚騰，諸衣縫衣執經而願受業者，戶外趾常滿。凡公所授業士多顯名，而公數上秋闈，數報罷，夷猶佔畢間，泊如也。

會兩兄畣歿，東里先生亦以天年終，家督盡逝，家日貧，公帶經而當戶，孺人斥簪珥佐之。垣窬無儋石之儲，而內外相規不戚戚，曰："天豈私貧我哉？"族中群不逞之徒心易公儒也而螫公，利公家園，訟之郡。郡刺史曰："茂才金聲玉潤，何至與若而人角？"亟行論螫公者而白公。

當是時，諫議君甫十齡，孺人挈之避難諸婣里所，而公單身御螫者，螫者滋益張，卒推產予之乃已。公固忍詢無蒂芥乎？間亦思善爲惡詘也而憤之。孺人從容進說：“我幸善也，何憤？且人忍詘，天將伸之耳。”公爲之灑然。然公嘗自憤業儒減父產，以爲士不得意則龍蛇齷齪，守一編而槁，非夫也。吾隱乎！吾隱乎！吾庭前側弁而哦者足任亢吾宗。蓋諫議君升贇，而公即請謝諸生籍，有司高之，援功令俾以儒官老焉。

諫議君年少抱俊才，談經岳岳，公命之曰：“吾先人奕世載德，後當有興者。吾子勉旃，亡謂士之子恒爲士也。”而孺人亦從中惎飭之，每然脂火趣讀，則手女紅與之俱。諫議君下帷研精于學，漱芳百氏，掞諸文，文蔚甚，遂用癸酉魁三晉賢書。丁丑成進士，詔簡爲翰林庶吉士。公偕孺人來視于邸，睹中秘縹緗盈几間，而尚方繼餼繼筆札，曰：“嘻！天子之所以儲才之意厚矣，吾子離奧渫熱躡清華，其無忘下帷時所爲研精問學者，以謹酬上之遇。然吾二老人奈何以晨昏溫清分乃心？”趣具車歸。歸未幾，而上用椒塗六禮成，尊親錫類于諸中秘士，詔蓋需其拜官予恩也。明年，諫議君拜禮科給事中，遂封公如其官，孺人云。諫議君奉天子封綸，爲蟠龍之櫝，而副以文鸂之衣，飛翟之冠，使使載而獻公，孺人于里，公泫然曰：“吾于今日而愧吾父，吾非人子哉！”則書勖諫議君砥節立修名，志肩公家之重，庶幾異時譽命上逮，微獨二老人蒙天子恩。諫議君忠亮清方，持風裁，昌言侃侃，本公之指也。久之，上廷命諫議君建封秦節而西，其還，未過里可三舍，孺人卒。比至，則夕泣杯圈，朝問寢敛，哀容以侍公者。逾年，公又卒，故諫議君痛之深。嗟夫！昔人釜鍾風木之悲，有以哉？公方頤大耳，頎形偉步，望之知爲端人。天性孝友。泣母王媼喪，眥盡擁腫，因病眥艱于視。及葬日，眥病如脫，人以爲孝感焉。兩兄歿，無胤，輒罄貲治其藏。仲兄遺孤累累，公呴濡卵翼之，孤安焉，忘父之亡也。有姊字于霍而貧，爲贍之終身，又衣廩其子，甚己子。居常面折不能容人過，然人以直曲質于公，公正色而判之，絶不爲茹吐陰陽，聞公言皆以心服，靡敢蠱立者。

公故布衣藿食，士既已拜諫議封，貴重矣，筍簋無所增加，視夫已氏一命而吕巨，顰然非之。時時戒家人以退讓，毋席便執驕里中。里中大宗伯裴公方延諸公效耆英之會，公野服逍遥其中，命觴浮白，陶然適也。而郡守相式而造公閭，公往往避謝。即款焉張燕，竟燕語不及私，其趣操高潔類如此。

公名四維，字國紀，嘗自號晋山，人稱爲晋山公云。孺人婉淑貞静，有内則，初佩箴管而稱婦，號能得尊章姊姒歡。攻苦力作，以爲公資左右公之樹德乃萬故。老以子貴，偕公封，而綦縞不輟，御蔬糲不厭餐，曰：“象公之約也。”儻亦有孟德曜、桓少君之風乎？所舉子二：長啓蒙，禮部冠帶儒士；次即諫議君養蒙，今刑科左給事中。公、孺人春秋皆閲一甲子有八，合窆于郡西五十里之莊世阡也。其先系及諸孫婚嫁皆名家，兩志詳之矣。余第述公、孺人生平懿行之大者，使刻石冢前而表之曰：是澤郡樹德醇儒、明封徵仕郎禮科給事中晋山張公暨配賢媛薛孺人之墓。

行　狀

蒲坂張相公行狀代

萬曆乙酉十月十六日，故少師大學士鳳磐張公卒于蒲坂里第，翳兵部主事甲徵等告哀于朝，恩命既下，乃攄其生平行誼，將乞碑銘于名世元老以重不朽，而先屬不佞爲之狀。狀曰：

公諱四維，字子維，中條有別峰曰鳳鳴山，因以鳳磐自號云。張氏自上世居解州鹽澤南陂，元季有思城公者，始遷于蒲。其子友直公，乃占籍焉。友直生仲亨，仲亨生克亮，克亮生秀，世以高義聞里中。秀，字彥實，是爲公高祖。生孟儒公，諱寧，配雷氏。孟儒公生首陽公，諱誼，配王氏，早卒，繼配解氏。首陽公生湄川公，諱允齡，配王氏，今少保鑒川王公姊也。自孟儒公至首陽公，皆以公貴，累贈光禄大夫柱國少師兼太子太師、吏部尚書、中極殿大學士，自雷夫人至王夫人，皆一品夫人，而湄川公屢封如公官，凡六拜制詞焉。

初，孟儒公之卒也，雷夫人熒熒稱未亡人，與其子女依外氏，故首陽公德外氏，爲雷翁媪木主祀于家。首陽公好讀書，居常手一編，或爲鄉人誦説大義，恂恂如也。湄川公生十年，而首陽公卒，解夫人亦熒熒稱未亡人，事雷夫人惟謹，里中號曰“雙節”。湄川公孝友仁厚，惇信樂義，外托什一以游，而内操儒行，楚蜀燕瀛之間無不知湄川公名。王夫人合德而隱，以勤儉治家，語具申少師、楊太傅所爲志中。

蕭皇帝五年而公生，公生而穎異，甫能言，解夫人抱持膝上，問兒所欲，云：“一當明主，廣濟天下。”解夫人大驚。夫人時或不懌，則具道異日顯親之具以寬適其意，未嘗不解頤而笑，固知公非常兒也。七歲就外傅，動如成人。出入必以禮，同學者皆嚴重之。十五舉茂才高等，時督學劉公繇翰林出視學政，高自簡貴，鮮所許可，見公年少有偉度，異之，則下堂暫行，因睨觀公草，草未竟，而劉公讀之以爲奇，乃特移坐堂皇上，更數題試公，公立就。于是觀嘆服曰：“蒲即多才，易得耳，若乃國士無雙。”遂置以爲第一。自是每試未嘗不第一。

己酉，舉鄉試第二人。癸丑，成進士，以庶吉士第一，讀中秘書。公以爲國家待士厚，不宜工鑿悦取世資以自菲薄，于是取國家典故悉研究之，詢考四方利弊，及興革所由，無不洞察。當是時，公已隱然負公輔之望矣。華亭徐公嚮公甚，謂異日濟大業者必在公。公侍坐，語及國計，徐公曰：“此參政他日之憂也。”其見期望如此。

乙卯，授編修。無何，以母王夫人喪歸。起家，除原官。是時，寵賄滋章，士以造謝相尚。公獨闢一齋，與乾庵馬公、正峰孫公數人吟誦其中，自守泊如也，當事者顧益重公。

己未，充廷試掌卷官。壬戌，充會試同考官。時主考相國袁公以博物策士，當代對，偶病不能具草，以屬公。公對具如袁公指，袁公嘆曰：“真博物君子也。”八月，充重録《永樂大典》分校官。乙丑，復充會試同考官及廷試掌卷官。

莊皇帝元年丁卯，《永樂大典》成，升右春坊右中允，兼翰林院編修，賜五品服，充經筵日講官。公明心登對，冀有所感悟。每至政柄國計、宮壼宦寺之類，人所難言者，未嘗不三致意焉。左右侍臣聽無不灑然變色易容者，莊皇帝肅然敬憚公。是秋，充順天府鄉試主考官。冬，升左春坊左諭德兼翰林院侍讀，代草誥敕兼清武黄。戊辰，充武舉主考官。是冬，給假歸省。莊皇帝以公講帷勞特賜銀幣，仍給驛以行。己巳春，還朝。庚午秋，升翰林院學士掌院事。故事，學士不攝講讀銜，則班僉都御史上，途遇閣臣不引避，朝廷重之，未嘗輕授，至是特以命公，衆翕然謂：“天子且相張公矣。”冬，升吏部右侍郎兼翰林院學士，尋轉左。辛未冬，以病乞歸，至再。莊皇帝遣中使問疾，賜羊酒蔬菜，已而予告歸。壬申春，今上在東朝出閣講學，詔慎簡輔導之臣，乃起公充侍班官，協理詹事府事。尋掌府事，兼教習庶吉士。居無何，復引疾歸。上踐祚之二年甲戌，詔再起公，以原官仍掌詹事府事，充《肅皇帝實録》副總裁。是時，湄川公年且七十矣，公方朝夕色養，扁所居堂曰"愛日"。聞召不欲行，湄川公曰："家世受國恩，未有以稱塞，奈何以老人負明主痌瘝旁招意？"公乃就道。比入都，日儤直館間，翼翼如也，欽欽如也。

乙亥秋，手敕升公禮部尚書兼東閣大學士，入內閣參與機務。公疏辭，優詔不許。公既拜命，侍上講讀于便殿，上以御書"一德和衷"大字賜公，公稽首謝。既出上顧左右有褒公語，注視者久之。冬至，駕幸南郊，以扈從，賜公蟒服、麒麟服。

丙子春，命代祀先師。秋，充重修《會典》總裁官。聖駕臨雍，以公分獻。冬至，命分獻于圜丘。丁丑，命爲會試主考官、廷試讀卷官。夏至，命分獻于方澤。秋，再命代祀先師。《肅皇帝實錄》成，敕加公太子太保，進文淵閣大學士，賜鞍馬。公之在宮詹也，實綜《實錄》編摩事，自嘉靖十年以後，凡三十五年間，朝章、邊備、國賦、人才暨柱下、仗前之眾睹記弗詳者，公悉殫心探討，博而精，覈之犁然。再逾年，書成，江陵公覽而稱善，乃出舊所編《初紀》者盡屬公筆削，乃定焉。九月，命主會武宴。冬至，再命分獻于圜丘。

戊寅春，大婚納幣，命公充副使。賜金花、銀幣，仍賜蟒服、斗牛服各一。以贊襄六禮勞敕加公少保，進武英殿大學士，餘官如故，予三代誥命，廕一子中書舍人。冬，扈駕南郊，賜蟒服、鸞帶諸物。己卯，三命分獻于圜丘。

庚辰春，三命代祀先師。上耕耤田，以公充九卿首，上注視公終九推，眷禮有加焉。三月，扈駕謁陵，賜蟒羅、繡縏、伽袋、暖壺諸物。廷試，再爲讀卷官。六月，奏一品三年績，賜羊酒、鈔錠，加柱國少傅兼太子太傅，餘官如故，再賜三代誥命，廕一子國子生。辛巳春，扈駕閱武，復賜蟒羅、帶縏諸物。冬，四命分獻于圜丘。

壬午夏，再命分祀于方澤。六月，遼左大捷，上嘉公運籌功，進兼太子太師，餘官如故，廕一子世襲錦衣百户，給予三代誥命。先是天下苦江陵公法令煩苛，吏詭故釣名，而民益瘠。是月，江陵公卒。八月，遘皇嗣誕生，公乃因慶典密疏，請下寬大詔，省督責，緩征斂，舉遺逸，□災眚，以培養國家元氣。上撫然曰：「先生言是，亟議行之。」公乃擬上詔書條格，罷鑄錢丈田之令，欲以漸罷政不便者。詔下郡國，民忻然若更生。而楚人故竊弄江陵者，皆側目攝公矣。九月，以大慶加公少師兼太子太師、吏部尚書、中極殿大學士，廕一子尚寶丞。

初江陵公病時，其帷幄私人日夜聚謀，憚公等二三齒官皆正大，且杜群枉路，乃詐爲江陵公遺疏，薦起新昌公于家以自代。俟其至，首去公，約三御史次第爲排公疏，而銀介遁逃罪人徐爵者，往來關説權璫保所，信從中之。謀既定，于是一御史乃先論罷王太宰，一御史因重劾太宰及公。上曰：「元輔忠臣，御史何得爲此言？」持其章不下，而手詔諭公出視事。最後御史疏復上，上怒甚，奪其官三等，出之于外。公上疏，引咎求歸，而并乞宥言者，上褒答不許。無何，言者發大司空回喬不忠狀，司空故所謂帷幄私人也。上遣中使至閣，諭欲去司空意，公疏對如上擬，上乃勒之致仕。居數日，言官論奏權璫保及爵章、表裏爲奸，歷數其大罪。上覽奏震怒，昧爽召公入朝，令擬旨，曰：「奴輩擅我威福久矣，必速誅之。」乃下爵詔獄，安置保于南京，籍其家，或追論江陵公與保、爵交通毒害忠良狀。上曰：「此同罪，何得無誅？」欲逮繫江陵公諸子，籍其家。公屢疏救解，以爲「彼誠負上，然上始終遇臣之禮謂何？且國體至重也」。上猶未允，公乃至以去就争之。上重違公意，事以故暫已。于時，臺諫争發舒黨人奸狀，抨擊不已，公言于上：「治道去太甚者耳。宜略苛細，存雅道。」上從之。時六卿半易，朝省虛位，乃請詔省臺舉骨鯁端亮之臣，向所遺棄者布列庶位，一時六卿之長皆民譽云。每見必語之曰：「今主上神聖，公道昭明，各舉其職，無廢憲度，閣臣自不相撓也。」于是事歸六列，言歸臺諫，公爲調劑而奏之，更一切束濕之政，期月之間朝宁改觀焉。

二月，詣天壽山恭閱壽宮，司禮監給器具。閏二月，駕謁陵瞻壽宮。公方柄政，值鼎革之會，鞠躬盡瘁，知無不爲，至廢食息。一日，上視朝，公立金臺側，忽眩暈而欹。上曰：「張先生不耐早寒耳。」命二中使扶送至閣。比上行閱壽宮，縱覽形勝，顧謂近侍曰：「可用二人掖張先生以登。」其恩禮隆異如此。

是月，湄川公卒。訃音達京師，公哀毀骨立，如不欲生。上特遣中使宣諭曰：「聞卿父辭世，朕心甚悼。孝情當盡，尤宜節哀，以慰朕懷，副衆望。」中使諭上意，欲奪情起公視事，公泣曰：「生不逮養，歿不奔喪，何顏以立于世？爲我謝上，臣死不敢奉詔。」中使具以復上，上嘆嗟惋惜，賜賻襚紵絲六表里、銀三百兩、錢萬貫及油、香燭諸物，加祭六壇，遣禮部員外郎張志致祭，工部主事沈一中造葬，而王夫人得并祭焉。

公廷辭，上命馳傳，賜道里費，遣行人護行，聖母及潞王賻襚各有差。翌日面辭于文華殿，稽顙奏曰：「臣行能薄劣，日侍左右，無所裨益。今當遠離，伏望皇上法祖孝親，講學勤政，清心寡欲，惜財愛民，日甚一日，保終如始，臣不勝惓惓。」上答曰：「先生輔政久，朕所倚信，兹以憂去，其節哀自慰，稱朕意焉。」因泣下，殿中侍立者皆感動。公既辭闕，兼程以奔，旦夕哭臨，癰生于腋。過陝州，劇甚。扶病渡河，至首陽，不能進，月餘始抵舍。七月，具疏謝乘傳。九月，上以定壽宮遙賜銀幣，廕一子國子生。甲申二月，葬湄川公于敕建新塋。葬之日，公執紼痛哭，徒步十餘里，奉遷王夫人之柩，與湄川公及繼妣胡氏合窆焉。輴車所至，聚觀如堵。見公毀瘠，皆嘆息，有垂泣者。公既痛湄川公不得一見爲永訣，而公兩弟又相繼卒，繼姒胡亦卒，公欒欒哀慕，卒以身從。十月，蓋公初病腋癰，繼病耳閉，百藥罔效。乙酉六月，禫湄川公之喪，而弟室及從子又亡，公以盡傷，復病脾瀉。禫繼姒胡之喪，公已伏簣不能興矣。月之既望晨，戒僕人具盥漱，整巾服，扶藉端坐，舉手捫空者三，及昏而逝。

公天性孝友，内行淳篤，與人處斷斷不苟合，而厚于故舊，無間存歿。初迎湄川公于京邸，徵縉紳父老爲好會，以適湄川公，事必咨而後行。湄川公既歸，月一馳使問起居狀，得家書必斂容屏息，莊誦如侍側。或久不至，則憂曰：“吾親得無有所苦乎？”雖既總機務，而循陔望雲之念無日無之。湄川公之卒也，公既抵舍，憑棺一慟而仆，所親或執六十不毀之文以解，公曰：“吾拜慶而出，依哀而入，吾終天之痛安能已也？”及兩弟之喪，公雖病，猶將强起爲之記曰：“吾痛吾弟，因痛吾親焉。”宮保楊南潤公自髫年知公，南潤公歿，公爲修葺其祠宇、坊表。執友劉君輩遺孤，待公而舉火者數十家。新鄭、江陵兩公，皆以才識交公歡。兩公既輔政，凡國家大事皆以咨公，公亦盡言無所諱。新鄭公之去國也，公方拜宮詹之命，自獲鹿取道與會于欒城。入都，江陵謂曰：“新鄭以得罪君父去，公奈何見之？”公曰：“疇昔之交高公，猶今事公也。去而遠之，謂交誼何？”江陵公乃釋然。公生平嚴重簡默，呐呐如不出口，至其臨大政，決大疑，當機而斷，自謂賁育不能奪也。北虜款貢，衆謂夷情且不測，公獨陳便宜于新鄭、江陵兩公所甚悉，兩公韙之，議始定。鑒川公嘗曰：“微伯甥在内，吾事將不諧矣。”五開苗叛，撫臣募卒討破之，事平，或言：“募卒皆四方烏合，留之且生亂，請罷遣歸田里。”公曰：“有事用之戰争，已奪之餉，何以使人？是趣使爲亂也。”會滇南有警，即命將將此屬以往，疏請留本省征輸，備軍興之用。所以卒定莽寇之亂者，本公之謀云。關中大饑，公言于上，出內帑賑窮乏，蠲租賦，民乃寧。其應變定傾皆此類。公歿十餘日，訃聞，上咨悼久之，諭禮部擬恤典以聞。于是禮官奏稱：「故元輔當深文操切之後，而廣聖恩，薦忠讜，去憸壬，勞績最著，請賜祭葬，贈諡。」上乃命贈公太師，諡曰文毅，官一子尚寶丞，諭祭二十有三壇，官爲營葬。則中書舍人鄭國俊、布政司參政劉中立束致上命，始終恩禮備極隆異焉。

公六子：長甲徵，兵部武庫司主事，娶楊氏；次泰徵，禮部儀制司員外，娶孫氏，封安人；次定徵，中書舍人，娶楊氏，封孺人；次久徵，官生，娶羅氏；次元徵，官生，娶楊氏；獻徵，早卒。女三：長適兵部武選司郎中馬愷，封安人；次字舉人楊煊，次字庠生韓燧，皆早殤。孫男四：贊，聘南氏，矕、輦、質皆幼。孫女二。

公生嘉靖五年丙戌五月十二日，卒萬曆十三年乙酉十月十六日，享年周一甲子。兵部君甲徵等將以萬曆十五年二月十三日葬公于蒲之風陵鄉王莊里侯家莊之南，公所自卜兆也。某某爲公桑梓後進，入詞林，初向史局。第窺公文則春容爾雅，爲藝苑之宗工；察公學術則靈衍宏博，爲熙朝之蓍鏡，然而未睹公大全也。比公居中用事，伏睹公憂勞夙夜，蹇蹇匪躬，嘗一身而任天下之重，方其剪邪別蠹，一日而乃宇宙回春，此于司馬文正公輔元祐之政何異哉？司馬文正公晉人也，閱數百年，其卓然旋乾轉坤之效同，而勞瘁致病之又同，溯考其衷，蓋實意誠心正，自然爲天下耳。不佞某才疏，妄爲狀之，伏祈垂覽裁擇焉。

王母郁恭人行狀 代作

往余太倉司馬思質王公以中權奸下詔獄死，厥恭人郁者痛絕復蘇，已復拭淚自矢曰：「吾不即從地下，吾且忍死，待十年後，

圖一見天日。”于是恭人二子，今山西按察使世貞爲山東副使，儀制員外郎世懋爲進士，各免官奉母歸。蓋母子間時泣念先公事不置，即學士大夫未嘗不嗟司馬公冤，又以嗟恭人二子也。

今皇帝龍飛御宇，改元隆慶，二子即上疏訴父冤。上愍之，復司馬公官，而二子者俱以薦起，人咸謂天道庶昭恭人且食報。居亡何，而恭人卒矣。嗚呼！恭人忍死于萬有一生之時，圖待時獲見天日，乃家運方亨，而恭人竟不躋耄期厚享祿奉，嗟哉！王氏與予辱通家之誼，辛未冬按察君兄弟走使，丐余言爲狀，余固咨咨嘆也，焉敢以辭？

恭人姓郁氏，其先蓋山西高平人，以宋南渡故遷常熟之沙頭鎮家焉，明弘治中始割而隸于太倉有郁氏。郁氏故醫籍，至恭人大王父容始舉進士，爲湖廣按察僉事。王父勛嗣舉進士，知華容縣，蓋族彬彬盛云。父遵，以州學生入貲，爲王府典膳。

初，典膳君娶劉媼，生恭人，外家鍾愛焉，故恭人少育于劉。王母陳淑人者與劉氏家相善也，嘗過劉，見恭人，愛之，歸而以告司馬公父先司馬質庵公，遂委禽焉，故恭人歸于王。恭人少穎異，嘗以典膳君訓女子當無儀，不就女傅，故恭人雖不甚工翰墨，而于文字輒曉大義，誦諸經史及稗官家口瞽瞽能解也，教諸兒屬對，或作口詩占授，輒有驚人語云。漿饙絲枲諸女紅，出恭人手即精絕無倫者。自歸王，先司馬公已歿，恭人自恨不及舅養，故養陳淑人恭謹無不當意。

恭人性最敏捷，善相度事，與娌里中談，根極理道，割是剖非，靡不心折去。司馬公起進士，官中丞，出入征伐，恭人俱在行，聲動公卿間，恭人內助之功居多。即軍國事稍以謀恭人，恭人罔不遠大裨機宜，固不握齪兒女子見也。愛兒息，拊恤備至。儀制君少嬰尪疾，恭人極力活之。然嚴而有方，不爲怙息兒輩，少不飭即嚴戒之。當按察君兄弟起之官，命之曰：“而唯思盡而職，勿以而父故阻慎，更勿竊榮麋禄。"于是按察君兄弟兢兢受命，故或官外藩，或直中署，所至有聲，恭人教之也。其治家勤力善任，自醴酖菽豆之屬，以及寸鹽尺枲皆有委積。按察君兄弟素不問家人生業，而通賓好施，能不空乏，實藉恭人積鍤云。嘗曰："我不敢以王氏物爲己德，贍其私親。"然外内族有寠者，輒次親疏均惠，第不吝施也。母劉年八十餘尚存，二妹早嫠，母子相依以居，旦夕供養無倦。劉氏之遺孤破其產廩之，再世以報鞠育恩。其篤于親誼如此。歲庚申，司馬公及禍，恭人毀痛幾立骨。

　先是，司馬公遷中丞，家人私相賀，恭人顧達曙哭曰："悲哉！任重者身危，名高者禍急，其以爵誘人死也。"蓋司馬公每遷一官，恭人輒嗚嗚哭。家人竊旰旰相謂過之，乃後則竟驗云。後七年丁卯，恭人慷慨謂二子曰："新天子登極，滌幽伸枉，雪而父者茲其時，亟行勿念我。"于是，按察君兄弟承命行。既蒙恩，歸報，恭人欷歔相向也。

　按察君兄弟業既雪父冤，則願依膝下以老，恭人始固然之曰："抱幽晦名，可終天年，無齟齬作而父爲。"既除官，而書檄促起，户外踵相接也。按察君疏乞休，不得。恭人乃幡然曰："若父冤獲雪，若兄弟又并拜官，天子恩若厚，第不可計便負恩。"按察君兄弟猶次且不忍發，恭人正色曰："若不出，爲我戀戀耳，吾即百年壽，寧能守若曹及老耶？"強之出。于是恭人年六十餘而旦暮猶手緝續。居常不色喜，或謂恭人既際光復，當少即安者。恭人嗚咽曰："未亡人待此瞑目耳，敢以爲樂耶？"己巳冬，按察君兄弟各以間歸，始謀葬司馬公。

　初司馬公及禍時，有愛女張氏者從京師，病久瘵，聞變不勝痛，死。存孤甥女育恭人所，至是亦字。恭人嘆曰："吾事畢矣。"明年春，按察君以升秩至家，儀制君自南京召，先按察君行。時恭人故無恙，亡何而病脾。按察君先上疏乞休，不報，乃昕夕修湯餌，勤祝史，病稍減，已遂平如初。儀制君聞恭人病，即泣求歸，會得愈報，少緩。入秋，按察君以王程迫，且辭之晋。至八月，而疾復作矣。初，按察君兄弟以離視遠，相戒勿以家行，故疾作，兄弟婦暨諸孫咸侍。疾革之前一日，語家人曰：“吾昨夢而父携予手去，吾固許之，吾其已夫。”明日，果正簀而卒，時隆慶庚午九月九日也。

始恭人疾，戒勿報二子。家人密以聞，儀制君先得報，即具疏告歸，泣叩當事者，冀得生見。當事者哀之，破格遣。而按察君聞病，且亟即日疏闕下，遂挂冠南馳，日夜數十百里，然皆未及訣云。恭人年十九歸司馬公，四十以廟恩，從司馬公御史封孺人。其明年爲嘉靖丁未，按察君舉進士。四十五以按察君主事課最從司馬公僉都御史封恭人。五十三爲嘉靖己未，儀制君舉進士。其明年，奉司馬公喪歸。距生正德丁卯四月十七日，享年七十有四。

子二：長世貞，即按察君，娶魏氏；次世懋，即儀制君，娶章氏。一女，適太學生張希九，先恭人卒。孫男五：士騏，聘沈氏；次次俱幼，未名，爲世貞出。士騂，聘袁氏，次幼，未名，爲世懋出。孫女六：爲世貞出者，長適工部主事華叔陽，早卒，次適朱木，次許聘華，次許聘徐。爲世懋出者，長許聘楊，次許聘凌。

按察君兄弟將以壬申□月□日合窆于司馬公之阡，余方以承乏留署且行，謹摭恭人事得于桑梓素聞者列之狀，以俟名家巨公采擇焉。若曰王氏懿行家風，則固未盡百一也。

校勘記

〔一〕“沉”，據文意當作“沈”，音近形似而誤。

祭　文

擬祭徐少師文

天壽平格，重我休明。朝爲公孤，國爲老更。世廟龍飛，公時利見。玉陛掄魁，金甌注眷。諸艱歷試，中外馳驅。入相天子，忠言嘉謨。權門如市，公心如水。柔順文明，以匡國是。方叔顯允，留侯善藏。奸回既黜，化理更張。秉國無私，致君有術。仕路肅清，皇風熙謐。鞠躬殫力，造膝陳辭。一言定策，中外罔知。肅皇登遐，先帝臨御。遺詔改元，幹蠱用譽。推轂賢俊，翼贊丕時。履滿知止，功臣弗居。傅野鹽梅，東山衮綉。始終完名，永介祺壽。年躋大耋，世仰達尊。天子命寧，憲老乞言。赫奕宸章，輝煌御箚。曠古殊恩，希朝盛事。蒼生在望，黄髮可詢。天不憖遺，溘焉捐賓。帝念舊臣，徽稱顯錫。恩數駢蕃，永光窀穸。某等詞林後進，雅服典刑。泰山其頹，吾誰景行？九原可贖，百身奚恤？醊酒陳情，臨風于邑。尚饗！

祭楊虞坡太宰文

於戲！明都近藩，堯封故域。斌斌哲人，翊我皇國。國論攸重，銓衡本兵。日晉之産，太原樂平。狷彼二公，勛兼兩署。誰其似之？公功嗣著。自昔弱冠，起家一經。鳴琴秦邑，握蘭漢廷。胡未賈琛，邊有烽燧。公也應之，若數一二。時居夏部，已結主知。載遷憲使，董學臨淄。上簡閫臣，諗公之素。曰嘗特籌，紓我北顧。乃命建鉞，分陝以西。威彼毳幕，奠我盱黎。公勳既隆，上任孔篤。國有重難，維公是屬。廿年經略，七鎮周行。無守不固，無攻不傾。上抒宵衣，維公之力。蟒玉數頒，孤卿晋陟。林林蕭祖，操下凜然。維公事之，眷禮獨全。于鑠穆皇，新受延喜。公在天尊，百官總已。銓除簡汰，采實綜名。丕式見德，鏡于至清。懸車未幾，賜環復睹。爰以舊銜，而職圻父。上登九五，公拜綸音。還縮太宰，鎮安群心。公佐亮陰，如穆皇世。特晋師臣，恩賚無計。人方恃公，爲國棟梁。公忽染疾，及于膏肓。公疏乞歸，上難其去。論之慎醫，臥襄朕慮。醫而未瘳，方許西歸。温温詔旨，若不忍違。公歸一年，上且公召。公竟考終，天胡不吊？上搜令甲，比其最隆。封墳命饗，易名揚功。贈以窮階，延以世澤。日月久懸，榮光并赫。嗟嗟公乎，鍾晋之英。名位大都，二公與衡。二公功崇，終或罔淑。公事三朝，茂膺百禄。二公秉政，時無幾何。公躋樞管，四考爰過。二公名高，鮮昌厥後。公子聯綏，文武俊秀。嗟嗟公乎，沒亦何悲！太常徽勒，青簡芳垂。但所爲傷，鼎臣云逝。邦家之憂，所關匪細。在昔丁卯，簡士于鄉。凡晋同舉，藉次君光。進而謁公，誼則猶子。覯公之沒，哀其曷已？束帛酬醑，薦食糅芬。伊何告公，申之以文。於戲尚饗！

同鄉合祭楊虞坡太宰文

於戲！式序百寮，鎮安九有。維斯之功，顧常稱首。一人師傅，四海表儀。維斯之望，曠古云奇。五世恩蕃，三朝眷戀。維斯之榮，人臣希遘。文英武俊，接趾彈冠。維斯之胤，家世所難。兼斯四者，維公則得。云胡告歸，而遽斯息。訃音初報，天子曰咨。股肱雕謝，何痛如之！士共嗚咽，民咸罷市。況我域人，而悲曷止。繫維全晋，二百餘年。巨霍之峙，大河之漩。毓祥于公，弱齡挺出。紆墨一行，鳴弦千室。甘泉憂燧，夏部簡良。公也特籌，八載職方。職方之名，徹于御幄。將用握鈐，而先督學。亡何開府，于陝之西。震彼邊關，輯我蒸黎。天子曰都，赤心以理。督府本兵，維所任使。指燕燕靖，顧代代平。轍之所向，而勛告成。二紀宣勞，一身寄命。輕重裴公，安危郭令。績之茂矣，玉蟒數頒。孤卿穹秩，天部巍班。天部初遷，穆皇聖作。人以嘐嘐，公則綽綽。冰壺可鏡，璞朴莫逃。操同楊綰，鑒比山濤。歸卧條山，二期甫及。廷議款夷，旋待公入。入掌邦政，天子龍翔。乃詔太宰，還縉部章。維帝獻冲，注公耆舊。進位師臣，以助在宥。海寰嚮德，鞮譯承風。爰頌司馬，爰驚潞公。方是之時，公爲砥柱。國無他虞，帝有寵數。嗟彼二豎，敢崇公身。嬰屬弗已，乞骸屢陳。帝重公違，賜歸乘傳。慎乃醫藥，以待召見。夢鵬既兆，泣麟竟符。歸之一載，而公長徂。嗟嗟我公，斗南絕儷。道可康時，才堪命世。衷函貞介，容著闓和。于矩誠蹈，于人豈阿。中外歷揚，如松之節。冬夏清清，肯畏嚴雪。劻勷手擘，譬彼解牛。批却導窾，騞然刃游。天之生公，本以祚國。國之祚公，世澤無極。公生降昂，公没乘箕。日月久照，勛名并垂。帝眷公勞，隆章輝絢。懿謚峻階，營墳遣奠。嗟嗟我公，歸矣鴻濛。奕功徽遇，完厥始終。但所痛者，梁才其圮。大厦孰承，衆材疇倚？某等里閭後學，瞻護跂程。奪我蓍鑒，愴倍恒情。九關望遥，百身莫贖。合酬陳辭，寫我哀曲。尚饗！

擬衙門合祭大宗伯汪公文

丹山赤水，孕秀甬東。篤生碩哲，駿發于公。世廟求賢，公登高第。册府博觀，銳情經濟。涵今茹古，振藻翩翩。迴翔金馬，三十餘年。秘閣演綸，文闈持鑒。羽翼承華，師模胄監。所居而重，揆路駸升。青蠅營棘，既躓復興。徙職陪京，虞垂周囧。召貳禮卿，成均暫領。尋還南省，今上龍飛。時當利見，公直經幃。入對盟心，願君堯舜。儀度顒昂，箴規屢進。兩朝謨烈，一代彝章。資公紀述，汗竹流光。端伊縮符，秩宗曳履。典教庶常，多材蔚起。懸車解組，高卧林丘。采芝製芰，十易春秋。哀訃忽聞，宸衷軫惻。恩恤輝煌，九原生色。惟公雅量，抱樸居貞。凜凜德讓，不言躬行。惟公全昌，顯融壽考。黃髮番番，歸然憲老。邦家耆舊，似彼晨星。天胡弗慭？公又歸冥。玉署群紳，企思先正。洵美如公，人論蓍鏡。山頹安仰？遙薦誄詞。公靈未遐，陟降在兹。於戲尚饗！

擬奠王襄毅公文

代有名臣，孰關國運？代有膚公，孰殄夷愠？明興十葉，列假銷氛。賴王襄毅，耆定殊勛。河華之間，偉人相繼。駿發于公，鴻猷蓋世。西曹振采，南甸宣勞。大殲島寇，丕靖江濤。乃建旌旄，乃司疆場。允武允文，時翕時闢。運籌掌上，虜在目中。明如觀火，迅若揆彎。自西徂東，穿廬膽落。既壯軍聲，彌恢戎索。虃胡內附，天實厭兵。公排群議，獨受其成。殫竭經營，仔肩利害。竟伏單于，稱臣保塞。稱臣保塞，垂二十年。戢戈櫜矢，盂帶晏然。帝眷公功，書于盟府。陟位三孤，持衡兩部。倚毗方切，累疏乞閑。裴公綠野，謝傅東山。觴咏雍容，虞都之下。威望遙懸，填安諸夏。凌烟畫像，未示儀刑。降王遞襲，必問公齡。昔也公存，邊陲絕警。今也公薨，戎心輒逞。高山藜藿，誰則為樊？震憂宵旰，思起九原。隆恤駢蕃，易名加秩。冢象祁連，邊陳芬苾。銘光竹帛，緒衍箕裘。全昌備祉，亦復何求？所為惜公，公家之故。萬里長城，溘焉傾仆。玄扃復土，日月有期。楓廷胥愴，梓里增悲。酹酒束芻，臨風寓奠。炳炳星精，公神宛見。於戲尚饗！

祭衙門前輩文

嗟維我公！娥江孕靈，龍山鍾淑。天賦端貞，人瞻淵穆。少負奇骨，長應瑞徵。褎然魁世，出入承明。世曰溫飽，公則蔬淡。載筆廿年，素履是踐。講筵輔德，史局蜚英。洊躋顯重，貳于春卿。時倚邦楨，公操介石。藐彼和光，皎焉秋月。九五膺錄，考禮宣勞。帝曰棟庸，命更天曹。日月方依，霜露乃罹。喜宜勿藥，病且沉瘵。公曰歸矣，疾維曠官。詔留至再，給傳賜還。旋車未行，大星已陷。亡寶殷憂，歌薤成嘆。哀訃上聞，天子悼憐。先朝講臣，恤典優焉。考諡贈秩，起墳賜奠。生著令名，没留芳艷。嗟維我公！胡爲乎然？年未中壽，澤不廣延。維德基祉，公履純杰。蘭清以芬，玉溫不涅。惟貌章壽，公止春雍。高山可仰，深谷能容。宜享全昌，乃竟中斬。豈數適然，胡天不憖？某等後生，側望休風。儀刑既杳，實傷我衷。束帛陳詞，言不盡意。合酹于堂，聊紓哀臆。尚饗！

合祭丁老先生文

嗚呼！長淮西迴，大海東阻。匯結秀靈，鬱發鴻巨。初公尚少，而思古人。履規約矩，蹈義遵仁。大對明廷，魁英冠杰。忠孝是求，溫飽匪悦。乃趨金馬，乃司辟廱。文宣綸綍，德被章縫。壹貳邦禮，再分邦治。入侍經帷，出陪廷義。銜哀一返，讀禮三冬。豈其過毀，而竟相從。嗚呼！主德清明，待公啓沃。溢以長終，念此明最。元元計日，需公爲霖。望而不見，奈彼群心。觀濤莫起，落木逾愴。賢哲反促，理數難諒。遼東鳴鶴，曰惟令威。公其後耶？千年一歸。嗚呼！生有令聞，没有崇謚。人壽榮名，早盡曷愧？一芻寄哭，千里陳辭。寧獨藝林，天下之悲。尚饗！

擬衙門合祭張陽和宮諭文

東南天柱，宛委標名。既開簡笥，代有儒英。早掇大魁，恥爲溫飽。篤志潛修，鞠躬履道。一官墨守，世味泊如。閱年十八，强半岩居。掞藻承明，春容煒麗。述史演綸，讎書應制。方還儲寀，進直講筵。登庸駸駸，輿望翕然。薤露忽歌，聞皆賣淚。索耦先賢，山陰文懿。巍科純德，殆兩符之。位何足較，總未究施。祖送輀車，銜悲酹酒。斯豈異人？詞林僚友。於戲尚饗！

擬祭陳石溪先生文

維公貞標冲，度質行古。心游神囿，振藻士林。厥初奮庸，寡諧于世。品望攸崇，意氣愈屬。郎署徊翔，數載靡遷。馮唐未老，楊子尚玄。偃蹇一官，終焉濩落。有子善承，世其家學。簪筆螭階，校書東璧。虎觀橫經，未央重席。方資納誨，遽爾陳情。迅帆南下，霜烏北征。閩海星沉，霜烏夜泣。聲動九閽，聞者于邑。帝心軫念，寵數特優。馨傳俎豆，光賁林丘。生死哀榮，天道不忒。追惟哲人，詞林共惻。長風萬里，雲樹蒼蒼。寓此短詞，以侑桂漿。

祭王鳳州文

嗚呼！地眩天傾，大算弗圓。生人之趣，時或聞焉。公擅其贏，造物所專。七尺長軀，其腹便便。龐眉修髯，豐輔隆權。巍若斷山，静若斷困。望之儼如，即之偲然。素封之業，植自任樊。公享其成，行德匪艱。出肆成均，籍甚豪賢。丹穴雙雛，日升霞騫。以官官公，溫綸自天。被紫橫金，乃朱其顏。望爲大人，又若神仙。庭布羔雁，巷咽旌斿。守相彌耳，待公一言。公有獻納，而無居閑。太原之宗，厥指累千。是煦是育，俾糜顛連。申以義方，弗納于愆。藝菊東籬，欄藥圃田。伯解玉堂，仲辭豸綉。歸而侍養，委蛇左右。五福疇倫，三樂備遘。云胡美疢？纏綿僝僽。百身曷贖？萬方莫救。又不釋然，公實龐茂。將等松喬，而僅中壽。公不釋然，二子畎畝。蒼生望霖，屯膏未究。嗚呼！寧復如公，侃侃謇且而指必依厚。寧復如公，崇躋九列而服蟄猶舊。寧服如公，河潤九里而不矜其有。寧復如公，游寶藏府而雙振其褒。寧復如公，處江湖而練朝典如世胄。寧復如公，謝子墨而談經術如懸雷。是以宗惜蓍蔡，鄉追典刑。虬峰隕岳，牛如摧星。有識含辛，閭尤涕零。惟余與公，里閈同生。公推長年，余忝先登。自解鄲師，事公以兄。處則接席，出必聯乘。我飲公餔，各出所能。晚與伯子，受敵師盟。視公季父，改服趨庭。我心則降，公讓未應。若小子某，忝伯同升。公撫以子，或禮以朋。自公之疾，實乖寢興。公疾小損，余七爲增。茲是三夕，坐而几憑。謂余腆^[一]，交非世情。焉睹起色，杯酒沉冥。得音琅琅，余耳猶停。惝恍化鶴，汗漫騎鯨。生死各天，欲哭吞聲。爰臚瑤席，爰薦清酤。陳我卮辭，慰公千古。爲賢者父，爲仙者祖。皇綸旦夕，隃于袞黼。郡國流芬，衿紳騰弆。然此世榮，曷足多吐？有薨歸然，易仙之府。導師金箆，其光燭路。不昧本來，即復而所。毋若世愚，搏作黃土。尚饗！

同鄉合祭阪泉孫公文

猗公靈之連蜷兮，翕淳精于汾水之源。天乘騏驥以駝騑兮，少遑躒蛻夫籬藩。肇結靷其游上國兮，羌奮翼而蒙恩眷。欲法夫前修兮，憖世俗其昏昏。笯襄山而解褐兮，宣信理以平反。疏雪煜以八揚兮，聲鏗鈞其動。帝閽璽書錫以召對兮，俾繩嚳于掖垣。時寒蟬其鉗舌兮，宮鄰據而金虎蹲。疇忳忳之願忠兮，獨請雞刀而斷狗豚。比鷙鳥之不群兮，塞黽逐而夕奔。謫秦川之侘傺兮，固永矢以弗諼也。指九天而爲正兮，羞周容以乘軒也。帝神靈之赫戲兮，旋悟忠而原之。佩陸離還局禁兮，歷青雲而騫之。泊京兆簡賢兮，綯留都以驅旛。才遭挫而彌耉兮，節履嶮而滋敦。何資粢盛盈室兮，憑不厭夫黙點之。喧歸休乎退且復修吾初服兮，將食玉英而登崑崙。製芰荷爲衣兮，時相羊以開鐏。皇天無私阿兮，諶覽德而輔蕃。詫麟趾之振振兮，晠蚩英于金馬之門。疇橋枝其踵武兮，荃好修以貽昆。望康娛無窮已兮，屬羲和使弭轅。日昒昒胡將暮兮，攝提貞孟陬而遘瘥。盡彥似之繩菅兮，眺并州其泪歎。啁躑躅以來燕兮，儌羈羈弗躬聆夫遺言。誰謂燕翼其熿燁兮？乃不及睇夫膚業之騰掀。紛鄉人之素覿夫德風兮，亦瞀容以煩冤。余豈不知稀齡之洶燄兮？跂彭籛猶欲其久存。啃似君且訇匌而歸兮，懷修姱與悲論。薦壺餐于以實庭兮，糅芳馨而燔之。靈之來其如雲兮，宵暗淡而慰晵。依古人之遺則兮，陳哀詞之唔唔。

亂曰：西方偉人怊忠腸兮，殰善集慶嗣誕昌兮，祺壽令終懿聞張兮，我思音暉酹椒漿兮，靈乎千里假斯堂兮。尚饗！

祭張湄川先生暨胡太夫人文

虞都故壞，喜起歌傳。明興十葉，翼聖生賢。疇發厥祥，隱身蒿軸。疇享厥成，慈儀似續。耕于條蘢，漁于洪河。相羊偕老，受祉孔多。肆考休徵，丕彰善慶。瑾握瑜懷，規言矩行。自天覽德，惟岳降神。有邦之媛，肇毓台臣。三事登庸，九年篤弼。天子葵之，位躋第一。嘉謨造膝，化瑟更張。芟除蒐瑣，顯遂忠良。道尚蕩平，法遵夷易。海寓雍熙，歸功所自。曰如條麓，體靜而端。棟梁斯產，清廟永安。亦若洪河，望洋亡際。舟楫因之，兆民弘濟。上毗元輔，寵賁椿庭。紆虹曳玉，五福攸寧。亦曰萱闈，與膺尊養。列鼎累綱，鳩筇相嚮。孫枝蔚起，踵武科名。簁塤遞奏，襲組聯緌。親見昌麻，既稱耄耋。先後鶴昇，同年歸穴。訃聞當宸，殊渥特加。詔營大隧，袝穸光華。冠代榮哀，復何悲恤！祇爲帝師，經綸未畢。素冠謝政，蒼生繫思。泰符宵耀，西映參觜。里子某等，畣蒙陶鑄。追溯淵源，德風是慕。久居巖谷，遙阻緫幬。束芻莫獻，空爾神飛。頃奉簡書，來游關內。密邇蒲陽，遣詞薦酹。翹瞻靈爽，髣髴乘雲。願言默佑，益衍相勖。尚饗！

祭張相公封翁文

于惟我翁，古亦有言。國家將興，有開必先。翁起荆襄，實會聖作。天意特鍾，儲精光岳。克昌厥後，名世偉人。爲帝元輔，旋乾轉坤。太平之風，晚近罕儷。德巍業隆，王佐其匹。篤生慶源，惟翁培之。柱石天朝，昭垂鼎彝。帝眷功宗，湛恩用懋。極品穹階，以崇厥報。翁之承之，既貴彌兢。斂華保耀，冲而不盈。溯自幼齡，儒林高蹈。藉手經綸，竟著廊廟。譬彼高山，不騫不回。歆蒸雲霖，澤彼垓埏。亦猶大澤，汪洋停蓄。瀉爲川流，舟楫攸屬。身居林野，社稷關焉。中外傾心，方視萬年。訃音忽聞，天子驚側。爰及百工，憂形于色。謂今元老，耦昔姬公。禮制儻拘，大命誰乘？哲哉聖明，諭以大義。恤典寵頒，感傷篤至。惟翁有靈，豈不念兹。人之所欲，神必從之。某等慮切國家，其曷能釋？爲天下悼，匪私胸臆。若翁福德，冠古冠今。子孫才杰，咸集其門。翁靡遺憾，奚俟客喙？忠以成孝，乃克用慰。英爽在天，無遠弗臨。陳辭遙酹，庶幾來歆。

擬祭張封君文

舜都所在，喜起流光。明興十世，始發其祥。發祥伊何？翁德孔茂。瑰意琦行，仁耕義耨。首陽之下，翛然采真。望廬者化，俗以還淳。雀環在庭，麟綏在室。篤啟偉人，爲時良弼。九年密勿，一節公忠。休休塞塞，寅亮天工。帝曰良臣，總予百揆。國是方新，契深魚水。登庸衆正，荡滌煩苛。乾旋坤轉，宇宙太和。索耦何時？足侔元祐。誠心自然，而功輻輳。人言純德，涑水先公。翁德似之，福猶軼隆。綸綍穹封，鼎鍾極養。蟒玉煌煌，尚方之賬。扶筇樂只，觀世升平。身游岩壑，澤遍寰瀛。沺美後昆，翩翩踵武。雁序升朝，聯纓襲組。公槐手植，作棟承天。矧多寶樹，蘭蓀郁然。翁之持盈，曠兮若谷。畏壘逃名，華胥抱樸。群情手額，企翁芳馨。願安端揆，共祝修齡。胡未大齊，溘焉長息！有訃西來，百辟咸惻。豈惟百辟？九重悼咨。詔諭元輔，抑痛自頤。賵襚駢蕃，加邅營竁。千古榮哀，翁復奚憾？某等共司補袞，領袖推先。義方所授，知翁之賢。緬懷德音，曷勝感慨？矧是元寮，縞車言邁。因風釃酒，詞寫悰忱。公家之故，天下同心。

又擬祭張封君文

天紀一周，帝新萬化。端揆得人，在宥函夏。歸賢端揆，追溯其親。其親抱德，虞坂隱身。隱德奚遵？《詩》之《蟋蟀》。瞿瞿休休，日慎一日。條山之麓，巨河之堨。鶉居鷇食，德契乎天。天輔之昌，麟書特委。碩哲斯興，是爲端揆。端揆名世，歷事三朝。國均入秉，紹虞嵒繇。三事交修，八年篤弼。毗倚彌隆，位躋第一。嘉謨造膝，上治有光。芟除虺豭，顯遂忠良。罟或亂魚，網或驚鳳。易以寬和，寰中咸頌。頌云何指？樂遇雍熙。願安端揆，祝親之祺。親既耄年，飄然弗待。去而仙游，留德音在。日如條山，體靜居貞。實生梁木，明堂乃成。亦若巨河，望洋無際。舟楫因之，兆民乃濟。三旌之命，封綸孔嘉。蟒紆玉曳，鶴髮增華。有孫象賢，賢科踵武。伯仲壎箎，赤墀簉羽。覿茲方逝，靈必欣欣。所未忘者，鼎鉉之勛。帝眷鼎勛，軫其何怙。諭勿深悲，勛光乃父。爰詔執事，恤從最優。隆恩異數，爲端揆酬。端揆廷辭，哀形于貌。人言聖明，企端揆孝。詞林衆案，端揆是欽。企其家訓，祝同民心。少微掩輝，中台失色。西首冀雲，曷勝惋惻？酹漿作誄，瞑矣仙靈。子猷未竟，景鍾已銘。

擬祭蒲坂張公暨太夫人文

漢相翟侯，孝供後母。偕乃嚴君，代間鮮有。唯今虞坂，張少師家。庭闈介祉，譽問芬華。尸以季蘭，穆襄宗祀。遵順守慈，防驕戒侈。安夫于里，安子與都。夫年八袠，子位三孤。列鼎累茵，人臣極養。慶宴雙開，鳩筇相嚮。一齊之義，泉路追陪。靈椿甫謝，萲樹俄摧。矧值少師，縞車初至。楄柎襚舍，皆由躬視。蓼莪永慕，哀比所生。祔藏不朽，是帝賜塋。政府同寅，交少師久。遥憶居廬，素冠惇疚。靡從復土，靡效緋謳。束芻寓奠，西望悠悠。尚饗！

祭余夫人文

閨闈之德，如玉在淵。沉潛莫睹，而光煥然。猗歟淑人，甬東鍾秀。應彩婆驪，作嬪英胄。儀遵采藻，範叶夭桃。克襄鴻碩，一代名高。褒舉公車，崇躋鼎位。爲帝禹皋，登閎上治。譬彼舟楫，濟于大川。疇其贊此，沼沚之賢。亦曰經綸，補其袞職。疇則相之，衿褵是式。爰從端尹，內秩并加。明遍三命，翟莫光華。殊渥方來，徽音孔綽。未秋而霜，悲纏別鶴。雒天不朽，彤管揚芬。何如偕老？黃扉之助。鸞鏡掩輝，聞者咸愴。鵲巢雞鳴，繫特之望。今而溘已，蕙折蘭萎。二《南》風化，執其翼爲。某等昔與相公，同官天部。企厥壼彝，惋茲誠語。拜瞻素丸，薦馨其間。淑雪重止，鳴珮珊珊。於戲尚饗！

又祭余夫人文

惟靈毓秀名閥，作賓高門。懿資天授，女誡夙敦。終溫且惠，亦貞而肅。孝敬褆身，上下雍穆。爰佐夫子，鳴珮岩廊。無厓內顧，伊誰贊襄！惟帝疏榮，秩隆三命。翟茀斯煌，龍章交映。猗歟夫子，晉列中台。國恩洊至，加慶方來。相業在朝，婦德在室。道本相成，閨闈仰則。云胡遘疾？遽邈音徽。瞻彼婺宿，中霄晻輝。雖靳修齡，榮哀則備。彤管乘芳，泉室永賁。何以寓情？奠此椒漿。淑靈不昧，庶幾洋洋。

祭石溪王先生文

萬曆十有六年戊子春，誥贈通議大夫、吏部左侍郎兼東閣大學士石溪王先生暨配淑人韓氏、梁氏、景氏之塋工告竣，蓋敕建再逾年于此矣，既卜以三月□日吉安厝，而其鄉里後學左春坊左庶子兼翰林院侍讀劉虞夔者，羈迹官下，未獲效一手足之勞，心旌搖搖，不能已焉。乃先期發使瓣香、束帛及羊豕、庶羞之儀，敬以其日致奠于塋前，而申之以詞曰：

於戲！亦有樂丘。幾稱天作，維此經營。使臣荒度，豈無賜葬。孰軫帝心，維斯窀穸。宸念孔深，葬事需辰。詎闋人代，今者襄期。輿情伫待，緋謳皇猷。茲焉誄德，衮職率由。高冢麟蹲，豐碑虹伏。俎豆在陳，絲綸在祝。殊恩霅煜，以報開先。開先淑問，忼儷俱焉。抱樸逐光，若無爲者。身老岩間，澤流諸夏。厥初啓祚，帶經而鋤。曾參藜食，原憲蓬居。漱潤味腴，規言矩行。折巾成風，望廬成政。厄能自忍，而不忍人。絶甘分少，儲鮮接新。忼慷直方，于誰茹吐。厖阢邊關，賴之安堵。鳳飛千仞，世想苞輝。固宜貞士，逃名名歸。疇克相之，有邦之媛。嗣續徽音，壼儀益善。齊眉鸞曜，青史美談。一而永譽，矧曰得三。集義累仁，發祥委祉。昭假玄穹，降神立子。燕謀凤授，鴻業蕃昌。琢磨日月，和燮陰陽。上眷鼎勛，溯源奚自。奕葉褒綸，秩皆三事。廿年所厝，重建佳城。實階三配，同哀同榮。最後慈賢，既膺顯養。一棄杯圈，彝章并晛。台衡虛席，朝野繫思。纔逢虞日，又遲禫時。虞虞榟里微踪，桃蹊未植。稔聽芳聲，久欽懿則。牛間瑞氣，遥燭斗垣。因知是旦，復土幽原。徒切翹瞻，莫繇奔走。稽首薦詞，靈其鑒否。於戲尚饗！

擬祭山陰相公太夫人文

雲中右武，昔鮮孕靈。孰生鼎輔？萱樹先零。嗣續徽音，維邦之媛。勸相潛夫，青衿黃卷。寠空無嘆，静好有徵。篝燈夜作，井臼晨興。鯉訓在庭，熊丸在室。鳩愛均勞，鳳雛杰出。被蘆何忍，織屨獨慈。以今方古，誰則符之？聖善丕彰，儒英蔚顯。久直金華，蚤登玉鉉。翼爲公懋，昌熾祉多。繩繩公姓，冠晋賢科。魏闕思親，潘輿迎養。温清承歡，班斕相望。半期之内，慶吊兼焉。冀安鍾釜，奄棄杯圈。計徹九重，恤恩隆異。臨遍百寮，榮哀具備。某等班聯令子，將賴贊襄。縞車歸止，我心盡傷。酹酒陳詞，用代謳絥。翹首婆鑵，神洊髣髴。

擬祭王封翁文

於戲！行如王列，賢胤弗彰。胤如王祐，孝養未光。躬可範鄉，子能名世。彩服承歡，蒼生待濟。唯公乃有，卓越古今。稀齡體化，悠悠德音。溯公之初，玉人駒谷。扶義施仁，懷清抱樸。一經在塾，雙俊趨庭。後先上第，文耀日星。伯氏儒宗，麟鳳天下。著作承明，論思旆厦。北扉學士，南省貳卿。知達宸宸，需次揆衡。譽命逮公，秩崇詹尹。公益泊如，鶉居遠引。式穀似之，風節獨存。麟不可繼，鳳不可樊。循陔之思，抗疏披瀝。簪紱何爲，菽水彌適。袓轊五載，乃爾乘雲。返真之際，正色欣欣。生盡人倫，沒厪帝恤。斯謂順寧，復何悲惻！所爲惜者，新政咨賢。詔徵公嗣，而公溘然。欒欒素冠，俾公未展。手額群情，遲其禫免。儒林同寀，眷想芳規。三吳匹練，將此酬詞。

祭公封君文

公族肇興，粤有憲伯。繼體象賢，乃世清白。早以經術，作貢明廷。出宰百里，官不待成。佑啟後人，繩厥祖武。覽耀石渠，摛詞爲黼。鴻漸其羽，颺翠雲蒸。眷言式穀，爰自趨庭。帝賜璽書，改服增秩。七十者稀，而過其歷。顯榮壽考，得全全歸。令聞不已，有遹音暉。蕙□在堂，椒芬在列。我哀是將，公靈不滅。尚饗！

祭晉山張封翁文

曰太行之北，國本唐風。瞿瞿良士，疇則如翁。翁初起家，易耕而讀。宅德在躬，笥經在腹。搴芳振藻，夢筆生花。青衿翹楚，蔚播聲華。卜子鶉懸，王章牛臥。目笑世榮，蚊虻相過。窮奇爲虐，恣口狺狺。守雌勿校，翁度邁倫。覽蕭輔昌，惟天之道。麟趾鳳毛，徵祥最早。趨庭義訓，爰啟俊才。奏名楓陛，蜚譽芸臺。簡陟諫垣，讜言匡治。帝曰賢哉，教忠有自。渙綸暉

寵，寵逮庭闈。望宸而拜，簪組光輝。能慎其始，式恭及梓。韋
布清風，防驕戒侈。百年戩穀，馨無不宜。稀齡垂及，仙去何
之？仰視列星，少微增色。翁乃歸真，人焉于邑。虞夔鄉閭後
學，月旦聞評。儀刑耆哲，締好嗣英。官署蘭交，媚行蘿附。方
祝翁祺，倏承翁訃。薦馨寫愫，灑泪長潛。晋雲縹緲，儼覿翁
顔。尚饗！

祭封君孟公暨太母文

嗚呼！語云：“樹穀繁穫，樹德繁祉。”其公以耶？公夙隱
鹿門，安栖閭里。種竹結茅，衣荷曳廲。人謂：“公隱耶？”公
曰：“嘻！此吾所素履也。”乃公身游田間，而輒能以儒術燕貽
其子。既而驥子承家，茂弘芳譽。通籍金閨，疏簪駕署。天子核
績，綸章敷著。公乃委綬弁冠，紆遲里門。或憑高以清嘯，或臨
渭而開樽。敞白雲之亭，曠林墟之迹。侣烟波之釣徒，對高陽之
酒客。人謂：“公樂耶？”公曰：“嘻！吾藉以自適也。”然則，
公豈可與澌没無聞，爲山間父者相仲伯哉？且貽厥子，鴻業蜚
揚。秉皇鉞，總戎行。簡在天子，鎮彼朔方。推厥源本，家訓良
人。且祝其父母引年無疆也，何太母方摧而公亦蟬脱于槐堂？公
乎歸乎，復何傷乎？夫洪爐恢恢，大塊茫茫，傾固無心，栽亦不
常。故戴髮願壽，烈士或殤。公敦質守素，含真葆元。年逾八
袠，俾壽俾昌。考終乎正寝，而乘雲乎帝鄉。負刑願逸，節夫或
癯。公長于林谷，隱于觴壺。無世途岐別之驚，無風濤凋鏃之
俠。形曠以康，神安以愉。光緒願子，有子或湮。公幸哉有子，
爲帝鎮臣。恩波滉漾，顯逮其親。羌童顔與鶴鬢，委朱紱與華
紳。享厥令名，流芳後人。公儻所謂樹德者，非耶？不然胡慶祉
之駢臻也？嗚呼！誰謂公樸乎？公胡生之福乎？誰謂公冥乎？公
胡没之寧乎？但某素慕德風，忽聞玉瘁。懷蒿里之悲歌，軫雍門

之長喟。嗟扳挽之無由，陳生芻而走使。渭流悠悠，華巔嵬嵬。望仙靈之若睹，神飛越而徘徊。公如弗昧，其尚鑒我之恫哀。尚饗！

祭張鳴野年伯文

曰羅雲之峙，赤壁之流。閟靈鍾秀，二百餘秋。猗張氏宗，素號名胄。覽蕭輔繁，天錫孔厚。誰其拓胤？公身是膺。北溟之大，實起雲鵬。厥初公生，少而穎悟。玉山之姿，冰壺之度。一經夙抱，黌序蜚聲。吐辭世重，搦管人驚。青青者衿，三十年所。人固期公，公亦自許。蘊才弗售，公數則奇。磅礴鬱積，久而發之。庭自植槐，門令容駟。果有嗣人，邁弘厥志。泥金初報，慰公高堂。公也燕喜，以恬以康。兌陸忽更，陽九且至。公也誒詒，二豎為祟。漸彌弗瘳，溘返大虛。訃聞嗣君，涕泗漣如。嗟嗟公乎，云胡遽已？教子勤劬，弗躬受祉。在昔丁卯，簡士于鄉。凡晉同舉，藉嗣君光。嗣君繩菅，奔車既控。我來唁之，曷勝哀慟？酹漿束帛，薦食糇芬。敢用告公，申之以文。尚饗！

祭副憲黃公文

曰白雲英英，秋風泠泠。千里鴻飛，訃來王京。惟翁令嗣，校書東觀。聞訃長號，慟可忍見。凡我兄弟，赴集恤堂。喑吊既已，敬酹斯觴。于鑠華宗，至翁而賦。積德攸鍾，克秉睿性。冲齡失怙，不聞過庭。奉特慈訓，畫荻傳經。發憤董帷，游學胄監。蜚英巍科，登仕武選。副郎再遷，出守壽城。績駕潁川，聲軼次公。爰晉觀察，攬轡荆楚。更歷黔中，厥施益普。謂倦游矣，余其挂冠。脫屣風塵，息機是甘。清時高蹈，怡情綠野。金粟龍湫，無弗可者。不盡之福，以貽後昆。鳳毛麟角，萃于一門。仲氏倫魁，楊花玉署。伯也繼登，紫微流譽。承休濟美，鼎壽方隆。大椿忽摧，奈何蒼穹？老聃有言，不亡者壽。翁雖逝乎，光留宇宙。令嗣迫切，印叩帝閽。旦夕膏車，縞素南奔。某等實與，令嗣同館。于翁俗子，寧不黯慘！蒸美修阻，執紼未繇。陳辭遥寄，悵望悠悠。嗚呼尚饗！

祭僉憲七泉李公文

於戲！天生豪俊，不數數。非爲獵浮榮，博靡譽。將以竪德業于乘時，垂聲華于永禩也。思我古純，代有哲人。山靈欝之盤秀，隆德肇而降申。長庚叶維熊之夢，脱穎抱探環之神。玩經緯而契卜商之趣，吐雲露而薦鹿鳴之賓。歷晋春官而射策，數姤奇崛以頟鱗。友天下士，卒業成均。欲龍伏于疑山，鳳澡于漳濱也。銓部遴才膴仕，滋陽寄之民社。授以銅章，宅心豈弟。敷政慈祥，惠以臨衆。威以震强，六事備舉。三異允臧，剸繁理劇。物阜民康，政報卓越。績尚循良，明廷簡在。豸綉用光，正直孚之。勛貴讋謵，著之岩廊。中流擊楫，澄清在江。猷宣南國，恩被北堂。刑以弼教，控制甘凉。載巡嵩洛，礦冶熄芒。三渡叙瀘，都蠻來王。功成思退，徙倚陶唐。興游豕鹿，計厭糟糠。裒益暴浩，乃積乃倉。積而能散，歲值祲荒。家給三斛，時起萬僵。媞身長厚，教子義方。象賢濟美，二鶵箎翔。尋五老之盟社，把三徑之松篁。期群鷗而浴儀羽，忽駕鶴而返帝鄉。嗟乎！古之君子，達則兼善，窮則獨善。公之出也，澤施于民，忠施于宸。公之處也，德潤于身，富潤于鄰。公雖位不酬德，而天之福之也。得名得壽，而孫子繩繩。流光奕代，寧有疆乎？浮榮靡譽，是奚足哉？某等夙荷大雅，仰止高風。獻典儵隊，則象是恫。思靈輀之將邁，欲執紼而未同。束生芻以致享，覬幽爽而憧憧。嗚呼尚饗！

祭陳母嚴太夫人文

曰遒考陳宗，遂稽漢志。洵美仲弓，二方爲嗣。德星所聚，猶乏閨賢。觀今令族，乃始備焉。維太夫人，降精寶婺。沼沚芳儀，珩璜偉度。早歸高士，文範雁行。黌宮振藻，社里韜光。允若桂叢，生泰山上。甘露霑濡，萬夫之望。伊誰輔德，燕婉居中。鳴環贈珮，肅肅雍雍。莞簟占祥，緜云鼎盛。一索爲龍，再索爲鳳。巍科臙仕，接武彈冠。如諶如紀，時號二難。伯總諫扉，匡扶國是。季領祥刑，嘉師胥恃。萱闈春敞，萊彩紛陳。箴堪遞奏，綸綍重申。有俶大年，無邊修景。胡遽驂驚，言旋緱嶺。厥初齧指，伯也心搖。乞歸省侍，孝感孔昭。道奉諱音，白駒適谷。朝野悁悁，遲其禫服。哺烏抱痛，啼鳥銜哀。嚶嚶求友，孰共茲懷？懿彼元方，素衷相質。桃李同蹊，芝蘭同室。家聲夙泠，壼嫕是欽。臨風一酹，聊寫素忱。翹首東南，片雲倏起。髣髴仙靈，來歆澗芷。嗚呼尚饗！

擬衙門合祭朱母葉夫人文

娥江雙廟，彤管千秋。豈如邦媛，佑啓昌麻。閥閱將興，閨闈共濟。震夙開祥，桑空水逝。季蘭尸事，作述仰威。鳳鳴叶兆，鳩愛均平。刺史令妻，上卿壽母。嗣續徽音，一德咸有。清風惠政，兩祀曁宗。誰其相此，贈佩雍容。讜論忠謨，十年經幄。疇則貽之，和丸勉學。鴻逵漸羽，伯仲聯翩。鸑鷟養翰，孫胤多賢。善慶所鍾，堂高諼樹。花誥崇封，板輿卻御。四時翟服，千里魚筒。扶筇問使，樂也融融。帝畀甘盤，夷爨重寄。玉鉉待調，金甌曾記。累茵列鼎，食報方長。星沉寶婺，色慘文昌。訃徹楓宸，恩兼追恤。偕饗偕藏，仍偕晋秩。迢迢緱嶺，去矣歸真。眷惟宗伯，暫偃經綸。筓跣南奔，詞林啁送。翹首總

帷，潸焉悲慟。一觴遥酌，獻祝何云？仙靈未邈，默翼後勛。於
戲尚饗！

擬祭朱太淑人文

自昔巨士，爲世名卿。必有賢母，以成厥聲。猗歟朱母，其
儀不忒。婉嬺聖善，柔嘉惟則。少膺靈粹，來嬪于朱。有子後
彦，顧復勤劬。四教惟殷，三遷是切。雍雍其和，翼翼其節。愛
絶彼已，秉義無私。家範于正，子安于慈。婦德既備，母道亦
踐。厥操彌厲，厥行彌顯。庭訓所漸，聿成名賢。北門領袖，邦
禮攸專。孝養方隆，恩綸有赫。天不憖遺，令淑是迫。棘人孔
哀，詞林共傷。芳徽邈矣，彤管嗣揚。

同門祭盛孺人文

繄淑靈之嬋媛兮，蜚懿問其芳閴。少毓德于名胄兮，繇降祥
于婺精。居澹約其祛繁飾兮，閑女則而幽貞。紉秋蘭以爲佩兮，
雜芳芷與杜蘅。紛既有此内美兮，諶已燁夫修名。郁珈笄其來嬪
兮，躬紡績于筐筬。蠲蘋藻其儀褆祀兮，翊夫子殷殷迺振乎家
聲。訢椿萱且齊楙兮，潔甘毳其佐夫温清。謇翁年之溘以老兮，
奉姑荃不異于離衷之情。睸夫子之湛學以博游兮，憑不問夫米鹽
之纖盈。疇克相俾無中虞兮，羌婉嬺其與絣。時規謍穆以愉兮，
或申申康娱而莫攖。粤家食甘有年兮，壼範懿其邕明。初内政之
征攘兮，糺喪婚與梦并。既經紀其□襄寁㝑兮，又周計于諸孤而
鞠之成。殫藈惎亡遺謿兮，母亦藉以解勞慮之忡怦。帝覽德以錯
輔兮，早錫以渥產之英英。嗣夫子簵羽其翱局禁兮，念母敦潘輿
而肅迎。胡紆佩以來燕兮？奉吾姑于修程也。將鷄鳴以助内兮，
固蕙衷之所婺也。居冉冉而改歲兮，娱慈歡而榮之。日昒昒胡將
暮兮，旋爇瘄而嬰之。命靈氛爲余占兮，恐阽危其爲姑驚。形煩

挐深瘀傷兮，攝提貞季痫而遘傾。豈九嶷繽以來迎兮，駕玉鸞之噐噐。鼂相羊于瑶池兮，夕弭節于東瀛。吁嗟！人其暗醷物兮，奚足晵晵而軫惸。矧庥爍之芬以垂兮，亶既死其猶生。獨喟夫善窈窕而作儷兮，固忳忳蹇鶩而劬儜。家祚爗其方光兮，乃不及享夫嘉慶之隆亨。睹夫子長顑頷其鬱邑兮，懷修夸而涕横。思令矱余滋憭慄兮，睇潜靈且西征。飛旐翩其悲兹馬兮，踡局顧而不行。紛友人之嚮夫子以誶慰兮，睎素筵而怔營。糅芳馨以修燔兮，薦壺餐于庭閍。依古人之遺則兮，陳哀詞之喤喤。

亂曰：西有賢媛蘭之芬兮，淑慎蓀美燀徽聞兮，未秋霜臨蠹夫君兮，我酹椒漿香烝紛兮，靈來連蜷假如雲兮。尚饗！

祭郭母申太安人文

曰憶昔莊皇，求忠于孝。洵美小秋，分曹弼教。白華一咏，疏奏楓宸。願言歸矣，侍太安人。詔下賢之，成其志養。迴馭太行，飛雲在望。升堂拜慶，相樂雝如。宴陳陸橘，游駕潘輿。温凊承顔，年將二紀。奕奕高風，海寰能幾？萱闈忽掩，婺曜沉光。吊倖郭客，談比崔昌。曰太安人，躬操慈寶。範叶夭桃，儀遵采藻。匡襄君子，岩壑留芬。饁隨冀耨，壟伴龐耘。莞簟熊羆，亢宗之吉。合浦珠生，藍田玉出。嚴庭有相，蒙養斯端。愛輕陶髮，勞重柳丸。爰啓儒英，赤墀對制。馴雉敷仁，爽鳩察麗。才聲犖犖，慈訓兢兢。封還孟鮓，喜問雋平。副笄六珈，委佗象服。帝霈明恩，天中景福。既居貴顯，勤而不華。績猶季氏，裳類鮑家。兼是徽音，躋于耄壽。郁郁蘭蓀，丕開厥後。淑靈厭世，悠邈何之？宜從仙籍，翠水瑶池。僉誄如斯，來聞輦下。某也微踪，媚聯之雅。緬思懿範，曷已潸然？莫繇謳紼，燕晋各天。凝睇繐帷，心旌在路。束帛薦馨，椷詞鳴愫。於戲尚饗！

祭孫孺人文

於鑠孫氏，毓彼晉陽。家聲奕煜，慶祚熾昌。韋經肇業，京尹流光。粵惟賢胤，鷺振鴻翔。箕裘克襲，蜚譽玉堂。乃求良媛，作鳳之凰。窈窕靜懿，中饋用將。巍如名閥，于潘孕祥。乃歸英冑，于孫奉嘗。修其婦容，琚瑀珩璜。諲其婦職，絲枲酒漿。相而夫君，戒學樂羊。司而蘋藻，玉映闈房。承祧奉姑，瑟僩鏘鏘。夫君載顯，結組焜煌。允推內匹，仁錫綸章。庶崇元祉，載兆熊璋。胡天瞰忌，未秋而霜。委形載脫，風燭滅芒。乘彼白雲，游于帝鄉。袞茲鼓缶，酸鼻斷腸。悲茲舞鏡，涕漣沱滂。晉燕越壤，煙樹蒼蒼。旅襯而還，汾源在望。粵予世誼，憚盡何當。念惟等死，乃善斯彰。孺人貞淑，肅雍順襄。曹家之訓，謝女之芳。念雖有善，靡名弗揚。夫君篷羽，禁署巍驤。英聞芳茂，榮稱未央。珠沉遺照，蕙折留薌。雖年之嗇，實聲之長。洪爐恢恢，大塊汒汒。靈椿朝菌，爲彭爲殤。修短惟命，何憾于亡？戒牲蕭祀，秩矣冠裳。幽靈有鑒，格思洋洋。

中元祭母文

曰於戲！自我慈親棄養升仙，今已七改月，躔屆中元之節矣。兌陸流金，嘆頻更之莢蓂；坤闈掩玉，悲早謝之萱華。涕淚徒增，追攀莫及。夏日猶爲之慘淡，商天愈重以淒涼。邈想音容，彷彿略存于畫像；近思口澤，依希常著于杯圈。敢薦時馨，聊紓哀慕。伏願明靈俯鑒，玄馭遙臨。暫停縱嶺之游，還視故鄉之景。撫煢煢之二子，歆湛湛之一卮。兒爕等拭淚陳詞，不勝哽咽。於戲，尚饗！

周年祭母文

曰嗚呼痛哉！居諸易閱寒暑，俄遷憶吾母遐升之日，奄及小祥矣。昔歲茲辰，兒爕守職闕下，未知吾母之疾日臻而將永訣也。蓋後此三辰，而吾母即返真歸化。兒爕湯藥不視，琀襚不親。終天之痛，安忍言哉？奔歸苫次，自春徂冬，想見吾母音容終不可得，徒有時時拊膺號泣，瞻遺像于兩楹之間而已。嗚呼痛哉！人孰無母？北堂耄耋鳩筇相望，而吾母獨以逾耆之年，棄兩兒而仙逝。茫茫大塊，孰知其繇？竊思吾母神游于瑤池翠水之上，今已盈期，屆此忌辰，必且還歸故鄉，默視兩兒于子舍。乃今帷幕之內，楄柎之前，吾母英靈在耶？否耶？兒爕等跪鄉几筵，敬陳菽水之奠。朔風蕭颯，玄雪淒涼，涕泪交流，哀鳴曷既？嗚呼痛哉！尚饗！

禫服祭文

曰於戲！自吾母鶴返緱山，今已三改燧矣。月征日邁，白駒之隙易馳；雨怵霜淒，烏鳥之悲難釋。蓋是年四月，已屆禫期，祗因安厝方新，悲恫未釋。逾茲兩月，乃始告祥。於戲！先王之制禮有限，終身之永慕無窮。兒某等瞻望玄丘，慈顏不見，慘焉心盡，歲歲如斯，乃今辰則愈愀然淒愴也。諒吾母俯憶兒曹于斯之際，必且以抑情遵制望兒。兒不敢不默體治命，勉從經禮。於戲！壟樹松楸，堂空萱草。終天之痛，夫復何言？伏願吾母曲鑒孝誠，昭垂仁庇。茂發熾昌之祚，丕延光顯之祺。兒某等不勝悲號瞻戀之至。尚饗！

禫服祭后土文

曰欽惟明神，主宰一方，專司五福。自吾母誥贈淑人張氏遵奉朝命，安厝于此，則今數月矣。仰恃玄恩，獲寧幽魄。乃是年四月即月制告滿之期也，祇因窀穸方新，悲哀難釋。逾兹兩月，始舉禫儀。於戲！安宅萬年，允賴冥冥之蔭庇；昌隆百世，實資顯顯之姘幪。伏願明神，特垂昭鑒。丕錫泰亨之福，茂延鼎盛之禧。某不勝翹跂祝望之至。尚饗！

祭明宇季弟文

曰嗟乎傷哉！吾弟去而冥冥安所之耶？吾千里聞訃，吞聲一哭而幾絶，弟焉能知？憶丙子之歲，吾報使趨闕下，弟年方舞象，送我上黨北郭二十里外，欷歔而嘆路歧，抵今十五年矣。比丁亥之歲，弟百舍重繭，特來省我于京師，則魁然偉丈夫貌，迥異于童時。吾覿面不能識，乃徐叩其衷蘊，益握瑾而懷琦。居三月所，弟西還閭里，我送之郊舍，與弟相持叙別，不覺飲泣之漣，而弟俟我登車，然後揖道左而致辭。豈知弟之辭我西去，乃爲幽明之承訣，而非徒燕晉之暫離？嗟乎傷哉！胡天之降割乃至于斯也？弟負才卓犖，有吞雲夢八九之氣，有搏扶搖萬里之資。下帷發藻，漁獵百氏而蒐其奇，謂科名可唾手得，而青紫可芥拾之。英英勃勃，如鳳凰之不可籢，而麒麟之不可羈。嗟乎傷哉！衆方推轂弟爲家禎國瑞，獨奈何日之方旭而遽迫于崦嵫也？人亦有言，長算詘于短造，天實忌才名之早播而使之數奇，此李長吉輩所以不永于世，而惜才者空爲之愷惻而悁咨。弟軼才脱穎，儻亦其流亞，顧隱身佔畢，暗然績學，而砥志非如長吉之鴻名四馳天，又奚所忌于弟而輒奪其算爲？意者吾不穀不德，竊禄久而無尺寸之樹，天故罰之，乃移禍于弟而身危耶？吾今引咎自責，更將何説之辭？嗟乎，傷哉！茫茫大塊，籛殤等死，達生之士固不必戀戀爲無益之悲。若夫齡未壯而奄逝，室方續而又嫠，蕭然孤櫬，杳無血胤之遺，興念及此，安能不嗚咽而涕洟？嗟乎傷哉！

太行西峙，綿亘逶迤，弟靈安在？俾吾極目鴒原，而弗獲再睹其容儀。佳城且作，窀穸有期。吾守篆宮端，莫繇執綍，又安得不神飛千里，而恍然夢拜于縕帷？嗟乎傷哉！因風寄奠，薄言薦誄，蓋痛哭而筆欲擲者屢矣，是烏能著華臕之詞？嗟乎傷哉！尚饗！

祭季弟周年文

嗚呼！三荊感析，四鳥悲離。彼叢植翩飛之類耳，猶然重孔懷之戚，而況于人乎？追惟弟與吾連枝同氣，相勉相期。本圖花萼之交芳，羽儀之遞箎，豈意弟溘然中道而隕也？當弟鶴升厭世時，兄爨奉職宮端，無繇伏哭于楄柎之側，蓋嘗設位于京，焚詞于里，弟亦知而歆鑒之否乎？嗚呼！昊天不弔，家難相仍。弟亡未半期，而慈母亦棄杯圈上仙矣。兄爨匍匐奔歸，晨昏號慟。今更四月，亦嘗薦馨束帛旅見于祖塋，弟亦知而從享之否乎？嗚呼！幽明路隔，遐憶增哀，弟在夜臺果與慈母朝暮相從，如生人御板輿將駱駕共爲崐崙玄圃之游否乎？抑母升縱嶺，弟往蓬山，各有攸屬，不相附麗乎？此皆杳杳冥冥不可知者。嗚呼！陽烏難挽，隙驥易馳。一抔之土未乾，四序之遷已遍。數弟亡日，奄忽期年。嫠緯疇依，廟祠疇主？興言及此，涕泗滂沱。一俎一觴，聊紓恫悼。弟靈如在，相望歆歠。嗚呼尚饗！

校勘記

〔一〕"腜"字前據文意當有"不"字，此誤脫。

啓

上潘王啓

蓋古記所稱百世之顯諸侯，必曰間平云。溯考其大雅樂善，非有殊尤絶迹可震耀于無窮，而史氏芬華之乃爾。敬惟我國主殿下：敦倫宣化，則符汝墳江漢之風；禮士親賢，則邁康衢碣石之典。研精味道，則軼楚詩沛易之名；上智先獻，則逾蟻封象舟之識。博文玄覽，則勝工書獻頌之奇；保境敷恩，則溢蠋賦出縑之澤。兼總百王之徽懿而躬備之，即有唐宋應劉墨筆操牘以紀述其盛，未可形摹萬之一。而況黥淺鰍生，如不佞某者哉？惟是生居化國，世沐深仁。頃者，不佞某以供養之不備，溫清之不親，而致家慈抱疴者經歲。夫間中病媪，何至上聞王者而僟然辱調藥以起之？此之爲德，無論某誓天圖報，願效捐糜。即聲傳四陬，疇不忻然歌頌曰：“吾王仁及匹婦如此，德意所向，和氣蒸通，所以使國中無癘而年穀常豐，職此之繇矣。”蓋某方感銜大造，銘此丹衷，而瑤音寶貺，又不遠千里而特賜。某徬徨下拜，未諗此生何修，可以稱塞？踟躕循省，久稽報書，非敢爲皋緩，蓋誠重之而難其報也。兹者，老親還里，肅上一箋以奏，聊鳴款款之私。某拜手稽首瞻望王庭，不勝激切屏營之至。

謝潘王啓

竊念某自銜恤歸廬以來，首望日華之宫，夢游二山之麓者屢矣。而狗馬病軀，方欒欒守苫次，兼以悲號尋穴，奄歹無期，坐是闕箋表于殿廷之下。雖節屆履端，亦未敢以衰麻姓名陳賀也。乃吾國主眷念境內簪紳，不遺微賤，儼然發旨命官，函玄纁而存問之，蓋至德齊天，方春而覃雨露。乃某幸得與草木昆虫同時沾彼焉，徒切感懷，曷繇圖報？且小子初歸時，業已拜承大賜，祇緣竄事未襄，久稽申謝。而今也，又更益之。某省循內愧，徬徨踽踽，思飲冰矣。謹比[一]嚮拜手稽首，先鳴積悰，總需齋祓上箋，敬攄微悃。伏願垂慈鑒原，某臨牘不勝戰兢隕越之至。

請豫所呂老師啓

伏以儲材光聖世之章，初拜官于晉日；造士想嚴師之化，將啓宴于需雲。未忘經席之摳承，敢向賓筵而追侍。期聞聲咳，彌切兢忡。恭惟豫翁呂老師門下：出應地靈，生涵天粹。奏名雲瑞，訝韓公殿上之徵；振案風標，預狄相斗南之望。效論思于金華翠幄，道重三朝；典述作于綸閣巒坡，文師百世。久具庶寮之式，獨隆寰海之瞻。佇建殊勛，數膺特命。屬某等賫函以觀上國，肆先生受詔而主文衡。念屬屢之初離，已門墻之幸附。私慚集鳳，共羨登龍。迨開鰲禁以探書，既掄諸士；乃重鴻儒而設教，再簡吾師。桃李春風，眷儀刑之維舊；階庭化雨，瞻體貌之更新。闡以道原，章之身範。劘礲眾鋌，雖鉛刀必致于吳干；搏埴凡埏，即瓦缶期齊于周鼎。信百年良遘得所依歸，賴五總弘彰去其固陋。每私盟而翼翼，將祇服以拳拳。顧械樸作人，道術方孚于一載；適金甌擇相，忠猷尤注于九重。命先寄以寅清，任俄專于密勿。是執經問業，雖不獲親函丈之間；然觀德考文，猶自喜囿化鈞之內。厠之甄育，寒暑將三；仰以裁成，後先則一。茲者石渠金馬并直編摩，青瑣柏臺咸司獻替。洎綴畫省含香之列，亦高赤墀簉羽之班。允戴君恩，丕昭師訓。敢謂裕經綸之素養，不負初心；竊懷荷陶鑄之深仁，益艱後報。謹涓是月某日，鶉躔應律，洊開兑陸之凉陰；魚藻陳筵，敢迓台階之法從。雲簪列侍，宛設壇于泗水之濱；星履高攀，將焕彩于文昌之宿。伏願鑒其素悃，枉以清塵。自沙堤以臨，式播休光于樽俎；就鼎位向謝，載增盛事于蓬瀛。某等無任祈懇瞻望之至。

請吕相公啓

伏以羅材白屋，憶初升叨秋相之籠儲；輯瑞丹廷，當再聚睹周公之貌執。盍簪協豫，幸親炙以攸同；闓宴乘需，欲上攀而胥愓。籩陳楚楚，篝擁依依。恭惟大師相吕老師門下：降神而生，夢帝所賚。金墀名奏，雲祥奇殿上之觀；玉笋班聯，風采奕寰中之望。效論思于鑾坡翠幄，道重匡君；典述作于右室蘭臺，文高起代。披心易直士以陶鎔，砥慮忠貞邦之柱石。佇建勛庸之逴躒，素聞簡注之殊尤。往穆廟厤紀重光，踵大科而弘俊路；乃先生身膺特命，居端揆以秉文衡。念吾黨一技屠龍。寧期上遇？值國家千金市駿，不靳卑求。遂蒙宗工省穡之掄，獲與仕版鏘洋之列。後先儋秩，中外分曹。粤溯離蔬，頻經改燧。天時倏忽，撫今徒嘆于駒過；人事推移，感昔彌欣于豹變。屬上握乾符而御宇，瞻師參鼎足以經邦。棟隆既奏以三期，茅彙仍甄其再進。而諸士早誇遭際，且經年終愧虚庸。宦迹升沉，漸涉顔卿之海；途趨離合，乍臨楊子之衢。每省初心，雖介石無渝于濟汨；間稽後效，第運斤不適于腫卷。敢蕲師指之重申，因宗可遂；必藉友生之衆至，偲切堪修。兹堯廷開五度之春辰，適舜牧展二朝于丑歲。紛其畢奏，萃所同登。總藩服以入共京朝，雲連冠珮；竣課章而群追教席，日麗宫墻。惟葵傾懷跂德之新，將芹獻率承歡之舊。謹涓是月某日，鳴鳩卜候，罶魴歌筵。典嗣舉以增虔，奉步趨宛當年之始覿；言久要而益勵，聆謦咳希没齒之毋忘。斯昭則效于周行，詎侈嘉偕之薦味？伏願鑒其愫悃，枉以清塵。蹔下黃扉，爰借絲綸之燕譽；遙臨赤烏，式騰俎豆之龍光。某等無任欣幸懇祈之至。

謝申相公遣送啓

伏念某西鄙微踪，下愚末學。二紀續顏行于石室，久奉楷摹；五年親色笑于金華，大承陶鑄。依光禀指，謂長薰蘭室之馨；積昝召萹，乃忽遘萱幃之訃。痛深創巨，形槁心灰。伏蒙老先生特賜矜憐，兼施吊奠。溫言屢唁，渥貺駢頒。且烏情曲軫于淵衷，而駿惠昭垂于泉壤。幸荷曠恩之下逮，良繇矻議之上聞。茲當匍匐奔歸，又辱殷勤遣送。某感知隕涕，懷德盟心。徒跂西馳，恨門墻之漸遠；側身北嚮，瞻履舄之彌高。謹藉役旋，恭將箋謝。夢搖搖而易往，詞繭繭以難宣。惟冀頻原，曷勝翹祝！

候王荆石老師啓

伏以北闕經綸，丕顯忠勛于槐位；南陔省覲，遹光孝德于薰闈。蒼生傒衮綉之還朝，丹宸想軒車之趣駕。神人交贊，華裔具瞻。恭惟老師：邁迹姜娥，誕生稷契。裁機懿訓，肇開補衮之徽猷；采沼芳儀，篤啓濟川之大烈。五年京國，萬方賡《魯頌》以騰歡；三月里閈，九服仰潘輿而獻祝。恭惟我老師，立人綸極，爲聖主師。以伊周翊運之身，行曾閔娛親之事。遇君如魚得水，猶思泛鯉之筒；憂國擬鳥綢桑，更盻哺烏之樹。方夙夜燮調于秘閣，功茂格天；每晨昏溫凊于高堂，情深愛日。蓋千里抱違顏之慕，纔別數句；而一時驚囂指之招，遂陳屢疏。帝衷感動，天語傳宣。乘傳入枌鄉，特遣護行之節使；刻期還楓陛，遙頒徵聘之璽書。矧中夏多虞，允賴殿邦碩哲；而上台虛席，僉歸名世元臣。家庭出處之間，社稷安危所繫。朝紳野士，咸耿耿以傾心；走卒兒童，尚訴訴而額手。門人某幽栖蓬户，遠隔杏壇。日夕感懷，欲嚮蒲輪而執轡；山川修阻，徒裁竹簡以函詞。夫養體何如養志之優？鶴髮教忠，必念九重特眷；即寧親孰與寧神之大？鳩節介福，宜收四表歡心。敢循道路公言，竊效門墻私悃。伏願上從主望，下慰群情。四駱早乘，重奉慈歡于鼎鉉；八鸞遄御，永襄聖治于泰階。乾轉坤旋，垂千代一人之景鑠；河清海晏，致九州萬曆之升平。門人某翹睇師門，不勝依戀激切之至。

候王荆石老師啓

伏以蒲輪特聘，兩秋俟上相之還；槐位重升，九夏望中興之治。元勛自舊，景運維新。國人迎袞繡以騰歌，天子覘玄纁而問勞。寰區相賀，廟社益尊。恭惟老師台座：道合聖真，功施皇祚。忠孝立子臣之極，真方孚君上之心。霖雨埏垓，望實兼隆于伊、傅；浮雲黻冕，行藏更邁于孔、顔。初膺審象之求，起佐飛龍之造。六載黄扉秉政，百度惟貞；一朝緑野娱親，三公不易。纔睹樞機輟直，洊聞綱紐糾棼。帝需赤舄之旋，總持國柄；師戀班衣之侍，堅遂宸綸。蓋睿藻十行，寧似受言不再；而嚴徵九至，詎如湯聘惟三？經年駐天使于里門，閱月馳詔書于郵路。謂北闕之眷懷彌切，顒待沃心；矧東朝之徽册久停，允資造膝。士風頗僻，爲否來泰往之萌；兵祲頻仍，又華弱夷强之兆。時艱孔亟，日贊疇依。用占世道之興衰，端在家庭之出處。蒼生岌岌，咸期謝傅以同憂；黄屋孜孜，可卧温公而獨樂。人瞻峻烈，天啓淵衷。八鸞遵聖諭以遄行，四駱奉慈顔而鳳駕。鼎司燮化，乾象呈禎。斗垣五緯交輝，魁宿六符并耀。方且陳規丹宸，謹日中之繁幾；遂將定策青蒲，安天下之大本。培元氣而消蠱氣，尚何廷議謫張；整國容以核軍容，豈但島夷駪喙？展也建千一郅隆之理，昭哉追五三淳懿之風。玉燭更調，草木發榮光于九域；金甌愈謐，山川烝彩色于兩間。門人齒窊微踪，屠庸賤質。鷄瘲也，豕零也，幸附籠儲；鼠肝乎，虫臂乎，誤蒙化育。戴師恩而未報，揚君命以徒勤。屢申勸駕之箋，翹思若渴；忽得還朝之報，忭舞如狂。夫潔身非所以全倫，乃弘業必縣于遇主。敷陳大義，昔宗季路之辭；想見升平，今效王褒之頌。千里阻登門之謁，一函鳴駕廈之忱。伏願丕亮天工，永扶日轂。撫五辰而凝庶績，襄上治萬八千齡；調六氣以轉洪鈞，奏中書二十四考。楓陛共萱闈介福，年年百順，鳳池流機杼之微音；蘿圖聯桂砌延禧，代代三台，麟閣紀箕裘之盛事。遙望門牆，不勝激切屏營踴躍之至。

謝王荆石老師啓

伏念某席門寒士，圭竇賤儒。器愧鉛刀，敢向洪爐而淬礪；材慚散木，空勞大塊以栽培。受知迥邁尋常，圖報何能尺寸？雖身依師席，二天之庇非遙；乃夢繞親庭，一日之歡未遂。方凝思于岵屺，忽抱痛于杯棬。追惟召崇之端，本縣積眚；冒具陳情之疏，寧冀垂慈？伏蒙老師至德矜原，深仁憫惻。曲體哺烏之私願，兼憐市虎之沉冤。灑翰以作甘霖，濡毫而成湛露。恩沾存歿，既因恤以予封；禮備始終，仍置郵而頒賮。矧誄章焉奕，標題屈鼎鉉之尊；而唁語諄殷，臨問降沙堤之重。乾坤覆載，莫喻其高深；父母劬勞，何如其篤至。某懷恩飲泣，戴德盟心。匍匐西奔，悵門牆之漸遠；徘徊北望，思履舄之難攀。拭淚緘詞，嗚咽發使。雖在寢苫伏塊，敢忘事一之忱？誓將結草銜環，仰答生三之義。惟蘄俯鑒，曷已翹瞻？某臨啓不勝戰兢隕越之至。

擬衙門公賀山陰王相公啓

伏以紫庭渙命，眷懷弼亮之勛；黃閣升華，重展經綸之業。明良叶慶，朝野孚歡。恭惟大師相對翁王老先生老大人台座下：

名世真儒，殿邦碩哲。談經秘幄，沃心肇啓中興；輔政樞司，造膝丕襄上治。三載讀居廬之禮，九重厪側席之思。佇待禪期，遙傳徵詔。持衡依日月，再參端揆之崇班；聽履上星辰，兼領秩宗之峻寀。天言赫赫，帝使駪駪。蒲輪增鼎鉉之輝，將歌喜起；槐位映泰階之瑞，式兆升平。某等通籍鑾坡，具瞻楷範；盍簪玉陛，欣覯絲綸。徒懷賀廈之忱，未遂登門之願。千里不勝首嚮，一箋爰代躬迎。伏望深念萬幾，亟乘六傳。爲天子宣股肱之力，俾國人慰手額之情。則鴻麻茂介于蘿圖，萬方受賜；而駿烈昭垂于竹帛，百代流光。某等臨啓無任忭躍翹瞻之至。

候山陰王相公請告啓

伏以忠謨輔運，具瞻補袞之元勳；直道匡君，僉仰投簪之大節。黃扉輟直，赤舄還鄉。方賴旋乾以轉坤，詎期變泰而之否？青山可隱，萬年高竹簡之名；紫宸疇依，四海急蒲輪之望。恭惟台座門下：得天間氣，爲國純臣。昔在金華，藥石頻攄于啓沃；今居玉鉉，鹽梅屢效于箴規。心如撻市推溝，事類牽裾補牘。艱難弘濟誠哉，霖雨蒼生；耿正特操久矣，浮雲朱紱。當軸纔逾期月，改弦遂挽頹風。須緣金虎招權，謀殽國是；兼值銅龍集議，語咈宸衷。諫官待罪以皇皇，元老持章而侃侃。封還詔旨，請霽威顏。殫力回天，匪但遏迅雷之摧折；披忱洗日，庶將開陰曀之溟濛。顧一暴何當乎眾寒，未諧納牖；乃三公不易其孤介，堅乞歸田。留侯迹托于赤松，晋國情怡于綠野。百辟羨台衡之辭去，歌鳳覽輝；萬方思袞繡之復來，咏鴻遵渚。清風皎皎，峻烈巍巍。觀昭代之政，倚文淵幾三百載；考相臣之歸，因直諫僅一二人。天如默佑聖朝，帝必遄徵賢輔。茲實繫蘿圖之興替，豈徒關梓里之盛衰？不佞久辱深知，驚聞高蹈。周公歸魯，有懷編史佚之書；孟子去齊，無地效充虞之問。迢遙百舍，何繇躬覯清光；

覼縷一箋，用代面陳素悃。依依夢到，悒悒神飛。伏願丕衍繁禧，茂膺景福。東山暫臥，勿忘社稷之隱憂；北闕重升，早愜華夷之公祝。臨箋不勝云云。

壽山陰王相公啟

伏念某蒿徑衰殘，蓽門偃蹇。栖迹岈嶸之下，逾二十年；上書几席之前，僅一再牘。感銜至德，慌無涓滴之酬；翹仰元勛，祗有瓣香之頌。爰自蒲輪特聘，祥光炳耀于三階；迨夫槐位重升，治象昭登于九服。思觀懿化，身隨扶杖之老農；勉副慈恩，口最游門之弱息。顧天刑之方劇，乃人釁之遽訌。素志既乖，沉冤何訴？猶荷蓋帷之庇，幸逃鈇鉞之誅。向因閉戶以省愆，未敢函箋而鳴謝。茲者，昊穹篤祜，皇覽揆初。逢六旬獻壽之辰，正萬紀迎厘之旦。星輝北斗，瞻瑞氣之鬱蔥；日永南山，聽歡聲之洋溢。禎符關于社稷，闓澤洽于寰區。中國外夷，人人嚮慕；黃童白叟，在在謳歌。矧若微踪，夙蒙大造。將傾心而效祝，謹稽首以陳詞。伏願丕衍繁禧，誕膺景命。修齡齊箕翼，鄰帝座以常明；睿算比華嵩，鎮人寰而永謐。轉洪鈞于千禩，茂宣有赫之徽謨；開壽域于八荒，光輔無疆之大麻。

壽山陰王相公啟

伏以黃扉輔運，元勛永紀于太常；綠□怡神，大慶重開于初度。秉軸昭登上治，垂弧肇啓昌禧。八紘瞻鴻渚以興思，九域仰鶴齡而效祝。福關帝歷，歡洽人寰。恭惟老先生：名世大儒，殿邦元老。道德接聖人之統，謨猷爲天子之師。嶷嶷若萬仞恒山，烝作慶雲之郁郁；灝灝如千泓晉水，灑爲甘露之瀼瀼。十載直金華，責難陳善；再徵登玉鉉，亮采惠疇，舜舉皋陶，不仁者遠矣；湯于伊尹，蓋學而臣之。總繁機于蟫蝛易蔽之時，力匡渙號；裁衆論于隤墌難成之日，丕愜師虞。除豐蔀以拔泰茅，用壯藩而消夬莧。朝廷清淑，宇宙敉寧。屬元儲萌杌隍之形，而大政啓怠荒之漸。一封還內降凜矣忠言，六疏請西歸翛然勁節。芰服高五湖之志，蒲車沸四海之謠。國步多艱，夷氛孔熾。蒼生孰望？咸晞謝傅以同憂；黄屋誰毗？可卧溫公而獨樂。端揆方虛于紫閣，廟議首推；明綸未播于彤廷，輿情彌鬱。天欲彰周公之至德，動威屢儆楓宸；人皆羡山甫之清風，作誦堪垂竹簡。東無尉，西無侯，仁需翠幄之籌；南有臺，北有萊，又賀麟書之節。招搖指丑，蕃祿重申昊穹；純佑中興，光岳篤生上相。緜五十九年之令旦，衍萬八千歲之隆祺。修盛會于洛都，春秋獨富；紀功宗于明代，日月方長。僉祈三耀台星，快睹四覃霖雨。俾昌而大，俾耆而艾，惟天意之深鍾；通求厥寧，通觀厥成，乃帝圖之永賴。葱葱鬱鬱，祥凝震夙之期；簡簡穰穰，祉集復亨之候。六符郎[二]潤，五緯昭回。即獻壽之昌辰，占升朝之瑞兆。穴處巢居之族，罔不訢訢；蝡飛蠕動之倫，猶然栩栩。某舊蒙大造，新遘嘉禎。本圖負笈以游門，欽承謦欬；仍冀稱觴而膝席，肅效趨蹌。顧銷骨岩間，業已瘁馬牛之質；雖飛心宇下，未由隨羔雁之行。百拜馳函，三薰寫臆。伏願誕膺景命，昭受洪釐。頤社稷安危之身，答華夷内外之望。黙調四序，握乾坤旋轉之樞；重撫五辰，收鼎革經綸之績。鳳閣三升，承顯眷爲畢公，爲尚父，鈞衡耄耋，長扶熙運于萬齡；鱣堂一德，襲芳聲若伊陟，若巫賢，袞舄箕裘，永播美談于百代。某恭遇慶辰，北嚮稽首。不勝踴躍歡祝之至。

謝山陰王相公啓

竊念某讒廢餘生，盡傷病骨。掎矣扡矣，誰明鬱滯之冤？瑣兮尾兮，自嘆流離之苦。世方剚刃，天復薦瘥。入室交摧，昔願鹿車之共隱；行庭不見，今嗟魚笥之空存。炂嘗疇則尸之，襁褓執爲鷺者？求人而調燥濕，艱阻俻嘗；反己以省盈虧，竦惶滋甚。爰憶書麈之誤，已萌得馬之驚。倚伏機深，存亡事重。良由罪郵累積，斯嚴譴之頻仍；以故患難相尋，乃閔凶之繼至。前和暴露，未埋修夜之楄；後朔推遷，遽改半期之燧。曾子固有悲也，莊生能無慨乎？矧若孤踪，兼遭衆變。一身嬰百病，目盲齒落，蒲柳之質愈凋；萬礜啓千虞，心悸魂搖，蓬茅之身將斃。蜉蝣衣雪，諒歸息之非遐；蟋蟀吟風，惟思憂之是急。豈期羸朽，猶荷軫存。兹蓋伏遇老鄉翁台座；日月照臨，乾坤覆載。保衡當軸，每矜匹婦于溝中；尼父脫驂，頻恤故人于館下。廣運噓枯之德，弘敷澤骨之仁。兹憫綦巾寒賤之淪亡，遂頒華衮郅隆之唁奠。兼金代俎，遙分帝賚之鏐；大帛盈筐，悉出天機之錦。使星粲粲，銜寵命于三台；膏露瀼瀼，潤游魂于一壑。百舍馳將，異渥長耀華門；九原頂戴，殊恩永光蒿里。幽明受賜，遠近喧傳。徽榮而死者如生，何嗟及矣；圖報則終焉若始，尚慎游哉！祭厥母，祭厥弟，祭厥妻，丕造屢施于闔族；盟諸人，盟諸天，盟諸地，薄酬宜勉于捐軀。殘喘偷延，恒效傾葵之藎；頹齡溘已，益輸結草之忠。蓋黿感孔愉，且也三成侯印；而雀懷楊寶，猶然四獻相環。寧號曰人，可慚乎物？儻敢渝于誓語，當難逭于誅刑。嚼斗拜台顏，抃衷徒激；裁箋鳴謝臆，更僕未宣。顒望洪慈，特加曲貸。某臨啓不勝云云。

謝山陰王相公啓

伏念某桑梓微踪，參苓末品。二紀蒙優隆之遇，丕冒如天；百年感特達之知，矢盟向日。顧深仁難報，久負愧于桃蹊；而薄德易傾，遽遭艱于苦塊。銜哀欲絕，忍痛偷延。蓋母養中捐，且也幸承乎父養；乃君恩下逮，總之皆出于台恩。力轉洪鈞，方全大造。予恤往賁存之典，兼乘郵賫賵之儀。朝端既播彝章，宇下仍頒渥數。俎豆流光于泉壤，玄纁錫耀于林皋。猶軫棘人，將間關而奔赴；特從槐位，遣价副以護行。千里馳驅，兩旬跋涉。循陔陟屺，偏增涕淚之漣洏；望斗瞻巖，但覺夢魂之繾綣。席庇遄歸于子舍，沾榮允洽于親闈。第跣入里閭，不見倚門之白髮；而哭寋帷帳，空驚當戶之黃腸。人獨何情，孰堪此景？悲摧頻仆，蠱傷靜木之風；病伏未瘳，祇懼晞蒿之露。眺仞墻而遠隔，莫訴哀衷；裁尺牘以長鳴，聊攄謝臆。煢煢陳狀，繭繭吐詞。儻殘息猶存，誓效捐糜之報；即餘生溘已，期輪銜結之忠。伏願峻烈彌崇，純禧益衍。五百年名世明良，孚一德之交；八千歲爲春仁壽，普萬方之福。某不勝激切依戀之至。

回山陰王相公送志啟

伏以玄闥初扃，三廟并歆于升祔；素冠尚御，四方僉望于履祥。敢因大事之襄，爰效在公之勸。惟昔天開吉壤，肇昌麟閣之芳勛；故今帝賜名山，崇報鯉庭之懿訓。節使趨蹌而視冗，宸章照耀以加邊。矧前人函葆，順寧綸錫，逾榮哀之表；俾後世楷摹，忠孝頒提，衡出處之間。蓼莪徒自永懷，槐棘爲誰虛蔫？葬者藏也，送終之禮既成；練而慨然，衔恤之儀當殺。爲可傳，爲可繼；但如慕，但如疑。非抑至情，是逾常制。期副寰區繞逼之祝，願頤社稷安危之身。洊脫苴麻，應念經綸于黼黻；儘餐菜果，勿忘燮理于鹽梅。承頒志以篤弼中興，良勝三年擗踊；答主恩而明登上治，遹光百世蒸嘗。某臨牋披瀝，懇祈俯鑒。

賀張洪陽拜相啟

伏以紫庭當軸經綸，維社稷之安；黃閣運籌指顧，致邊陲之請。金甌鞏固，玉鉉光華。一人眷倚元勛，萬國函蒙大造。茲蓋伏遇老先生台座：殿邦良弼，名世偉人。清任和而出之以中，直方大而歸之于正。窮理盡性，至命真傳道統于聖人；責難陳善，閑邪久迪忠規于天子。浮雲朱紱，高標超遁野之甘盤；霖雨蒼生，雅望邁居岩之傅説。赫赫綸書三聘，駪駪節使再馳。蒲車纔入于鼎司，楓陛頓開乎泰運。繁機悉賴，化瑟更調。匡君德于淵蜎蠖濩之中，九經咸叙；定廟謨于嘖沓翩幡之際，百度允釐。哺吐休休，衆正聞風而爭嚮；掃門肅肅，群邪見睨以盡消。洞照隱微，操止水至清之監；深憂根本，畫安磐長謐之圖。謀斷并殫厥心，燮和如運于掌。惟時惟幾敕天命，上儆宸衷；既敬既戒修我戎，下嚴疆事。頃者潢池弄梃，旁導諸胡；兼之海島揚波，洊吞屬國。帝顧東西之堠，人驚赤白之囊。戡定巨艱，允繇名相。曰疏附，曰奔奏，分授嘉猷；執主張，執綱維，共遵勝算。天誅誕播，月捷喧傳。一鼓而下高埤，七擒以除大憝。鴻雁還居于百堵，鯨鯢築觀于三邊。雷行摧資寇之虜鋒，維其喙矣；露布折震鄰之夷艦，庶有豸乎？執訊連連，盪洗欃槍祲氣；迓衡穆穆，明章台斗祥光。信如大禹謨虞，格三苗之逆命；仍似仲尼相魯，墮百雉之强都。秉政有人，文事兼有武備；用儒無敵，外寧遂無内憂。鳳宬酬勞，將晉錫三公之徽册；麟臺紀績，且恒垂萬禩之美談。宇宙升平，寰區閭慖。某孱庸賤質，窳瞀微踪。馬渤牛溲，夙在藥籠之末；鼠肝虫臂，偕游化育之間。劉元城謹事温公，罕通書問；石守道忻逢范老，徒著詩歌。一箋舒燕賀之誠，千里代鳧趨之悃。伏願永扶日轂，丕亮天工。調六氣以播洪鈞，奏中書二十四考；撫五辰而凝庶績，襄上治萬八千齡。乾轉坤旋，建百代一人之景鑠；河清海晏，綿九州億載之雍熙。某翹首門墻，不勝激切屏營之至。

謝洪陽張相公啓

伏以麟臺述史，熙朝之曠典初修；鳳閣掄才，盛世之英儒畢集。啓縑緗于金匱，頒筆札于右渠。詎期辟召之榮光，遙及沉淪之末品。仰承推轂，俯愧濫竽。竊念某齕齾多尤，煢單寡合。二紀附清游之後，夙荷甄陶；七年違法從之前，遐思楷範。堪嘆瞑孤之迹，歷遭屯難之途。烏鳥啼萱，痛商琴之遽授；青蠅止棘，驚參杼之讒投。丕賴保全，幸寬訶譴。不失屠羊之肆，恩造已弘；仍追振鷺之行，夢游奚到？和氏魂銷于泣璞，穆生氣沮于逃鉗。偷安五柳之栖，謹避三桃之搆。可以止則止，深慕鴻冥；莫之爲而爲，忽飛鶚表。復舊官于宮寀，專新直于禁廬。何物讜庸，誤蒙收録。兹蓋伏遇老先生匡扶帝祚，延攬人材。用周公下白屋之心，推鄭國歌緇衣之指。内舉祁，外舉解，真知莫問親讐；朝拔石，暮拔温，博取何論遠近？乃惜遺簪之棄，俾充夾袋之儲。宫商爨下之焦桐，將調錦瑟；斧藻溝中之斷木，若作犧尊。循頂踵以刻銘，濯肺肝而思報。潸然隕涕，敢不捐軀？但鮒生久悴于沉疴，即蠡測焉裨于緒使？欣逢盛事，豈忘蟋蟀之吟？却顧危機，翻似鵾鷁之畏。懷深仁而踟蹰，揆大義以徬徨。有如冒昧貪榮，殊鮮毛鼇之效；無乃顛擠速戾，竟孤卵翼之慈。疏辭且達于闕廷，箋謝先鳴于階城。一函寫臆，千里馳神。伏願曲鑒悃誠，昭垂彝訓。晋進也，遁退也，行藏均望裁成；乾大哉，坤至哉，覆載靡遺側陋。儻始終席庇，得爲食藿之白駒；將生死酬恩，誓作銜環之黄雀。某臨啓，不勝感激屏營、瞻依誠懇之至。

謝王忠銘大宗伯啓

伏憶林鍾之月，遥瞻建業之雲。謝教札以陳箋，摹封章而獻草。望龍門于千里，裁正莫緣；持兔穎于八磚，惕中滋甚。蓋上方推巨賢以興皇化，雅重舊京；惟翁實秉明德而結主知，光膺新命。一人毗眷，百辟表儀。述宣須擇于賁文，敷告乃諧于焕號。顧某小子，醯鷄之識易窮，觀國大儒，瑞鳳之儀難繪。居然代匱，悚也如何謂宜？及于譴訶，寧敢蒙乎獎藉？霧綃霞縠，既頒殷筍之珍；緗帙縹囊，仍錫陸廚之寶。爲衣被服，恐鶉梁詒不稱之譏；展卷誦觀，期螢几獲方明之益。感懷渥澤，矢磨齒以弗忘；圖報深仁，惟盟心而焉效？謹因鴻羽，恭寓鯉書。仰冀尊慈，俯垂察鑒。某臨械，不勝屏營激切之至。

謝陳玉壘宗伯啓

竊念某衋訴不才，顓侗亡識。夙在甄陶之末，嘗懷淬礪之圖。顧廿年靡著一長，而三省惟叢百咎。萱背嬰疴于往歲，棘心抱痛于終天。誤荷矜憐，重頒唁慰。涓埃罔報，愧黃雀之銜環；燧穀頻更，驚白駒之過隙。遙從壑谷，景仰岩廊。訢聞簡命之焜煌，快睹勛猷之烏奕。鄉也持銓左轄，兼端模範于北扉；茲焉曳履南宮，再領縉紳于東禁。甌名既耀，鼎足將升。丹宸格心，深眷帝師之啓沃；蒼生翹首，具瞻王佐之經綸。乃若鰦生，寧忘燕賀？第殘齡毀瘠，但爲蟋蟀之吟；而畏路傾危，翻似鷤鴂之避。五雲萬里，一日三秋。堪嘆微踪，竟孤大造。良繇罪愆久積，官評昔比于梁鷁；以故訶訕繁興，吏議今成于市虎。衆讒投杼，誰辨竊鈇？上辱桃蹊，宜遐棄仞墻之外；下洿芸館，敢僭攀通籍之中？猶荷仁慈，曲垂軫念。温言藹藹，惜簪履以弗遺；渥誼肫肫，施蓋帷而丕冒。且推柂矣，析薪之義；因察菱兮，成錦之原。排彼囂囂，拯斯呐呐。蒙知特達，誠哉九死難酬；受賜隆深，豈曰三生易遇？幸席庇脱二桃之搆，期銘恩安五柳之居。澤畔纍臣，已無羔雁見周公之日；山崖樵竪，徒有虹霓思傅説之時。長鳴聊寫感悰，短喙莫宣謝臆。伏願早登端揆，光輔太平。匡主德，定廟謨，興赫赫明明之盛治；振皇綱，修人紀，解幡幡捷捷之頹風。宗社幸甚，寰區幸甚。某臨啓，不勝感懷激切之至。

答羅康洲宗伯啓

伏以赤舄几几，萬方仁仰忠勛；素冠欒欒，千里遥傳孝節。倚廬在望，謳綍何從？薦誄糅芬，方附名于群宷；飛械頌教，儼親炙于仞墻。滋切感懷，益增慚悚。敬叩高居之略，恭聞大事之襄。百福駢臻，願爲蒼生而葆攝；九重眷注，將開紫閣以延登。敢將報謝之牋，祇托言旋之羽。諸惟鑒察，曷任翹瞻？

謝李棠軒宗伯啓

伏以秩宗亮采，分持清議于南都；明主疇咨，特借大儒于北闕。爰自直金華而陳治道，黼宸歸功；迨夫臨璧水以樹師模，章縫式化。遂膺簡命，崇陟留卿。盱衡觀一統之肇基，恢張禮樂；振筆攬六朝之遺迹，燦發文章。奎躔聯瑞彩于石頭，斗極映祥暉于江表。甌名允耀，鼎望彌隆。佇瞻赤舄之還，端在黄扉之直。將爲宗社生靈造福，豈獨縉紳士類騰歡？某西鄙微踪，下愚末學。續尾效芸臺之職，祇奉步趨；盟心書蘭室之言，敬承陶鑄。憶旌旆之行一邁，驚攝提之指數更。邑邑神飛，依依夢覯。忽拜瑶音之遠及，兼蒙寶貺之駢貽。感激滋深，懷思愈切。謹因旋使，虔上謝箋。未悉悃誠，惟蘄涵察。

謝韓敬堂宗伯賀轉掌院啓

伏以龍光不覿，相違千里之遥；驥隙如馳，倏及一年之久。依歸未遂，寤寐爲勞。再辱瑶械，真若摳衣而聽訓；仍承寶貺，敢忘貫佩以書銘？肅叩興居，恭聞慶事。椿萱日永，鼎鍾之養方隆；槐棘風清，台斗之助正茂。金甌穆卜，九重默屬于金陵；玉鉉崇躋，四海咸期于玉趾。將爲宗社黎元造福，豈獨縉紳士類騰歡？不佞某識鮮醯雞，才疏株兔。麟臺夙役，汗青之贊何能？鶴禁叨遷，尸素之慚愈甚。高瞻矩矱，遠隔門墙。九罭廣歌，極目祇思覯衰；一箋寫愫，搖魂允似懸旌。某臨啟，不勝激切屏營之至。

答韓敬堂少宗伯啟

伏以祥琴叶吉，訢聞赤烏之重懸；化瑟需賢，佇睹玄纁之特聘。九重首嚮，百辟心歸。蓋謝傅居山，一代蒼生咸思其濟世；而溫公在洛，四方赤子豫祝其還朝。竊觀今日人情，彌信古時物望。禪期既閱，徵命將宣。起色雲蒸，瞻泰階之僧〔三〕耀；歌聲雷動，願鼎位之羗登。岩廊燕賀維均，館局鰦生更切。伏念某某廿年奉職，楷模夙稟于前修；千里懷音，咳唾遙施于後學。雖豹班鮮識，莫繇酬陶鑄之仁；乃鼇戴滋深，祇欲效結銜之義。謹裁鯉素，恭附鴻旋。略鳴款款之私悰，兼述喁喁之公慶。惟祈鏡察，曷罄賤陳？

擬同門候座師啟

伏以十年樹士，成桃李之蹊深；千里思師，隔芝蘭之室遠。望龍門而不見，裁鯉素以徒勤。暉布下悰，敢希高聽？恭惟老師門下：人倫模範，聖代表儀。瑞應觜參，毓英標于堯壤；靈鍾河華，興異質于堯都。自研精談曲阜之麟，巍科歷踐；遂作賦吐甘泉之鳳，秘苑翱翔。帝眷奇才，俾直黃門而獻納；師宣藎慮，屢騰白簡以糾繩。涾躋銀省之崇班，彌著寶臣之令開。見龍矯矯，將羈兮以何從？飛鵠冥冥，豈弋者之可慕？澗盤適志，蒍軸逃名。冠蓋貴游，稀覯隱居之面；布絧清約，矢安高蹈之身。自侔松菊之淵明，人擬蓬蒿之仲蔚。門堪羅雀，釜任生魚。鼠肝乎，蟲臂乎，盡忘情于造化；雞癰也，豕零也，嘗博取乎群材。當先朝掄四海之英，特資鑑拔；肆後學厠一經之選，爰賴甄收。念屬屨之初離，幸門墻之竊附。歲逾一紀，驚隙影之馳駒；人越多方，感歌聲之別鶴。親師靡易，立夜雪以無階；聚友猶難，觀晨

星而有幾。頃輯瑞聯乎六服，其盍簪僅爾數人？共溯淵源，遐思
矩矱。摳衣懸望，恍疑色笑之重承；負笈末由，空夢顏行之列
侍。既鮮比申公弟子，能稱其官；又非如楊震門生，疏陳所事。
曷展瓊瑤之報？徒修咫尺之書。寧云將恭敬于篚筐，第欲寫悃誠
于竽牘。傾慊衷而請益，仰弘度以包荒。叩鍾斯鳴，載稟方猷于
四術；函杖以指，遙祈善誘于一言。伏願景福日隆，清芬時懋。
祥凝綠野，縣鶴算于山中；望繫蒼生，迓鸞書于闕下。丕協儒林
之慶，適占道統之昌。某等不勝瞻依懇祝之至。

擬同門合壽太倉王太師啓

　　伏以桃李成蹊，共溯淵源之自；椿萱駐歲，偏承雨露之長。
望鳩筇未遂夫摳趨，藉鯉素聊將夫悾款。恭惟大老師門下：葆真
儲祉，兩采流光。二方揚則于仲弓，世推鳳宂；三畝怡情于元
亮，身隱鑪鄉。愚芚逃畏壘之名，慎閉得崆峒之道。廬能鎮俗，
巾可範人。占少微而朗耀長庚，映蓬島以蒸和震澤。禎符日至，
福履雲仍。在我師興岵屺之懷，爰陳告疏；惟天子重棟梁之寄，
特抑歸思。除書遂被于鴒原，壽宴重逢乎鶯誥。班斕適便，寵渥
方新。想錦里之下駟車，知仙顏之多燕喜。某等瞻依正切，忻忭
滋深。莫展葵忱，敢申芹獻。雖其儀不腆慚，非即席之將；而厥
志斯孚同，有遙天之祝。伏願慶培麟趾，禧衍鶴齡。純嘏彌綏，
沐帝恩于九命；訓謨誕播，昌吾道于一門。某等不勝瞻戀。

謝田鍾臺留都掌院啓

　　憶從祖帳，瞻送軒旌。違謦欬者三時，隔先塵焉萬里。摳趨
無所，跂望有徵。奎壁祥躔，旋斗南而朗耀；蓬瀛勝概，麗江左
以流芳。蓋天將增景爍于金陵，斯帝特簡真儒于玉署。文章冠
世，道德匡時。何驚腐鼠之嚇鶵？第笑羵羊之聚蟻。高踪千仞，

遠迹七年。泰征方際乎昌辰，晋接遂膺乎顯命。儲闈升宷，留苑
綰章，盱衡觀一統之肇基，經綸豫具；振筆攬六朝之遺迹，藻翰
弘宣。禎聖代若鳳麟，重詞林如鼎呂。甌名已暎，驛召非遥。佇
期赤鳥之還，端在黃扉之直。方爲宗社生靈造福，豈獨縉紳士類
騰歡？某西鄙微人，下愚末學。續尾供芸臺之職，祇奉範模；盟
心挹蘭室之芬，大蒙陶鑄。顧辟呀承顏之日少，而因風想誨之時
多。忽拜瑶篇，兼分寶貺。雀環圖報，曷勝銜戴之私；魚素寄
音，聊述感懷之悃。惟靳鏡察，莫罄書陳。

候趙定宇年丈啓

恭惟翁丈：命世上賢，殿邦元哲。昌言讜論，鳳鳴爲五諫之
儀；碩畫芳猷，鴻望樹九卿之表。大節今之唐介，北闕名高；清
標古之謝安，東山志遠。快睹華綸特聘，訢瞻峻烈昭登。秉軸以
佐昌辰，持衡而襄景運。閥閱長扶乎社稷，謳歌允洽于寰區。弟
某夐訴不才，顓侗亡識。三省惟叢百咎，廿年靡著一長。方遭天
刑，遽邈萱堂之養；遂遭人蠥，遥飛柏府之章。良縣官評比〔一〕于梁
鶊，以故吏議成于市虎。檐啼烏鳥，參乎嘆抒之空懸；隙過白
駒，商也驚琴之遽授。悲恫未釋，嶮巇堪虞。幸脱搆于三桃，將
安栖于五柳？眷言舊好，既無覿面之期；翹仰親勛〔二〕，徒有傾心之
慕。謹乘雁羽，恭寓魚書。千里馳神，數行寫臆。伏願早登樞
管，光闡經綸。匡主德，定廟謨，興赫赫明明之盛治；振皇綱，
修人紀，解〔三〕幡幡捷捷之頹風。

校勘記

〔一〕“比”，據文意當作“北”，音近形似而誤。

〔二〕“郎”，據文意當作“朗”，音近形似而誤。

〔三〕“僧”，據文意當作“待”，形似而誤。

啓

謝趙定宇年丈司成啓

憶從道左，踟蹰當分袂之時；翹望斗南，寤寐想合簪之日。蓋建業乃盛朝根本，而成均爲多士藪淵。明主疇咨，將示域中之範；碩儒拜命，遂稱天下之師。巍名久樹乎先聲，懿訓丕興乎後學。庭前化雨，植桃李以成蹊；座上春風，噓參苓而入籠。道德文章之軌，一代推宗；經綸燮理之猷，九重倚重。僉期赤舄，蚤直黃扉。永爲社稷之毗，寧獨章逢之慶。某某材疏株兔，識鮮醯鷄。初續尾于同年，即盟心于異日。芸臺從事，祗奉楷摹；蘭室聆言，大蒙陶鑄。眷旃斾之行一邁，驚攝提之指數更。方切企思，猥辱存記。溫詞溢牘德音，奚啻于十行？寵貺盈筐珍品，復逾于三錫。感懷滋甚，稱塞謂何？謹乘鴻羽云還，恭獻魚書展謝。惟蘄鑒察，曷任瞻依！

謝同衙門啓

伏念某西鄙微踪，北扉末品。二紀綴英游之後，夙奉楷摹；六年違教席之前，遐思陶鑄。帝欲維士風于天下，翁方樹師道于斗南。璧水化成，百辟頌新升之彤伯；金華功懋，九重思舊學之甘盤。徵入紫庭，仁登黃閣。造福將施于社稷，騰歡允洽于寰區。乃若鯫生，寧忘燕賀？顧傾嚮之懷徒切，而摳趨之效未由。祗緣罪釁叢生，遂致苗刑遘遘。甫亡少弟，俄喪慈親。擗踊長號，欲追攀而不逮；奔歸久病，期溘殞以相從。詎知賤子之悲恫，遙動仁人之憫惻。酧儀赫赫千里分頒，唁語溫溫十行照耀。永錫榮光于蒿里，彌增感愴于棘人。雖當伏塊寢苫，餘生未卜；竊擬銜環結草，失志亡諼。敢藉鴻翔，恭將鯉素。煢煢陳狀，嗟涕泪之易零；繭繭吐詞，嘆哀鳴之難罄。顓蘄鑒察，曷任翹瞻？某臨啓，不勝嗚咽感激之至。

謝館中諸公通問啓

山澤幽人，久罷長安之書問；廟廊碩彥，遙頒下里之德音。銘戴徒深，戰兢曷任？敬惟門下：二儀鍾秀，五偉毓英。生應昌時，四海睹鳳麟之見；出當治日，九霄瞻鸑鷟之翔。雅望允孚，芳猷初展。將建殿邦之大業，用垂名世之洪勛。不肖藘澗沈冥，蓽門竅陋。耳欽令聞，易興景仰之心；身遁荒陬，難覯高賢之面。猶蒙厚念，推素愛于龍門；特下華牋，錫榮光于駒谷。何當報玖，但失銜環。謹因鴻羽言旋，恭寓鯉械道謝。伏祈涵鑒，彌切感懷。

答謝撰敕文啓

伏以渙號疏榮，眷命袛承于聖主；樞庭議政，芳勛實建于明公。顧茲載筆之微人，屬在演綸之下列。紀功是願，邀惠非宜。俯罄愚衷，仰祈聰聽。恭惟大台柱某翁某老先生大人門下：經綸文武，柱石國家。帷幄壯猷，分贊周官之九伐；廟廊英望，共推虞代之五臣。百寮心傾，一人首絇。頃以春宮大慶，恩覃篤振之班；深惟夏省弘猷，眷錫鷺迴之誥。某某職當視草，未能揆盛算于詞中；親遇宣麻，幸見結忠良于旨下。方懷公賀，敢謂私勞？忽拜瑤章，几開玳宴。歌魚罶則思君子，欣侍清光；咏鶺梁而愧淺夫，不勝盛典。蓋享禮必昭其名實，而綸言奚可以借資？憶既往之無徵，儼然肇起；恐將來之有指，使者滋繁。輒瀝悃以控辭，希垂慈爲俞允。庶情文兼渥，錫已邁于百朋；而德義交郅，榮實逾于八筐。謹啓。

謝翰苑撰敕文啓代作

伏以麟臺宥密，三長倚重于名儒；鳳綍焜煌，一札疏榮于散吏。天言疇代，人望共歸。茲蓋伏遇老先生台座：昭代夔龍，盛朝班馬。琦行瑰意，獨鍾樵李之靈；綉口錦心，早冠蓬萊之彥。金蓮擁路，珮聲方下于金坡；玉笋搞毫，磚影不移于玉署。微獨騰輝東壁，振興一代之人文；固宜應象上台，匡輔萬年之聖治。猷關黼黻，頌洽簪紳。竊念某甕牖寒踪，衡門陋質。釋屩方離于奧渫，操刀遽試于艱繁。三載屆期，奚睹卓能可奏？兩臺書考，誤蒙寬典兼容。天處高而聽卑，大訶既逭；帝疑賞而從予，洪渥仍沾。明恩纔播于彤庭，睿藻豫期于彩筆。非但平生素願，是誠舉世同瞻。敢陳款款之愚，聊致戔戔之敬。如遘燃藜之少暇，垂省積忱；極知視草之多勞，幸分餘潤。儻光施父母，遙頒華國之珍；斯耀及子孫，永作傳家之寶。附青雲乃顯，將百世以無忘；指皎日爲盟，豈一身而足報？某臨啓，不勝惶悚激切之至。

謝郜文川督撫啓

伏以玉關萬里，丕宣名世之宏猷；丹宸九重，特眷殿邦之碩哲。華夷仰德，廟社銘功。蓋勝算長收，久制諸戎之命；而訏謨遠馭，申嚴列塞之防。飛疏以奏機宜，繪圖而明險易。石畫敷陳于掌上，金城儼在于目中。若韓公之駐鄜延，西羌膽落；如方叔之征玁狁，北狄心寒。自古美談，于今欣覯。大廷推讓，人情胥慶于管樞；深詔倚毗，帝意猶隆于專閫。然邊隅已謐，而國望攸歸。佇觀曳履以升朝，匡佐垂衣而致治。寧獨建旆常之業，澤被多方；且將膺帶礪之盟，勛垂永世。某某章逢末品，里閈微踪。感陶鑄之丕承，恩範模之遙隔。方殷瞻戀，猥荷記存。藻翰煒煌，厪念一官之徙；珍儀璀璨，重勞百舍之馳。頂戴不勝，踟躕難報。本擬專僮而鳴謝，竟阻修途；茲因命使以附牋，聊抒積悃。未盡披陳于鯉素，惟忻察賁于鴻慈。某某臨啓，無任瞻依激切之至。

謝張弘軒督撫賀轉掌詹啓

恭惟老公祖：峻德殿邦，芳猷名世。三朝端委，身關社稷之安危；二紀運籌，望繫華夷之輕重。洎統薊門虎旅，彌光盟府鴻勛。緯武經文，丕著萬方之憲；宣威布澤，遂騰四鎮之歌。毳幕寒心，旐裘奪魄。鳴鏑盡銷于塞外，獻琛頻奏于軍中。豈惟鷄鹿標銘，聲流絕域？將睹麒麟畫像，烈耀熙朝。乃若某曹，奚堪齒數？規規章句，勞未效于闡明；冉冉歲時，罪滋深于瘝曠。偶因承乏，叨預序遷。方增負乘之兢，願乞垂鞭之訓。遙蒙音翰，猥辱記存。玉藻焜煌，金函燦爛。拜嘉稽首，循分覥顏。瞻函丈以徒殷，末由請益；奉尺牋而代謝，聊用將忱。顒冀鑒涵，曷勝翹企？

謝賈春容中丞啓

恭惟我公祖：峻德冠時，宏猷名世。抗言青瑣，立朝不憚批龍；敷政黃堂，爲郡真堪下鳳。臬蕃周踐，康濟弘多。芳憩留芳，長作千年之咏；碑祠紀懿，久懸六服之瞻。卿月既升，士風丕式。帝咨諸鎮，重南陬四國之衝；人仰大賢，高北闕一時之望。寵膺節鉞，專制轅門。緯武先聲，遂遙息綠林之警；經文後效，方永圖赤縣之安。功將舉于鼎鍾，位洊躋于台斗。宸衷允副，衆志咸孚。竊念某委質游燕，向切執鞭之慕；頒封過洛，因蒙傾蓋之交。顧梓里以何緣，重逢化育；思棠陰而遍及，特荷姘幪。即違令範者十年；其感隆情如一日。鴻勛彌懋，燕賀未伸。猶辱記存，至煩音訊。擎觀手澤，宛顏笑之親承；聳動心旌，徒夢魂之可到。謹乘旋使，恭上謝牋。莫罄鄙悰，惟蘄慈亮。

謝張弘軒中丞啓

紫塞風熙，允賴轅門之勝算；青陽日麗，彌光幕府之芳勛。三垂斥候不驚，萬戶屠蘇相慶。惟文經武緯，弛張有助于化工；故乾轉坤旋，寒燠無愆于時序。一人心眷，百辟首瞻。矧若鰗生，寧忘燕賀？顧咫尺之箋未具，恐恩崇嚴；而駢蕃之貺先頒，叨承寵渥。投醪在缶，鶬方愧于咮濡；授粲兼囊，顲更憂于腹滿。期醉心而飽德，輒稽首以登嘉。謹乘鴻羽云還，恭咐鯉書道謝。祗蘄炤察，莫罄詞陳。

謝許益齋中丞啓

恭惟老公祖：峻德匡時，宏猷濟世。經文緯武，昭然爲憲于萬邦；安夏攘夷，久矣樹勛于一代。天方佑晉，帝乃推賢。節鉞遙頒，光被保厘之命；封疆重寄，茂揚綏靖之勛。威靈震疊于穹廬，款關益謹；惠澤淪濡于比屋，擊壤咸懷。上紆九重西顧之懷，下副百辟仰瞻之願。斗樞將踐，鍾鼎可銘。允維四海之麻，寧獨一藩之慶。某昔欽楷範，清芬竊挹于芝蘭；今在姘幪，大籟丕承于桑梓。閑曹齷齪，徒能執簡以書功；憲府森嚴，未敢陳牋而奏賀。猶蒙曲軫，猥辱隆慈。錫振玉之好音，分兼金之嘉貺。彌增佩貫，莫罄詞宣。一函鳴此謝衷，百拜授于旋羽。惟蘄鑒察，曷任屛營？

謝郜文川中丞啓

恭惟我翁：弘展孝思，茂楊慈德。加邊營隧，鳳書酬竹帛之勛；瓏石鐫辭，鴻筆闡蘋筐之則。名彰丸膽，海寰共仰芳規；化致革心，戎貊咸知淑範。彤管長馨于百世，黃壚永懌于千齡。家國榮觀，古今盛事。某遙瞻繐幄，方慚申奠之後期；衆獻芻芬，已荷諭言之前錫。走牘聊鳴下悃，陳儀未罄中忱。乃承玉藻之重頒，仍辱珍縑之特貺。感懷益切，稱塞何能？百拜攄誠，容卜馳僮而啓候；一牋預謝，敢因命使以將行。伏冀察原，曷勝依懇？

謝孫文溪中丞啓

恭惟翁：名世偉人，盛朝英望。文兼以武，才合于誠。建節東吳，茂著保厘之績；擁麾西蜀，方資龕靖之猷。芳勛丕耀于旂常，令譽永流于竹帛。聖主虛樞衡之席，將賴經邦；群情企柱石之賢，共期翼運。矧如里士仰德彌深，其若某曹蒙知最篤。傾心而懷燕賀，引領以望龍光。慚懇悃之未紓，感豐遺之遙及。謹因旋使，恭附謝箋。伏冀鑒存，曷勝瞻溯？

謝雒涇波中丞啓

伏以珠江玉壘，奠民之澤弘敷；寶篆金紉，噓物之仁誕播。十行賜札，萬里分珍。志感徒深，名言曷既。恭憶保厘之日，丕宣康阜之風。盛夏方臨，體天心而解慍；陽春甫屆，頒地產以迎涼。月形挹秀于花溪，雲色含輝于錦里。良似五明妙製，允爲百辟芳儀。宛暍全消，清陰遍及。瓛然登拜，敬乃奉揚。銘纕帶以永懷，報瓊瑶而難罄。陳牋謝德，寫愫馳神。臨楮不勝惓惓。

答劉中丞啓

南詔稱兵，北宸授鉞。帝方思廓清之偉烈，天遂賚戡靖之良臣。決勝師中，宣威徼外。翦長蛇如振槁，殱封豕若建瓴。事邁七擒，功高三捷。奏凱歌于萬里，歡動兆人；頒勛策于九重，望孚百辟。惟是詞曹之末品，與聞制府之宏猷。嘗濡筆以紀青編，素懷欽仰；忽啓函而觀玉藻，遙荷記存。敢攄燕賀之忱，祇藉鴻旋之便。伏惟鑒察，彌切翹瞻。

答李晉峰中丞啓

伏以珠江錦水永流，闓澤于巴中；寶篆金紈遐布，和風于闕下。勛垂竹帛，慶洽楓宸。第慚粉社之鯫生，偏荷柏臺之駿惠。十行炳耀，恢德寓以存問；百握騈蕃，裹仁飈而披拂。團圓似月，遙含保乂之麻光；皎潔如霜，儼映清巡之治象。敢盟心而登拜，將盥手以奉揚。盪揚生涼，何待鳶鳴虎嘯；扶搖動籟，怳疑鯤化鵬搏。宛暍全消，謳歌四起。咸謂棠陰之廣芘，周遍多方；豈惟梓里之微踪？渥承大賜。鐫銘志感，寧懷袖之可藏；覼縷宣忱，匪筆楮之能罄。願言俯鑒，彌切翹瞻。

答本省撫院李公祖啓

伏以鳳庎迎禧，淑氣肇凝于三朔；熊轓布令，和風丕憲于八陬。節鉞勛光，旂常譽永。恭惟老公祖：殿邦明德，經國大猷。柏臺蜚揚激之聲，三朝倚重；薇省奏旬宣之績，萬姓歸仁。天佑冀方，帝求名世。建旄旌而開府，内綏全晉之氓；提組練以折衝，外制諸胡之命。威流絕域，澤洽環封。綠林無弄梃之驚，紫塞有櫜弓之慶。屠蘇在斝，咸賀泰平；彩勝縈門，益徵豐樂。對此無邊之光景，良由有脚之陽春。某某仰戴岍嶸，翹瞻閥閱。徒勤紀述，曷罄揄揚？遠承振玉之音，仍荷兼金之貺。感懷彌切，慚悚謂何？謹因鴻羽言旋，虔上鯉書道謝。惟祈鏡察，不既賤陳。

謝徐涵碧諫議啓

恭聞八鸞詣闕，一鶴隨車。九重眷倚名臣，百辟高瞻碩哲。昌言讜論，匡君志于蟫蛣易蔽之時；卓識宏猷，定廟謨于蠨蝀難成之日。功扶社稷，澤被寰區。竹帛丹青，盡是流芳之物；蘿圖黔赤，疇非受賜之人？煒矣鴻禧，昭哉峻烈。不肖微踪偃蹇，病體艱屯。翹首龍門，未遂摳趨之願；寫心鯉素，頻承注念之殷。慶吊兼施，存亡并戴。隆情過渥，允稱洽骨淪肌；永世尋盟，何啻銜環結草？兩函肅獻，聊效纖微；九殞爲期，矢酬高厚。伏祈俯鑒，殊切遥依。

謝劉華石侍御啓

伏以松廳開晋，地法星移烏府之光；藻鏡映商，天牡月舉虎闈之試。攬轡澄清乎千里，提衡品騭乎百材。人仰跰躊，士欣陶鑄。恭惟老公祖台座：華岳毓神，洪河鍾秀。御龍慶緒，獨逢太乙之精；鳴鳳祥期，高應文昌之曜。一承軒問，芳聲已著于斗南；載理郡刑，淑問彌昭于沱北。露隨丹筆，風徹紫宸。遂膺斧扆之深知，爰荷鋒車之特召。廷前拜綬，柱後升班。白簡飛霜，旁落宵行之膽；朱衣近日，上孚晝接之心。激揚分屈軼之明，可否合華平之則。作時蓍蔡，爲國鼎彝。謂并冀之稱藩，聯封右輔；須碩賢之代狩，簡望中臺。豸冠暫下于螭頭，總馭更懸乎豹尾。太行景霍，瞻師尹而嚴石增高；長沁清汾，見大人而漪瀾益麗。布憲方半期之外，敷仁遍全境之中。才賢程日以陳功，窳惰望風而祓志。署衙肅肅，閭閻熙熙。蓋六察臨民，效丕彰于晝鷺；而三年比士，期又邁乎搏鵬。駃騠纖離，紛待方歂之樨；湛盧巨闕，總俟薛燭之評。惟章逢素式于英標，乃選校多諧于正殼。門盈桃李，成上臣事主之仁；籠盡參苓，得大人取材之義。某生僅同于巴人，漸僻深陋；固不啻于宋摯，喜列子珉。屬懿典之將修，寧單詞之敢贊？辱采莩于下體，俾摛草于終篇。盛翰閎文，逾一札十行之耀；兼金重錦，儼百朋三錫之榮。第愧微踪，何當渥數？儀由尊錫，既難比璧事于趙人；報在法扃，豈易賡瓊歌于衛國？容屬言而就正，覆瓿堪供；且馳使以紓忱，承筐用獻。遙蘄崇鑒，預寫下悰。某不勝感悚瞻依之至。

謝楊虞崗侍御啓

伏以柏府揚功，式重南臺之望；楓廷錫命，遙騰北闕之光。逢聖主之推賢，仰明公之振采。珠江玉壘，鍾間氣以篤生；茝佩蘭纕，應昌辰而高步。皁囊霧徹，白簡霜飛。蓋留京爲萬年根本之邦，而憲署乃百辟紀綱之地。鴻獻正茂，駿渥方升。當中朝敷慶典以宣麻，適下士直詞垣而視草。述芳獻于綸綍，職耳是修；承寵覘于筐篚，慚然非任。爰肅拜歸諸使者，敢裁牋表此衷焉。顒冀鑒存，曷勝瞻企？

答楊侍御謝撰敕文啓

伏以執法星明，應碩賢于益部；陳常日肅，推紘議于留都。望冠烏臺，勛揚象闕。且鼎鍾之恒耀，宜綸綍之渙頒。恭惟門下：名世人英，濟時國瑞。臨軒敷對，宣偉略于萬言；理郡執平，洽仁恩于兆姓。光膺簡命，陟在陪京。豸獨堯廷，昭激濁揚清之節；驄行禹甸，懋張綱振紀之獻。官方丕賴之修，國是允資以定。一人首嚮，將虛三獨以升華；四海心傾，佇領百寮而樹表。屬桂殿叶熊羆之慶，而芝泥單龍虎之文。眷獎忠勞，申崇寵數。屬鰍生而演制，職也非奇；煩鯉素以傳書，聞之是愧。惟封章本爲公撰，乃腆物何敢私承？敬返來儀，祇遵往事。願朗鑒原情于辭受，俾微踪逭罪于異同。寫愫一牋，馳神千里。某臨楮不勝翹首。

謝本省按臺啓

天佑三河，將錫救寧之福；帝憂四海，特毗紀綱之宗。顒仰明賢，受知睿聖。中朝矛立，著泰山喬岳之丰儀；外服驄行，彰春雨秋霜之政教。惟茲奧壤，幸賴閎猷。施德法若提衡，八條丕式；御□□如使指，一路肅清。丕功并峙于行山，闓澤偕流于汾水。九重倚重，一代推高。茲當憲車還奏之期，伫睹優詔眷酬之典。將踐樞機而翼運，且垂竹帛以銘勛。凡在知交，均懷景慕。矧蒙化育，培切歡忻。承寵貺之遥頌，荷隆情之過渥。緘書驛報愚悰，未罄于敷宣；擁篲郊迎積悃，方殷于跂望。效菲將而稱謝，恭俟面陳；薰蘭誼以締盟，永言心戴。諸惟涵鑒，曷任懇祈？

賀李常庵督餉雲中啓

恭聞芳猷久播，運籌功懋于雲中；峻秋崇升，建鉞命宣于日下。九夷落膽，三晉傾心。敬惟□□門下：才合于誠，文兼以武。鄭侯理餉，丕彰十載之勞；召伯遺思，蔚起萬人之頌。邊圉值多虞之際，廟堂求大受之賢。疇抱龍韜，能制名王之迓慕；乃頒鵲印，特膺聖主之恩綸。詔出楓宸，歡騰柳塞。方仰分藩之偉略，停觀開府之殊勛。像在麒麟，名世爲今第一；威行雞鹿，殿邦振古誰雙？僕雅辱眷知，訢傳禧事。聞樂正子爲政，深懷孟軻之期；見管夷吾何憂，敢負桓彝之鑒。一箋展賀，千里馳神。伏願遄靖疆郵，永扶社稷。經綸六服，收河清海晏之膚功；翼載九重，奏乾轉坤旋之大烈。僕臨牋不勝雀躍。

謝李對泉方伯啓

持節出封之夏，幸接顔行；乘軺入賀之秋，忻承色笑。雖暑寒倐閱後先，將及十年；乃模範厪思遐邇，儼如一日。帝咨四岳，特崇西土之保厘；天佑一方，默相北宸之推擇。具瞻牧伯，光拜名賢。中朝揚屛翰之功，九州樹表；下邑受阜康之賜，百世歸仁。佇觀秉政于岩廊，行見銘勳于鼎呂。某締交自舊，霶澤維新。目覿鴻猷，心圖燕賀。祇以蕃宣清肅，未敢奉一函之箋；乃兹惠愛優隆，猶然頒千里之札。誦溫詞而既愧，蒙渥睨以何勝？徒切感懷，莫緣稱塞。謹因旋使，恭上謝言。未罄下忱，諸蘄尊鑒。

謝張弘軒方伯啓

伏以南國旄旌，式寄旬宣之重；北門鎖鑰，特膺簡注之崇。步禹肩皋，德勳高于一代；驅方軼召，文武憲于萬邦。將芬華映日之旂，且烈耀凌烟之閣。冕旒毗猗，纓縱企瞻。矧若某素叨愛雅，班依交戟，欣觀上聖之知臣；職在抽毫，願頌忠賢之遇主。遙承誨語，儼侍儀光。玉藻傳馨，高誼備敷于一札；金函布惠，厚施何啻于百朋？恭鳴鰲戴之衷，敢借雁翔之羽。范陽孔邇佇聞，建旌開府之辰；魏闕非遥將見，曳履升朝之日。社稷幸甚，蒼生幸甚。某臨楮不勝翹首。

謝王述齋方伯啓

梓里素交，想德音而在耳；棠陰遥被，瞻勳閥以傾心。雖違顔頻易于暑寒，乃奉教未忘于朝夕。洎簡迪丕承上眷，而旬宣特茬中藩。奕奕訏謨，崇崧岳殿邦之望；洋洋渥澤，邁大河滋物之功。巷頌途歌，家祠户祝。顯命將膺于一旦，建鉞登樞；芳名且播于千齡，標彝勒鼎。凡在鵷班之列，共衷燕賀之誠。矧若鮒生，何如雀躍。顧通訊之微悰未展，而賜存之嘉惠先頒。户牗書銘，階庭入夢。因念章句槧鉛之業，奚足重輕？濫從論思帷幄之行，愈多瘭曠。對馳前之驥影，徒悵流光；思視後之羊鞭，願求督策。爰乘旋使，輒附謝言。弗罄賤陳，惟蘄鏡察。

答姚順山道尊啓

恭惟老公祖：明德憲邦，大猷經世。昌言青瑣，夙高鳴鳳之聲；抗議紫庭，丕著批龍之節。帝咨岳牧，天佑藩方。璽書遙命以旬宣，車轍所臨而靖謐。棠陰有頌，符澤無驚。維德法提衡，丕樹百城之表；乃惠威交邲，遂貽千里之安。節鉞將頒，旂常待耀。造福允關于社稷，騰歡應洽于寰區。不佞某一經隨附顏行，久承陶鑄；四載暌違色笑，彌切瞻依。眷言桑梓之封，幸爲化國；翹望芝蘭之室，如在私家。戴宏造于二天，懷遠思于兩地。方圖後報，特荷先施。玉藻光華，金函鄭重。顧一酬之未效，徒三省以增慚。謹藉鴻翔，恭將鯉素。略獻戔戔之敬，聊抒款款之誠。不既賤陳，伏惟鏡察。

賀林玉吾大參啓

伏以上元屆節，當玄穹錫福之辰；下國歸仁，乃憲府迎釐之日。勛光亭育，慶洽提封。恭惟老公祖臺座：玉尺端方，冰壺澄澈。身應法星于聖代，手覃霖雨于人寰。車轍所如，頌聲爲之洋溢；化條初布，膏澤遂以溥濡。朱輪再莅晉陽，赤縣丕承乾覆。萬家俎豆，共祈百禄之總禘；千里謳歌，僉願三公之早陟。屬此始和之月，允爲元吉之時。將膺簡命于楓廷，特兆嘉禎于柏署。凡受照臨之賜，舉懷歡賀之忱。竊念某辱附同門，叨蒙異眷。幽

居在谷，逃名敢比于白駒；矢志銜環，報德思侔于黃雀。爰展纖
微之敬，仰酬隆渥之旋。顒望鏡涵，曷懷翹嚮？

謝廖夢衡年丈太守啓

恭惟熊軺莅郡，茂宣師帥之猷；鳳綍揚廷，丕顯治平之最。
一人心眷，百辟首瞻。謂浙藩獨冠乎皇輿，而衢路尤稱乎奧壤。
天將錫福，帝乃推賢。縮符方閲于三期，敷化遂周于兆姓。庭示
鞭蒲之聽，政簡刑清；野多騎竹之迎，邇安遠至。冰壺在望，允
孚踔絶之聲；水鏡遥懸，宜荷隆崇之典。仁踐樞衡而樹烈，期垂
竹帛以流光。凡列鵷行，均懷企印。矧聯驥尾，倍切歡忻。猥承
藻翰之頒，兼辱蓍儀之貺。中悃彌厪于感慕，下悰莫罄于披陳。
惟冀察涵，曷勝傾嚮？

謝許繩齋州守啓

蓬蒿側徑，素稀長者之車；桃苅凶門，宜鮮吉人之迹。誤蒙
矜惻，頻荷軫存。建斾張旌，再莅荒鄉而賜問；盈筐溢甌，重頒
寵貺以增榮。典物光華，邦人詫異。雖在寢苫，伏由報德無階；
尚期結草，銜環酬恩有地。裁緘展謝，瀝悃陳詞。惟冀察涵，曷
勝瞻企？

賀楊誠宇父母膺獎詞引

伏以鳴弦布化，太和翔洽于雞城；飛檄旌賢，英望茂揚于烏
府。功施冀野，譽徹燕京。里士心歸，朝紳首嚮。恭惟老父母臺
座：殿邦碩德，經世奇才。鷙鷟九苞，畜鍾祥于鄴下；鵬搏萬
里，高樹表于寰中。武庫蘊宏，獨擅黃熊之對；文闈名重，常傾
白馬之談。掀髯輒動風雲，唾手相扶日月。南宮登俊選，高標增
虎榜之光；北闕奉清詢，讜論動龍顔之喜。聖主爲蒼生而求牧，

明公膺丹治以領符。維茲蕞爾之封，豈曰壯哉之縣？疲氓未起，方思濟旱之霖；隱弊兼叢，又想消陰之晛。歡迎仁父，快睹神君。仙鳧纔下于九天，治象遂呈于一旦。施豈弟于蕩平之外，頤養萬民；寓精明于敦大之間，震驚百里。誕敷五美，丕著十倚。系本稱楊，操比四知之伯起；功仍治晉，事侔三問之安于。顏淵觀馬力以恤窮，煦然冬日。卜式察羊群而懲惡，凛矣秋霜。請謁弗徇，庭置投書之水；糾梦遄決，府除皮案之山。蒿目焦勞，每戴星于夙夜；葵心懇切，頻感雨于春秋。有社稷，有民人，益懋仕優之學；為繭絲，為保障，恒寬時詘之征。斷兩造于蒲鞭，懸八條于木鐸。御眾辨鱎魴之品，去佞取醇；當官權鶚鳳之宜，霽威覃惠。下帷造士，栽桃李以成蹊；循陌勸農，藝桑麻而遍野。纖巨明如觀火，弛張較若提衡。晝簾歌寂寂之閑，朝鼓罷鼕鼕之擾。魯恭仁育，雉遂可馴；仇覽義孚，梟皆從化。螟螣不入甫田，數薦嘉禾；犴狴為虛圜土，徒生茂草。騎牛橫笛，家家嬉黃茂之收；買犢還刀，在在散綠林之聚。期月旁流閭澤，象雷勃起絃聲。當兩臺報政之期，周咨令望；擇千邑推賢之最，顯示明揚。誰居三異之科，惟吾父母；乃用一同之憲，迪爾官師。遞下旌書，交修巨典。煌煌薦表，用需至理之成；燁燁徵緡，端待徽猷之奏。司言青瑣，國人僉冀匡時；執政紫廷，天子允資詡運。穿階歷踐，應景曜于三臺；峻烈照垂，留華銘于九鼎。一代之殊勛有赫，萬年之淑問無疆。某等花縣陋儒，蓽門屚士。敢效滄生之隱逸，偃室稀游；何如許子之遭逢，膝麈久受？甘棠郁郁，永懷芘藾于清陰；列柏森森，翹仰芬芳于盛事。聊賡巷誦，漫綴衢謠。詞曰：

中州人杰，蚤射策楓宸，才名卓絕。天上列星，人間甘雨，崛起勛猷。迥別令儀玉尺，端方清節，冰壺澄澈。真個是，卓魯重逢龔黃，一轍人道天佑。晉簡命循良，遐邇民歡，功峙行山。澤流丹水，臺橄雙揚大烈，鳳鷥出獻禎祥，綸綍將徵賢哲。行看取，接武伊周，聯班稷卨。

右調《喜遷鶯》。

答白夢山縣尹謝撰敕文啓

伏以琴堂布化，茂揚三異之聲；斧扆宣恩，丕獎一同之績。澤流東土，功耀北宸。清望咸孚，大猷益懋。當鳳闕敷言之日，適鼴生橐筆之時。敬述名賢，誠借光于綸綍；遥承德教，敢邀惠于筐篚。蓋封章本爲公裁，而腆貺何宜私被？再拜歸諸使者，一牋鳴此衷焉。惟冀鑒原，曷勝翹企？

謝王養吾縣尹啓

伏以鳴弦布化，循良騰百里之歌；製錦成功，譽望冠四方之薦。花封所在，梓里爲鄰。慚燕賀之後陳，辱魚書之先及。拜觀之際，懷感若何？方明公奉大對于軒墀，幸賤子瞻清光于都邑。金聲玉振，蕙馥蘭芬。龍虎門中，舊紀傳家之盛事；鳳凰池上，新翔濟世之英才。占列宿以剖符，比諸侯而分社。雖晋城操割，奚足煩魯國之牛刀？乃冀野發程，可增重燕臺之駿價。御鳧初至，馴雉遂聞。茂暢清風，秋霜凛凛；弘敷闓澤，春露瀼瀼。批窾有方，烹鮮無擾。西州黔赤相逢，胥頌宏猷；北闕縉紳每見，必談大政。最章入奏，褒典將頒。是三異之高名，非一同之久借。中朝顯秩，佇待登崇；下士微悰，彌殷企望。蓋畛接治人之列，而波沾仁父之施。報塞末由，榆揚徒切。況荷瑶函錫寵，仍承玉藻飛音。敢藉使旋，爰修箋謝。款款之愚略述，戔戔之敬聊將。惟冀察涵，不勝翹注。

賀郭憲吾縣尹啓

恭聞彤廷報政，九重旌三異之名；赤縣旋車，四表仰一同之式。梟御經行梓里，龍光錫自楓宸。中外具瞻，邇遐歡迓。不肖某遙師德範，快睹勛猷。方圖竭蹷登門，肅將賀敬；竟苦沉綿抱病，徒鬱私衷。矧素經之未除，豈華堂之敢造？一牋寫臆，九頓鳴心。顒望鏡涵，曷勝翹跂？

請楊荊溪父母啓

伏以鳳闕推賢，特授一同之任；梟庭待治，將興三異之功。帝恩昭播于楓宸，天佑允徵于梓里。歡聲胥動，喜色交孚。當聖朝更化之時，官崇師帥；正明府奮庸之日，譽冠俊髦。濟世宏猷，康邦偉志。濡毫大對，洋洋晁董之篇；結襸周行，表表范韓之度。鴻逵高漸，鷺序聳觀。屬百里之需才，占一方之蒙福。燕臺拜詔，晉國分符。僉稱丹水之封，亦號青山之縣。鳴弦試政，製錦成名。起鵬翼于鷃枋，施牛刀于雞肋。有人民，有社稷，肇開勛業之基；爲保障，爲繭絲，識□簡掄之意。何羨清風于五柳，佇登峻位于三槐。某列在治氓，逢茲仁父。迹聯交戟，瞻印綬之初懸；心效執鞭，覬軒綏之蚤茇。敬修燕賀，恭迓龍光。于差九日之辰，用薦一觴之款。咏歌鱣鼊，人非陽鱎以堪疑；攀捧羔縫，道即牧羊而可喻。敢傾素悃，翹望芳塵。惟願況臨，曷任欣豫？謹啓。

擬同門合請王緱山發解啓

伏以奎壁重光，再世擢賢科之冠；台衡繼美，一門傳聖代之楨。鴻漸特超，鶴鳴相和。商陟丕承于伊摯，漢成速肖于韋賢。雖曰家禧，實云國瑞。公言胥賀，私淑滋歡。恭惟大鼎元某號云云門下：淵源應長發之祥，閥閱鍾寖昌之慶。齡方舞象，業擅雕虫。睿哲多聞，獨對黃熊之問；聰明卓識，早徵孔雀之談。比探賾于古今，彌研精于經史。貫五車，綜四庫，腹富書厨；挫萬物，籠百家，身雄筆陣。錦心綉口，瑰意琦行。席上居珍，素養搏鵬之具；囊中脱穎，爰乘市駿之期。惟明主推懿典以疇勛，乃辟雍得奇材而齒胄。纔攄餘緒，輒邁等夷。壁水豪游，并折心而願下；金臺俊侣，俱翹首以推高。何蕃太學之聲，方斯蔑矣；蘇軾京師之譽，抑又過之。頃論秀于帝畿，將升賢于天府。雲從龍，風從虎，變化逢時；鳥有鳳，魚有鯤，飛驤駴世。朱衣歷點，既遍觀都人士之尤，淡墨崇標，其誰出子大夫之上？相超光之步，冀北群馬遂空；求拔萃之才，斗南一人而已。貴名允副，竑志丕舒。躡蓬山峻極之峰，睥睨黿鼉，簪桂樹先開之蕚，倡導蟾攀。題雁塔書在尚方，流美談于史間；宴鹿鳴坐諸端席，極榮遇于儒林。籍奏天庭，喜忠良之有後；文程海宇，驚博雅之無前。單詞而讀者魂揺，半稿且傳之紙貴。表儀士類如冠冕，爲衣服之尊；規矩人倫若棟梁，作梓材之率。芙蓉露湛，映寶鏡以呈祥；槐棘風清，定麻徵而獻瑞。禮闈丹陛，咸期一元三捷之聯芳；綸閣黄扉，可必六德九功之嗣耀。斯皆帝賚，禎屬治朝；匪但民瞻，事關名世。某等三榜幸登龍之遇，均荷甄陶；廿年欽趨鯉之賢，夙希纘紹。潛心又矣，宜發軔于巍掄；舉首裛然，果合符于衆籲。溯傳衣鉢，欣聞裘冶之光昭登；翹睇仞墙，快睹構堂之□蔚起。摳趨師席，踴躍豫鳴。敢循需宴之儀，庸表泰征之象。謹涓某月某日，肅陳魚藻，恭建虹旌。攀彩佩于賓筵，迓華轄于御陌。徐行按轡，俾九衢誇鷟鸑之英；旅進稱觴，庶諸友展燕雀之賀。伏願鑒其積悃，賜以餘輝。玉趾遥移，暫綴槐階之定省；瑶音俯教，少分芸館之潛修。豈徒張盛美于慶門？將用闡亨嘉于文運。某等不勝延佇懇祈之至。

擬請同鄉新進士啓

伏以泰運毖薪樗之道，征茅彙于明朝；乾維映奎璧之躔，盛梓材于冀壤。瞻兹國士，忭乃鄉人。第鳴豫以何先，寧燕需之敢後？追攀文從，肆啓賓筵。恭惟先生門下：霍秀凝姿，汾清毓性。龆齡朗識驚人，騰孔雀之談；丱髮閱窺鑒物，偉黃熊之對。遂研幾于十籤，彌探賾于九流。峰奕筆山，仰止墳修之富；瀾迴學海，朝宗川瀆之全。仁翩鳳毛，將搏羊角。方獻書以登天府，穎脱囊中；已抱策而謁帝廷，珍稱席上。預集鱣丕升之兆，緬想當年；占飛龍利見之爻，適丁今日。蓋五百之五載重熙，共戴乎堯天；而二十有二人并進，旋臻于舜地。矧剩他邦之寓彥，總因是域之多賢。求葫梗于梁甫之陰，信云滿載；校驥黃于燕臺之市，堪曰空群。懿遇同欣，殊榮胥詫。容曹淡榜，譁傳檀管之題名；象闕黃封，爭誦芝泥之列第。看花上苑，歌得意于春風；釋菜泮宮，紀霑恩于湛露。用羽儀乎王國，斯鼎吕乎士鄉。四海麻聞，百年盛事。某等居聯梓里，聆月旦之評詳；游近楓宸，睹風雲之會偶。眷一代生材濟濟，永襄北極之明昌；幸諸君簉羽翽翽，益顯西方之文獻。祇緣公慶，竊有私歡。顧賀典之宜修，則彝章之敬率。詹廿其日，維暮之春。綿羽嚶聲，正迎和于淑景；食苹麗囂，芫咏宴于芳辰。承玉趾而薦禮青尊；迓星軺以揚輝紫陌。行行且止，九衢擁馬以咨嗟；秩秩其恭，四座垂魚而醑宴。庶以篤枌榆之誼，匪徒貽俎豆之光。敢布中忱，願言鳳駕。

請同鄉會試啓

伏以聖政方明，茅彙連征于泰運；賢科特廣，梓材蔚起于乾隅。凡游闕下鄉人，共慶里中國士。豫鳴式協，需宴宜開。恭惟大台望某號某老鄉丈先生門下：涵秀洪河，毓精景霍。髫齡挺瑞，玉山之俊采巋然；丱髮抽函，冰鏡之英標卓爾。貫九丘，綜八索，雅負書櫥；挫萬物，籠百家，獨雄文陣。方稱珍于席上，遂脱穎于囊中。價重南金，名高北斗。曩獻書以升天府，期際搏鵬；頃抱策而謁帝廷，夢徵吐鳳。甫試吳臺之戟，俄搴趙壁之旗。蓋九五大人以漢策，羅四方之彥；乃二三君子惟晋材，叶十亂之祥。折桂一枝，穿楊百葉。容曹淡墨，濡邕筆以題名；象魏黄封，染芝泥而列第。看花上苑，歌得意于春風；釋菜泮宫，紀霑恩于湛露。羽儀皇代，鼎吕士邦。是四海之休聞，誠百年之盛事。某等居聯梓里，聆月旦之評詳；游近楓宸，睹風雲之會偶。眷參苓儲彦，將通國籍以爲楨；思杕杜好賢，輒效鄉詩而薦食。於差穀旦，肆啓芹筵。敬以月之某日，綿羽嚶聲，卜嘉禎于淑候；食苹麗罶，修雅會于芳辰。承玉趾而奉款青尊，迓金輴以揚輝紫陌。行行且止，九衢擁馬以咨嗟；秩秩其恭，四座垂魚而醻宴。庸以篤枌榆之誼，詎徒昭俎豆之光？敢布中忱，願言俯貺。

請同鄉舉人啓

伏以天府獻書，薄海遘賓王之會；帝畿論士，多賢欣睹聖之榮。乃晋材共奮于鴻逵，在燕國增高乎駿價。報馳鄉域，喜動朝紳。恭惟先生門下：淳秀河汾，毓精恒霍。貫九丘，綜八索，久負書厨；挫萬物，籠百家，素雄文陣。自清鑒初聞于月旦，乃英標已重于里閭。期跨滇南，必空冀北。顧孟氏卜鄰之吉，竟待其時；肆董生下帷之功，愈堅厥志。蹢躅而觀光魏闕，齎函而競業成均。馬遷舊産于龍門，游遠服而文思益暢；桓卿就師于博士，居長安而問學彌精。嘗校藝于橋門，或談經于壁水。數最其列，已著之名。泊三秋開羅俊之科，果一舉上興賢之籍。奮翼以翔日下，鄉國增輝；脱穎而出囊中，都人爭羨。將揚芬于杏苑，先振響于桂林。素望非浮，平生斯慰。某等覽君名之列奏，衆譽方騰；念吾黨之多賢，私歡更切。用紀破天之幸，乃開燒尾之筵。謹于某月某日，魚藻蕭陳，鹿苹私咏。薦繡儀而旅進，迓文從以徐驅。俾觀者其咨嗟，令聞之而興起。伏願鑒其忱悰，枉以光

塵。匪徒貽俎豆之華，庶以篤枌榆之誼。某等無任欣幸懇蘄
之至。

時皇明崇禎元年歲次戊辰季春吉日，奉議大夫、南京戶部廣
西清吏司郎中、不肖男劉元徵謹梓。

輯　佚

苦熱行〔一〕

燕山虚傳千丈雪，昔乃苦寒今苦熱。苦寒尚可御，苦熱安所逃？寒有重裘奥室足自庇，熱雖袒裼心煩勞。炎風吹埃沸四野，火雲布空日如赭。長安衮衮車馬塵，驅馳道路何爲者。吾思仙人乃在閬風岑，水晶宫闕琪樹林。安得從之御風吟，攬子之袖開我襟。念此已足清人心，吁嗟，炎蒸三伏無歲無，發狂大叫胡爲乎？

擬越裳獻雉賦〔二〕

猗自皇風逴煜，帝治登閎。荷天衢兮邕洽，褆地厘兮昭明。連四海以清夷，鞏覆盂之謐；運六氣而旁魄，諧調露之聲。以故釀化渾涬，醇庥嵍平。邇陋戴天而忘力，荒憬捧日而傾情。大角銷氛，旄頭寢兵。鑿齒反踵之君，窮髪貫胸之萌。罔不交臂奉貢，屈膝效誠。抱嘉瑞以輸款，執奇珍以受成。皇皇哉，億禩之藻鑠，而百王之燀程也！

粤周德之郅隆，諶王道其灼普。主兢兢而睿哲宣，相几几而公忠睹。禮飾治兮其君萬齡，樂象功兮其臣千古。學緝熙兮纘文，世永清兮紹武。物則蕩蕩由于夷庚，人軌雍雍躋于春圃。溯其時也，紹天闡繹之烈，既赫戲兮大明；諦其世也，含哺鼓腹之甿，羌沕𨠑兮如煦。誠兩美之必合，亶九穹之篤輔。紛和氣其潏汭而忻通，快愜風其曼羨而亡遻。天賜嘉貺兮，焕素質于渋灖之靈禽；帝介祉徵兮，局閎仁于海嶠之僻土。

逖彼越裳之國，邈居林邑之邊。文身裸跣，人鮮集裳之制；散髮蓬鬆，家無戴冔之傳。蓋徼外塞荒，雖洪圖閡隔，其不囿然日中豐照？詎德宇均骿而廣延。乃能翕純光于太始，袞灝氣于重玄。產殊禎兮白雉出地，際盛世兮赤龍翔天。稟雪姿其融耀兮，翀繁毳而躍□。賦玉彩其炳煥兮，舞健翎而蹁躚。苞熊宗之精兮，皓尾揭驕而□踔。象離明之德兮，翹鳴咿喔而輕妍。如儀庭之九苞兮，獨函光而樸古。較摶霄之六翮兮，翻斂彩而凝然。豈陳寶見奇，爲二童之所化？實虞華誕協，應一德而來宣。

衷曰天啓，謀惟人慤。羌物瑞之告呈，繄葵心其肇企。乘陽黽兮古風，睇赤縣兮懷義。睹瀬渤其且泱淎兮，既息濤而弗揚。駕艅艎乃以連卷兮，祇抱雉以爲贄。峙玉所兮暉暉，映瑤階而曤曤，于斯時也。君端委而秉珪，相調元而襄治。宗伯典儀，職方辨位。陳庭實之修夸兮，展素羽以當階。望宸顏其款忠兮，瞻紫闈而受事。置諸臺沼，鹿濯濯以攸同。豢在藪郊，麟振振其作比。右平左城，傍之以揚輝。繡梲丹楹，對之而滋麗。繽紛兮聳角，陸離兮揚翹。依帝所以啄餐，豈驕媒之儇視。

矧其時，瑞重九譯，琛共八荒。玉帛聯翩，孚于冰天桂海之域。梯航繹絡，齊乎日出月支之方。信神符之天剖兮，則遐均之上化。故仙禽之地徵兮，闡懿鑠于殊疆。格心惟相，懋德惟王。念窮陬絕徼，恐鴻澤之未被兮，乃誇祥詡。美匪懿治之所遑，將卻贄而不享，允錫車使歸翔。灼哉帝化如環之來兮，跨舜聖而滋煜沖哉。皇心爲葵之邵兮，纘武考以彌昌。粵宛馬海青，季歷徒煩于使索。彼元龜象齒，清時亦偫于弋勒。疇純粹其張麻風兮，夏翟當萬里而應瑞。佗清和其茂洪烈兮，海濱曠千世而開祥。愍隆懿之既邈，仲徽禎之鮮彰。群翼或隨乎蕭氏，素精或見于永康。胡德靈以堪稱，祇詡舌之徒張。

噫嘻！社鳴聖生，河清帝兆。螣蛇游霧而行，應龍乘雲而矯。蓋祥不虚呈，瑞爲時表。稽古甘露醴泉，器車龍馬之經綸。朱英歷草，連理同莖之逴皦。允維象德而顯形，詎曰無因而紛沓？諗沐義以浸仁，斯瑞葱而禎儴。方今大明膺圖，萬曆始肇。敷文解庖羲之繩，偃武寢周宣之旌。八夤櫜矢，穹廬銷鳴鏑之獷雄。萬宇安瀾，炎海應伏波而殲剿。

騶牙啓瑞，鯨海成塵。逾沙軼漠，棧山航海之環。歲無虚月，九真黄支。翡翠火齊之賫，府無停輪。冉駹與卭筰而請吏，左賢并谷蠡以稱臣。方將貢楛矢于窮域，通昭察于遐垠。亦何誇周風之熙穆，徒以摛漢賦之炳麟？

論曰：詩咏性情，紀載博而用物宏，纚纚乎不可尚矣。四始而後，惟離騷猶爲近體。自六朝以聲律之高，字櫛句比，幾于充棟。近代雖不以詩賦取士，而觀貢俗，亦吏氏所必采者，豈徒急推敲工藻潤已也。

編者按：高平影印本《劉宫詹先生文集》十六卷後“劉宫詹先生文集拾遺”，題作《越裳獻雉賦》，二者文字有所出入，且疑有闕文。故全文過録高平影印本所載《越裳獻雉賦》，以供比較。

猗自皇風逴熚，帝治登閎。荷天衢兮邕洽，提地厘兮昭明。連四海以清夷，鞏覆盂之謐；運六氣而旁魄，諧調露之聲。以故釀化渾涍，醇庥咄平。邇狄天而忘力，荒憬捧日而傾情。大角銷氛，旄頭寢兵。鑿齒反踵之君，窮髮貫胸之萌，罔不交臂奉貢，屈膝抒誠。抱嘉瑞而來貢，執奇珍而受成。皇皇哉億祀之□鑠，而百王之之燀程也。

粤周德之郅隆，諶王道其灼普。主兢兢而睿哲宣，相幾幾而公忠睹。禮飾治兮其君萬齡，樂象功兮而臣千古。道緝熙兮纘文，世永清兮紹武。物則蕩蕩由于夷庚，人軌雍雍躋于春圃。溯其時也，闡繹紹天之烈，既赫戲兮大明；諦其世也，含哺鼓腹之眠，羌汹靈兮如熙。晟兩美之必合，亶九穹之篤輔。約龢氣其瀰汹以溯通，快協風之曼羨而亡遏。天篤嘉瑞兮，焕素質于湅濉之靈禽；帝介蕃庥兮，屆洪仁于海嶠之僻土。

逖彼越裳之國，邈居林邑之邊。文身裸跣，人鮮集裳制；散髮蓬鬆，家無戴冔之傳。蓋徼外塞荒，雖洪圖隔閡其不囿；然是中豐照，托德寓均并而廣延。乃能蓊純光于太[三]于是時也，君端委而秉珪，□負袞而襄治。宗伯庀儀，職方辨位。陳庭實之修夸兮，展白羽以當階；望宸顏其款忠兮，依紫闥而受事。置諸臺沼，鹿濯濯以同游；載在藪郊，麟振振其堪比。右平左城，映之而揚輝；綉桷棼楣，對之而生麗。繽紛兮聳角，陸離兮揚翅。亶依帝所以啄餐，疇若驍媒其狷視。

矧其時，貢連九譯，琛同八荒。玉帛聯翩，浮于冰天桂海之國；航梯繹絡，齊乎日出月支之方。信神符天剖兮則遐均之上治，故仙禽地徵兮闡鑠懿于殊疆。格心維相，昭德維王。念絕隅穹，陬恐鴻澤兮之未被；乃夸祥詡，大非懿治之所遑。將卻贊而不享，允錫車使歸翔。懿哉皇化，如環之來兮，跨虞聖之休燦；沖哉皇心，如槷之却兮，纘武考以丕昌。嗟西騏海青，季歷祇煩于使索；彼元龜象齒，明時亦待乎戈勤。疇純粹其光休烈兮，夏翟應萬里而陳瑞；化清和其篤鑠風兮，海濱歷千世而開祥。憖鴻庥之既邈，忡景艷之鮮□。群翼或隨于郎車，素章或見于永康。何德靈以堪稱，祇詡舌之徒張。

噫嘻！社鳴帝生，河清聖兆。騰蛇游霧而行，應龍乘雲而矯。蓋祥不虛呈，瑞維時表。稽古甘露醴泉，龍馬器車之紜綸。朱英歷草，連理同莖之逴曒。允象德其顯形，詎無因而紛遝；荃浸義而沐仁，斯祥葱而瑞儴。方今大明膺圖，萬曆歲肇。敷文解庖義之繩，偃武息周宣之旅。八夤橐矢，穹廬銷鳴鏑之獷雄；萬宇安瀾，炎嶺應伏波而瘞劑。

騊牙出礫，鯨海澂塵。逾沙軼漠，棧山航海之琛，歲亡虛月；九真黃支，條支大宛之賮府亡停輪。冉駄與邛莋而請吏，左賢并谷蠡以稱臣。方將來楉矢于窮域，顯昭登于遐垠。亦何羨周德之碩鑠，乃以摛漢賦之炳麟。

論曰：詩咏性情，紀載博而用物宏，繩繩乎不可尚矣。四始而後，惟離騷猶爲近體。自六朝以聲律之高，字櫛句比，幾于充棟。近代雖不以詩賦取士，而觀貢俗，亦吏氏所必采者，豈徒急推敲工藻潤巳也。

校勘記

〔一〕據四庫本《明詩綜》卷五十六輯錄。

〔二〕據四庫本《御定歷代賦彙補遺》卷七輯錄。

〔三〕此處疑有闕文。

附　録

劉宮詹先生文集叙〔一〕

　　國朝稱文章，無慮數十家，要其最表見者，前四子、後七子而已。乃李于鱗論文則曰：“文章經國大業，不朽盛事。”王元美論文則曰：“天地之精英發之于文章，而粗以及政事。是文章也者，所以抒寫性靈、點綴世運，以與雲漢昭回者也。”功令庶常與鼎甲皆號瀛州華選，頫而親筆墨之事，爲簪纓所最榮，其他亦有越而稱之者，要不若是之專且美也。洪武初，宋陶尚矣；其次，若文恪、文莊、歇庵、睡庵，亦各以文擅；當世則編摹纂輯必屬文章嚆矢，而萃天地精英，經國大業、不朽盛事者，始足稱述焉。

　　吾邑宮詹劉先生，以世家子登弱冠第，而分詞臣一席，以肆其千古之志，此豈徒媲美文恪諸公而已？若將軼四子、七子而上之。故其文非長卿、孟堅不道，其詩非太白、子美不咏，其賦非子雲、平子不拈，其駢語非庾信、鮑照又不掇也。惜天短其年，僅逾强仕而歿，而其文，幾與身滅。幸司徒君無墜先緒，檢篋笥所存什一而珍秘之。越三十餘年始得詮次先生之文，以傳于世。

　　噫！亦奇矣。記之論銘曰：“君子之觀于銘也，既美其所稱，又美其所爲。”又曰：“身比焉，順也。明示後世，教也。”先生之文自有此梓，而凡有耳目者皆知其博而雅，奧而該，奇而不鑿，以與國朝諸名公争旗鼓于中原，而司徒君能以其先生之文誘掖後世，又豈有艾也耶？則所謂天地之精華，先生業已發之爲文章，而其經國大業永垂不朽矣，即蓋世猶生也。前四子中何發最蚤，亦最先殞，而其令名率與崆峒相頡頏，又安在長吉、玉樓之事可嘆也？余政事人也，天子使之乘驄按部，何敢望先生後塵？顧爲先生作玄晏焉。第與司徒君幸締葭莩之雅，得聞其所以梓行先生之文，因忘其愚陋而謬言于簡端。

賜進士第、文林郎、山東道監察御史眷晚生牛聃玄頓首拜撰

劉宫詹文集序[二]

夫翰苑之爲文，非進言于君，則口代天言者也。進言于君者，當正直以和，而吊詭尚奇有所不用；口代天言者，當惇大以責，馳騁縱橫有所不爲。故操觚之士欲取法《臯謨》《説命》高矣，然世代古遠未易追也。欲近學唐、宋易耳，然風會日流恐益下也。于是乎斟酌兩漢之間，取其惇厚質實者以爲矩矱，而于應酬之文無關廊廟者，稍稍恣其意之所欲言，窮其才之所可至，是爲詞林格外，非内篇也。

吾師高平劉先生，賦才穎異，卓冠人倫。志學之年便通三經，十六魁鄉榜，二十成進士，讀書中秘。以彼其才，即驅五臺、大行以爲筆鋒，激龍門、砥柱以爲波瀾，自其能事。而先生俯首功令，鋪張治道。其爲文穆如也，燦如也。任纂修，則明其典章，叙其品秩，稽其財賦法度，注其損益因革，其詞核。注起居，則仰察宵旰，詳載咨詢，紀其都俞吁咈，昭其進退用舍，其詞嚴。此乃國家化成天下之文，非一人之私文也。至侍講幄，則自唐虞以歷商周，所以緝熙聖學、黼黻呈猷者，其言婉而切。司綸誥，則自宫闈以至臣庶，所以光盛典而沛鴻恩者，其言典而腴。最難者廟祀廷議，肅皇仁孝之心既難盡違，萬古君臣之分又難逾越。先生議，别建一廟以盡展親之禮，無如魯僖公之躋閔公也，儼若《春秋》書法矣。

先生文名方盛，大小臣工承恩晋秩，以及出使省禁，稱觴致

祝，咸欲得一言以爲重。先生隨其人應之，德勝位，雖下僚隱士
必榮以華衮；位勝德，雖尊官高爵不飾以丹青。其見于詩歌、
賦、頌者亦然。大抵詩多應制，故其體取法初唐，以沈、宋爲入
門。至于征行、贈別，則體物叙情，格韵清新，華實兩稱，直當
接武錢、郎，在精于唐律者自能評之。

先生年逾不惑，以居喪過戚，溘焉謝世。其嗣子計部未離襁
褓，今在南都。政暇乃蒐其遺篋，共得詩文十六卷，付之梓人，
而遣使來徵序。纘辱先生拔之禮闈，馳驅中外四十餘年，愧無尺
寸樹立，以報知遇。今老矣，何能爲？然同門翰苑諸君子俱已化
爲異物，僅遺二三兄弟，纘齒爲長，序何能辭？

嗚呼！景行龍門以得御車爲幸，何況親受麟經者豈不以附
驥爲榮？纘知昌黎之能著李漢，未見元[三]晏之能重三都也。三
復遺編，徒增慨慕。

黄克纘崇禎三年仲春書

校勘記

〔一〕據高平《劉宮詹先生文集》影印本"附録"輯録。

〔二〕據清乾隆《高平縣志》卷二十二"藝文"輯録。

〔三〕"元"，避清諱"玄"。

張毅敏公集

〔明〕張養蒙　撰

韓兵强　張志江　點校

點校説明

《張毅敏公集》十卷，明張養蒙撰。

張養蒙（1545—1606），初字泰亨，後改端叔，號元冲，明山西澤州人。幼穎異，讀書過目即能成誦。家貧，其父乃自爲教授《尚書》。但其父以家難輟學，所治《尚書》僅粗解其半。養蒙潛思默會，靠自學完成學業。萬曆元年（1573），舉鄉試第三人。萬曆五年，成進士，選爲翰林庶吉士，讀中秘書。其學務考國家故實及前代治亂所由，屬文簡要切理，期於一字不可增减。萬曆七年，任禮科給事中，毅然以直諫爲己任。時張居正執政，上疏言事者先呈揭居正，名曰“説閣”。養蒙獨先上疏而後投謁。萬曆九年，轉吏科右給事中，巡視京營，議正捕營馬額，積弊頓清。轉刑科左給事中，署科事。奉命册封秦藩，餽遺一無所受。丁憂歸。萬曆十四年，服除，起爲吏科左給事中。萬曆十六年，任河南鄉試考官，同年升工科都給事中。萬曆十八年，出爲河南左參政。專意政事，案無留牘。萬曆十九年，入爲太僕寺少卿。次年，升大理寺右少卿，尋轉左。萬曆二十一年，升南京都察院右僉都御史，提督操江。萬曆二十三年，升都察院左僉都御史，晋左副都御史。都御史袁貞吉病故，署院事。萬曆二十五年，升户部右侍郎，同年督理東徵糧餉，倡言水陸兼運，甫逾兩月而運餉約二十餘萬石。養蒙爲人正直耿介，遇事仗義執言。張居正柄國，與之不協；王錫爵、沈一貫當政，與之多齟齬；張位任首輔，又與之不協。故此屢應升職，均被阻抑。萬曆三十年，因與户部尚書議理財不合，時相從而中傷之，被勒令與户部尚書同時致仕。離京之日，朝官咸爲扼腕。萬曆三十三年卒於家，天启初賜謐"毅敏"。

張養蒙著作現存《張毅敏公集》十卷，爲其第三子山東參政張光奎崇禎三年（1630）所刻。是書罕見，僅見著録于清徐乾學《傳是樓書目》，目前所知僅北京大學和日本東洋文庫有收藏。北京大學藏本爲十四冊，二函，半頁九行，行二十字，四周單邊，白口，單魚尾。每卷卷首題"高都張養蒙端叔甫著"。清乾隆九年（1744），其七世孫張玉繩等鑒於兵燹後原版已經部分損壞，抄補一百六十餘頁以備刊行。這一版本目前僅知上海圖書館有藏。又張養蒙擔任左副都御史，協理院事期間，曾與左都御史袁貞吉、左僉都御史郭惟賢同纂注《大明律集解附例》三十卷。是書刊刻于萬曆二十四年，萬曆二十五年曾補刻，目前僅知日本東京大學東洋文化研究所有藏。

《張毅敏公集》十卷，卷一至卷五爲奏疏，卷六爲書、啓，卷七爲序、記、行狀、墓表，卷八爲墓志銘，卷九爲祭文、閣試、程士，卷十爲詩，後附春聯。附録爲李三才、喬胤及文震孟所作《張公墓銘》、《張公行狀》和《張毅敏公傳》。養蒙少而嗜學，至老不衰，於書無所不窺。作爲萬曆朝有名的言官，以諫議著稱，雖不以詩文顯，但其詩文也頗見功力。其門人喬胤贊其"爲文以意識爲宗，務摹畫神情，不事浮詞綺語。詩靡所不工，尤工爲五言。奏議忠懇剴切，則逼真陸宣公矣"（喬胤《正議大夫資治尹户部右侍郎贈户部尚書張公行狀》），允爲確論。

張養蒙"負幹濟材，以世爲己任，遇事敢言，持大體"，"在諫垣久，益明習治體，知無不言，人多其亢直"（明李三才《正議大夫資治尹户部右侍郎贈户部尚書元冲張公墓銘》），"宅心正直，賦性剛方。披坦夙著風棱，揚歷雅多令績"（明李廷機《覆張養蒙恤典疏》，《李文節集》卷三）。本書收其奏疏共計五卷，百餘篇，卷一《東臺諫草》爲任給事中期間所寫奏疏，卷二《督江疏草》爲任南京操江僉都御史期間所寫奏疏，卷三《都憲疏草》爲任都察院副都御史期間所寫奏疏，卷四《督餉疏草》爲其以户部侍郎身份督東徵糧餉期間所寫奏疏，卷五《佐什疏草》爲其任職户部期間所寫奏疏，多涉及萬曆朝政之大事，如册立皇子、建三大殿、三王并封、援朝抗倭、妖書案、開礦等等，有助於了解當時政治、經濟、軍事方方面面的情況，具有珍貴的文獻價值。

本次點校，以北京大學藏明崇禎本爲底本，以上海圖書館藏清乾隆抄補本（簡稱“抄補本”）爲參校本。抄補本前多一篇明萬曆二十一年鄒元標序，後多一篇清乾隆九年張養蒙七世孫張玉繩跋，今抄録於書末。張養蒙作爲明萬曆政壇具有重要地位的大臣，交游甚廣，但其著作流傳不廣，散佚甚多。本書收集其佚文佚詩若干篇，作爲輯佚置於書末。

本書初稿録入後，丁迎雪女士不辭辛苦，利用上海圖書館藏清乾隆抄補本校正了大量明崇禎本漫漶不清的文字，并補録數篇文章，在此謹致謝忱。

《張泰亨疏草》題辭

泰亨爲給諫，封事凡二十餘上，大略孤立行一意，未嘗伺人顏色、隨人口吻，持重不輕發，遇事度時〔一〕，無肯〔二〕言者乃始草奏上之。及泰〔三〕亨之疏出，而人人當其所欲言則競錄其牘而藏之。蓋余登朝十五年，見士大夫明能見事，强能持之，不激不隨，不匿情，不近名如泰亨者，未兩見也。泰亨既出爲參知，言者皆謂泰亨行能高，可大任，不宜置之外僚，主爵乃移泰亨入佐同政〔四〕。命既下，士大夫皆訴訴焉。而余猶記送泰亨時，執手相戀相戒，斤斤語以涉世之難與夫保終之不易。泰亨既別去，乃復思向語泰亨者固未既耳。夫射者不以善息，一發不中則百發廢，余向所以語泰亨止此矣。譬如作室〔五〕，當其始鳩工聚材，天下未測吾所欲爲，一鎮其甍，則無所復加〔六〕，故如射則欲善息，如室則忌早〔七〕鎮。何者？名不可多取而欲善亡厭也。蓋士各有量，極其所能受而止。如韓琦、范仲淹、司馬光、吕誨，其聲名皆自諫院起，以至光贊大政，垂則來裔，而後四君子之量始極〔八〕。近世士大夫亦〔九〕有爲臺諫錚錚有聲，至其晚節末路，逡巡脂韋，爲天下笑，此以瓶罍之器欲取于造物，故溢而敗耳。泰亨屹然有執，遇事能見本末，故知爲彼不爲此。田畫語鄒浩曰"士所當爲者未止此也"，敢爲泰亨誦之。

賜進士出身、奉訓大夫、右春坊右諭德兼翰林院侍講、纂修會典、管理誥敕、直起居注、經筵日講官年弟馮琦頓首撰

校勘記

〔一〕"時"，明馮琦《宗伯集》卷十六《張泰亨疏草》無此字。

〔二〕"肯"，底本漶漫不清，據抄補本補。

〔三〕"泰"，底本漶漫不清，據抄補本補。

〔四〕"佐"，底本漶漫不清，據抄補本補。"同"，據《宗伯集》當作"冏"。

〔五〕"譬如作室"，底本漶漫不清，據抄補本補。《宗伯集》作"泰亨不見作室者乎?"

〔六〕"則無所復加"，《宗伯集》作"欲加尺寸亦不可得"。

〔七〕"早"，底本漶漫不清，據抄補本補。

〔八〕"而後四君子"、"極"，底本漶漫不清，據抄補本補。

〔九〕"近世士大夫亦"，底本漶漫不清，據抄補本補。

户部侍郎贈尚書張毅敏公集序

司徒張毅敏公，吾枌榆之碩彦而年籍之尊行也。私心嚮往，願爲執鞭。適公家叔子轉運大參君以公奏議洎詩文全集授余，俾重爲之序。余獲披誦卒業，肅然正衿已，愀然太息曰：

夫貞褒衡勝之際，所關國政、主德詎渺細哉！自昔柄臣多有齮齕異己、挫抑法拂者，固亦顯行之而天下且明見之矣。乃其陽合陰暌，疑用疑捨，一種牢籠顛倒之術，使天下不得加以醜正惡直之名。而其爲端臣亮士者，雖亦逡巡厠居大位而瑰抱未伸，孤憤終鬱，吾君曾不得收其斡旋補救之效，而反以疵政貽聖明累，此其患不尤隱而其情不尤忮且憛也乎？毅敏公一生砥節，獨立獨行，獨居朝言論風采皎然，不欺〔一〕其意。其事神祖之初，方大相赫炎，亡所阿避，每有抨擊，上亦轉圜受之。迨相祖璫敗，局勢一更，聖主當陽，君子道長，公志益可自發舒，使鼎軸大臣皆如洪溪衷公、慎軒辛公、立亭孫公、龍江沈公者，與公同心匡輔，何渠不立奏郅隆也耶？故島夷之議行則中極可無翕侯之侮，三禮之議行則舉國可無置器之疑，內養之議行則群虎可無磨牙之噬，珠寶之議行則度支可無頤指之詬。奈何公所遘遇爲石司馬，爲戴夕垣，爲楊、陳二司徒輩，始則相尼，繼乃相傾，而二三柄臣又爲之後先主持於奧突間，則公之肘安得無掣而志安得無晦歟？公九列再滿，前貤後延，終始榮哀，蔣被殊渥，則未嘗不厚饗于君；蘭庀槐庭，聯翩芬靄，蕊榜流暉，金緋映照，則又未嘗不豐報于天。獨怪朝野之喙喙嘵嘵于？神廟時事，若以官府猜隔，北司鴟張，咎顓在上而孰知？夫補袞才疏，含沙計巧，總當備責臣子焉爾。然則公雖身乘箕尾，神行閶闔，而烏能無衙丹化碧，低回於主臣之故也耶？幸而公集具在，尚論者亦可以知[二]公之世、窺公之心[三]矣。公德業、文章盛[四]美卓爍，已有馮、鄒諸巨公椽筆揚扢，鰍生不敢復贅，輒發其醖寄以復大參君云。

　　賜進士第、巡撫湖廣等處地方兼提督軍務、都察院右副都御史年家晚生銅鞮魏光緒頓首拜書

校勘記

　　〔一〕“不欺”，底本漶漫不清，據抄補本補。

　　〔二〕“亦可以知”，底本漶漫不清，據抄補本補。

　　〔三〕“窺公之心”，底本漶漫不清，據抄補本補。

　　〔四〕“盛”，底本漶漫不清，據抄補本補。

《張毅敏公集》序

神廟中葉，恬熙日久，士大夫以懷祿養交之心，成風靡波蕩之習。於此匡植正氣、提揭清議者，則有若富平孫太宰，李涇陽、温三原兩御史大夫，慶陽李司寇，而高都之張司農實與諸公頡頏一時，狎主齊盟者也。當公之釋中秘，入省垣，正江陵柄政，省臺有所建白，必伺相君意指，先具揭取進止，名曰“説閣”。公曰：“此霍氏之副封也，使相君得以扼其嗉，則朝陽之聲寂矣，安用諫臣？”每有封事，則宵燈具草，旦日達天閽，一時壯之。然公猶不至獲戾悍相，迨久於事而有忮公剪其私者，竟以參藩出。商〔一〕丘宋太宰嘗揚言於朝曰：“近日言路，惟某爲朝廷實心任事，而外轉去矣！”當事者赧赤無以對。既以公論稱惜，不旋踵入爲清卿，馴至九列。當公之在言路也，所重在民瘼、邊防、錢穀、河渠，凡條畫者多國家利病而不尚倚搏擊爲名高。嗣備位大僚，則又以身作善類蓁弧，倡敢言之風，而豫防其結轄之漸。蓋大人作用虛虛而實實，言路虛也，以其實實天下之虛，毋使崇議近於訐言而人主以臺諫爲贅庬；卿貳實也，以其虛虛天下之實，毋使元氣鬲于上行而〔二〕大臣與小臣分營壘。蓋其苦心救世，往往如此，惜後先在位者未必人人與公一心。至顯皇勦勤之會，藤牋累累，盡庋置高閣，用事者各自爲偶，而或謂嚴鋼籍、屏耳目者自有人，上不與任其咎，人多服公遠識云。

公既繫一時表儀，出處進退關天下重輕者垂三十年，而自飛章草奏之外不廢嘯咏，又以其餘力抒爲文詞，原性情，本經術，澤之以道腴，藹如也，燁如也。與公同時者尚有魏懋權兄弟及趙夢白、鄒爾瞻兩先生，皆人倫冠冕而雅以文章自雄。公之閎肆稍孫諸公，而菡蘭同臭，嚶鳴悦響，或感時而抱惋，或拊景而紆懷，把酒長唫，臨風舒嘯，凡悲愉喧寂之中皆堪一部鼓吹。余嘗見唐宋以來諸名臣，若李文饒、范希文、韓稚圭，不專以文章顯，而吮毫吐臆，如珠之在荷，從橫流折，動溶如意，必至於傾瀉而後已。即敲聲選韵，無煩追琢，温厚菀結，兼二《雅》、楚騷之致，有德有言，聖非欺我。

公謝世日久，墓木拱矣。剛正之氣，精曄之光，嘗炯炯于天地間，其不因文章而存者不因文章而愈存乎？公之嗣人峥嵘競爽。長光禄公擢第爲薇郎，行登華要，而以家風世類爲人攬抑。余曾解后班行中見其精神淵箸，杜德如木雞，因以此髣髴毅敏公，得非高山、大川矗峙萬仞，溯湃千里，而静窈泓渟，使人莫窺其際者乎？次者今大參公，董礬政于齊魯間，清風颯如濟流，穢膩爲之一洗。上察其廉能，行將有不次擢。而吾友魏元白亟稱其爲人素心亮節，無忝堂構。刻成《毅敏公集》，而千里問序于余。幸余自諸生時頗嫻于掌故，公之家乘具在胸中，執鞭之慕不自大參公昉也，否者幾無以復來問矣。

吳郡姚希孟書于京邱之大隱堂

校勘記

〔一〕“商”，底本多訛作“商”，以下徑改，不再一一出校。

〔二〕“而”，底本漶漫不清，據抄補本補。

《張毅敏公奏議》叙

《詩》曰："高山仰止，景行行止。雖不能至，心嚮往之。"余少時，先侍御每與余言："吾澤張毅敏公行甚芳，古直節大臣也。"九原者如可作也，非公誰與歸乎？計庚子上公車，曾一拜公于京邸。先是，薦紳同志刻公《東臺疏艸》，宗伯馮公、今大中丞鄒公業爲之叙矣。今余始就其仲子索公諸奏議稿，自東臺至少司徒凡若干卷，梓行於世。公居家對妻子、婢僕儼若朝典，與後進雖無崖略，然峻履恭貌，諸宗室絶無往來。讀其論列，斷斷如也，似古筆公、劉鐵漢之流。顧宗伯叙謂公"孤立行一意"，而大中丞謂公"惟公論之所之，不知權勢爲何物"，且曰"公論所在，即理之所在"，既公論矣，何孤立也？此兩言似相牴牾者，是不然。古之所謂公論者，公也，非衆也；後世所謂公論者，衆也，非公也。公則一仁人主持之而已衆，衆則非一君子察之而轉不公。《書》曰"三人占，則從二人之言"，以衆爲公者也。顧彼當皇極有建後，自心已亡偏黨反側、作好作惡之私，而世之人亦無淫朋比德、曹好曹惡以亂之，故惟衆論所在而不疑。假令三人在王荆公之前有一言，韓琦、司馬光足任隆棟者乎？然則公惟孤立，所以能惟公論所之，不候人風影擠異樹功也。合兩言觀而公之論列始明也。宗伯勗公"士所爲未止此"，由今觀之，公之生平盡矣。世之乍陽乍陰者視公爲何如人，可以告宗伯于地下而當今大中丞之心矣。公以給舍主試中州，得外參，不少挫。及晋冏卿，留都操院，攝[一]總憲，貳大司徒[二]，奉[三]命督餉，薑桂之性，老而彌烈。夫小臣借慧激之談以爲身名驟起之媒，而大臣借元氣之調以爲優容持祿之地，則乍陽乍陰非有變也。彼所謂陽者非真陽，而陰乃真陰也。果確不可拔之龍德，則以道事君，不可則止。吾夫子大臣之律令，豈其蒼黃茅靡頓易初心，而不始終孤立行一意〔四〕，惟〔五〕公論之所之哉？公天性剛決〔六〕，人所百臆不能了者，公一見即了了。遇事慷慨，一言引繩，後不更易。與部長論事不合，遂引告。四明當國時，公僦舍與鄰，曾不一謁，銜之刺骨。蓋至歿後而其冢公中書行取已定，忌者猶以銜公明書於牘也。居朝內竪無一私交，説者謂吾晉薛河津居西臺，三楊欲求識其面不可得，爲權璫所薦，不一謝其私室，足相方矣。顧河津瀕禍甚險，而讀公妖書一疏，賴神主聖明，穆然無間。正人君子貫四時而不改柯易葉，豈易能哉！然公賜謚、祭葬，恩禮備至，奕世載德，亢宗蒙榮，是公論之與大〔七〕道究竟自符，而此篇一行，直與賈長沙、陸內相相伯以仲〔八〕，未〔九〕嘗不令骯髒孤立之士讀之爲千古一快也。余每思先侍御言，恨生晚不得奉公提命，夫名位不足論也，正恐事事愧公，莫趾先哲，聊就兩鉅公之叙而發以己意，弁之簡端。

時天啓三年癸亥孟夏吉旦，南京廣東道監察御史眷晚生王允成頓首書于留都之清議堂

南京禮部考中儒士虞獻廷書

校勘記

〔一〕“攝”，底本漶漫不清，據抄補本補。

〔二〕“大司徒”，底本漶漫不清，據抄補本補。

〔三〕“奉”，底本漶漫不清，據抄補本補。

〔四〕“意”，底本漶漫不清，據抄補本補。

〔五〕“惟”，底本漶漫不清，據抄補本補。

〔六〕“剛決”，底本漶漫不清，據抄補本補。

〔七〕“大”，抄補本作“天”。

〔八〕“仲”，底本漶漫不清，據抄補本補。

〔九〕“未”，底本漶漫不清，據抄補本補。

東臺諫草

論升任學臣違例疏

爲升任憲臣違例不候交代，懇乞聖明究治以肅官守事。

臣查得萬曆六年，該陝西提學副使李維禎一本，爲陳末議以裨學政事，條陳七款，其“議職掌”一款內，欲將提學官如邊方兵備交代。隨經禮部議覆，大要謂官非專職，幸^{〔一〕}門易啓，今後提學官如遇升遷，必候交代方許^{〔二〕}離任。一應考校、幫補事宜俱聽照常行事，不必^{〔三〕}推避。如遇丁憂及別項事故，勢難久留，且礙行事，似宜准其離任，撫按官選委學行兼優者代行署掌，等因。奉聖旨：“依議。著各提學官一體著實行，每年務遵敕諭歲考一次，毋得托故偷安，致隳職業。”欽此。

夫新舊交代之例，建白在憲臣，題覆在禮部，已奉有欽依頒行中外，永爲遵守矣。豈意猶有敢於故違，如原任浙江提學僉事、今升太僕寺少卿喬因阜者哉？臣查因阜之奉特旨升少卿也在萬曆七年十月二十六日，陝西參議劉東星之升副使補代也在本月二十八日。外官升轉地遠，京都始而聞知必據邸報，既而赴任必待文憑。文憑自京至陝，其日可計也；東星自陝至浙，其日可計也。東星至浙，因阜始得交代，交代已竣，始得離任，例也。該吏科於東星到任文憑查限在萬曆八年三月初五日，因阜於三月十一日已駐張家灣，去都城僅六十里，以日計之，是東星未至浙，而因阜即離任矣。

竊思因阜係升遷也，非係別項事故也，明例昭然，守職侯代，奚不可者而何急急於去乎？不知去之日吏書文移何官接受，撫按選委何官代掌，毋乃徒知新命之當急趨而遂輕視明例爲可悖耶？此臣之所以未喻也。且因阜督學五年，積俸深矣；再考俱優，積勞著矣；遵奉敕諭，考校公明，又荷陛下破格超擢矣；臣豈敢過爲指摘以傷渾厚之體哉？顧法之立始乎嚴，常卒乎弛；而人之情始乎畏，常卒乎玩。交代之例行未二載，因阜公然違之，法不日弛而人不日玩乎？陛下夙允輔臣之請，頒新敕以廣勵學官。天語申飭至再至三，期於著實奉行而已。乃陛下之求也以實，而諸臣之應也以虛，虛文相沿，實效罕睹，甚有謂璽書爲故紙者，雖奉嚴旨處分，殊負廣屬之意。有臣如因阜，方以遵敕蒙擢而復以違例終之，其謂之何？此而不懲，人心愈玩，非所以儆其後也。

臣職掌所關，義不容默，伏乞敕下吏、禮二部，查照前例，如果臣言有據，將因阜特加究治，使人知法在必行，不以優叙而貸，不以升任而免。仍乞申飭京、省督學諸臣備查節年題準事例，一體著實遵行，勿得視爲故事。敢再有故違，聽臣等該科不時參究，則責成嚴而官守自肅矣。

奉聖旨：“吏部知道。”

請止藩王淫祠名額疏

爲藩王惑奉淫祠、濫請名額，懇乞聖明停給以重祀典事。

臣於本月初九日在科接得周王在鋋一本，爲比例祈請祠額，以崇祀典，以彰聖澤事。內稱河南省治東南隅有熒惑火德眞君神祠，東北隅有繪塑觀音等神，各有靈應，修建工完，欲比照嘉靖年間事例祈賜額名，等因。奉聖旨：“禮部知道。”欽此。臣反覆參詳，義不容默。切惟國家以祀典爲重，藩王以循禮爲賢，凡祀典所不載者皆謂之淫祠。孔子曰"淫祀無福"，蓋明其非禮而當遠也，胡周王昧於禮而輕有此奏乎？謹按奏中熒惑，南方火星，在天垂象，非人也，稱以真君，矯誣殊甚。如曰主火災，則國家歲有常祀，不應外省塑像瀆祭也。若至觀音等神，名號獨見於禪家諸書，怪誕不經，禮宜首斥。緇徒巧塑金像，誑惑愚民，少知禮者必能辨此，而周王乃謂其廟宇建自先世，焚修香火，祝延聖壽，何期謬也！

夫皇上爲天地、宗廟之主，百靈協護，萬壽無疆。在臣子區區祝禱之私，惟願敬事天地，孝事祖宗，以祈陰祐聖躬，茂凝景福，而黷祠非類，謂爲祝延，不宜褻且媚哉？臣備考各藩中有建樓實藏先世制敕以額名請者矣，可以稱孝；有建書院以額名請者矣，可以稱賢；而淫祠之建又何以稱也？皇上英明在宥，方將汰黜淫祠，厘正祀典，而綸音之重可輕畀之以徇其請哉！臣連日訪聞，觀音祠度住尼僧，豈堪修香火之役？密邇上方寺，淫通僧衆，不守清規，敗俗叢奸，莫斯爲甚。且自周定王創建以來已歷八年，未敢希覬欽額。今日之請，實該藩狡獝戚黨撥置，營求僥幸賜名，因而罔利，非出周王本意。皇上儻徇其請而與之，一以遂奸民眩惑之私，一以啓愚民崇奉之漸，尤非所以杜奸欺而正風化也。伏乞聖斷，特命該部停給，則其漸自弭而祀典亦不淆矣。

再照禮貴謹微，非惟其漸不可長，而例亦不可輕開。如周王所援二例向係世廟特典，未嘗明著爲例也，而今輒比之，若曰例所應得，必不靳予焉爾，而不自知其所援之非例也。萬一得遂其求，安知後來各藩之請乞者不援此以爲例而紛紛無已乎？臣愚更乞皇上從今以後慎重恩例，勿開瀆請之門，是亦謹徵之一機也。緣係藩王惑奉淫祠，濫請名額，懇乞聖明停給以重祀典事理。

奉聖旨："這祠額名著停給。禮部知道。"

議正捕營馬額疏

爲議正捕營馬額，以清弊源，以便查核事。

臣竊惟國家重務不過軍馬、錢糧而已，查核之責獨於巡視之臣寄焉。若查核不密，則法令易弛；苟弊源不清，則查核無據。況在輦轂之下，尤不容因循玩愒者。茲謹以巡捕兩營軍馬、錢糧積弊所當亟正者爲陛下陳之。

自臣之奉命巡視也，每月例赴天壇傍查點兩營軍馬，時遍睹各隊中有軍幾百名而馬僅五七匹者，有軍止四五十名而馬至三四十匹者，心甚疑之。問之參將，則曰舊額也。問之把總，亦曰舊額也。歸而查諸捕册，各總下歷歷開載也。臣竊計捕營軍馬，其初必較地方之衝僻廣狹而設，地方衝且廣者軍必多，馬豈得獨少？地方僻且狹者軍必少，馬豈得獨多？及細加查訪，則知其係積弊而非舊額矣。蓋夜巡軍哨比大營之軍爲苦，而巡馬糧銀比大營之馬爲多。苦之所在人雖難甘，而利之所歸人亦樂就。故營中遇有遺馬，猾軍紛紛囑求，該管督參徇私寬假，遂有連馬准更別隊者，有連馬選充尖哨者，有東營之馬免給西營、城外之馬免給城内者，軍多而馬少，軍少而馬多，職此之故矣。夫馬之更免不常既非舊額，而糧之攢造如故，遂易爲奸。如本軍食錢糧在此總，騎巡則在彼總，倘糧有虛冒，巡總不得而知也。即巡有猾逃糧，總亦不得而知也。兩相影射，稽核無由，似此弊端，豈一朝一夕之近哉[四]！臣目擊前弊，日夜籌思，欲將各總食糧馬匹盡數掣回原隊，則選充尖哨本皆精銳，一旦無[五]馬，逐捕何資？一不便也。馬既掣回，軍仍舊役，貧軍無藉，畏苦易逃，二不便也。邇來倒馬多係軍自買補，新買驟奪，軍豈能堪？三不便也。掣回空閑馬匹，鑽討者衆，益滋紛擾，四不便也。冒此四不便而望法之行也，得乎？致理之要在順人情，剔蠹之方貴參事勢。審酌今日之事勢、人情，惟有更正巡馬錢糧勘合，庶爲長便。合無於各總名下馬匹通行查出，果食錢糧在東營而騎巡在西營者，盡將錢糧更順西營；食錢糧在西營而騎巡在東營者，盡將錢糧更順東營；以及騎巡在此而食錢糧在彼、騎巡在彼而食錢糧在此者，各以錢糧歸於騎巡標下，不使分隸兩總，有礙稽查。除掖哨頭、二、六、七隊俱係食行糧尖哨，額馬數多不拘外，其餘東西各隊地方仍酌算軍數之多寡爲馬匹之多寡，大約有軍四五名派馬一匹，多者減之，少者益之。其錢糧於下糧廳勘合於車駕司各照查正，永爲遵守。以後如遇事故，馬匹必於本隊從公挨補，尖哨有缺，只用步軍選充，不得將有馬者隔總充補。如是則馬額既正而軍心亦安，更順不擾，地方有賴矣。事繫職掌，法當清查，詢之兩營將官，亦皆交口稱便。伏乞敕下兵部，覆請施行，臣無任惓惓，等因。

奉聖旨："兵部知道。"

議寺臣分審職務疏

爲酌議寺臣分審職務以定法守事。

竊惟大理天下之平，所以平庶獄而歸之理者，惟左右二寺之臣寄焉，必職之繁簡一、人之勞逸均，而後能責其官不廢常、事無停閣也。今據大理寺臣之職務論之，在京刑獄係軍者屬之左寺，係民者屬之右寺，此二寺事之相等者也。在外兩直隸并十三省，京詳毋論，軍民盡歸右寺，而左寺不與，此二寺事之相懸者也。事相等則人之勞逸亦均，惟事既相懸，遂使左寺之臣兀坐公署，優游待遷，何其逸也；右寺之臣窮日參評，尚多壅滯，何其勞也。職等查得《大明會典》，洪武間革去審刑、磨勘二司，諸司刑獄惟二寺分審。其屬在京諸司及直隸衛所、府州縣者，左寺審之，此初定事例也。又開今分審地方，屬南北兩京、五府、六部、内府、京衛等衙門，并未出京長史司者送左寺；屬應天、順天二府、南北直隸衛所、府州縣并在外浙江等布政司、都司、衛所、邊衛、外夷者送右寺：此續定事例也。據前例則直隸原屬左寺，據后例則直隸又屬右寺，此豈無其故哉？説者謂國初京軍多而健訟，故左寺之事甚繁，右寺之事甚簡，京詳盡歸右寺，蓋亦一繁簡、均勞逸之意耳。邇年以來，猾軍避哨瞭之苦，甘配贖之刑，有訟在官，概稱民籍，刑部送審悉照成規。于是昔之以軍屬左寺者今皆以民屬右寺矣，左寺之繁者簡而右寺之簡者繁矣。此一説也。或者又云，分審地方之例，只爲在京日行事務言之參〔六〕閱，京詳不宜拘此。是又一説也。職等竊思兩直隸并十三省事干重辟應轉京詳者，一歲之中何可勝計！在刑部分管於十三司，在都察院則分管於十三道，事務易辦，人情亦安，奈何舉十三司道分管之事而獨以右寺當之乎？考之在京各部寺衙門未有若是之勞而不均、偏而不舉者也。法弊不可責，通則適治。即今重修《會典》之期，事隸六曹，總加參定，該寺職務若不一更定之，豈所以重廷評之臣而示萬世之憲哉！

伏乞敕下法司，畣爲會議。其原係在京日行事務，軍民分管事略相當者，仍照舊例分審外，其係在外兩直隸并十三省京詳，合無比照刑部、都察院事體，酌定地方，分屬二寺，各審其半，不使有偏，庶事之繁簡既一可免停閣之虞，人之勞逸適均可致責成之實矣。職等非敢爲是妄議也，蓋在典制不可擅更，在事例不可拘執，隨時變易，救弊補偏，是亦善師祖宗之意而不泥其迹者，惟聖明裁察。

奉聖旨："法司知道。"

請申諭法司慎議覆疏

爲仰體聖衷，懇乞申諭法司慎議覆以副欽恤重典事。

臣等近接得刑部等衙門一本，爲恤刑事，奉聖旨："劉大蘭等既情可矜疑，并李蠻子、馬登雲、渠津都饒死，發邊衛充軍，寧希凰等并張五美、張炫等，智官等，俱依擬改辯，各發遣、發配、發落。張河、楊繼忠准辯問。杜朝宣、劉美、郭芝、洪恩俱監候，待緝獲逃犯之日另擬具奏。武相原問已當，照舊監候。凡受財故縱的律應與囚同罪，今後犯者俱着固監緩決，候逃囚得獲，自應審豁，不必矜遣。如終不獲，則罪坐所由，死亦非枉。凡議擬題覆都照此行。"欽此。

夫五年欽恤，我朝之重典也。前項矜犯差臣審讞于先，法司會覆于後，可謂詳且慎矣。陛下不盡從其請，特申受財故縱，不必矜遣之命。固監緩決以俟審豁，大恩也；罪坐所由，死亦非枉，大法也。法司諸臣議擬題覆，自當兢兢焉守之矣。臣等莊誦綸音，看詳章奏，所謂"不必矜遣"、"死亦非枉"者，豈獨受財故縱囚犯爲然哉！近閱恤刑諸臣奏中，多有以逃軍三犯矜者，以竊盜三犯矜者，以共毆人命矜者，旋經議覆，概從遣釋，職等竊有疑焉。夫充軍下死罪一等，有麗此者，非人命、奸盜，則侵欺、詐騙等項，既已編發着伍，一犯在逃，即當枷號遠戍，矧三犯乎？如近日矜遣高觀，則三引例而三逃者，何其幸也！訪聞充發、罪戍逃者，十居八九，犯者十無二三，衛所通同，原籍容隱竟不發覺，徒費清勾。比及有以三逃犯者坐絞監候，稍足警其餘奸，乃猶得輕貸焉，軍何畏而不逃耶！竊盜止于刺配，三犯律徑論死，"刑故無小"，自古記之。節奉世宗欽依，不得入可矜矣，乃于奏允監決者概以矜例。如近日矜遣水玉，且以饑寒迫身、罔知法令借口焉，是何説也！新例嚴於治盜，而久盜顧得幸免，恐人知不死，犯者愈衆，竊之不已，必至于强盜，幾何而不橫耶！共毆人至死者，以下手致命一人坐抵，何枉之有？初情既審，傷證已明，監候多年，百計求脱，或以曾累死一二命，矜之猶可言也。如近日矜放懷氏，則同夫陳登洲毆死庶母劉氏者，始坐其夫，潘郎中開之，繼改其妻，今又開之，劉氏之命孰抵也？庶母在禮爲期服之親，此而不償，于倫似悖，尚何論毆死平人者乎？此皆由于議覆之未妥者，各犯俱荷陛下浩蕩之恩，臣等豈敢忘喙？但恤刑之疏未經議覆則駁之無從，已奉欽依又言之無及。第念欽恤之典不可涉于輕，刑罰之中不可傷于濫。如受財故縱者，陛下前曾以議矜而遣之，今又以非枉而靳之，先後異旨，總歸于當而已。

伏乞申諭法司，今後凡諸議覆倍加詳慎，勿因審讞混擬矜疑。高觀之遣往矣，凡逃軍三犯類于觀者不必矜遣，而使軍知所畏；水玉之遣往矣，凡竊盜三犯類于玉者不必矜遣，而使盜知所戢；懷氏之釋放往矣，凡共毆人命有類懷氏夫妻者，勿信妄辯，勿輕改抵，致開異日輾轉解脱之門。其他情可矜、法可疑，羅織多端、冤抑莫白者，獄儘有之，若能開一人而使萬人稱快，辨一罪而使三尺稱平，斯不亦善承德意而善守國法者哉？臣等待罪該科，有看詳糾正之責，故冒昧進言，惟陛下裁察。

奉聖旨："法司知道。"

論救荒弭憂疏

爲宇内多荒，民情洶洶，仰體聖念，陳膚見以弭意外隱憂事。

臣伏睹今年來灾沴頻仍，公私告匱，在南則傷于水，在北則傷于旱，自兩京以及各省報灾者十一處，請蠲、請賑，疏奏紛紛。皇上俯采科臣張棟之言，沛然下德音，捐内帑，明詔所司差官分道往賑。詔使一出，窮檐蔀屋之民枵腹忍死以仰承聖澤，喜可知也。其酌被灾輕重爲發銀多寡，擇賢而使，該部已有成議；所至地方協同撫按設法賑濟，各官自有規條，臣似無庸贅。第臣之所慮者不在饑民，而在奸民；不在本地之民，而在流民；更恐富民盡入於饑且流，而意外隱憂從此起也。臣請爲皇上備言之。

夫饑民之與奸民有別矣。耕而食，蠶而衣，勞瘁經營，僅得溫飽，卒遇水旱之變，家無擔石之儲，妻子嗷嗷，日不二餔，草芽、木莢盡是饔飧，菜色鵠形，奄奄待盡，此饑民也。閭巷少年，頑狠任俠，無行可齒，有田不耕，飲博競歡，睚眦修怨，恃強作梗，設局犯科，縱遇豐稔之年，一身已自無藉，此奸民也。饑民畏法，心無異圖；奸民玩法，志在不逞。故荒歲者良民之災而奸民之幸也。臣原籍山西，今歲春夏之交，臣猶在里，適值二麥告歉，米價翔涌，目擊近地一二奸人，或密相誘引脅索富民之粟於家，或公然鼓煽攫取賈人之金于市。官司逮問，則曰：“我饑民也。”官司亦憐而赦之，曰：“饑民也。”嗟嗟！民亦何常之有？樂歲多賴，凶歲多暴，等死耳。饑而死固不若劫而猶死于飽也，況又有奸民誘之乎？況官司不以嚴法繩，其後未必死乎？小劫不已，必至大舉，履霜之漸，長此安窮？臣以爲此非細故也，非可以姑息治也。

查得《周官》，備荒卒於除盜。國家禁盜，律有明條。此輩借饑之民肆盜之虐，真盜耳。謂宜嚴行所在官司，一遇有犯，審出奸民爲首者加等示懲，其餘脅從饑民照律究斷。法嚴則人不敢犯，刑亦可緩。仍諭各撫按、守巡官練民兵，重保甲，修險隘，威靈彈壓，奸宄潛消，折亂之萌莫要于此。是奸民不可不治也，懼煽亂也。

諺云“去鄉易，還鄉難”，蓋謂死于流離者眾也。今在在被災，山陝爲甚。臣新自山西來，知梓里災爲悉。坊市尚自安堵，村落儘有遺墟。道出懷、衛、邢、漳之郊，見號于途、丐于市、耄倪瑣尾、裸體呻吟者，問之，則皆山陝人也。又聞民間傳言，有一家數口餓而共縊于樹者，又有共投于河者，人人酸鼻，舉一路而他可知也。細訪所在官司，加意撫恤者少，驅逐出境者多，蓋賑之不能，且畏生亂耳。夫天下一家，何分彼此？饑民朝不保夕，寄命鄰封，而官司拯救無方，又重之以驅逐之令，民如之何而不轉于溝壑也？有人心者可以惻然思矣。且流民中豈無豪猾者乎？晋之李特，其初固流民也，直以有司處置失宜，遂為禍首。今聖政明肅，萬無他虞。然被災之民雲散鄰省，已莫能必其命，又不獲容其身，倘有奸人一倡，寧保其不弄兵潢池乎？近皇上有一體撫恤之旨矣，謂宜申諭天下，凡遇流來饑民，勿得視若秦越，多方賑救。山澤之利或聽其采取，勿厲禁可也；閑曠之地或聽其開墾，量給牛種可也；撫按之贓罰或暫停解部，豐年另議亦可也。既以貽逃亡再生之編，且以廣皇上一視之仁，流民安而地方自安矣。是流民不可不恤也，懼無聊也。

萬井之郡，十室之邑，豈皆稱貧，必有富者，是貧民之所倚命，亦國家緩急之資也。今南北迭罹災傷，富室概多消索，聞官司失於愛護，為謀不長，當告荒之初即出勸賑之令，以致奸民借口糾眾，擁入其門，積穀倏空，真同盜劫。訟之官府，冀為追償，可奈有司不行根究，甚有庭呵其妄、箠楚斥歸者。此端一啓，逼搶成風，奸民意態揚揚，咸謂得計，溯其誨盜之自寧不在上哉？

夫所謂勸借者為萬不得已權宜之策，聽民自便耳，非强之也，非開奸民脅取竇也。富民力本深藏，良亦甚苦；計口而食，費亦不貲。有司以一令之輕致困庾鮮終朝之積，闔門受困，棄產思逃，遠近囂然，緩急何藉？謂宜嚴諭官司，勿得輕令勸借，一應賑濟皆官自區處，倉穀不足，則繼之以贓罰、紙價、引錢、稅課并各項餘剩無碍[七]等銀兩。富有願輸粟賑饑及施棺掩骼者聽[八]其自舉，隨賑施多少量給冠帶，或行具奏[九]，豎坊表里以風勵將來。既不傷其心，且以顯其好義，富民安而地方益安矣。是富民不可不愛也，懼失資也。

夫今守臣所請、聖意所嚮惓惓爲饑民計耳，而臣獨舉奸民、流民、富民爲言者何也？蓋饑民當賑，人皆知之。至於奸民當治，流民當恤，富民當愛，皆苟幸目前，漫然不加之意。況今秋霖不溥，麥種未投，百姓春望將孤，汹汹轉甚，臣感時觸事，故敢罄其一得之愚。伏惟皇上裁察，天下幸甚，臣愚幸甚。

奉聖旨："戶部知道。"

論武臣華選濫及賤流疏

爲武臣華選濫及賤流，懇乞聖明亟賜究黜，以重名器，以快人心事。

臣竊惟今武臣中所稱爲華選者非錦衣衛堂乎？蓋古執金吾之官也。金緋侍直，寵逾簪纓；緹騎司巡，威行輦轂。語云"仕宦當作執金吾"，誠重之矣。此其官可以賤流居哉！臣謹按：新升錦衣衛都指揮同知堂上僉書管事羅秀，本太監滕祥家奴，抱琵琶而入侍者也。憑借主資累息巨萬，賄官該衛，殊駭衆聞。往歲即營求上堂管事，兵部尚書王遴持正不從，中蜚而去，此朝臣所共知也。未幾，考選軍政，嘖有煩言，秀賄囑多門，竟爾漏網，亦朝臣所共知也。王遴之去曾幾何時，已由鎮撫司賄上大堂矣。命下之日，朝臣相與目笑心誹，下至九衢吏胥、三尺豎子，亦喧傳爲奇事。及秀到任，二司十二所之官強半不往，秀亦跼蹐慚阻，呼同堂官爲恩主老爺，稱謂若斯，體統安在？秀之不可居此官，其説有五，臣略爲皇上言之。

當皇上之御朝也，閣臣在東，爰資顧問。時則衛堂諸臣雁行西列，嚴警蹕，備傳宣，蓋崇班也。岩岩柱下，宜簡名流，奈何令斯人與閣臣夾陛而立，大玷朝儀，此其不可一也。衛堂體尊，禮敵部院，前呵相遇，分道并馳，奈何令斯人與部院大臣抗顏拱手，觀瞻所繫，損辱匪輕，此其不可二也。該衛職官皆名閥子孫、武科髦彥，誼若兄弟，僚寀交歡，齷齪賤流，中士羞與爲伍，朝夕共事，强顔謂何，此其不可三也。帶俸在衛，實多其員，非戚附掖廷，則姻聯帝室，有堂屬之分在焉。朔望必參，歲時必謁，據上位、當殊禮者何人，乃令多官喪氣折節於下乎？此其不可四也。借曰資品而不拘，奴虜可用，武弁與文吏異，然此爲邊將言耳，材非衛霍，閫寄猶難，況禁近侍從之臣，安得藉口？此其不可五也。有此五不可，兵部公然推之，物議紛紛，其故蓋難言矣。皇上試召本兵一問，秀之推果以閥閱乎？以資望乎？見在衛堂者果有異流，例可援乎？君父不可欺，此心之天不可欺，舉朝縉紳之耳目不可欺，臣不知其當何辭以對也。皇上總攬乾綱，尤慎爵賞，邇年銓部每推京堂或遲回始允，或旨下另推，裁自聖心，非因異議，可于衛堂要秩任其賄成，不加慎重哉？嗟嗟！人情何厭之有？數萬之賄一入權門，僉書之推唾手可得。業已堂上管事矣，街道兩司房掌印何難也？飛魚服、繡春刀已請矣，蟒玉何難也？秀以賄進，則凡人地稍高、累資更富者交臂旁睨，競生覬心，錢神有靈，名器漸濫，清朝景象後將何所底極哉？朝臣皆知其不可，各私相嘆惋，莫肯公言于皇上者，以王遴爲鑒耳。蓋秀奸能營窟，賄足通神，一面即與結歡，片言頓思反噬，狐媚易惑，蠆毒難防，臣誠爲朝廷名器惜，他無所恤也。

伏乞皇上洞察賤流賄進之由，亟加褫黜，毋令該衛僚屬含奴優共事之羞，大小臣工起錦衣衛無人之嘆。仍乞諭戒本兵張佳胤，方正挺身，忠清報國，勿以脂韋喪節，勿以簠簋損名。今後衛堂有缺，必地閥高華、才望顯著者始得推選，不許徇私濫用，寵賄兹章，則公道不淆，人心稱快矣。臣不勝悚切願望之至。

奉聖旨：“兵部知道。”

論救臺臣疏

爲懇乞聖明重國體，存臺體，宥言官，以光盛德事。

頃當大計，十三道遵例拾遺，首及工部尚書何起鳴，奉旨留用。續該起鳴兩疏訐辨，謂左都御史辛自修挾仇以風旨示御史，御史受風旨中傷之，以致聖心忽疑，嚴旨下問。自修遽引疾以去，十三道御史降罰有差。臣待罪該科，與有言責，愚衷偶觸，竊以爲國體、臺體係此處分，謹冒昧爲陛下言之。

我國家設立中臺，總司綱紀，都御史爲之長，十三道御史則皆有統無屬者也。自修夙掌留臺，曾荷陛下特旨簡任矣。若受任以來，隳壞法紀，阻抑言路，與夫媚阿洄洑，亡所短長，陛下赫然降問，以付托不效責罷之，自修其何辭之有？乃今以流言突至，致陛下之投杼，此臣之所未解也。蓋御史職主糾[一〇]彈，原不關白臺長，仗下簪筆，柱後惠文，風裁宜何如者？若頤指可使，臺中可謂無人矣。起鳴與自修昔同省，今同八座，交臂事主，何嫌何疑而頓起風波，首乖雅道乎？起鳴以省親去矣，臣惜其不去于被論之日，而張髯橫噬，貽誚公評；自修以引疾去矣，臣惜其不去于未辨之先，而啓口招訾，竟孤恩遇。將來大臣拾遺牽辯，作俑者誰？臺長畏此糾纏，方引嫌避咎之不暇，又何暇垂紳正色，儼然立于紀綱重地乎？臣懼其非所以隆中臺之體而明大臣進退之義也。臣非專爲二臣惜也，十三道御史，七品下僚耳，所任者朝廷之官，所食者朝廷之祿，降之、罰之，于諸臣何有？然陛下既授以風憲之職，與六科同有拾遺之權，或畏勢而不敢言，或徇私而不肯言，罪之可也。起鳴業有新恩，諸臣不知避忌，愚戇之罪則誠有之。但其初疏具劾也，爲衙門修職掌，天日在上，決非觀望承風；再疏具辨也，爲衙門存體面，雷霆在前，豈敢抗旨求勝？陛下始而疑，繼而問，終而譴斥加焉。即今高維崧以名列疏首降矣，趙卿以管河南道降矣，左之宜、張鳴岡以單疏降矣，其餘各蒙薄罰，垂首班行，凡是科臣亦皆喪氣。蓋念御史係朝廷言官，拾遺係朝廷公典，以此獲罪，臺體實傷。今而後拾遺可廢乎？寧免拾及大臣乎？拾及大臣能保其不以受旨反噬乎？當此不諱之朝，士氣大沮，悠悠世態，結舌何難？即有奸如山，誰敢先發？閽門席藁，無所望于孤卿；借劍埋輪，無所望于臺諫。祖宗設官之初意何在？亦豈朝廷之福哉！是臣亦非專爲諸御史惜也。

伏乞陛下特垂電察，少霽天威，將降罰十三道諸臣俯從寬宥，惟復原其愚戇，不職〔一〕忌諱，分別量罰示懲，則國體既全，臺體亦重，于聖德、聖政更有光焉。臣干冒宸嚴，無任戰兢隕越之至。

奉聖旨："大工方興，工部兩尚書一時論去，你每不惜國體，不以大工爲重，這御史抗旨降罰，却紛紛救他，顯是黨護。況六科既有公本，張養蒙如何又來瀆擾，姑罰俸三個月，該衙門知道。"

論部臣改選非宜邊臣功罪未愜疏

爲部臣改選非宜，邊臣功罪未愜，懇乞聖明裁斷，以杜僥幸，以振綱紀事。

臣惟明君操進退賞罰之權以奔走天下，必官有常叙，使人不得覬于職之外，而後僥幸可清；必罪有顯懲，使人不得逃於法之内，而後紀綱可振。臣采之公評，酌之政體，今日欲杜僥幸，則部臣改選一事可議也；欲振紀綱，則川南功罪一事可議也。臣請得備論之，陛下試垂聽焉。

夫部屬改科道非祖制也，自正德年始。歷查事例，有主事准改員外不准改者，有准改道不准改科者，有雖經部題俱不准改者。蓋品俸既別，敘授失倫，官號清華，人希捷徑。遠者不遑論，隆慶四年，萬曆二年，俱曾選改矣。如劉臺抗疏以忤權相，豈不稱賢？而始以狐鼠得、終以鷹犬敗者不少也。溯其時，皆當考察、擯斥臺諫之後，在內博士、中行，在外推官、知縣，資俸概淺，無堪行取者，遂偶一行之，時異勢殊，竟資談柄。邇者臺諫未睹缺人，外官尚若淹滯，該部開例或因部僚建白，欲藉此以收之乎？不思此幸門也，不可開也。今雖題奉明旨，選改無期，然待取者已多覬覦之心，旁觀者已起紛紜之議，不曰某某有何親暱可得也，則曰某某有何夤緣可得也，人言未必皆然，多口亦自可畏。且既云選改，其得者必爲其賢也。得者爲賢，是謂不得者非賢也。賢者以卓異見收，則餘者以尋常抱愧；失者以沈淪觖望，則得者以僥幸冒嫌。部臣縉紳含香，展采錯事，孰非擇而用之者？乃令賢否、得失一旦迴分，抱愧、冒嫌兩受其弊，竊恐後之視今亦猶今之視昔也。

臣望陛下亟止部官選改以杜僥幸，倘猶疑例可尋也，特近年例耳。國初舊制及嘉靖年間往往有別衙門推改翰林、坊局官者，亦可以爲例乎？朝政安靜難，紛擾易；士風恬退難，躁進易。臣愚謂廟堂之上貴崇安靜，獎恬退，因官課人，勿因人移官，名實不淆，自當有濟。若無端尋一分擾之例，啓一躁進之途，使部署益輕，科道益重，輕重異視，僥幸必多，"作法於涼"，流弊何極？臣故謂選改之例不可不止也。

川南擅征臕夷，陷没都司李獻忠等三將及土、漢兵士三千餘人，此疆場[一二]之大故、國家之大辱也。徐元泰身任巡撫，責自有歸。據初報尚云將士未知存亡，據近報則將士敗死已的，乃不思特疏引罪，伏聽處分，惟連章報功，混圖優叙，大臣事君之體豈應如此？夫元泰撫蜀僅三年耳，徼天幸，仗廟謨，捷奏松潘，橫叨恩賞，已儼然晉樞貳之崇階矣。松潘得利，尋師建越；建越不已，波及膩乃。膩乃豈奉旨原剿之夷耶？藉口萬曆二年曾經議討，此曾省吾邀功之計，朝廷業已洞燭其奸，報罷矣。元泰誤聽人謀，遽興此役，欲循假道之便，坐收掩襲之功；顧乃墮夷術中，一軍盡覆，洞口之游魂不返，凉山之積骸如丘。元泰倘有人心，當痛自悔責，力求貶削以謝將士，恤死事，吊遺孤，冀收桑榆，猶以爲晚。奈何專委罪於三將違制與僉事鄭東昇等失謀乎？事之不捷，元泰有是言也。假令潛師直搗，夷不堤防，幸而捷也，捷而獲三酋首，俘馘三千，元太〔一三〕當以矯制論與？抑以奇捷聞與？事始則巡撫主其成議，事後則巡撫避其失機；師捷則巡撫冒其首功，師敗則巡撫逃其明罰，專制之義謂何？即如元泰違制之說，臣請以往事折之。街亭之敗，違節度者馬謖也，諸葛亮上疏自貶三等，詔貶爲右將軍。好水川之敗，違節制者任福也，韓琦上章自劾，詔奪官，徙知秦州。夫亮、琦皆稱名臣，不以二將違制而自寬其罪。漢、宋之主亦不以違制在二將而寬亮、琦之罪，以專制之責重也。執此以定元泰罪案，彼又何說之辭？

臣望陛下亟將元泰重加黜責，如以前有微勞，近方議剿，姑令降級管事，俟剿膩夷有效，別候聖裁，則恩威予奪，權在朝廷。不然凉山之告敗甫逃重辜，建越之叙功再冒殊寵，是朝廷有賞而無罰也，是罰伸于卑微而撓于尊貴也，是死者應攝魂受罰而生者應靦顔受賞也。萬一南北多虞，風塵時警，陛下何以使邊臣畏威效死哉？臣故謂元泰之罪不可不治也。

此二事者，一則進退之大柄所係，一則賞罰之大典所關，伏惟陛下留神，臣愚幸甚。

奉聖旨：“這所奏屬不係舊例，不准改選。川南失事，巡撫官職任提督，徐元泰如何不行認罪？姑念用兵之際，着策勵供職，候事寧通論功罪定奪。該部知道。”

論內帑之積日虛額外之供難繼疏

爲內帑之積日虛，額外之供難繼，懇乞聖明特停季取銀兩，以昭大信，以重國儲事。

臣奉命巡視太倉，目擊外庫待用銀兩僅十餘萬，內供百官、六軍，外供九邊諸鎮，東支西缺，給發不敷，輒慨然太息，謂何事京儲一旦匱乏至此。詳考其故，則由歲進金花，加添買辦銀二十萬耗之也。添銀非額，侈費不經，陛下聖神，豈不念此？且節經言官建白，其說已詳，臣姑以感觸近事言之，陛下少垂聽焉。

伏睹二月內各邊撫臣以軍餉急缺咨請蚤發，該戶部題准，暫將窖房貯銀開取六十萬兩濟用。又睹三月內光祿寺以供應匱乏疏請接濟，奉旨着戶部查取接濟。夫窖房積銀爲備緩急，各邊軍餉原于外庫關支，今乃以年例輕動窖房，此實該部萬不得已之計，不知脫有緩急，後將胡以應也。太倉用錢鈔銀接濟光祿，起自嘉靖之季，罷于隆慶初年。即今太倉空虛，豈減光祿尋例求濟，雖該寺萬不得已之計，不知外庫正詘，又將動何銀也。大司農爲陛下守藏吏，持籌蒿目，揆今昔之勢方皇皇焉，苦于無策，深抱隱憂。蓋謂昔有贓鍰可括，今司府已空，不堪再括矣；昔有逋負可追，今膏髓已竭，不堪再追矣；昔南北多稔，歲解應期，今迭罹灾荒，道殣無遺胔，歲解且不至矣。陛下試一動念，此何時也，而猶可按季取銀乎？當萬曆六年，陛下初加此銀，科臣石應岳曾執奏之。奉聖旨："你每說的是，節財省費，朕豈不知？但今宮中用度委與先年不同，額外之取甚非得已也，戒諭內監加意撙節，務有餘剩。待數年之後積貯稍充，即行停取，仍復舊額。戶部知道。"欽此。明旨溫，部臣感頌，咸謂停取不遠，勉強辦支。迄今已逾十年，不但數年之近也，計進銀已二百萬，暫時之傳取不與也。陛下儉德日崇，虛懷日擴，萬乘重敝袴之惜，六宮倡曳綈之風。諸監仰體聖心，必能力加節約，節一費則省一費，省一分則餘一分，此正積貯已充、可復舊額之日也，奈何尚未停取乎？

天子以四海爲家，細民以囊篋爲家。往當事者搜外省之財入京庫，人猶病其非藏富于民之義。若損度支金錢以厚私藏，人其謂何？假令年復一年，額外之取不已，見在窖房銀僅三百四十萬，不過十七年盡矣。毋論意外緩急種種可虞，瓊林、大盈貽譏前史，亦豈清朝美事哉！陛下誠聽臣言，沛然下德音，將季取銀兩亟賜停止，于詔旨則信，于聽納則虛，于經國之慮則甚遠，睿斷神謀，迥出千古，實惓惓至願也。夫財，陛下之財也，臣皆爲陛下守財者也。陛下昔以外庫充而添進，今以外庫詘而停取。內庭積貯勿令屑越，稍加撙節，自有贏餘，待後恭遇大典禮、大慶賚應用不給，即暫傳進數萬，誰敢違之？今則不可不急停也，伏惟陛下留意。

奉聖旨：“已有旨了。”

論閱工未久再駕宜停疏

爲閱工未久，再駕宜停，懇乞聖明垂聽以節勞省費事。

臣等待罪該科，近日微聞皇上欲奉兩宮聖母閱視壽宮，未睹綸音，且疑且信。疑者謂人言未必有據，信者謂人言或亦有因果。若有之，臣等區區愚見，竊以爲未可也。蓋皇上于去年九月內六飛嚴駕，親閱玄宮，至今僅四月耳。各項工役止自寒冬，未增一椽，未砌一石，寶券待發，土階猶前，豈有續就工程可入聖覽者？如謂玄宮已成，當請聖母往閱，此自皇上孝事兩宮之心，或未念及於勞費也。去年聖駕一閱，費用不資，皆所請倉、寺協濟之銀，非該部贏積者。固費所當費，業已病于給發之不繼矣。若兩宮并駕，萬乘再臨，扈從如雲，車馬如織。蘆殿已撤，必且增修；道途未除，必且預築。財殫于供饋，力疲於奔馳。其他恩賚椒掖近侍爲費若何？羽林甲士爲費若何？從官若何？屯軍若何？有例可循，無端可減。年來水旱迭奏，内帑告空，則協濟固難再乞；運解愆期，遘負虚督，則措辦更苦不支。倘皇上一念此也，或宜啓之聖母；聖母一聞此也，或可不煩往閲矣。頃者糾劾計吏，咫尺天顏，聖躬微勞，連聲痰嗽，臣等固信皇上之久免視朝，爲動火静攝也。春風多厲，早候猶寒，奈何山路冒驅，不思静攝乎？永陵、康陵壽宮密邇，頃兩被劫盜，緝捕無踪，遠近傳聞，孰不駴訝。雖行宮駐蹕，虎豹當關，而戒在垂堂，可無慮乎？此臣等犬馬愛上之衷，所以不容已于言也。蓋前此臣科之請閲爲早閲一日即早完一日之工，今兹臣等之請止爲少閲一次即少省一次之費，均之裨益聖德，非敢阻拂聖心。

伏乞皇上恭啓聖母，鸞輿暫停，仍敕督工諸臣將閲過玄宫速爲發券，俟大工告竣，通請閲臨，庶中外之勞費稍紓而軍民咸頌矣。臣等不勝悚息祈願之至。

奉聖旨："知道了。工部知道。"

論川民采木遺苦疏

爲川民采木告竣，遺苦堪憐，懇乞聖慈酌收餘材以寬比累事。

竊惟四川采木一役，先後經歷五年，三運就途，原額已足，據撫按類報之疏，似可無他議矣。臣等聞川人言，則謂采木之苦，在召派猶未甚，而在驗收之後則甚也；在責辦猶可支，而在比并之日則難支也。蓋召派之始，買運有價，賞夷有格，雇夫有值。毋累之旨屢申，陸續之期旋定。商民領銀在手，采買自由。有責辦于一年之内者，有責辦于二三年之内者，雖一時估給未必盡足所費，而目前之利，人猶樂趨之也。雖殷實人户未必樂于就役；而慣商豪民猶攘臂爭來也。操斧入山，巨材實少；圍圓丈尺，合式爲難。自該部議准通融酌收，而民始安心采運矣。惟幸其可酌取也，則務多采以中之；又慮出險達江之難也，則益多采以備之。原領估銀十充一二，其間無名之賠販、萬狀之艱辛有惻然不忍聞者。迨鱗集水次，而收者收，棄者棄矣；收者入運，而棄者比銀還庫矣。夫木非他物等也，商民供應他物，一不中程，貴辦者賤鬻，輕領者重賠，猶云得自便也。惟茲皇木禁用極嚴，既不肯收之於官，又不敢售之于市。以爲有木也，則尺寸之材何曾屬己；以爲有銀也，則分毫之費盡令還官。始之以監追，繼之以捶楚，于是有傾資者矣，有破産者矣，有鬻妻子者矣，不則奄奄待斃耳。痛哉！川民何不幸而重罹此酷也。

　　臣等聞嘉靖年間采木事完，害亦如此。迄今閭左蕭條，僅存殘息；道旁枯朽，悉是良材。毋論遺害堪傷，兼之遺材可惜。皇上持身以儉，恤下以仁，罷不急之工，戒無益之作，非時采辦，料其必無。萬一廠儲告虛，役非得已，臣等恐罷民不堪重騷，而見材不可輕擲也。合無將已出水次及在山可出之木，或楠或杉，堪備營構者酌價揀收，勿以已足額而漫爲棄損，勿以未合式而過爲刁減。收一木則民免一木之賠；算一分則民受一分之惠。抵除領價，徐俟解京。蓋進之三廠，則合抱干霄，固梁棟之具；即寸長尺短，亦榱桷之資。若罄錙銖而取之，委泥塗而蠹之，又椎膏髓以償之，民其何堪？國亦何賴焉？況杉楠上材，非同樗櫟，伐之甚易，生之甚難；采之甚難，棄之甚易。忙時督辦，孰若閑時鳩惜之爲得哉？該省郡縣之吏不敢擅抵者，重庫積也；撫按之臣不敢廣收者，遵部咨也。惟奉有明旨，則公私兩便。臣等於此亦計之審矣，所費者應動之銀，而非損及內帑；所救者無辜之衆，而非惠及奸頑；所集者已伐之材，而非重行采取；所儲者將來之用，而非近見眉睫。倘言有可采取，伏乞敕下工部覆議施行，一方幸甚。

奉聖旨："工部知道。"

論久任河臣疏

爲河功新叙，修守宜專，懇乞聖明久任管河諸臣以圖永利事。

竊惟國家漕運專藉河渠，治河、通漕夙稱重務。頃歲因范口決，茶城淤，異議繁興，河臣再設。節據部科諸臣建議，題奉欽依，着司道等官畫地分工，責令刻期報竣矣。近睹總理河道右都御史潘季馴報成、叙功兩疏，中間分別諸臣勞績之狀，瞭然在目：或築新壩，或幫舊堤，或立閘以蓄其汪洋，或修湖以資其灌注。極稱工程堅固，足保無虞。業已下部待覆，陛下必且不吝爵賞以酬之矣。臣等區區愚見，尚有可言者。蓋成功非難，保功爲難；一時之報竣非難，將來之經久爲難。河上之事二十餘年來凡幾告患矣，亦凡幾奏功矣。當其決也，則曰"吾不能使之不決"，隨而議塞；及其塞也，隨而論功。當其淤也，則曰"吾不能使之不淤"，隨而議挑；及其挑也，隨而論功。舉淤決之故委之天災，舉挑塞之功歸之人力。委之天者，巧避其誤事之辜；歸之人者，橫叨乎優勞之寵。報成未幾，懼有後虞；求脫紛紛，概獲美轉。繼之者又是一番套弄矣。此其故皆由于河臣不久任也。官不久任，不便有三：後先異見也，人己異謀也，功罪難執也。

功名之心孰不有之？前者以功升賞矣，代其任者守畫一而襲故常，則疑于亡所事事。于是矜智鈎奇，旁穿曲鑿，不曰"某故道當開"，則曰"某新壩當改"；不曰"某堰工可廢"，則曰"某湖地可耕"。注厝周章，利害莫必，非徒幸邀異績，兼欲求多前人。甚且樂其敗而借以爲功，忌其功而幸其速敗，新功未必就而舊緒隳矣。如先任河臣凌雲翼建議開新河，耗水衡金錢以七萬計，報功甫數月，遽爾堙塞，朝廷何嘗一問其罪也。此後先異見之驗也，其不便一也。

人之恒情易分爾我，功出于我則修守者常勤，功出于人則修守者常懈。勤則日復一日，浚築可保無虞；懈則年復一年，堤渠必致漸壞。至于漸壞，而後調陳瑛于廣東，移許應逵于江南，嗟其晚矣。則何如陳瑛仍守舊地，應逵不轉京堂，既循官常，亦免吏議，人與事相習，官與人相宜，即有紛紜，何自而起？此人己異謀之驗也，其不便二也。

賞以勸功，罰以懲罪，必功罪可執而後賞罰不淆。假令一堤之築也，倏而報堅，倏而報潰；一渠之浚也，倏而報通，倏而報壅。前者蔽罪于後工之不繼，而後者推罪于前工之本虛。欲罪前也，已非見任之官，幸免追論；欲罪後也，又以新任之故，得從亮原。尺寸之功必酬，尋丈之罪不究，有賞無罰，國典謂何？此雖賞罰之不明，亦由于功罪之難執也，其不便三也。

查得萬曆五年有“管河司道等官都着久任，不許升轉”之旨矣，世宗末年有“你每還查分管官員職名，籍記在簿，日後有不堅固，即便指名參治”之旨矣，明旨赫赫，竟托空言。臣等請今次叙功之臣，除府州縣正官佐貳以下不必盡拘外，如右都御史潘季馴，三任河漕，熟諳水道，陛下起用之意固欲責其新功，季馴圖報之心亦當終其舊績，首宜久任以重河務。其餘專管司道各官既與河務相宜，并令一體久任。部署不得藉口差滿輒令還京，九年序擢有例在也；藩臬不得藉口俸深輒轉他省，計俸優升有例在也。縱日久勞著，加授別銜，不妨仍理原管事務，以備他時河漕督撫之選。蓋治河如治虜[一四]，邊方總督有十年一鎮者矣，兵備有自僉事加至布政者矣，河道之臣胡爲乎不行久任哉？此臣等于叙功之日即以久任之説進，使諸臣知今日告成，功固可録；異日倘失，罪亦有歸。其尚視河如家，勿視官如寄，息規脫之念，殫修守之猷。若方以功聞，旋以敗告，按籍治罪，諸臣又何說之辭？

臣等再惟，人臣報君，惟力是視，況職掌有在，豈足言功？今兹之叙完據有成議矣，以後年年修築，歲歲疏防，皆是河臣職守之常，所當自盡，更不必瑣瑣叙録，致啓幸途。此亦人心之公論也，伏願陛下留意。

奉聖旨："工部知道。"

論河決疏

爲黃河初漲，堤口遽衝，乞嚴飭河臣，重責成以保無虞事。

本月十六日，伏睹總理河道右都御史潘季馴一本，爲黃河異常暴漲事，内稱："據管河郎中、按察使等官沈修、陳瑛等各揭報，黃水暴漲，汹涌異常，衝開劉獸醫口月堤者一，漫出李景高口新堤者一，衝入夏鎮内河，浸壞田盧，溺死居民者一。"其餘或云"水與堤平"，或云"堤不没者尺許，勢且不測，責令防守"，等因。臣等不勝駭訝。夫河之難治，雖自昔嘆之，邇年陛下特遣科臣查勘督理，不憚櫛風沐雨之勞者，爲河也；復設總理大臣，不愛高爵厚賞以待之者，爲河也；捐水衡金錢數十萬，不問其出入者，亦爲河也。治河之功成，陛下之憂釋矣。奈何報成未幾，遽爾報決。將謂河漲太早，天時不可度與？則幫舊堤，築新壩，成議具在，頻年萬杵千樁，所爲修工河上者，豈徒僥幸于河之不漲，固恃漲之不爲害也。將謂河勢甚悍，人力不可禦與？則障狂瀾，挽頹波，職掌攸關，終歲四防二守，所爲竭力河上者，豈徒因循于數之必至，固恃其人定可能勝天也。幸而縷堤雖衝，遥堤無恙，閘座未壞，湮溺尚微，似可無深究者。但上流就決，則徐、沛而下更可虞矣；中夏失防，則伏秋以後更可虞矣。

臣等竊思，河雖善漲，遇卑則溢，堤壩果高固，未必凌而上也；河雖善潰，乘虛則決，堤壩果堅固，未必滋而入也。意者前完工程尚有培之未高，築之未堅，苟且了事以召此患者乎？不然，何他堤不漫而漫者獨夏鎮一堤？他口不決而決者惟劉獸醫、李景高二口也？原管各官之責不可辭矣。臣等前疏欲久任河臣，謂“今日報成，功固可録；異日倘失，罪亦有歸”者，慮正在此。

乞敕總河大臣親詣被水之處，備查水勢消長若何，衝漫堤口遠近若何，湋没田盧民畜多寡若何，以及前此工築之實虛，今兹防守之勤惰，分別具奏，用示勸懲。倘有決而不以報，并報而不以實者，從重參治。其他堤壩未高者培之益高，未堅者築之益堅，務使夾岸如陵，洪流若束。畫地分守，夷險不殊，勿得藉口天災，冀緩己責，庶決于前者可保其不決于後，後患既息，前功爲有終矣。至于責成州縣正官，更是防河要策。蓋管河之任雖有專官，第佐貳權輕，雜流志卑，權輕則倡之不起，志卑則令之不從。時當伏秋，河水易漲，舉懷山襄陵之勢而責辦于權輕志卑之官，一有顛虞，悔之何及？河工方興，正官止可往來督查，爲其所司不專；河流暴漲，正官亦當日夜堤防，爲其所到增重。此亦科臣常居敬原經條議曾奉明旨者，今尤不可不申嚴責成者也。惟陛下裁察，河道幸甚，臣等幸甚。

奉聖旨：“工部知道。”

請停傳造織造疏

爲東南久苦織造，更罹重災，懇乞暫停傳造，以拯民命，以暢皇仁事。

臣等伏睹近日南直隸、浙江各府灾祲異常，民生汹汹，撫按疚心而力爲請命，科道蹙額而代爲乞恩。陛下已惻然動念，議蠲免則從蠲免，議改折則從改折，且發帑金四十萬，遣科臣往賑，東南垂死之赤子庶幾可望更生矣。至於東南所久苦者有織造一事，今日所當寬恤者亦在織造一事，乃猶未之及也。臣等職掌攸關，義不容默，姑不敢言歲造而言傳造，姑不敢言徑罷而言暫停，惟陛下幸聽焉。

盖織造有二，曰"歲造"，曰"傳造"。歲造段匹欽賞，所需措辦原有成規，錢糧解自各省，于地方尚無大累，臣等可無言也。至于傳造一節，上供萬乘，內備六宮，間有賜大僚、賚近戚、予中涓亦取給焉。坐派既無定期，多寡亦無定數，一絲一縷，組織盡是民膏；一兩一銖，錢糧總非正項。邇來服御日新，賜賚日廣，督催相望，糜費不貲。自元年至今，傳造者已逾五十萬矣。該直省常事諸臣，上迫于君命之不敢不遵，下苦於民窮之不可不恤，于是留料價，借關稅，括贓罰，扣事例，搜兵器翎毛，甚且請折漕糧以佐之。移東就西，途窮計拙，然而拖欠者尚多也。往日之未災如此，則今日之重災可知。部帑匱矣，留者恐未可久留；關稅減矣，借者恐不堪頻借。詞訟應簡，贓罰何由取盈；漕糧雖折，太倉倚之待給。翎毛安附，杼軸漸空，欲如前此春秋二運依期解京也，必不可得矣。豈諸臣之敢于違慢哉？寸絲補衮，孰無忠心？剜肉醫瘡，孰無隱念？若令剝溝中之餘瘠而供機上之飛梭，促待盡之遺黎而了未完之前件，臣等斷斷料其不能也。陛下誠及斯時特賜停織，有四善焉：因災祲而減服御，是謂畏天戒；率宮閫而躬浣濯，是謂紹祖休；省一段之費可救數人之生，省萬段之費可救數萬人之生，所省彌多，所救彌衆，是謂活民命；拖欠在下則空名抱於上而德意不宣，停免在上則實惠溥於下而頌聲日起，是謂彰聖德。一舉而四善具，臣等固爲陛下願之也。

夫救荒無上策，從古嘆之，收已散之民心難，收未散之民心易。即如帑金四十萬，不爲不多矣，陛下一旦發之無吝色，嗷嗷蒼赤所濟幾何？預收民心，計無便于此者。矧兹袍服等段，內府計有贏餘，供御二三年或亦未缺。但令百姓無恙，寧慮奩篋不充，稍待歲豐，何妨再織？查得嘉靖八年，曾因灾荒下詔停止蘇杭織造，待豐年舉行矣。成憲具在，是亦收人心之一端也。

伏乞陛下沛然下德音，將南直隸、浙江被灾等府節年一應傳造段匹俱暫停止織造，內臣取回別用。更乞節尚方之恩澤，核內庫之侵漁。敝袴待有功，勿屑越于左右；宵衣圖上理，勿厭忽於凝丞。則聖心益清，聖烈益茂，德可致慶而灾轉爲祥矣。臣等不勝懇悃祈望之至。

留中。

論縣揭事情重大疏

爲縣揭公投事情重大，乞嚴究勘以正國法事。

臣等于二十二日伏睹河南撫按周世選、毛在各一本，爲縣官揭申府官侵冒錢糧，未知虛實，乞賜勘問，以肅官常，以明法紀事，內稱"汲縣知縣李賦秀揭原任衛輝知府周思宸并同知薛應麟，于潞府一役有修造之蠹，有迎接之蠹，詳在黏單，合行提革勘問，等因"。奉聖旨："工部看了來説。"欽此。然猶未睹黏單也。二十三日又接李賦秀印信公文一角，內備開二蠹之迹，分爲五十八款，逐款皆有實事，逐事皆有指憑，不曰"文卷俱存"，則曰"人匠見在"，甚謂"聞見未及，弊孔尚多"。臣等反覆看詳，不勝駭訝。竊思封建親王，大典也；營修府第，大工也；侵欺錢糧，非細罪也；揭奏長吏，非美名也。在思宸久歷宦途，已位登方面矣，自非喪心，何苦以身試法？在賦秀筮仕縣令，已賢列薦章矣，自非剝膚，何苦以官博奇？此一事也，非至虛不能勘，非至公不能勘。蓋知府尊官也，知縣卑官也，尊卑分則人異態，將有惜尊官之體統以故抑卑官者矣；知府去任也，知縣見任也，去留分則人異情，將有惜見任之體面以故枉去任者矣。有一毫偏主之心則不虛，有一毫曲庇之心則不公，不虛不公，于私計甚便，謂朝廷錢糧何？謂朝廷法紀何？

伏乞敕下工部，轉咨河南撫按衙門，將李賦秀等革去見任，遺缺另補，候行提周思宸到日，一并勘問。其所委勘官，須本之以虛，持之以公，備照開單事由，已行冊報者據冊窮追，見係案查者復案清核。有文卷則驗文卷真迹，有干證則審干證確詞。毋以實入虛，以虛就實；毋以多作少，以少成多。若他官擅支而思宸阿從者，即以所支坐；若他役暗剋而思宸失察者，即以所剋坐。贓果入己，不得巧爲開豁以護尊官，罪歸思宸則賦秀之訐可原也；銀果無干，不得深爲裝誣以累去任，罪反賦秀則思宸之冤當白也。惟虛惟公，足以服衆，天日洞鑒，鬼神難欺。似此重大事情，仍令嚴限速結，庶奸無漏網，法無偏徇，錢糧既明，封典愈重矣。緣係縣揭公投，事情重大，乞嚴究勘以正國法事理，未敢擅便，謹題請旨。

奉聖旨："周思宸、李賦秀已各有旨提問聽勘了。吏、工二部知道。"

請停傳造潞綢疏

爲乞停傳造潞綢以光聖德事。

臣等近聞該內承運庫傳奉聖諭，徑下工部封有欽定花樣織造潞綢五千匹應用。初尚未信，連日訪之，固真有此事矣。臣等待罪該科，未晰原諭，訪聞已確，不容無言。竊惟聖哲攸行，必遵祖制，制之所不載者，即暫傳權用，未可坐爲定額也；朝廷徵派須體民情，情之所不堪者，即一縷半絲，未可責其常供也。潞之有綢，其來甚久，乃祖宗朝名不列于《會典》，數不登于筐筐，豈無意哉？一則爲綢體紕輕，難裁正服；一則爲潞地邊瘠，不任重騷故耳。始傳造于萬曆三年，于是民有傾資破産以完者矣；再傳造于十年，于是民有鬻妻質子以完者矣；三傳造于十五年，于是民有椎膏剥髓猶不能完者矣。舊迤方督，新派復臨，多至五千，費加數萬，前以五七年甫派，今二三年又派，公私告匱，杼軸空存，彈丸、黑子之區，臣等知其必難措辦也。如謂内用不敷，則歷年解收豈皆盡耗？如謂内庫宜積，則杇陳可惜，屑越誰稽？欲進聖母兩宫，則練素之風夙聞比德于姒姁；欲資椒塗九御，則浣綴之化安見作範于壺闈？是此綢制不當造，情不堪造，其爲待用最緩，亦不必傳造也。頃歲蘇杭遘災，織造稱累，陛下加納部科建議，或准減半，或准暫停，曠蕩之恩，與民休息，東南其何幸焉！潞州連遭大祲，不異蘇杭。今雖秋禾半登，瘡痍未起，乃忽有此傳造，使東南各郡加額騰歡，西北一隅拊心籲苦，陛下其何忍也？臣等固願廣一視之仁，亟停之也，非敢直抗成命也。

臣等又惟從來傳奉織造，具題者係内庫，票擬者屬内閣，抄發必經該科，議覆始及該部，此我朝家法，所以慎出入、杜奸欺、示至公于天下也。今兹造綢視前加倍，不爲不多矣，乃不由閣票，不由科抄，既越官常，且廢家法，如天下之疑何？如將來之漸何？臣等尤願陛下約己裕民，虛心稽衆，今後凡内監各衙門傳奉事務必經内閣，必下該科。勿逆計其規繩，使代言者不得舉其職；勿預防其諫諍，使司駁者不得闡其忠。則聖德益光，朝綱有紀，又不但關區區傳造之細事已也。伏惟陛下垂察，臣等不勝懇切祈望之至。緣係乞停傳造潞綢以光聖德事理，未敢擅便，謹題請旨。

奉聖旨："已有旨了。工部知道。"

論參官多疏日久留中疏

爲參官多疏日久留中，懇乞聖明早賜裁決事。

臣等竊惟君人大德莫先于明，御世大權莫貴于斷。明猶日月也，一息不照臨，則下有隱慝；斷猶雷霆也，一時不震懾，則下有玩心。故亟覽章奏，所以運其明也；早賜批決，所以彰其斷也。何邇來封事易投，絲綸難降，催請雖數，批發未聞？在皇上靜攝起居，必非厭怠幾務；但日復一日，旬復一旬，情隔九閽，則群疑漸起；事干三尺，則眾志紛携。皇上今以聖體微恙而遲覽章奏，久之，且有置章奏于不足亟覽者矣；今以聖心稍疑而遲賜批答，久之，且有視批答爲不必早發者矣。人情慎始者多，克終者寡；習于怠則易，習于勤則難。臣等恐從此日月之明將有遺照，雷霆之斷將有遺聲也。姑不暇縷指諸疏，惟以職掌所當言者言之。如河南撫按周世選、毛在會本，爲汲縣知縣李賦秀訐原任衛輝府知府周思宸侵欺營造潞府錢糧一事，以經工部看覆，臣等該科參詳，兩疏上逾四旬矣。又經河南撫按會參李賦秀險惡，妄肆誣捏等事，兩疏上近三旬矣。似此奏章，事情重大，旋聞旋發，方快人心，何久留中不下也？區區一藩封之事，若不甚緊，但國家之錢糧不可不早核，朝廷之紀綱不可不早存，撫按之體統不可不亟重耳。蓋官分府縣，帑藏皆其監臨；事屬錢糧，毫厘不容假借。故贓嚴滿貫，律重侵欺，少敗官箴，輒從吏議。今訐參者數過七萬，罪不止于罷斥矣，乃不亟令一勘。若其果實，則巧于乾没者益得遂彌縫之奸；倘其或虛，則工于罟陷者益得增羅織之計。銖兩多寡萬一失稽，誤入則陷職官，誤出則虧公帑，非所以核錢糧也。以府臨縣，分有常尊，其致訐也必難乎其爲下；以縣附府，分有常卑，其行訐也將難乎其爲上。首足何事，冠履相爭，乃不亟令一勘，使府官朝投一揭，直以侵欺反之縣，似久含不白之冤；縣官夕遞一單，更以營脱加之府，似久緩不赦之罪。市井構訟，莫甚于斯。辨許逾多，衆庶逾惑，非所以存紀綱也。撫按專制一方，澄清攸繫，應拿問者拿問，應參提者參提，總之，仰奉威靈，便宜從事。今參一府官，自遠就提而不敢徑提；參一縣官，自近候問而不敢遽問。連章累牘留閣御前，使灾疲舊區、分封重地，正官待罪懸缺，吏部無憑銓除。雖聖意淵微，常情未可窺測，而多口可畏，兩犯滋疑，何撫何巡，掣肘若此，非所以重體統也。

伏乞皇上静攝之餘，先將此事各疏嚴旨發下，或責撫按公勘，使兩官後議不生；或差科臣往勘，使兩官前疑以釋。勒限速結，不許延遲，則錢糧可早核，紀綱可早存，體統亦自可重矣。其他留中奏章更乞次第批下，庶大小臣工以勤聽覽頌皇上之明，以早批答頌皇上之斷，雖朝講之期未示而中外之望已孚。臣等不勝悚息懇請之至。

疏上，留中。

論邪臣久干清議疏

爲邪臣久干清議，乞賜顯斥，并厘木商積弊以快人心事。

臣等伏睹邇者御史荆州俊糾論管營繕司太僕寺少卿徐泰時受賄徇商，巧漏木税，速當議處緣由，業已奉旨下工部堂上官查看矣。臣等旬日以來采縉紳之清議，察木商之弊端，乃知泰時固不可一日溷清朝者。夫泰時指私木作官木，罪一；漏公税以入私家，罪二；以郎署擅批爲部議，罪三；以司屬欺藐堂上官，罪四。聞該部看覆此事，先委四司官會閱呈藁，以示至公。不思泰時平日憸毒之資、驕戾之氣，目中已無堂上，又何有于四司？四司苦其凌轢，莫不見塵思障，望影思逃，誰敢發其奸而亦何能據之以正其罪也？即今在外木商，已收如趙輔等，則喜其事以賄成，對人恒有德色；未收如余元祥等，則悔其事以賄敗，逢人每出怨言。豈是風聞，可容漏網？蓋泰時腥穢之德足人聽聞久矣。以衙門爲壟斷，以鋪商爲奇貨，以郭位、鮑金、邵作官、查書辦等爲耳目腹心。苟可攫金，寧須暮夜？苟可肥己，遑恤公家？如修理海子，則賣派商人李枝上納席葦，添折辦二百萬斤，通委官侵分五百，南城之揭報可查；修理都城，則賣派灰戶劉智上納石灰，計估三千餘萬，每百萬索扣二十，該司之給票可驗。鋪戶林鳳接領預支七萬，何爲折受綢價三千，謂利權由我擅也？窰戶邵保告增磚價八百，何爲扣收謝禮六百，謂利孔由己開也？放壽宮錢糧則授意查書辦，每櫃輕免四五千，明除暗剋，盡入私囊；總各處營建則拴謀邵委官，每工帶領二三百，虛出實收，二八分用。韓所副攬收皇木，全憑二百之交歡；陳九德鑽管搭棚，實仗一千之引進。私贓狼藉，物議沸騰，不惟縉紳蹙額而談，即市井細民、輿臺賤役亦交口爭笑之矣。此猶自貪賄一節言也。

以升官言之，程奎入部八年，泰時入部六年六個月，資俸孰淺？泰時不歷員外，徑轉郎中，掌司印，則越程奎矣。奎專管工程，泰時兼管工程，勞苦孰多？奎僅升俸一級，泰時乃得太僕少卿，不由俸勞，濫叨金紫。以此博京堂，固縉紳所共鄙者也。以登第言之，泰時原名三錫，甲子夤中鄉試，屢經論列，張鹵、賈三近之彈章可按也。庚辰臨場改名泰時以掩三錫，原習《禮記》，復改《書經》。本房考官曾爲其家館賓，通關取中，揭榜之日，蘇人不知泰時爲誰，詢之，故三錫也，咸相顧錯愕。以此竊賢科，尤縉紳所共羞者也。夫泰時始也以賄發身，既也以身徇賄，揚揚自得，旁若無人。使在朝臣工皆應罔利若此，則三尺之法不宜懸之象魏；皆應自專若此，則九列之位不宜設之部堂。皆以此升官，何必奏賢能之牘？皆以此登第，止可開市易之場。臣等固謂泰時亟當罷斥，不可一日溷清朝也。

至于木商積弊，更有可恨者。蓋木商貸重資，規厚利，神出鬼沒，鑽刺多門。其賄泰時也，一以圖漏稅，一以圖寬收，遂使衙門積猾，吏書、皂役人等內挾不才之官以爲市，外媾無賴之商以爲奸，羣小合謀，八弊斯作。自堆駄，以大苦小，名曰"包皮"之弊；自圍圓不除，根疤二尺，名曰"包網巾"之弊；自用竹篾斜圍，名曰"提鬼偏"之弊；鷹平檁槁，一寸爲關，升平爲鷹，價增數倍，名曰"過節"之弊；長者價多，短者價少，丈杆跳躍，報短爲長，名曰"跳梁"之弊；量過大木，延捱不搬，黃夜串同，以小易大，名曰"蹁海"之弊；樣册數本，一在商傍，聽報暗增，或以寸加寸，或以寸易尺，委官登記方完，便將公簿抽換，名曰"抽胎換骨"之弊；賄買書算，暗造青册，原開檁槁，遞改鷹平，大小短長，俱各易位，費銀尚不過千，冒價便可至萬，名曰"紙上生風"之弊。有此八弊，影射通神，猫鼠同眠，誰肯發覺？收者止具虛數，用者原不深求，未幾廠材告空，便令再行收買，利途一啓，弊套猶前，私家安得不充？公帑安得不匱哉？今鑽收之木，鱗集通州，可容奸人紛紛得計？伏乞敕下工部，查弊源之所由開與弊孔之所由塞，分款議覆，永絕奸欺，此裨于部帑、官箴非淺眇也，惟聖明留意。

奉聖旨："吏、工二部知道。"

議巡視太倉職務疏

爲管庫司官犯科接踵，懇乞聖明酌議巡視職務，以厘習弊，以裨國計事。

准戶部廣西清吏司會議前事，爲照設官者論體統，救弊者因時勢，太倉銀庫設監督一員，又以主事一員分季陪之，此專職也。臨以總督，是大臣也，不親細務者也，然亦與有責也。重以巡視，是朝廷耳目之臣，特奉欽命糾察批移簿書一應奸弊，非有莞籥之任、出納之司也。該庫有事則巡視參之，總理參之，監督者俯首而待罪焉。此設官之體統也。嗣後因該庫出納嘖起煩言，遂有銀至三萬兩以上請巡視監收之議矣，不滿三萬，不往也。已而又有三萬以下亦請監收之議矣，尚未有定日也。已而又定二、五、七、十進庫，三、六、九進公署矣。巡視之體，近于有司，一月之內，餘日有幾，蓋法無慮三變，而弊猶未已也。于是戶科又有另差臺臣輪日監收之議。睹其疏語，大都深恨近日管庫者之多奸私，遂概疑部臣爲不足信，欲重其責於巡視耳，意在革弊，不暇論大體也。據都察院回稱，倉差再添，恐涉多事，巡歷代管，不致相妨。此其勢自難行，亦未暇論大體也。

夫總督有總督之體，巡視有巡視之體，監督有監督之體，使巡視而盡侵監督之職也，庫門之啓閉必同，庫銀之錙銖必與，業已均爲守藏吏矣。萬一遇庫藏疏失及報冊參差等項，將參監督乎？不參乎？將聽總督者并參巡視乎？不并參乎？將如總督近日天師庵失火之引罪乎？不引罪乎？倉糧、庫銀，國家均重，若不論典守察見秋毫，必欲巡視者一一親之，須一倉亦設一科道而後可。侵越至此，甚哉！其非體也。今日之計，在擇人，不在侵官；在厘弊，不在變法。大司農日與曹郎共事，其才品之賢否畢知。監督之臣必遴選有心計、有清望者充之，實第一要務。巡視進庫，仍以二、五、七、十爲期，但勿懷晏安，勿避勞怨。其革弊防奸事宜列爲四款：

一、議收。各省直起解銀兩題准事例，非經巡視挂號，該部不得札付，該庫不得照收。近乃有送到通關并無挂號批文可對者。起解銀兩數目，撫按官咨報到部，各該司每月終備開，巡視衙門查考。近俱未見開報者，此該司之過也。巡視進庫原有定期，乃年來管庫者自利自專，多方巧阻，稟請則收放俱無，已至則收放甚少，豈銀之多者偏於別日收乎？此該庫之過也。今後除挂號、開報照例遵行，不得故違外，各省直解到銀兩俱先赴巡視衙門挂號，預令具一交狀，定限某日赴庫交納，過限者查究。限至三千兩以上，俱二、五、七、十日爲限，其餘不足三千者聽監督別日徑收，則收之弊可清矣。

一、議放。庫中日有支放，瑣碎難稽。除在京各衙門官員俸銀并三大營各衛官軍糧銀向來不輕，無容作弊。其輕者，則發邊、給商二項而已。今後遇發邊、給商，部札既下，該庫即請巡視親臨，驗秤公兌。各邊預先交去法馬與銀庫同，每鞘二千兩，如太僕發銀事例。陪庫主事書鞘單在內，大錠若干，中錠若干，小錠塊若干。銀至各邊，照單秤足，方與實收。不足則申呈該部查處，以防解官疏漏。商人早納輕支，久受苦累，巡視驗給則實價不虧。敢有指稱攬領、打點，及衙門吏書、庫皂人等有所需索，許各商口稟，以憑從重究遣，則放之弊可清矣。

一、議交代。新舊監督交代，會同巡視秤盤，例也。正額之外，始報附餘，或少或多，耳目共見。近年何爲止請巡視一驗老庫銀封，遂報完事哉？且如劉主事多收桂員外銀八千六百餘兩，差完檢舉，藉口於草簿查出，不知草簿與造報正册可二樣乎？豈別有私簿容隱爲奸乎？奈何巡視不得一見也？又將册報實在銀九十萬二千九百餘兩，內發邊八十萬有奇、羨餘銀四千餘兩，自行登報。前牽後扯，多報要功，節省之謂何？操守之謂何？欲人勿疑，必不可得也。除前册另行改造外，今後監督差完交代，外庫必同巡視秤盤，勿得仍前報完，致有欺弊。巡視陪庫，新舊監督各置一草簿備照，互相覺察，則交代之弊可清矣。

一、議公費。太倉總督、巡視、監督公署之器用，官吏、庫役之茶食等項，歲有常費。勢不可已者，向來監督皆於附餘銀內動支。巧者取之有名，貪者取之無厭。吏皂心腹，牛馬襟裾，己則爲之，何以防下？今後一應公費，宜分款酌議，定爲成規。應備茶食者着本役具領，應置器用者着委官具領，俱先赴巡視衙門批准，候巡視進庫日投領驗給，年終交代，一并造入冊内，以便查考。此外如有私自冒破，訪出不時糾參。如此豈惟不肖者不得藉公費以滋漁獵之謀，賢者亦不至因公費以冒津梁之謗，則公費之弊可清矣。

以前四議或已奉欽依，遵行不實，或未經擬定，其守無從；或勢起于專忽而欠精詳，或事廢于因循而寡振刷。既經該司移文會議，故從長言之，希即呈堂題覆施行，須至手本者。

此疏薨也，嫌與户科題相左，故于户部會議移文行之，因附錄焉。

校勘記

〔一〕"幸"，底本漶漫不清，據抄補本補。

〔二〕"方許"，底本漶漫不清，據抄補本補。

〔三〕"必"，底本漶漫不清，據抄補本補。

〔四〕"近"，底本漶漫不清，據抄補本補。

〔五〕"無"，底本漶漫不清，據抄補本補。

〔六〕"言之參"，底本漶漫不清，據抄補本補。

〔七〕"餘剩無碍"，底本漶漫不清，據抄補本補。

〔八〕"骼者聽"，底本漶漫不清，據抄補本補。

〔九〕"奏"，底本漶漫不清，據抄補本補。

〔一〇〕"糾"，底本多訛作"斜"，以下徑改，不再一一出校。

〔一一〕"職"，據文意疑當作"識"。

〔一二〕"場"，據文意疑當作"塲"。

〔一三〕"太"，據文意疑當作"泰"。

〔一四〕"治河如治虜"，底本漶漫不清，據抄補本補。

張毅敏公集卷之二

督江疏草〔一〕

京察自陳疏〔二〕

爲自陳不職，乞賜罷斥以公考察事。

該吏部題奉欽依考察在京官員，四品以上理應自陳。臣由萬曆五年進士選庶吉士，歷工科都給事中、河南左參政、太僕少卿、大理左少卿升今職。臣自惟性戆而迂，才疏且闇。讀書中秘，學不逮乎前修；司諫東臺，言無裨于上德。由參藩而晋囧寺，稽核何能？自囧寺而佐棘垣，平反無當。程官總曠，累咎尤多，何意新恩復爾誤及。况留院乃紀綱重地，而江關亦鎖鑰要司，必望足表儀始可佐臺中之清議，必才堪經略方能消海外之狂氛。臣非其人，豈易辨此？簡書可畏，難黽勉以就途；計典方嚴，尚趑趄而待黜。皇上倘欲肅清臺憲，慎重江防，則請將臣亟加汰褫，别授名碩。臣不勝惶悚待命之至。

奉聖旨："吏部知道。"

交代疏

爲交代事。

臣奉命提督操江，兼管巡江，除欽遵外。臣於萬曆二十一年正月二十六日領敕辭朝，於三月十九日入境，二十六日渡江，至應天府句容縣地方，與前任右僉都御史朱鴻謨交代，將近請旗牌八面、原掌銅關防一顆、吏書文卷及見貯□府州縣贓贖銀共三千八百二十二兩二錢□分造册送臣收掌。臣隨於四月初一日赴南京都察院，望闕叩頭謝恩到任訖。除一應江防事務容臣次第嚴督整理外，查得吏部咨，該本部題，兩京大九卿及在外督撫咨到交代之後，務要作速赴任，不得枉道回籍，仍將交代及起程月日，從實奏報。又准户部咨開，操江衙門贓贖銀接管者開舊管之數在交代本内，一同奏報，下部備查，等因。在卷。今照前因，相應遵例奏報，爲此具本，專差千户樹應春齎捧謹具奏聞。

奉聖旨："吏部知道。"

歲終類叙文武職官疏

爲歲終類報功次，叙録文武職官，以飭江防事。

卷查先准兵部咨，爲江防久廢，夥盗公行，乞敕當事重臣悉心經理，以杜後虞，以安重地事。該前任操江都御史何寬題，該本部覆議，每年將濱江府衞守備、把總，各府江防，各衞巡江等官，如一年之内江上全無失事，及能擒捕真正盗賊、船贓者列名奏薦，以備擢用，其次量行嘉獎。若闒茸不職及該管[三]地方屢次失事者，重則論劾罷斥，輕則以軍法[四]責治。又准兵部咨開，地方盗賊，遠者一季一報，近者一月一報，歲終類報。續該前任操江都御史王篆題，該兵部覆議，以後年終類報，將兵備各官一體叙論，通行激勸，等因。各題奉欽依，備咨在卷。

今照萬曆二十年已終，濱江各官功過已經牌行各兵備等官查報去後。據蘇松兵備副使江鐸呈報，鎮江府海防同知高世芳督同圌山把總李自芳捉獲强犯丁全等四起，并無失事。徽寧兵備副使侯應徵呈報，安慶府江防同知傅爾禄督同安慶守備黄希賢捉獲賊犯陳汝賢等五起，池州府江防同知傅國才督同荻港把總沙綱捉獲賊犯戴柏等三起，太平府江防同知楊際明督同把總沙綱捉獲賊犯張官生等六起，俱無失事。潁[五]州兵備參政王之猷呈報，廬州府江防同知楊從書督同無爲州江防同知張文豪、帶管江防判官羅一敬捉獲賊犯周文元等十四起，并無失事。淮陽海防兵〔六〕備右布政使張允濟呈報，揚州府江防同知洪〔七〕有聲督同儀真守備謝烺捉獲賊犯張時等九起，三江會口把總余志强捉獲鹽盜張雨等二十一起。瓜洲衛總繆日明捉獲賊犯陳子忠等十四起，俱無失事。帶管九江分巡道僉事沈瓚呈報，九江府江防同知趙襄督同南湖觜守備陳懋功捉獲賊犯萬官保等十一起，并無失事。應天府江防治中郭原賓呈報，游兵營把總周文郁督同哨官金印等捉獲鹽盜張佃等十一起，并無失事。新江口營坐營孫應乾、王棟并無獲功、失事，等因。各呈報到臣。

該臣覆加查核，俱已明實，除安慶府同知傅爾禄、池州府同知傅國才、九江府同知趙襄、三江口把總余志强搜獲雖多，莅任尚淺，俱不敢概舉。帶管江防無爲州判官羅一敬、儀真衛總崔尚文、瓜洲衛總繆日明、哨官金印量行嘉獎。九江衛總巡指揮田有爵、下巡百户張堯臣、鎮江衛總巡指揮高應龍、安慶衛百户張世昆、瓜洲衛總千户高爵〔八〕、三〔九〕江營哨總百户劉新等酌量革任、戒飭外。竊照〔一〇〕大江一帶千五百餘里，流長面闊，港雜葦深，舟次水濱，奸盜易起。今上下俱無失事，多寡各有紀功，則諸臣之卒歲苦心有足嘉矣。臣雖受事方新，例應蚤行甄叙。其傳檄弭葰苻之奸，風猷丕著；運籌練魚鳥之陣，天塹增嚴。如蘇松兵備副使、今升山東參政江鐸，徽寧兵備副使侯應徵，潁州兵備參政、今丁憂王之猷，淮陽海防兵備右布政使、今聽調張允濟，所當優叙者也。勤于點兵而離次者不貸，公于給餉而剥伍者必繩，如應天府治中郭原賓，揚州府同知、今升南京工部郎中洪有聲，太平府同知楊際明，鎮江府同知高世芳，廬州府同知楊從書；傳烽布信而卒聽無譁，擊楫臨流而士氣必奮，如圖山把總李自芳、儀真守備謝烺、游兵把總周文郁、安慶守備黃希賢、荻港把總沙綱：均宜優叙者也。新江口坐營孫應乾、王棟雖無獲功，而居重練兵，建威弭盜，亦宜并叙者也。內江鐸、洪有聲雖[一]報升秩，尚未離任；王之猷雖丁憂，聞訃回籍在[二]今歲二月；張允濟雖經論調，然久勞江務，猶在地方：均之不可遺者。

伏乞敕下該部，再加查訪，如果臣言不謬，將江鐸等紀錄擢用，庶激勸明而吏士愈奮，江關肅而根本永安矣。

奉聖旨："該部知道。"

就近議補江防同知疏

爲江防重地時難缺官，乞賜就近議補，以副汛防，以慰民情事。

近接邸報，南京工部都水司缺郎中，推揚州府瓜洲駐扎同知洪有聲升補。臣查得瓜洲爲維揚巨鎮，留都門户，四方商賈駢聚，江南糧運經行，賊素垂涎。昔年因有斬關劫奪之虞，故題設江防同知，欽給關防，駐守其地，操練水陸軍士，禦侮保民，常川不許擅離，責任誠重。今洪有聲既已升任南京，不敢復留，雖令暫管，人心未免懈弛，難於□□，縱有推補別官，恐非旬日可到。矧今風汛戒嚴，倭情正急，料理時難乏人。若警報卒至，提兵水陸應援，且有城守之責，非可旦夕緩者。若不就近議補，似難濟事。今查淮安府知府李元齡已奉京察，以浮躁降調，節據淮安郡縣鄉官、軍民、文武將吏、商賈人等千百具詞保留，如出一口，皆謂本官仁厚廉明，安静不擾，撫綏得體，軍民賴安。臣等會議，得本官降調，原係京察，本與有司政聲無礙，若非得民之深，焉能有此？方欲會疏請留，於例恐有未協。會有前項揚州江防同知員缺，且關緊要重地，若將本官就補斯任，事體兩屬相宜。

該臣會同總督漕撫户部尚書李戴、總理河道工部尚書舒應龍、巡按御史曹楷、巡鹽御史綦才、巡江御史章守誠議照；地當重險，官貴宜民。原任淮安府知府、今聽降調李元齡，才同百鍊，守絕一塵。處衝劇應務有餘，馭軍民德威并用。頃以京察聽降，人心實切攀援，若以就近[一三]降補，似於情法兩便。伏乞敕下吏部，再加查議上請，或將本官量降瓜洲同知正銜，或以品級不對，降兩淮運副，管瓜洲同知事，即令到任管事，庶公典既無所妨，地方實有所賴矣。

奉聖旨："吏部知道。"

保留給由江防府佐疏

爲遵例保留給由江防府佐官員事。

先據直隸廬州府呈，准本府江防同知楊從書關稱，見年四十歲，彭城衛籍，山東登州府寧海州文登縣人。由舉人萬曆十一年三月初五日除授山西太原府保德州知州，本年四月二十七日到任，十五年二月十五日升授今職，本年五月二十八日到任。扣至十八年四月二十七日止，連閏實歷俸三十六個月，三年任滿，由詳撫按衙門，查明無礙，批允考注稱職，遵例保留，准令□□齎送吏部考核。覆奉欽依，准令復職管事。又自十八年四月二十八日起，至二十一年三月二十七日止，連閏實歷俸三十六個月，通前六年任滿，例應給由，關煩轉達，等因。備呈到臣，批行潁州兵備道查報去後。

續據該道兵備副使李驥千呈稱，行據廬州府查核得，同知楊從書六年任內督理清軍、江防、捕務，委署本府印信等項，并無經手錢糧及黏帶不了事件，別無違礙。呈道，覆核相同，應准給由。但查本官原係駐扎無爲，專管江防，督理捕務。今該州實聯江險要之區，即今海波警迫，防守宜嚴，委與邊海事例相同，乞賜照例具題保留，等因。呈報前來。

卷查先准吏部咨，爲酌議考課之法以肅吏治事，今後在外三、六年考滿官員，除方面、府佐照舊赴京，有事地方照舊保留，聽撫按從公考核賢否具奏，先令就彼復職管事，牌、册差人賫繳。其稱職經薦應得誥敕命者，照例請給。准此，又准本部咨，爲給由事，凡州縣掌印官及邊方管糧與管漕河府佐并地方有緊要事情官員考滿，俱照舊奏留。又爲酌議江上事宜以少裨戎務事，該操江都御史趙煥題，本部議覆，移咨操江都御史及轉行撫按衙門，今後江防府佐官三、六年給由，照舊赴部。遇有緊急事情，勢難離任者，不妨比照邊海有事地方具題保留，等因。俱題奉欽依，移咨遵行在卷。

今據前因，該臣會同總督漕運、提督軍務、巡撫鳳陽等處地方、戶部尚書兼都察院右副都御史李戴，巡按直隸監察御史曹楷考核得，廬州府江防同知楊從書，防江謀能絕警，攝群政足宜民。凜凜清風，歷六年猶一日；赫赫令聞，遍八屬無兩辭。稱職例應給由。但據該道議呈，本官督理捕務，專職江防，駐扎則濱臨大江，據險爲留都門戶，況今倭警未息，備禦宜周，而本官料理預防，勢難離任，且查與邊海事例相合，委應會題議留。伏乞敕下該部查議上請，照例行令楊從書接俸管事，造册差人齎部考核施行，如此庶江防之經理有人，而吏治之考課并重矣。

奉聖旨："該部知道。"

告病疏

爲濕熱侵脾日漸沈痼，懇乞聖慈俯容回籍調理事。

臣一介孤踪，落落自守，過蒙皇上擢僉留院，控督江關，亦思勉竭庸愚，期報稱恩造於萬一。第臣狗馬善病，蒲柳早衰。自三月星馳入南中，適當溽暑蒸濕之候，一飲一啄，不免失常。暫臥暫起，猶可勉強辦事。久之而內侵腸胃，外毒肌膚，痰涎塞胸，瘡痏遍體。清以寒劑則瀉，補以溫劑則結，結而再瀉，瀉而復結，屢瀉屢結，真元益傷。今且氣喘如牛，汗如雨下，日飯不過數合，比舊減半，猶不覺饑，中懣上衝，精神委頓。自肩、臂、腰、膝以至四肢、百節，無一處不痛，無一時不苦，而怔忡、眩暈諸證種種交作，漸不可支矣。醫家切脉，皆謂火蒸濕鬱，氣血兩虧，必非旦夕藥餌所能即愈。若及今謝事靜攝，順氣加調，庶幾沉痼可除，將來不至狼狽。臣竊自念長江要地，節制重權，臣區區多病一身，臥閣呻吟，自療不暇，又何能督屬將士以振武消氛哉？

伏乞皇上垂憐病苦餘生，准令回籍調理。儻歸便風土，前疾獲痊，則未死之年皆圖報之日也。臣不勝伏枕籲祈待命之至。

糾劾貪鄙將官疏

爲糾劾貪鄙將官以飾江防戎務事。

竊惟守險者兵，兵不精，險何由固？馭兵者將，將不肖，兵何由強？臣當受任之初，即聞沿江諸營兵多冒占，玩習已久，雖有江防官每月點閱呈報，祇應故事，隨牌行各兵備道嚴加查禁，又隔別委官出其不意暗點申究。至七八月間，已知三江營冒占更甚，把總余自強且紛紛有物議矣。蓋該營所統向皆召募之兵，兵不離船，船不離信，老弱必汰，事故輒補，此定例也。一變而爲將官之冒糧，土豪挾之，遂有包役矣；再變而爲將官之賣缺，營伍苦之，遂有頂首矣。使本官勉自修勵，尚恐無以服人心、革弊竇也，而況以不肖之心濟之乎？臣初猶念其履任尚淺，年資可惜，少假數月，或能改圖，奈之何其不悛也。今據道、府開報，一謂管新舊兵八百餘名，托中軍百户劉新、哨長張紐每名剋糧銀三錢二八分用；一謂舊管戰船二十五隻，每隻額設水兵三十名，聽哨官李樮等撥置，每船虛兵十名，冒支糧餉，凡遇操點，旋顧鄰近莊夫充數；一謂新造戰船二十隻，用軍牢頭吳良指稱，遴選管船哨長索陸相等十五人，每名銀五兩，方准領哨；一謂土豪王春沂、蔡守能等各包兵五、七名，本官畏其把持，因與交厚，後包兵經查批革，仍聽囑更名，朦朧申補；一謂故縱哨長薛秀，哨兵蔣遠、劉桐等包攬兵三十餘名，虛冒糧餉；一謂僉補事故兵勇，每名索銀一兩，方准入隊；一謂每月受鹽徒許良等二十餘人常例銀十五兩，任各通江興販，全不禁捕；一謂舊時本總公出中火夫役，私令頭目出辦，本官不用，每月斂折乾銀二十兩供貼；一謂濫受地方呈詞，每起罰紙銀三、五錢不等；一謂生日受哨官楊東鳳等賀禮銀約二十餘兩。各項事迹有稱書手蔡天儒可證者，有稱哨官李樮等、哨長陸相等可審者。本官之貪鄙如此，遂致船多空泊，餉多虛糜，鹽徒縱橫，恬不知畏，尚望其能副緩急之用哉？除禁土豪、清虛冒，職前後徑行外，參照三江營把總余自強，器類斗筲，情同猫鼠。擁樓船，於江上科銀冒餉，信左右撥置爲奸；募銳士，於行間僞補虛包，恣豪强把持取利。最無端者，受呈詞而擅罰紙價，不思聽訟何官；尤可恨者，納重賄而通縱鹽徒，罔念哨巡何事。衆心不附，物議已騰，相應革職回衛，帶俸差操者也。

再照三江口南對圌山，下接周家橋，固瓜儀之藩籬、留都之門户也。所用之將非智勇無以振士氣，非廉惠無以結士心。即今倭警未寧，東事漸敗，損威召寇，人人知其貽東南不測之憂。萬一倭奴狂逞，此實由海入江之要地也。矧春汛屆期，需人甚急。伏乞敕下兵部再加議覆，將把總余自強革任回衛，遺下員缺，精擇智勇廉惠武弁授之，勒限速令星馳赴任，庶哨守有賴而江關可保無虞矣。

奉聖旨："兵部知道。"

劾貪肆武弁疏

爲貪肆武弁失事侵贓，乞賜重究以彰法紀事。

臣惟長江千里，舟楫如雲，沿信設有巡兵，晝夜會哨，所以防劫盜、衛商民，其責固甚專也。使各營備總能勤於率下，潔以守官，庶貓鼠異眠，萑苻息警。臣自受事，越歲於兹，不但督禁加嚴，亦且參拿相繼。少知自愛者必當洗心改行以副責成矣，何意猶有安慶守備陳懋功之貪肆玩法者哉？

去年閏十一月二十二日，據該營申稱，本月十三日鹽商張高課船晚泊三江口，被強賊陳龍等劫去銀三千五百餘兩。本船水手李順跟迹，係湖廣運糧回船，密報水兵哨官王可久等，領兵追至海口，拿獲各賊并贓，類解安慶府江防傅同知審詳，等情。隨批，仰江防官審確招報。臣於此時尚謂課船被劫，事固不常；糧船行劫，亦出意外。該營雖疏防致寇，然即時獲盜之功或可贖其失事之罪耳。詞方批行，物議紛起，皆謂當拿賊時，水兵李貴等眼同李順於賊船搜出銀六大蒲包，扛擡，哨官王可久押赴陳懋功衙門。懋功令家人陳恩、陳福等用箱收貯，逐衆閉門，至二更時，止兑出銀二百八十兩，餘盡入私橐。耆兵王守元等搜出銀四包，交與王可久，又王可久家人歡兒、旺兒收銀三百兩，俱無下落。臣一聞之，不勝駭異，竊料府招必當究出也。今年正月十二日，據傅同知申到招詳，中皆粉飾之語，諱其贓而没其實，脱其罪而張其功，且謂贓不必追，功必可叙。臣隨駁批云，官兵哨守信地，是其專職，當夜課船被劫，若非李順浮水跟迹，則賊之來去皆不覺矣。據劫銀三千五百餘兩，今止得三百七十餘兩，其餘訪聞盡係官兵通同侵没，丢水之説殊未可信。既不能防於事先，又敢侵銀於事後，更爲可恨。仰兵備道嚴審確詳速報。又據陳懋功見群口嘖嘖，巧詞揭申，爲擒盜受誣事，復批云，該營失事、侵贓事情已經駁問，陳懋功如何不候道審，紛紛具揭飾辯。仰該道嚴提各犯，公同失主，研究確招速奪。夫此一事也，失事之罪小，匿贓之罪大。批之府，府數月僅一混報；批之道，道經月尚未成招。聞懋功鑽刺通神，墻壁甚固，問官互相推托，彼亦自謂無可奈何。臣本欲俟道招至具參，近該道且以押送糧船過淮請假，招豈能旦夕至？即至，亦豈能盡法哉？徒使縉紳扼腕而嘆，商民拊膺而痛，日復一日，何以懲奸？

臣又備查，懋功先任南湖營，曾經湖口縣典史陳大謨揭其包賣水兵過迹，批行九江府查究。歷八越月，夤緣謹以別院允招了事[一四]。調任安[一五]慶未幾，即有索受見面土儀，扣糧勒賄，多議彌縫，道、府久不開聞。夫懋功前之議多，後之罪大，若非參革提問前件，到底含糊，恐無辜之商人被坑而有功之兵士受累矣。

伏乞敕下兵部覆議，將守備陳懋功先行革任，念江上多事，員缺作速催補。仍咨都察院行巡按御史嚴提懋功并哨官王可久等一干人犯，細究各匿贓銀，盡數追出，給商收領，分別擬罪，具奏定奪，庶不才武弁難逃三尺之刑而江上各營皆守四知之畏矣。

再照安慶府同知傅爾祿職專江防，法宜綜核，南中去安慶千有餘里，所恃以查報事情者在本官耳。乃失事一字不報，奉批兩月始申，何畏何徇？不明不斷，豈眾人之耳目難掩而一官之視聽獨淆，亦應量加罰治以警其寬慢者也。

奉聖旨：“兵部知道。”

議復游巡營疏

為倭情未定，兵、餉兩虛，議復游巡營以便戰守事。

臣惟留都重地，長江要關，建議者自昔談之，第保護長江全資兵、餉，兵不足則無以待敵，餉不足則無以養兵。歷查前任諸臣，未嘗不以兵、餉不敷爲苦，蓋由操江本協院之官，與兩江巡撫事權迥異。巡撫衙門兵固兵也，郡縣之民亦兵也，操江除額設外，一民不可用爲兵；餉固餉也，倉庫之財亦餉也，操江除額派外，一錢不可用爲餉。自海寇告靖之後，迄今三十年來，兵裁而又裁，餉減而又減，所存者僅十之二三耳。使人人精銳，歲歲全輸，猶可與安常，難與應變，而況半歸老弱、半屬逋負者乎？昨歲倭警一傳，游兵并上下江各營紛紛呈請，或請添募兵勇，或請添造戰船，或請添製火藥、器械。前任操臣念形虛勢亟，批應旁午，計一時下江協汛、造船、製藥等費幾至萬金，而上江諸營之費不與焉，累年積貯之餘開銷殆盡。今糧應月給者，僅僅支吾旦夕；船應歲修者，正項不足，那借別項；應添造者，儀真歷夏過秋，竟而停閣；乃各營之請增兵者尚曉曉未已也。

臣思增兵易，增餉難，非派之於小民，則請之於內帑。內帑已匱，臣知之矣，臣不敢請。大江南北灾沴頻仍，臣衙門雖例不報灾，而觸於見聞，常懷隱痛，業已不能爲蒼赤請命，而忍加派以重其困乎？臣查圌山營添兵五百名，係應天撫臣題准加派外，三江、儀真、瓜洲三營，前任操江臣共批准增兵三百名，皆取給梁、斛諸稅，雖久則難供，而近猶堪辦，無庸議矣。獨游兵一營曾經題准造福船十隻，以備水戰計，其所配必藉精兵千人，方可控扼上游，縱橫如意。該營見統之兵僅一千二百名，領駕樓船十隻、沙船四十隻，上至梁山，下至儀真，三百餘里各派信哨守，追捕鹽盜，原有專責。今若抽兵上海船，則信地孰守？若分兵守信地，則海船孰運？臣爲民慮餉，爲船慮兵，輾轉籌思，欲不募兵而兵足，不加餉而餉足，惟有復游巡營耳。蓋游兵一營原係臣院標下中軍，江上有警，往來策應，非爲坐守信地設也。惟是江洋浩渺，港口闊疏，寇盜易於生心，商民苦其剽劫，故先年在江營有暗伏，在衛班有游巡，又責令游兵相兼防守，據其初制，豈不周且善哉？暗伏革於萬曆五年，則曰省繁差也；游巡革於萬曆十六年，則曰汰備數也。細查原疏，亦因海寇久平，江盜易制，游兵分布，足可辦之。暗伏之革勿論已，至於游巡一軍，雖經議革，然哨船四十隻空泊江渚，未嘗省也；水手八十名坐糜工食，未嘗省也；月領戶部行糧四斗，折銀二錢，未嘗省也。所省者獨總哨廩糧及鹽菜銀，雖歲解多逋而徵額如故也。且本軍在江營徒有隨操之名，但供合圍之役，若使止備江盜，臣亦可相安於無事矣。今倭情甚狡，東報難憑，不能保其不來，安可忽而不備？況募兵增餉而處其難，莫若將游巡營照舊查復，原有欽依把總一員，不必復設，但就新江營名色把總內擇一有才幹者委任其事，果能馭軍有法，捕盜有功，聽臣歲終循例疏薦，不職則徑行究革另委。其餘軍有定數，官有常員，領駕有見船，哨守有舊信，廩糧、鹽菜有成額，不煩措處，種種皆辦。但預檄各兵備道揀選在衛官軍上班，勿令老弱充數而已。無事則兩營彼此協力，會哨傳烽。萬一倭奴狂逞，則專責游巡以守信。不足則臨時便差暗伏，軍佐之盡抽游兵各船，相機戰守。蓋有福船利於憑陵，既可載重兵以橫壓其陣，有沙船利於追擊，又可翼輕兵以夾挫其鋒，戰勝守固之術諒不外此。總算一年所費不滿千金，若以之募兵，僅可得八十人，遂能得一千二百人之用，計孰有便於此者哉？夫兵有分合，分之則少，合之則多；時有緩急，緩則議裁，急則議復；矧春汛在即，勢尤不可不亟圖者。伏乞敕下兵部，再加議覆，上請施行，江防幸甚，臣愚幸甚。

奉聖旨："兵部知道。"

歲終類敘文武職官疏

為歲終類報功次，敘錄文武職官以餉江防事。

卷查先准兵部咨，為江防久廢，夥盜公行，乞敕當事重臣悉心經理，以杜後虞，以安重地事，該前任操江都御史何寬題。該本部覆議，每年將濱江府衛守備、把總，各府江防，各衛巡江等官，如一年之內江上全無失事及能擒補真正盜賊、贓者，列名奏薦以備酌用，其次量行嘉獎。若闒茸不職及該管地方屢次失事者，重則論劾罷斥，輕則以軍法責治。又准兵部咨開，地方盜賊，遠者一季一報，近者一月一報，歲終類報。續該前任操江都御史王篆題，該兵部覆議，以後年終類報將兵備各官一體敘論，通行激勸，等因。各題奉欽依，備咨在卷。

今照萬曆二十一年已終，濱江各官功過已經牌行各兵備等官查報去後。據徽寧兵備副使侯應徵呈報，池州府江防同知傅國才督同荻港把總章應魁捉獲賊犯張佑等六起，太平府江防同知楊際明督同把總章應魁捉獲賊犯蔡四等十二起，俱無失事；安慶府江防同知傅爾禄督同安慶守備陳懋功捉獲強犯楊七老等六起，失事一次。淮揚海防兵備參政曲遷喬呈報，揚州府江防同知魯近智督同儀真守備謝烺捉獲賊犯楊松等九起，三江會口把總余自強捉獲強犯陳範等七起，瓜洲衛總繆日明捉獲賊犯殷達等十四起，俱無失事。蘇松糧儲道副使帶管兵備韓濟呈報，鎮江府海防同知于翰督同圖山把總李自芳捉獲強犯朱搬子等九起，并無失事。潁州兵備副使李驥千呈報，廬州府江防同知楊從書督同無爲州江防同知金枝捉獲賊犯項元恩等六起，并無失事。九江分巡副使林文英呈報，九江府江防同知趙襄督同南湖營守備施夢龍捉獲賊犯劉春等八起，并無失事。應天府江防治中馬永亨呈報，游兵營把總周文郁、哨官金印等捉獲賊犯楊四等八起，并無失事；新江營坐營孫應乾、王棟并無獲功、失事，等因。各呈報到臣。

該臣覆加查核，俱已明實。除九江兵備副使林文英風猷茂著，應天府治中馬永亨、鎮江府同知于翰、無爲州同知金枝俱稽核有法，荻港營把總章應魁、南湖營守備施夢龍俱防練有方，但莅任尚淺，不敢概舉；哨官趙文憲、金印、韓宷、沙有金、金應科俱量行嘉獎，安慶府同知傅爾祿已行參罰，安慶守備陳懋功參行提究，三江把總余自强參革回衛，瓜洲衛總繆日明訪拿參革外。竊照大江一帶，綿亘千五百餘里。洲叢水面，易爲出没之資；賈客漁工，難辨奸良之迹。今終歲鮮有失事，多寡各有獲功，則諸臣之用心防巡信足嘉矣。其秉憲宣猷，夾岸列城增雉堞；臨流講武，沿江千里息鯨波。如徽寧兵備副使侯應徵，淮陽兵備參政曲遷喬，潁州兵備副使李驥千，蘇松兵備、今升淮安監軍參政江鐸，所當優叙者也。聞信出其不意而玩卒知懲，給餉奉以無私而貧軍知感，如池州府同知傅國才、太平府同知楊際明、九江府同知趙襄。鼓棹傳烽，晝夜常如待敵；製甲除器，營伍焕然改觀。如游兵把總周文郁，原任圖山把總李自芳，原任儀真守備謝烺，均宜優叙者也。新江營坐營孫應乾、王楝，備倭水兵坐營黄冲霄，雖無獲功，而江口練師、石城增重，亦宜并叙者也。

又查得揚州府江防同知魯近智，年紀摧頹，性資渾沌。試問職掌，茫如未琢之天；載閱文移，尤多不通之語。修船有定例也，乃打造僞增其年，領銀曲報其數，惟憑書手拴就，哨長石英等各售其奸；核兵有常法也，乃官哨任其冒占，土豪任其虛包，但聽識字鋪排，奸民蔡守能等幾漏其網。雖經屢駁，若罔聞知，臣固已決其爲無用之物，近且以强盜越獄被參住俸矣。臣猶念其官未滿歲，操守或未壞也。及臣新巡歷下江，該道極言其貪鄙之狀，謂不可一日留，揭開事迹種種可據：一、梁頭稅銀原供軍餉，本官每季取銀一百八十兩，經收經歷李騰親自饋送。一、稅司鈔銀關係正課，本官通同大使高天性，少者報入簿籍，多者分入私囊，每季約得銀三百餘兩。一、到任未幾，即向當鋪黄允鳳、程慎齋等四十餘家假借銀三百兩，償充京債。一、築城加磚原有額派官銀四百餘兩，本官先將前銀分派十四坊保正崔一鳴等領買磚、灰，隨差皂隸李芳復追入己，每遇告狀人犯，陸續罰磚漫頂，至今城未完工。一、抽掣商鹽，舊規額該茶果銀三十兩，即爲供給之費。本官經掣，分外責取供給，前銀索扣入己，鹽行經紀陳大禄等饋送可查。一、出示曰簡詞訟，乃每日投文、遞呈狀，不拘三二十紙，盡行准理，無分原被曲直，各擬不應，到任至今所追罪銀不止二千餘兩，故瓜洲謡曰“江防同知本姓魯，罪銀一兩三錢五”，鎮民苦之。一、出示曰革冗役，乃該聽東西兩房收用書手不下五十餘人，每名初進饋銀五兩，名曰“公堂禮銀”。本官任内收過二十餘人，共得銀一百餘兩。書手愈多，鎮民愈受其害。一、募選士兵，原無糧餉，止爲防倭守城之備。本官不時點卯，不到者即擬有力不應，追納紙贖，致王希賢、韓平、鄭忠、顧楫等赴訴可審。一、外江、裏河船隻裝載到瓜洲閘，必由經紀寫載換船，照船納税，上利于軍餉，下利于肩挑小民，法行已久。本官通同閘官苟朝卿，不循前例，無分江河船隻，到閘即令由閘徑過，船裝千石者送銀五七兩，七八百石者送銀四五兩，俱書手蕭現、蔣蕃，門子周莊過送。如此者兩月所得不下千金，致經紀楊明情急控告，方復舊例，虧餉病民，莫甚于此。一、到任未及一載，發長子、次子輪流回籍四次，黑夜挑搬行李，每次數十擔。書手五十餘名，每名責派造卓椅各一張作贖禮，致各役含怨。一、二子回籍，每次得王巡檢捉獲未報私鹽，前後共百餘石，載往上江，沿途販賣覓利，略無避忌。一、嗜酒，每夜飲至二三更，沉酣高唱，醉後鞭撻僕役，大失官體。

夫瓜洲一鎮設到江干，南北聯揚潤之交，上下控江淮之險。況倭警未定，隱憂實多，一切稽核錢糧、振刷行伍諸務，必得强幹廉潔之官方克有濟。本官其年如彼，其才如彼，其守又如此，瓜鎮重地尚可一日居哉？參照江防同知魯近智，受才患少，去日苦多。小事亦且糊塗，如罪如夢；大閑因之決裂，于橐于囊。苟爲日暮之圖，遑恤歲計之典。此一官者，以任淺似宜重加降謫，以闒茸不職則當直令罷歸者也。

伏乞敕下該部再加查議，如果臣言不謬，將侯應徵等分別記錄擢用，魯近智酌量降罷，庶激勸明而吏士益奮，江關肅而根本永安矣。

再照江防各官係臣專轄，先年題奉欽依，直省各撫按衙門舉劾江防文武專官，與操江會同虛心參酌，業已著爲定例。乃邇來江北尚有會同者，如保留廬州府同知楊從書一疏，至劾揚州府同知洪有聲又不會矣。江南、江西則一概不會，豈事例不明耶？抑曾因見有異同而後遂廢耶？查得保劾河道官無不會同總河大臣者，乃江防官獨不會臣衙門，何視河防重而視江防輕也？且臣奉專敕督江，江防官應留與否，略不與聞，亦安用贅員爲哉？合無再覆候明旨，申定前例，仍咨都察院轉行各該撫按衙門，以後但係江防官并鎮江府海防同知在臣原分信地內者，或不時論劾，或考滿保留，必須與臣知會參酌，具疏公行，庶於事體爲妥而於成例亦不相悖矣。

奉聖旨：“該部知道。”

保留給由府佐疏

爲遵例保留給由府佐官員事。

據太平府申，准本府同知楊際明關，見年四十五歲，雲南大理府太和縣人。由舉人除授湖廣長沙府善化縣儒學教諭，升四川重慶府綦江縣知縣。丁母憂，服滿赴部，復除直隸鳳陽府虹縣知縣，升授今職。萬曆十六年五月二十五日到日扣該十九年閏三月二十四日止，連閏實歷俸三年考滿，已經撫按兩院會題保留，文冊差人齎部訖。本職遵於本年閏三月二十五日接俸管事起，至萬曆二十二年二月二十四日止，連閏又歷俸三十六個月，前六年任滿，例應給由，等因。關府，轉申到臣，隨批徽寧兵備道查報去後。

續據該道副使侯應徵呈稱，行據該府回稱，勘得同知楊際明通前六年考滿，例應赴部給由。但查本官雖係府佐官員，職專江防重寄，誠不可一日離者。合無呈請照例保留，在任管事，文册差人齎部，等因。到道。該本道覆勘得，同知楊際明六年任滿，既經該府結查明白，相應准其赴部給由。但本官原奉欽依移駐蕪湖，專管江防，責任甚重，例當保留，在任管事，等因。回報到臣。

查得吏部見行事例一款，內開在外官員方面、府佐有事，地方照舊保留，聽撫按官從公考核賢否具奏。今據前因，該臣會同巡撫都御史朱洪謨、巡按御史王明考核得，太平府同知楊際明才猷諳練，儀度安詳，防江多振刷之能，署篆起廉平之譽，委屬稱職。茲當六年考滿，應合赴部給由，第照該府治濱長江，盜賊易於出沒，故先年題奉欽依，將江防官駐扎蕪湖，專理兵務。凡查點信地，稽核官兵，料理糧餉，皆本官之責。且今倭警未寧，防禦尤宜慎密，委難一日缺官，既經道府議留前來，相應遵例具題。伏乞敕下該部再加查議，如果臣等所言不謬，將同知楊際明題請復職施行。

奉聖旨："該部知道。"

薦舉方面疏

爲薦舉方面官員以飭吏治事。

臣奉命督理上下江防業已二載，鯨波不聳，所在晏然，實賴諸道憲臣查刷振揚之功，臣幸得藉手以逭咎戾。茲叨升任，例許薦揚，除有可議者新經大計處分及賢能俸淺者不敢概舉外，訪得蘇松兵備、按察使曹時聘汪洋千頃器度，揮霍八面才猷。扞患禦災，徐方之勳勞丕著；詰戎振玩，吳會之風采更揚。淮揚海防兵備、右參政曲遷喬偉貌儼如峙岳，長才沛若決河。簡練舟師，海門增百雉之險；澄清吏治，澤國興五袴之謠。潁州兵備副使李驥千聳壑昂霄之姿，餐冰執玉之守。擒潢池之巨盜，炮鼓不驚；戢江滋之隱奸，崔苻自靖。蘇松糧儲水利副使韓濟心思溫文果毅，政事渾厚精明，攝兵符則隻字片言皆徹桑之至計，轉歲餉則千艘百捆盡裕國之訏謨。九江兵備副使林文英氣概莊嚴有體，才華倜儻不群。提兵控上游，千里之鯨鯢遁迹；褰帷巡內郡，一方之狐鼠潛踪。此五臣者皆一時方面之良，委宜薦揚以備擢用者也。伏乞敕下吏部再加查議，如果臣言不謬，將曹時聘等概從優擢，庶風聲一樹，憲紀愈修，江面海湄妖氛永息矣。

奉聖旨："吏部知道。"

薦舉有司疏

為薦舉有司官員以飭吏治事。

臣奉命督理上下江防業已二載，所屬郡縣諸吏節經道府之開報、文移之參詳，淑慝昭然，公評具在。除賢聲久著者新經行取推升，不敢市恩再舉，物議方騰者新經大察斥調，不宜越例苛求，謹采摘見任賢吏以聞。訪得安慶府知府徐民式澹泊立風塵之表，從容游肯綮之間。滌一切煩苛，士民共怙；脱相沿俗套，僚屬為儀。鎮江府知府王應麟德器沉閎重厚，才華妥練端詳。舟車旁午而應有餘閑，機杼零丁而綏之獨至。淮安府知府馬化龍運揮霍，理衝繁之郡，利器正遇盤根；勤賑恤，拯凋敝之秋，長江大蘇涸轍。松江府知府柳希點冲襟溫溫可挹，勁節凛凛難干，修城壯海上之金湯，清賦培雲間之命脉。池州府知府何思登胸夷崖谷，行履準繩，不沾沾以喜事而事日新，不曒曒以矜名而名日起。鳳陽府知府高自新嘐嘐直追古道，落落不染宦塵，能節用兼能愛人，可範身亦可軌物。廬州府知府喬學詩温良中自涵條理，縝密處更裕剗裁，四載訟簡刑清，一方民安物阜。寧國府知府林民止性度直以方，恥作滑突脂韋之態；風格朴且古，雅持貞孤簡靖之操。常州府同知白比珩藿食敝袍，衾影不愧；櫛風沐雨，案牘爲勞。江左清官，關西介士。揚州府同知劉不息確有擔當，絶無緇涅，判事不徇請托，治河立奏平成。應天府治中馬永亨心惟守拙，事肯任真，署縣務片紙不入私衙，嚴江防扁舟常臨信地。蘇州府同知應楠貌朴而志確，言簡而行通，當難事剖決如流，處腴區操修無玷。池州府同知傅國才賦性純明，當官耿介，江上蛇虺自遁，村中鷄犬不驚。寧國府同知曹維藩體貌魁梧，心胸開爽，贊政有倫有要，裋身不激不隨。常州府推官閔廷甲明由誠運而品材最公，威自廉生而行法更恕，猷詢黄髮，譽播青天。池州府推官王紀雅性不立町畦，誠心何煩鈎鉅，守可擬之寒冰白璧，器堪薦之清廟明堂。淮安府推官曹于汴蚤歲嗽津藝海，當年拔穎法家，嚴一介猶守懸鶉之風，察三塗獨高辨驥之識。松江府推官畢自嚴清姿秀骨，潔守俊才。查盤則斗酒壺餐，盡歸謝却；問斷則近招遠案，咸在批參。廬州府推官李哲勇於任事，介以裋躬，核笁庫吏不得攫金而逃，洗圄圉民不至戴盆而泣。太平府推官施爾志温文可掬，飄逸出塵，深戒察淵，遂疏綱目；爲傷畫地，常緩棰敲。鳳陽府推官李應魁冰雪半塵不點，風雷一過不留[一六]，憐才每發才中之奸，用法常得法外之意。九江[一七]府推官李日華秉心如水，持法以衡，不鍛煉而[一八]虎翼者無所肆其威，不雌黄而豕心者無所謝[一九]其貌。應天府推官趙日崇公廉自矢，鎮重不浮[二〇]，用片言折兩造之争端，不兩月築四衝之潰岸[二一]。太倉州知州蔡杲大器注之若虚，新硎迎之輒解，巨細事悉中其窾，千百人皆見其長。廣德州知州段猷顯度汪洋而莫測其際，學蘊藉而具見之行，吏讋神君，民歌慈父。潁州知州李元齡倜儻長才，噢咻美政，擒巨盜宛如振落，撫灾黎真是噓枯。高郵州知州許一誠溫純之質，詳密之思。善酬應，事多適彀中；勤招徠，民樂歸宇下。當塗縣知縣鄧光祚本性情爲作用，由學問出經綸，廉不近名，介不傷雅，風清孔道，化洽江城。武進縣知縣桑學夔器格原自瑰奇，抱負更爲卓犖，鎮紛華視財若賦，繩强禦執法如山。昆山縣知縣聶雲翰正氣千尋挺挺，宏才萬斛恢恢，法不撓於巨室大家，心常流於窮簷蓽屋。婺源〔二二〕縣知縣朱一桂冰凝其守而玉潤其恣〔二三〕，士感其德而民懷其惠，一時聲價，百里循良。太湖縣知縣徐必達年與才并茂，神與膚俱清，超逸同八駿行空，廉約惟一鶴在馭。上海縣知縣許汝魁慈和同鸑鷟之祥，清素比羔羊之節，已欣借寇，更見歌廉。丹徒縣知縣龐時雍視民事如家事，推己心置人心，遇鸞髀批導有餘，處膏脂形迹自遠。鹽城縣知縣陳治本和而有介，才以合誠，節省回滿壑之春，寧靜化刁頑之俗。懷寧縣知縣余心純貌如冠玉，操比紉蘭，城社奸欺摘發殆盡，閭閻疾苦軫念恒殷。臨淮縣知縣薛芳風神磊落，才調恢弘，恤灾則萬户共戴春陽，剔蠹則一庭獨澄秋水。溧水縣知縣喻言興爽豁丰標，開明幹局，核隱奸洞知曲折，節冗費細及毫芒。山陽縣知縣何際可綽約猶處子，諳練若素官。分炊灾區，何殊乳哺？授餐縮道，自見從容。句容縣知縣陳于玉一腔愷悌，滿腹精神，咄嗟積六案之塵，顧盼灑四郊之潤。無錫縣知縣柴恪桃李無蹊，冰霜自保，念念惟畏法家拂士，事事可對赤子蒼天。長洲縣知縣江盈科懸筆幾於倚馬，淬鍔自可剚犀，士習其行而鄙吝自消，民洽其恩而紛囂自定。高淳縣知縣丁日近氣格莊凝，才思溫裕，浚河則澤流百世，清賦則弊絕群奸。全椒縣知縣樊玉衡胸中已窺半豹，眼底不見全牛，坐嘯存攬轡之風，行春沛隨車之雨。績溪縣知縣汪若水惠恤民隱，而祁寒暑雨時時無不關心；明察吏奸，而期會簿書件件皆其寓目。江都縣知縣張寧心主慈祥，政先明斷，三窟鬼蜮繩之如仇，萬戶疲癃撫之如子。儀真縣知縣王應元雅尚肫肫實政，恥獵赫赫虛聲，見利若恐浼其身，愛民直欲加諸膝。江浦縣知縣倪壯猷志行貞高，儀容嫻雅。輪蹄杳至，厨傳蕭然，賓悅民安，良工心苦。丹陽縣知縣朱文運悃愊無華，端嚴有執，魏摺程六曹玩日，宓弦播百里清風。靈璧縣知縣杜冠時抱材果毅，宣政惠和，官無欲而吏自無權，事不煩而民自不擾。華亭縣知縣王廷錫文章以飾吏治，慈惠以和民情，戒爾繭絲，調茲琴瑟。豐縣知縣孫延貌既軒昂，才尤暢練，觸凋劫從頭整理，飭廉隅到處清修。德化縣知縣楊惟岱性不執方，才無滯用，寓休養之仁於供億，存撫字之意於催科。蒙城縣知縣谷文魁實心爲政，約己裕民，弊孔種種盡厘，刁風在在頓息。贛榆縣知縣劉一全馭近習則嚴，吏抱案重足而立；撫流移尚儉，民荷蓑鼓腹而歌。以上諸臣雖才品各異，皆一時有司之良，所當薦揚以備擢用行取者也。

竊照臣督屬地方凡十五府、四州，實兼二撫臣所轄，又多九江一郡。查得近年江南撫臣劉應麒薦三十六人，江北撫臣李戴薦三十四人，合之共七十人，尚無九江一郡也。臣今所薦比二撫臣猶少十五人，自覺有遺珠之嘆，寧從嚴無從濫耳。伏乞敕下吏部，將徐民式等擢用行取，庶郡縣之吏治愈興而江海之重防有托矣。

奉聖旨："吏部知道。"

舉劾將領疏

爲舉劾將領官員以飭戎務事。

臣奉命督理上下江防業已二載，所屬水陸將領之賢否，節據道府開報，兼之體訪，頗得其概。茲當升任例應舉刺以示激揚，訪得：

　　江南副總兵朱文達貞心報國，壯志吞夷，百戰而立威名，幕下多搴旗執馘之勇；四知以嚴官守，行間感投醪挾纊之恩。管狼山副總兵南京中府都督簽書沈思學九尺之軀孔武，一寸之心更丹，擊楫慷慨，佇候鯨封海窟；據鞍矍鑠，爭看虎卧江門。管分守揚州游擊事參將李承勛學劍學書，在昔負登壇之望；善謀善戰，於今懷褁革之忠。廟灣海防參將濮朝宗渾身是膽，滿腹皆兵，扼劇隘組練常明，勵貞操貔貅自洽。分守徐、宿、邳參將事游擊將軍盧懷忠沉雄而多謀略，介潔而善拊循，將種固別凡流，材官共推獨步。中都留守司署副留守袁世忠奇標鵠立，猛氣鵬騫，履淮上輸挽忠勤，赴薊門踐更嚴整。副留守李自芳豹略謀堪借箸，猿臂射可穿楊，番上之甘苦能同，圍山之聲猷未泯。楊舍守備武戀德雅志公忠，英姿果毅，操誼端紈綺之表率，規恢堅海國之干城。浦子口守禦黃守魁雄姿邁衆，偉抱空群，練浦卒，刀斗聲嚴鎖江喉，鯨鯢浪靜。新江營坐營孫應乾身長八尺，而武技習嫻，守絶一塵而士心豫附，江干重望，閫外長才。福山把總葉思忠鳴劍請纓之志，催堅禦侮之才，指麾則令肅三軍，叱咤則風生八面。儀真守備錢世弼頎質挺然，清操矚爾，真是説《禮》敦《詩》之將，雅有輕裘緩帶之風。游兵營把總周文郁素游意於韜鈐，條陳皆制倭之勝算；更殫心於甲胄，訓厲悉橫海之奇才。泗州守備田有成壯氣萬人必往，姱節一介恒嚴，廉生明而甲帳風清，威克愛而轅門霜肅。陸兵營管坐營事佐擊胥尚行才猷老練，氣韻深沉，潔己苞苴無私，撫士恩威有紀。新江營坐營王良瀚膽力驍雄若鷙，騎射巧捷如風，江關未足展其能，邊閫始可究其用。中平鎮把總顧鳳翔將材犖犖，儒術翩翩，襟期慕竹帛之勳，咳唾吐孫吳之略。池河守禦馬紹援馭衆時寬時猛，繩奸任怨任勞，豹文已略見一斑，驥足將超騰千里。荻港把總章應魁桓桓偉貌，翼翼小心，哨信常駕乎扁舟，提身特嚴於二卯。游巡營把總盧一官勇敵百夫，射穿七札，立地脫囊中之穎，鼓枻消江上之氛。周家橋把總蘇尚仁狀貌魁梧，戎機曉暢，申令旌旗，改色傳烽，樓櫓如飛。以上諸臣皆一時將領之良，所當薦揚以備擢用者也。

又訪得崇明把總陳嘉謨，矯詐不情，貪婪無忌，一味奴顏婢膝，半生狗苟蠅營。該營福蒼等船歲修有定銀也，照數加一扣除，皆韓尚容憑之過付；各船長汛等兵月領有常餉銀也，指費計丁科斂，實梅振英代之催攢。不獨見面有例，或冬年或生日，大船一兩，小船五錢，紛紛悉歸騙局；不獨補兵有賄，或把總或哨官，徐通六十，劉冠一十，種種概入米囊。家鄉帶青布五百匹、冬米四百石，自用則可，乃發營倍其估而責其價，是登壟之貨郎也，何以抗顏於人上？該縣所選鋒六百名、民兵四百名，防汛則宜，乃任意剋其餉而免其班，是攫市之巨盜也，何以鼓勇於行間？捕盜回自天津，那得視爲利藪，陳本來等各十兩之准驗可據；健步設之公署，敢爾徒冒虛糧，季必俊等止四人之見在可查。其尤可恨者，琉球一夷船飄岸，原非倭奴；所載惟米、布、藥箱，絕無器械。本官欲飾功希賞，輒架捏水陸夾攻，生擒倭奴；通詳且隱慝夷物，購坐倭刀。妝點甚工，買囑甚巧，若非道、府多官之細審，浙江通事之譯明，則夷衆懸竿上之頭而天朝失制外之體矣。此一官者良心盡喪，物議沸騰，所當革任回衛，永不許用者也。

新江營把總丁應龍，論年則壯，校藝則閑，多欲之溪壑難填，無端之戈矛易中。視士卒爲奇貨，剝盡老弱膏脂；玩操防爲具文，釀成營壘疣贅。軍伴劉貴狡童也，喜而暱之，折卯暗銷，權遂歸於近幸；識字陳卯宿滑也，信而聽之，誑賞明剋，利乃網於積奸。軍餘林策等納錢匿影，則托之乎看房，彼聽鼓鼙而就伍者豈得在私門也？選鋒鄧秀等扣廩賣閑，則名之曰攝用，彼持戈載而爭前者寧可食無鹽也？選火兵則索見面，派把關則索勾差，孫守仁之均分難掩；賣席匠而豁其點，賣鐵匠而免其操，林有發之透送甚明。修理公廨自有經費也，何爲指稱上梁名色？拴同張兆伯逐隊科需，悉取爲囊中之物。失落圍幔自有巡軍也，何爲曲聽納賄免拘？勒令蔣宗輝無干陪補，幾逼作水底之魂。又其甚者，戲白水之寺僧，受師辱而大傷其體；嫺朱顏之鄰婦，被夫擊而險碎其頭。此一官者行檢不修，彌縫盡露，相應革任回衞，令其省改者也。

伏乞敕下兵部再加查訪，如果臣言不謬，將朱文達等擢用，陳嘉謨等革任回衞，庶勸懲之典不淆而江海之防有賴矣。

奉聖旨："兵部知道。"

告病疏

爲舊疾增劇，新命難趨，懇乞聖慈俯准在籍調理事。

臣不肖濫叨督江之役，向苦脾病，曾經具疏乞休，未荷俞旨。荏苒二載，臥赴呻吟，但以倭警未寧，臣子分義，恐涉規避，不得已勉資藥餌，強攝精神，理事、杜門各居其半，此官南中者所共見也。臣方兢兢焉曠職是懼，不意於萬曆二十二年九月內准吏部咨，爲缺官事，奉聖旨："是。張□□升都察院左僉都御史，協理院事。"欽此。欽遵，備咨到臣。

臣忽聞新命，感激天恩，益滋惶悚。已念例應候代，不宜遽爾言歸。侵尋五月，幸而得代，抱病長途，苟延喘息。行至懷慶地方，忽聞臣兄棄世，手足情重，五內痛傷，屢瘠之軀日益狼狽。醫生環視，皆謂久病之人加以悲痛，血氣愈損，脉候愈微，若非謝事靜調，將來不可救藥。臣伏枕自念臣才既不足稱此官，病又不能赴此職，苦情薄命，更復何言？伏乞皇上垂憐，容臣在籍調理，萬一溝壑未填，則犬馬餘年皆皇上所賜也。臣不勝忍苦籲懇之至。

進繳敕諭疏

爲進繳敕諭事。

臣於萬曆二十一年正月内欽奉敕諭提督操江，兼管巡江，除欽遵行事外。萬曆二十二年九月内准吏部咨，爲缺官事，奉聖旨："是。張□□升都察院左僉都御史，協理院事。"欽此。欽遵，備咨到臣。臣遵例候代，於本年正月二十八日在於滁州地方，將原請旗、牌八面并原掌銅關防一顆及吏書文卷交送提督操江兼管巡江、南京都察院右副都御史賈待問接管外，緣臣抱病，另疏乞休，所有原奉敕諭不敢稽延，理合進繳。

奉聖旨："吏部知道。"

校勘記

〔一〕底本闕，據抄補本補。

〔二〕該文底本闕，據抄補本補。

〔三〕"管"，底本漶漫不清，據抄補本補。

〔四〕"法"，底本漶漫不清，據抄補本補。

〔五〕"穎"，底本多訛作"潁"，以下逕改，不再一一出校。

〔六〕"兵"，底本漶漫不清，據抄補本補。

〔七〕"洪"，底本漶漫不清，據抄補本補。

〔八〕"總千户高爵"，底本漶漫不清，據抄補本補。

〔九〕"三"，底本漶漫不清，據抄補本補。

〔一○〕"竊照"，底本漶漫不清，據抄補本補。

〔一一〕"雖"，底本漶漫不清，據抄補本補。

〔一二〕"在"，底本漶漫不清，據抄補本補。

〔一三〕"近"，底本漶漫不清，據抄補本補。

〔一四〕"招了事"，底本漶漫不清，據抄補本補。

〔一五〕"調任安"，底本漶漫不清，據抄補本補。

〔一六〕"過不留"，底本漶漫不清，據抄補本補。

〔一七〕"九江"，底本漶漫不清，據抄補本補。

〔一八〕"煉而"，底本漶漫不清，據抄補本補。

〔一九〕"謝"，底本漶漫不清，據抄補本補。

〔二〇〕"浮"，底本漶漫不清，據抄補本補。

〔二一〕"岸"，底本漶漫不清，據抄補本補。

〔二二〕"婺源"，底本漶漫不清，據抄補本補。

〔二三〕"恣"，據同上本當作"姿"。

張毅敏公集卷之三

都憲疏草

兩宮灾陳修省要務代九卿公疏

爲灾驚異常敬陳修省要務以佐聖回天事。

茲者乾清宮灾，臣等伏睹皇上特降手杚引以自責，且恐未盡愆尤，博圖修省實政，此堯、湯遇灾而懼之心也。臣等任切股肱，情同休戚，自惟平日奉職無狀，致此異灾，敢逃其罪？獨念皇上以天縱英明之主勵精初政，帝眷有加，邇年心稍未虛，政間有闕，臣下所不能得之于皇上者，天乃亟出灾變以感動之，此一機也。懼而悟，悟而改圖，則宗社靈長終必賴之。臣等敢以四事切要者爲修者之助。

一、君臣太隔，朝政多違。夫從古帝王朝而聽政，日入而息。我明亦有早朝、午朝定制，居內常少，居外常多，蓋所以親接大臣，勤修政事，口咨面決，喜起相成，未聞以齋居決事者。今皇上不臨朝且七年于茲矣，大小臣工不獲一望見顏色。下之所以交于上者惟憑章疏，而章疏常格；上之所以交于下者惟視裁答，而裁答常停。一令之傳勿論當否也，而不喜下之執；一事之情勿論緩急也，而輒厭下之煩催。上以總攬爲名，常用顛倒不測之術；下以旁落爲慮，常抱挽回無計之忠。隔則生疑，疑則生沮，其究必至于上不肯信其下，下不敢抗其上。萬一有煬竈之奸，中扃外閉，其爲隱禍，可勝言哉？世宗晚年之事固其殷鑒矣。今日之灾，天意若曰："天子豈可長居大內也？"皇上戒于此而省之，何不早朝宴罷，日御講筵，郊廟必躬親，章奏必亟發，君臣交勉以洽泰和，則天意未有不回者矣。

一、臺省太輕，忠言多棄。夫從古帝王設輅求諫，止輦受言。我明置臺省之官，倚信尤重，批鱗折檻則宜旌其忠，指佞觸邪則宜獎其直，未聞以犬馬視之、以罪人錮之者。今皇上之於臺省摧折極矣！或以單疏而斥，或以連疏而斥，或因他事而一概蔓及，或借片紙而一筆混勾。遠謫者禁其量移，削籍者錮其再起。何黨可附而疑之爲黨？何名可沾而托之取名？夫人臣犯雷霆之威，出萬死一生之計，得貶得錮，殊自慰其生乎！世態悠悠，寧難結舌？此人臣之利，非國家之福也。即今臺省幾空，耳目無寄，起家者屢推不報，應選者催取不行，是仇言官也，是不欲開言路也。其究將使九重不聞其過，三窟得肆其奸矣！今日之灾，天意若曰："天子豈可自棄耳目也？"皇上戒於此而省之，何不詔起削謫諸臣，量材擢用，亟下行取之旨以補臺省之缺，庶忠良在列，正事格心，巨惡隱奸，凜然知畏，天意未有不回者矣。

一、宮中不宜多任威刑。夫帝王之度，尚德緩刑；壼闈之間，恩常掩義。況宮人、宦侍給使令于上前，豈能曲稱意旨？久聞一觸聖怒，體無完膚，捶撻不堪，纍亡相繼。螻蟻有命，豈不上干天和？近如抄沒巨璫一事，法行自近，本欲懲一犯之奸，乃因一璫以及衆璫，因一僕以及他族，轉攀互訐，概繫囹圄。或并籍其家資，或半傾其財產。都城內外，所在嗷嗷，兔死狐悲，未免各顧其後。竊恐冤魂屬氣無地能消，枯木朽株皆爲敵國，肘腋之下寧無意外之虞乎？今日之灾，天意若曰："天子豈可不好生也？"皇上戒于此而省之，何不減去內刑，亟停抄沒？但嚴禁其干預，不瑣責其趨承，諒之以情，懷之以德，使人不畏死，誰不感恩？當死而生，感恩尤甚，則天意未有不回者矣。

一、宮中不宜多藏寶貨。蓋天子以四海爲家，匹夫以囊篋爲富。自古帝王投珠抵璧，裂錦焚裘，誠不欲玩物喪志，以財爲己私也。皇上從太倉歲帶取金花銀數百萬，積之可謂多矣。終歲服御，所需幾何？乃秦之牸、晋之綢、蘇杭之綾錦，種種加派；蜀之扇、江西之磁器、西域之回青，紛紛催買。甚至以一珠爲小也，而更欲求其大；以前進爲少也，而更欲求其多。大貝明珠，手爲把玩；雕盤采器，羅列階除。卒以膏一夕之烈焰，且并累朝所積蓄盡化爲灰，則亦何利之有？今日之災，天意若曰："天子豈可崇私藏也？"皇上戒于此而省之，何不寬織造之數，罷采買之使，寧藏富于民，勿藏富于國，淡然無欲，敦朴以爲天下先，則天意未有不回者矣。

臣等所言四事，皆最切最要、今日所最當行者，以皇上之英斷亟取行之，特易易耳。但恐皇上此時之心不如火中拜禱之心，或厭其煩而不之省，或嫌其激而不之省，或欲取一二尋常故套之事姑爲塞責而不之省，是臣等以空言負皇上而皇上以虛文負天也。嗟乎！天以火災示戒者三矣，一見于北上門而不戒，則移之西華；又不戒，則移之乾清宫。悔悟益遲，則譴告益近。倘再寬怠，不亟省改，上天之怒安知其所終極哉！九廟神靈鑒此一舉，願皇上留意，宗社幸甚。臣等不勝懇切共祈之至。

兩宫灾自陳疏

爲因灾省咎，自陳不職，乞賜罷免以答天戒事。

茲者天心示戒，灾起内宫，皇上特降手札於禮官，自責愆尤，共圖修省實政。悔悟一念，天實鑒之，轉灾爲祥，機決於此。臣本以豎儒，幸遭□世，淺中易測，拙性難諧。何望何才，未聞鄉曲積譽；因資因俸，常計歲月遷官。偶從南都節鉞之司，復佐中臺紀綱之地。綴班九列，參總百寮，位愈竣而任愈難勝，恩益隆而報益當厚。竊自循省，殊決悚惶。主有美而不能成，主有闕而不能補。士風日險，不能明國是於將湣；士氣日消，不能振臺綱於久玩。立朝之激揚安在？守職之稱塞謂何？則何以靦焉廁於三獨坐之間，立於諸御史之上。已且知其不可，誰猶謂其尚堪？官非其人，灾所由致。聖主方側身而修行，微臣願避位以讓賢。仰冀洪慈，俯從罷退，庶幾憲席無玷而天眷可回矣！臣不勝恐懼待命之至。

陳三輕二重疏

為朝廷風旨漸異，紀綱輕重漸乖，懇乞聖明蚤悟亟圖，以收臣民之心，以弭中外之變事。

臣惟人君舉動盡關紀綱，治亂之機在審輕重。輕其所宜輕，重其所宜重，則治；重其所宜輕，輕其所宜重，則亂。上意所嚮，下必從之，端不可開，漸不可長，且貴識其機而亟返之耳。臣待罪中臺，實紀綱要地，兼有獻替糾繩之責。伏睹陛下英姿睿算，迥絕人群，以明察控馭寰區，以威福[一]顛倒豪杰。臣工凜凜，懼無以奉奔走而佐下風[二]久矣。邇年殿廷希御，燕居益深，上下不交，疑心易起。或疑外臣未可盡信，或疑外事未可盡從，或疑廟斷已行敢於抗阻，或疑封章遞進涉於雷同。夫君與臣相疑，未有不見疏者也；下與上爭勝，未有不見患者也。遂使市滑得以窺其淺深，奧奸因而弄其筆舌。德則不競，惟利是聞，孰重孰輕，何綱何紀？若此風遂煽，流禍焉窮？臣不勝犬馬慺慺之私，略摘闕政五事，就中應重而輕者三，應輕而重者二，冒昧具陳，惟陛下少垂清聽。

一曰部院之體漸輕。夫六卿分職，八柱承天，誼取股肱，象司喉舌。祖宗朝於部院大臣，如劉大夏、戴珊等，常面召商確政事，有奏必允，體貌固甚重也。年來似漸輕矣，或虛其位而不補，或用其人而不任。如冬官一曹，常以亞卿專署，已為異事。

乃冢宰何官，四年[三]三易銓衡，正位數月虛懸，不知統百官、均四海[四]果可令代庖否，恐人心未易厭也。劉世延罪惡[五]貫盈，法司奉旨議奏，詞嚴義正，竟爾留中，主事劉冠南疏入即發。何小臣聽而大臣不聽，單疏下而公疏不下也？以至戶曹三疏諫開礦不納，臣院九疏催行取不報，甘苦異味，喜怒殊情。爭正事則十疏而九不行，遇正推則十人而九不點，此等機局若示之趨。下士愛寵榮，上士愛名節，矧大臣師表百吏，以道事君，自非甚不肖，誰肯以待盡之餘年而喪難保之晚節也？陛下奈何輕之至此？恐忠藎者憂於見疑，各思解綬；浮沉者幸其得計，相率彈冠。此幾分而國事將何賴乎？臣願陛下重部院之體，勿再狎侮，且慎簡名碩，亟正冢宰之位。用者任，推者點，隨事執奏者欣然樂從，庶部院得行其志而紀綱不患於無統矣。

　　一曰科道之職漸輕。夫給事專司參駁，御史獨任糾彈，七品卑官，百寮震肅。祖宗朝廣設耳目，正以防壅蔽之奸，職掌固甚重也。年來似漸輕矣，舊錮者有賢有否，不知其盡錮之由；新勾者有語有默，不知其混勾之故。五科都給事中久虛不補。自昨年始，御史曹學程久繫不釋；自今年始，西臺東省列署半空。一薛居州所救能幾。行取定例也，中行、推官、知縣等官歷俸有逾六年者，屢請屢格，是不欲言路之充也；復除常典也，給事中羅棟、項應祥，御史馮應鳳、趙標等屢催屢格，是不欲言官之入也。人各有心，人各有口，果朝政無闕，寧須預設堤防？苟有可言，豈必臺諫批頷下之麟、請尚方之劍？耿耿烈士，何代無之？先朝羅倫、海瑞諸賢固皆自別衙門出也，陛下奈何輕之至此？徒使唯唯諾諾之風成蹇蹇諤諤之士。遠豺狼利于不問，狐鼠便于從橫，此幾分而國是將何定乎？臣願陛下重科道之職，勿再摧折，且亟下行取之旨，以求忠讜之助。除者允，繫者釋，前後削謫者酌量起用，庶科道得伸其氣而紀綱不患于不振矣。

一曰撫按之任漸輕。夫撫臣擁麾專制，按臣持斧代巡，一路生靈，惟其造福。祖宗制有專設，有特遣，信任固甚重也。年來似漸輕矣，無論減免、舉劾等疏往往見格，即如開礦一事，各該直省撫按無不嚴旨切責，然猶曰“君父有命，不敢逃也。”鄭一麒，一千戶耳，輒奏督撫孫鑛等遲玩，是千戶制督撫之命矣；王虎一中貴耳，輒參巡撫李盛春悖捏，是中貴制巡撫之命矣。紀綱不倒置乎？夫礦，天地所生之財，非撫按之私財也；夫民，祖宗所受之民，非撫按之私民也。苦祖宗之民采天地之財，以結貂璫之歡而適陛下之意苟可覥顏，誰不攘臂。顧肯忤近幸、抗至尊以取愆戾哉？誠懼其生事釀禍，以貽陛下之憂，而甚異日封疆之重罪耳。官寺之忠□□望于風憲之職，陛下不惟不納其諫，又從而怒辱之。一璫得志，諸璫效尤；一處鴟張，各處虎噬。巡撫斂手，又何有于監司？縣官奴顏，又何有于佐吏？陛下之赤子將無人做主矣！且撫按所以能彈壓四境，全仗陛下寵靈，恃有此威重也。假令平日體己褻矣，威已損矣，曾一武弁、中貴之不若矣，萬一山洞騷然，變起倉卒，以救過不暇之巡撫而欲責以必勝之方略，治軍則軍不畏，戢民則民不服，氛霧交飛，誰執其咎？此時雖食二憾之肉，亦何救于敗乎？臣願陛下亟重撫按之權，勿再惑于讒幸之說。凡開礦地方聽彼便宜約束差出監衛各官，但有不遵詔旨，縱下擾民，仍聽彼具實參奏處治，庶紀綱有寄而禍端可潛消矣。

一曰進獻之塗漸重。夫有道之君不貴異物，匹夫熒惑，厥有常刑，故周武拒獒，漢文却馬，史册美之；穆王受白狼、白鹿，荒服因以不至。邇年市井之佞抑何紛紛也？名藉大工，實探上意，今日經歷捐俸若干，明日儒士助銀若干。此輩出身吏胥，糊口何賴？俯首書札，剝髓何從？然猶曰“小人獻芹，或無他望耳”。至王守仁捏無影之寶貨，蓋欲騙久絕之侯封也，而使陛下恩薄于懿親；張以述購無用之白鹿，蓋欲復已褫之主簿也，而使陛下德損于玩物。科臣糾之不聽，科臣糾之不聽，巡城御史糾之不聽，業已明示好惡，大開受獻之門，媚子宵人投袂競起。恐有無恥之近臣獻靈瑞賦頌以博寵幸者矣，恐有觀釁之遠臣貢珍禽奇獸以希分外之恩者矣，恐有敗節文吏、犯贓武官憑藉錢神，妄冀特准敘用者矣，更恐上行下效，殆又甚焉。海市可趨，冰山可倚；咳唾可成雨露，昕眜可滅瘢痕。其究將使黃精白蠟悉入筐筐，義子乾兒濫登樞闥，不至如嘉靖末年之海內濁亂不已也。《書》曰："不矜細行，終累大德。"《詩》云："爾之教矣，民胥效矣。"臣願陛下寡嗜欲、端好尚，正王守仁欺誑之罪以睦親藩，下張以述于理以爲匹夫熒惑之戒，再有進獻淫巧珍奇者，重法不貸，庶紀綱一清而幸門可永塞矣。

一曰內差之勢漸重。夫虎賁、綴衣自周已備列在禁禦，但供掃除。我太祖戒內監之官不許干預外事，何其嚴也！浸淫於正統之初，濫觴于正德之季。賴世宗英斷，一掃而革之，海內蒼生始獲蘇息。陛下在宥二十四年而天下宴如也，邇來中使復紛紛然四出矣，有開礦者，有勘奇者，有查店者，尚且乞請之章無一日不上，批答之旨無一日不下。夫細人之心見利則動，天子之貴豈當患貧？惟陛下有藉大工以實內藏之心，故左右藉京弁以營差，京弁藉左右以罔利，拴成圈套，誑惑聖聰。陛下方厭外廷諸臣，動多引例撓沮，謂幹辦家事必須家奴，一聞武弁之言喜有可據。陸松等請差內相，即差內相；趙承勛請差張燁即，差張燁，百言百聽，如取如攜，豈衛弁皆急君之義士而朝紳盡誤國之逆臣乎？陛下試思五七年前，聖意未動之先，何京弁、腋璫無一人一字言及礦、店等事，乃今連章累牘，指地坐名，其爲交結逢迎，意亦可見。惟是巧伺之黨實繁有徒，肘刺頭鑽靡所不至，必將以小信而飾其大詐，以小忠而濟其大貪。采礦不已，漸及采珠；皇店不已，漸及皇莊。繼而營市舶，繼而復鎮守，內可以謀坐營，外可以謀監軍，正德弊風，其鑒不遠，恐非社稷、蒼生之福也。臣願陛下早燭群豎之奸，慎于再遣，已遣出者宜即罷還，或嚴加戒飾。勿得信憑牙爪痡毒地方，庶郡縣得保其民，蒼赤得保其命，而紀綱亦不至於陵替矣。

夫臣所言此三輕二重，勢每相因，德與財不共珍，中與外不兩勝，其重其輕總繫於陛下之一念耳。一念之疑何所不輕？一念之喜何所不重？重者愈重則輕者愈輕，久之，輕重大乖，紀綱大壞。以陛下天縱神聖，省悟轉移信無難者，第在畜斷之而已。臣備位大寮，受恩良厚，但能隨衆容默，亦可累日待遷，誠不忍見朝士蹙額而談、小民拊心而嘆，區區忠悃，天實鑒之。惟陛下留意，天下幸甚，臣愚幸甚。

論救降黜御史十九人疏

爲臺臣多謫，差委無人，懇乞聖慈特賜矜原，以存憲體，以光盛德事。

頃皇上以兵部考察之故切責言官，降黜區大倫等，已而波及前巡城夏之臣等，又從職名疏內勾去姚三讓、馮從吾、李宗延、王慎德等，旬日之中嚴旨叠下，謫斥者多至十有九人，而六科及南京科道不與焉。大小臣工莫不心口驚嘆，謂何以致觸聖怒，久而不釋，日甚一日，遂至此極也。臣等隨同四輔、九卿交章共救，雖群情可信而天聽未回，因逼歲除，暫爾中止。臣等輾轉思之，似此異事，關繫國體、臺規，職掌謂何？詎容默默？故不復爲他衙門煩瀆而只以臺臣請，惟皇上霽威，少垂清聽。

夫人臣悖莫大于忘恩，惡莫深於附黨，使果有之，皇上寬其斧鉞，僅從薄謫，正臣子所共快者，誰肯爲之申救？況四輔腹心、元宰九卿、股肱大僚累牘連名，不顧激忤，自非病狂，通國必不至此。獨念此十九人也者，其罪有可諒而其去有可惜也。在京者或以事隱而難遽言，在外者或以地遠而無從言，先後建白者或以抱忠憤而急于言。就中耳目不廣，見識不到，機會不相投，忌諱不早避，此之爲罪，臣等亦不能爲諸臣解。若忘恩附黨，甘爲悖惡之徒以辱豸冠而羞士君子之林，則斷斷乎諒其不敢矣。皇上倘疑其不言與厭其輕言，即罪一人焉，亦足以使之知上意所嚮。蓋雷霆震擊，原不在多，擊一警百，微示不可測耳。乃今因一事而牽入別事，因一人而蔓引十數人，因一時之所感觸而追修往日藏宿之怒，箝口者固有，逆耳者實多，言與不言，總受其咎，御史宜何居焉？且一次行取，所授幾何？一旦斥逐，所餘幾何？揀之如淘沙，棄之如脫屣，臣等固爲諸御史惜此摧折，尤爲聖明惜此舉動也。

至于臣等總理臺綱，當此事勢更有難之難者。蓋臺規非資俸深不以掌道，非中差竣不以按部，謂閱歷久而諳練深，誠重之也。接奉處分掌道者去矣，巡視京營者去矣，應天、蘇松、江西、湖廣、山東、山西、陝西、廣西八大藩巡按盡去矣。見在回道管事者僅二人而止，新選御史管各小差及侍班者僅七八人而止。從來有以二人而掌十三道印務者乎？從來有八大藩缺巡按而二人足用者乎？從來有以新資未差之人而試之掌道按部者乎？差不可以暫停，才不可以驟得，臣等即欲使三尺有寄，百職澄清，真茫然無所措手矣。皇上縱不爲十九人惜，獨不爲掌道按部無人計乎？值今大造回春，百嘉彙遂，皇上體天育物，何澤不周？可令法從近臣，削秩者駢迹遠竄之途，就列者灰心交戟之內。皇上試一思之，亦必有惻然動念者。伏乞解怒施仁，將降黜御史十九員容還原職，或并加罰治，許其改圖，庶國體全，臺差備，聖天子轉圜納諫之美視千古帝王爲有光矣。臣等不勝悚切待命之至。

催行取疏

爲臺差缺人分代，行取不宜更遲，懇乞聖明速允部議，以便呕會考選事。

先該臣等以差用乏人，疏懇行取，即奉欽依下部，隨經吏部照例覆議上請，伏聽旬日，未荷允綸，聖意遲遲，非外庭所能窺測。第臣等叨總臺憲，職掌攸關，有不容不冒昧再懇者。蓋節年行取止據題准定例，未必臺省之多空。今次行取已過一年應取之期，而又當聖怒嚴譴之後，處者飄飄去國，聞報不敢少停；留者落落趨朝，侍班猶苦不足。即如臣等每日升堂，惟與經歷、司務首領官數員及掌十三道御史二員相對辦事，臺寮濟濟之景象一旦空虛至此。查據臺規，經小差者始注中差，滿中差者始注大差，此歷年相沿之序，不可越也。今在外六省見缺巡按，除將中差回道并城差改限者委曲湊補，僅可支目前六差之用。若山東、福建、廣西、雲南四省報滿日久，業已無人更替，況各省以滿報者又相踵而至乎！在內如巡城、巡青、十庫等項爲小差者有九，舊例必用御史六七員任之，今新資御史止餘二員，縱使一人兼管二差，人少差多，亦自難辦，況如京營巡視，勢又難兼者乎？夫小差不足，何以待中差？中差不足，何以待大差？皇上即超然降旨，盡如部議，然必先咨訪會單而後題取，尚在一月外也。所取各官必交盤明白而後離任，近者在兩月外，遠者尚在三月外也。初選御史必試職理刑，歷數月後方考實授，准實授後方挨次輪差，總計當在八九個月外也。內差苦於兼攝之久，不得按季均勞；外差苦於候代之遲，不得如期報命。倘在延緩爲苦，更多歲月侵尋，舊章總發，臣等將無所措手，卒之曠官誤事，臣等亦安所逃罪哉？至於六科，職司糾駁，祖宗額設實多其員，邇來都諫五列空銜，兵垣借人代署，或左右皆缺，或印差兩兼，如數點晨星，依依禁闥，拾遺補闕，所效幾何？恐非所以集衆思而廣視聽也。蓋科道本係耳目之臣，在兩都爲均重，必正人充列而後清議大伸，摧殘之餘未免直氣頓盡。伏乞皇上萬幾之暇查吏部前疏，速賜允發，以便刻期會同行取選用，庶臺差可濟，諫列不虛，臣等亦有餘幸矣。

又催行取并允復除臺臣疏

爲臺員久缺，懇乞聖明速下行取之旨，并允復除臺臣以便選用事。

竊惟朝廷不可一日無紀綱，則不可一日缺紀綱之臣。臣等爲皇上總理紀綱，十三道則分任其事者也。先該臣等以御史缺人，疏請照例行取，即奉旨下部，是皇上已諒臣等心在爲國，言非有欺矣。乃部覆久稽綸音，臣等屢催亦格，前何見納？後何遲疑？當此時也，臣等詞已窮矣，勢愈迫矣，雖自愧積誠未至，難於動天，又自念職掌攸關，難於遽默。蓋掌道接差缺人太甚，侍班巡視分派不敷，皇上一覽可知也；內外行取已過其期，選法、臺規日壅日廢，皇上一查可知也：皆非臣等所敢欺飾也。順指逆意，欣厭頓殊，臣等非不慮之，第可少延，何苦煩瀆？皇上倘思此事爲必不可已之事，則或亦憐臣等心爲萬不得已之心，亟賜施行，猶以爲晚。至於臺員缺人幾半年矣，臣等念行取新進僅堪小差，因備查節年守制、告病在籍諸臣，嚴札頻催，期濟旦夕之用。近到御史馮應鳳乃服方滿而催來者，御史趙標乃病方痊而催來者，已經吏部復除，旨俱未下。此二御史皆資深練達，可堪內掌道印、外接大差者，未奉明命，各不自安。從來臺臣皆到京即補、隨補即允、入道即差者，守候都門，前後罕見。勿論事體不便，更恐此風一傳，束裝者且偃仰于里中，就程者亦遲回于道上。臣等用新求舊，兩值其難，欲振紀綱，將誰是寄？并乞皇上速允其補，容臣等先令接掌道務以待行取，不勝幸甚。

又催行取疏

爲臺差缺人，候旨日久，懇乞聖明速下行取之疏，以便選用事。

竊惟行取一事已經本院具題，吏部議覆，屢有催疏，一概留中。臣等非不欲仰體陛下遲慎之心而爲依違循默之計，第稽之祖制，參之臺規，審之今日之事勢，灼見其有萬不容已、萬不容緩者，敢再冒昧以請。按令甲，我聖祖更定官制，十三道御史共額設一百二十餘員。當是時，御史官列內臺，簪筆柱下，歲遣按部不過十數員，尚未有屯、鹽、茶、倉各差也。嗣後弊因事生，差因事起，于是繡衣之使始紛然四出矣。蓋聖祖初意惟欲重憲秩以防壅蔽之奸，累朝以來又欲藉憲臣以廣激揚之治。若官不必備，聖祖決不置此冗員；若差或可停，累朝亦不著爲定例。今在道御史謫削之餘較原額僅三分之一矣，各差例應一年報代，今年半不得代矣；十三道印務前猶有二人兼掌，今欲暫寄于京差，又苦于出巡難帶管矣。巡視多攝，侍班不充，春祀山陵委及首領，從來未有如此缺人、如此遷就者，行取安可緩也？且陛下近疑言官縱奸，正當急選一番直氣繩奸之人，使耳目益廣；陛下近責言官失職，正當急實心任職之人，使紀綱益振。乃綸音不下，諫署久虛，缺一官則少一官見聞，停一差則廢一差之政務，遲一日則緩一日之責成。恐自此封事希投，澤膏難究，豺狼可以塞路，狐鼠可以憑城，臣等即欲振臺綱、匡國是，其如無人何哉？

伏乞陛下念臺員必不可少、臺差必不可誤，況當遇灾罪己之日，拾遺補過，惟人是資；斥佞除貪，非人不濟。亟發吏部前疏，明諭臣等刻期會議行取考選，庶忠賢彙進，言路不空，當必有凛凛風節之臣出而稱陛下之意指者矣。臣等不勝懇切籲望之至。

又催行取疏

爲臺員極缺，日久愈難，懇乞聖明静思，亟允行取，以便選用事。

臣等竊惟國家廣設御史之官，非徒一人之耳目是寄。内則掌十三道，外則差兩京十三省，與夫侍班、監禮、巡城、監工等項，雖有小差、中差、大差不同，總之缺一人焉不可也。先是正月中皇上俯允臣等行取之疏，已經吏部議覆，屢催屢格，未荷綸音。苟可少延，臣等何苦再三煩瀆，乃數月以來以三御史兼管五城，又兼管六七差，日久難堪，則小差苦矣；宣大巡關業已報滿，無官往代，則中差苦矣；十三道掌印僅有一員，江北、河南滿期俱逼，則掌道大差俱苦矣。皇上法宫静攝，試一留思，行取尚可緩乎？若論繩愆糾謬，指佞觸邪，即數人鯁鯁立朝，亦足以匡弼國是。如或脂韋腼默，何必備員？若論分事厘奸，分方秉憲，則少一員必滋一事之弊寶，停一差定廢一方之紀綱，玩惕因循，將何所極？皇上萬幾稍暇，再一加思，行取尚可緩乎？臣等總理内臺，凡政事緊關重大者，俱當據實力静，況係本院御史應補員缺、應差急務，豈容畏嫌坐視，不爲力懇回天。

伏乞皇上亟賜批行，庶憲職早充，臺差早濟，臣等不任欣躍俟命之至。

又催行取疏

爲臺差急缺甚多，行取候旨日久，懇乞聖心蚤賜明斷事。

竊惟行取一事，臣等請催已至八疏，待命已逾半年，雖勢迫詞窮，未荷鑒允。當此時也，欲言則徒煩清聽，欲默則恐墜臺綱，千難萬難，莫知爲計。因伏而思之，皇上明聖，豈不知御史爲必不可缺之官，行取爲必不可廢之典？九重淵邃，批發遲遲，或未詳睹各差果缺人之多寡與應代之緩急耳。臣等謹將大差、中差、小差，或係一年一代，或係半年一代，并目前缺人近委，缺人遠替，萬萬分不可久待者，細開細注于下。皇上試取一加批閱，則知臣等之言必不可終已，行取之事必不可再遲，敕下該部，查內外俸深賢者應取官員及時議取，或先將在京博士、中行等官先行考選，以濟各差急用，庶幾臺班不空，憲體益重，臣等亦得藉以振臺風于萬一矣。

計開大差、中差、小差若干。以上一年一代者幾差，報滿無人代幾差。某人兼管五城，差半年一代者已過一年。三人兼管五城。

請宥言官疏

爲宥言官以光聖德事。

臣等竊聞慈父不過怒其子，仁君不過怒其臣。近該刑部尚書蕭大亨等因御史曹學程久繫抱病，疏請早賜矜釋，滿朝臣子企仰皇上泣罪解網在此一舉。不意聖怒愈甚，徑置重辟，莫不相顧駭愕，變色失聲。臣等伏念皇上臨御以來，寬仁大度，人有不及，常以情恕，即有觸忤，概荷優容。乃御史曹學程何獨不幸，致干天怒如此？在學程不識事機，未合聖意，躁妄之罪，臣等即百口亦不能爲之解。若謂其抗違避難，臣等則諒其萬萬不敢也。蓋人臣食君之祿，此身毛髮莫非君有，水火可赴，誰敢規避？惟是學程當時止泛論科臣束封事耳，未嘗奉差巧脫，似與避難者殊科；未嘗遇變偷生，似與失節者異狀。以此加罪，固律例所不載者。罪人于律例之外，恐言路人人自阻，朝臣人人自危矣。且昨皇上於會審應決重犯尚爾暫免行刑，市井歡呼，生同再世，矧侍從耳目之臣一言不當，遽忍以大辟坐之乎？臣等非爲學程惜，爲聖政惜也；非敢拂明旨，爲聖德惜也。倘皇上偶以一時之怒，法紀失平，臣等遂以緘默之故匡救失職，于私計便矣，如公議何？

伏乞皇上霽雷霆之威，弘天地之量，慨易成命，俯從宥原，或加重謫罰以警其後，庶言官各圖捐軀之報而聖德益增轉圜之美矣。臣等不勝哀懇俟命之至。

請宥久繫臺臣疏

爲臺臣久繫，屯政漸隳，懇乞聖慈蚤賜寬宥以重言路事。

臣等謬掌臺綱，依光日月，仰窺陛下禮遇臣子如腹心手足，痛癢一體，恩德甚厚。近御史曹學程以言獲罪，考掠逮繫，三月于茲。此必陛下所隱痛，非有深怒過責，臣等自當静聽處分，何敢輕爲瀆救？唯是待命日久，義難終默，幸陛下垂聽焉。

蓋屯田御史之設，兼綜屯、馬二政，彈轄直省，地廣事繁，固不可一日缺人者。自曹學程逮繫以來，公署塵封，敕印無寄，文移概從阻閣，奸究[六]日見縱横，緣係題差，例難私攝。目今十差九缺，亦自無人攝之，臣等日夜焦心，捉襟露肘。陛下念及于此，必不忍令其久繫廢事也。且學程言官也，以言爲官，即使言或未當，亦宜曲容。況原疏爲止科臣，科臣業已罷遣；爲勘東事，東事未曾停封。栲禁備嘗，足示懲創。日者奉旨熱審在監囚犯，輕者盡從減釋，重者多附矜疑。區區小民遇幸若此，乃學程爲陛下耳目之臣，獨使有向隅之泣，陛下之心又豈忍乎？

伏乞陛下察臣等不獲已之情，思臺中極乏人之苦，憫學程尚有可原之罪，念屯政非可久缺之差，俯從刑部原擬重加罰治，賜還原職，庶雷霆之威與雨露之恩并行不悖而于聖德爲益光矣。臣等不勝悚切祈望之至。

又催行取疏

爲臺疏久荷允綸，行取久候成命，懇乞聖斷速發部議以重風憲事。

先該臣等于萬曆二十四年正月內爲急缺風憲官員據例以請，奉聖旨："是。吏部知道。"欽此。臣等竊自慶幸，謂舊者愧不能留，新者急猶可補，苟有以藉手，誰非朝廷紀綱之臣哉？何意部覆一上，忽爾留中，臣等屢疏懇催，亦不見報，侵尋仁望，遂過一年三月有餘。臣等區區苦情略已具之前疏，乃今之苦則更甚矣。巡視五城前有三員，今僅存其一，多兼攝于別差，苦可知也；侍班接本、提牢等事例該輪替，今朝入暮出，兩年不得一替，苦可知也；宣大差去年六月報滿，以南海之人按北邊，隻身萬里，至今無官往代，苦可知也；屯田差于去年五月開缺，暫署於巡倉御史，以簡差而攝繁差，越俎代庖，至今無官專理，苦可知也。如巡倉、如兩淮、如兩浙、如遼東、如茶馬，皆中差過期不得代者，而河東、甘肅又將滿矣；如應天、如浙江，皆大差滿期無可代者，而山西、四川、江西又將滿矣。赫赫臺班，其蕭條寥落之狀、摧挫灰阻之形誠二百年所未有。臣等以匪才覥顏于上，在外久報滿者怨不得代，在內久巡城者怨不得差，下不能慰此情于屬官，上不能諒此心于君父，其苦又如何也？

夫皇上英明天授，虛己求賢，豈欲減削臺省之員，杜絕諫諍之路？惟是墨乾舌敝，天聽彌高，年復一年，臺綱且墜。臣等雖至愚，亦豈不知依阿之爲順志，輷潰之爲逆耳哉？誠懼臺綱一墜，整頓尤難。職掌謂何？恥以一言塞責，故不得不備述。差多人少，情窮勢亟，種種之苦，冀皇上之覽而思，思而悟，悟而亟下行取之旨也。蓋今所應補者，祖宗原有定額，非臣等於額外添官；今所應取者，朝廷原有定例，非臣等于例外希旨。皇上何故屢奏弗省，何事頻年不決？矧當倭、虜交訌之會，兵、民共敝之秋，易轍改弦猶或可救，朝請夕報猶以爲遲。若主術乖疑，人情離沮，振之則愈玩，繩之且有辭，臣等亦無從執其咎矣。萬惟聖明留意，臣等不勝激切俟命之至。

催總憲疏

爲總憲大臣勢難久缺，懇乞聖明速簡部推以重風紀事。

臣惟我朝稽古建官，分事權于六部，而以都察院參衡其間，設左都御史一人總理臺務，又設左副都御史、左僉都御史各一人協理之，外以領袖庶府百司，內以表率十三道御史，上以匡弼主德，下以糾正官邪，皆其職掌。細考祖宗二百餘年以來，隨缺隨推，隨推隨下，豈獨偏重此官，亦爲社稷計耳。頃者左都御史員缺，該吏部奉明命，集廷臣公推趙煥、溫純，請旨點用。夫二臣之生平、才品諒聖心有炯鑒，固輿論所素服者。伏聽旬月，未睹綸音。臣妄意窺測，豈皇上或静攝而未暇定耶？抑或深思而未輕允耶？第西臺爲風紀重地，非他衙門比；臺長爲風紀重臣，非他官比。他衙門尚可久懸缺，臺長決不可久代庖也，且今之代庖更難矣。朝多闕政，諫署將空，則催選之難；差多逾期，巡方將廢，則注代之難。爭一議人且病其沽直，難在是非漸淆；駁一招人且嗤其認真，難在凌替漸起。如臣迂劣，負愧積中，淺望不足鎮囂，拙性不能諧俗，有操瓢煬竈之慮，有跋前疐後之憂，地位本殊，觀瞻自異。況大察在邇，臺長實參綜核黜陟之權，册揭未投，咨訪必預，倘人不蚤定，柄無專持，區區代庖可能佐末議而清流品哉？

伏乞皇上留神省覽，亟檢該部會推原疏，特簡一員畀之重任，仍敕作速前來供職。庶臺綱有寄，憲體不侵，臣亦不敢不勉效愚忠、共贊激濁揚清之治。

三殿灾陳修省實政疏

爲重灾不可再玩，實政不可再虛，更乞聖明正己心以回天心事。

臣等竊惟昨歲兩宮告灾，今年三殿又毀，午門之內，極目成灰。歷考前代史書與本朝實錄，上天垂戒未有若是之著且烈者也。自非君臣交儆，痛革弊風，恐虛文相諼，大禍必至。頃睹禮部傳奉聖諭及內閣所具條陳，俱奉旨"着該部速議來行"，此實宗社之幸。臣等職專風紀，朝政闕失皆所當言，況遇大灾，寧容默默？第修省事款，諸臣開列已詳，但願陛下奮然決行之耳。姑舉其重且大者：郊廟必躬詣以謝嚴譴，不則天地、祖宗之怒恐未解也；便殿必蚤御以通物情，不則中外壅蔽之患恐未撤也；國本必蚤早建以定人心，不則道路揣摩之謗恐未釋也。亟罷采礦、開店之使以杜直省之亂階，亟減左右宦妾之刑以弭蕭墻之隱禍。又必緩于工作，上以敬天之怒，下以寬采辦供億之勞。重且大者既舉，而輕且小者不難行矣。然此皆應天之實事，而應天之實心尚未及也。臣等思君之心與天之心相爲感通，朝政之淑慝由君心之偏正，倘不先正其心而強求之事，恐中有牽戀，外有掣肘，收拾于此，決裂于彼，幾乍覺而復迷，令方傳而忽止，雖有罪己空言、塞人細事，亦終歸于矯誣耳。故罪己不如正己，格事不如格心。陛下平日成心有四，臣等敢冒昧言之：

一曰好逸。夫君德主于勤，故未明求衣，日昃忘食。一有好逸之心，則禋祀倦于時饗，朝堂倦于日御，章奏倦于批覽，臥起失于晦明，惡煩惡勞，任情任性，齋居何作？靜攝何功？乾健不息，似不如此。陛下以此思勤，則逸心當知戒矣。

一曰好疑。夫君道主于誠，故明目達聰，推心置腹。一有好疑之心，則逢人疑人，遇事疑事。疑及於近侍，則左右莫必其生；疑及于外庭，則僚寀莫舉其職。究且謀以疑敗，奸以疑容，爲物不二，似不如此。陛下以此思誠，則疑心當知戒矣。

一曰好勝。夫君道先於虛己，故設韜求諫，止輦受規。一有好勝之心，則矜厲威嚴，牢籠愚智，喜諂諛而惡鯁直，厭封駁而樂傳宣，將逞志于一夫，亦甘心于衆口，下濟光明，似不如此。陛下以此思虛，則勝心當知戒矣。

一曰好貨。夫君道在于富民，故投珠抵璧，發粟散財。有一好貨之心，則以聚斂爲奉公，以投獻爲盡節，珠玉惟恐不豐於掌握，錦綉惟恐不牣于篋笥。瓊林、大盈竟爲誰積？造物忌滿，似不如此。陛下以此思富，則利心當知戒矣。

四心既戒，則百志惟熙，必真見弊政不可不亟除，大典不可不亟舉。以此光於祖考，以此對于臣民，以此回天心，以此凝天福，今日之災豈止無損聖德，將天下萬世永永頌堯、湯之令主矣！臣等憂深誼切，情迫詞危，不識忌諱，萬惟聖明垂聽，天下幸甚。臣等不勝涕泣顒望之至。

三殿灾自陳疏

爲積咎致灾自陳不職，乞賜罷免以答天戒事。

兹者天心震怒，三殿重灾。推其致灾之由，皆是臣工失職。臣班同九列，例當自陳。伏念臣碌碌庸才，硜硜小節，中臺佐憲已歷二年。昨歲灾及清寧，分甘顯黜，誤叨洪造，尚玷華班，恩愈厚而報則微，任愈深而效則寡。上之不能引裾補牘，弼主德于休明；下之不能激濁揚清，維士風于耿介。職在參衡，六部即會同題覆，半字未得預聞；職在糾正，百司即申勘拓移，幾宗曾經細駁？臺署久空而無力催補，巡差漸廢而無計支吾，綱領謂何，曠瘝殊甚。惟朝有虛糜之大吏，故天有叠至之異灾，欲事消弭，須嚴澄汰，若論不職，孰過于臣？厚恩不可屢徼，疏綱豈容復漏？況犬馬多病，蒲柳易衰，縱鞭策以不前，雖模棱其何濟？仰乞乾斷亟加斥褫，庶風紀之地先清而天心之回可冀矣。臣不勝悚息俟命之至。

會議倭事議

爲遵旨會議事。

自倭入朝鮮，職嘗兩與會議，始而議戰，廷臣慮其難收，本兵不聽也；繼而議封，廷臣策其必敗，本兵不聽也。所信任者棍徒沈惟敬，所約誓者狡酋小西飛耳，遂使廷議重典竟托空言。每疏自謂成則其功，敗則其罪，雖有曾頒之聖諭、屢降之明旨，非憑閣票，則采部題，苟臣子少有忠愛之心，豈忍以巧排衆議、獨力擔當之事而終諉于君父者哉？今封倭之事敗矣，冊使未回，倭兵已至梁山，太守已逐，據關白聲言索王子陪禮，是要質子也。質子不已，必且割地；割地不已，必且并吞；并吞則我之藩籬失而遼左震。且始救終棄，爲德不卒，仗義而出，忍辱而歸，不亦可恥乎？職謂朝鮮不可不急救，遲則無及固藩籬也。又據關白托言，候皇今處分，是意不滿一封也。挾封得封，必且挾貢；挾貢不已，必且挾市。許之則欲無厭，不許則狂必逞。或以偏師綴我于朝鮮，而近窺登萊、天津，遠窺浙、直、閩、廣，游帆往來，所備皆急。職謂内地不可不預防，疏則召侮。固門户也，救朝鮮則當如督臣孫鑛之議，防内地則當如節年申飭之旨，無捉襟掣肘，無越俎代庖。至于主封誤國之臣，亦當采廷臣之公議，聖斷速處，庶可以更制倭清海之勝局，庶可以殫督撫、將士之忠謀。不然成冒其功，敗脱其罪，有賞無罰，人何所懲？恐從此中外任事之臣皆思僥幸推諉，以欺君誤國爲長計，雖有高爵厚禄，不可驅使矣！惟聖明留意，勿使今日會議又成空言，廷臣幸甚，宗社幸甚，天下幸甚。謹議。

會議倭事議

爲遵旨會議事。

封倭一事，廷議自昔難之。聖朝冠帶四夷，何獨吝此？蓋慮關白封豕長蛇，其欲無厭；沈惟敬市棍兩面之口，未易結局耳。乃册使釜山駐節業已逾年，既無一介之使相迎，又無一定之辭可據，遂致君命委於草莽，詔使等於羈囚，從來封朝鮮、琉球有如此褻辱者乎？凡在臣子，誰不憤悒？近者李宗城、楊方亨一住一逃，揭報互異，逃者固是畏死，住者豈不貪生？紙上情形，半疑半信。縱使封事勉就，亦未敢認以爲真，又安可恃以忘備也？蓋關白所明挾者原不止一封，沈惟敬所密許者亦不止一封，此皆見于宋應昌、顧養謙之奏章，非細人流傳之語。是倭不封固變，封亦變；而我不封固備，封亦當備。皆沿邊沿海督撫之責，勿未事而玩愒，勿先事而倉皇。調南兵不宜太多，調邊兵不宜太遠。勤練土著，預選將材，須亟亟加之意耳。倘封事不成，海氛甚惡，則朝鮮棄守之説不可不預定者。蓋朝鮮棄之于昔日易，棄之于今日難；棄之于未講封之前易，棄之于既壞封之後難。何者？昔以救屬國而長驅，今以辱使臣而退縮，毋論國威愈損，且謂我藩籬何？

職等竊計其便，宜仿漢置西域都護故事，擇廉勇參將一員，統精兵三千，戍守其國。又設一兵備憲臣監制之，使將不敢恣睢，兵不得騷擾。無事則訓練我兵，因以督練朝鮮之兵。一旦有警，鼓率朝鮮將士扼險力鬥，而我重兵屯於鴨綠江之外，急則分兵往救，霆馳電擊，可保無虞。計其應用金錢，歲費不滿五萬，兩縣租賦足以辦之，欲厚藩籬，豈宜惜此？至于芻糧等項，或就糴于朝鮮，或近買于遼、義，勿如昔日苦累小民轉輸。仍與朝鮮君臣約以三年爲期，過此欲留戍兵，錢糧取之本國。倘彼兵練精勇，我師便可撤回，庶歲未久而易于息肩，兵不多而易于措手。

此或其要策也，謹議。

請給假疏

爲比例陳情，懇乞天恩俯容給假遷葬事。

臣受性最愚，守官更拙，遭逢明聖，進貳地卿，正宜勉分會計之勞，少效涓涘之報，豈敢念及其私？顧臣有萬不得已至情，積十五年而未遂者，輒據例以請，幸皇上憐察。臣之先塋乃臣祖所不宅歲吉兆地也，負山環水，地形甚狹。臣父有兄三人，皆依葬於此。當萬曆十年，臣母謝世。十一年，臣父謝世。二喪相繼，酷禍異常。臣彼時草土餘生，煢煢在疚，即欲另求吉壤開立佳城，奈北方素乏地師，俗子總多謬説。地既不可驟得，柩又不宜久停，遂爾權厝塋傍以俟後卜。臣一赴闕廷，驅馳南北，忽越十餘年矣。中間任操江，適備倭警，病未得歸。轉協院，再有控章，旨未垂允。日復一日，遲延至今，中夜思之，便不成寐。傳聞昨歲塋側陡有客水，勢將浸及九原，親魄不安，臣心如割。臣又自惟年過半百，衰病侵尋，常恐二竪深入膏肓，盧扁難施藥石。且近者便血，舊症暴發二旬，兼之胃弱痰多，遂至肌消骨立。今雖强攝，元氣益虛，倘竟負初心，何以慰先靈于地下？

查得《會典》開載：洪武年間，内外官給假遷葬者俱自行具奏。嘉靖年間議准，遷葬官員照養病事例作缺。又查得萬曆二十二年，太常寺少卿趙崇善給假遷葬，隨荷恩准。臣以官以例俱與相同，以病以情似爲更苦。伏乞敕下吏部照例議覆，容臣給假回籍，廣延堪輿之士卜地遷葬，不但臣感荷高厚，矢期銜環，即世世子孫亦永戴皇仁于勿替矣。

校勘記

〔一〕"威福"，底本漶漫不清，據抄補本補。

〔二〕"風"，底本漶漫不清，據抄補本補。

〔三〕"年"，底本漶漫不清，據抄補本補。

〔四〕"四海"，底本漶漫不清，據抄補本補。

〔五〕"惡"，底本漶漫不清，據抄補本補。

〔六〕"究"，據文意疑當作"尤"。

督餉疏草

條議督餉事宜疏

爲督餉重務誤簡非才，謹舉應議事宜以便遵守事。

臣疏直之性，素不較乎錙銖；屢病之軀，更不耐乎煩劇。忽承特命，深懼難堪，事不辭勞，臣子分義。今當銜命而出，一切督理事宜尚無定議，臣恐無所遵守，聊舉切要，條爲五款，伏乞敕下該部議覆施行，臣愚幸甚。

一、明節制。夫官無崇卑，權重則行，權輕則格，勢使然也。東征之役，有總督以兼理糧餉，又有各巡撫以分贊之，各部郎以供饋給散之，以〔一〕可無掣肘矣。兹臣之往也，豈能加于總督之上？倘不重其事權，猶然一部官耳。招之不來，麾之不往，亦安用此贅員爲也？非加兼憲職，恐不便于行事。其應轄直省地方合先指明定界以便居中調度，仍比照總督敕書，除戰守機宜外，事干軍儲，撫鎮而下悉聽臣節制。倘有怠誤，司道、郡縣、將領、衛所等官不時參治，應拿問者拿問。事完照例舉劾以示勸懲。蓋督餉、督兵其體均重，況係特遣，更不宜輕。伏乞聖裁。

一、專責成。夫暫遣不如舊設，旁督不如親臨，人人知之。苟責成不專，推諉易起。臣所督理者餉耳。餉不足或請之內帑，或發之外庚，或多方湊處，臣應與大司農博求接濟之策，事本專司，勢且易達，又豈容于他諉？但今師徒日集，轉輸數千里，陸運必用車牛、騾夫，水運必用船夫、護兵，此則直省各巡撫事也。臣在部近接得遼東張巡撫揭，稱水陸運過朝鮮糧萬石，實由總督專制，誰敢不遵？臣從部堂奉璽書而往，蓋欲示朝廷重餉之意，非爲解總督兼理之權。凡轉運事情須與總督並行各該巡撫衙門，嚴責司道等官，或水或陸，各從其便，上緊運赴軍前聽用，違誤者會疏具參。若臣別有條議，非干總督職掌，臣自督之。蓋惟督府不以事權分彼此，則司道不以觀望生緩急，一推一挽，弘濟何難？伏乞聖裁。

一、請關防勘合。夫關防所以示信，勘合所以嚴程。臣督餉在外，奏上檄下，由近達遠，均宜用之。乞敕該部鑄造關防一顆，填給大小勘合三十道、火牌五十張，以備軍儲緊急，不時差遣官役賫奏、催運之用。事竣，照例奏繳。伏乞聖裁。

一、請贊理司官。夫錢穀事冗，轉輸務勞。臣起家詞林，夙不閑于吏事，兼之少年多病，中歲蚤衰，智慮不周，耳目孰寄？非藉明敏強幹司官協力分猷，其何能濟？近者督臣經略播州，征倭防海，俱帶贊畫司官二員。軍旅重事，委非可以常格拘也，況臣由部堂贊督者乎？乞敕本部推擇賢能司官二員隨臣計畫，庶合三人之見以爲見，則其見確；收群策之善以爲策，則其策長。脫有緊急，更可分地行催，不致誤事。伏乞聖裁。

一、請員役廩糧。夫官由創造，事無成規，第大臣行督直省地方，體統、事權所係甚重。吏書以供繕寫，官舍以備齎差，與夫心紅紙劄、犒賞公費等項均不可缺，似應比照總督衙門議爲定額。員役從何取用，廩糧從何支給，公費從何措辦，庶幾民不苦累，官不苦供。蓋都門之外應係督屬地方，檄不先傳，下何依准？臣即欲速出料理不能矣。伏乞聖裁。

萬曆二十五年九月十六日題，本月十八日奉聖旨：“張養蒙着兼都察院右僉都御史，督理糧餉，作速前去。這所奏該部看了來説。”

條議餉務疏

爲兵連未解，餉務方繁，敬陳末議，以備酌采，以濟時艱事。

臣聞兵貴速不貴久，餉利近不利遠。今島氛甚惡，屬國將墟，爲固藩籬，不憚征調。此一役也，方相持於漢江兩岸之間，決勝無期，則其勢不得速而久矣；方分運於水陸三千里之外，灌輸無策，則其勢不得近而遠矣。久則內帑日請日匱，外庚日借日空；遠則陸運苦于民疲，海運防乎夷梗。遠因久而益難達，久因遠而更難支。臣病體庸才，拜督餉之命甫六日耳，晝訪夜籌，憂心如灼。既憂折色，又憂本色；既憂無糧，又憂難運。敢采輿人之誦，謬爲條議，伏乞敕下該部議覆施行。

一、北直隸、山東各府州縣預備倉糧甚多，此出于有司之贖鍰，非京邊錢糧可比，日久易湮，貽累查盤。幸因歲成不假賑濟，宜各動支三分之一，運發天津、登萊以濟軍食。蓋與其糴買以涌市價，不若支運倉糧，更可平市價以便民。

一、再借臨、德二倉米各五萬石，以待陸續轉運，明年南糧新運到截留補。以後漕糧不得輕議改折，確守祖制，更行天津司道官多蓋倉廠，用心囤貯。

一、今歲北直隸、山東地方概多稔熟，見徵稅糧宜收本色以省羅擾。

一、查山東拖欠本部二十四年稅糧等銀多至一百三十餘萬，司道等官見住俸追徵，宜趁此秋成，青、登、萊三府酌收本色以充海運。

一、查近年開納事例，在直省地方人員俱令赴遼東上納本色，仍酌議增其米價，減其銀例，以誘樂從。

一、各處鈔關抽稅頗多，榷司解部僅如舊額而止。其餘非借之以供濫費，則取之以充私橐。宜酌增其稅額以補軍興之用，仍禁不得借口增額加稅商民。

一、近年各直省逋負帶徵錢糧嚴催上緊完解，遲玩者查例從重參處。

一、行各該巡鹽衙門酌議增開鹽引，速令商人赴遼東上納本色，早挨支掣。

一、傍海潮灘傳有無主閑曠荒田，宜行各該巡撫衙門查實，招人自備牛具、子粒開種，收納米草。衛所官照例加級，富民照例拜官，但不許借口官招占民成業。

一、打造糧船原係工部職掌，今嚴責海運，苦於無船，宜令工部速造如式海船，在天津五十隻，登萊五十隻。或差司官自造，或發料銀責司道監造，以濟急運。遲誤者聽臣參治。

一、聞寬奠地方材木甚多，造船甚便，宜令工部酌發料銀數千兩，行遼東該道官監造船五十隻。其銀亦令上納人員向遼東納本色，取庫收查照，戶部照數動支年例銀抵補料價，此亦化銀成米之一助也。

一、各地方小河撥運倉糧不必海船，或高價招買商民船隻，或厚給僦值顧民樂運，任從其便，庶不違誤。

臣所陳十二議皆目前最急事，勢必不容已者。極知仰仗皇威，端可歲月勘定。萬一師久不決，儲餉難供，臣豈能令天雨鬼輸哉？更乞先時敕下廷議，細檢舊例，務求足餉長策。宗社幸甚，臣愚幸甚。

萬曆二十五年九月二十一日具題，本月二十三日奉聖旨："該部看議來說。"

議定南運以濟東運疏

爲預議定南運以濟東運事。

臣惟東征將士需餉甚殷，水陸灌輸需糧甚急。即今天津水運之始，第一苦于無糧，則暫取預備臨、德；其次苦于無船，則暫括商船、民船。糧、船稍具矣，又苦于水手、護兵不識海道。冬月搬運，風水難憑，猶可遠近那移，旦夕接濟。倘延及明春，島氛未靖，徵兵四集，日費更多，則備運之糧尤有不可不預計者。查得漕運遮洋一總所轄淮安等八衛所，共駕海船四百二十七隻，裝運山東、河南各州縣米二十萬四千八百八十餘石，外加耗米四萬四千石有零。每歲運畢，官軍雖回本衛所，其船隻俱在臨清、德州河下灣泊，把總向在臨清住扎，至次年正月開兌，兌完開幫，多在二月。臣思欲濟春運，莫便于此。蓋移倉糧則多出納之費，而糧且有限；募民船則多逼勒之弊，而船未必堪。又領官、護兵漫無紀律，并津、登水手遞相推諉。惟遮洋一總糧便、船便、官軍便、水手便，開幫最早最近又便。不若責令盡數運至旅順，方可不誤軍餉。但此總上納倉口有天津，有京、通，有昌、密，俱經漕運衙門先期派定，縱欲截留東運，臨時誰肯聽從？須總漕于定派之先，預坐該總徑運旅順口交卸，庶官軍知所遵守。其原派倉口悉聽總督倉場衙門注銷撥補。仍行河南、山東監兌官務令早兌早發行，臨、德、天津各兵巡道催儹越幫前進，定限二月中旬至天津，如有遲違，聽臣參治。至于應得腳價、行糧，從水次至天津照上納天津例支給，從天津至旅順照顧覓民船例支給，即于山東、河南輕齎銀內分解一二萬兩付天津管糧官支銷開報。至于旅順交畢，倘有餘剩耗米，令遼東管糧官用備倭銀照時價糴買。若買得一二萬石，又可省一二萬石之腳價，尤便之便者也。

軍儲至急，難泥漕規，萬一缺遲，咎將誰諉？伏乞敕下户部作速議覆，轉行漕運衙門查照遵奉施行，東師幸甚。

萬曆二十五年十月二十八日具題，十一月初一日奉聖旨："該部知道。"

議明春運船疏

爲海口冰堅，糧船守凍，酌議明春運船以濟征餉事。

竊惟東征軍餉資陸輓者十之二，資海運者十之八。臣受任之初，即檄天津兵備道按察使汪應蛟將新募鹽船六十隻刻日裝糧起運，甫至海口，忽遇颶風大作，一夜冰合，遂不能前進，雖原任副留守武懋德所統兵船四十隻并山東新造沙船四十隻亦俱在大姑守凍矣。兵船如此，糧船可知也；天津如此，登萊可知也。除一面移咨遼東撫臣，督行司道等官多方陸輓接濟，及差贊理員外周一梧往山東，主事楊恩往遼東，分路催儹外，又念倭酋退回釜山，水陸列寨，守者甚逸，攻者甚勞。今冬果能一鼓蕩平，使之片帆不返，因而撤兵罷餉，孰不願也？萬一釜底游魂尚未授首，則戰攻方始，徵調更煩，明春濟運之策可不急爲之講哉。

近據天津兵備道按察使汪應蛟呈稱，遵奉新准天津造船五十隻，即宜召匠買料，刻日興工。據清軍同知鄒學曾面禀本道，謂天津一帶既無楠木，又無南匠，且北地嚴寒，與南方不同，即有工料，冬深亦難措手。查得山東撫臣近委官于南京天寧洲打造沙船四十隻，已到天津河下，本道親詣看驗，頗爲堅固。據原造委官周維慶禀稱，梁頭一丈六尺，計費工價銀三百兩，每船堪載五百石，少亦載四百石。看得天寧洲爲木商鱗集之地，物料稍賤，且匠作近而易致，寒氣薄而易開，若乘冬春之間多召木艌匠役，晝夜并工，不過四五十日可以報完。但每船工料費至三百兩，計造船五十隻，該銀一萬五千兩。前項部發銀數止五千兩，恐一時補發不及，前工不無遲誤，相應咨發，以便差官齎銀往造。又查天寧洲坐屬應天府地方，各差召匠聚材，終不若本管有司督責尤速。仍乞移咨南京操江都察院，行委應天府佐貳官一員躬親調度，旦夕責成，庶不誤轉運，等因。

隨經臣批，糧從海運，遠至朝鮮，必須堅厚南船方可利涉。據呈，楠木、南匠北方皆無，冬月嚴寒，真是難爲措手。周維慶所造沙船既驗堅固堪運，即可如式委造。其增給料價及咨操院委官調度，俱如議行。近接經略軍門揭稱，天津定歲運糧二十四萬石，分爲三運，恐又非五十隻船所能辦也，仰再議確速詳。

又據該道呈，天津既定歲運米二十四萬石，分爲三運，每一運當八萬石。前議止造船五十隻，委不足用，應再添造五十隻，連前共一百隻，該銀三萬兩，合候移咨户、工二部一并給發。及照沙船一隻須用舵工、水手二十名，即當一面于吳淞、淮安等處召募。每柁工一名每月約計銀一兩六錢，水手一名約計銀一兩二三錢，每歲約工食銀三百餘兩。以百船通計，歲該工食銀三萬餘兩。查得餉務專屬户部，合無先行咨會，一面照數給發，以便召募水手，俟船完速駕，則人與船相習而船亦與海相狎矣。仍再比照山東事例，咨行漕撫衙門，煩委官于淮安地方雇募船五十隻，并湊募天津、密雲漁、鹽等船五六十隻，則每運八萬之數方可無誤也。至于各船駕運水手工費歲以數萬計，向未議有正項。近日雇募鹽船運米二萬一千餘石，計脚價五千一百餘兩，該本道暫議於本年河間府存留折色京庫銀內動支。但查前銀止三萬四千餘兩，原係存留地方買糴米穀，爲餉兵備歉之資。近議一半買穀，一半仍存折色，然一二月間，動支兵餉并運價業費過七八千矣。在山東有藩司之積蓄，尚可那移；在天津止河間之一郡，安從輸運？合無并乞將保、河二府萬曆二十六年應解折色京庫銀俱准存留，以備海運募價、工食之用，等因。

臣看得海運、河運難易頓殊，涉遠、衝濤利害莫測。故談海運者必稱沙船，必稱南方水手，謂其揚帆甚捷，椴柁有神也。今天津每運既定八萬石，即使每船載四百石，亦應用船二百隻。據該道稱造百隻，再兼行漕撫衙門雇募五十隻，誠不爲過。若責之以必運之數，而不假之以堪運之船，卒之人、糧兩損，竟亦何濟？且此船東事未定，則可用之以灌輸；海上有驚，即可用之以待戰。一舉而兩得，尤爲計之善者也。其應增造募錢糧及請留保、河二府萬曆二十六年應解折色京庫銀以備運募工費，俱萬萬不可已者。軍儲緊急，海運險艱，冬月若不蚤圖，明春何以急濟？伏乞敕下該部上緊議覆，其應增銀兩速爲給發，應解折色准其存留。仍行漕撫衙門委官速爲雇募，行操江衙門委官上緊監造。其原差賫銀守催官員，勒限明春三月初旬駕船定至天津，庶可不誤餉務矣。

再照前准登、萊亦造船五十隻，與天津同。近據山東撫臣萬象春咨稱，登、萊地方既無木植可采，亦無造船匠役，欲移咨漕撫衙門，速于清江廠内多造大船五十隻，費省工倍，大有裨於軍興，等因。竊思天津既經定造沙船，登、萊應從此例增價議造，或在清江廠，或在天寧洲，任從其便。但登、萊已有周維慶造船四十隻，不必再添；已有前募准船五十隻，不必再募。且地近募順，順風開洋，一日夜可至，運自易易耳。相應一并覆行，餉務幸甚。

萬曆二十五年十一月二十一日具題，本月二十□日奉聖旨："户部知道"。

春運齎領防護要務疏

爲春運將開，敬陳齎領防護要務，懇乞聖明大加激勸以勵人心事。

竊惟征討，國之大事；糧餉，軍之大命。臣以衰病餘息謬肩是役。先是待輸無米，航海無船，直省同舟，若分秦越。臣建議請借臨、德倉糧，請徵登、萊等處本色，請動近海郡縣預備倉糧，請造遼船、造沙船、募准船及雇覓商船，請添遼東陸運驟頭，其餘一應專行事宜飛檄各屬，再三申飭，仍委贊理司官分投催儹，寢食俱廢，肝腸欲嘔，伏枕呻吟，不敢言病，誠念國家事重而不敢有其身也。續該經略督臣定議，歲運七十萬。臣查各道報到糧數頗足今歲之運，其應用船隻差官分造，勒限前來，雇覓已到者見在裝運，是糧與船漸有次第，亦皆撫道諸臣協心共濟之力也。臣獨念糧以數十萬計，船以數百艘計，即漕運原在內地，有各衛所官軍領運，有把總、總兵等官專制，尚多延緩、侵費之弊；海運險遠十倍內河，乃零星發洋，漫無統紀，則何弊不可生？又茫茫一水，我與倭共，乘機侵掠，兵家之奇，防衛何可不密也？但添一官則多一官之費，添一兵則多一兵之餉。自東征以來，費用不貲，官民俱困，即造船一節出于萬不得已，臣猶難之。更議添設領運、護運官兵，少則無濟於事，多則財力難供。

臣反覆思之，惟有儹運、防運合為一體，於勢最便，於財最省，於事最得濟也。今日海運西起天津，遵海南濱而東至于登州。登州渡海，達於旅順。旅順遵海北濱而東，直至朝鮮。海道迂遠，又且更迭往來，即設把總、總兵長運押行，不免顧此失彼。合無除分運各官聽該道自行選取，仍令長運押行外，其在天津專立一總，就便令海防撫臣選委標下官一員領之；專立一總，就便令登萊總兵選委標下官一員領之；濟、青、萊共立一總，就便令山東撫臣選委標下官一員領之。兩總俱儹護至登州，而儹護過海至旅順而止。旅順專立一總，就便令新駐旅順總兵選委標下官一員領之，儹護至朝鮮而止。朝鮮更立一總，專管交卸，亦令旅順總兵就便選委。各總仍管稽查夾帶諸弊，帶催回空各船。登州仍管挑浚防倭城海口及各島安泊處所。兩總兵總理于上，嚴加約束，各分信地，鱗次接管，則官兵不添而自足，事權不分而自專。不惟海運無虞，因而熟知海道，演習水戰，亦防海之大計也。然防護一節，責在撫鎮，臣前已具題，荷蒙皇上俯允。若添官僦運，不惟多官多費，且事權不一，必至互相推諉，臣固以爲合爲一事最便最省而最得濟也。

但萬里烟波，四望無際，颶風一起，則倒海排山；濁浪一澎，則吞天浴日；兼之石礁、島嶼交列橫鋪，鯨鱷潛藏，蛟龍出没，譚之者色變，望之者心寒，而當之者魄散魂飛，非人所樂趨也。自非大破常格，賞罰不爽，恐不足以起懦夫、礪鈍志而鼓其必往之心。查得先年薊鎮邊防修葺稱難，後該閱臣題准事例，修守有功與斬獲同賞，故人爭效力，而該鎮墻臺、墩燧遂甲九邊，則鼓舞之效也。今海運大難于修守，而時事孔棘，又萬倍于薊鎮承平之時，臣亦願海運有功與斬獲同賞，人未有不效力者。糧則責之有司，以分數多寡、有無侵削及運到水次先後爲殿最；運則責之兩總兵、五把總、各分運官，以運期遲速，有無夾帶、漂損爲殿最。一運之畢，撫、鎮、道據實開送，臣即截題備照。歲運通完，自鎮、道以及有司、領運各官，容臣分別功罪類題請旨，即照薊鎮修守事例，與斬獲相提而論，則承委員役前有所慕，後有所懲，希榮慕進之念奪其避險畏難之心，運事可畢濟矣。

再照督兵贊畫司官與臣督餉贊理司官皆爲軍務宣力，督兵中軍標下守備等官與臣督餉中軍及守備官皆爲軍務效勞，東事功成，相應一體優叙。又天津、登、萊、旅順之外，其餘各該鎮、道雖無海運之責，然積餉、造船各有分任，臣皆隨事責成，使之協心共濟，待其果著勤勞，亦得并叙，蓋事出非常，不可以常格拘之也。

伏乞敕下該部再加酌議，如果臣言不謬，即望速賜施行，餉務幸甚。

萬曆二十六年正月十六日具題，本月二十二日奉聖旨："該部知道"。

議設專官管餉管運疏

爲議設專官管餉管運事。

據山東布、按二司呈，蒙臣等批，據海防兵巡道按察使張世烈呈稱，登州見駐南北兵馬亦已逾萬，歲支糧餉十三萬有奇，錢糧重大，見今運糧數萬，計募造淮、遼船四五十隻，殆非向日可比。登州府正官錢穀、刑名、囚獄、詞訟、政事繁冗，難兼他務。管糧通判督催錢糧，今又管理礦務，幹理不暇。止有海防同知一官數事，勢難兼理。查得兗州東昌同知外又設管河同知一員，專司河漕，執掌出納，各有分職。今登州海運糧餉與河漕事規相同，收支兵餉比河漕事體更大，合無比照河道事例添設同知一員，專管運糧及收支兵餉。其海防同知專管禦倭。料理軍務，便于責成。必須就近移轉，尤爲濟急。查得新題升授登州府同知管寧海州事張以翔材識敏爽，操守清潔，即以此官補之，則朝命下而夕到任，計無便于此者。遺下州缺聽候另選。蒙批，仰布政司會同按察司即議詳報。蒙此，隨該本司署印右參政鍾昌會同按察司署印副使徐學聚看得，倭報方張，即募兵運餉，事屬至急。見駐南北兵馬并新增水陸各兵年支糧餉十三萬有餘，又新借浙兵三千，至日尚該餉銀五萬四千兩，錢糧繁重，必須得人分管。登州府正佐等官各有責任，難以兼理。近查運河設有管河同知，職專漕務。今海運兵餉較之漕河事務重大，相應比照河道事例，除該府海防同知專管防禦，提調軍務外，議合添設同知一員，專理糧餉，收放錢糧，庶有責成。查得寧海州管州事登州府同知張以翔才幹精明，操守清潔，可堪委任同知事務，遺下知州員缺另行銓除。事屬妥便，合候裁奪會題，等因。呈詳到臣。

案照前事已批該司會議去後，今據前因，臣會同巡撫山東右副都御史萬象春、巡撫天津登萊等處海防右僉都御史萬世德、巡按山東監察御史張大謨議照，登州介在海濱，舊爲僻壤，年來倭警日傳，師徒雲集，居然稱重鎮矣。查得西北各邊鎮俱設有同知、通判專管軍糧，今登州陸續增添兵餉至十三萬有奇，而所借浙兵不與焉，不爲不多矣！又況海運方興，事體繁重，非得府佐一員專理，何能有濟？及查見管寧海州事登州府同知張以翔才華志行，衆所共推，即以本官改補，尤爲甚便。其遺下寧海州員缺，先是臣等行各道查訪堪以調繁官員，據東昌兵巡道右參議兼僉事盧傳元揭稱，平陰縣知縣姚崇道聲實允孚，理平陰似有餘能，調海邊自能保障，臣等向以濱海無缺未及議調。本官歷俸已三年二個月，即升補該州，似亦相應。既經司道議呈前來及□等查議相同，理合會題。

伏乞敕下吏部再加查議，將管寧海州事登州府同知張以翔改回該府，收支兵餉，兼管海運事務；其駐扎公署與俸糧等項，容臣等照依海防同知事例酌處；遺下寧海州知州員缺，合無即以平陰縣知縣姚崇道升補，或另行推用：庶事有專責而地方不致缺人矣。

萬曆二十六年正月十八日具題，本月二十四日奉聖旨："吏部知道。"

議設運務將官疏

爲東海募兵增集，運務方興，議設將官以便責成事。

據山東糧儲道右參政曾士彥呈稱，看得東省惟海運爲最急，亦惟海運爲最難。然海豈真不可運哉？有其人、有其船而後可以，成敗利鈍責之天也。近奉明文，山東歲運二十四萬，則本年春季應運六萬，以淮船計之，約每隻裝五百石不一，百二十隻不足用也，況未必能四運乎？今新造船隻方議起工，而利津商船四十隻謹客六千，猶然不得已而驅之，非得孰知海道者經理其事，安能保其亡羞也？府縣有司一聞過海，震怖欲死，而各衛所官亦庸懦無能，多方規避，即料淺占風之法，定盤望星之規，放洋泊舟之處，冥然無知，當此時而用此輩，未有能濟者也。查得臨清守備劉炳文謀勇膽略，堪以大用，亡論平昔卓有才名，即近年督兵艘從大海達登萊，數千餘里，萬死一生，入之沉深，出之自然，武弁中不數數見者，頃報升河南都司，起行有日。夫以本官而河南而僉書，處非其地，才誠可惜。倘蒙題補登萊地方，量加游擊官銜，兼理海運，似爲兩便。倭奴若犯登萊，則東省不暇運餉，本官於水戰爲宜；即今大兵雲集，倭奴必無西意，則本官又於運餉爲急。夫漕，安流也，文職無論已，既設總兵侯伯官以總之，又設欽依把總以領之，又指揮、千百戶、鎮撫以分運之，事體周慎如此。況今危急之狀，海運百倍于漕河乎？及查山東運船，前此損傷甚多，雖係海洋不測，而運官不知水道，不辯風色，不能無罪。夫前舟之覆，後舟之鑒，運官所係亦大矣。即今開凍在邇，倘以本道所言不謬，伏乞早賜會題施行，等因。

據此，案照先該登州海防道按察使張世烈呈稱，登州水陸官兵見在及已召未到者已及萬餘，止議大將而不及偏裨，則臨時發兵，截殺應援，屬之何人？今查登州北人陸兵共約五千七百餘名，相應添設陸兵游擊一員。又有南人陸兵九百餘名，見今往游召募未到陸兵一千五百餘名，相應改設坐營一員。水兵營新舊唬船三十隻，計水兵五百名，見今往浙募造未到沙唬船八十隻，水兵一千五百名，相應添設水兵游擊一員。各統把哨分營管理，一遇驚急，不惟臂指相承，易於調遣，亦且各成一旅，勇氣自奮矣，等因。據此，方在查議間，該糧儲道復具呈前因。

臣會同巡撫山東右副都御史萬象春、巡撫天津登萊等處海防右僉都御史萬世德、巡按山東監察御史張大謨看得，東省兵將與他處異，北地兵宜于陸，南地兵易于水，東省之兵兼用水陸，則其選將也亦宜合南北而兼用之，俾兵將相習，如臂指相使，夫然後惟其所命，無不如意。今查登州北人陸兵五千七百餘名；南人陸兵見在及未到共二千四百餘名，而總兵新召南家丁三百不與焉，總計二千七百餘名。遍訪各邊鎮事規，參、游所統大約三千名上下，則前項各兵共應設游擊三員矣。但恐肇造之初，供費無出，且南陸兵俱係總兵李承勛自行簡募，親附有素，一旦他屬，恐不相宜，似應與同隨征。家下仍屬總兵親統，量設中軍官管理訓練。其北人陸兵五千七百餘，應設游擊一員、坐營一員分統。除游擊聽兵部推補外，坐營員缺，據海防道按察使張世烈揭稱，本道中軍、登州衛指揮使欒維城堪以升補。臣等亦習知其人，兩捷武闈，屢應薦牘，定能不負所舉。至于見在及未到水兵二千名，應得游擊一員管理，臣等再四咨訪，則非劉炳文不可。本官原任廣東都司，夙有才名，後偶因病回籍。旋督水兵，從浙大洋直抵登州，出入波濤，如履平地，以故前撫按會薦補臨清守備。今轉河南都司，內地無事，似不足以見其所長。況登州非獨水兵急於得官，即海運方興，而各衛所中習知海道者寥寥乏人，每及登州，驚仆欲絕。若以本官加升游擊職銜，兼理海運，俾之往來鼉磯、皇城各島間，訓練水戰，督催運艘，誠爲兩便。如以本官方升都司，難以加銜，即以今官管游擊事，亦無不可。

然此爲登州言也，至如萊州，雖已設有參將，然所添土兵并舊有壯、快等不下三千五百人，而新添南兵先後題准又二千人，恐非一參將所能兼統，相應以土兵屬之參將，以南兵另設一官統領。及查得見任登州守備趙賢輔氣魄精强，韜鈐習練，雖係登州官員，向在萊州管事，一時人情頗相豫附，該道副使于仕廉亦亟稱之，似應即以本官量升都司職銜，管理南兵，則官不必增而兵有所統，此亦一便也。

又如武德道所屬向止團操快、壯千餘，近益以陸兵八百、水兵一千，僅以一守備統之，非獨事權不重，亦於統馭難周，似應添設守備一員，駐扎利津，專管水兵；仍改設都司一員，駐扎武定，統領陸兵。除守備應聽兵部推補外，都司員缺似應即以見任濱州守備梁懷忠改充。本官善騎善射，有勇有謀，該道副使孫承榮屢爲呈請，欲令加銜管事，必有所試，臣等是以敢舉及之。

以上事宜不過隨各兵多寡而爲之議官，因各官之南北而爲之議地，其所議官俱各地方必不可缺之官而非濫設，其所議人俱各該道所共推許之人而非私舉。如蒙敕下兵部再加酌議，將登州推補游擊一員，利津推補守備一員，各照前所分兵數管理。而登州水兵游擊則以新任河南都司劉炳文升改，或以原官管游擊事。及以登州衛指揮使欒維城升補登州坐營，分管北人陸兵。登州守備趙賢輔、濱州守備梁懷忠各量升都司僉事，一管萊州南兵，一管武定陸兵。其應增各官廩、紅等項，容臣等另行議給。庶水兵、陸兵各有所統，防海、運餉兼有所資，各官得遂效用之思而地方亦有責成之便矣。

萬曆二十六年正月二十四日具題，本月二十九日奉聖旨："兵部知道。"

告病疏

爲餉務料理有緒，弱疾委頓難支，懇乞聖慈俯容回籍調理事。

臣幼而善病，壯而早衰，近年以來兼有便血之症，形銷骨立，常日杜門。吏部尚書蔡國珍兩都親見之，戶部尚書楊俊民係同鄉備知之，即舉朝臣工亦共見而共知之。臣去年八月內因病請假，未奉俞旨，不意旬日之間忽有督餉之命。臣彼時念國家有急，臣子義不辭勞，身病既不敢言，妻病亦不暇顧，强攝精神，勉出料理，且四月于茲矣。多方講究，分道嚴催，或咨或題，咸有次第。幸今水運則船足，陸運則騾足，水陸灌輸則糧足，領運、防運則官兵足，從此催促責成，可保軍儲不乏，臣亦竊冀因人成事以仰報皇上知遇萬一。但因焦勞過度，脾病轉增，痰火上衝，日食減半。自十二月十八日復感冒風寒，頭重如山，肌熱如火，呻吟床褥，僮僕驚惶。醫官宗堯臣、李天祿等見臣氣體尫羸，不堪表發，百藥解散，外邪不除。至二十八日始得汗，汗後氣血大虧，胸脅壅滯，日不能食，夜不能寐，藥多於粥，臥多於坐，怔忡喘嗽，百症交侵，一切文移俱不能開閱，間委贊理司官查收發批而已。衆醫還視，謂此等弱症，且在衰年，非謝事靜調，則氣愈損，血愈耗，日損日耗中，漸成勞瘵，必無生理。臣病體若此，縱有區區犬馬報效之心亦無可奈何矣。伏乞皇上垂憐，敕下吏部具覆，准臣回籍調理，仍命就京速推才望大臣代督餉務，臣生當銜環，死當結草。不勝伏枕流涕哀懇之至。

萬曆二十六年二月初四日具奏，奉聖旨：「東征糧餉緊急，張養蒙着殫心料理，不准辭。吏部知道。」

議陸運疏

爲酌議陸運以濟軍需事。

准戶部咨，該本部題，山東清吏司案呈案查，先該薊遼總督尚書邢題派天津、山東、遼東三處歲各運糧二十四萬石，節經奉有欽依，着令上緊搬運，業有次第。但運道有由海，有由陸，要以萬全而無疏失，則海運不若陸運之爲安；陸運有直抵，有短盤，要以力省而可應急，則直抵不如短盤之爲便。呈乞酌議具題，案呈到部，等因。准此，已經移咨各巡撫，轉行各道遵行去後。

爲照海運恐難如期，因議陸運；直抵未必遽至，因議短盤：無非爲三軍需餉甚急，曲爲接濟之計耳。但遠方搬運，又不若就近糴買易而且便也。查得遼東地方力田之外，別無生計，民間積粟出售爲難。近日遼陽一帶已經官糴轉運，而廣寧以西之粟盡由山海關前來永平轉賣，車騾駝載，每日不下四五百石。不若此時發銀，就彼糴買，倘得二三萬石，是省內地萬車之運且省五六十日之程期矣。又訪得遼陽糴買多派小民，而勢臺[二]、衙役之家官不敢問，反因以爲利。宜行令彼處巡撫細查積粟之家，無論勢豪，衙役，盡數報官，照以時值，并不虧價。即將佐養廉地土所收，亦不得怙勢遏糴。倘得四五萬石，是又省廣寧二萬車之運且省二三十日之途程矣。或者以遼東民力已竭，難以復加。然既議短盤，則凡自山海關而出者，皆其所當短盤也。彼方遠糴於關內，今就其地而收之，是坐而得售，固民之便也；彼原該效力于轉搬，今出其值而雇之，是勞而獲賞，亦民之利也。即謂車輛不可以卒辦，訪得該鎮舊有官車數千輛裝載軍需，近日止徵車租，其車固在民，是可括而用也。惟是開市糴買，官厚其價而民稱賠累；雇役轉搬，官厚其值而民稱徒勞：則委用武弁不得其人，而剋減、抑勒之弊不可窮究耳。倘撫道擇人委任，留心稽察，庶幾民受實惠而官不至爲怨府。然此皆濟目前之急，就多費中求少費，就多勞中求少勞，不得已之權衡也。

今經略已議屯田矣，訪得馬二山一帶坐落鴨綠江邊，乃遼陽守道所轄之地。其土頗饒，曾經開種，尚多荒蕪，遼民苦虜，而此地虜不能到，誠設法招墾，民必樂就。秋成就地照價糴買，若得數萬石，是并遼陽轉運之力亦少省也。大抵糴買當先寬奠[三]，次金復、遼陽，次廣寧，次永平，隨地收貯。急則從陸，雖費不惜。緩則從水，永平以東、廣寧以西自芝麻灣發船，廣寧以東、海蓋以西自三岔河海口發船。金復、遼陽各照舊定，水陸并運，蓋近而費視之遠而省者相萬也。陸運短盤，固自勝算，但恐歷經數千里，州縣、衛所未必人人奉行唯謹，且關外虜騎出沒無常，一有抄掠，則水陸俱誤矣。本部院因思就地和糴、就近短盤庶爲長便，爲此合咨本部，煩爲酌議，題請施行。

萬曆二十六年二月十一日行。

又議陸運疏

爲酌議陸運以濟緊急軍儲事。

竊惟東師大集，需餉甚多，恐海運未必如期，本部遂有短盤之議，已奉明旨。臣即移咨各巡撫，轉行各道遵行，更有條議咨部具題矣。臣病憒中念軍儲所需甚急，部議所運太遠，遠恐誤事，不可竟無一言。夫東征軍餉初止議遼東，爲其近于朝鮮也；後兼議山東、天津，爲其通於海口也。總之，陸運費，水運省；陸運穩，水運險；陸運速，水運遲：此其大較也。即今海運初開，船隻未備，短盤接濟誠不可緩。第短盤一事，近則速，遠則遲：專責則速，並責則遲：此又其大較也。山東、天津業已責之海運矣，忽又責之陸運，以事體計，則速於此，必將遲於彼，更恐借口於陸而息肩於水；以道路計，則轉輸數十萬，經過數千里，民既大擾，費亦不貲。

臣伏枕思之，惟責成近處爲便。今東方用兵，最近者在遼東，其次在薊鎮，合無暫借通州倉糧三萬，責令密雲道造車督發；薊州倉糧三萬，責令薊州道造車督發；永平倉糧四萬，責令永平道造車督發。倘本倉糧少，則天津司道從水運補之；該道銀少，則准動京庫折銀濟之。州縣夫匠、營路、騾馬惟其所用，定限三個月內盡數報發。仍各選差勤幹官管押，星夜上緊運赴義州交卸，掣取批收。目前濟急之策無過於此。蓋造車之費皆我帑銀，裝車之糧皆我庾米，近者本自不免，遠者何以更勞？但省千里之程途，即免千里之騷擾；能惜千里之膏髓，即堅千里之腹心：此不可不深長慮也。迨後海運果無漂損，積餉稍多，則減短運；海運果難如期，積餉不足，則增短運。俱令備倭、管糧司官先期計算轉報以憑酌行。如以爲薊東邊地，則遼東亦邊地也；如以爲偏累薊東，則舉數十萬石盡出薊東，更爲累也。以應短盤之地方領短盤之責任，惟在撫道諸臣絶推諉之私，濟公家之急，則何事不可爲哉？且撫道事完并叙，臣議于先；百姓事完，減徵部議于後。明旨俱在，各宜勉圖。

臣又思東征軍儲歲計七十萬，前已有遼東、山東、天津三分停運之議，尚屬未平，亦當以遠近定多寡。遼東最近，水陸並運，應輸十分之四；山東次近，專理水運，應輸十分之三；天津最遠，水運並三道短盤，應輸十分之三。即此定數責成，因以完欠分殿最，人亦何辭之有？若東餉告匱，先責遼東急運，蓋近者易達，遠者難達也；其次責薊鎮三道短盤急運，蓋陸運易達，水運難達也；若朝鮮屯田就緒，秋收有糧，則三處亦照分數遞減，先減陸運，次減水運，蓋陸運費多，水運費少也。藩籬不可不固，根本不可不培，民力不可不蘇，帑金不可不惜。臣隨[四]抱病，常切隱憂，臥榻具草，神思昏憒，亦不知其言之當與否也。伏乞敕下戶部再加酌議。如果臣言不謬，速爲覆行，餉務幸甚。

萬曆二十六年二月十三日具題，本月□□日奉聖旨："戶部知道。"

因言求罷疏

爲身病已危，人言驟至，懇乞天恩速賜罷免以遂生還事。

臣頃以重病求歸，未奉俞旨，伏枕感涕，方圖再陳，忽于本月二十一日接邸報，見御史許聞造一本，論臣剝民、誤國等事，奉聖旨："吏部知道。"欽此。臣病困之餘，且驚且愧。竊令[五]大臣之邪正自有公評，言官之是非亦有清議，臣理不必辯，病不能辯，亦羞與之辯。第詆臣爲殄行，爲懷奸，爲敗絶善類，呼馬呼牛不辯可矣，就中所指剥民誤國之説關係民情國餉，臣不得不一言以證其枉。

夫軍餉不足，量動倉糧，此臣議也。臣議與部覆，每谷一石碾米六斗，酌落遠近定運米五斗、四斗，其餘即充顧運之費。在天津則倉司會兵道查收，在山東則該道查收。臣止移文督催，司道止具詳報數。臣一夫不見撥，粒米不見交，誰强累富户？誰責運六斗？臣未經手，安得支銷？臣咨藁、批詞在各撫道，可一問而知也。臣從部堂督餉，户部比照總督事例，廩給、心紅、紙札、吏書、廩糧、犒賞、公費等項已經題准咨行，派之八府矣。臣念畿輔民疲，不欲復加派累。兩咨部，定用河西務新增稅銀供應，停止加派。每日蔬米簿發該縣，見銀公買，一毫不以擾民，民方德臣，何由怨臣？尚書楊俊民在任，可一問而知也。臣於運餉之外，地方錢糧事全不干預，何由擅行州縣，每畝派銀一分二厘？誰肯奉行？臣若擅行，必有公移可據，順天撫按、道府、州縣諸臣見在可問也。臣以督餉出，兵部覆疏有“中軍、護兵人等隨便揀用、調取”之文，臣所奉敕書有“遼東、天津往來催償”之文。若一旦巡行，遼東關外皆達虜出没之地，查酌部議，招兵三百防護敕印，兵部移書猶謂臣過於裁省，月餉亦用河西增稅支給，兵頗守法，民賴營生，民方德臣，何由怨臣？霸州兵道、武清縣官俱在任可問也。海運一事不自臣始，總督邢玠定議也，臣惟催糧、催船、催之速運耳。細查天津至登州商船故多來往登州至旅順，見有山東差運官周紹祖、周謙等押糧船在彼守凍。贊理楊主事催運，親見遼東運至義州，撫道屢有揭報。即今浙直調到兵船皆由天津出海，似非鑿空嘗試者。若風濤不可測，在江河亦有之。臣近復請行薊鎮，就近短盤十萬石接濟矣。東餉歲七十二萬，陸運豈易？臣亦安能遽止海運，使遠近騷然？且事事皆有天津道申詳，人人皆由天津道定委，臣一足未至天津，亦未嘗輕差一官，何由迫脅追呼？民亦何由怨臣？海防、巡撫、天津道見在可問也。臣暫住武清，離京僅一百六十里。臣自去年十二月十九日臥病至今，尚在床榻，兩贊理所常見者，且有天津巡撫送醫，有霸州兵備送醫，道路皆知，掩誰耳目？臣料理餉務，水陸俱有次第，據三處報運過糧幾二十萬石，居己於勞而遺人以逸，有何推避？聞造乃謂臣托疾杜門，又云"聞捷音旋出視事，乍出乍入，有類俳優"。臣必不爾，武清係南北通道衢，知縣在任可訪問也。臣臥病向未出巡，何由驛騷郡縣，致官困民逃！臣在差止催糧餉，何由威挾將官，招權納賄？臣素性孤介，不羨熱缺，不結私交，自不援人，亦不藉人援。有無援比白所知，曾否薦引馮上知、歐陽東鳳，天日在上，鬼神難欺，俱付之公論，不待臣辯。凡此皆説鬼説夢，不容不略爲一白者。

臣出督甫五越月耳，扶病料理，不遺餘力，聞造業已無端指摘。倘任事稍久，將來何事不可加臣？何讒不可中臣？臣去晚矣！臣病委不可支矣！聞造謂餉事非可臥治，欲臣早決，臣亦未嘗不決，當爲拜受。伏乞皇上將臣亟賜罷免，別簡能者代督餉務，仍敕下吏部，查照聞造所言一一根勘，有一是實，重治臣罪，以爲大臣改節之戒。惟是護兵三百既稱濫費，贊理中軍、把總各官濫設可知，臣亦不敢堅執前議，徒滋多口，容臣咨送贊理二司官于户部，回署別用；咨中軍、把總官于兵部，調補別缺，聽其各自具題，候旨下之日，家兵令將官帶回，招兵令縣官解散，糧即住支。以前用過錢糧俱經武清縣經管造冊報查，候新任餉臣隨便自處，臣不忍又以相累。臣病憒詞繁，不勝延喘待命之至。

萬曆二十六年二月二十三日具奏，本月二十日奉聖旨："覽奏，知道了。東餉緊急，朕見運到數目只有遼東一處奏報，戰士懸望，豈不誤事？張養蒙還着遵奉敕旨往來遼東、天津調度催價，協力共濟，豈可因人言求去，自蹈規避，有負朝廷委重？不准辭。該部知道。"

又告病疏

爲病久益危，不能供職，三懇天恩早賜回籍事。

臣衰年弱體，臥病經春，縱無人言，亦當急退。頃者再疏求罷，冀遂生還，伏候六日，明旨未下。臣感戴高厚，即以死勤事，誠所甘心。第旬日以來，胸膈增懣，不能飲食；腰脅加痛，不能屈伸；心跳耳鳴，夜不能寐。所吐之痰多於所食之粥，雖湯藥入口，旋化成痰，何望療疾取效？老人性命托于脾胃，目今脾胃慚倒，餘息尚有幾何？前猶能屬緊要本藥，今不能矣；前猶能閱緊要文移，今不能矣；前猶三日一收公文，今半月不敢收矣。贊理員外周一梧、主事楊恩見臣狼狽之狀，皆飲泣相對，不惟不忍勸臣留，且勸臣早去矣。臣一日不去，則病篤一日；一日不能理事，則事停一日。臣犬馬之身，死不足惜，恐日久日停，勤事之心翻成誤事之罪，且死有餘恨耳。

伏乞皇上天地父母之心特垂矜憐，早准回籍。臣但得生入里門，不至顛隕道路，即爲厚幸，子子孫孫將齊祝聖壽于萬萬年矣。臣不勝伏枕流涕哀懇待命之至。

萬曆二十六年三月初四日具奏，本月□□日奉聖旨。

又告病疏

爲病篤情苦，萬分可憐，四懇天慈查放休致事。

臣頃因身病、人言疏求罷免，伏奉聖旨："覽奏，知道了。東餉緊急，朕見運到數目只有遼東一處奏報，戰士懸望，豈不誤事？張□□還着遵奉敕旨往來遼東、天津調度催儧，協力共濟，豈可因人言求去，自蹈規避，有負朝廷委重之意？不准辭。該部知道。"欽此。臣感誦綸音，伏枕流涕。竊念臣久病未痊，臺章交至，自分顯斥以遂生還，猶皇上矜容；着令往來調度，臣亦何惜螻蟻以報聖恩？第臣尪羸形骸，僅存皮骨，臥榻、寢室之外，扶步猶難，豈能巡行所屬？極知束餉緊急，仰體聖懷，不敢以旦夕未死之身致誤軍儲大事，隨即委贊理員外周一梧往薊鎮、遼東，主事楊恩往天津、山東，分路催價，上緊接濟外。臣又臥思"規避"二字，巧宦者能之，臣之愚忠，士君子所素諒，不惟不敢蹈規避之迹，且不敢萌規避之心。況督餉一事，惟在催責撫道速運，本自非難，有何可避？臣數月料理，頗有次第，目今冰開船發，兼之造車短盤，報數必多，可保不誤軍餉，自不須避。旬日之內，兩御史飛語攻臣。大臣以廉恥為重，臣義當引罷，亦非敢因之規避。惟是疾病，人所時有也。臣不幸素有狗馬之疾，近復增劇，臥床七十餘日，藥療不愈，惡症日加，雖奉温綸，實皆罪案，臥留則違往來催價之旨，引去又冒自蹈規避之嫌。濟濟朝賢，儘堪委重，豈少一多病多毀之臣而不早遂其去哉？臣即不去，奄奄殘息，亦決不能理事，病日益篤，事日益誤，不過邑鬱床席而死，死則死耳，于公家何濟焉？查得見行事例，在京官員告病，許掌印官查實代奏。臣真病真苦，兩贊理所垂涕而視者，倘猶不足信，乞敕本部尚書楊俊民查覈虛實。如係托病，即將臣重加褫黜以示規避之戒；果係真病，徑照有疾例致仕。臣生死未可卜，敢望調理復痊，但得歸正首丘，司無所恨。臣不勝撫枕長號泣血待命之至。

萬曆二十六年三月十一日具奏，本月十□日奉聖旨："督餉重務，張養蒙着遵旨照舊供職。吏部知道。"

又告病疏

為病亟詞窮，五懇聖慈早放生還事。

頃臣以病篤乞歸，伏奉聖旨："督餉重務，張養蒙着遵旨照舊供職。吏部知道。”欽此。臣枕上讀之，不覺涕淚交下。竊念臣床榻餘生，四疏求退，溫旨留臣者三，犬馬之身稍可支持，當何如以報稱？顧人臣請告，有輕病，有重病。病輕者服藥、任職兩不相妨，可以不去；病重者起步尚艱，職業俱曠，不可不去。臣重病久臥，將及三月，喘息奄奄，十分狼狽，一切文移轉運苦不能批閱稽察，征餉何事？督餉何職？決非可臥理者。臣若諱病戀官，將死有餘愧，不能以身報恩而反以病誤國，更死有餘罪矣。此臣所以不計煩瀆，哀鳴于君父之前，冀得早去也。且臣護兵已解散矣，中軍各官已查照前疏咨兵部別調矣，臣即去即死可無遺憾。臣每口占一疏，輒心跳昏暈數日。今歲儳詞窮，旦夕莫保，主恩自厚，臣命自薄，臣惟有痛哭流涕耳。伏乞皇上天地之心憐臣之苦，解臣之職，早放休退，臣生死未卜，總戴餘恩。不勝祈哀待命之至。

萬曆二十六年三月二十日具奏，本月二十五日奉聖旨：“張養蒙着照舊供職，不准辭。吏部知道。”

又告病疏

爲病危難任，天聽轉高，六懇聖慈特准回籍休致事。

臣頃緣病亟五疏乞休，伏奉聖旨，仍令照舊供職。皇上之恩厚矣，無以復加矣，臣即捐糜此身不足爲報矣，不惟不當言去，亦不忍言去，獨念皇上之留臣爲供職也，臣之留以報皇上亦惟盡此職也。乃督餉何職哉？所轄者直省三千餘里，所催者軍儲七十餘萬，文移旁午，調度煩勞，自非壯年無病之人不能料理。臣病臥三月，脾胃兩虛，氣血兩敗，日不能食，夜不能寐，諸凡批閱文移、調度轉運之務，榻前枕上，件件耽滯，顧影自嘆，殘喘幾何，尚能供此職以報皇上耶？且臣屢控不遂，孑然在床，對此芒芒，百端交集。思任重則日懷憂畏而病增，思事滯則日切憤燥而病增，又思朝露不圖、骨肉在遠，則旦夕悲愴而病增。病日益增，將死日益迫，修短有數，亦無足惜，如誤國事何？如負恩旨何？誰不戀爵祿？誰不希功名？臣苟稍可支持，何事煩瀆不止？臣命薄情苦，千難萬難，不望君父之憐而誰憐哉？懇乞皇上亮臣病已沉重，情非托辭，特渙恩綸，早准歸致。如猶未信，或敕本部尚書，或敕巡按御史，親驗臣病虛實以定臣身去留。臣但得免曠職負恩之罪，即有餘幸矣！臣不勝盟心瀝血籲天俟命之至。

萬曆二十六年三月二十日具奏，本月二十五日奉聖旨："東征需餉，屢來奏催。張養蒙以才望簡任，還着用心料理，毋得再辭。吏部知道。"

報起運餉數疏

爲恭報起運餉數以仰舒聖懷事。

竊惟東征軍餉，遼東責水陸并運，山東、天津專責水運，前後具有成議。臣自昨年十月十六日辭朝而出，適值天寒海凍，水運難通，已經具題在卷。臣彼時念海運一策事屬創始，既苦無糧，又苦無船，日夜殫心，多方料理。糧取之預備，借之臨、德，復徵收本色，廣行糴買，糧粗足矣。在山東則淮、遼船兼造，四道分運；在天津則差官往江南造募沙船一百四十隻，一道獨運。二處船雖定造，須春氣和暖，工匠方可措手。因責各道搜括沿海商、魚船隻，暫募裝糧待運。二月十五日以後，節據遼東巡撫張思忠揭報，水陸運過糧十五萬四千餘石；山東巡撫萬象春揭報，水運過糧五萬二千餘石；保定巡撫李盛春揭報，水運過糧六萬七千餘石。就中雖有已到，有未到，皆係水陸起運之數，而各該兵道自巡撫揭報之後又有續報者不與焉。三處運數多寡不同，蓋以遼東最近，議運在先，且陸路無阻，不得不多；山東次遠，天津最遠，議運在後，且水道阻冰，不得不少。臣移檄催促，急於星火，一時撫道諸臣無不上緊儧發。且南船將來，北船漸就，兼之遼左添濟，薊鎮短盤，以後人思自效，運必及數，決不至遲誤也。臣原建議待各處春運通至義州，方將該道運過糧數多寡及沿途各官押催勤惰，有無漂損、疏玩，一并查題候叙。茲臣卧病日久，六疏乞休，伏奉明旨，謂"東征需餉，屢來奏催"，還着臣用心料理。臣病榻餘生，不勝惶懼，悟憒中謹先據公移數目開報，伏乞敕下户部案候查照施行。

萬曆二十六年四月十一日具題，本月十四日奉聖旨："户部知道。"

又告病疏

爲厚恩難報，劇病不支，七懇天慈憐准骸骨生還事。

臣聞慈父憐有疾之子，仁主憐有疾之臣。臣以弱體庸才誤承聖明特簡，繼荷温旨屢留。臣非木石，寧不知恩？臣即犬馬，亦思報恩。倘病略可支持，安敢更復言去？第自奉旨二旬以來，藥不離口，指望病勢稍減，庶幾苟延時月，少效尺寸。無奈脾胃傷損之久，氣血虛敗之極，不但心跳頭暈，脅懣腿疼，前症種種作苦，今又添出潮熱盜汗諸症，勺水粒米，入口成痰，晝夜咳唾，煩躁不止，已漸成勞瘵惡疾矣。臣骨瘦如柴，命懸如絲，治疾且不能，皇上猶望其能治餉乎？且督餉一事，料理于無糧、無船、海道不通之初甚難，接管于糧、船俱足，海運大通之後甚易。臣已爲其難者，其易者自無他慮。臣蓋以病而推功，非敢推事也。目今天氣已熱，臣衰年久卧，藥餌無人侍奉，痛癢無人相關，道路聞之，亦皆憫嘆。伏乞皇上天地父母至仁之心，憐臣病實不支，察臣辭非得已，特准照有疾例致仕，臣此身此生即不能報聖恩，而子子孫孫將永祝聖壽于億萬萬年矣。臣不勝忍苦忍死涕血待命之至。

萬曆二十六年四月二十二日具奏，本月二十六日奉聖旨："張養蒙着用心供職，毋得再辭。吏部知道。"

豫籌應理餉務疏

爲豫籌應理餉務，以求實用，以期久濟事。

竊惟天下事惟實心可濟，惟實事可久。臣雖抱狗馬病，旦夕未死未去，然於餉務決不敢過于優游，亦不欲過爲粉飾。即前題償運、防護疏內，每運查參俱以運到實數爲準，原稿具在，非遽信撫道報發虛文了事也。近奉明例，仍以餉務載入考成。臣即轉行三鎮撫、道諸臣，俱已凛凛奉行惟謹。臣于枕上察軍機，審民力，規今日，慮將來，謬條三計，總裨實用，敬爲皇上陳之。

一曰今歲足運之計。夫遼東近而易達，水陸兼輸，自可足額，無煩再計矣。原議山東四運三月一回，天津三運四月一回，謂可終歲長運也。顧海濱寒冽，凍早開遲，不免有歇運之時；又運道盤旋，八風迭用，不免有守候之日。近山東巡撫尹應元咨稱不能四運，天津道兵備汪應蛟揭呈不能三運。查得薊鎮短盤十萬暫貯山海關，原係分任天津歲運之數。臣近訪得永平道兵備樊東謨查勘樂亭、撫寧及山海關芝麻灣俱可通運，已據該道申文，批令就近造船發運接濟。又據天津道兵備汪應蛟揭呈，海餉太遲，欲由薊鎮山海關水運至蓋州、金州，豫雇腹裏車、騾於金、蓋間自行接運，歲豐仍於關外收糴以免管內轉運之費。其計慮甚悉，然須行海蓋道預備暫囤之所，即冰凍時不至歇運矣。倘山東運數不足，亦當仿此行之，務令歲終足額，不然考成查參已亦定例，彼又何辭？則今歲之運可足矣。

二曰明歲濟運之計。今歲雖造船不多，然尚有船可募，尚有兵船經過，及天津改造蒼福等船駕赴朝鮮，可以順帶。明歲則兵船改造者俱留信地戰守，所雇鹽船復經運使何繼高奏討，其餘各船稍有損漏，亦當揀退，總計兵、鹽船當減四百隻，而損漏、揀退者不與焉。將再行雇募，則南北招兵，彼此爭募，多募多貴，轉募轉少，而船更不堪；將盡行打造，則工費不資，況歲裹所造遼船至今未完，淮船雖完未到，若并造數百隻，恐不可一時卒辦也。近准山東巡撫尹應元咨稱，動銀二萬分給所屬添造，未開定數。請山東、天津各再添造淮船一百隻，照臣前題工料等費速發帑金，移咨應天巡撫并日興工，務期今歲未凍以前駕赴山東、天津，撫道照收、裝運，庶不誤事。又據管餉郎中董漢儒揭討粳米，查得北方倉米絕無粳稻，合無行令漕運衙門改撥十萬，或加修清江見船，或改造限滿洋船，增募慣海水手，徑發義州交卸。從內河則隨天津船行，從外海則淮安至膠州原係商賈熟路，以北雖有成山之險，近日膠州、即墨運船通行，隨幫進發，自無他慮。臣去歲曾請改遮洋船、糧接濟東運，奉有明旨，而當事者巧為推諉，積猾官軍工于解脫，然尚以期迫不及修改為詞也。臣今豫題一年，倘同心共濟，何難整理？此可以慰東師粳稻之望，且可以省打造、雇募數萬金之費，則明歲之運可濟矣。

三曰將來持久之計。古之用兵絕域者，欲用眾則求速決，稍持久則務屯田，未有興師十萬、久勞中國而不致他變者。近督臣邢玠業已分將屯田矣，臣以為秋收之後亦當題報屯穫之數，以便酌減內運。每歲增屯，則每歲運數遞減。其或朝鮮可屯之田既盡，則增屯遼東。遼東屯種不盡，則明開事例，不拘南北軍民，力能開墾荒田者，據其收穫助餉之數，以次拜官。其罪將、罪官有立功、降級、終身戍及永戍，但不係遇赦不宥者，亦請得以屯穫自贖。即軍民殊死以下，不係真正人命、強盜者，亦得以屯穫免罪。事寧之後，願留者永為世業，不願留者付田遼左。必須設立專官，勞來勸相，著有成績，得與邊功并敘。不惟蘇息中原，亦填實遼左之一策也。屯田大舉則內地不騷，倭可時去時來，我可常飽常逸，將來自不難于持久矣。臣考兵法，論遠輸曰“三十鍾而致一鍾”。以今計之，歲運七十二萬，所費誠不忍言。況邇年以來，國家多事，屢動大衆、興大工，太倉之儲已虛，太僕之積將竭，不得已而增關稅、督歲逋，所得有幾？商民嗷嗷，日就窮困，獸窮則攫，鳥窮則啄，言之寒心。

臣形神銷儡，不能苦思，呼贊理司官至榻前，授之以意，托爲屬藁，極知迂謬，然皆一片實心、一味實事也。伏乞敕下户部再加酌議采覆，速請施行，則餉運幸甚，病臣幸甚。

萬曆二十六年五月二十二日具題，本月二十五日奉聖旨：“户部知道。”

辯妖書求罷疏

爲久病孤臣驚聞異常造害，忍辱難甘，懇乞聖明憐放回籍聽勘以全晚節事。

臣衰年重病，卧榻五越月矣，七疏引罷，屢荷温旨慰留，臣感激涕零，莫知所措。偶于本月十八日接邸報，睹鄭承恩一本，懇乞聖慈亟舉東宮冠婚大典，以消群疑，以隆萬世治安事，奉聖旨：“且《閨範圖説》是朕賜與皇貴妃所看，因見其書中大略與《女鑒》一書辭旨仿佛，以備朝夕覽閲。戴士衡等這廝以私恨之仇結黨造書，妄指宮禁，干撓大典，惑世誣人，好生可惡。此事朕已洞知，不必深辯。”欽此。臣檢閲抄中稱近日都下刊《憂危竑議》一書，云《閨範説》跋内誣臣與魏允貞、程紹、劉道亨、白所知、鄧光祚、薛亨等十人咸舉《春秋》大義“母以子貴”之説、“同盟羽翼”等語。臣一見之，不覺心驚氣結，撫枕長號，何物神奸，敢于堯舜之世作瞞天罔人怪事若此？夫皇上于皇長子，父子天性之親也。立儲自有長幼，皇上八年前已定之旨也，誰敢不信？誰敢不遵？年來道路無知，妄相揣惑，所以滿朝臣子合詞頻催，臣于火災疏中亦有“國本宜蚤建以定人心”數語，只望盛典蚤舉一日，群疑蚤釋一日耳。豈意輦轂之下，魑魅晝行，捏造僞書，含沙陰射？臣亦未敢輕疑此書出自誰手。據所裝例九人者，在承恩則臣不惟目不識一面，門亦不投一刺，固賢士大夫所雅信，且與皂賤役所習見也。其餘或交非素契，或仕不同方，何術何塗，勢能牽合？長云咸説，又不指説向何人；捏云同盟，又不指盟在何地。處心甚狠，蓄謀甚深，總之預設危機，以爲將來一網打盡之計。若此計得遂，臣等苦不知死所矣。

仰賴皇上明并日月，洞燭奸誣，善類不傷，恩同再造，臣又何庸喋喋？第臣自束髮登朝，頗堅素節，薑桂愈辣，白首不移。祇緣拙性剛腸，遂致讒人交忌，明攻者極于削臣之籍，暗害者更欲殺臣之身。三凶五鬼，何代無之？不幸臣身橫遭其毒。最可痛者，臣形銷骨立，餘肉幾何？可堪齗齗爭來搏噬？臣既不敢望從頭根究，別惹怨端；臣又不忍令到底含糊，終貽口實。但將書內誣臣詞語、事迹再煩單勘來歷有無，惟求寸心可明，亦足千載無愧。伏乞皇上特垂憐察，放臣扶病回籍聽勘，一以待公論之定，一以待讒焰之平。倘山林自調，霜露不隕，續將絶之命，完已辱之身，皆皇上之明賜也。臣不勝伏枕籲望之至。

萬曆二十六年五月二十日具奏，本月二十五日奉聖旨：“這事情原是戴士衡結黨奸惡，報復白所知劣轉之私仇，捏造書詞，惑世誣人。朕已洞知，有旨處分了。張養蒙着安心供職。該部知道。”

再辯妖書求罷疏

爲聖鑒已明，臣憂未艾，九懇天慈憐准回籍以保病辱餘年事。

臣頃因捏害異常疏求回籍聽勘，伏奉聖旨：“這事情原是戴士衡結黨奸惡，報復白所知劣轉之私仇，捏造書詞，惑世誣人。朕已洞知，有旨處分了。張養蒙着安心供職。該部知道。”欽此。臣莊誦溫綸，不覺涕淚交下，自痛孤危餘息得荷聖主鑒明，頂踵可捐，寧足爲報？已而伏枕再思，人心、世道一至於此，皇上雖勉臣以安心供職，而臣心實有不能安，臣職實有不能供者，蓋讒奸之中傷酷矣，臣之受辱極矣。倭奴雖狠，僅在釜山之外，而讒奸則鋒刃伏于中朝；海運雖險，尚無不風之波，而讒奸則風波起于平地。陰嗾不已，繼以陽排；直攻不已，繼以旁擊；嫚嘲不已，繼以巧詆；捏謠不已，繼以造書，因而羅織多賢，打入一網。滿朝士大夫誰無耳目？誰無良心？人人知之，人人不敢言之，畏之者俯首以避其鋒，附之者强顏以濟其惡。即臣求歸聽勘，疏中亦未敢一字及士衡之名。幸遇聖心已明，聖斷已定，中外相賀，謂聖天子俄頃定大計，燭大奸，真高出千古帝王萬萬。第群奸此番作用，誣構宮闈，傾巇善類，乃千古最惡最毒之事，而清議尚鬱，公勘猶停，游客漫猜，吞舟且漏。臣驚魂未定，進退觸藩，腹劍唇槍之傍斷斷無自安之理。況凶人毒種心苗，世以比之豺虎、蛇蝎，豺虎無一日不思噬，蛇蝎無一日不思螫。今當機關敗露之時，雖千方解脫，百計彌縫，而日夜營營，志豈忘于必逞？久之，鑽頭既過，轉眼生嗔，高下在心，操縱在手，前計已拙，後計更工，愈工愈殘，愈逞愈毒。僞書可造，何事不可架造？宮禁可誣，何人不可裝誣？究且清流可投，黨碑可豎，臣實憂之，臣實懼之。臣既不能催剛爲柔，甘同繞指；臣又不能辭榮遠辱，及早抽身。徒以孑然病軀逐逐青蠅、蒼狗之畔，愛臣者固憫臣之至愚，信臣者亦鄙臣之無恥矣。臣今通餉易，塞讒難；逃名易，免忌難。且自憐肌肉盡銷，形影相吊，若以憂讒之心治病，則日鬱日懣，病安得瘳？若以被讒之身治餉，則日損日輕，餉安得理？爲身爲國，兩無所成，死病死讒，總有遺恨。臣願趁

兹聖心大明、輿情粗快之日乞此骸骨，生入里門。伏望皇上憐臣
苦病苦讒，千辱萬辱，義不可不去，情不容不去，勢又不得不
去，特准回籍，一以養病，一以避害。其應勘與否，仍付之公
論，聽之朝廷，但得讒奸滌肺腸，填塞陷阱，勿更仇視善類，勿
終辜負主恩，臣不惟去亦心安，而死亦目暝矣。臣不勝驚悸迫切
瀝血待命之至。

萬曆二十六年六月初六日具奏，本月初九日奉聖旨：“所奏
事情朕已洞悉，何必深辯？督餉事務緊急，張養蒙着遵前旨供
職，不准辭。吏部知道。”

海運方急就近調補道臣疏

爲海運方急，道臣不宜暫虛，懇乞聖明就近調補以重餉
務事。

臣惟東征軍餉，海運爲多，而運之最多者，莫過於天津；路
之最遠者，亦莫過於天津。該兵備道按察使汪應蛟品格清高，規
恢卓犖，造船轉餉，備極苦心，新奉明旨升經理朝鮮巡撫矣。夫
征討重事，開府重臣自當星夜出關，料敵制勝，以副簡任至意。
第令[六]南船將到，兵船待開，裝載、查催惟道臣是賴。細查畿
南四道，或已除未任，或有缺未補，專事既難兼攝，代攝亦無一
官。若需部推，動淹數月，遲裝遲運，倏忽抵冬，一旦海口結
冰，餉船何由發？餉額何由足乎？雖有考成之法，將誰執其咎
也？查得天津管糧郎中張汝蘊近推陝西參議，尚在任候代。本官
存心雅自，真淳任事，不辭勞怨，況久與兵道收發東餉，練習地
方軍民利弊，駕輕就熟，去舊代新，于事最便，即倉差亦不妨暫
令帶管。伏乞敕下吏部再從酌議，將參議張汝蘊加兼僉事，改補
天津兵道，其陝西員缺另行推補，庶重地有專官而事不墮，征餉
有專任而運自速矣。

萬曆二十六年六月二十日具題，本月二十三日奉聖旨：“吏部知道。”

奉旨回部又告病疏

爲奉旨回部，弱疾未痊，十懇天恩俯准回籍調理，以延殘喘，以保末路事。

臣于本月初八日准本部咨，爲蕩倭未竣，復勤徂征之議等事，奉聖旨：“是。張養蒙着回部供職。”欽此。臣愚不解佞，弱不耐勞，自奉命督餉以來，竭力殫心，痼疾時時作苦；憂讒畏忌，新病日日阽危。九上乞休之章，皆荷温留之旨，且使奸誣盡白，素節苟全，萬辱孤臣何幸遭此？宋臣有言：“陛下知臣，臣不孤矣。”兹復奉旨回部，正感恩圖報之日，臣又何忍言去？亦何敢言去？但臣脾胃久弱，氣血久虛，二竪雖遠於膏肓，百邪尚侵於腠理。口不離湯散丸膏之藥，手不釋按摩導引之方，非餌粥腹不受調，非扶曳足不成步，羸形瘦骨，坐臥一床，其何能扶憊就途，刻期還闕哉？醫家胗視，皆謂衰年弱症，必須謝事盡調，萬一形神再勞，將來元氣難復。矧今餉務已解，臣去可以無嫌；公論已明，臣去可以無愧。伏乞皇上察臣萬分真病，憐臣萬不得已苦情，特准回籍調理。倘狗馬之身不致溘先朝露，則圖報皇恩尚有日也。臣不勝籲天瀝懇之至。

萬曆二十六年七月十一日具奏，本月十□日奉聖旨：“張養蒙着遵前旨回部管事。吏部知道。”

遵旨回部條議餉務疏

爲餉務方殷，勞臣待叙，謬〔七〕末議以備采擇事。

臣自去歲九月奉命督餉，十月陛辭莅事。維時糧船未備，歲額陡增；海道未通，堅冰已合。且事當推廢之後，人懷畏沮之心，甲是乙非，此進彼掣。臣扶病料理，夙夜不遑，糧不足則議儲糧，船不足則議造船，騾不足則議添騾，運費不足則議留銀，既用公移嚴督，復委贊理分催。幸今水陸灌輸俱有次第，臣愚碌碌，豈能辦此？總之，皆直省撫道及各倉餉臣之功也。計臣奉使以來已滿十月，例當薦舉。伏讀敕諭，事完之日，會同總督分別功罪通行舉刺，又臣有題准截題、類題之例，今皆未及。不敢市恩輕叙，除贊理司官隨臣回部別用，中軍、守備移咨兵部別調，并效勞司道、贊防將領俱聽督撫遵照敕旨候事完總叙外，臣於餉務利弊講究再三，偶有所得，謹撮其最切最要者列款上陳。伏乞敕下户部更加酌議，果有可采，覆請施行，微餉幸甚，臣愚幸甚。計開：

一、嚴禁運船積習之弊。海道不行非一日矣。自萬曆二十一年王師東討，乃轉登、萊之粟以給朝鮮，人苦險難，法多寬假，于是奸弊四出焉。裝載之後灣泊近島，陰盜糧以肥己，明撞石以欺官。有微一磕撞而云撈救僅半者，有盡數盜賣而故將朽船撞碎者，有遁迹遠去而云人船飄没無存者。仍又置買貨物，夾帶經商，私貨不售則公事不完。至其交卸，米粗溼則諉言原兑不佳，數短少則詭言斗斛不一。雖海運漂損固不能無，而乘機借口則甚多也。官司尋覺其弊，竟亦不録其功；上既漫無勸懲，下亦恬無忌憚，今東省押運尚有昔年玩法之奸在。臣以爲欲革此弊，當明賞罰。除行倉司、兵道驗發精米及用經理撫臣定斛面交外，其早到而無漂損者賞，屢賞則破格擢用；遲到而有損失者罰，有侵盜實迹仍追償不貸。而又令各該撫道行沿海將官，挨程催儹，設法稽查，務絶偷盜、夾帶之弊，庶可免駕言漂失而亦不至遲誤運期矣。

一、申嚴造船侵冒之令。夫橫海利運必資多船，顧山東、天津皆發運之區，而非材木之藪，勢不得不仰藉遼東與江南。在遼東自造五十隻，山東分造遼船五十隻，至今未完。天津赴江南打造一百隻，七月初一日俱方駕至，臣謂便可出洋矣。據把總儲希忠、哨官陸光裕等交口蹙額，極言船不堪用。天津道親驗，亦謂北[八]募到沙船欠精。蓋撫、操兩院及專管治中俱秉公殫力，奈分委積猾，員役不稱任使何。大都木料太雜，工作欠密，甚至有孔無釘，縫開篷軟，每隻費銀幾二百八十兩，曾不得其一日之用，而天津已爲之添釘添鍋，重加修艙矣。夫遼船粗朴，絕無虛僞，惟采木甚苦，匠役甚少，是以打造稱難。江南材、匠俱饒，咄嗟可辦，乃侵欺成習，牢不可破。今且更造二百隻矣，倘非嚴加申飭，不免復蹈前弊。宜行彼中撫臣，凡定委分造各官俱選持己公廉、任事明察者，一切神奸積弊務令痛革。完造之日，每隻船尾大書深刻委官某、匠役某造，果再驗不堪，即按名查究，照依天津二十一年委官事例重處。至於招募各官剋減安家、需索常例乃復另生枝節，告增錢糧以巧塞眾口，此奸人故套也，尤宜嚴禁，勿使漏網。

一、通考今歲轉運之數。查得海運之議自去歲五月始，三鎮分造七十萬。自去歲十一月始，至今歲二月臣始有計遠近、分多寡之議，四月户部始有半年考成之議，而六月即其期矣。遼東責運在先，又近而且便，隨發隨到，可以如額。山東、天津議運在後，又遠而且險，據發運雖數及一半，核實收則所欠尚多。此皆造船未來，止憑括募順帶耳。今則前船漸回，後船漸就，轉發轉多，至歲終可以湊補而足。又薊鎮短盤十萬，原係分認天津之數。船方創造，旦夕難成，兩地相耽，誰執其咎？臣以爲規畫甫定，不宜責效太速，且東兵未滿十萬，積餉計當有餘，統俟歲終通考爲便，待至明歲，然後依期考成，則事有漸而功易舉。倘仍有運不足額者，即重加參罰，彼撫道亦自無辭矣。

一、細核兵馬實支之數。夫餉亦難矣，顆粒以上皆民膏脂，傯覓舟車運赴水次，或倉廠不備，或船隻未到，動輒守候彌月，寧免賠累？比交入運船，則又付命於海若、風伯，而以得到義州者爲天幸，蓋軍興重事，費與苦皆不敢言耳。查得督臣原議歲運七十萬石，益以朝鮮十萬石，是兵馬十萬之費也。顧兵有調而續至者，有募而竟無信者，動以千萬計也。有死戰者、死病者；馬有倒損者、補買未至者，亦動以千萬計也。督撫公明自能禁核，倘將官以混數開領，糧官以成數支給，虛冒何極不思？彼冒甚易，此運甚難，溪壑難盈，帑庾易竭。且聞菜傭、優豎濫寄征行，擁盾揮戈，豈其所任？轉餉數千里，亦安用養此輩爲哉？故與其苦括于域中，孰若嚴核于閫外；與其責多於輸輓之司道，孰若責實於關領之將官。每月扣除必明，每營脆濫必汰，庶實在之數可核而冒領之奸難逃，餉無虛糜而兵亦可決勝矣。

一、廣求海運可通之路。夫運道苦海，爲其險也。若海道可通，亦濟邊之大利也，較之陸運，省費勞逸相去遠矣。顧一路運不若數路運，蓋彼不來而此即來也；無糧湊運不若就糧合運，蓋彼不足而此可哀也。今天津、濟、青、登、萊以達旅順運艘通行，而永平一帶造船分運已有成議。近天津道委官顧文英踏勘北路，開洋循岸，俱無阻碍，比南路更便，則天津之粟東運自易。在今日可以餉朝鮮，在異日可以餉遼東，此兩鎮之後利而國家之遠猷也。至于山東四道分運，在登、萊則運多糧少，在濟南則運少糧多，即以預應倉應動三分之一者較之，登、萊盡發而濟南升龠尚未動多可知也。臣以爲各道發糧先儘本地，本地糧盡移就糧多之所，原分額數自相通融。其濟南漕糧改兌大清河，今天津撫臣汪應蛟、武德兵備孫承榮建議甚確，即漕臣楊一魁亦謂改造漕船，即以原領漕糧徑發義州。臣以爲當合三臣之議，濟南兌運水次改赴利津，新改漕船即向利津領兌，而該道運額則當取之應動預備倉糧與臨、德二倉之本色。蓋漕運糧船相接，原不得分而爲兩也。總之，同心共濟則難事可易，稍間爾我則易事皆難。苟臣子絕秦越規避之私，協力擔當，則分運可，合運亦可；長運可，轉運亦可。可以隨水置兌，可以到處關銀，倉糧可以計數而發，不必各爲私庚；漕船可以如議而改，不必庇爲私屬；永平運道、利津水次、江南船隻皆視爲公家應辦之事，而不必委爲私累。推之則淮揚之粳米可徑從外洋北運，朝鮮之田地可盡使步兵留屯，制閫不得私其兵，將士不得私其命，可與下卒同苦，可與群帥讓功。辟之治家然，耕者，牧者，爨者，汲者，備器用、均衣食者，司莞鑰、防盜賊者，各修其職，皆爲吾家，則不待告戒而家主坐享其成矣。此尤今日要務也。

萬曆二十六年七月二十二日具題，本月二十□日奉聖旨。

報發運實收糧數疏

爲恭報發運、實收糧數以備查候考成事。

臣奉命督餉，惟總大綱，專管、責成自有各該巡撫、司道在，臣粒米毫銀并不經手，即前請糧、請銀之疏皆據撫道咨呈。見今糧方陸續裝發，難於計扣；銀方陸續支費，難於開銷。須待事完，聽其自行造報。臣今奉旨回部，除各處移動倉糧并糴買、開納數目曾經文移相報者咨達本部候查外，其各巡撫、司道報發、報收之數例當總括以聞。

自二十五年十月十九日起至本年七月初八日止，據遼東共報運過糧二十九萬四千七百四十餘石，山東共報運過糧一十二萬五千九百三十餘石，天津共報運過糧八萬三千一百八十餘石。報後又幾一月，不知所發幾多。總三處共運過糧五十萬三千八百五十餘石，此報發之數也。

據經理朝鮮巡撫楊鎬咨報，自今年三月初一日起至五月終止，共收到遼東米豆六萬四千六百餘石，收到山東米豆五萬餘石，收到天津米豆一萬六千九百餘石，今年三月以前未報。又據朝鮮管糧郎中董漢儒呈報，自二十五年九月起至今年五月終止，共收到遼東米豆三十一萬八千七百七十餘石，收到山東米豆三萬六千二百七十餘石，收到天津米豆二萬五千一百四十餘石。撫院、餉司糧數多寡不一，因報期前後不同。董漢儒係專管收糧，當以所報爲準。報後又經兩月，未知所收幾多。總三處共收過糧三十八萬一百八十餘石，此報收之數也。以後淮、遼二船漸成南北兩路并運，東軍征餉接濟無難。伏乞敕下户部，案候考成，查照施行。

萬曆二十六年七月二十二日具題，本月二十日奉聖旨："户部知道。"

進繳敕諭疏

爲進繳敕諭事。

臣於萬曆二十五年十月十六日恭領敕諭，督理東征糧餉，除欽遵任事外。萬曆二十六年七月初八日准户部咨，爲蕩倭未竣，復勤徂征之議等事，覆奉聖旨："是。張養蒙着回部供職。"欽此。欽遵，備咨到臣。臣今遵旨回部，隨將原掌督理糧餉銅關防一顆咨送禮部查銷外，所有原領敕諭，理合隨本進繳。

萬曆二十六年八月□□日具奏，本月□□日奉聖旨。

辭兼官疏

爲辭兼官以明職守事。

臣於萬曆二十五年九月内奉命督理糧餉，條陳節制事宜，覆奉聖旨："張養蒙着兼都察院右僉都御史。"欽此。除欽遵任事外。今臣奉旨回部供職，無督查糾劾之任，原奉敕諭隨即進繳，前項憲職例不宜兼。伏乞聖明准臣辭免，庶事權不紊而職業可修矣。

萬曆二十六年八月□□日具奏，本月□□日奉聖旨。

校勘記

〔一〕“以”，《明經世文編》卷四二七及《明經世文選》卷四作
“似”，是。

〔二〕“臺”，《明經世文編》卷四二七作“豪”，是。

〔三〕“寬”，據文意疑當作“旬”。

〔四〕“隨”，據文意疑當作“雖”。

〔五〕“令”，據文意疑當作“今”。

〔六〕“令”，據文意疑當作“今”。

〔七〕“謬”後，據文意疑當有一“陳”字。

〔八〕“北”，據文意疑當作“此”。

佐計疏草

因言求罷并乞根勘僞書疏

爲憸言再至，義不可留，懇乞天恩賜罷以全晚節，仍根勘僞書以杜後患事。

臣弱體多病，近因痰嗽注籍静調，偶聞御史許聞造有疏再侵及臣，早有揭帖流傳都中，伏候數日，明旨未下。臣睹其詞，陰有所援，陽有所附，藏頭露尾，閃爍多端，雖巧詆不專於臣，意固各有所主，但今日弄機械以侵臣之心即前日受風旨以攻臣之心也。本羞與之辯，又不得不一言以辯。蓋士君子立身行己，自有法度，區區一官，冷暖得失，何足重輕？人嘗負官，官未嘗負人也。臣生平澹泊自守，由館省至部堂，堅持一節，白首不變，舉朝賢士大夫皆雅信之。聞造前誣臣求吏部侍郎，毫無影響；兹以孫繼皋爲言，則造誣者始可想矣。繼皋向爲庚辰考官，受徐泰時重賄通關取中，臣在瑣闈曾發其私，然猶隱其名以存厚道。繼皋或銜臣謗臣，冀快宿憾，彼有何正言而臣睚眦之？又何由而擠之使去也？政權者皇上之權，必有嚴嵩、張居正之奸，據密勿絲綸之地而後能圖，而後敢竊。臣素門平進，碌碌計曹，出入總聽之人，去留皆安於命，何圖何竊，橫加此名？鬼蜮含沙，自難逃于天日之鑒。

臣前年八月二十六日因病乞假，明旨未允，九月十二日即有督餉之命。臣念軍儲重務，義不辭勞，扶病而出，抱病而理，請留帑庚銀、粟足備七十萬灌輸，請造水陸舟車足資數千里轉運，焦心蒿目，寢食不遑。幸而直省協力，撫道同心，異域險途，師不告匱，臣以爲可免於罪矣。聞造昔謂鑿空嘗試，今復謂其沈餉巨萬，溺卒盈千，縱果有之，亦是風濤不測，何天津、山東、遼東各撫臣竟不具報而獨出於聞造之一口也？臣之出督不由會推，臣之回部，由李楨條議，楊俊民詳覆。餉差應省，誰不知之？公議公覆，有何欺罔？若誣李楨植黨以爲臣地，則近日天津巡撫之議裁又爲誰黨？爲誰地耶？嗟乎！臣之苦亦難言矣。蓋在昔權奸忌臣抗直，欲逐無名，故驟困臣以難辦之差，尋將加臣以難脱之罪。始因海運未就，則百方唆撓；既見海運大通，則百計構陷。臣憂讒畏譏，日夜悒鬱，即無病亦當有病，輕病亦當重病。臣之告乃告於餉務就緒之後，而非告於飛輓未定之先；臣之屢告乃是避豺虎橫噬之鋒，而非避山海拮据之苦。往歲十月，僞書發覺，續有回部之旨，臣復三疏求勘求去，俱未荷允綸。臣忝爲大臣，頗知分義，彼時恭遇聖節在邇，例當禁封，豈宜更行煩瀆？又次惟兩次奉旨回部，既不敢久擾地方，武清咫尺都門，又不敢擅歸山里，不得已扶病再入，悴容憊骨，朝臣皆見之，都人皆見之。適值三年考滿，例應聽皇上黜陟，未可言去；尋且六年大察，例應待罪自陳，寧敢言去？進退惟谷，簽署常虛，一月之內，杜門居半，臣之去志不待聞造之再侵而始決矣。第臣本樸忠也，而誣之以欺；臣本恬退也，而誣之以求；臣本孤立也，而誣之以植黨；臣本忤權也，而誣之以圖權。白璧難爲，青蠅罔極，當此時而復有此舉，肺肝如見，耳目誰塗？臣又安忍以五十餘年檢點完白之身而坐受人之倒溷揚污乎？昔宋司馬光苦讒引退，對神宗曰："臣不避削黜，但欲苟全素履耳。"臣今亦願苟全素履於聖朝，不願與此輩相校。伏乞皇上俯賜罷歸，以遂臣志，以全臣節。

臣再細繹聞造疏中隱謀奥指，而深懼《憂危竑議》之醸毒未已也。蓋皇上父子、長幼之間原無他意，宮闈邃密之地亦無別嫌，而群奸敢於白晝大都之中捏刊僞書，暗傳廣播，異日欲中人以奇禍，居己以奇功，此元祐諸賢之所以受誣而章惇、蔡確之所以禍宋者也。彼但飛語恐脅，此更刊有成書。今當聖心大明之初，乾剛獨斷之事，而奸黨呶呶，尚以羽翼借口將來，架害何所不至？臣等誠不足惜，如虧損聖德何？更乞敕下大小九卿、詹翰、科道衙門，會集朝堂，明行根究。若果臣與鄭承恩有一刺相投，一面相識，勿論盟約有無，即將臣肆諸市朝以爲大臣無恥之戒。若明係讒奸，結黨造誣，臣與魏允貞等亦須多官各矢公心，勿避嫌怨，明白奏請，播告在廷，因以昭示天下萬世，仍嚴責廠衛訪拿刊印之匠、傳鬻之家，一一追實成招，悉正刑典，庶奸黨不得滋有種之毒，善類不至抱不白之冤，其有裨于聖德、皇儲更不淺尠矣。臣不勝椎心瀝血籲天待命之至。

奉聖旨："僞造妖書，離間天倫，惑世誣人，朕已洞明有旨，從輕處了。昨許聞造妄奏，牽連反復，排陷臣僚，且又屢假陳言，保固禄位，姑從寬降處。張養蒙着照舊供職。吏部知道。"

京察自陳疏

爲遵例自陳不職，乞賜罷免以重察典事。

臣頃因人言求罷，未奉明旨；兹遇京官考察，例應待罪自陳。竊念臣性資最鈍，心計不長，遭際明時，叨塵逾分。追惟六年之内，殊無片善可稱，操江何裨於江防？佐憲未貞夫憲度。迨貳計省，益覺空餐，督餉豈有良籌？押班祇循故事，深愧錢穀出入之問，徒懷商民凋敝之憂。兼之多病攖身，積毀銷骨，屢辭更苦，百負難酬。即今卿貳之任職，孰有過於臣者。伏乞皇上特賜罷免，庶大僚無倖員而十三司屬争淬礪以向下風矣。臣無任悚息待命之至。

奉聖旨：“張養蒙着照舊供職。吏部知道。”

告病疏

爲恩深欲報，病苦難支，懇乞天慈俯准回籍調理事。

臣以尪羸病體感嗽杜門，偶因人言，復值京察，兩次疏求罷免，俱奉聖旨，容令臣照舊供職。臣自惟一榻餘息，萬辱孤踪，僥幸恩留，真是過望。雖僞書未行根勘，而憸態業已洞彰，上有聖主之鑒明，下有士大夫之清議，臣又何感曉曉更爲煩瀆？第臣少而善病，壯而早衰，緣連歲扶憊焦勞，遂成痼症。近者偶感痰嗽，初意觸冒風寒所致，療以藥餌，或可不日就平。乃今杜門靜調，歷四旬矣，胸膈灔悶，飲食減少，徹夜倚枕，嗽不絶聲。兼之腰痛臂酸，目紅齒腫，怔忡眩暈，百般作苦。脾胃日日漸弱，氣血日日漸虧，醫不離門，方無定據，皆謂此等虛弱症候，最難措手。用涼劑則正氣愈損，用溫劑則邪火復炎，偏助偏攻，決難取效。必須謝事歸里，百念盡蠲，日靜日清，無憂無慮，方可滋養元氣，保持衰年。臣亦極知福過灾生，憂深病劇，薄命若此，且奈之何？伏乞皇上天地父母之心特賜矜憐，准其回籍調理，萬一苟延殘喘，不致顛越，皆皇上之賜也，結草銜環，以俟異日。臣不勝伏枕籲懇之至。

萬曆二十七年二月十五日具奏，本月十八日奉聖旨：“張養蒙着遵旨即出供職，不准辭。吏部知道。”

乞罷礦稅疏

爲礦稅騷擾日甚，商民愁怨不堪，懇乞聖心深惟厲害之幾以保安宗社事。

臣等竊聞利不可專於上，專之則怨積；民不可擾於下，擾之則亂生。頃來礦稅橫開，中使四出，節經五府、九卿、宮翰、六科、十三道交章進諫，其于棍弁、奸璫通同誆侮之狀，及細民孤旅賠嚇搜剝之慘，種種備悉，一字一淚，有識痛心。天聽尚高，略不見采，每讀明旨，皆以典禮、大工爲辭。臣等身肩主計之司，即今帑藏告空，畿費猶缺，東那西補，日苦支吾，兼之鋪宮甫竣，嘉禮載舉，前後傳買之數動以千百萬計，非從天降，何處得來？夙夜憂惶，無從措辦。倘礦稅二事有利無害，臣等豈不能先事建白，力請施行？即不然，詔旨一頒，亦豈不知將順爲恭，上以結九重之歡，下亦寬本部之責，顧肯嘵嘵然煩詞取厭，引擔自苦，雖甚痴愚，必不至此。第臣等于利害之際思之熟矣，萬萬不可爲，尤萬萬不可久。皇上試思原奏官民果皆良民乎？果皆有爲國之真心乎？坐差官竪果皆良臣乎？果皆有爲主之忠心乎？揭債而求，計償而出，如虎附翼，如蠅逐羶。三家之村，人人搜括殆遍；都門之外，在在劫奪成風。始猶稅車馱，近且稅囊資矣；始猶稅之路市，近且稅之室廬矣。相去僅百里，數處抽稅；計值僅百錢，過半定稅。得萬進百，得千進十。四方道途漸梗，京師物價涌貴，訛言汹汹，至有耳不忍聞、口不忍言者，似此景象可得晏然無事哉！地不敢愛其寶，民豈敢愛其命？亂形漸逼，愚智皆知。脱有一夫狂呼，則群然響應；一處發難，則九土瓦裂。不知此時徵兵轉餉之費又胡以應之？堆金積玉之玩將安所用之？瘦民肥國，然且非仁；得財失民，然且非智。況利歸群小，害歸朝廷，所入幾多？迷而不悟。皇上以百姓爲身，何忍促百姓之脉；皇上以四海爲家，何忍釀四海之禍？臣等忝爲大臣，與皇上同休戚者也，百姓安而臣等之身始安，宗社安而臣等之家始安。萬一禍變已成，何所逃死？不惟生無顏於朝野，死亦無辭於天下萬世矣。區區忠耿激切，罔知避忌。伏乞皇上細覽愚疏，細味鄙言，亟罷礦稅之差，撤回中使，仍重繩原奏官民之罪以謝四海蒼生，庶可收拾人心，裨益聖德，九廟神靈若或鑒之，臣等亦與有榮幸矣。

又告病疏

爲夙疾未平，觸痛增劇，懇乞天恩俯准回籍調理事。

臣弱體久病，屢疏求歸，感激恩留，捐糜莫報，不得已近日扶憊勉出。蓋念君命至重，大義難於堅辭，非幸病根已除、綿力堪以供職也。倘自此藥餌加調，情境無苦，衰年痼疾日就安平，臣又何敢再瀆？不意臣有長女在室，驟感驚風痰搐惡症，療治一二百藥不效，於四月初七日夭亡。雖修短去來，原有定數，而臣情關骨肉，寧不痛心？坐是悲傷稍多，痰火大作。兩目先發紅腫，兩耳隨如蟬鳴，漸至頭暈心煩，臂酸胸潷，腰膝、手足在在俱疼。鎮日不覺饑，粒米入口便苦飽悶；徹夜不成寐，側枕交睞便苦怔忡。肌膚愈銷，形神愈瘁，呼醫察脉，各執一方。有謂病標見在氣，分當豁痰以順氣者；有謂病本原在血，分當寧心以養血者。有謂痰起于胃，緣動而盛；血養于心，緣靜而生。與其用藥，順氣以治標，不若謝事寧心以治本者。臣聞後語，心甚服之。況戶部係錢穀繁曹，正值內匱外詘之日，而丞郎肩佐理重擔，豈是久臥積曠之官？苟祿謂何，杜門有愧。伏乞皇上憐臣病，據情苦，特准回籍調理，萬一退休之後，身心無累，宿恙可瘥，自兹丘壑之餘年總戴朝廷之明賜。臣不勝伏枕籲天悚息俟命之至。

奉聖旨："張養蒙着照舊供職。該部知道。"

請冊立疏

爲懇乞聖明早舉大典，全大信，以重宗社之本，以安臣民之心事。

臣惟冊立、冠、婚，大典也；敕諭三禮並行，大信也。中外臣民仰窺聖心之已定，共諒聖心之無他，佇望刻日舉行久矣。頃者一陽肇復，萬慶俱新，中旨未傳，所司無備。九卿、科道遵往例合詞公請，未報也；禮部、禮科循職掌單詞恭請，未報也。臣竊迹往事，因諗近聞，慮及聖主之受誣，慮及孤臣之苦謗，義有不忍默默者。蓋天下之事，早則信，遲則疑；定則信，更則疑。況遲不止於期月，而更不止於再三者乎？皇長子冊立一事紛紛持議十餘年矣，以父子天性之至親，長幼天倫之定序，兼有節次可據之明旨，人情宜相信矣，而疑端不解者何也？則以上之說屢更，而下之疑屢中也。皇長子初生，曾以祗承宗社頒詔矣。已而為待嫡之說，曾許二十一年冊立矣。已而為遲二三年之說，冊立、出閣，十八年嘗并傳矣，而未并行也。來年辦錢糧，後年春冊立，十八年嘗口宣矣，而未實行也。小臣激聒，一旦改期，滿朝緘默數年，遲遲如故也。閣臣之膝空前，禮臣之舌殆敝，以職去者幾？以言去者幾？遲遲如故也。下方疑其不肯早而事果遲，下方疑其未必然而期果爽，妄疑妄中，轉中轉疑。始以道路之揣摩，繼以纔[一]奸之播弄，誣謗橫起，驚駭聽聞，更將疏遠孤介無干之臣捏造僞書，打盡一網。向使當年儲位早正，安得有此？往事悠悠，亦足寒心矣。幸皇上神明洞悟，渙發德音，不由臣下之交章，自出九重之獨斷。朝班拭目正在此時，未請先傳始可取信。朝聞夕報猶以為遲，奈何旬月之間杳無明示乎？且皇長子睿體久充，淑女久選，主器在震，咏桃宜春，若春月不舉，更待何月？十九歲不冊，更待何歲？近日又有一種議論，謂皇上添修庫房數百餘間，工必不可速成，將借此以遲之；派買珠寶二千餘萬，銀必不可猝辦，將借此以遲之。人之多言，或未可信，今連疏見格，恐又中其疑也。在君子不敢以疑心待皇上，而小人之口難調；在大臣不敢以疑事嘗皇上，而杞人之憂實切。

伏乞皇上念宗廟、社稷之本不可久虛，念帝王渙汗之言不可數易，亟諭内外各該衙門上緊造辦應用儀物，定於三春吉月三禮并舉，先册立，次冠婚，次封皇衆子，鴻名燕喜備于一朝，國本宗磐鞏於萬世，大典正，大信全，群疑盡消，頌聲交暢，則聖德與堯舜并而太和在宇宙間矣。臣以蚤衰多病之身日抱首丘之念，非敢覬恩，非敢要名，但情迫不得不言，事重不容不言，萬惟皇上憐察，蚤賜留意。臣不勝忠懇籲祈之至。

又告病疏

爲病久職曠，四懇天慈特准回籍調理事。

臣頃苦病乞歸，伏奉聖旨："張養蒙着照舊供職。吏部知道。"欽此。臣狗馬賤軀，蚤歲即患脾病，臞容瘦骨，舉朝士大夫皆見之。自萬曆十八年由河南參政告病一次，二十一年任操江右僉都御史告病一次，二十三年由協院左僉都御史告病一次，二十五年任今職因病請假一次，二十六年告病十次，入春以來告病又三次矣。夫疾病，人所諱也，而臣每稱重病；官禄，人所戀也，而臣每求解官。矧恩旨屢留，控辭益切，臣之心豈得已哉？皇上試問本部堂上官，自正月至閏四月，臣入衙門供職幾日，展轉床褥，坐起呻吟，公署塵封，文移罷覽。見今鬱火不散，積痰不開，耳聞搗藥之聲則心忡神悸，目睹方書之字則眉痛頭眩，怪症時添，豈是旬月可愈？若福已過分，病不知幾，卧支俸薪，亦有餘愧，曠職之罪，其又何辭？伏乞皇上察臣病非虛飾，亮臣情出苦遭，特准歸調以保殘喘，庶部堂既鮮久曠之職而臣愚且遂首丘之願矣。臣不勝哀籲懇望之至。

奉聖旨："張養蒙遵旨，着照舊供職。吏部知道。"

辭督餉加恩疏

爲督餉無奇，冒恩非據，瀝辭成命以安愚分事。

昨睹兵部東征功次疏。奉聖旨："張養蒙蔭一子入監讀書，賞銀六十兩、大紅紵絲四表裏。"欽此。臣莊誦恩綸，不勝惶愧，除銀兩、表裏報名廷謝外。竊念王師東討，徵調騷然，歲餉計七十餘萬之多，轉運越五千餘里之遠，兼之遼運苦虜，海運苦風，財匱民疲，隱憂方切。幸而海波不揚，遼燧無梗，此朝廷之福也；平酋告歲，屬國保全，此宗社之靈也。臣子分義，誰敢自居其功？若論水陸灌輸，自有直省撫道在。臣奉命督餉，不過處辦錢糧，造募舟車，嚴檄星催，多運速至，期於三軍宿飽，不至借口中禍而已。無一籌能理額外之財，無一役能減域中之苦，何意樞曹并叙，誤辱蔭子弘恩？臣之初願豈敢及此？捫心揣分，誠有萬不能自安者。伏乞俯鑒愚衷，收回成命，庶甄叙允愜，朝彰激勸之公；慶賞分明，士息僥幸之議。

奉聖旨："安東叙勞加恩已有成命，不准辭。吏部知道。"

因病懇假疏

爲病苦至情，申懇天慈憐准給假事。

臣於萬曆二十五年八月內因病比例疏請給假遷葬，明旨未允。越旬日，忽有督餉之命。臣彼時念軍儲緊急，義不辭難，扶病焦勞，幾至委頓。即今東征告竣，部席虛陪，而臣狗馬病軀，痰症時時作苦。頭目眩暈，心神怔忡，藥餌強調，職業多曠。年來屢以病控，未得蚤歸，常恐朝露不圖，先塋竟爾違卜。且京官給假本無分於大小九卿，而臣歷左副、都侍郎又在五年之上。雖無親可省，痛五鼎之徒陳；倘有地堪遷，冀九原之少慰。撫茲暮景，□值暇時，敢再乞不肖之身以完未了之事。伏望敕下吏部，查照《會典》定例覆臣回籍擇地遷葬，庶例無私靳，孝可類推，報親之願酬而報主之心益專且篤矣。

萬曆二十八年十月初七日具奏，本月初九日奉聖旨："部務正殿，張養蒙不准給假。吏部知道。"

又告病疏

爲抱病曠職，瀝懇天恩俯准回籍調理事。

臣惟大臣立朝，精幹辦者必須有才，享爵祿者必須有福。臣之無所短長也，蓋由才疏用拙；臣之常苦疾痰也，蓋由福過灾生。連年以來稱病不已，尋復引假；引假未得，仍復稱病。前後疏至十五上，瑣瀆如此，臣豈得已哉？即今痞懣嘔瀉，脾不易調；眩暈怔忡，痰不易豁。時而目腫，時而唇裂，肩臂腿足，處處痛酸，百藥難施，茫無一效。當此內滲外乾之日，可容杜門臥閣之臣？苟祿謂何？寧無餘愧？臣萬不得已，敢再披瀝苦情鳴之君父。伏乞曲垂憐念，蚤準歸調，倘得少延殘喘，則一丘一壑皆上之賜，一飲一啄皆上之恩，子子孫孫惟朝夕共祝聖壽于萬萬年耳。臣不勝伏枕籲望之至。

萬曆二十九年正月二十二日具奏，本月二十四日奉聖旨："張養蒙着照舊供職，不准辭。吏部知道。"

又告病疏

爲病日深，職日曠，十七懇天恩蚤准回籍事。

臣頃以抱病曠職疏乞歸調，伏奉聖旨："張養蒙着照舊供職，不准辭。"欽此。臣捧誦綸音，感激流涕，苟可勉出，敢再瑣陳？竊念臣束髮受書，原圖宦達；策名委質，雅慕功名。緣臣受氣本清，具體更弱，爰自壯歲輒苦多病。飲酒食肉，仕宦之所樂也，而臣于每日止進稀粥數甌，脾胃猶自懣悶；觸暑衝寒，仕宦之所便也，而臣于入春止臥密室一榻，腰膝尚爾痛酸，甚有舉箸廢餐、伏枕忘寐者。醫不離門，藥不離口，二豎爲虐，針石空勞，即今床褥呻吟已過一月餘矣。徒使公堂閑陪貳之席，公案虛判署之銜，此官何官？此時何時？可容久曠若此？臣既有職，寧能自安？臣實支祿，寧不自愧？伏乞皇上憐臣真病，原非托辭，蚤准放歸，免曠部務。倘休官可以祛疾，減祿可以延年，其感戴皇恩與叩留同也。臣不勝瀝血籲懇之至。

萬曆二十九年二月初十日具奏，本月十二日奉聖旨。

又告病疏

爲哀年弱體抱病纏綿，申懇天恩蚤准回籍調理事。

臣頃因病乞歸，奉有"照舊供職"之旨，接疏再請，伏候已逾二旬。自惟一介孤踪，久塵卿貳，受恩隆厚，未效涓埃，但使力可支持，何忍堅意求去？第臣幼本多病，壯即蚤衰，愈病愈衰，愈衰愈病，年過五十，便如七十以上老人。尋常面黃如土，骨瘦如柴，舉朝士大夫誰不見而憐之？試查數年之間，一月曾有幾日進部？一年豈止半年杜門？引退非爲博名，給假非爲避事。自恨曠職，自愧苟祿，蓋萬萬不得已耳。即今木旺土虛，脾胃大損，飲食日減一日，精神日鑠一日，心沖神悸，頭眩耳鳴，腰痛不能屈伸，肩痛不能櫛沐。雖醫更幾手，藥揀多方，徒費煎湯合劑之勞，茫無蘇僨起沈之效。似兹錮症，豈旦夕所可望痊者？非不戀聖主，非不愛尊官，奈區區薄命何？伏乞皇上憐臣病苦，特准放歸，或敕下吏部驗臣病真，照例議覆。倘山林静攝，溝壑未填，圖報皇恩，敢忘銜結？臣不勝伏枕瀝懇之至。

萬曆二十九年三月初二日具奏，本月初□日奉聖旨。

又告病疏

爲久病孤臣萬分危困，瀝懇聖慈垂憫，蚤放生還事。

臣自奉"照舊供職"之旨以後接陳兩疏，忽越五旬，佇俟恩俞，尚未檢發。或者皇上以臣雖抱真病，猶可旦夕愈耶？不知臣之病委頓益甚，而臣之身實有萬萬不能出者。蓋臣脾弱難調，氣衰難復；才迂難濟，命薄難堪。歷官二十五年，世態滋味備嘗之矣，宦海風波累遭之矣，舌在而口已先緘，髮短而心尤不兢。惟從床席上度日，藥臼傍延生，縱使諱病覷顏，畢竟有何報答？兼之先壟寄淺，妻疾在遙，每一興思，涕泪橫集。人以進爲喜，臣以進爲憂；人以留爲榮，臣以留爲苦。允旨遲下一日，更增一日之憂；臣身遲退一日，更抱一日之苦。日憂日苦，愈病愈危，非但有負主恩，亦恐有玷臣節。伏望皇上特垂憫念，亟放歸山，臣即不能身報高深，而子子孫孫共圖銜結。臣不勝叩地籲天千祈萬懇之至。

萬曆二十九年三月二十五日具奏，本月□□日奉聖旨。

久病辭俸疏

爲久病曠官，遵例辭俸事。

臣伏睹《會典》一款：“內外文武官員患病三個月之上，俸糧截日住支。”欽此。臣自正月初八日積患脾病，注籍調理，接具四疏引告，明旨報者一，未報者三。計至四月初八日，已滿三個月矣。床褥呻吟，職業久曠，形銷骨立，痊可無期。伏乞敕下該部，將臣應支俸糧照例扣住，更望皇上天地父母之心憐臣病苦情苦，亟准退休，一以遂首丘，一以避賢路。臣不勝伏枕待命之至。

萬曆二十九年四月初九日具奏，本月十一日奉聖旨。

又告病疏

爲久病在調，官、祿兩愧，懇乞聖慈亟准退休事。

臣惟國家因職設官，原以待賢，而非所以待不材；因官制祿，原以養廉，而非所以養無恥。臣侵尋臥病，業已三月餘矣，曠職則分當去，苟祿則例當辭。頃者四疏告歸，一疏辭俸，皆撥分引例，絕無一字矯飾。乃忍死瑣控，未荷允綸，是臣以虛名辭官而以實惠支俸也。臣雖不材，耻心猶在，敬事後食之義，難進易退之操，夙嘗奉教於君子矣。床褥可延，將無解於尸位；升斗可竊，寧免誚於素餐？無積誠足以格天，無奇術堪以起療。語煩易厭，情隔難通，撫枕長號，莫知爲計。伏望皇上惻然動念，畣放生還，上可以弘聖世綜核之風，下可以厲大僚廉耻之節。臣不勝瀝血俟命之至。

萬曆二十九年四月二十一日具奏，本月二十日奉聖旨。

又告病疏

爲病久詞煩，乞恩畣放事。

臣惟君臣有相體之情，須以禮全其進退；有專責之職，尤以義酌其去留。臣侵尋卧病已過四個月，情久苦矣，職久曠矣。辭官辭俸，明例昭然，蓋禮之必當退而義之必不可留者。皇上始而留，足存大臣之禮；既而允，庶遂大臣之節。乃五疏陳情，九閽未徹。在聖恩誠厚，或惜已敝之蓋帷；在臣病愈深，願乞未死之骸骨。且計曹非閑局，卿貳非備員，使臣卧而不求去，寡廉鮮耻，朝廷亦安用之？使臣卧而不得去，帶銜耗俸，朝廷又安用之？伏望皇上千憐萬憫，畣准放歸，臣以身事付醫，以家事付子，以修短之數聽之造物，生順死安，了無所憾。臣不勝極困極迫籲天待命之至。

萬曆二十九年五月二十四日具奏，本月二十囗日奉聖旨。

久病再懇假疏

爲抱苦病，臣申懇天慈俯准給假事。

臣卧病已過五個月矣，下不能佐理部務，上不能報答主恩，暑月鬱蒸，呻吟床褥，萬苦萬愧，無可言者。獨念遷葬一事，乃臣父執手永訣之言而臣十九年未畢之痛也。臣委頓餘生，苟延有幾？萬一遽填溝壑，竟何以見先人於地下？當萬曆二十五年，臣歷正三品俸，甫及三載，曾請假一次，二十八年又請一次，俱未得遂，今臣俸已積六年矣。京官六年，例得省親。臣自傷二親不待，五鼎空陳，每遥望松楸，臨風灑泪。前代有省墓之典，我朝亦有祭祖、省祭諸假，蓋所以錫類廣孝而曲體人子事死如事生之情也。臣以六年省親之官，援三年遷葬之例，減多就少，用葬代省，似非違越。查得二十八年吏部侍郎裴應章因病請假，特荷俞旨。臣與應章官同情同，而久辭丘壟，多歷京俸，更爲過之。伏乞皇上憐臣痼疾難于骤痊，遺囑難于終負，敕下吏部照例議覆，准假還里。倘舊阡改卜，親魄永安，自今以往世世子孫皆效銜環結草之報矣。臣不勝惓切待命之至。

萬曆二十九年六月十二日具奏，本月十四日奉聖旨。

應六年考滿因病乞休疏

爲六年虛曠，百病久侵，懇乞天恩俯准休致事。

臣一介草茅，遭逢明聖，自萬曆二十三年九月初九日任都察院左副都御史，協理院事，二十五年七月十六日升户部右侍郎，于二十六年八月內三年考滿，奉旨：“着復職。”欽此。自復職後，連閏扣至今年七月初九日，又實歷正三品俸三十六個月已滿。六年中戇迂無術，孤抗寡諧，協院何裨於紀綱，徒招讒忌；佐部未閑乎錢穀，更苦傾危。幸公道之猶存，悔見幾之不蚤。積日累月，半皆靜攝之餘；折俸代薪，總是素餐之具。散材合棄，下考奚辭？例應移咨吏部奏聞，恭聽宸斷。但臣半載卧病，八疏乞歸，跬步不出門，安能隨銓臣之引奏；絲毫無可録，曷足副明主之省成？前猶望賜告，今不敢言告矣；前猶望賜假，今不敢言假矣。伏乞敕下吏部查照有疾事例，俯准致仕，用肅官常，庶聖朝黜陟之典益明而病臣進退之節畢遂。臣不勝伏枕籲天悚息待命之至。

萬曆二十九年七月十一日奏，本月□□日奉聖旨。

又告病疏

爲病久難痊，哀懇天恩畢賜骸骨事。

臣聞愚莫愚於諱病而忌醫，耻莫耻於曠官而苟禄。臣之愚也，病前遇和扁，不神其術，顧厭其言之迂；病後檢方書，將信其言，却悔於療之晚。迄今伏枕八月，不能進部矣；歷任六年，不能考滿矣。雖曾辭俸而俸尚卧支，雖屢辭官而官猶卧擁，有耻者固如是乎？矧當三控四括之秋，膏髓已枯，皮毛將安所附；手足漸痿，腹心更爲可憂。臣仰屋椎床，轉憂轉病，卧既蹙額，去亦厚顔。伏乞皇上矜臣之愚，亮臣之耻，特賜骸骨，畢遂還鄉，臣即不能身報聖恩，而結草銜環期之没世。臣不勝忍苦籲望之至。

萬曆二十九年九月初二日具奏，本月初五日奉聖旨："張養蒙着即出供職。吏部知道。"

乞遵聖諭罷礦税疏

爲尊聖諭，堅聖心，以慰萬國之歡，以保萬年之壽事。

臣等於本月十六日晚接得聖諭："開礦抽税，爲因三殿兩宫未完，帑藏空虛，權宜采用。今着傳諭各處，礦税、織造、燒造俱着停止。其南京供應機房係舊制，并蘇州織造內官有御用及婚禮袍服，俱着照舊。已采徵在官金銀等件并織完絨匹、燒完磁器，還着原差內官押解進用。如有奸惡截阻及驛遞應付遲慢者，指名參處。鎮撫司及刑部干連前項人犯都着釋放，官各還職，建言諸臣都着復職，行取科道俱着補用。兵部尚書田樂、户部尚書陳蕖俱着即出供職。工部尚書楊一魁失塞黄堌口，衝我祖陵，着革職爲民。該部院知道。"欽此。欽遵，到部。維時大小臣工、軍民、商賈莫不舉手加額，視[二]聖壽於萬年，歡聲若雷，俄頃千里。乃知皇上一旦更新，真是堯舜，而臣等頻年執奏，愧煩齒牙。隨即移咨撫按各官，遵奉實行矣。

十八日後傳聞礦税二事，聖意復有遲難，臣等且訝且疑，又愁又嘆。静言思之，竊恐不可。蓋惟天眷聖，惟聖格天，天啓聖衷革兹敝政，病安而改，何以答天？其不可一也。絲綸已布，渙汗難收，若朝令而夕遽更，成何政體？其不可二也。海内久苦礦税，如在水火之中，未罷望罷，猶恨其遲；罷而復行，詛怨必甚。其不可三也。前諭已頒，耳目難掩，中使束裝且去，孰肯聽其再留？百姓擲瓦相酬，孰肯聽其再剥？不聽之中，何事不有？其不可四也。朝廷失信於百姓，則百姓絶望於朝廷，後雖實有罪己息民之言，亦皆視爲故紙。其不可五也。爲輪臺之悔則收之猶蚤，爲奉天之悔則感之已遲，遲蚤之間，安危迴異。其不可六也。六不可之外，更有臣等所不忍言者。伏乞皇上堅行前諭，永塞利途，以聖躬之安奠四海萬姓之安，以聖躬之福貽聖子神孫之福。聖德聖政藉此一新，天地、祖宗鑒兹一舉。臣不勝懇切仁望之至。

辭印乞休疏

爲部印重務，卧病不能管理，懇乞天恩俯准休致事。

臣惟人之才有短有長，人之病有真有假。臣性迂才短，朝士皆知之，無足言矣。至於弱體多病，朝士孰不見之？自二十六年以來，引告幾三十疏。昨歲十月，恭遇升儲大慶，喜極病減，遂扶曳勉出，或三二日一進部，或五七日一進部，陪簽陪座，頃刻便回，尚書陳蕖又所備悉者。入春二月以來，元氣積虛，邪火愈熾，怔忡眩暈，百病交作，時而喉腫，時而耳鳴，時而遍身發斑，時而緣頸生毒。靜臥一室，惡聞人聲。右腿自膝至足節節痛楚，不能步履。食入胃則成痞，飲入口則成痰。注籍善調，藥石罔效，極知瘝曠，屢欲再陳。衹因聖躬方安，臣子區區忠愛之心未忍輕控耳。忽睹管理部印之旨，臣不勝驚疑，不勝悔懼。臣若無病，亦無足冀，獨痛明知臣病不能進部而指爲引避，明知臣病不能供職而推之管印，此臣之所未解也。托病者聽其寬辭，真病者委之臥署，同在私寓，彼此何殊？此又臣之所未解也。臣不敢望人之相恕，惟自嘆命之不猶。伏乞皇上憐臣真病真苦，查照有疾事例俯准休致。其本部印務原屬正卿，或別擇賢代管。臣不任伏枕待命之至。

萬曆三十年閏二月十八日具奏，本月二十日奉聖旨："已有旨了，張養蒙不必辭。吏部知道。"

再辭印乞休疏

爲病難驟愈，印難久虛，再懇天恩准辭委以放生還事。

臣因臥病辭印，伏奉聖旨："已有旨了，張養蒙不必辭。吏部知道。"欽此。臣痛惟狗馬之軀久嬰痼疾，曠職苟祿，孤負聖明。昨歲注籍九個月，辭官辭俸，概未允從，無恥之顏蹉跎至此，非得已也。今奉管理部印之命，敢爾飾辭？但從來署印必先謝恩，臣偃仰在床，何能趨朝拜起？從來署印必須任事，臣尪羸餘息，何能入部覽裁？病非旬月可瘳，則印非旬月可閟，若含糊廢事，責將誰歸？臣猶記前任都察院左副都御史時亦曾奉旨署印，并未敢辭，蓋前無病，今有病也。無病而辭是謂避事，有病不辭是謂誤國。伏乞皇上憐准辭免，畚放生還。臣病縱不敢望瘳，死亦自信無愧。伏枕流涕，莫知所云。

萬曆三十年閏二月二十一日具奏，本月二十三日奉聖旨。

聞言求罷疏

為抱病不支，聞言自愧，懇乞天恩速賜罷免以重計務事。

臣方臥病辭印，乞骸生還，忽聞科臣夏子陽有疏論臣，中間牽扯事情一一付之公論，"推諉"二字則其大意也。臣不幸少有狗馬之疾，衰而增劇，待罪計部，侵尋六年，無一年不數月杜門，亦無一年不連章引告，曠職苟祿之罪，臣猶知之，而況人乎？本月初七日，臣痼疾大發，自頭目、心志、腹脅、腿膝，處處作苦，日日延醫，百藥互調，茫無一效。捱至十二日遂注門籍，至十七日始奉管理部印之旨。臣病勢狼狽，偃仰在床，身不能出，事不能理，恩不能謝，印不可開。此時部務正繁，非可臥護，安敢以旬月難起之病、生死未卜之身貪戀含糊致誤國計？萬不得已，再疏控辭。科臣所言雖未諒臣真病真苦而大義相責，臣當愧死無地矣！恩深命薄，自痛自傷，無可奈何，席藁以待。伏乞皇上速賜罷免，別任才賢，庶瘝曠之咎莫逃而繁劇之任有托。臣不勝伏枕屏息之至。

萬曆三十年閏二月二十五日具奏，本月二十七日奉聖旨："張養蒙着即出供職。吏部知道。"

又告病疏

為病日沈篤，瀝懇天恩亟賜骸骨生還事。

臣頃苦病，致言列狀求罷，伏奉聖旨："張養蒙着即出供職。吏部知道。"欽此。臣伏枕聞之，不覺涕淚交下。自惟身病如此，人言如此，雖面目難施而斧鉞猶寬，苟惡症稍減於前，豈敢再有控乞？但臣元氣積虛之極，陰血積耗之極，脾胃積損之極，日食不滿數合，吐痰動輒數升。見今邪火上攻，眩暈不止，心如懸杵，耳若蟬鳴。兩目紅腫而不能開，兩膝痛酸而不能履。偃仰一榻之上，晝夜呻吟，形銷骨立，醫更數手，效無半毫。是臣之身不惟不能出，更宜亟去；臣之職不惟不能供，更宜亟罷矣。伏乞皇上察臣病已沈痼，諒臣力已摧頹，亟計生還以重計務。臣銜環結草，世世以之。不勝瀝血哀祈之至。

萬曆三十年三月初二日具奏，本月初四日奉聖旨。

校勘記

〔一〕"纏"，據文意疑當作"讒"。

〔二〕"視"，據文意疑當作"祝"。

書

上太倉王相公老師

老師負海內之望非一日矣，海內正人君子望老師此出必上定儲位，下收人心，悠悠之言不足深辨。乃近日舉動則有不能見諒於天下者，于撰敕則疑其阿君固寵，于處考功則疑其修怨爭權，遂至抗疏交侵，譴斥不止，此等景象豈清朝所宜有哉？今內不能得之于朝廷，外不能得之于部院，焦脣奮舌，無以自明；引疾杜門，無以自脫。此際良苦，老師若欲以此去，萬一儲序少搖，是誰之咎？卿列多避，是誰之咎？似未可易去也。則不若以此留，力請皇上蚤建東朝，前失於不詳，後期於必濟，則阿君固寵之疑釋矣；力請皇上亟還考功，前失於輕聽，後示以無我，則修怨爭權之疑釋矣。雖忽隨忽規，旋逐旋用，似難如意，而轉移妙用全在老師。倘曰業已撰敕，又何諍也？業已逐其人，又何用也？則或去或留，終抱不白之譏，惟老師裁之。辱在門墻，不識忌諱，亦惟老師亮之。臨緘惶悚。

上太倉王相公老師

某前不揣迂愚，不識忌諱，率爾唐突，恃老師能受盡言耳。老師恕其狂，不錄其罪，手札諄切，多藥備示，始知老師之苦心而人言之未亮也，感甚愧甚！自古負盛名據高位者，天下望之重則副之難，疑之深則責之備。儲位之不早定，孤其望也；考功之不得全，觸其疑也。爲法受惡，老師亦且甘之矣。伏讀老師"交泰"一疏，休休磊磊，蕩蕩平平。以此調停庶事，何事弗公？以此鎮戢群囂，何囂弗靖？乃近日"調科"一議又何紛紛也。大都性不可拗，衆不可敵，怨不可結，郤不可開；勿以前事爲未工，勿以先人爲可信，勿以軟美爲可喜，勿以戇直爲不情。親君子，遠小人，武侯所以責其君也；開誠心，布公道，集衆思，廣忠益，武侯所以責諸己也。願老師留意，則中外自服，相業益光矣。

某受任三月，未展一籌，亦以事權原自不專，積蠹又難驟革。故惟督查兵將，稽核錢糧，庶幾虛冒少清，將來可裨實用，惟老師策而教之。獨弱體難調，又苦南中蒸濕，内病脾，外病疥，食少肌削，即妻孥輩亦此瘡彼瘧，枕藉沉吟，至無人執炊，殊自不堪耳。恃愛附聞，臨械不勝悚息待誨之至。

上太倉王相公老師

前某出京時，辱老師程貺，交渥誼不敢以例辭。受事未幾，即苦脾病，遂爾疏節，久之，方獲以一芹上潭府。極知老師生色率下，謝絶饋遺。然廿年門牆，小子待罪大邦勿論，報稱惟何，可容恝然無絲髮之敬，乃更辱老師翰及？某有餘愧矣！老師德望、心事，海内孰不信之？邇來少年喜事之言誠爲過當，但亦有所激而然也。楊、鄭二豎素非端人，一旦借事陳言，欲自蓋其生平之醜，甚之傾陷儕輩，嫚罵公卿，此豈可容于堯舜之世者哉？何、吴御史言于部院，未勘之先，遽爾見謫。鄭争於明旨處分之後，公然無恙也。李漸老輕聽其去，孫立老嚴責其非，此皆社稷之臣，不可使一日不在朝廷者。待之無禮，去之若遺，時事多艱，孰與共濟？久虛部缺，豈真乏材耶？至于鄭某南部之調，果留李克老耶？不計是非，但計堂屬之體面，是逐之也，少知自愛者絶無靦顏之理矣。老師當國，有此舉動，悠悠之口，所以不能不因疑而激，因激而爭耳。人方欲以博名，我又與之以取名之路，雖聖意難挽，而調停密勿全仗老師。即如元子出閣，定茲大計，中外臣庶誰不頌老師回天之力哉？大都望重者人易過責，惟老師裁察。恃老師相知之深，故敢進其狂瞽，萬罪萬罪！

某脾病侵尋，入春藥不離口。汛期方急，疆吏不敢言私，稍緩之，定當乞此骸耳。詞多戀迂，不識忌諱。伏乞老師原亮。臨械不任悚悚。

上太倉王相公老師

項齋役回，辱老師翰教盈紙，不勝感切，不勝悚愧。老師心事如青天白日，某豈不信之？主上親攬獨斷，老師心有所不得遂，力有所不能回，某豈不諒之？前書謂因激而爭，只以事體未妥，值老師當國，不忍聞其受天下之謗，故敢竭進其愚。若謂三鐵面丈夫皆許楊、鄭，則某萬萬不敢以爲然也。或出避嫌，口頭之語耳，老師再思之。江南輕薄少年恃財任俠，其始不過借倭警集驍勇，欲博史氏功名，第所集者中多無賴，輒敢肆爲狂逆之言。畢竟此輩何能爲？但久而不已，亦爲亂始。今首犯已就拘執，餘黨尋散，無可慮也。此事某自昨歲七月即聞之，歲抄[一]大沸，直至於今，有司曾無一字相報，亦何據爲老師言哉？蓋地方事自有撫按專管，彼固視爲不要緊衙門，某亦胡可越俎相侵也。庇護琅琊之説，南中寂然不聞，必出忌口，老師惟靜以鎮之，勿足問辨。

近睹邸報，老師再疏引退，豈爲國焦勞，真有貴恙耶？抑鬱鬱不得行其志，以一退謝衆疑耶？或爲倭事兩難，隱憂不可測耶？當今中外多故，倚重者惟老師，恐義不得言去；主上眷注，亦必不聽其去也。若借主上懇留之時，收拾一番罪謫賢者，亦可以光相業而白老師之心於天下。俟變故稍定，再決去留，豈不臣主俱榮哉？惟老師注意。更乞藥餌珍攝，亦慰朝野繫屬之願。臨楮倍有瞻依。

候山陰王相公

恭惟閣下才本王佐，學爲帝師，入踐斗樞，均調鼎實，乾坤藉以旋轉，社稷倚之重輕。至於贊定中儲，封還内降，此則我明二百餘年大臣所未有者，雖抗章辭闕而積望如山。第元老獨高其名，乃國家弗賴其用，當兹赤羽交馳之日，益繫蒼生待起之思。

某賦性極迂，受知最早。河藩□□，誰憐下石孤踪；囷寺内遷，自荷賜環大德。雖云枌榆蔭芘之厚，亦是草木臭味之同。尺牘猶稽，寸衷徒結。新更歲籥，益茂台禧。東山之枕勿高，北闕之綸且下。某不勝瞻戀顒懇之至。

上山陰王相公

不肖某憶從壬辰一上起居狀，遂爾闊闊。蓋由南北遞遷，鱗鴻多阻，非敢自處於疏絶也。自昨歲杪秋入都門，每聞台履康勝，輒舉手加額，謂天祐元老以身繫海内安危，今雖遜於荒而旋乾轉坤，機尚有待，正人君子亦有所恃以無虞。閣下試觀近來朝局，有一二厭人心者乎？外離中潰，棟折榱崩，行且立見矣。閣下等伊、周而陋姚、宋，安得遽忘情於斯世也？

不肖某迂疏黯淺，已自分不諧於時。叨貳中臺，誠非初願所及。睹兹景象，無計回天，殊抱碌碌之愧。況此入也，賢者見信，不賢見疑，至憸壬輩則深銜之矣。總之，吾道當如此，亦何足怪？惟堅守晚節，不失故吾，或可以不負台知耳。倘意外見逼，南山之南，北山之北，焉往而不適哉？閣下又何以策之？只尺清光，不任依戀，更惟珍攝，以□宗社蒼生。臨楮倍有瞻企。

答山陰王相公

向和宇公乃弟入京，獲奉臺教，憐孤念舊，誼薄雲霄，求之古人，恐亦未可多得。仰杖噓庇，恤蔭皆如例矣，所少者贈諡耳。銓部慮有它議，故靳之也，別論云云。當不肖轉協院，過里，和宇公曾有秦晉之約。不肖雖以息弱爲辭，然心已許之，豈以存歿改念？辱翁諭，隨就京邸如約，絲蘿附喬木，總荷翁臺之賜。獨冗病侵尋，遲於報命，愧罪無可解耳。

不肖愚直自信，新建并其黨切齒深恨，目爲異論赤幟，自逐呂新吾後無一日不授意於鷹犬，迫於公議，無計可施。戶曹一轉，意在亟損其權。不肖近引假乞歸，亦欲遠避其毒。既不獲遂，因與其黨謀，設督餂逐之。夫大臣遣督，例當廷推，乃本部阿指，開名內閣，坐名徑票，有是例乎？事不辭勞，臣子分義；逢迎排陷，長此安窮？翁臺試觀天災朝局、相業物情，有如此景象而不致禍亂者哉？可爲浩嘆！可爲浩嘆！不肖已領敕待發，草具八行附上，聊布腹心。把筆不肅，統希亮原。

答山陰王相公

焦主政至，恭奉手札，字字肝膈，誨愛甚殷，感刻感刻！豫章之惡，天實敗之，勿足言矣。從來權奸去國，人政一清，乃今護法傳神，群然猶在。雖陽匿其迹而陰煽其灰，卒未見有顯斥而明革之者，其故可知也。即如九卿各舉吏部司官，此豫章爲某不得調也；今某考察，公舉如故，吏垣一時盡空，此豫章爲某不聽指也。近某坐逐，私套如故，它可知矣。邪不勝正，翁臺論其常耳。今觀天時、人事，似非太平之時，二三正人免禍爲幸，況敢與之爭勝耶？四海茫茫，稅駕何所？安得旦夕起翁於東山救此蒼生也？不肖義不得不去，時不可不去。只爲自作體面，塗人耳目，堅不肯放。吾即欲忘其搔，其如彼不以爲愧，更以爲悲何？翁台徐察之。草率奉復，不盡。

答山陰王相公

青陽啓泰，綠野迎禧，海内蒼生魁仡不淺。不肖未能走一箋申賀，方抱罪愧，乃遠勒華札，眷念有加，捧誦之餘，益增赧汗。令郎鳳毛麟趾，家學淵源，滿擬高步南宫，豈容尚抱遺珠之嘆？房兒愚淺，謬辱見收，蕡落我登，厚顔更甚。

某之戇拙久不喜于當塗，三五宵人百端傾阻，已甘心於林壑，敢妄意於推遷？所幸元序升儲，人心大定，縱欲假手，其毒稍輕，以此歸山，差可無慮耳。申、王二師疏俱下，翁疏獨不報，何也？中外交壅，其機密而深，細觀朝局、人情，恐非久安之象。杞憂婆恤，且奈之何？雲地春寒，千萬爲宗社珍重。天若祚宋，事尚可爲。臨封不盡欲言，惟有瞻溯。

答山陰王相公

某自惟戇愚，不善俯仰，賴有天幸，一旦脱豺虎之叢，豐草長林，差有餘適。遠辱翁台手札存念，一字一感，一字一愧。翁台百代人龍，累朝耆碩，身之進退即時之安危，且久遜於荒，置之若棄，況不肖如某者乎？合則留，不合則去，吾儕於自處之義審矣。所慮者海内嗷嗷，朝不保夕，萬一遂成鼎沸，吾儕可得高枕卧否？

某有四子，婚娶已畢，近令各治生，家事且不問，寧復問人間事哉？憶令嗣入都，適某匆匆去國之日，疏簡爲甚，翁翰再及，更有餘愧。杖屨勝游，恨不能步趨其後，太行、王屋，翁雖遙羨，恐亦未可屈元老爲山靈增重也。嚴寒在序，千萬爲宗社爲蒼生珍調。呵筆不莊，亦乞台亮。

與劉晋川

天禍亡人，越在草莽。屬聞使節旋里，未遑走一介少布訊私，而佳貺儼然先焉。拜使於門，殊贈感怍，及捧誦翰音，不覺愧汗淫淫下矣。不肖待罪禁省，罕所建明，自惟碌碌班行，貽羞前哲。且受性粗拙，爲故相所不喜，楚黨一二橫人側目更甚，不肖靜以待之。即王太宰翁屢諭宜加趨附，不肖斷之以命，未敢從也。蓋爲天子耳目之臣，坐視其橫已厚顏矣，而又媚附之，服官之謂何而病狂一至此也？此不肖之所可自信者，敢因翁垂念，輒爾布聞。詢知榮發有期，不能趨教，尚价持不腆上，兼攄鄙悰。握手何時？願言自愛。不一。

與王疏庵冢宰

自不肖某之還朝也，辱翁伯手教者再，竟未一上起居狀，闕節之罪亦復何辭？稔聞翁伯神形健泰，綠野優游，此仕宦所極適、古今所希覯者。後進鰌生可勝忭仰？竊念某賦性迂拙，獨立寡諧，計叨補以來將滿歲矣。碌碌亡以俞人，硜硜惟知自守，知我罪我，任其紛紛。冠冕倘來，松菊猶在。縱不能爲鳴陽鳳，亦安能爲抱葉蟬？矧逐臭倚門、應聲吠影，以負愧生平、遺羞先達耶？憶昨歲奉教，曾以此意對，非敢少變初心也。翁伯竟以爲何如？李上舍旋里，附候台履，并布腹心。不盡。

上王鑒川年伯

恭惟翁伯名重三朝，功垂九塞，勿論緣邊士女鋒鏑不驚，即今廟堂之上席盛養高可云無自？邇者特廑帝問，實出特恩。惟翁伯有非常之功，故朝廷有非常之典，以年而得，奚足爲榮？此天佑翁伯而俾之早食異報也。某不肖，猥以年家子無能搦管述盛美、揚寵光，方以爲慚，遽承鼎翰，慚又如何？感當如何？令嗣子牧年兄樞幄宣猷，聲實并暢，將來建竪不卜可知，象賢世美之風于今且再見矣。若某所辱至愛，即骨肉、肝膈不是過也。屬擬報謝，幸逢翁伯岳祥之期，稱觴無從，薄言遥祝，所願茂介壽祉以慰帝懷。臨械無任瞻注。

答同年某縣尹

夫體統，朝廷之體統也；百姓，朝廷之百姓也；操守、才幹，屬之我而已。爲朝廷愛養百姓，而亦爲朝廷顧惜體統。本之以操守，運之以才幹，上司有不信服者乎？若云吾之操守優矣，才幹優矣，爲百姓造福，吾無負於朝廷矣，而遂與本管上司略不嫌避，此於體統或失之抗。即此一節，人將有詞，將何以安其位而行其志耶？弟素愚直，羞詭遇者，而猥以所聞參之情勢，老丈之自處或過矣。願老丈之重念之也。

寄楊公亮年丈

嗟嗟！同袍兄弟并游長安者豈少哉？惟我二三兄弟，芝蘭臭味，若有相投焉者。每策馬過門，不煩片刺，閽人踉蹡呼報，岸幘歡迎，解衣踞坐。當此時也，爾我兩忘，腎腸傾吐，意氣飛揚。豈惟仕路俗容脱略殆盡，蓋此心此誼自謂前無古人矣。就中文章、氣節矯矯人龍，承明著作之優游已隱然負公輔之望者，毋如楊生。而弟也迂拙之性，與時寡諧。禁柳宮烟，自分當朝夕外補。故人知我，必諒斯言匪虛，何意楊生先我見逐？春明握別，黯然魂銷，後會難期，盟言在耳。我二三兄弟過長安舊邸，輒徘徊悵嘆者久之。即齋頭命酌，往往泪下如雨，飲不成歡。楊生念我甚，亦知我二三兄弟念楊生一至此乎？宦情若何，去住爲苦，在楊生自決耳。弟譴罰日積，低眉向人，延至秋中，或可遂初志也。前書云云，朝議共惜，未聞下石者。臺省部寺於時事禁不出一語，何得聞抗疏風？近銓部呂新吾又以處馬子厚、辛都《贈涇陽文》直犯時忌斥外矣，世道、人情，可爲太息。陸丈行，草草附訊。湖山足樂，冠冕倘來，玩世潔身，總無不可，但不必有絲毫芥蒂，自作苦耳。贈言四章登之手卷，惟不鄙而斤正之。餘不遑多及。

答吳安節鹽臺

寸緘相寄，真意藹然，何事長箋，紛紛套語？即此一節，台丈超世味一等矣。至捧讀大疏，則又灑然敬服，不忍釋手也。蓋從古極辨之朝，未始不以重臺諫爲首務。臺諫得人則治，不得人則亂。始進不正，安望得人？士節不培，人亦何由可得？大疏云云，極中肯綮，至於"憑私暱，樹私黨"數語，皆人所避忌而不敢言者。台丈侃侃言之，公論翕然推重，如不佞輩有汗顏矣！令親于景素識荊之初，猥辱愛雅，聆其言議，真金玉君子也。芝蘭臭味相投，敬如尊命。不佞悠悠瑣闈，玷我同袍，何敢復叨建坊異數？前亦聞陳南濱老公祖此舉，曾移書敝州守停之，慮災祲之地勞民費財，是益重不佞之罪也。肅此附謝高厚并布腹心，驛使如雲，願時惠教。不盡。

答李晉峰開府

蕞爾三晉夙多名賢，如翁台者水鏡清標，斗山峻望，則某所傾心嚮仰也。頃者聖天子念蜀川重地，特授翁節鉞往鎮之。緬惟西南一隅，去神京萬里，煢煢蒼赤，膏髓幾何？而頻年以來力憊於饋軍，資空於采木，遂使益州富庶變爲凋敝之區，蓋有任其責者矣。所願鑒觀覆轍，宣暢仁風，省事寧戎，與民休息。使九重釋西顧之憂，是翁之大有造於蜀也，制閫壯猷樞筦且虛席以待矣。某不佞久辱誨提，直道事人，未知稅駕何所。北翔如雨，幸翁時惠教之。慺慺不宣，臨封惟有軫結。

答同鄉某縣尹

承示二難，虛懷可想，不佞敬爲誦所聞。賦有常供，誰能薄之？第催科不擾即撫字也；粟有常數，誰能損之，第罰贖不濫即保障也。在門下加之意而已。

答楊楚亭年丈

與足下別五越月，思之未嘗一日忘。每二三兄弟過長安舊邸門，徘徊不忍去，當杯忽慨，輒爲罷歡，足下亦知之乎？得手教，苦情滿紙，讀之泪淫淫下。造物之侮弄足下如此，足下自謂不能堪。堪此方是我輩事，不然英雄笑人矣。引告疏部徑停覆，蓋政府意也。業已奪却鳳凰池，不得不出此一着，當時亦預料之。或去或就，總無不可，而足下擺脫塵埃之意，識者亦自諒之矣。留滯武林，何時歸四明別墅乎？改部寺議甚奇，蓋襲前人故智。諭云收其所親而間收一二知名者以自掩覆，此確論也。聞恐生多議，姑待來春，不知究竟如何。弟日來默默，非敢負足下期待，亦欲爲百尺竿頭之計，故不復拾瑣細塞責耳。足下亮我，不第守定一寸心，立定兩隻脚，可內可外，而不可使爲私人。松菊未荒，冠冕若寄，他尚可何慮哉？近有懷足下暨伯楨二律，冗中不暇書扇頭呈教，敬錄草上，極知醜鄙，聊以見相思意也。餘不遑慺[二]陳。

與井陘道喬公

井陘夙稱險重，漢、趙爭衡，韓、李決勝，遺迹今猶在焉。門下聽政之暇，亦常登赤幟之壁，尋背水之軍，慨然有吊古之思乎？此亦一大快事也。

答萬仰山掌科

岐丈至，詢知起居佳勝，殊慰鄙悰。得翰讀之，且感且愧。不佞弟資不諧世，言輒招疑。竊思瑣闥近待[三]之臣，朝廷倚爲耳目，曾補何闕？塵冒清華，乃猶鷹犬自甘，不顧笑罵，可恨孰甚？以故凡所建白，雖不敢務爲皦皦激切之論，而就事匡正，心實無他。若肯亮其愚誠，或亦可當藥石。第恐悦心逆耳，喜忌失橫，宵人乘之，何言不入？弟亦聽之而已。弟每思論，不以倘來之官壞此身，不以么麽之身辱此官。内外升沉，總之有數；山林泉石，亦是主恩。老掌科亦有信於弟之言乎？朝政人情，得於静觀者審；弘猷卓識，蓄於静養者多。弟迷在局中，愧我同志。老掌科興望甚重，一出而定國是，爲吾晋光，此弟所惓惓也，幸惟自愛。不盡。

答馬連城年丈

與足下通籍同，顛毛種種同，陸沉亦同。但足下攬轡風裁，不佞徒艷侈之。世言省勝臺，非確論也；翰云無他，奇過[四]矣。綱紀一方，自有大體，若吏無遺奸，民無畜嘆，亦安用奇爲？脱去樊籠，此語未必盡套。弟雅抱此志，今所以不早引決者，以年來規避成風，大壞士習。借此加我，誰能諒之？開歲倘得量移一官，便可拂衣長往。非足下無可談心者，故刺刺言之，足下豈亦套之乎？憶我金蘭，臨封惟有軫結。

答房守備門生

大都武人屈體非止一朝，久則上下相安，難於驟復，所謂闒茸者原不在此。若上肯假之以禮貌，下亦得展其鬚眉，誠爲厚幸。不然則從衆，亦未至辱身也。初入仕途，便稱鬱鬱，豈必善地爲快哉？古人投筆立功，請纓自效，亦欲一當難事，始見其奇。今第能訓士厲兵，修險恤伍，雖時方款貢，常如羽檄交馳之秋。勿負氣以傲上，勿逞威以凌下，上下之心既孚，名譽自起。願公以耐心處之，以無欲之心行之，異日登壇，且爲公望之也。

答楊楚亭年丈

與足下別逾二年矣，二三兄弟數數相過，未嘗不念足下。以足下豪舉，差強人意，非觖觤齷齪者。得手翰，知足下念二三兄弟同也，豈欺我哉？足下神龍也，能潛能見，能大能小，簿書瑣瑣，安足困之，政足見通才耳。舍江右而與粵西，大是詑[五]事。去就之義，早能自決，足下高見哉，異日當有特召也。王老師相會，言及足下，弟云：“楊生不過氣岸高，口語直耳，亦有何罪？”師云：“前訪單指其囑公事。”弟云：“審爾當有厚産，聞一貧如昔，囑之謂何？豈有如此氣岸、口語能囑公事者乎？”師笑云：“公言是。若鄉士夫得一‘傲’字，還有幾分品格。”暫准還里，且以大省相起，則足下之心事亦可少白矣。

弟之愚拙久分，外補中州典試，賴有正人主之。無何，慎吾丈既失其歡，鑽代者遂投其隙。欲逐弟，則外補無名；欲與弟，則入幕情深。顧告常升，五日膺缺，弟之不才叨與。今轉高足，何能末班易稱。足下云“有命”，信乎其有命也。邇來規避成風，閏升爭捷。弟如几上之肉，惟人所裁。幾欲乞歸，恐人以規避加我，量轉一官，別圖進止。雙藤方杠，爲誰奉承？足下豈有丈夫意哉？都下種種新事，愈出愈奇，寸管片箋，如何可悉？足下耳甚長，亦不待弟之贅也。握手未期，惟有悵惘。

答潘印川總河

惟兹河渠實關國脉，既藉其利，又防其灾，從古稱難，於今更甚。頃不佞謬爲久任之説，恐後來繼事者貪穿鑿之小利而廢經理之洪猷。且傳舍其官，必鹵莽其職，明旨具在，不可不一申議也。睹翰，殊負愧焉。敬此布復，并候起居。悽悽不盡。

答河道余公

門下值洪濤異漲之秋，身爲金堤，卒保無恙，此其功當在異等，賞曷足以酬之？至如不佞迂拙獨信，本無他腸，居恒念人臣報君，隨分可以自盡。若議事者不以觀望爲巧，任事者不以規脱爲能，共矢交修，世道或亦有裨。故邇者河上之議絶無觀望之私，第恐行河諸公不我相諒，惟恃區區此心耳。門下虛衷無間，遜美不居、不矜、不伐之風於今再睹之矣，敬服敬服！敢因旋使，聊布腹心。不盡。

答某公

一代祥異，報自守土之臣則爲實事，書之紀事之史則爲實錄。若云異可報而祥不必報，則世史所書從何據哉？但報祥而賀，斯爲導諛；惓惓規警，又何諛焉？

答蘇懷宇年丈

春明門外，已是天涯；萬里滇南，可勝伫想。翁丈攬轡按部，雅有澄清之風。即如緬捷一事，覆夷商於江上，三十舟盡是冤魂；凑俘馘於幕中，五百級皆非戰鬼。妝成此套，以就功名；欺天欺君，無所不至。若非翁丈在事發覺，何由爲朝廷振紀綱，爲華夷申冤憤，破邀功之積弊，闡盜名之深奸？逮削亟加，足爲邊臣欺罔之戒。西臺執法，寧有幾人？凡在薦紳，疇不敬仰？非弟敢獻諛也。役旋，聊布候悰。悵悵不盡。

答許少微掌科

弟迂拙之性，黯淺之才，即相知者猶爾按劍，乃老掌科獨噓之愛之，此豈在聲音笑貌間哉？臭味相投，信矣信矣！哲人知幾，飄然引去，太行山谷，豈云不深？弟不難挂冠神武門，區區此心，不欲令俗子作口實耳，非真甘爲几上肉也。保身之説敬聞命矣，濟君之業，惟足下圖之。

答王平溪年丈

邇來兩奉手札，字字皆肝膈語，感之感之！弟少不如人，壯不曉事，自度甚審。至於兢兢一念，不敢貽辱知己，不敢得罪公論，不敢仰負朝廷，則固可對天日而無愧也。第上右趨承而弟守其拙，下樂規避而弟羞其污，此方彼圓，投之難合。今之越次外逐，果符遵見；然必有今日之逐，而後可證往日之是。蓋弟之論羅秀，救辛慎軒，止改選，阻潘印川，參徐華陽、徐輿浦，屢忤執政，此章奏可見者也。況迂直之性不善周旋，愚戇之詞不能緘默。念爲朝廷耳目之官，常以不稱其職爲懼，於國是之可否、賢邪之是非每每面折廷爭，毫無顧忌，以故在上者以私怨蓄猜忌之心，在下者以積隙肆播弄之術，巧伺微中，日夜欲甘心焉。王泉臯、史玉池之疏則曰弟與聞之也，林楚石之疏則曰弟使之也，王文軒之疏又曰弟使之也。輦上君子，幕中細人，遂謂不去弟是與異論立赤幟，弟何能免乎？從來未有諫官與執政相忤得安其位者，未有爲讒夫所構能保其名者，弟之此去亦幸矣。正人謂我不可一日去國，邪人謂我不可一日在朝；愛我者慎其謀之私，憎我者喜其計之巧，弟總付之一笑耳。嗟嗟！官躋三品，年近知非，內外升沉，要之有數，弟豈與人爭尺寸之路者哉？萬頃風波，千群豺虎，左撐右拒，其不盡遭覆噬，亦大難矣。業已笑出都門，住良鄉郵舍，憶前書未答，殊自歉焉。辱令嗣金吾公走餞於報國禪林，年誼甚厚，附言鳴謝，并以布私衷於老丈。相知者皆力勸弟赴新任，謂愈見其高。弟竊自念直道事人，何途非梗？秋風三徑，松菊未荒，豈能舍內之眉睫而徇外之眉睫哉？弟意已決八九，其一二則看時事如何耳。把筆情深，語遂刺刺不可了。珍重孝履，臨封惘然。

涿州答王繼津司馬

某不肖自初登仕籍則已聞翁台亮德宏猷宣于外閫，高標勁節播在中朝，雖未奉清光，竊欣欣然有仰止之思焉。比某伏在草土，翁台奉詔起田間，主計典樞，勛名日茂。至于堅停內索，則古大臣風節不是過，又不但區區杜賤流、惜名器已也。任怨任勞，翁畢其志；難進易退，翁全其高。正人所以傾心，公論為之扼腕，非一日矣，某之迂談何足白翁心事萬一？業已躐補外吏，又世態厭薄之時，何意溫詞渥語儼然臨之，忘分下交，一至於此！某且感且愧，其將何以報稱哉？惟有寸心期于不負耳。銓衡望重，廷議首歸，社稷、蒼生藉賴非淺，願早定國是，急收人心。非遇翁台不敢進此言，非受翁台知遇不敢以此言進，亦惟翁台察之。途次倥傯，九頓陳謝，伏惟台鑒。某臨械不任感激惶悚之至。

答賈洛濱按臺

一介鄙儒，橫叨三品，幸於月之八日仗庇抵里舍矣。天涯游子，一旦遄歸，親友憐之，各持酒相勞，亦一快事。至於禮展丘壟，歡洽天倫，兒女私情，從容可辦。此實縉紳之未易遂者，今之越次轉我，安知其非愛我者乎？部檄尚遙，征期未卜，若不鄙外吏，當於按臨時扳奉謦欬，且儿頓以謝稠渥之雅也。肅緘布悃，諸惟亮原。

與馮琢吾王泉皋徐涵碧三年丈

弟之愚拙，世態所厭薄也。惟老丈不以爲不肖而誼若金蘭，一話一言皆披中愫，即推一心于兩腹，豈能過此？念當越次外逐之後，老丈攜尊遠餞，握手相憐，日暮河梁，繾綣未已，此寧可與炎涼者道哉？別後不敢作一書，恐長安貴人窺我耳。心銘丈來，承手教，字字皆肝膈語。弟非木石，寧忍負之？顧弟于河北一役有不可就者三，才能就者一。弟也不才，愚戇多忤，政府以逐我爲快，銓曹以處我爲功，趨炎入幕之賓紛紛爲下石之計，使非弟能自立，幾不免矣。弟立朝一日已受一日猜防，參藩一日將受一日羅織。吾欲爲省中完人，當畚自決。一也。挂冠晦迹，哲士之知幾；忍耻强顏，宵人之鄙行。弟也有工科之一轉而不去，有客歲之一病而不去，爲嫌規避，荏苒至今。若猶戀戀一官，不自解脫，視世之强顏忍耻者何異？二也。河陽去山居僅百餘里，親識服賈者相錯於途。一有犯不貸，則怨易生；一有囑不從，則謗易起。任怨任謗，弟亦甘之，望風捕影之徒豈能諒我？三也。此猶可言也。弟自感下血症之後，內元頓虛，稍稍過勞，手足便熱。今歲伏秋，止是杜門靜攝，湯藥不離口，尚然脾胃頻傷，或秘或瀉。一身之外皆是長物，世豈有輕身而徇官者乎？人生貴適志耳，志適則一丘一壑亦有餘榮，志詘則九列三台亦有餘辱。弟志如此，病如此，必司命爲之，世豈有與命爭者乎？今之疑弟者，不過曰博名高也，快快外轉也。弟抱此苦，固不敢博矯矯之名。欲加之罪，何患無辭？寧獨快快哉！是非孰辨？牛馬從呼，具疏乞休，情非得已。小介至，凡寫投本揭俱望指定，是骨肉之愛也，以丈不負托，故爾相托。伏枕草草，臨封惘然。

寄馮琢吾年丈

　　小介來至京，捧讀手札，極感極愧。老丈千言萬端，所以爲弟計者，即骨肉不啻過之。弟抗章乞罷，豈爲薄此官哉？蓋迂執初心不可回耳。何意格於部議，僅改程書，把筆躊躇，幾欲再控。乃丈以孤高決烈、不近人情責我，主爵、掌憲二老以當途知非慰我，李龍峰以太行捷徑嘲我，弟亦將奈之何？且前此不知申師受祗，小疏至，適逢其會，弟亦殊不自安。今不難再控，萬一再有言者，是師之去，弟激成之也，弟亦何辭？二月如命，強顏出矣。九列、省臺皆以邊才薦，弟豈有邊才者耶？愧甚愧甚！調衝邊之說，此某借推轂公舉以遂其銜我之私心。內外既不介懷，又何擇於邊腹？我豈可以一障相傾者哉？有限伎倆，任彼爲之，弟只付之一笑耳。玄卓之去，一以息人言，一以圖後著，不然何不請外而請病也。慎齋便補官去，舊有是旨否？毋乃更速其壞乎？可嘆可嘆！

　　西事近如何？在虜必無不渝之盟，在我當有可恃之備。追思二十年來，以邊任博富貴者幾多人？賄重情親，虛文相就，以此得，亦以此敗，無足怪者。養成邊患顧至於此，殊可痛恨。朝議紛紛，謂守爲非計者，是盲人談白黑也。吾之兵力既不足制虜之死命，則撫其順而剿其逆，在國體、兵機不得不爾。火酋猖獗，剿無疑矣，不知何以處撦酋。洮河內訌，躬爲戎首，可得諉之他部落乎？欲搶則搶，欲市則市，入犯則以危言諕我，出境又以甘言愚我，果可信乎？能使之正大酋之逆乎？能使之徒近邊之牧乎？能使之毋擾熟番，存我藩籬乎？若徒暗使往還，妝成圈套，歸一二所掠之人畜，罰一二所棄之散夷，苟且彌縫，便謂折服此虜，便謂三邊無事，膳章報勛，經略還朝，此等邊事，弟將不知所終矣。迂儒越俎，亦可爲丈發一笑也。

諸序何久負，果華袞不足辱耶？敝州徐中書二月差出，願早一揮。至于千里談心，儘可相寄也。抄緺音畢不？畢則并付之。人便草草，附布腹心，俟至覃懷，別圖專候。植齋五丈處望各致聲，不具書。

答李霖寰學憲

某最不肖矣，昔叨中州典試之役，幸接清光，荷高雅。洎門下以祝嵩入都，則所辱肝膈之愛又倍於昔，若略其不肖而願交之者。某何修而得此于門下也？則悚然愧，已復爽然有深幸焉。門下弘才偉度，亮德淵聞，業已收兩河俊髦爲門牆，桃李鄒魯，嫻於文學，固其天性。乃吾黨小子必有未知所裁者，身爲榘矱，口作蓳[六]型，惟茲三齊，仰造非淺。某也東臺獻納，已愧碌碌無聞；中土甸宣，更虞茫茫何藉。所幸河北之役竊步後塵，一切規條惟有祇奉成事，或可免于顛仆耳。猥辱翰音，肅緘附謝。行期未卜，悵望不盡欲言。

報兩院地方災傷

河北百姓資于麥者十七，資于粟者十三，納稅應差皆從此辦。乃今種麥甚少，民生何堪？據三府報災紛紛，以蠲賑爲說。夫賑出于不得已也，民無菜色，何事張皇？即欲行之，兼苦粟少。恐貧者未必沾實惠，忽已入于貪官、積棍之手矣，似可少待。蠲之爲恩于恤災最大，第恐起運既難，破格存留，徒受虛名。無已，則題請暫停以待秋收，或可少緩催比之苦也。此外改折免米、改緩帶徵二策，在我誠爲實惠，在部亦不難行。蓋折一石何損于官，省一石有利于民，但恐不肯定議永折耳。今日之帶徵即異日之蠲免，肯一緩之，毋論旦夕寬負，且可徹恩澤于儲宮也。報夏災事例，原限五月，有苗待熟，例自當遵；野無麥苗，又將何待？不得不早圖耳。

適疥瘍苦甚，杜門二旬，念待罪地方，不敢以病廢事，輒附陳謬議若此。伏惟明台采察而酌行之，河北幸甚，職愚幸甚。

寄同館諸年丈

弟二月中旬入汴，旋即策馬走宛城，謁所謂先生大人者。上巳日始抵罩懷，罩懷固駐札地也。甫駐四日，復走衛源，候都臺公。濕熱內甚，疥瘍滿身，委頓而歸。晝夜作苦，苦極轉而成笑，曰：「此亦章惇爲之耶？」杜門五旬餘，稍能着襪成步，而衛輝以失銀報矣。衛輝故巡道分地，曾奉欽依罪不相及，而亦不免一參，薄命之人，焉往而不偪塞哉？昔恐人疑我不出，今且自悔其出矣！諸兄聚首長安，亦憐念不？白雲蒼狗，變態何常？蟲背鼠肝，付之造化。弟固不敢薄此官，亦豈戀戀於此官者？元宰新失，朝野黯然。世無鐘[七]期，何當鼓瑟？苟得便即拂衣去矣。

會遣役迎新離院，草草附啓，薄有所具，少佐甘泉之資，幸莞入之。長安要人俱無一字，不能不有情于二三兄弟耳。時事有可相聞者，希一一見示。諸不暇悉。

與宋莊敏公子

往不佞之待罪瑣垣也，迂拙自信，流俗皆姍笑之。尊翁老公祖獨加獎借，芝蘭臭味，若有相投焉者。正人君子方慶尊翁在位，社稷有靈，奈何天奪之速也！名者，造物所忌。尊翁始終享有完名，亦復何憾？彼始以僞得，終以僞敗，雖復靦存面目，已厭厭如泉下人矣。語云：「士爲知己者死。」不佞即未填溝壑，所不砥礪名節以負知己，尊翁之靈實鑒之。

冗極，不能成一奠詞，聊于門下書中道悃如此。薄具戔戔，以代束帛辦香。幸爲我縢書一通，并楮帛焚之尊翁靈几前，不佞且遙望下拜也。寸心欲訴，有泪長潛。謹守素風，高門可畏。其它塵世塞暄，語不復及。

答趙僑鶴吏部

弟於門下非有宿昔之契、根抵之容也。芝蘭臭味，偶爾相投，豈必促膝交歡，乃稱莫逆？憶門下一疏忤時，飄然引去，弟亦以積憾超參河藩，踪迹睽違，惟有此心期不相負耳。自愧疏節，乃兩奉手札，一字一肝，知門下之待弟厚也。朝局新更，國是所當早定，召還孤直，裭斥奧奸，誠不可緩，但恐各援其所厚，未必一一從人望也。即如前此起用京堂，不知當日曾何表見，而今紛紛異轉，豈不可怪哉？狂奴故態，聊發一笑。

與馮琢吾年丈

日得《北畿録》讀之，孟義一表中三策迥異他作，不待奉手札，已知爲足下筆矣。文之雄辯不必論，至於練國體，悉人情，異日相業即可卜知，但恐當事不肯酬此言耳。荊師向在館議論豈不侃侃可聽，一旦權在手，醜正邇奸，卒至決裂，殊可鑒也。新安碌碌，一歸有餘榮矣。申師私揭畢竟何意，亦何辭于公論，將無證李稠原之説乎？長安棋局新更，平湖公年例差强人意，誰則主之？向火乞兒餘灰且冷，紛紛白簡，向誰求容？此等處分亦須遲重，不宜太亟，使小人之黨再合，小人之計愈工也，但去其太甚則可，如何如何？仕宦一途，惟名與利。當事者快旦夕之意，使小人得利，君子得名。小人即敗，宮室妻妾之奉已足；君子即抑，必且復申當事者，博千古笑柄，亦何名何利之有？年來國是不定，藉口云大臣與小臣之見異殊，非也。大臣亦有持正與小臣合者，小臣亦有望風希大臣者。惟以公心去其成心，以實心化其巧心，如足下語則善矣。

弟前無一字及政府，今申、王二師、許老去，弟若具一書于對翁相公，旁視者將謂弟干澤，即對翁亦將疑弟矣。丈見對翁，爲弟白不敢輕具啓之意，何如？弟病疹方愈，碌碌無足爲丈道，獨壁兒叼廁賢書，書香有托，差可自喜，此外亦復何求哉！南京試錄未一見，余、陸二丈至否？附問。

與吳撫院

職受才最劣，涉世多迂，叼備屬員，奉職無狀，嘗恐上負台造，下得罪于士民。何意台臺曲借齒牙，恩施不報自非，犬馬敢忘銜結？追惟簪筆瑣闥之日，愚拙自信，動每忤時。衙門以請教爲故事也，而職羞之；以保本爲長策也，而職拒之；衆欲會參高桂、饒伸也，而職止之；衆欲會參吳正志、趙儕鶴、王洪陽也，而職止之。斥羅秀以惜名器，救辛慎軒以重臺體，阻部臣之改選，糾徐興浦之奸貪，尚有褊性不馴、淺裏易發者。此豈好爲異哉？誠不忍以區區之身爲清議所鄙，爲正人所棄也。職雖不肖，亦常奉教于君子矣。薦士原以爲國，報國所以報師。新鄭之有笪齊，江陵之有朱傅，師弟相得，豈不歡然？總之，同歸于敗耳，于國家何賴？于門墻何光？且職諸所建白不過就事論事，就人論人，要于彌闕遠邪，裨益相業，亦何曾有一字相侵，甘爲薄行輕視乎？名，義也。嗟呼！鯁直難親，軟美可喜，即張九齡之賢相尚不免焉，況其他乎？巧宦者望風納媚，入幕投歡。職身愧蛾眉，敢云見妒，今之外補，分亦安之，又誰敢怨？弟不能見諒于十五年之座主，而乃謬采于未滿歲之撫臺。昔人謂："日受千金之賜，感恩則有之，知己則未也。"又曰："士爲知己者死。"受台臺知己之德，職將何以報乎？

自抵任以來，片刻不通于朝貴。即一二大老有道義相愛者，懼魑魅魍魎白晝窺人，亦復甘爲閹閹。雖朝局新易，尚有餘氛，仰荷噓培，萬萬不敢有内遷之望。獨幸見知于正人君子，雖自今而十年不調，終身淪落，亦可無愧以死矣。恃台臺知愛，不覺喋喋，淺率之罪，伏祈台慈亮原。職不勝感激惶恐之至。

答吴撫院

伏封台札，先後方面另爲一評，職仰體台臺開誠布公之盛心，寧敢自諉？第反覆思之，實有難于品隲者。臧否人物，譬之寫真，面目鬚眉取其相肖。若未睹其人，遽筆其容，臨帖聚觀，將不知其爲誰氏之子矣。今以在省之藩臬論，有地隔于内外而不及知者矣；以各道之守巡論，有官分于前後而不能知者矣。且居外以制内，則其勢不順；居後以評前，則其心不厚；況又如不相肖何？台臺衡鑒高懸，自無遺照，伏祈俯垂亮恕，幸甚。

舊驛傳許君質行人也，外無文采，内無蹊徑，搢紳清議素頗重之，悠悠之談，恐欲加之罪耳。台臺力扶善類，此君尚借游揚，片詞相侵，疑于下石，再祈台臺裁之。

答某公

覃懷一札，夏序載臨。入都得拜手書，殊慰注想。弟之迂拙，已絶望於内遷，雖仗噓塵，深愧非據。讀翰云云，不覺愧汗之浹踵也。翁丈品格聲猷，高步一世，前聞旦夕當有賜環之命，今尚遲遲，何耶？頃者朝局漸更，正人差爲吐氣，乃言路諸君聯翩放逐，雖其事甚秘，其説甚長。要之，吾黨亦與有過矣。

朔方叛卒久稽天誅，汹汹人心，最易動搖，且主上九閽重閉，肘腋寡思。弟所慮者不在一方，而在各鎮；不在閫外，而在域中；更不在邊腹，而在宫闈也。年來省臺糾白，銓部推升，稍有干涉，輒留中不報，此其故誰能知之。論者每云左右某某從臾爲此，弟尚未以爲然。蓋主上英明，恩威不測，恐操柄之事少而煬竈之弊多也。翁丈以爲何如？把筆不覺縱言，恃台愛耳。便翔如雨，希惠德音。

答史玉池掌科

寥寥海內，同心幾人？別我金蘭，兩更歲籥，寧能一刻不戀想哉？弟受才極拙，涉世多迂，仗庇內遷，真出望外。老掌科高標偉識，其歸也以公道塞，其起也以公道明。當宁方藉以贊廟謨，定國是，乃使者至，復欲投乞休之疏，弟殊所不解也。仕宦貴行其志耳，得志則龍翔，不得志則蠖屈，今豈蠖屈之時乎？吾輩應世，但當付之無心，多一着則增一巧，悠悠之談，且將謂之弄套矣。尊翁年甫六袠，食報未涯，親見其子之顯揚始稱愉快，左右班彩，恐非所以弘經濟而報朝廷也。都下相知皆同弟此意，敢此勸駕，幸惟速發以副輿情。屬有賤恙，注籍草草，詞不宣心。

答李友山年丈

春明門外一別清光，南北暌違，兩更歲籥，每同門兄弟聚首，未嘗不悵然有懷也。鳳陽故豐沛地，湯沐在焉。老丈儼然縮黃綬坐牧之，斧巾髖髀，游刃有餘。嗷嗷蒼赤，雖賴之無歲而怙之有天，抑何厚幸也！救荒無奇策，總之不外糶、折兩者而已。長吏之計在民，司農之計在國，公私兼濟，廟堂當自有權衡矣。敢不仰贊老丈爲地方至意？

答劉晉川開府

翁丈望實并隆，畿南倚重。撤兵一議，既壯鎮城，亦便調應；既蘇久役，又省行糧。李文達所謂寧可暫去暫來，不可老師匱餉，蓋謂此矣。此部議即當從者也。募兵一議，令下間閻爲騷，有警戰陣難恃，人人知之。茲因海防當備，留天津原設之兵，則不煩召募而兵自足，尊見甚確。計此事必待薊鎮軍門議覆始可定，然亦不可不早題也。二疏深思石畫，特經濟之緒餘耳，敬服敬服！邇來廟算不審，望影周皇，造器修船，使者四出。恐逼迫之事不止，一召募而微有搖動，草野生心。近聞鹽城以召募幾成大變，是其驗也。倘非節省民財，愛恤民力，因以固結民心，將來可慮豈直在倭與募哉！尊見以爲何如？不佞弟愚拙人也，翁丈不鄙而下問，亦不敢自外，苟有所聞，當副郵以達。冗甚，肅此先復，諸不暇悉。

答葉龍潭制府

我國家承平既久，兵所諱言，士亦自以書生未閑軍旅，遂使毛錐詘於大劍，而文武分爲二途。惟台下獨抱忠猷，夙諳將略，西賊煽亂，奮身討之。即今制節新持，圍城便下，勘定之烈將與方召齊徽、李郭共轍矣！世寧可以書生目哉？乃知儒者有此，人非虛嘆也。不佞某自愧迂拙，久欽大名，露布飛傳，爲宗社慶，爲台下慶，亦爲吾黨慶，輒因報代之使附布中私。紫塞多寒，輕裘自愛。

答劉和宇宮詹

游子入里門，應接爲苦，即翁台儼然在疚，幾欲躬上起居，而俗冗猶棼，王程見迫，此衷耿耿，竟爾未申，罪愧如何！某走疏陳情，分宜罷免。倘仗庇不即罷免，便可刻日就途。蓋惟江關方虞倭警，豈容家山戀戀，忽此簡書？第以北人而宦南方，以陸產而督水戰，風土既不相習，將略又非所長，綆短汲深，罔知攸濟。翁台禁中頗牧，其何以惠教之？

報代與館中諸丈

弟迂疏黮淺，原無寸長，荷台丈疇昔噓陶，遂爾塵冒，茲已渡江受代矣。惟是江關夙稱重任，大江南北專屬提衡。自權歸於兩巡撫，而信地始分，虛名徒擁，重者輕矣。故朝廷但籍此官以優賢而不困以實用，地方亦視此官爲協院而僅應以虛文，聽撫按鹽江之謠則操院之輕可知也。邇年以來，兵日議裁，而所存者半成老弱；糧日議減，而所派者半入侵逋。惟糧日益逋，遂兵日益弱。在昔止弭洋盜，猶堪哨巡，于今若備島夷，豈任攻戰？且身無片甲，手執鈍戈，妝演水操，僅同兒戲。萬一倭奴乘諸島盛集之銳，移朝鮮必逞之鋒，突犯淮陽，進窺京口，恐非此輩之所能抗也。矧弟又以北土綿弱書生領之，軍旅既所未閑，風氣又不相習，將何以振師中之積玩，消海外之狂氛？顧盼躊躇，罔知措手。台丈折衝樽俎，決勝廟堂，石畫淵謀，望乞披示，豈直弟一人之幸，亦江左之幸也！頃發春明，極辱渥雅，肅槭附謝，并布腹心，惟台丈策之。草草不莊，遵舊約耳。近日朝事紛紜，曲直安在，見教尤荷。

與馮琢吾年丈

都門分袂，相對黯然，豈少同袍，談心有幾？弟不能無戀戀，知丈同此意也。荊師還朝幾日，乃以撰敕誤升儲以攬權，于清議即百疏千口，誰則信之？今內不能得之于朝廷，外不能得之予部院，去留俱壞，將若之何？趙儕鶴考察公嚴，百年未有，至覆虞、楊之疏，亦有過於自信而輕於聽人者。蓋臺省方指爲小人，而吾乃稱爲奇士；吾以評材爲職，而乃替人叙邊功。何不以部議處而待明旨留乎？以小過而得重謫，其去榮矣！于景素疏中引丈言爲證，建言者將以取重，當事者不免生疑。弟所以勸必當歸，此亦一驗也。就中機括及朝事、世情望一一明示。初至，公私交冗，草草漫及，詞不宣心。

與李漸庵總憲

今歲京察，翁台主持於上，趙考功實當其事，秉公汰濁，百年來所未有也。竟爾不免，誰信爲聖意乎？翁台抗章申救，凜然古大臣風節，雖奉嚴旨切責，而去者有餘榮，救者無餘愧矣！夫荆師此一出也，撰敕阿主，醜正爭權，雖攘臂搖唇，祇足叢天下之謗，誠不意其敗壞至此也。不揣戇拙，小札進規，未知肯寬受否。即怒而擲諸地，亦聽之耳，不可謂不忠於門墻也。恃愛輒漫及之，冗甚不悉。

又答李漸庵總憲

近奉翰教，謂荆老當事，吾輩當共成其美，誠老成之至慮也。翁台元德宿望，海内所宗，法巽并陳，期于交濟，當無不敬聽之。不佞雖有一二密啓相規，對南中搢紳則每緘口。人面難信，或有造弄者乎？鄧定老粹養深思，自是館閣高品，垂紳正笏，端必賴之。雖抗疏借言母老，實不欲功名在人前也。當此多事之秋，似宜敦趣就任以期弘濟。恃愛緩煩，伏乞亮裁。

寄徐涵碧年丈

得榮選之報，喜之欲狂，蓋爲東臺得賢，爲吾晋增色，爲吾榜吐氣，非直兄弟區區之私爾也。夫以天下第一官屬之第一人，必有第一等識論以副時望。但今閣部異意，國是多淆，須守正持平，當而后發，遇事則諫，勿泛條陳，惟丈酌之。

與石東泉大司馬

不肖積苦脾病，問訊總疏，殊有餘歉。歲終循例類叙，祇因九江道開報賢否功績，屢催未至，是以稍遲。茲謹據見聞叙其賢，刺其不職，并申明舉劾、會同之例以上，伏乞臺下裁酌議覆施行。倭奴請封一節，關係國體、邊機不小，紛紛朝議，見影疑形，臺下似甚苦之。若一封可以了事，人亦何用苦爭爲也？但恐倭情最狡，沈惟敬之口未足深信，寧使人言之而不驗，勿寧使驗而悔之晚耳。臺下真心任事，爲國爲身，幸萬全圖之。吳中輕薄少年皆係宦家富族，勾倭亦無實迹，其初不過恃財任俠，召集驍勇，欲博史氏功名。可奈所集之徒中多無賴，因而遞相推獎，橫發狂言，本欲騙財，遂致沸議，計彼何能爲？久而不禁，未免釀成禍胎耳。今首惡就擒，餘黨業已解散，又何足慮？近承翰問，敢附以聞諸，不遑覼縷。

寄馮琢吾年丈

自吾丈以假歸也，欲覓一便寄聲不可得，忽接手翰，喜慰特甚。丈歸有深意，病疏已荷溫旨，自可遲回數月，徐圖再疏。再不得請，便當勉出。即得請，而坐席未暖，且有特詔起矣。大抱高名，館閣無兩，丈縱欲處其下，誰能出其上乎？詢知老年伯起居極健，支床問寢，有此佳兒、令弟，文日奇進，芝蘭玉樹，觸日盈階，固宜其陶然有餘樂也。鄉中趣不足言，但問掌上珠何似，功名事患太早，此則患太遲耳。勉之，深愧不能加功也。

弟年過半百，多病早衰，代馬嘶北風，人情固爾。此官此地，抑豈當事者所喜哉？況褊淺之性，遇事輒發，近因楊、鄭二竪有一書規荆師，果能堪否？度時揣分，不得不退一步，非敢以退爲進也。時春訊方嚴，江臣未可稱病，稍緩之，定乞此骸耳。朱鑒老信端人，與弟雅相善，雖只尺無由接，亦時時有書相通。邢公祖忠亮君子也，述丈所以過獎弟者甚備。弟且感且愧，愚劣方藉提誨，敢辱丈命乎？邇來東事圈套已就，封、貢、市似俱有許之之意，禍胎何極？但目前力既不足以濟事，又不能遽已，一二首謀者功又不肯罷叙，無可奈何，將錯就錯，附之長太息而已。至于民疲國耗，盜賊縱橫，恐中夏之憂不在倭而在潢池之赤子也。丈以爲何如？

薄具一芹佐庭燕半餐之費，二綺乃弟俸所易者，聊備老年伯春服，不復另緘，恐煩答也，幸丈統入。道意臨封飛越。

答楊楚亭年丈

初春弟有江關之命，部催急發。發之前一日得足下手書，微詞雅謔，宛如在長安都中促膝時也，喜慰之甚。漏下四鼓，尚束裝，明即就道，遂不能附八行爲謝。悵悵至今，每向具區、虞苢二丈覓一便爲寄，不可得。忽沈生至，開緘，長篇纏纏，詞翰兩工，豈懶殘者所可能者？足下高才奇氣，諒不虛生。今公論起家，旋以三秦文獻相調，豐鎬桃李，且收入門墻，回翔未幾，將還足下鳳凰池矣，何以辭爲？且口山亦調中州，當日逐臭宵人今復何在？誰謂天不可信哉？如弟迂拙，初願豈及此？雖及此，豈非天乎？獨念操江在昔爲重，後權分於江南北兩巡撫而輕。兵日議裁，存者又半歸老弱，自巡江數千外，一民不得用爲兵；餉日議減，存者又半歸逋負，自額編數項外，一錢不得用爲餉。以之游緝鹽盜猶可，以之禦倭，恐非此輩所能辦也。近年此官惟以優賢，不以責事。弟不才，藉此藏拙，亦自厚幸，即有才者亦何從展乎？況敕書明載地方事不必干預，而留都事勢，軍情玩愒已久，稍加振作，勿論兵將駭抗，即縉紳雅流以爲不宜如此，視貴省之難矣奚啻百倍。

弟所苦者，則不在事勢之難行，而在風土之不習。北人弱體，當此蒸濕，內病脾，外病瘡，湯藥不離口。即妻子、婢僕輩此瘡彼瘧，枕藉呻吟，唧唧噥噥，各有思歸之意，秋風起，當有別圖耳。蓋碌碌此中，罕所表見，又不如山林之可藏拙也。江防紙贖甚少，原備操賞之費，餘者俱入交代疏報，它巡撫無此例也。新募水陸營兵六千、家兵四百，均聽節制，視昔日所統之兵倍之，而操賞亦取足於此。弟一切公私禮儀概從廢絶，非不情也，無可奈何耳。沈生遂不能厚處，俟宜城有贖餘，仍當檄資燈筆。年家誼重，官況勢難，足下亮之。至於教責沈生之言，有出於贈物之外者，誠不欲以世俗之情待之也。揮汗草草，握手何日？臨風悵然。

答趙定宇太史

台下粹德純衷，高標亮節，海內正人君子孰不信之？方虛鼎席，忽中含沙，又孰不交口惜之？豈區區不佞某一人臭味之私爾也。頃者三吳一二輕薄年少，流聲噂沓，頗駭聽聞。不佞念台下庭訓夙嚴，力保無此，今幸已昭白矣！門第高可畏，從古爲然。吾儕子弟但當謹守素風，一交一游，儘有同志，名教中亦儘有樂地。匹夫任俠猶不可，況貴介公子乎？借云禦倭，連城列信，銳士如雲，尚懼不辦，數十烏合竟何能濟？不過居常謬爲大言，徽饜酒食而已；臨敵則有望風去耳，且難以三尺齊也。倘亡命之徒它處以盜敗，收藏何謂？即百口何以自解？幸而蚤發，亦未必非諸少家門之福也，台下以爲何如？不朽事業自屬名家，遭時多艱，種種失策，恐旦夕之禍不在倭而在潢池之赤子。何得鴻碩蚤參廟算，亟爲圖之，台下乃欲遽忘蒼生乎？承翰，極感極愧，草草托瞿洞觀附復。江政久弛，振刷無方，自揣迂愚，何以仰副知己？便中幸賜教督，縷縷不盡。

與陳心毅太宰

周分六卿，獨重冢宰，在我明尤重，蓋上無公孤，得專行其志也。台下以振古之英，受特達之遇，海内人士莫不想望其風采。獎直去佞，自有微權，乃近日之曉曉果何説也？二老有何過舉而再三交詆，戲語醜詞，不勝不止，此可令衆庶見乎？今而後雖有曾閔之賢、由夷之潔，染口成瘢，豈能自保？惟有吞聲挂冠而去耳。竊恐體統、風俗必至大壞，不可收拾也。不肖多病之軀，日與藥餌爲伍，儀型既遠，碌碌如前，輕如鴻毛，何足禆江防萬一？無奈濕疥作苦，食粥僅甌許，輒涎唾滿地流注，腰脊至沉痛，不能屈伸，薄命如斯，何足與論功名哉？張燦回，辱温翰垂念，不勝鏤骨之感。偶因齎奏吏便，敬此附聞。伏乞台亮。臨械瞻悚。

答趙定宇太史

春初一訊，遂爾缺然，每從瞿洞觀詢知起居康勝，殊爲欣慰。少年孟浪信有之，然不經此何以更練世事？有庭訓在，當自修飭耳。台下往事，正人以此相諒，宵人以此相傾，可嘆孰甚。近林都諫疏中數言足以白台下之心矣！倭之内窺原不係封之許與不許，第恐崇明所獲乃各島往來之夷，非關白遣探者，將官水陸夾擒之説欲張大其功耳。豈有四十餘人駕大船入探之理，且衣甲、器械全無可據者乎？因此張皇則不可，但内地江海之防則當亟爲留意也。不佞某久苦脾病，日漸阽危，今已杜門旬餘，旦夕決圖歸計，豈敢辱台煩？又豈能副台望哉？翰既遠貽，深感高雅，謹拜佳刊之辱，餘附使者璧謝。抱病草草，幸恕不莊爲懇。

寄許少微

弟積濕成病，積病成懶，拈筆爲苦，遂爾久不通訊，非敢自處於疏也。老丈雅望高標，早當開府，畿南之推何爲相格？識者已窺其修前郤矣。兩疏引去，温旨勉留，雖差快人心，而就中機局竟復何似？吾輩出處所恃者正人君子相諒耳，豈爲與之較遲速哉？近來朝局似有未厭於輿情者，右楊、鄭者何心？左二李者何心？掌憲孫立翁恐亦將爲立仗馬矣！經略之詐漸露，海内之亂漸萌。當事者不以參懷，而日尋異同以鬭機械，國家之事將不知其所終矣。弟行年五十，老不解事，開歲決於引去，麋鹿之性，適我長林耳。齏秦役便，附道區區之悃如此。丈去留惟意，無所不可，但勿過鬱也。有可見教者，幸不吝金玉爲望。

與省中某公

前報代役回，奉老掌科手翰，感嘆彌日。當兹宫府多歧、兵民交困之秋，處堂積薪，不爲國家維土崩瓦解之勢，乃今日修郤，明日爭權，今日逐正人，明日援私黨，不知將來竟作何狀。且聞前之合者忽起參商，昔之乖者頓成膠漆，果爲公乎？爲私乎？吾恐同舟相救，共皂相嚙，此軋彼傾，決裂愈甚，天下之事漸至不可爲耳。老掌科直聲雅望，公道藉以主持，一言不投，坐聽其去，去者之名日益重，而善類之勢日益孤矣！即許少微老掌科力辭再告，想亦料其必不相容也。繼之者又不知是誰，且奈之何？

弟一入秣陵，即苦蒸濕，幾至委頓。若家口之病瘧病瘡，又有不堪言者。具疏乞歸，復爾見格。今秋爽，稍有起色，義難急控，不得不勉出，徐更圖之。久知老掌科入里，病中百事俱廢，兹具一芹爲候，幸莞内之。情深不覺刺刺，勿爲面交者道也。迂曠之罪必有所聞，乞以督我。病餘，草草不盡。

與陳心毅太宰

不肖碌碌，鄙生何幸，接一世人龍之楷範，緬懷德雅，惟有心藏。台下秉道嫉邪，澄清流品，正人君子靡不彈冠相慶。不肖雖極爲世道慶，顧久不敢以尺牘上典記，非敢自外于知己，蓋懼公門嚴肅，或冒私書之嫌也。洪懋來，特辱手翰，所以責不肖之疏及慰藉不肖之病軀者惓惓皆肝膈語，誠愧之矣！誠感之矣！目今中外多故，隱憂漸萌，當塗者不深惟社稷之安而專鬥不急之口舌。以言起事，又欲以事息之；以事致言，又欲以言勝之。既壞士風，更傷國體。李漸老何故而去？孫立老何故而求歸？即如調鄭某以留李克老，果留之耶？抑逐之耶？不計是非，而但惜堂屬之體，恐少知進退之義者必浩乎不可挽矣！賢邪進退，關係匪輕，世情悠悠，將何底極？台下居得爲之位，操可爲之權，全令名、堅晚節在此一着，乃云得爲與不尚未可知，抑何其詞之謙也！但轉移微權不宜太激，吾黨有過亦須念之。恃愛輒效狂愚，伏乞亮察。

與某公

薦舉一事，近例頗嚴，乃今則尤不可不慎重者。蓋疏至之日，即行大察，萬一被薦之人忽有它議，得無臧否失實乎？僕竊懼之，所望留心，務求精確，體面不須曲顧，美惡不嫌并書。如本賢而曾遭浮謗，必顯指其得謗之由應否當雪；本劣而曾厠薦章，必密白其得薦之故應否當糾。總之，以公心甄別，實期免不明之咎耳。至於該道之品守、才幹，亦望詳切見教。披心相托，幸勿以套語答之。

寄省中某公

不佞弟黯淺迂疏，兼之積苦脾病，程職既已多曠，揣分更合投閑，何意協院新恩乃爾誤及，非藉鼎噓，豈能得此？感愧感愧！老掌科孤忠勁節，諫草盛傳，一字一言皆爲膏肓藥石，爲之自我者當如是，不知當途者竟能諒能容否。主上深居暖閣，外庭不得窺其淺深。一二處分，有識者疑未必盡出睿斷，恐左右之報日益重而部院之體面且益輕。吾不患宮府之情不合，患其苟而合，後將不可收拾也。畢竟是何機局，作何轉旋。弟宿疾猶纏，代期且遠，倘明歲三月得弛負擔，尚欲乞此不肖之身安於一壑耳。金蘭之契，握手何期？草草漫及之。大計在即，扶良汰濁，實係此舉，惟老掌科留意。

答曹貞宇謝薦

門下政聲表表於淮海之地，不佞薦賢爲國，豈有私也？遠勤翰使，足稔相知之雅，何乃辱厚貺焉？輒附使者璧謝，所願益崇令德，益勵清操，異日茂績匡時，不佞將借光耳。至如不佞，性迂身病，叨竊逾涯。歸自南中，忽聞先兄之變。鴒原棣萼，骨肉痛心，宿疾遂爾增劇，業已上乞骸之章矣，敢并聞之。病中草草不多悉，統惟心亮。

答蔡懷峰謝薦

公之守太倉也，任勞怨，審操縱，即忌者稍有不悅，而賢者則喜而服之。僕愧列薦數語，不足闡揚大賢，遠荷華箋，具悉雅意，乃爾損貺乎？輒附使者璧謝。幸憐人之留樞，非閑曹儘可振刷。戎務願勿暇逸，以崇令名，以需大受。冗甚，不盡。

答鄧心虞謝薦

日僕督江之役，迂拙自信，曾無裨於毫毛，所賴高賢同心，獲免於戾。薦賢爲國，豈有私焉？自僕首列後而各院無異議，則公之實行、實政可知也。願益暢遠猷、益堅素守，諫臺之擢計日俟之，即僕亦且借光焉。遠煩翰使，具感雅情。吾儕相期要當脫略於俗套之外，諸貺概未敢領，輒附使者璧謝。幸檢[八]人之外，僕與公相知，天下莫不聞。星相人等，僕自來所痛絕，萬一有造假書投謁者，即重法繩之，勿爲所欺也。草草并及。

答江進之謝薦

僕南中之役頗留意於有司，公屢首薦章，甚有令望，方欲亟爲推轂，乃流言沓沓，殊爲駭之。恐仍薦前列，彼將憤其說之不售而必求逞，則非公之利也。且薦語默爲公解謗，故有“畏法家拂士，對赤子蒼天”之句。吾儕相知，政在不相負耳，何爲損睨以重謗者之疑乎？願益堅初心，益勵清節，此僕惓惓之意也。冗甚，草草附言璧謝。地方之事有可相聞者，希時惠教言。不盡。

答各差壽啓

不佞碌碌浮生，深漸虛度。温函自遠，燦若珠璣，徐而誦之，一字一汗，誠不知其沾背浹踵也。感甚愧甚！邇來朝局日異，無計回天，憲職謂何？徒爾妨賢竊禄，猛然内省，年與愧增，又何辱翰焉！台臺同心憂國，或亦共此耿耿乎？因布謝悰，呵筆漫及，不盡。

答各差年啓

洪鈞一轉，歲籥再更。不肖碌碌浮生，無聞是愧。即今朝多粃政，外有奥奸，中臺法從之臣空言，不足感格天象，人事種種可虞。苟禄謂何？尚煩華翰，不獨一字一愧而已。按部風采，想同此心，何計挽瀾，漫言恤緯。草草并謝，不盡。

與孫立亭太宰

帝宫回禄，灾出非常，禮臣應之，殊屬草草，似大不滿人意，不知閣中六事内又能詳切否也。聞小九卿投疏之意頗決，明日辰刻約會定議，若爾可不相拘乎？倘借天變之方新，乘聖心之正惕，舉朝力諍，冀其改圖，庶可轉災爲祥，亦一機也。不然，部草草，閣依依，嘉納不行，何取溫旨？它疏皆留中不報，少緩而諧臣、媚子從臾在旁，謂"世廟三殿曾災，有何禍驗"，謂"外廷借此恐嚇，豈是忠心"，則天下之事去矣！翁台幸再酌之，試再與諸老遠識者商之。燈下不盡。

與馮琢吾年丈

誰非爲子？如丈幾人？大事已襄，孝心稍慰，至於對几筵而增痛，此情自不可解耳。玄宮一片石，須藉名公高銜爲重，乃謬及弟之微劣耶？或以臭味相投，誼屬猶子，作者、書者皆吾兄弟，故不復計官之崇卑乎！審爾則弟可無愧色，謹以微銜上。

弟之去住自無不可，但上不負天子，下不玷友朋，以愛憎付之公評，以升沉委之定數。所可慮者東封已敗，倭情叵測，當事者燕雀處堂，恬不知戒，采礦、開店，所在騷然，一旦瓦解之勢成，恐遂不可收拾耳。弟即不難挂冠神武，山林可得安枕哉？時事漸不佳，求歸得歸，自是上策，又恐未必遽遂，奈何奈何？丈年方壯，偶爾中濕，就愈甚易。願節情强飯，以副朝野鼎鉉之望。草草，諸不盡。

答魏見泉開府

老公祖三疏乞歸，情詞懇切。弟不敢爲地方留，不敢爲朝廷留，蓋仰體真心，近觀時事，吾儕亦有不容不歸者。乃疏未下部，溫旨眷留，或主上果無成心而重惜賢達之去耶？士君子進退不可猛而有迹，幸老公祖安意以副朝野之望。頃者小疏，聊寬苟祿之愧。弟不揣戇愚，近習宵人銜恨不少，行且乞歸矣。草草附復，諸不盡所欲言，統惟台亮。

答孫月峰總督

東封一事，人人策其難成。本兵獨力擔當，亦有自專其功罪久矣！一聞清正兵至，欺誑百端，舉朝憤之。廷議其誤，倘能咋舌席藁，得寬斧鉞之誅，猶可見惜於士林也。何意內交外飾，披猖至此，且欲陷人脫己，是誠何心？即士林亦不爲之惜矣。夫以五年百千之賄，尚不能買倭衆之一回，乃以只尺之書顧可致清正之再至，非理也；土虜、屬夷方爲遼薊之梗，乃復引不相識之倭將，徼不可必之成功，非情也。此不佞對衆之語，非爲臺下私，正人君子皆諒台下之心矣。近廷議藁，不佞已力爭改正，臺下安意，一切防禦、進援悉聽便宜。願台駕早東駐遼、義適中之地，雖兵衆未集，不堪速戰，亦須急發兵據險以保全、慶，庶將來相機戰守，不至大費力也。如何如何？草草附復，諸不遑贅。

答孫月峰

東封一事，欺誤百端，若非門下持正察幾，終爲千古笑柄。何物老子，尚具鬚眉，敢於傾人，希脫己罪，平生奸僞不待分香賣履而已畢露矣。公道不泯，去亦多榮，如彼奄奄未知稅駕之所。獨可慮者，鷹犬路闞，善類將空，恐非社稷之福也。不肖極迂之性，多病之軀，望見秋風，便拂衣長往耳。奉翰知己，南邁天涯，故人努力自愛，臨緘倍有惘然。

答蔡懷峰

奉翰，字字皆肝膈語。至於謬許小疏，則愛我而不覺其譽之過也。朝事乖違，日甚一日，僕不勝苟祿之愧。狂奴故態，聊復爾爾，誠無望於回天，中外宵人銜亦何怪？獨念今自宮闈達於幾^{〔九〕}旬，薄于直省，無一處不受病，土崩瓦解之勢尋且立見。吾儕不難挂冠神武，山林可得高臥哉！南中固多君子，恤緯之憂，有識所共，鳴鳳希聲，良可嘆也。公雅望正氣，官守自在，異日肩鴻巨，定不肯後於常人。悠悠世情，慎自韜晦，僕亦欲歸矣。鬱軫不盡□言。

答高東溟侍御

承教，石門功次自有權衡，弟酌事與勢，亦不容不從長計議者。蓋近京肘腋之變迫於沿邊、沿江，登時蕩定之勳優於過期、假手，則厚叙宜也。若據道上喧傳之言、都中流播之口，有謂懼南人之內應，逐出城外盡殲之者；有謂南人避匿山谷，軍士多搜而殺之者；有謂邂逅南人，輒爾拘執以首級報功者。蓋變起倉卒，玉石奚分？大鼻受誅，從古若此，亦無足怪。獨此蔀株連蟠結，實繁有徒。知大體者臺省有幾，則莫若重叙功而輕議報，少升蔭而多賞賫，既可以塞紛紜好事之口，又可以鼓將士勇於定亂之心。此不佞區區之迂見也，惟高明裁之。

答邢昆田制府

承教東事，具服遠慮弘猷。第截殺倭兵，關酋特借此爲兵端耳。豈有狼吞鱟食、樵采橫行朝鮮，任其占浦據城，略不動心之理。沈惟敬狡獪棍徒，猶是前番弄石東老故智，蓋既云力任完事，又云欲試一戰，將誰欺乎？即沈忠所持私書中語，惟敬不肯說出一字，情可見矣。老公祖業已洞燭其奸，廟堂又以便宜相假，調兵轉餉，大彰撻伐之威，朝士跂足望之。不佞素性拙愚，不能俯仰人意，至於國家大計，不惜力爭，遂爲小人口實，想邸報中自悉。老公祖萬勿疑阻，此宗社、封疆之幸也。草草附復，諸不盡所欲言。

答魏見泉年丈

無前大灾，尚爲容悦，一二虛套，謂可消弭，彼方意態揚揚，委之適然之數。大疏折其芒角，且詞嚴事核，足落權奸之膽矣。奉旨云云，更可駭嘆。從此鼎軸任其醜詆，皆可裝聾；邪黨一概留中，無從究詰。天下之患莫大于大臣無恥，機局至此，尚何言哉！佚賢一疏，手薦山陰公，亦時所最避忌而不敢言者。行取疏已不報，録舊定，未必行耳。死敵死諫，吾儕亦自甘之。至於死兵，宗社、蒼赤之禍，不忍言矣。

弟近具一疏，直指主上之失，得荷優容，已爲厚幸。乃計曹之命忽下，誠不知其何故也。説者謂弟在言路，其黨恐不便耳，似爲得之。即今佐貳閑曹，差可藏拙，義難苟禄，少緩即可圖歸也。開礦之害突至陽城，差璫行牌，輒有"縣官姑免參"之語，殊爲恣肆。乞老公祖亟爲地方作主，至懇至懇。

答李漸庵總憲

憶昔翁臺在朝，冠冕人群、紀綱國是。一自老成遜野，時事遂日非矣。在翁屢推屢格，愈見其高，而當塗者外閉中扃，將何所底？不肖淺戇迂疏，荷翁知遇良厚，立臺二載，無力回天，叼轉計曹，殊出望外。彼方謂中臺不可一日容不肖，翁何惜之甚也？邇來羽翼已成，戈矛漸毒，不肖久欲挂冠神武，避其橫肆之鋒，乃求罷得升，求假得差，如此播弄亦且奈之何哉？病體庸才，不由部推票旨，徑令督餉，非借以遠之，則借以傾之耳。事不辭難，臣子分義，成敗利鈍非所計也。願翁眠食自頤，以副四海蒼生之望。令嗣清幹，朝士所悉，悠悠之言爲忌翁發耳，賢者恐未可聽其去也。屬束裝，草草不肅，統惟臺亮。不盡。

與馬誠所侍御

向者中臺相與，誼重金蘭。誰非人臣，甘爲媚子？公排閹一疏，真九鼎若飴，龍、比之忠何以加此？昔人謂身雖去而名益重，僕則謂言不見聽，徒取重名，非公意也。今朝局更乖，忠直日遠，豺狼鷹犬且磨牙弄爪於白晝大都之中，外患内憂，種種可慮，使公而在列，當不止痛哭流涕矣。僕以迂直不容於朝，求假得差，掩誰耳目？權奸銜宿恨，尚不知作何播弄耳。僕之進退皆無不可，但以國事爲急，義不辭勞，僕之心也。暫駐貴州，知起居康勝，又聞多避客，是以未即趨叩。吾儕道義之雅，可一相晤否？恐它亦不得相援也。薄程專官先上，幸莞内之，候回教。不盡。

答邢昆田總督

不肖病體庸才，素不閑於錢穀、生聚之事。偶徼非分，冒轉計曹，求罷得升，真出望外。又自陳情請假，冀遂山林麋鹿之私，竟負此心，忽承督餉之命。夫專征集餉，權在翁臺，何用贅員，徒煩多牘，況以不肖領之乎？琅翰遠頒，一字一愧，即欲勉策駑鈍，恐無裨於毫毛。所願曲賜誨提，同心共濟，蓋暫遣不如專督，不肖已預言之。激惰獎勤，應須會案；外催内請，敢不效勞？幸老公祖留意焉。百冗紛紛，授緘不肅，統惟臺亮。

答朝鮮管餉董郎中

制府專征，兼理糧餉，再遣一督，真是贅員，徒費往來文移，多直省騷擾而已。況不佞又淺戇迂疏，素不長於心計者乎？承翰，更爲愧之。倭之回巢爲避冬耳，若乘此寒沍之時，大兵調集，水陸夾攻，使遭一大創，自將遠遁。不然，今冬不戰，明春後能保其不狚獗乎？異域轉輸寧堪持久？公帷幄運籌，亦須留意。全、慶既未多殘，積糧尚過六萬，此我遠征之利也。僕在都日，已檄天津新道用募到鹽船六十隻裝糧二萬餘，刻日起運；登、萊久調到淮船五十隻，想已開運，尚未見報數耳。僕近題准動預備倉及支臨、德倉糧，又直省見徵本色，總之不下五十萬，若海道無梗，僕自能濟師，公無慮也。東兵的數并月費糧多寡望早見教，庶便於酌運事之緩急，如何如何？倭之情形但有所得，不妨馬上相示，吾儕同舟共濟，不可不亟聞也。僕將駐海津近運之所，催督遠發。若遼左陸運無幾，且有邢老先生在彼，自能理之。來役遣還，冗冗不盡。

寄謝朱鑒塘少司寇

不肖病體迂才，受非其任。是行也，辱玉趾餞于春明之外，杯酒戀戀，相對黯然。去住何尤？努力自愛。第今所急者實在海運，北船不便於海，北梢不習於海，聞登、萊用淮船開洋，尚多漂碎之患，況北船乎？茲欲明春移遮洋一總徑運旅順，倘得無恙，東師庶有賴也。不肖弱植孤踪，坐待傾逐，南山之南，北山之北，焉往而不得貧賤哉！「李杜齊名真忝竊」，空自笑耳。齎役便，草草附謝，并布腹心。不盡。

與萬丘澤撫院

台丈與不佞弟皆創遭、創設，極難措手者。弟不患無糧而患難運，海運船、兵全資石畫，弟猶得因人成事，差可自寬也。恭讀台丈所奉璽書，有「東應朝鮮，南應淮陽」之語。夫倭之狡悖，積逞六年，暫退釜山，聊爲避冬計耳，非敗而思遁也。倘不趁此冬月大集水陸之師，且正且奇，一犄一角，殲之海上，使一大創，延至三月以後，天暖風利，必致披猖。登、萊、淮、陽在在可慮，不識何以應之。縱異域連兵，日久不決，恐亦非萬全之長計也。惟高明留意。其它足餉便運之策，望開心惠教，尤感真愛。草草并及，統希亮原。

與邢昆田總督

謹啓：不肖迂戇多忤，老公祖所夙知也。求假得差，真爲異事！第軍儲緊急，身病不敢言，妻病垂死不敢言，孑然一身，抱病官邸，即不敢不勉竭心力以仰佐老公祖撻伐之勛，而各撫院咨文屢行屢催，竟有一字不報者。蓋彼方憤不肖之出驟侵其權而又重屈其體，是以付之泛然不應。今日藉口息肩，異日甘心委罪，此不肖之所甚苦而甚難遣者。且節制撫、鎮、道、將之文，部覆已奉明旨，而敕書除之，竟是何意？豈有爲軍儲而出，而武官不從節制者乎？是一邊郎之不若矣。此等機括，朱鑑塘老先生備知之。老公祖至親，一問可得其詳也。

不肖苦心料理，糧已足矣，船且題添造矣，募運等費且題留京庫銀矣。稍待正月終旬，望老公祖俯念不肖病體，代題之去，豈不勝造十級浮圖哉？武懋德統吳淞兵船凍之海口，前天津道令帶糧，堅不肯聽。若空船去而責糧于後運，必無是理，武弁之可恨如此。不肖已檄之必帶糧而束，若再抗阻，當奉璽書拿問以重餉務。老公祖或可速移檄諭之。以後兵船過天津，俱責令帶糧，此兵食兩足之便計也。草草并聞，統惟台照。

答萊州于兵道

島寇震鄰，自是公家之急，乃撫各私其道，道各私其屬，屬各私其民，殊爲可笑。一旦突犯，受禍誰先？己不濟人，安望人濟？況銀出官帑，餉出官庾，嚴旨屢申，推玩如故，是朝廷無必行之法而直省有必私之權也。承教，"登、萊近便"一語足觇體國公心，敬服敬服！登、萊運船，僕前題准造五十隻。今復同天津議定，差官江南打造，每隻估銀三百兩，見候部覆。若雇船，恐未必堪用也。如何如何？草草附復，不盡。

寄兵道餉司免賀謁

迁疏在事，衰病侵尋，轉餉良籌，倚藉不淺。至于壽節慶賀之類，固縟儀之可省，實近例之所必禁者。且病體静攝，亦不能面晤也。幸相體諒，草草不宣。

與三閣下户科

謹啓：不肖某近感重病，閣下相[一〇]備聞之也。當兹伏枕呻吟之時，思歲裏曾具一藥，蓋爲儧護激勸，機不容緩，將上而病，遂延至今。雖一息尚存，不敢致誤國事，因委贊理司官看印完，遣官齎題，詳在小揭中。伏乞台衡主持，畚爲覆允，餉務幸甚。病困口授，不肅，統惟鑒憐。某不勝惶恐之至。

與邢昆田總督

不肖扶病以東事出，東事未定，病不可支矣。然水陸轉輸、料理俱有次第，以後只消片紙催促便可卧享其成。身任其勞，而遺人以逸，非避事而去也。近者部議短盤，乃泛及貴省。不肖甚不以爲然，病榻草疏具題，止責薊鎮三道就近短盤，又移一咨于部，責遼東就地和糴接濟，俱覆允矣。近據遼東報，運過糧十三萬餘石；山東報，運過糧六萬餘石；天津報，運過糧五萬餘石。海冰開，想源源而至。日前遮洋船亦責運至義州，薊鎮復星夜短盤十萬石以往，船、車漸備，轉運漸多，此出差可無愧。倘歸山之後不遽填溝壑，惟從山中聽老公祖策勛封拜耳。小揭、公移附覽。伏枕口授不肅，臨緘倍有惘然。

答朝鮮管餉董郎中

僕迂亢寡諧，任人萋菲，獨弱體重病，臥榻經春，業已六疏乞歸，尚未得允旨，奈何奈何？猥辱翰存，且感且愧。東餉賴公區畫調劑，自是社稷之功。即今南船將來，北船漸就，前後航海，定可不乏軍需。乃言者指海運爲鑿空嘗試，豈不可笑？專官分管餉役，此體之不得不然者，可與邢老先生定議，會藥急題也。天津、山東春運已到之數，望使中陸續於塘馬上見教，此係僕題准通叙者，不可遲也。伏枕口授以復，不盡。

答侯澹軒門下

益部素號多才，諸公更爲杰士。南宮連第，超絕後先，此自貴座主侯君識拔之明，真爲國家得人慶也。乃以淵源推念及僕，愧甚愧甚！僕奉使在外，且抱病在床，稱賀未能，益滋多愧。口授不盡。

與閣部科

謹啓：某久病殘喘，七疏未歸，餉務重繁，委自不堪臥理，至于虛文坐視，則斷斷乎不敢也。憤憊中酌今慮後，偶有謬思，授意贊理司官代爲叙次，蓋不欲以旦夕未死未去之身苟禄誤事耳。伏乞閣下裁教酌行。某不勝伏枕佇望之至。

辯僞書貽京邸相知諸公

嗟乎冤哉！群奸之毒弟一何甚也。前之明攻不過削籍，今之暗害更欲殺身，何怨何仇，種此奇禍？使非天厭其惡，豈得驟爾發覺？幸賴主上英明，洞燭其妄，不然一網打盡矣。從古正人君子枉死者何限？當年訟冤者幾人哉？史臣不過書曰"天下惜之"

而已。辯疏稍涉動氣，聊紓憤懑，委不能甘。久病孤踪，寄命讒口，尚可一日留乎？去矣！勿足言矣，令天下萬世知吾心耳。頃睹聖諭“不重處無以懲後”等語，似政府爲彼申救。弟遠度此事，或主上因樊以處戴，政府因戴以救樊，各自有意，未知然否。權奸深謀一旦敗露，不知又何計彌縫，何方再逞。就中機竅、作用總不可測，且奈之何？小揭呈覽，望丈裁教。伏枕力草，不多悉。

答李修吾總漕

金蘭之交，兼以世講之雅，久矣不通聞問，豈人情哉！爲督餉而出，苦病苦讒，日無閒態耳。奉翰，深感道義肝膈之愛。弟有何負，致此多讒？明攻暗傾，愈狠愈毒。天地自有神，祖宗自有靈，今事幸敗露，聖心已洞鑒矣。弟前七疏引歸，未得允旨。兹復略辯求勘，令天下萬世知吾心耳云云者，當付之公論如何如何。潭府近在津灣，守吏自能看視，何物橫卒，敢爾相侵？弟在差如一贅癰，有司無所凛畏，老公祖或亦亮之。惟是讒口之餘，旦夕望去，倘秋風未遂，俟榮滿北上，當把臂罄此闊闊。馬治中清篤君子，所稟真悉，敬聞命矣。拜貺之辱，殊覺厚顏。念地方不能用情，輒易箋申款，幸惟莞貸，臨封倍有赧然。

答邢昆田總督

老公祖溽暑行師，遠涉異域，島氛未净，虜患方狷，勝算定於帷中，想刻日收掃蕩之績。不肖本自迁儒，兼之病體，水輪陸挽，督責頗嚴。第海運初開，船隻未備，雖催橄急于星火，而南方苦遠，北地苦材，遲就遲來，勢亦不免。今幸漸有次第，舳艫相接，可保饋運不乏也。不肖硜硜自守耳，乃讒奸交章明攻，捏書暗害，狠毒無所不至。幸賴聖明洞鑒，不然豈獨正人之禍，將爲宗社之憂。九疏乞歸，未得允旨，奈何奈何？奉台翰，極感注念之雅。島奴缺糧遺疫，真是可乘之機。第暑月進兵，天時地利未知何似。得一大創，鯨鯢自遠遁矣。伏枕草草，不盡。

答馮琢吾年丈

使來，奉手教，所以憫弟、慰弟，爲弟計利害、酌進退者最詳最確，骨肉之愛何以加此？惟有銜結耳。彼人所以中弟董者深而酷，主上即以搖危國本反坐之，誰謂天道疏哉？造僞書者定是入幕之賓，又必長於文筆者，吉水眇君子或亦其一，今并敗矣。它未暇悉。弟七疏不得請，亦欲扶病出巡，適得旨回部，誠出望外。仍當引去，以塞讒慝之口。萬一不得遂，計八月初七日三年報滿，暫且入京待考功。倘徼一命爲先人光寵，更有深幸，然未敢必也。

海運信險，損失亦少，天津、武德頭運船皆回，非懸斷者。縱險亦省於陸，更不可已。至陸運賠苦，則稔聞之矣。弟近疏一款，云將來持久之計，謂多發兵則務速決，稍持久則務屯田，未有連十萬之師，灌輸數千里之遠，頻年供饋而根本不搖者。欲令就近和糴，就地屯田，亦是丈意。

丈出處關時隆替，欲爲遠志可得耶？有子承家以全其孝，出身報國以全其忠，豈不兩快？“宰相時來則爲之”，險者不能傾弟，蠢者何能厄丈？捉鼻恐君之不免耳。葵日已化異物，幼子少妻，何以曾問？雲衢公奠，尚未見報。廩金菲薄，少展弄璋之賀，幸莞内之。外，僞書發後，弟不勝憤懑，兩疏詈讒奸，頗盡情態。小藁附覽，博丈一笑。

答順天李撫院

征餉大事，海運險途，轉輸數千里而遥，搜括七十萬之上，財力俱困，遠近騷然。不佞碌碌無奇，因人成事，非籍翁同心體國，豈易辦此？自惟病苦□□，日望歸山，十疏陳情，未得允旨。臣子迫於分義，且奈之何？主恩自厚，矜其不能，第未知所報稱耳。辱台翰，且感且愧，謹草勒附謝。不盡。

答邢昆田制府

海運一事，國初故典，不獨元季爲然，行之原自不難。惟是直省推諉成風，牢不可破。大都撫各私其道，道各私其屬，屬各私其民，全不念公家之急。不肖出督僅十月，迂直任怨，嚴移督催。總之遵成畫濟，國事也，而言者詆爲鑿空嘗試，豈不可笑？仗庇，船糧稍備，水運大通，即今立法考成，撫道自難它諉，軍餉決可保其不乏，但不苦於運而苦於久不可繼耳。浮言易騰，公道難泯。老公祖肩此重任，願趁兵餉既集，及時征討，以副聖明簡注之意，倭平而言者咋舌自愧矣。如何如何？北運甚易甚便，係老公祖節制近地，煩爲促之。不肖臨發愧未能辭，乃煩大貺，量拜二紬，恐蹈不恭之罪耳。餘易箋鳴謝，幸惟檢涵。外，東征功成，各撫道、將領有勞餉事者，不肖題候老公祖通叙矣。附及，不盡。

與同年顧密雲道

不佞弟之督餉而出也，犯時之忌，當事之難，幸籍台丈同心，百凡提誨，即今稍有次第，皆明賜也。自惟奉職無狀，徒爾勞擾地方，深有餘愧。至不欲派累一念，則天地、鬼神必能鑒之，在丈自諒之矣。病中屢辱枉存，臨發更勞寵餞，雅情真愛，銜報無從，且拘於相沿靡文，極知僭妄，無所逃罪。仗庇，已抵都南禪舍矣，委頓之甚，尚須靜調。差官回，草勒附謝，統惟亮原。

答曾見台司空

憶昨歲拜翰之辱，即肅緘附甘紫亭以復，不意尚未徹清覽，想亦不至浮沉也。台下宿德高標，自宜蚤正揆席，南銓特召，聖意虛佇甚殷。大疏控辭，更奉溫旨，願蚤駕以副輿望。不肖某愚拙無似，曷敢尤人？一官無足爲重輕，任其擯斥可矣。至深機隱毒，必欲加以殺身滅族之禍，天地、神明豈可欺乎？幸賴天啓聖心，得以自白，十疏引退，未奉允綸。督餉無功，還朝有愧，進退惟谷，不得不勉遵上命耳。衰年病體，逐逐何謂？尋當返我山林也。恃翁知己，敢私布之。曾年兄方就窆，年嫂乃復早逝，真可惋痛！修短有數，更乞翁寬懷爲祝。病冗，不盡，統惟鑒原。

答歐陽南部

僕向督江之役懸佇高賢，疏直自甘，聞問爲闊。日者彼夫借口，殊不省其所據，蒼蒼在上，庸可欺乎？接翰，具感肝膈之雅。吾儕涉世，期成就一個是耳。僕十疏引退，未荷允綸，理餉無功，還朝有愧。即今所存皮骨皆是讒口之餘，惟有一歸可謝知己。門下弘才宿抱，方守署僚，勿早發揚以需大受。此僕區區忠告，非欲脂韋便世也。亮之亮之！苦病侵尋，草率附復，不盡。

答魏見泉年丈

豺狼當道，鷹犬望風，奇禍危機，所以毒螫〔一〕吾儕者皆前史所未見。幸賴天啓聖心，奸謀洞燭。大憝雖斥，餘黨尚繁，日夜營營，將冀邪火復熾。天若祚宋，知必無此事也。老公祖且兩考矣，于吾晉則利，豈所以爲宗社計哉？想簡命當在旦夕。不佞弟讒口餘息，滿望歸山，十疏未得允綸，不得不遵旨回部，非其願矣。茲仗庇三年報滿，倘得徼恩命，爲先大夫光寵，私情良慰。去就之計原自綽然，群小且奈之何？苦臟病，草草附復，不盡。

答趙準臺侍御

從古邪正判爲兩途，今日權奸狼毒更甚。幸天厭其惡，默啓聖心，一朝而除大憝，定大計，不然豈獨區區衆正之受禍哉？將禍及宗社矣。不佞之不死於讒真有天幸，非人力也。十疏引退，未荷允綸，督餉無功，歸朝有愧。奉翰，字字肝膈，具感道義骨肉之雅。即今餘黨雖暫鼠伏，百般造播，尚冀邪火復然。天若祚宋，當無此事，不爾且奈之何？不佞仗庇滿考，不即削黜，兹得徼朝廷綸命，爲先人光寵，積慶原本，籍以少酬。此外惟有堅守晚節，不辱地下耳。進退之計，久已綽然，它無所慮也。門下卓識弘才，何地不可？雖川中吏治、法網稍異，他方直道而行，蠻貊可格，況非異域乎？適有武闈代庖之役，草草附復，并候起居。驛騎如雨，願時惠德音以慰惓惓。覼縷不悉。

答汪澄源開府

不佞一自歸朝，餉事遂不敢問。蓋東征餉多師少，頗不悦于細核實支之言，考成再寬，疑於稽運。知門下忠貞體國，定爾留神。奉翰，具服虛心實濟之雅。計載者八萬，倘能趁未凍亟達義州，甚善。永平造船未知何似，歲終額可足否？宏才上略，全勝決於帷中，釜底妖氛，指日蕩净，又何其詞之謙也！士君子奮身肩巨，區區勞怨，自無足恤，旗常事業亦母多讓。若不佞多病多毁之身，惟有山林、泉石差相宜耳。恃愛輒附布之，不盡。

答温一齋總憲

不肖自愧戇拙，致忤權奸，餘黨狺狺，不勝不已，今且辨明決去矣。國家邪正消長之會，惟翁念之。業已杜門謝客，何得有聞？屢辱下問，亦不敢妄對。鄙意曖昧之過不可不慎，讒謗之口不可不察。至公然塗面裸形，不顧笑駡，附權罔利，傾善博歡，此或斷不可恕者也。即欲稍示寬平，亦須邪正分明，足快公論。若但毛舉一二不關痛癢之人，圖爲了事，恐適中群小之奸計，將來朝廷之患更有大可憂者在矣。草草附白，伏乞台裁。

與孫立亭太宰

自翁抗疏環山，權奸愈橫，黨與愈蔓延不可制。遂將銓曹、廷推之柄明移之九列、臺省而陰自握之，朝政大壞極矣。一二正人君子俱坐爲翁黨，斥逐殆盡。不肖最爲其所忌，而苦受其所傾排，不由會推，擠之督餉。尋且百方撓阻，暗地嗾攻，甚至捏造《憂危宏〔一二〕議》一書，爲異日一網打盡之計，酷矣！酷矣！幸賴天厭其惡，聖主洞悟，不爾，其爲宗社、生靈之禍可勝言哉！

不肖十疏未允，不得不奉旨回部，非其願也。近許疏乃敢暗援新建而明媚當塗，直攻不肖而巧保奸黨，前此宵人恐未有如此之甚者。不肖具疏以辨，聞已發票，旨久未下，不知何故？今且決意歸山矣。不肖曾求吏部否？孫柏潭輒造此謗，豈能欺翁？至於“圖竊政權”一語，謂不肖謀入閣耳。總之，奸黨只欲阻不肖之用而逐之去，故往往預設機阱，以爲排擊之端。將來一階半級皆可指之爲求，公舉明揚皆可目之爲黨。去矣！勿足言矣！所幸今日廷推翁入相及京察處某某等，尤見公道未泯。倘社稷有靈，指日翁即大拜，天下事尚可爲也。願翁珍重起居以副天下之望。草草附啓，不盡欲言，統惟台亮。

答馮琢吾年丈

兄疏業已得旨，極溫，便可速駕也。余兄晉宗伯，吾黨生光，更是善類之慶。弟堅意求去，非藉此博名也。弟苦新建忌毒，丈備知之。新建斥而餘黨紛然如狂，許某則兼有某主使者。自春以來，群小流言種種，可笑！弟之素行，丈所備知，當塗之門從來一足不至，無端捏造，欲何爲乎？雖公論甚明，而讒鋒敢逞，即昔日造沈龍老之故智，惟有一去耳。彼以逐我爲快，我以得去爲快，兩遂其快，不亦可乎？若身在名利必爭之地、是非易惹之場，將來公擧明暢皆可誣之爲黨，一階半級皆可指之爲求，白首餘年，寧復有幾？仕官滋味久已嘗之，奈何以身之察察而受物之汶汶乎？去矣！勿足言矣！即今台席久虛，中外望兄入輔，天若祚宋，必無它慮。山林高枕，荷庇便多。適病目，草草，不能盡悉。

答徐檢吾

羅君至，奉翰，字字皆肝膈語，感切感切！僕迂戇多忤，傾毒備嘗，凶焰讒鋒，彼黨播在口吻，其甘心欲狂逞，蓋未始一刻忘也。轉旋之期，恐無所寄，僕旦夕定歸矣。諺云：“逢賊幸不死，更索衣囊耶？”公推望非常，誰得異議？直腸快口，則誠有之。若欲隨衆依阿，吾儕自不能也。世所謂真君子爲見重於賢士大夫耳。彼小人白黑異位，比之青蠅，司馬光可指爲奸邪，蘇軾可指爲謗訕。千古而下，孰是孰非，又何足與之校哉？把捉得定一分，便是一分人。此官有盡，此生有盡，此身定不可辱。努力自愛。

答邢昆田制府

奉台翰，具悉老公祖異域苦狀，不勝悵嘆。頃徐涵老之東行也，不肖未與之面，曾移字謂“狡倭征戰甚難，將士暴露甚苦，須以至虛至公之心，行至平至恕之事。若其兵之進止悉聽督撫便宜，勿煩相預，要于早完東局而已”。此言天日在上，胡可欺也？不意倭已退而議猶未息，氣愈激而詞愈不平，彼贊畫之旁牽橫繫勿足言矣。徐涵老平日固寬厚詳密者，何亦舉動率爾耶？勞之不圖，後將誰勸？倘異日國家有急，何以使人？幸今明旨昭然，忿爭自定，便中容再爲忠告，老公祖自可無它嫌矣。策勛飲至，拭目欣瞻，別諭垂注，六官深感德意。不肖免人攻詆已爲厚幸，敢辱衮筆哉？便惟亮察，勿勞叙人也。適抱病求歸，草草附復。臨封不盡，統乞鑒原。

答開府劉公

抱病孤臣，連年苦請不得，遂以是而去，主恩甚寬，而於不佞亦甚快也。不敢逃謗，況敢博名乎哉？辱翰，一字一愧。朽廢之日，遠荷眷存，台下之高誼薄雲霄矣。病臥郵亭，草草登謝。臨風不盡，惟有瞻依。

答白夢山開府

迂病之夫叩曠已久，頻年引控，此日得歸。倘徼老公祖如天之福，優游田里，不遂填溝壑，幸也。時事不敢言，亦不敢聞，遠奉溫函，更有餘愧。至於調戢弁竪，惠我三晉蒼赤，則老公祖加之意耳。在山言山，它不敢妄及。嚇暑可畏，萬惟自珍。不一。

答呂新吾司寇

不佞疏直自信，取忌良多。向者得侍同朝，備承規誨，一言一動，天日鑒之，何意渠魁無端打盡一網？督餉不死，僞書不死，鬱欝三年，乞休三十餘疏，加以怨望，又不死，今之得歸首丘，皆天幸也。年來時事隻字所不及，亦絕口所不道，翰云“是非付之天下，得失聽之鬼神”，盡矣！盡矣！“天若祚宋，必無此事”，温公固嘗言之，吾輩可不自信乎？從古正邪分途，概未能勝，剥落長養，其應不虚。不佞不敢醜造物，亦不敢尤此輩，但恐棟焚鼎沸，山中無一塊乾净地可遂高卧耳。教子明農，山居儘有餘適。白雲蒼狗，海市冰山，想亦不滿老公祖一笑也。嚇暑畏人，起居自愛。山河間阻，我懷如何。臨封倍增悵惘。

答晉嗣齋開府

某不佞兩附世講之末行，頃際岳辰，何當授簡？方以爲愧，乃勤翰使乎？萬愧萬愧！數年坐豺虎、荆棘中，鬱欝殊甚，今得歸，幸矣！不願與之校也。世事悠悠，不寒而栗，太平之象恐未可期。吾儕山林之人，不知竟得安枕否。不佞一生戇迂，苦無足取，至於守道、守官則不遺同梓玷也。辱翰奬借，更滋多愧耳。令嗣博雅練達，自是後來之秀。不佞敬之望之，願言勉旃以需大受。房兒碌碌，更藉提携。甫入里門，病體不任披接，親友勞問一概謝絶。匆匆布悃，統惟亮原。不盡。

寄王璇源

尊翁老先生德業聞望殊絶古今，宗社安危係於進退，况存亡乎？天不憖[一三]遺，遽爾捐館。此時此象，抑又何言！不佞初聞，爲之隕涕者數日，豈獨知己之痛哉！山川阻修，無能執紼，衰年鈍筆，勉草酬詞一首，或非套語，托廣文使者致之几筵，計至則遥望下拜也。微銜勿足爲重，并以書上，願節哀從禮以襄大事。所不專役者，蠢不堪托，且無脚力耳，亦惟亮之。尊翁遺文應就剞劂，便中希惠一部，更愜仰止私願，臨封倍有悵惘。

答邊道李公

虜，犬羊也，無歲不要挾，亦無歲不厭飽，總之必有一變耳。飭我邊備，庶幾爲上策乎？惟老公祖留神。僕病伏山林，起居粗適，今歲舉一曾孫，此亦家居之至樂也，恐三公弗與易矣。呵筆不肅，統祈台原是望。

答邊道樊公

不佞多病多忌，幸得歸山，業已麋鹿爲群，超然於是非得喪之外。老公祖不忘舊雅，遠翰相存，高誼薄雲霄，非所論於炎凉世態也。感愧感愧！頃者虜酋驕逞，聲息可虞。萬一披猖，邊難蕩定。恭惟弘才壯烈，談笑寢謀。塞上銷烽，冀南安枕，凡我士庶沐德詎有涯哉！草率附謝，幸惟亮原。

答馮具區年丈

嘗謂禄不在多，知足則止。弟之迂拙，叨冒已爲過望，投老林壑，敢辱愛言？愧甚愧甚！如老年丈珪璋特達，正宜蚤拜綸扉，優游東山，蒼生悵望，則弟之所不解也。洪生受知年丈，其業必精。但弟素不接星相，況抱病兀坐一室，此時問相，毋乃爲達人笑乎？薄具一餐之資，幸兄原亮。不盡。

答史武鄰侍御

深山病朽，問訊久疏，忽奉翰念，真所謂空谷足音也，甚愧甚感！僕自挂冠神武，已絶意人間事矣，一言不及朝政，一字不及朝紳。但使社稷有靈，蒼生無恙，山中得一片干净地高卧以畢餘年，幸矣。第恐太平景象未可旦夕保耳，奈何奈何？

答王觀予

迂病衰朽，幸得歸山，長安貴人聞問都絶，非敢爲傲也，息影逃名，不得不爾。門下負麟鳳才，翱翔金馬、石渠之門，儼然爲北方增重，公輔之器，衆所共推，願益勉旃以副知己。

與徐涵碧年丈

日閱邸報，奇甚，豈果上意耶？弟不敢知，決不敢信。蓋司察者巧爲擠而妙於逢，初欲以奸黨拉丈之去，外推其事於科；執政者庇其私而難於割，不得不以丈同奸黨之留，内推其事於主。機械愈工而肺肝愈見矣，不知國家從來有此例否，有此紀綱否。且君子雖留而實錮，奸黨不去而更逞，弟固爲吾丈慶，又深爲世道憂也。高明之見，竟以爲如何？諸俟握手以罄。

啓

與郎撫蕭念渠啓

恭惟台下天挺異才，人推全德；望高左省，勛著前茅。頃荷九重特達之知，再持兩廣都護之節。游刃有地，十九年若新發于硎；折衝無前，數千里將安享其福。信吉甫之兼資文武，由寇公之交重華夷。行寬南顧宵衣，仁俟束歸晝錦。

職受才極拙，持論多迂。碌碌無奇，悠悠代匱。想彈冠於瑣闥，夙辱誨提；瞻賜履于轅門，今嗟闊絶。未申奏記，輒枉移書。雖厚德不責禮于故人，而鄙夫實疏節于知己。分藩已幸，推轂殊慚。守帶兩河，方笑迂儒無用；身嬰百病，更思薄福難堪。言念孤踪，或希餘潤，而抗旌伊邇，策駕何資？不避咫尺之嫌，用申溪毛之款。倘垂涵鑒，深佩謙光。眼望回青，徒爾驅馳于荊棘；頭驚早白，何如偃仰于山林。九頓授緘，寸腸俱結。

答邢昆田總督啟

島氛方熾，屬國將墟。主上興東顧之嗟，台下仗南征之□。勝算決于帷幄，明威宣于海壖。萬竈貔貅，共肅犁庭之號令；千帆組練，不數橫海之風標。爭傳釜底游魂，應向陣前受首。軍儲最重，廟簡宜公。何意迂病之夫，驟承督理之命。才非其據，分不敢辭。無米而炊，三餐難供于巧婦；望洋以嘆，萬頃豈賴于拙師？所賴台慈，時推德誨，遠煩翰貺，更有愧顏。謹對使而暫嘉，容尚官以布悃。草率附謝，覼縷不宣。

兩道公餞鹽院啟

伏以驄馭騑騑，灑遍天中之雨露；鷄冠岳岳，收還節外之風霜。帝側席以遲來，人攀轅而戀去。言瞻祖帳，忍聽驪歌。恭惟臺下沼上夔龍，浙中麟鳳。由玉堂而攬轡，志在澄清；持綉斧而傳餐，憂先軫恤。皁囊彈事，已信提振紀綱；鶺權報成，仁觀調和鼎鼐。某等忝司中土，竊拜下塵。方切斗山之依，遽傳旌旆之發。郊郵夙戒，芹藻恭修。樽俎借光，願少延乎法從；瓊瑤可佩，期再示以周行。

與吳撫院壽啟

天康周召，八郡瞻黃鉞之祥；岳誕甫申，群僚獻紫芝之頌。夢熊協吉，賀燕均歡。恭惟台臺海岳真英，扶輿間氣。蘭臺布令，已致吏肅風清；柏府提衡，會觀民恬露潤。時當永晝，人在長天。緬惟皇覽之辰，喜值正陽之候。南極炫鄉[一四]雲而并麗，北極拱帝座以常新。職濫竊下塵，欣逢上壽。一觸竟阻，三祝徒殷。伏願八千歲爲春秋，自今伊始；億萬年扶社稷，亘古無前。

賀楊本老壽啓

國祚休明，必資阜成之佐；天心純祐，惟壽平格之臣。恭惟翁台世篤忠真[一五]，家傳孝友。勛垂竹帛，望重蒲河。主餉主兵，文武惟其所用；掌銓掌憲，綱紀自爾聿清。再逢懸弧之辰，益衍誕申之慶。某枌陰托迹，計席趨塵。只尺通津，竟阻岡陵之祝；氤氳福座，長修日月之光。敢藉魚箋，聊申燕賀。所希台亮，不罄鄙悰。

答晉嗣齋開府壽啓

不佞某桂性自辣，蒲質先衰。初度載臨，餘生多幸。方切劬勞之痛，敢勤頌禱之詞。恭惟翁台社稷重臣，詩書元帥。杖屨游綠野，共羨裴令功成；芝蘭滿階庭，爭看謝家慶集。眷兹樗櫟，寵以珠璣。深慚雌甲之辰，難擬長庚之夢。德已銘於肺腑，報有愧於瓊琚。聊托毛箋，用申謝悃。所希鑒亮，不盡瞻馳。

答李龍峰年啓

三陽啓泰，五馬行春。歡動吏民，頌興草野。何意華箋寵及，大眖分貽？弟也對使登嘉，從何報稱？獨念當冠蓋輻湊之會，簿書雲擾之餘。四韵俱工，百言不竭。可稱文章太守，豈直風流使君？敢以荒蕪之詞，聊申感謝之悃。副封有述，薄具希涵。

答李公年啓

伏以福星在晉，惠久洽於虞封；化日回陽，春新頒乎夏麻。惟君子履長之會，正翁台慶集之初。某戴德最深，不啻并州士女；祝釐尤切，寧同薊苑衣冠？乃辱長箋，更煩大眖。登嘉有

怍，報稱無從。所願天篤其祥，身益綿於康泰；帝隆其眷，位早
列於鼎鉉。祗奉謝言，不遑覼縷。

與林按院端陽啓

伏以赤符應節，綿泰定於熙朝；金鼎調元，仰離明于大造。
斂時五福，慰此三川。恭惟臺下清澈冰壺，和鍾玉律。含香上
殿，信已篤于九重；攬轡登車，威先揚于八郡。烏臺瑞藹，柏府
風薰。某庇槐蔭于天中，敢忘鴻德；披葵衷于日下，莫效鳧趨。
遙祈昌熾之休，益贊澄清之化。伏惟台亮，不任光榮。

與各司道端陽啓

天當正中，日在重午。黍金入座，流風遠自瀟湘；蒲玉浮
觴，盛會近傳河朔。瞻畏日欲懷明德，挹清風緬想故人。爰從插
艾之辰，聊献食芹之悃。仁風千里，寧論一握之遺？君子萬年，
奚趐五絲之續？伏惟台照，曷勝瞻依。

答顧襟宇重陽啓

黃花令節，素食多慚。無興登高，徒勤雅覘。丰儀只尺，難
共落帽之歡；鄉國暌違，祗增插萸之感。何以爲報，惟有銘心。

答徐華陽開府扇啓

錦城金箑，世所共珍；百綺九華，昔難專美。猥承遠惠，深
感雅情。嘘吸長風，幸沾披乎襟袖；卷舒片月，敢捐棄於篋笥。
謹謝。

校勘記

〔一〕"抄"，據文意疑當作"杪"。

〔二〕"㥹"，據文意疑當作"縷"。

〔三〕"待"，據文意疑當作"侍"。

〔四〕"過"，據文意疑當作"遇"。

〔五〕"訑"，據文意疑當作"詫"。

〔六〕"莖"，據文意疑當作"范"。

〔七〕"鐘"，據文意疑當作"鍾"。

〔八〕"檢"。據文意疑當作"憸"。

〔九〕"幾"，據文意疑當作"譏"。

〔一〇〕"相"，據文意疑當作"想"。

〔一一〕"蟄"，據文意疑當作"螫"。

〔一二〕"宏"，據文意疑當作"竑"。

〔一三〕"憨"，據文意疑當作"憝"。

〔一四〕"鄉"，據文意疑當作"卿"。

〔一五〕"真"，據文意疑當作"貞"。

張毅敏公集卷之七

序

河南鄉試録序

萬曆戊子，禮官奉新釐之典，將奏遣廷臣出而分校天下士，乃裒其先後諸疏所條上軌事三十三物，刻之以授諸司校臣。而諸司校臣之遣行也，則度道里之遠近爲之第。河南去轂下邇，故于七月望日始奏焉。上命左給事中臣養蒙偕寺副臣國璽往。臣養蒙兢惕拜命，既廷辭即馳行不敢留。比至，則巡按御史臣世楊所豫修百憲咸秩矣。乃肅而入闈中，相與議署闈之内外諸執事。同考試則推官臣淳之、臣如堅、臣懋中，知州臣士衡、臣士崧，知縣臣才，教授臣宗傳，學正臣堯欽，教諭臣象章、臣日新、臣世禄、臣九河，提調則右布政使臣體復、左參政臣來賢，監試則按察使臣庭詩、副使臣耀，以及庶司皆分隸有差，而御史飭諸要束，稱監臨焉。乃進提學僉事臣李化龍所擇士二千八百有奇，三試之，遵解額拔八十人，敬彙次成籍以獻，而所籍士文詞悉遵軌事采真，不贗飾也。籍具，臣當序其端。

臣不佞少受博士《尚書》，蓋嘗誦周家卜洛之事云。間者從掖垣銜封命而西，往來再過洛，則停軺問父老：“昔武王南望三塗，北望岳鄙，顧瞻有河，而深注意於兹，其址安在？”父老引手爲臣四指之。臣下軺而立，爲之四顧，爲之躊躇，乃喟然嘆曰：“此誠天地之中而陰陽之氣所萃耶！”夫陰陽之氣蜿蜒磅礴於九州而萃於中千里者一，必有所與直焉。不凝爲國基，則毓爲國棟，往往響臻景附，翕而應昌朝。故宣王在御，申、甫翰周，微獨崧高降神而生也，無亦以中州所萃之靈淑至國中葉而益融，乃遂有名世之才應之，其盛如此。初，高皇帝之造明也，戎衣未脫而六飛大狩於梁，環望三塗、岳、河間，儻亦有武王之深思乎？夫陰陽之氣之萃于中州，古今一爾。二百餘年來，此邦名世才間代一人者不具論。論中興於孝宗之朝，則文靖、端肅、襄毅諸寶臣比肩接趾起而建匡濟之勣，不啻與宣王之得申甫者，埒其盛又如此。臣第怪周家卜年八百而毓才於此邦，乃僅申、甫兩人焉，豈史固逸之？抑宣王以後荃宰之道埋而扶興之瑞鬱也？天祚明德，神聖代興。今皇上以濬哲撫重熙之運，宵衣不輟御，晝接不忘咨，敬天憂民，此又一孝宗、宣王之時也。而陰陽所萃地顧豈無名世之才起而應運者乎？

　　臣謬膺上命，持衡量而收才於此。竊意曩時所爲下輶而顧嘆者，心獨喜自負此一役也，期得才如文靖、端肅、襄毅，可當申、甫而敬進之以稱塞明詔。夫申、甫之世遠，臣所不能知。若文靖也、端肅也、襄毅也，孰非繇此舉進哉？方其時，收之者期之固諰諰然懼之，寧渠知易世之後溯談此邦名世才，卒待所收而重也。雖然，亦難矣。臣聞中州比歲饑，莩蛾〔一〕伏於道，半菽之賜，猶匍匐竭蹷，等於茨梁。而是歲也穰，則鼠壤有餘粖，栖畝之穧流道旁，行者以相提擲。此無他，饑穰不同時，故取舍異爾。今國運升平久，陰陽之氣煥泄爲人文而旁皇周浹于函夏九州，何所不號曰才穰。臣烏可遂自負收才中州，輒引孝宗、宣王時已事期之也？且中州誠陰陽之所萃，亦焉得常爲穰而不爲饑？周之農師有言曰："子能使子之野盡爲冷〔二〕風乎？子能使刜浴土而揖之以甘雨乎？子能使藁數節而莖堅乎？子能使蘛夷母淫乎？子能使實囷而糠薄乎？"凡此皆陰陽之爲也，而陰陽代有愆伏焉。期歲未敢必歲，期才安敢必才？臣爲此懼盟心蒿目而簡之，亦既以所收才進矣。譬之樹稼，鎛趙既施而測其黃茂也者，封殖焉，臣智止此矣。異時進而承大對，布周行，信有二三寶臣起其中，造膝格心，燮和大廈，岩岩正色，夷險以之，髣髴如文靖；定傾勘釁，文武兼資，忠鯁勃然，萬夫莫撼，髣髴如端肅；趣操嚴方，訏謨遉偉，所居而治，遺愛在人，髣髴如襄毅：則是申、甫一出於周乃數出於我明也。四方即穰才而中州獨大有年，世有相陰陽者將曰：“此真冷〔三〕風甘雨所噓澤一莖數節之堅高，其茂實可以育天下。”臣故樹之，亦與有庥焉。脫或柅蠣其表而詭其衷，卑卑齷齪，難以望文靖、端肅、襄毅之末光，亡問申、甫。四方方穰才而中州顧乃饑，世有相陰陽者將曰：“此豈風雨之乖沴而長藒夷，稼皆糠秕而無實。”臣既樹之，奚所逃責矣？不寧惟是，古記曰：“有年瘞玉〔四〕，無年瘞土。”言祭一而慶讓〔五〕分也。歲事且然，而況其巨者乎？茲臣所收才尚勉旃，慎勿使三塗、岳、河之神未蒙慶瘞，蒙讓〔六〕瘞，曰：“數遇主，何不數生才？明卜年億萬，高皇帝所爲環望，望之深，無但以武王之報報也。”

蓋臣盛期此邦之才，而一時在事諸臣之意與臣符，咸欽乃司，愍乃事，共襄鴻典以爲四方。先其奉特命保釐激揚則巡撫右副都御史臣袁貞吉，治河右都御史臣潘季馴，督漕戶部右侍郎兼右僉都御史臣舒應龍，撫鄖右副都御史臣裴應章，巡鹽御史臣吳達可、臣劉應龍、臣陳禹謨，屯田御史臣劉霖。其奉簡書，守在藩屏，若觀察，若防禦，則右參政臣姚學閔、臣郭四維，副使臣齊一經、臣陳九仞、臣侯堯封、臣楊芳，僉事臣辛志登、臣王九儀，署都指揮僉事臣張肇慶、臣藺登瀛。其以嵩呼行則左參議臣徐三畏、副使臣王象乾、署都指揮僉事臣王鼎輔。其以遷秩去則左布政使臣莊國禎、右參政臣劉東星。其以皇華至則翰林院修撰臣余繼登，工科都給事中臣常居敬，兵科給事中臣吳之佳，戶部主事臣陶紳，工部主事臣李民質，行人司行人臣林寅賓、臣王宗蓁、臣陳容淳。故事，皆得題名於藉[七]端，它百執事籍中具之矣。

賀張華河拜客部主政序

客部張君者，我師少傅公仲子也。歲丙子，張君甫弱冠，舉于鄉，爲第三人。今年舉南宫，入奉軒闥，名在高等，遂以次拜今官云。君同年友某君等皆晋人，聚族而謀所以賀者，間以屬不佞。不佞不獲辭，則謂：“諸君所以爲張君賀者何？”某君等稱曰：“晋地表裏山河，則自古記之。今天子睿聖，聿新文明，士之興起者日益衆。而張君以宰相子駿蹕純景，雍容於建禮之司，夫非洪流、太行之精蘊崇而浡發以應斯時者邪？吾儕晋人，請以是賀。”則又曰：“夫晋代多聞人，至明而以相業顯者何厪厪也！今少傅公方以道德毗輔主上，端委韠帶，登閣化理，而張君迪少傅公教以有今日，世濟之盛曷以尚兹？吾儕籍少傅公之寵光而辱張君之顔行，請以是賀。”

於是不佞敬進曰：“諸君之言述地靈而徵世澤，足以賀矣，猶未悉張君之卓犖也。夫張君豈不恂恂德讓君子哉？國家以經術取士，士雋茂者率繇此途進，而戔戔者流一旦釋蔬屬而班朝列，或以此明得意。張君固宰相子，奉身而修儒者之節，既爲天子禮官，顯榮矣，而其自視若亡有也。其與人交，無亢顔，無盛氣，而穆乎其可親也；肅乎履方而恢乎其有容，莫可涯涘也。蓋張君者才而不自有其才，夫非恂恂德讓君子哉？夫主客於諸郎署號爲清華，其所職者，四夷朝饗之事。今五單于奉正朔要荒之外，文身、鬌首、侏𠌯之夫重譯奉琛而集闕下，不可勝數，要以明約束而示綏懷，唯主客是賴。以張君而處此，其才固饒爲之，無足難張君者。然以張君之卓犖而處此，特爲之兆也云耳。蓋不佞竊考往牒，三代而上固多世臣，乃其最炳烺者亡若伊陟之於阿衡，伯禽之於公旦。今天下之政望少傅公者，既如二公之在殷、周。而張君自茲以往，其所在任益重，則其所建竪益弘以遠，勛業耀人，代而名與往喆并著於春秋。異日睹張君之成者，迹其所自始，則必曰'張君居郎署時固已偉然有天下之度矣，宜爾也'，不大爲吾晉重也乎哉？"

乃張君猶孫孫弗敢當，曰："余安敢知？余方兢兢焉求稱其職而懼未能也。余安敢知？"不佞又進曰："此張君所以弗可及也。夫百斛之舟不可以幾千，千斛之舟不可以幾萬，所受殊已。張君才而不自有其才，又兢兢焉，此其舟若萬斛者，而受未及其一也。"諸君唯唯，則爲次第具言以贈，且爲所謂異日張本云。

送述齋王公協司秦憲序

初王公之成進士也，甫弱冠耳，守尚書郎幾九載。天子嘉其能，特擢任三秦憲副，協理司政。服金緋，擁褐蓋，驄馬炫耀，猶未當古人強仕之年。茲豈非耳目之至榮而縉紳之罕遘也哉！吾晉宦于朝者族謀所以贈公而屬言于不佞。不佞遡考秦風，近綜憲令，竊于公有厚望焉。

夫秦省治長安，古帝王更都之所，其人稱其被山帶河，四塞以爲固，蓋天府也。二南懿化，漸沐既深。男耕女織，物産殷富。漢代號爲陸海，詞賦家類侈談之。今河山景物無改于舊，而閭里之蹙耗視漢不逮十之三矣。《詩》紀《秦風》，大都質直重厚。自鞅、睢以徙木懸級愚黔首，俗遂蔑義尚力，勇于公而怯于私。然什伍之峻法儘能束縛朝暮，不敢逾閫限。今則奮臂瞋目，白晝剽吏而奪金者往往在三輔間，如今所奏階文之變尤蠢然動矣。夫一秦也而古今殊致，豈盛衰之數固然耶？乃識者猶咨咨嘆守宰失撫所致，茲其故可諦矣。國初，憲令特重按察之權，官邪民賊，專從糾禁。即歲遣侍御史按治一方，彈壓百職，不得侵且詘焉。是以體尊而威易震，吏懾而民安之。近代動輒關白，希隨意旨，事無纖巨，罔敢專決。國憲之謂何而以使者舉劾之，故卑體循之。舛矣！舛矣！

茲公綰尺符，協秦臬，專制三輔，赫然爲紀綱之臣，天子之璽書實式臨之。察爾軍馬，技擊雲屯，按籍易清也；察爾城池，百二重關，荷戈易守也；察爾糧斛諸務，井賦丘稅，歲有常供，易辦也。民之紓蹙，盜之起息，係之守若令。守若令之臧否，公曷辭焉？古有攬轡澄清，墨吏解綬者；有單車就部，群盜解散者。此遵何德哉？令肅而風行也。故憲令肅則吏畏，吏畏則民殷，民殷則俗厚奸弭，潢池無警，三秦之俗卑秦邁漢而登周，二南厚重之遺風無難矣。公守郎署，溫乎其容，呐呐乎其詞，不喜矜智略，若居然長厚者。至一當曹事，則侃衷危論，如山岳之不可撼，揚斾而西，奚患憲令之弗振？即有官邪民賊，不將望風而胥戢耶？秦中盛衰之故，吾知其不在數而在人也。公往哉！不佞且拭目觀其成焉。若夫異日由秦中之治徵拜都臺，晉陟端揆，以公之素望推之，可不筮決矣？茲故不瑣及云。

贈陳璞岡年丈任臨潁序

往予總角時，則識璞岡陳君云。君里居，與予僅隔十里許。君游泮庠，文名籍甚，間縱譚天下事，復英英奇也。予私心訝之，此豈經生，蓋故所稱命世才矣。迨君領鄉薦，予淹蹙序且數年，乃今君與予舉進士，同觀政于儀曹，又同以故相得最歡。屬者臨潁令闕，天官卿請于上，以陳君補。吾晉同年諸君咸慨曰："陳君負宏達之才，兼諳練之識，使奮夙猷，肩巨任，奚不可者？而輒試之令。假令衝剹罷邑，應卒斷機，使見其捷，顧臨潁乎？吾聞纖離之馬非跬步之驏，干將之鍔非臠膾之割，量所具矣。"予聞若言，曰："不然，諸君豈卑令而小臨潁耶？夫官無崇卑而任鈞，邑無巨小而治等。古之偉人有不卑小官者，矧令宰百里之大乎？匹夫匹婦一能勝予，□百里之民若務至總夥乎？昔召伯興周，業至隆赫矣，而甘棠實歌，則以尹西郊故也。黃次翁卓然爲漢名臣，乃潁川之治首推良吏。蓋由令而陟三公，直數陛而登耳。故纖離不以跬步限，然跬步不遺也；干將不以爨膾限，然爨膾弗辭也。陳君誠命世才，以之肩巨任，此固其發軔地爾，諸君慨之謂何？"

諸君唯唯。予言既，更觴陳君以酒，且曰："君勉哉！勿以邑小而習于弛，勿以民寡而緩于乳保。三年後由縣令高第入拜臺諫，頡頏召伯，直超次翁而上之，予於是果信纖離、干將之不可以近小拘也。諸君且日望之矣，君勉哉！"

贈郡守岱野韓公考績入覲序

予觀韓公之以考績、入覲偕行也，豈不稱奇遘哉？按令甲，寰宇內奉職之吏滿三歲，率上功有司。例應保留者，兩臺具實以聞，下冢宰核議優敘，天子不復臨軒而問也。天子每三歲御明堂，大計群吏而殿最之。吏自數月以上，皆得委珮入朝，天子無從稽其功，第曰："茈任方新，姑需後效耳。"夫下之以績報上也，既以非入覲之期不獲承面對之寵，上之以覲禮遇下也，又以未滿報績之日僅爾俟其成，兩不相遘也，恒咨咨私慨焉。

公之守澤也，蓋三年於茲矣。佳政、顯迹具在兩臺牒中，予不暇縷述，述其大者。吾澤土旹窳，民鮮蓋藏，歲稍不登，嗷嗷亡所籍。公緣社倉遺意，酌鄉保大小各積谷若干，爲民延不死之命。吾澤征徭故苦偏累，公爲之調停其則而顧募從官，里巷罷追呼，去鴟張蠶食之擾，雞犬以寧。吾澤故苦強宗，下陵里而上扞法。公稍繩其撥置宵人，所謂虎而翼者、猱而冠者一切讋伏。前是，守土者視廟學爲緩圖，日就傾圮。公急徹而新之，數月告竣。公不病費，私不病勞，儼然崇文造士之盛軌。其他居庭若秋水，聽訟無肺石之冤，不以伺察先悃誠，不以刻深易愷悌，兩漢循吏奚啻過之？積久政成，士洽于黌，農歡於畛，商賈相與歌於塗。臺使者履境采風，薦書交上。而公守益勵，志逾勤，歷三載如一日，廩廩無矜大之色。即予奉諱里居，公每見，未嘗不以民訴戚利蠹爲問，蓋惟恐一事失平，匹夫失所，父母師帥之心何其諄懇周至也！

公偕計行矣，抱三載牘，趨謁聽天子考。天子臨軒按牘，問公守澤治狀，當再三嘆賞。公固長者，必且伏地謝曰："此非臣之能也。臣奉陛下神靈威惠，吏民偶相信，幸滿一考，陛下之賜也，臣何力之有焉？天子亦必且嘉公之賢而有讓，賜金增秩，未足酬勞，特超拜九卿，如漢元爵故事。考覲之典，素不易遘者，用以風示群吏。君臣一旦兩相遘，可不謂之奇哉？"客聞予言，進曰："澤彈丸地耳，天幸惠吾民而賜之良牧，倘更延以期月，庶有賴焉。如子所言，公襜帷不復返矣，奪我怙恃，謂借寇之意何？"予曰："否否！客何見之陋也？荊棘鸞鳳，千古興嗟。夫公豈薄書州里之才乎哉？由明經高第早登仕籍，初試之宜興而治，再移之嵩而治；佐天雄而治，守吾郡而大治。先後沉滯州縣殆十五年，即公大度，不以淹速介心，彼執秩者□何説也？嚮故以不獲面對爲微文所抑，今親受天子之知，將乘時樹駿策鴻，令天下蒙休而戴德，異日者安知不奉天子命以再撫吾澤民乎？惠一郡與惠天下孰大？借于今孰若須于異日？客何見之陋也？"客慚而退，因次其語以副公之行李。

贈度支郎苗大夫擢守保寧序

苗大夫起家辛未，迄今十有八年矣。三仕爲令，由高等入計曹，歷曹郎，積勞且再考，擢守保寧云。初，大夫爲令，同剖竹出者紛紛踐臺省，都顯重，大夫獨十年不調，無幾微見顏色。計曹職主錢穀，猥瑣之事，弊孔百叢。大夫明若燭照，算析秋毫，猾吏積胥毋敢以奸闌出入者，大司農倚籍如左右手。蘄久任，當異日不次之擢。屬保寧闕守，大冢宰念此地山川險固，控扼秦蜀之交，非得才賢不可，特簡大夫往，非大司農意也。于是大夫奉命將束裝西矣。不佞與大夫媲雅最厚，從都門三觴之，輒進言曰："今之郡守秩二千石，蓋視古諸侯也。橫金曳緋，褰帷行部，喜則雨露，怒則雷霆，斯不亦烜赫媮快哉！第二千石而上有御史大夫、直指使者與夫藩臬、監司，各以職事相臨，其分尊，舉州邑長吏之臧否、簿書期會之紛沓者皆俯責而取成焉，則上應難；下有州守、邑令丞倅之微，抱關之細，各以體統相轄，其分卑，環四境數百里蒼赤忻怨、賦役均虧，獄訟枉直皆仰諸而待命焉，則下應難。上應難，或程辦一不當意，將失歡于我而督過隨之；下應難，倘剖裁少拂其欲，亦且銜螫于我而思暗地中。爲二千石者寧無恐乎？大夫往矣，史稱保寧俗質直淳厚，德化易孚，矧大夫以剚繁理劇之才治之，若庖丁解牛，斧斤髖髀，游刃自有餘地，第獲上下如何耳。寬和而濟之以介，敏練而本之以誠，綜核而行之以恕，久而相信焉。吾旦起集吏士庭中，左顧畫槩，馳一牘上，夕得報，不我軋也；右顧畫槩，走一檄下，夕得報，不我尤也。曰某某賢，不疑其爲阿；曰某某否，不疑其爲刻。即被所指者亦不任德、不任怨，若忘其出於我。以此師帥，一郡雨露、雷霆，何施不可？于保寧乎何有？"

　　大夫聞予言，似有當也。或語予曰："大夫三爲令，郡縣難易習見之矣，人情險阻備嘗之矣。子優游館省，足未履郡守之庭，目未睹簿牒之事，而曉曉不已，毋乃過乎？"予聞之，赧然色愧，嗒然詞沮，既而曰："越子語馬，代士談舟，傍睨者笑之，謂非所習也。予言則誠過矣。然爲大夫謀則忠，願大夫笑其過而亮其忠可也。"驪駒就駕，因附其語于行李。

賀大宗伯內翁裴老師壽七袠序

　　我師內翁裴先生自留都大宗伯賜告而歸也，越十餘年，是爲萬曆己卯，壽蓋稱七十云。當先生春秋六十，里中縉紳大夫、姻友咸修羔雁爵帛庭賀。予小子以門下士方家食，亦與焉。乃今竊先生緒餘，叨業中秘，遠岐二千里外，雖南首遙祝先生壽無算，視曩拜祝庭中有餘慊矣。屬鄉親龐公現川數輩竭蹶爲先生壽，而命某修執爵者之詞。某不佞故嘗習于先生，且新從朝士後，聞朝士之艷譚先生者，得其概矣。

　　先生起家進士，以高第簡居翰苑，出入承明、金馬著作之庭，當制視草，文章豐蔚典重，號爲大雅。按考功，令詞臣，九載秩滿者予進級。未幾，即晉貳卿，登八座，赫然貴極矣。先生顧偃蹇詞林二十年，爵號不益。當是時，屬袁州公持重柄，天下咸兢于進，而先生獨高韜沉恬靜之風。迨後陟清卿，署留都成均，端範模士，士類靡然胥化。尋拜三命，躋大宗伯，掌邦禮，兼攝大司馬事。適有悍卒之變，濺血樞臣，輿情洶洶。先生登臺，片言罪其首而貸其餘，倏弭大變。當是時，天下咸嘉其功，而先生欿然無矜詡之色。宗伯在六卿最稱華秩，往往拜爲相，矧先生負公輔望甚久，且也一二執政元老皆夙游秘苑同年友，雅相推重，須之期月，綸扉之命下矣。先生輒連疏引疾以歸，如却行脫屣。當是時，天下咸嘉其有急流勇退之節，而先生亦非以退爲名高。既歸里，日與少參泉坡孟公、僉憲石盟孟公伯仲暨二三長老無爵而行義修潔者爲耆英會，日飲酒賦詩，徜徉于山水、松石之間，即溫文正洛下風致不少過。行部使者數薦，不應。當是時，天下咸嘉其得先憂後樂之趣。而先生亦自榜其墅曰"後樂"，意若有契乎范文正之言，陶然樂乎此而無餘羨也。嗟嗟！

茲予小子之所習于先生、聞于朝士者。天道好謙，老子以沉靜恬退爲致道之極，先生之壽蓋有繇矣。

予小子復有慨于山川之靈勝焉。夫太行之山嶔岑萬仞，凝然聳立于陽阿，此天下之至厚也，先生之德以之。丹水汪洋浩瀚，環壺莒，百拆而東注，此天下之至弘也，先生之量以之。德厚者履長，量弘者福裕。意者山川靈秀之氣獨鍾于先生，故先生壽亦惟是山川足以擬之。詩人之祝壽曰"如山如阜"，言不塞也；曰"如川之方至"，言不涸也。先生行年七十，神完而色澤，步武矍鑠，善食飲，屹屹如盛年。其于上壽直掇之矣。考之先生上世，晉文忠公以文武兼材相三宗，勛垂鍾鼎，退而優游綠野，與白、劉交歡，至今人猶侈道其事。先生亦歷嘉、隆、萬曆之季，位或少遜而材望則侔，耆英之樂非宛然綠野家致耶？當晉公告老，居東都，年已七十餘，文宗召宴賜詩，曰："注想待元老，識君恨不早。"時不可爲，尚論者惜之。今上英明在宥，優理耆碩，下視文宗萬萬，異日特勤注想之思，召先生置左右憲而乞言，則先生弘其宿德以躋天下于仁壽，即晉公晚歲遭遘諒不如是之奇矣。

予小子第不敢以卮詞諛先生，故論其大概若此，以爲先生壽，恐又未能盡先生萬一也。謹馳書而南，因執爵者以獻。

賀大中丞念冲晉公壽七十序

天地所鍾磅礴淑秀之氣於人獨豐，而亦於人最嗇。彼聖賢、豪杰出而德侔元凱，功勒鼎鍾，夫非造化所全畀大奉耶？然而年嗣、名位之相懸，家庭、憂樂之相值，供我者不二三而窮我者常八九。是故有身矣不必貴，貴矣不必子，子矣不必子又生子，子子矣不必多而肖，多矣肖矣，吾之爲日亦已久矣而不必待。於是達生者曰："吾將齊物而空緣。"此與吾□之旨大異，抑聞有偉人若吾晉公者乎？

公弱冠魁三晉，聯掇甲科，何蚤貴也！重莫如選部，而公領之，水鏡之譽赫然無兩。既歷中外，累勞勳，拜大中丞，而論者猶以公輔之望未慊，何名高也！子五，孫十二，兩孝廉，一進士，一光祿，餘大抵班班鼓篋膠序，鵲起玉立，不知郭汾陽云何，要之裴晉公讓美矣，何備福也！公登第幾五十載，懸車亦且二十載，世能儀公之聲猷而不能迹公之杖屨，以爲公殆黄石、羨門者流，寧復當世士而不知公春秋甫七十耳。視聽神明愈茂而練事少年不如，何壽考也！意者公於天地偶得其豐而不遭其嗇，故世之所欲得者，公游之有餘地；而世之所欲而不盡得者，公收之無遺憾。

或曰：“不然，天地之道，能者養以取福。”有味乎張弓之喻矣。方公秉銓，銓政若洗；乃一徙容臺而中忌者，躓而起；踞方岳，河北則平礦寇，固原則平徊寇；按察全楚，活無辜，却巨賄；開府銀夏，折虜王，撫降夷，攝譁伍，往往不動色、不血刃而治。此其功甚大。居平養二尊人盡志，事繼如所生。俸入頒諸弟，無私橐。恤行旅之不能歸者，贍窘迫之不欲生者，撫廉令之不庇其後者。薄紳笏而耽烟霞，漁樵之與侣，詩書之與敦，河汾之間服其義而化其誨。此其德甚厚。吾聞積善之家必有餘慶，公之功匪一鎮所酬也，德匪一時所殫也，固其裕後昆，享遐齡也，公自必之天者耳，天曷與焉？雖然，謂天偶付公以豐者天也，謂公能必天以豐者亦天也。天之予人，禄爵、孫子未有所期，而年則期於百。今公之去百尚三十而遥，而世見以爲古稀矣。不知以古况公，事事皆稀，寧獨年也？且公於未有期者一切徼之，而於有期者肯靳之乎？故余將待百而後祝公，而諸與公三榜稱年家者遽欲從余爲言，蓋猶循古稀之説，而余姑豫質其券若此。

賀珍山楊年伯伯母茹孺人八十偕壽序

余不佞與楊爾立氏生同郡，舉同鄉，又同薦南宮，蓋歡然相得也，則稔其有賢父母云。爾立父曰珍山翁，母曰茹孺人，齊德而隱者也。方爾立之令益都也，偕計過里，得稱觴膝下。暨擢廷評，再遷大司馬屬，掌山海關鎖鑰，瞻雲陟岵，每有遐思。三載得代還朝，日夜念二尊人不置。間過余邸，則謂："家父母皆春秋八十，老矣。吾將籍轉餉之役便道稱慶，倘得一言侑觴，家父母且色喜。刻期待發，惟吾子其蚤圖之。"屬爾立同年友銀臺李貞予君、銓部張弘堂君、侍御任正宇君等若干人念在年家子，亦欲致詞遙祝，授簡于余，余乃言曰：

不佞竊睹傳記，上下數千載間所稱伉儷偕德而隱者，僅僅得梁鴻、龐德公二人而止之。二人者，史不著其年壽。即壽矣，未必偕其儷以老，又未必偕視其賢子以成，甚哉！得全之難也。今觀于翁孺，人可不謂獨享其全者哉？翁慷慨質直，胸次洞達，無城府，能面折人之過。囊無餘資，好賙人之急。孺人則拮据節縮以佐之，躬絣緶，手絲枲，旦暮為諸子婦先。御諸子婦溫然如妯娌，暇則焚香禮佛而已。翁自以耕農廢學，獨嚴課諸子學。諸子夜誦，孺人籌燈熒熒相伴也。翁雖行誼不出閭閈，孺人淑問不出梱幃乎，而賢聲剚剚[八]在縉紳口。囊爾立以縣令高等考最，翁被服天子之訓詞稱封君，貴重矣。翁履滿若虛，處榮若驚，徒步謝驪馭，市行不識為貴人。少年邪趨者咸愧避，不敢令翁見。孺人自翟冠褕服外首不重珥，衣不曳地，淡如也。里婦炫飾者私相嗤責，將若慚茹孺人何。而翁、孺人且明哲有大志，當爾立為令，則移書諭之曰："百里蒼赤待命于兒，兒善為惜膏脂，吾二老人不以甘毳傷兒廉也。"爾立官寺部，則數戒蒼頭，曰："語吾兒，翁媼幸健飯，亡恙，兒但努力報聖明，無以二老人介意。"

或里人子歸自京師，持爾立書起居。翁、孺人睹書，言兒服庭訓，明習國家法令，守關却苞苴，嚴稽核，勿敢以奸闌出入者，翁即爲引滿歌呼，孺人爲一加匕箸。嗟呼！此其識見豈閭閈捆〔九〕幃之人可及哉？年躋大耄，不杖不扶，即百歲何難也。此所謂偕其儷以老也，偕視其賢子以成也。

今爾立乘傳歸矣，下車入里門，登堂拜翁、孺人。四子、十四孫羅列膝前，更迭上壽，里居薦紳列于庭，郡守相冠蓋集于門，其何榮如之？"得全全昌"，諒非虚語。語云："有德司契，無德司徹。"翁、孺人以廉直訓其子，爾立以廉直顯其親，所司若此，將"百禄是遒"，又何論壽哉！又何論壽哉！

壽文林郎致政地山閻翁七十序

萬曆戊寅，閻翁春秋七十高矣。諦視七十年中，其剖竹而仕，抽簪而歸，歸而優游林下，以至於老而升沉顯晦之故，豈不備嘗之哉？翁蚤遂投閑之志，簿書不攖其神，奔走不悴其形，日與雲石花月友且嘯也，人皆曰宜壽。翁有令子紹家學，翱翔藝圃，長公丙子領鄉書，次公亦褎然爲國器。賢父不能必之於其子者，翁幸得之，人又曰宜壽。區區艷頌翁者，大都若此矣。

雖然，此目論也。夫人情富則生淫，貴則生侈，淫侈爲構，日以心鬥。初固泰然樂之，不知鴆毒伏于醲華，斧巾厝于帷帳。往往蚤歲而癯，中年而衰憊矣，奚壽焉？老氏不云乎："五聲令人耳聾，五色令人目盲。"莊生云："必静必清，無摇汝精，乃可以長生。"有味乎其言之也。某未解褐時，即與長公友，近且締姻次公，于翁之行蓋能津津口之矣。翁席先世遺業，資固雄閈中，百里尺符復兩縮于肘，足稱尊重。當其累擠于上官，不欲曳裾王門也。履豐若約，處貴益謙，燕游不御絲竹，第床無姬媵之薦。日惟頤貞抱朴，蓬蓬于于，故雖行年七十，而耳聰目炯，筋力益强于壯齡，此豈必釋簿書奔走之勞、樂賢子孫之善繼而後致哉？籍令翁投閒志遂，書香有托，陶陶然日快意脂田之奉，二八靡曼于几席第床間以動搖其精，戕伐其耳目之德，恐未必壽；即壽矣，未必健。翁之壽且健，蓋得諸自養者厚也。漢儒董子亦嘗言之矣：“壽者，酬也。酬有短長，由養有得失。自行可久之道者，其壽酬于久。”繇前觀，翁固所謂“自行可久之道者”，林下之樂，令子之榮，皆壽境也，酬千百歲奚啻哉？不佞敢鼓南山之什而再拜觴之。

壽進封司徒郎謙翁苗先生七袠序

予小子總角游芹泮，則識謙翁先生，蓋恂恂博雅君子也。當是時，先生哲嗣司徒君蚤負才譽，予幸辱同進，相得甚歡。先生嫻于文，歲試裒然列甲等，視其蘊藉直搖功名於指掌，乃數上有司，數不售。亡何，司徒君用先生經術領省薦，而先生亦倦于博士業矣。督學使者賢先生，予之冠帶，先生笑曰：“吾寧用是冠帶耶？”司徒君成進士，尹寶豐、魯山兩巨邑，遵先生教，廉敏有聲，治行爲河南第一。三載考最，司功請封先生文林郎，如其官，稱貴人也。先生固雅素，宅不東闢，畝不南拓，騶馭不加飾而禮加冲。畯夫市豎驟而語之，不信其爲貴人也。既司徒君繇縣令高第，召拜司徒郎，爲天子主計之臣，益隆近用事。未逾年，恭遇誕皇子覃恩輂轂臣，再進封先生階六品，如其官。故事，六七品不重封，兹蓋曠典云。先生傴僂拜命，其自挹損過于封文林時，即學士大夫非夙識者驟而見之，亦不知其爲貴人也。乃相與目攝先生，心口交頌，其大旨謂先生若萬斛之舟，載未及半，其于福若東海之蹏涔，日取而日不厭也。

于是先生業七十矣，九月三日實維覽揆之辰。司徒君方轉餉橫山，急擁六傳南入里稱觴爲先生壽，郡守相暨里居縉紳、友戚群羔雁集庭下，休兹哉！予先生亦與有絲蘿之雅者，胡可無一頌祝？蓋嘗覽觀嘉靖之季，官非久任，率以歲月遷秩，考功令設而不及用。蕭皇帝晚修玄默之事，無他慶，恩澤詔書久不下，士大夫至有顯躋卿貳，紆曳金紫，父母不沾一命者。兹司徒君階文林，即先生文林；階六品，即先生六品。聖恩良厚，可不謂榮遇乎哉！貴壽榮名，此世所矜艷，爲吉祥善事，人子竭蹶蚤夜而趨者也。業已倍親而仕，則不得顧其私。即欲蹴蒲問寢，躋堂視膳，往往爲宦輒所奪，至起循陔、望雲之感。司徒君服采、食禄等臣耳，乃得暫辭香署，畫錦趨庭，此仕宦之極樂，臣子叩閽乞恩而難覬一遂者也。且也冢孫鱗甲鳳毛，蜚英藝苑，青雲接武，固可蹻足待者。先生當此際，儼然坐堂上，三旌在懸，上尊在列，冠舃交錯于門。司徒君率諸孫環膝下拜舞，祝願先生百歲千秋。樂兹未艾，嘉賓迭起爲壽，賡岡陵之咏，侈海椿之譚，先生寧無意乎加比箸哉？先生啖履甚健，食報方來。司徒君纔强仕之年，所以顯揚先生，今惟其始耳。燕畢，而日侍先生，入奉言笑，出扶杖屨，訢然樂之，當不以台鼎之榮易者。先生一旦酌于室，語司徒君曰：「王事靡鹽，簡書可畏，而急還朝供職，報聖明恩。吾老人健，毋戀戀爲也。」是先生之安子于忠與司徒君之安親于壽交相盡者也。去今日而先生年益高，司徒君位益上，綸命日益襃崇。予小子頌祝先生當更有言矣。

賀現川龐翁壽七十序

余睹現川龐翁，豈不翩翩然近世之佳公子哉？夫世所稱公子云者，徽籍寵榮，氣溢衷忕，列鼎羅珍而不厭于味，曳純彼綉而不厭于華，輿馬耀晝而不厭于逸，絲竹競[一〇]夕而不厭于聲。皇皇焉窮日殫力于惱心軼志之事，視先業之守隳、壽源之永促若醉夢然。乃其究隳先業而促壽源，曾不得以十數歲計。士大夫家至指以爲戒，既嘆其愚，而且惜其敗也。龐氏自東皋先生以甲第起家，官都諫，歷掌中州憲政，勢重門高，儼然足恃矣。翁先生之仲子也，幼有至性，挾比箸從宦游，濡服先生清儉庭訓，粗衣糗食，簡出疏交。或語以矜門第及游閑事，輒張目不答。當是時，里巷傮子莫不嗤其痴。中歲，東皋先生謝政歸，歸僅十餘年棄世。時則良畖廣舍甲于閭，積資甲于亳、許之間，家無嚴君，勢得專縱，翁衣食視昔無少加，步出童從，澹然絕聲樂之奉。即伯氏筆山翁爲援例授太醫院吏目，冠服峨都，非其好也。當是時，里巷傮子莫不病其嗇。比年逾耆艾，資業益弘，每戒家人勿暴殄損福。食不重味，衣澣浣數十年弗易。出乘一瘠騾，不則步。聆絲竹之音如雷轟耳，弗願聽也。當是時，里巷傮子莫不誚其迂。

　　夫翁自少至老，儉素如一，而嘲亦隨之，翁固佯爲弗聞也者。間掀髯笑曰："吾而痴耶？嗇耶？迂耶？吾束髮涉世且七十春秋矣，吾獲席先大夫餘蔭，幸有贏積，吾豈不足靡美衣，媮鮮食，朝夕酣暢于輿馬絲竹之侈耶？第令吾襲純綉，不若毳紩之適寒燠也；列鼎而食，不若藜糗之適飢也；盛騶從，不若緩步之適足也；絲簧淫耳，不若笑譚之適主賓也。吾性適然，非矯也。且吾聞之，造物者善予，亦善忌。予我以足，寧不忌我以忲耶，吾是以安吾性也。痴耶？嗇耶？迂耶？"言已復大笑。嗟嗟！此足以窺翁矣。翁不以近世公子所適其樂爲適，而以率性儉素惜福爲適，先業既拓，壽源益培。是以行年七十，髮甚鬒而長，鬚髯蒼然，白不數莖，行不倚杖，專視聽，健飲啖，此壽徵也。予故曰若翁者，近世之佳公子也。

　　翁懸弧之辰在十月初五日，先是，里中搢紳、親友謀爲翁賀。翁逡巡却曰："吾生不材，七十年來忽忽無一善狀，苟延餘喘，不蚤填溝壑幸也。諸公何辱賀焉？"僉強之再三，猶若弗敢當者，遂授簡于余。余既習翁素而嘉翁謙，安能以不文辭也？

夫翁爲天惜不盡之福則福延，爲身處不材之壽則壽永，雖進而百歲未可限矣！斯賀也世所訴艷，以爲吉祥善事而不易遘者，異時里紳爲翁舉百歲觴賀也，慎毋逡巡再却哉！慎毋逡巡再却哉！

賀順慶貳守進階朝列大夫遜山
裴公壽七十序

語云“得全全昌”，古今豈不稱至難哉！乃不佞某于裴公壽有感焉。夫爵祿名壽，人世之善物也，造物實司之。予者或靳其全，受者亦嗇于享。故崇卑殊位，早莫殊名，修短殊算，就其中得稍多者且寥寥罕睹矣。公幼有異質，垂髫即蜚聲博士籍中。十九舉于鄉，聲籍甚，固芥視一第者。六上公車，竟擯落不偶。四十由選人高等除守睢陽，築河堤，戡巨寇，赫然有常辦聲，于一郎署何有？乃僅擢南陽貳守以去。其守南陽也，厘奸節冗，折獄清遘，二千石君所倚籍甚厚，宜受知矣。而顧失其歡，中以他螫，何上官之難事也？量移順慶，驥足當可展矣。公誦謫仙《蜀道難》之句，慷慨浩嘆，謂移文可勒，松菊猶存，輒飄然挂冠以歸。歸之日，年甫五十耳。

公游宦不滿十年，位不過五品，閎才宿抱，十未酬其二三，天若有意於靳公者，此殆目論也。昔賢有言：“人生貴適志耳，須富貴何時？”蓋不以仕爲適，而自適其適也。公雖以偃蹇歸乎蚤閑，有亭問疏，有圃良畬，廣廈甲于閭閣，日與其兄大宗伯内山先生暨孟氏少參泉坡、僉憲石盟兩先生尋香山洛社遺意，訂耆英會以老。西園北皋，魚鳥琴樽，何如簿書之鞅掌？野服角巾，徜徉容與，何如冠帶之拘攣？談天咏月，賓主兩忘，何如僚儕之觸忌？蓋自歸田以來，二十年如一日也，今且七十矣。公撫今追昔，寧能以彼易此也乎？公位不蘄崇，五馬非賤；名不蘄震，三仕非窮；晚節最適，又人所難必者。公之得于天亦幾于全矣，今而後將百年如一日也。戊子歲元日，屬當覽揆之辰，冢嗣監事君謀爲公上百歲壽，欲得不佞之言侑觴也，遂授使者星馳而南，及壽辰懸之庭事。

賀進階昭勇將軍裕泉裴公榮壽序

蓋予于裴公壽而兩有感于天人之際云，夫人壽亦何常也！仲缺眇于前賢，房杜艱于繼美。隨、陸無武，絳、灌無文。榮啓帶索則傷貧，林類拾穗則困賤。兹豈不以壽名哉？天之所與者或未全矣，若裴公抑何寥寥也！大宗伯內山先生起家詞林，致位八座，而公爲之子；符明君珪璋特達，督幄參猷，而公爲之父。公文不華國，而夙游芹泮，焯焯有聲；武不勒鼎鍾，而舍鉛槧，諳韜鈐，奮迹武科，擁旄河北，隱然負干城之重。少年稱貴介公子，中歲稱矯矯虎臣，晚齡稱慕玄居士，古今人代所不能享有者，公兼有而備享之，天之畀于公信全哉！六十稱耆，公壽伊始耳，何者予非必之于天而且必之于人也？夫貴不期驕，禄不期侈，老不息心，自古記之。公貴矣，富矣，冉冉老矣。角巾韋帶，冠紱若遺。蔬食陶樽，金玉非寶。良疇廣廈，容膝是安。每厭世俗塵囂，懷尚平遨游五岳之志。興至則跨款段馬，携赤足童，南歷武當，東登岱岳，鄭、衛、燕、齊寓涉殆遍。興盡亟返，則閉關下楗，枕腹科頭，族友、親知經月不一覿面。間洗沐而出，惟向林園、石室集衲子、緇流析禪機，洞玄典。久之，浸漬玄義，若有得焉，對客縱譚，津津乎有味也。此毋論煉性葆真，自可長世。吾聞爲天惜福則福益綿，爲天養神則神益固，今而後公之壽蓋天人交相成者也，予故有感于天人之際也。

先是，符明君鳴珂鞏轂下逾三載，具板輿迎公侍養，公偃仰里舍，不欲行。嗣聞麟孫生，欣然就道。抵京越兩月，符明方以秩滿報最，司功具聞，天子超然降辭，貤世及之寵。公初度在五月六日，適與之會，吉祥善事萃于德門，亦上壽徵也。予辱里戚最久，司徒大夫苗公文峰新締姻雅，咸羨家慶而榮國褒，且願公樂天全無已時也，遂授簡修詞如此。賓筵載啓，公其笑嚼巵酒乎哉！

賀少尹貫吾裴公七十序

客有謁於倦叟，曰：“先生急流勇退，高枕山林，一世龍門，幸在吾黨。區區懷就正之心久矣，敢問濃與澹孰壽？”曰：“道冲而用之，故不竭，此柱下史之旨也，澹者壽。”曰：“勞與逸孰壽？”曰：“無勞爾形，乃可長生，此廣成子之戒也，逸者壽。”曰：“多欲與寡欲孰壽？”曰：“嗜欲深者天機淺，此漆園吏之守也，寡欲者壽。”客逌然而笑曰：“然乎哉！請舉其人，試質以事。貫吾裴公甲子且周矣，僕亟知其素矣。當舞象之年，固翩翩然佳公子也。刺繡而衣，列珍而食，狡童執轡，駿馬嘶風，狎客酒徒，焚膏卜夜，不爲不濃。雖憑籍祖父之資，開拓不啻數倍，築室則連雲大廈，極居第之華；築圃則北沼西園，極花卉之盛。治家則勤於家，歷官則勤於官，不爲不勞；喜近狹邪，雅好歌舞，青樓翠館，皓齒蛾眉，晝不停觴，夜無虛席，欲又不爲不多。行年七十而體腴神王，豪飲善飯，其爲壽未可涯也。先生之言無乃左歟？且先生謝崇憮，厭甘脆，澹矣；簡交游，耽圖史，逸矣；守玄關，塞洮竇，寡欲矣。又少於裴公七歲，而貌癯然，不若彼之充；而步踽然，不若彼之健；而腹枵然，不若彼之弘。抑又何也？”倦叟掀髯長嘯曰：“嘻，陋矣哉！子之言也，但知其一，不知其二。蓋造物於人，有所獨嗇，亦有所獨豐。當其嗇也，日樽節而不足；當其豐也，日屑越而有餘。裴公外雖樂其豐，內未嘗不專其嗇，故壽耳。吾起一介，踐九列，身名俱泰，蘭玉滿庭，所叨竊於造化多矣。吾非不足於味而安於澹，吾非不習於勞而安于逸，吾非不解於聲伎而安於寡欲，蓋超然有遐思焉。子拘拘於皮相論壽，見愈觕矣！吾聞仙家煉氣、煉神，何胎何骨，滓穢日去，清虛日來。今而後吾將與裴公披五銖之衣，餐三秀之草，度雙成之曲，薦九霞之觴，杖屨逍遥遨游於十洲三島之上，子亦謂之濃耶，勞耶，多欲耶。”客於是怳然悟，悵悵有所失也，咋舌而退。

九月十七日適貫吾公覽揆之辰，車馬填門，賓筵載啓，凡稱朋戚，咸有贈言。倦叟與公姻親也，遂書其問答之詞以往，聊發公之一噱。

賀南泉張君七十壽序

余少時讀太史公書，至所稱引田甲事，心竊訝之。甲雖有烈士風，亦何關大吏行誼，而輒與通，意不離市交耳。未幾，階[一]計吏上公車，已宦游闕下，久而後得張君，始知市道交不必在闤闠，而道誼交不必在巖廊也。張君者，余晉人也。凡鄉人來京師，無問仕者、商者必過君，君善遇之。數過，未嘗不鮮去之，數十年如一日也。仁心爲質，義氣慷慨，雖浮沉里中而寄心事外。苟有以緩急至，傾身爲之，未嘗責報，即相負，厚之如初。以故張君名籍籍聞四方，四方人歸之如輻輳。張君雖游於賈人乎，顧樂於士大夫交，彼其心非浮慕，誠有所重也。士大夫亦願與交，即所交余者，其質行可一二指數。君所居當城隅，士大夫率取祖道。余間供張迂騎過君，與談鄉曲事，君娓娓不倦。偶及時事所聞外議云何，輒謹謝曰不知，喆[一二]其故，曰：“吾知與君爲鄉人已爾，不知有他也。”其所厚善有事，借君居間，君輒又謝曰：“吾特與鄉人交已爾，不敢有它也。”自余識君來逾二十年所矣，口不道近市之言，身不涉違心之行，間一踵余門，門者必内，知其無行迹可遠也。此其誠實，心信于人，豈苟然而已哉？

君春秋垂七十，是月二十有二日屬懸孤辰。思所以祝君，其説有二，其一可知者在人，其一不可知者在天，徵天于人，總屬可知也。君居家謹，取財廉，與人信，其子承業習而化之：君意所及竭力而趨，君所不及先意而事，怡怡愉愉，敬共不懈。其子婦又習而化之，蓋不俟教誡而承旦夕歡者已畢具。夫代而降也，詞語德色，何所不有？君不言躬行，而能使家人孝敬乃爾，所謂聚順爲福、和氣致祥者非耶？君雖一子，而諸孫森列，咸岐嶷不凡，倘易刀錐而鉛槧，舍計倪而詩書，行且大君之門有日，何得猥云此鈞不可知之奇，難以幾幸也乎？此兩説者，皆予所目擊，知天人響應捷若桴鼓，故舉以爲君祝。無用瓤言厄辭相誇詡，夫亦曰吾盡吾鄉人誼已爾，君誠有味于予言乎？敬書以授酌者。

記

澤州重修廟學記

吾澤據太行之勝，南俯大河，蓋三晋一岩郡云。士之起膠庠、儀上國者，斌斌乎後先相望也。州學之建舊矣，重修于正德十六年，歲久不飭，浸以敝。郡守大夫韓公甫受事，謁廟，退即學宫延見師生，顧而嘆曰：“廟歆如此，其何以妥聖靈、光俎豆？不治且將圮，此吾守土者任耳。”乃進文學博士王化、李遇春、王崇簡、謝試暨弟子員孟養重、趙友益輩謀新之，值初政倥偬未遑。忽夏霆爲虐，廟竟就圮。大夫閔然曰：“吾固虞其有此也。”亟請於兩院、藩臬重修之，俱報可。於是鳩材庀工，諏日興事。

費取諸羨鍰而官不言匱，民專於顧役而私不告勞。僅兩匝月廟成，棟宇金碧，巍如煥如，視舊制尤爽塏閎麗。廟左右兩廡，則欹者正之，闕者補之，漫漶者丹堊之。後則明倫堂，齋房，悉從繕葺；前則戟門高揭，泮池廣浚。朱垣之外，樹以松、梧、桃、李。煌煌哉！學宮改觀矣。是役也，肇自萬曆甲申九月寒冬，輟工者三月餘，至次年乙酉莫春告竣，大夫屬予紀其事。

予惟齊魯嫻於文學，乃其天性。大夫起東齊，世以《三禮》承甲第，文章蘊藉，凡百可師。苻澤閱歲，無日不討多士而訓迪之。固已身爲型范，日振鐸音矣。區區土木之事，豈急欲勒石示人哉？蓋自國家以學校儲材，以經術論士，士非此塗無繇進。今襃衣斐履，環橋門而誦習者，即所稱經術士也。業已秀出編氓，步武孔轍，乃或剽獵口耳，競斧藻而趨捷徑，古三物之訓謂何？一旦策名邁會，拘拘泯泯，罕所建竪，甚者舉平生所誦習而弁髦之〔一三〕，飾藝營私，嘩衆躋膴，亡論聖門羞稱，里閭且姍誚焉。儻士習而若此也，敝將何極？寧獨學宮敝也乎哉？學宮敝而修之，大夫事也，大夫行之矣。修士習以稱塞大夫雅意，吾庠士其何辭之與？有故游精道德之塗，栖習仁義之域，勤思乎光明弘濟之業，異日踐文石、履赤墀，清廟明堂，爲梁爲棟，使人按籍而指之曰“此澤産也，此賢士大夫興學所造士也”，豈直地以人重，實惟賢大夫之光。大夫逡巡謝曰：“澤固唐虞首善地耳，俗淳厚，其君子深思重名節，一敝於五代。宋程伯淳尹茲土，正學倡教，士蘷然顧化，迄今尸祝之。夫古今人豈相遠哉？不佞待罪守臣，日惟化民成俗，兢兢念無俾于多士。多士本深思，務正學，犁然當於世用，此自帝風所貽、真儒教澤所漸。不佞與有榮幸，誠厚願焉，胡敢居功？”嗟嗟！真長者之言哉。吾庠士勉矣！疇昔所自許寧有待而後興，矧賢大夫色笑以教，所以相待又不薄，有不睹廟思行、矜奮好修者，非吾徒也。大夫名容，字可受，別號岱野，山東青城人。守澤多善政，不具論。同知宋某、判官蕭某、吏目劉某督功均勞〔一四〕，例得附書。

張氏祖塋碑記

吾張氏蓋出黃帝之裔，黃帝第五子青陽生揮，爲弓正，觀弧星，始制弓矢，因賜姓張氏。三代以下，張氏多顯貴人，名垂竹帛，厥宗蔓延于天下，視他姓最盛。自吾先世之隸澤籍也，譜牒未備，不知始于何代，亦不知前有顯貴人何名。第聞諸長老言，先居澤西北隅五十里一小莊，以耕牧爲事，族浸大，人因以張莊名其地。後復徙居大陽，漸修詩書之業，遂爲大陽望族云。其居張莊也，墓在梁子山；徙大陽也，墓在西莊之坪，即今之世兆也。既族大而疆，入我明，析爲數户，世系綿遠莫可考。可考者斷自吾高高祖，諱郁起，子姓竟多缺略。自吾高祖諱順而下，子姓乃詳，蓋有吾大父東里公、吾父封給事晋山公，傳言并碑系可據耳。其餘族人同户籍者尚三支，有能識其高祖諱者，高祖而上茫如也；有僅識其祖諱者，祖而上茫如也。夫子孫而忘其先諱，奚論不辨菽麥，且歲時無一杯酒酬墓下，本支百世之義謂何？

吾起家登第，筮仕館省，游京華者六年，未遑展拜掃之敬，故里松楸，日夕在念。封給事先公則糾族人爲祀先會，月一舉。維時長少群集，酒肴且馨，可以尊祖而敬宗，可以洽愛而明訓，五服內外，情靡異同。州里化之，紛然慕效，人心之天可知也。爰念竪碑塋域，永爲族人倡，未果，先公遽爾即世矣。予小子痛思遺言，敢不敬成先公之德？禫除之歲豐石就礱，吾乃述先公之意，告族人曰：“凡我同會，粢盛有常品，祭有常時，勿怠勿諠。謹守先約，祖宗在天之靈實鑒臨之。”則又申告之曰：“凡我同會，喜必慶，憂必吊，婚葬不能舉則富者損資以助。有不然者，族人共誚讓之。”語竟，勒之于石。仍將世系可溯及存没可紀者序于石之陰。稍暇，且遵先公之命，博考宗支，修定族譜，以補家乘之久闕云。

行　狀

資政大夫南京禮部尚書內山裴公行狀

公諱宇，字子大，別號內山，姓裴氏，其先蓋出唐開國公行儉之裔。元進士諱仕儀者徙澤州下村里，數傳而至公遠祖榮，自下村徙大陽居焉。榮生彥，彥生廣，三世不析爨。廣生椿，丞清豐，有遺愛，入名宦祠。居母喪，廬墓三年，孝皇旌表其門。以公貴贈禮部尚書。椿生爵，戊午鄉舉，三尹劇邑，卓有威惠，以公貴累贈禮部尚書。妣楊氏，生公兄弟三人，公其仲也。公幼純篤，不好嬉戲，顧好讀書。稍長，遂博綜群籍，搦管摛文，逸思秀發。年十五，業已蜚聲郡庠矣。督學使者歲校博士弟子員，輒居首。甲午，舉于鄉。辛丑，成進士高第，選翰林院庶吉士，讀中秘書。癸卯，授檢討，尋充纂修《大明會典》官，奉詔冊封沁源、沁水兩王使節。回教近侍內書堂，嘗曰：“今之近侍即古綴衣虎賁屬也，主德攸關，可不慎與？”惓惓訓迪，俾爲正人。歷俸九載，升修撰，管理誥敕文詞，典重得王言體。再升司經局洗馬兼翰林院侍講，充經筵官。每進講，務崇正學以沃君心。丙辰，分考會試。辛酉，主順天鄉試。兩典文衡，所拔悉知名士。三載滿，升侍讀學士，掌院。尋擢太常寺卿，管南京國子監祭酒事。當是時，南都士習久弊，奢縱成風。公約以禮法，導之條教，孜孜勸課文藝，寒暑不少怠，士風遂變。轉南禮部侍郎，歷吏部侍郎，俄攝大司馬，管戎機鎖鑰之寄。先是振武營軍作梗，賤〔一五〕殺重臣，十餘年未靖。會言官請調停之術，悍卒復逞，流言煽禍，莫敢誰何。兩部司屬咸謂公文臣不諳武事，且暫攝，勿賈禍。公奮然不顧，以身當之，招呼首謀者至階下，諭以禍福，稍稍折其心。悍卒稽首請命，回分其衆，使隸神策等三大營，旬日而定。于是縉紳咸服公有文武才云。

升工部尚書，滁洲田乾没之弊，即豪右隱占射利者亦弭耳帖服。改禮部尚書，值穆皇纘祚，冊后建儲，舉諸大禮，詔下南中。時南中舊章久逸而禮文劻勷不一，議者譁然，咨大宗伯。公明習國家禮制，一一裁定，悉中規式。恭遇覃恩，授公資政大夫。公以南方濡熱，抗疏乞歸。穆皇眷留至再，銓曹留公奏云"德器端凝，問學純正。署本兵則陰折悍卒之心，允文允武；典工曹則明革冗食之費，克儉克勤"，可謂確論矣。居無何，捧表入賀萬壽，念繼母郜太夫人垂白在堂，便道就省，不兩月而郜卒，遂守制家居。服闋後，二京省臺臣薦公宜召，都御史、御史行部山以西，薦公宜召。公方恬然林壑，口不談寵利，刺不及朝紳。與二三同志結耆英會，追溫公洛下遺踪，築別墅於居第之南，自扁曰"後樂"，蓋取范文正先憂後樂之義。于是葺先祠，修墓隧，歲時、伏臘率宗族子姓享祝，一如文公家禮。喜周貧乏，凡族黨、姻識婚葬皆取給焉。素不善病，偶病即不瘳而卒，蓋萬曆庚辰三月二十三日也，得壽七十有一。

公外溫而內介，居常恂恂下人。至揚攉今昔，談說事機利鈍，灑灑然竟日不置。遇人無少長親疏，必接以禮，各令盡其所懷，處兄弟怡怡如也。訓迪子孫，禁浮華而惇清約。暇則群里中經生課文獎進，即養蒙亦誤受知于公而北面稱弟子焉。生平撰述甚富，悉藏于家。配田氏，濡之女，淑慧端莊，閫政清肅，筐筥、紝浣之類靡不精工。初封孺人，累封宜人、淑人、夫人。先公二年卒，恩賜祭葬如例，公自爲志志之。公之卒也，大宗伯議祭二壇，卜于某年某月某日開夫人田氏之壙而合葬焉。男子三：長本立，以廩生中壬戌武進士，授河南守備，行都指揮事，田出也，娶于李朝列之女，繼娶于田獲之女。次本厚，娶于顏時敷之女；次本隆，聘于王福淵之女：俱側室宋出也。宋蚤卒。女子二，適廩生李長盛、上林苑監左監丞郭治統，俱田出。孫男一，述祖，蔭國子監生，娶于楊廉憲樞之女，繼娶于何光禄監事泰之女。孫女三，適國子生段丕顯、庠生李實、孟履信，俱本立出也。

張養蒙曰：予溯嘉、隆、萬之際，蓋嘆慕公之隱德云。當公之待詔金馬門也，蕭皇帝祠甘泉，遴諸詞臣橐筆以從，往往希指取上寵，旦暮躋公卿。公青袍白馬二十年，視之泊如也。國朝兩都并重，宦情恒重北而輕南。公迴翔南寺部，先後且十年，無幾徵見顏色。會以倚廬之戚歸，歸而公議在人，薦章交上，若擬公爲巨川喬岳，冀其再出，霖雨蒼生，巧宦者竭蹶趨之矣。公第逃名里社，懷恬杜機，陶乎終焉而無餘羨也。此非三朝所僅見者哉？予謹發其隱，庶幾大君子考而志焉。

先考敕封禮科給事中晋山府君行狀

嗚呼！天降割于我家何其酷哉！不肖養蒙尚忍言哉！不肖登仕籍之日，二親年方逾耉，康健無恙，竊自慶幸，謂上壽可期，食祉未艾也。歲壬午五月，先妣感暴疾，七日遽不起。不肖時銜命封秦，未及永訣，奔歸苫次，抱恨終天。至冬，事未襄而先考亦病，蓋病忘也。醫家切脉，僉云病在心脾，遂服藥無虛日，然猶扶杖嬉游，飲啖如昔。念或老人常態，萬無他虞耳。詎意抵癸未九月終旬，痰火大作，尋侵尫憊，藥餌鮮功，伏枕彌月而亦棄二孤矣。天乎傷哉！何降割若是之酷哉？不肖尚忍有言哉？痛惟先君拮据家政，訓孤成名，締造我張氏之功可比于有國者不遷之主，倘實德懿行泯焉弗章，不肖亦何辭于人世？是用抑哀忍死，擴[一六]次事行爲狀，惟大君子采擇焉。

先考張氏諱四維，字國紀，別號晋山居士，世爲澤州人。先代居郡西北五十里許，墾山田自給，族繁且熾，其地因名曰張莊。後稍分籍于各里，徙居于他鎮，而居大陽鎮者最多。第代無顯人，宗譜尚闕，傳聞長老歲久易忘，各宗雖皆知爲張莊張氏，其世系源派竟莫可考而詳也。高大父郁，曾大父順，大父擴，具有隱德。父穩，母王氏。穩即里中所稱東里公者，于兄弟行居五，質行好修，隱德尤偉里中。縉紳、學士、田夫、稚子譚張五公之行誼，未嘗不津津乎有味也。僉憲孟公石盟表其墓。東里公生男子四人，天叙，天秩，四聰，先考其四也。幼秀穎不凡，群書過目即成誦。稍長，屬時義[一七]多警語，里中人嘖嘖曰：“張五公有子矣！善人之報不于其身，于其子孫，信天道哉！”即東里公亦摩先考頂，笑曰：“吾家上世以來未聞顯者，兒果能大吾門耶？勉之！”年十七，補郡博士弟子員，精《尚書》業，文譽蔚起。下帷授諸生，諸生執經游于門者甚衆，後多爲名士。督學使者歲按試，每奇其文，置之甲等。至省試輒不讐。無何，伯氏天叙、叔氏四聰俱蚤卒，東里公暨王孺人相繼亦卒，家固貧，殯葬所需皆先姒斥簪珥、衣被佐其費。服除後，不能無內顧憂。越數歲，值强宗某某兄弟變起鬩牆，歐奪園産，先考被窘辱，瀕危者數四，賴有天幸獲全。構訟不解，郡守相城齊公識先考于文字，間溫詞慰曰：“子，金玉也，顧與瓦礫鬥勝，何自輕乃爾？”徑置强宗于法。事結，群凶毆逼如故，園産竟爲所奪。當是時，不肖輩甫十齡，日從先姒避匿里戚密舍，畏其并毒也。以故家益貧，先考學業中廢，居恒嘆曰：“吾幸脱凶人之厄，妻子嗷嗷并日而食，而跼蹐筆硯間，何心耶？豈儒冠誤我耶？”未幾，不肖讀書解屬文，補郡博士弟子。先考幸書香有托，即奉例授儒官，退綜家政，且誡不肖曰：“吾不獲一第以副先太公之望，爲家累也。汝其勉成吾志！”于是昕夕勤課不肖學。不肖遵庭訓，仡仡不怠。癸酉，舉于鄉。丁丑，成進士，奉詔讀中秘書。先考妣不遠千里至京就養，語不肖曰：“吾門自而大矣，此先太公之餘慶也。史館清華〔一八〕，□上方授食儲養之謂何？汝尚無忘爲諸生時學乎！”不肖受命惟謹。二親尋以敝廬薄田爲念，相繼還里。會今天子大婚禮成，上兩宮徽號，單〔一九〕恩輦轂臣，封其祖父母、父母有差。不肖時尚在中秘也，逾年授官諫垣，司封遵詔具請，敕封先考禮科給事中如不肖官，先妣封孺人，潔服翟冠，里閈有耀。先考顧泫然泣下，曰：“吾以若封，而先太公不以子封，吾有餘愧矣。”每馳書誡不肖“修諫職、崇令名，庶幾異日者徼朝廷一命榮先太公，以釋予愧”。嗚呼！言猶在耳，不肖何敢忘之？

先君頎身豐度，大耳方唇，望之者知其必貴，而僅僅受封以老，士論惜焉。天性孝友，當母王孺人喪，哭兩目盡腫，目遂病，不能開視。至葬日，目病如脫，葬已復病，人以爲孝感所致。伯叔二兄夭，無嗣，各以禮遷葬。仲兄卒，遺一嫠、三孤、二女，煢煢無籍，各撫之成立，畢其婚嫁。叔姊適霍氏，貧甚，推餐贍之，卒又營其葬而恤其遺，甥迄今衣食猶取給也。性嚴重，好面斥人過，故人多憚之。或有疑事相質及兩情不相下、經年交構者，慷慨數言，是非立判，即干貴勢亦不爲嫗阿態，人又未始不服其公且斷也。業已受封命，稱貴人矣，每步游衢市，拉朋舊共杯酒之歡，出則駕一款段，不爲崖異。里中大宗伯内山裴公、少參泉坡孟公、僉憲石盟孟公延入耆英會，陶陶然適也。初傷于仇，誓必報，用先妣言寬之。既貴，則仇者身以惡或斃，或妻子流落異鄉以死，説者謂天道不爽云。歲時嚴戢族人，勿任縱鄉曲，族人屏息以聽。郡守相旌輿在門，直躬陪燕，一語弗及私。其志趨高潔如此。素不善病，一病乃弗瘳。天乎痛哉！不肖尚忍言哉？卒之日蓋萬曆癸未十月三十日也，距生正德丙子七月初四日，壽僅六十有八。

先孺人薛氏淑行具陳學士志中，不另述。子二人：長啓蒙，禮部冠帶儒士，配霍氏，朝署女，繼段氏，良臣女，再繼王氏，務官諫女；次即養蒙，刑科左給事中，配趙氏，志大女，封孺人。孫男四：長光璧，郡廩生，娶顏氏，儒官問邦女，繼趙氏，陝西憲副九思次女；光斗，聘苗氏，户部主事焕女；次光奎，聘常氏，陝西憲副存仁女；次光翼，聘蘇氏，湖廣憲副民牧女：皆養蒙出也。内光奎，則先考姚命與兄儒士君繼嗣者。西莊世塋有先太孺人之窆在，兹卜萬曆甲申正月十九日奉先考啓壙合葬焉，敢徵惠于下執事寵光先給事公而賜之志若銘，先給事死且不朽。其以合葬之故而并及先孺人，亦死而不朽。不肖不勝哀懇之至。

先太孺人述

天乎痛哉！不肖養蒙其尚忍言哉？不肖自登仕，出入館省幾六年于兹矣，燕晉相岐，定省久曠。雖嘗一迎家封君偕先孺人就養京邸，僅僅數月，相繼南旋。此一時也寸心如割，顧制于大義，未得言歸耳。引領太行，白雲在望，何嘗一刻忘也！邇奉秦藩之役，冀竣事便道歸壽二親，烏鳥私情獲申萬一。乃先孺人不少延，疾作甫七日，遽捐簪珥。天乎痛哉！養蒙其尚忍言哉？子道謂何？而病不侍藥，没不視殮，負不孝重罪，抱恨終身，已無足贖。獨念閫行不出閾，倘先孺人幽懿泯而不章，不肖之罪滋以大矣！用是揮涕忍死，略述其行實如左。

先孺人姓薛氏，莒山公珂之女也，母牛氏。薛在澤爲著姓，所居即以薛名里。莒山公器識卓偉，素重鄉評。年逾壯，鮮丈夫子，獨舉先孺人，撫愛甚篤，每曰：“吾女端慧異常，須澤佳婿配之，他日光吾世，猶子也。”當是時，家封君爲博士弟子，業已蜚聲士林矣。莒山公一見亟許，曰："此真吾婿也。"先孺人歸，家封君年蓋二十云。值先祖母王孺人主壼政，性嚴，子婦輩稍不當意，往往屬色呵督；特喜先孺人勤順，常以孝稱。家封君於兄弟行最少，姒娣共爨，姊姒群居，在新婦尤難處者。先孺人和而敬，靡不人人得其歡心。甫數年，先祖東里公、先祖母王孺人前後告終，貧不能辦喪具。先孺人盡脫釵鐲充棺殮費，不以私故吝也。家封君固以才藻重士林，自昆弟異居，饔飱自給，恒緣內顧輟業。先孺人晝炊夜績，甘苦共之，時以"勤學顯親"語懇懇規勸。乃家封君竟奪於家務，屢試屢詘，蓋亦數使然也。當是時，復構鬩墻之變，群族惡毀屋陷訟，歲無寧宇。先孺人携幼避仇，歷盡艱楚，緝衣供饋，至終夜不交睫。無何，仇人抵法而世業被侵削，家用益窘矣。家封君切齒憤心，志圖必報。先孺人每寬之曰："貧富，命也。勉爲善，天必祐之。彼群惡天將殛，我何報爲？"今其言果驗云。

　　不肖自齔歲受書於家封君，先孺人張燈夜績，必引與俱，曰："爾父患貧治生，侵尋牖下以老，小子可鑒也。自吾至爾家，稔知祖翁積德累行，其後必昌。爾若力學，用經術起家，是乃祖之休，吾與爾父亦享有先業矣。小子勉之！"不肖唯唯受命。夫外有嚴父以正學教，内有嚴母以正言教，不肖之獲有今日，固先祖東里公積慶之餘，先孺人佐家封君教導之功實多也。不肖既服親訓，叨官省闥，恭遇今天子大婚禮成，上兩宮徽號，覃[二〇]恩貤封家君如不肖官，先母封孺人，冠帔燁燁，稱貴重矣。先孺人履貴若素，深自韜抑，食不厭蔬，衣不求綺，澹如也。人或諷其太儉，則曰："富易侈，貴易驕。吾將何以風子婦，無忘窮約時耳。且也子列禁近，禄薄門高，即甘綺不備，疇謂我非命婦耶？"聞者靡不頌服。每遣蒼頭赴京，必諄諄以"守身忠君"寄語不肖，不及其他，蓋明于大義，非區區兒女子計暌合、道寒暄者。室無息女，待伯氏二女若己出。鞠視諸孫尤惓惓注意，小有疾痛輒憂形於色，療護惟恐後。中歲康强無恙，老而益健，善飯，人謂養福食報，百歲且未艾，詎意其一疾不起也？嗚呼痛哉！

生于正德乙亥二月二十六日，卒于萬曆壬午五月二十五日，得壽六十有八。男子二人：長啓蒙，禮部冠帶儒士，娶霍氏，處士朝處女，繼段氏，處士良臣女；次即不肖養蒙，登丁丑進士，選翰林庶吉士，任刑科左給事中，娶趙氏，封孺人，處士志大女。孫子四人：長光壁，郡庠生，娶顏氏，儒官問邦女，繼趙氏，戶部郎中九思女；次光斗，聘苗氏，戶部主事焕女；次光奎、光室，尚幼；俱養蒙出也。

嗚呼！先孺人懿行實多，不肖荒迷中未能盡述且不文，謹述其大概若此。兹卜本年九月十五日葬于西莊祖塋之次，伏乞明公摭拾要略，俯賜以銘，俾永托不休，曷勝哀祈之至。

墓　表

中憲大夫四川按察司副使心海趙公墓表

嗚呼！心海公歿蓋五年而予始克表之，曰"吾州賢大夫趙公之墓"。公績學好修，起家進士，一令會邑，再歷南北版部，晉貳憲臬，而清操惠政，所至有聲。然獨以不善比周罔上，為人所中，後即公論稍稍明，而尋起尋卒。是以縉紳先生有譚及公者，未嘗不惜其位之弗稱才而才之弗究于用也。

公諱九思，字一誠，初號小河，後感漆園河伯、海若之論，更號心海。其上世自毅然翁而下類操重資，賈魚鹽。至維邦，則仗義喜施，庶幾好行其德者，是爲公父，卒以公貴贈奉政大夫、戶部貴州司郎中，而母王亦贈太宜人云。公年廿五，而贈君夫婦繼殞，能撫兩弱弟成之。是時，公在諸生中已嶄然露頭角，負青雲之望矣。贈君之易簀也，謂公當必貴，"第努力報國，毋苟祿是羞，吾瞑矣"。而公念贈君言若或殞越，于是憤志下帷，屏居錦溪者數年，先世遺資悉推以讓諸父，曰："大丈夫固當自立門戶，奈何屑屑家人産？"

公既讀書錦溪山中，學日益進，文日益有名，矜帶之士負笈相從者日益衆，聞公說《詩》，無不人人解頤也。以數奇，數不利于有司。庚午，始領鄉書。辛未，成進士，授陝西咸寧令。咸寧附省會郭以内，最稱繁巨。公戴星而治，移晷而食，均徭賦，多所裁省，曰："吾不忍盡民之膏脂于官也。"聽軍民獄訟，時有縱舍，曰："吾寧失不經耳。"尤好古教，興學育才，常若不及。暇則進諸生說經義，靡靡可聽。秦宗室火，公拜禱，輒得返風，火隨滅，人嘆其異。愚有〔二一〕有誤折宦室陌上枝者，宦輒誣以盗。公恚曰："是折枝之類也，何盗乎？"立杖其僕而遣之。公蒞政二載，一意與民休息，雖不浮慕赫赫之聲而活佛之謠遍于四境矣。甲戌，計典竣，還任。士女喜其來，迎拜馬首者塞路。乙亥，奉徵書詣闕，耄稚遮道攀號，如失慈母，車枳不得前。公亦爲之揮涕，不忍發也。

公治行高，宜在臺諫。當是時，楚相專人，有諷公求楚黨先容者，公謝不應，曰："臺諫可以求得哉？人生亦何必臺諫？惟不能其官以負先人遺訓足羞耳。"竟以孤拙補南戶部主事。比至南中，尚書檄監倉場。倉場固弊藪，公首汰猾胥，禁漁竊，宿蠹一清。丙子，改北部。其明年，奉敕監兑楚餉；己卯，督太倉銀庫，俱以清白稱，上命記録。庚辰，復奉敕督永平糧儲，兼管屯種。塞上軍多虛伍，屯多佚額，糧餉多冒支，相沿非一日。公執法清查，仍重懲貪緣剝削之習，聲稱益起，督閱重臣屢加推轂。滿考，蒙恩賚者三。居恒愛誦三閭大夫"舉世皆濁我獨清，衆人皆醉我獨醒"之語，書置左右，因號漣漪子，名其軒以自見。癸未，還部，督理京城鹽法。亡何，以邊才擢陝西延郎道撫民兵備副使。延郎歲屢祲，四野荒蕪，閭閻蕭索。公下車，即檄所部民墾荒田，給以牛種。時大旱，公縞服步禱，爲屬吏倡，民卒賴隨車雨得蘇。行部則進諸生說經義，一如令咸寧時。延郎士翕然好文，則公之爲也。延貳守石別駕暢同官交惡，誣訐諸不法事，直指曹君欲俱論戍。公力爲脫之，不祈知也。甲申，虜犯永興堡，殺掠甚衆。邊大吏匿不報，詭上首功冒賞。直指沈君既廉得其罔，又思惟公能不比，密札問狀。公曰："人臣而欺君釀禍，戮也，吾寧負邊吏耳。"乃具以實對，一如直指聞。直指遂疏其事。會暴卒，而邊大吏陰使人從笥中得公對狀，疑公實從臾直指。于是始目攝而思甘心矣。亡何，果假手以他事中之。第公雅以清惠著，故論者卒不能浼公大節，而當路率心服公所以對直指是。逾年，以原官調補四川。六月，戒途之官，甫至河南新鄭惠民鋪而公亡矣。嗚呼痛哉！

公性至孝，侍贈君夫婦疾，衣不解帶者數月。居喪形毀骨立，宦邸遇美食，輒廢箸，潸然泣曰："安得以此奉吾兩大人乎？"爲人沉審嚴重，奕博伎倆一無所好，尤不喜近俳優。居房闈、對妻孥未嘗有惰容。公暇手一編，猶居然寒士也。初公遷南部，人皆爲公屈，而公殊欣欣不色慍。暨遷姜菲，人靡不爲公冤，而公即拂衣浩歌，超然於是非得喪之外。平生極惡干謁，歸則日課諸郎君讀，諄諄以學聖賢、明道理爲要。嘗曰："《豳風·蟋蟀》，守家之寶也，若曹勉之！"而諸孫有不能言者，即口授《百忍歌》。蓋公嘗愛一聯，揭之中庭，云："世事如棋，讓一着不爲虧我；心田似海，納百川方見容人。"此足以窺公之志矣。公壽僅六十，而所配郭宜人能以勤儉佐公治，雅有孟德曜、桓少君之風焉。其它子女婚嫁皆名族，而余家子鄉進士光壁則公之冢婿也，詳王太宰志中。

予又聞公第時，其季父夢紫衣者告曰：「而猶子佛也。」及公宦迹所至，百姓德之，稱佛者如一口。先是公入楚，偶夜行，道經惠民鋪，遙見執炬者吐光若金蓮，垂垂忽不見。比再過暫憩，遲戀不忍去。去僅三里許，忽從輿中南向作拱手狀，呼「就到」，若對人揖諾者。從吏驚視，公已卒，其地即鄭子產墓側，有祠在焉。人言公貌類子產祠像，豈其後身耶？抑何異也？姑不論，論其行己、當官之大者鑱于石。

封文林郎昆山縣知縣三山聶公墓表

余不佞往奉命督師江山，兼領江南北諸吏事。維時聶子雲翰令昆山，特錚錚有聲，余心異之，曰：「此必有所原本不偶矣。」已余佐憲還京師，而聶子亦晉職方，間爲道故，論家世，乃知時所稱三山公者，名甚都，即職方父也，而今往矣。悲哉！京師去公邑曲周纔數百里而近，以余所睹記，公其儵然自好者耶？其本乎孝弟之經，務爲仁人長者耶？於官則循吏，於鄉則善士，其察乎天命而能哲，不爲沒沒者耶？

公幼聰慧，能讀父書，十八襃諸生中。尋游太學，結知海內名豪，博其藝問，非如世之挾資爲質，飾巾帶以炫里閈者。公天性惇睦，事父母以孝聞，躬榦家政十五年，不以一錢一帛自潤。比兩尊人捐館舍，口指衆，勢不能效古人九世同居之義，灑泣析箸，推美田宅以奉兩兄。兩兄蚤世，遺孤煢煢，睥睨者四起，公輒以身扞翼之，叢怨受閱，期不愧兩兄於地下。兩妹氏若李、若王零丁食苦，至無以爲家，公一一賙護，得母失所。族婢人鬻田宅者還，令宅其宅、田其田，後竟有負者亦不校也。嘻！公於家何肫肫哉！而公固不專以家政顯，其仕而主巨野簿也，列署河上，習與爲市，公嘆曰："河清難俟，抑豈膩人者哉？所不自潔以干三尺，如此水矣。"由是奸民無所庸餌而猾吏失其故寶。歲額樁銀若干緡，悉用爲薪鍰、挑浚費，壁[二二]馬告成之日，錙銖無私。歲屬大浸，兼溢水爲患，頻河之民日憂魚鱉。公更解囊金以充募，寬湖税以恤疲。公暇承上檄爲剖兩造，片言立斷，即彊有力者不左右袒。長溝之民至今歌之，有似詩人之於召伯焉。蓋簿兩載而推轂洊至且立陟公。而公自哂曰："一簿奚啻牛馬走？吾奈何爲升斗計而没没不休哉？"會職方君成壬辰進士，公乃解組謝去。去則無異諸生時，日共里中長老結社尋真，縱以飲博，翩翩冥鴻比逸矣。而公固伉直壁立，與物不設城府，亦不貸嚬笑，即邑令不再謁。邑舉鄉飲禮輒賓，公亦不再赴。會職方君昆山績最，上特嘉公能父，貤封如其官，是爲文林郎、昆山縣知縣。而公乃愈自下，力節居後，幾於傴僂循墻者。蓋職方在昆山稱强項吏，入職方甫數月，綜核軍實，發城社占冒諸奸狀，抗疏厘正，事雖中格，天下偉之。呼！此豈獨職方能哉？而公益以是訓諸子，備述上世忠孝勤儉貽我後人，戒勿隕越，日夜望其有成，以裨益國家，宣所未報。蓋今庚子、叔子雲翅鹿鳴之奏未徹，而公若超然先覽、不欲處盈者而遽逝矣。嗚呼！繇兹以論，夫非偁然自好者耶？謂本乎孝弟、務爲仁人長者非耶？其果爲循吏，爲善士，察乎天命而能哲，不爲没没者耶？公素善飲，飲必酣，似得酒中趣者。晚竟以中酒病痹，而庭宴無虚夕，杯勺[二三]不釋口，公又豈逃于酒者耶？記公言者有曰："爲善者祇爲自己心頭打不過，非務章取獲作賈販耳。"公此言庶幾可與語道，惜乎余未之見也。

公諱喬齡，字頤卿，裔出上黨長子，以太宗文皇帝徙民實畿甸，遠祖士誠者乃止邑楊固里，農焉。五傳而至公父鑒，有隱德，詳李于鱗志中。兩兄：伯柏齡，丙午舉人；仲松齡，太學生。公生卒、配繼、子女婚嫁不具載，茲特表其大者足垂不朽云。

文林郎昌黎縣知縣馮公暨配郭孺人墓表

萬曆癸酉，文泉馮公舉於鄉，與余爲同年友。紫色豐頤，瞻視甚偉，若世所傳僧伽像者，余竊異之。後二十二年而仕，仕四年而歸，歸五年而卒。厥子續文不遠千里持狀來，以表墓請。余追思吾榜之士登第者幾十之三，謝世者逾十之六，即今仕者、存者依依如倦鳥，落落如晨星。余雖病臥泉石，疏於筆硯，誼安可辭？

按狀，馮氏原籍山東青州之壽光，孝廟時有諱盛者，即公曾大父也，以垛籍清補振武衛伍。盛生時，時生天禄，娶於劉，生子四，公行居二。方公之在妊也，劉孺人忽夜夢一蒼顏野衲願投爲生，遽驚覺，已而誕公，小名因命爲“僧”焉。性聰慧，不類凡兒。五齡自請出就外傳，日記百餘言。稍長，習《毛詩》，洞悟風人之旨，目覽即誦，耳聽即唯。弱冠爲諸生，義試輒冠諸生，馮氏文種實自公始。公游庠，肆力於經史百家，又善說《詩》解人頤，執經受業者趾相錯於門，都諫楊公恂其一也。公學日益邃，文日益有名，遂領癸酉鄉薦，負其才學，固唾手一第無難者。七上春官竟不偶，當是時，劉孺人春秋老矣，公嘆曰：“古人及親而仕謂何？傷哉！吾父已不少待矣，幸有吾母在，倘生前不獲一命之榮，縱五鼎空陳，徒增永恨。”乃謁選天曹，得昌黎令。昌黎本瘠邑，北倚塞，南薄海。往令率邊視其地，虜視其民，民嗷嗷亡所控訴。公雅操自堅，以興除爲己任，均徭役，勤賑恤，免行户供應，歲省賠貱數百緡。墾荒田十三頃，招徠流移若干口。庫吏某暮夜以三百金饋公，公笑曰：“爾欲貓鼠我耶?"立責斥之。舞文吏者數十輩憑城社恣爲奸利久,公一朝譴革,不少貸。會海上有倭警傳,氛甚惡,公募勁卒,誘降夷,設法簡練,屹然成一軍焉。昌黎自韓愈氏崛起,文獻稱盛,隆、萬間顧寥寥。公進青矜士督課之,優其賞餼,士靡不爭自奮濯,歷科皆有入彀者,公振作之力也。賢聲甲于四輔,薦獎凡十餘上。三載考最,天子超然降辭,所以褒寵其二尊人者甚備。公捧讀而喜可知也,曰:"吾願畢矣!潘輿難迎,報劉日短,吾將乞養吾母矣!"忽聞劉孺人訃音,呼天催隕,匍匐奔歸。先是新建柄臣橫甚,擅遣宵人於昌邑山中開金銀礦自肥,撫臣者其私昵也,奉行惟謹。公獨抗言其不可,且謂倭、虜交訌,更宜嚴爲防禁,母開異日釁端,柄臣銜之次骨。會戊戌大計,撫臣徑希旨中傷。嗟嗟!柄臣不難以密揭誤國,何有於一令哉?公以此得罷,殊有餘榮,山水徜徉,略不介意,其達命如此。

公天性孝友,居二親喪,毀瘠不自持。與伯叔兄弟誓同釜爨,一錢寸帛不忍私,時時爲誦《棠棣》之章,家庭穆如也。又好施,宗戚、閭黨無不食其惠者。嚴定科程,訓厲子若侄,曰:"文種自我興,不可使自我廢。"今二子并游黌序,藻譽翩翩,侄明期舉庚子第二人,世登賢科,赫然遂成宦族。

公素癯鑠,夜就寢,無疾而逝。元配郭孺人,主事郭公之女孫,幼時端靜貞婉,父母絕憐愛之。慎擇東床,奇公穎儁,遂偕伉儷。事翁姑以孝,待姊娌以和。公習應制業,則孺人篝燈在牗,伴以女紅。公爲令,則孺人從之宦邸,慎管鑰,甘澹泊,佐之爲清白吏。一旦寢疾,公爲延醫肨視,恚曰:"死生有命,勿用擾擾也。且男女有別,女病用男醫執手察候,縱愈病,奈貽辱何?"即此一節,賢更可知已。其它生卒歲月、子女婚媾俱詳徐都諫志中。

余蓋深有慨於野衲之夢云,傳記所載名僧轉世多爲聞人顯宦，如馮當世、蘇子瞻、王龜齡、真西山前身皆僧。或先夢，或自言，未可縷數，豈積行精滿果有此報耶？觀公不獨容貌之似，其解悟似慧，其愛施似慈，其却金、抗權似定，禮服未易，四大非有，姑生之兆良不虛矣。第輪迴之説，吾儒所不道也。余既撮公言行之大者，姑附及之，表於麗牲之石。

登仕郎南庵田公配孺人姬氏王氏合葬墓表

漢初蕭酇侯以文無害起家，爲開國功臣第一。嗣是縣曹掾躡公卿者僂指未可勝數，當是時，人亡輕視之者。明興，黜法律，尚詩書，經術特重而兹途遂輕。嗟乎！曹掾果能輕人哉？自輕耳！以余所聞嘉靖中南庵公者，縣曹掾通仕幾二十年，滿三考，歷三遷，數膺臺獎，卒引年致仕以歸，全節全名，不辱不殆。無論雄視其儕，即經術之士亦當遜席，其人實能自重也。余故重之，爲表於墓而系之配焉。

公少從仲父孝廉公受舉子業，試有司不利，則擲筆仰屋，嘆力田而不逢年也，五穀美種何益？我將白首牖下，日徒呻吟佔嗶作苦，稿其身簡編中爲蠹魚也者。則孰與俯就案牘，借途循資，庶徼一職以托乘田、委吏諸流品，而得有事於牛羊、會計也？不亦曰美[二四]稗之熟乎哉！遂謝舉子業，研精刑名家言。初仕河南嵩所吏目，清慎自持。所部屯田多并於豪右，公一一爲理制額，歸侵田故主。當道以是知公才，會礦賊竊發，屬公調捕。公親率邏卒，窮治黨與。諸賊無所容，陰使人夜持數百金求緩治。公却不納，治如故。當道以是又知公廉，移檄加獎。三載，例當入京上考功，軍民不能一日去公，詣臺保留。高中丞、楊直指爲請於朝，得不入京，復前任。公益砥礪，持清慎如初。又三載，當上考功，軍民遮道請留，不可得。考功課最，謂彼中軍民既宜公，仍使復任。公又益砥礪，持清慎如其初。又三載，再上考功，用事者有憾於公，遷北平倉使。公仕北平，清慎如仕嵩也。任滿，所親內史有爲公地者，謂三上考功，於例可乞封。公謝內史："准不肖不能奉父叔之訓明經抗宗，猥以案牘積勞獲沾太宰一命，戴縱垂纓，綴諸冠裳之末，蚤夜汗背，而敢謬更陳乞以干巨典乎？"已遷浙江鮚鯗鎮巡司，清慎如倉使也。鮚鯗瀕海，奸民盜販茶鹽，刺飛舸劫掠。公親率邏卒，如捕礦賊故事，奸民斂迹，地方以寧。甫二載，當道移檄獎者凡五。公幡然自嘆："往以年齒尚壯，奔走枝梧，庶幾不曠職守以亡挂於吏議。乃今筋力衰憊，不以此時善息，將使上之人龍踵目我，卑薄及之，而簿責易獎檄也。止足之謂何？"因上書乞歸。直指王公止公不得，檄奉化令出帑金贈公以歸，示榮也。公歸五年以壽終。郡中嘗舉賓射，太守服公行誼，虛賓席以請。公固辭不就，蓋與前不欲乞封同意。此可以概生平恬退之操矣。

公諱准，字甸夫，別號南庵。元配姬氏，蚤卒，遺二女子，繼王氏撫之如己出。公宦游有年，一意奉職而不以內顧分慮者，王氏在也。是足稱令婦哉！公居家孝友，居鄉和厚，雖不以經術顯，而冢嗣汝稷奮起明經，冢孫足民崢嶸頭角，行將大其門矣。其諸子女、孫曾婚嫁多名族，具行狀中，余不論。姑撮公懿行之大者爲之表曰：此吾州廉吏田公暨配姬氏、王氏之藏。

壽官兩山武公墓表

余讀史遷《貨殖傳》所稱說陶朱、猗頓皆用商賈鹽鹽起，與王者埒富，命曰"素封"，總之以奇勝歸于仁義，寧直傾郡縣爲名高，即世主亦重之，纚纚然侈譚不置也。竊艷慕其人不可覯，乃今則有概于兩山武公云。

公諱思明，字士臣，世以農賈爲業。父瀚，善積儲，家累數千金，已駸駸盛矣。生公兄弟六人，公居長。公方頤偉度，望之屹如山立。性深密，終日儼然，綽有心計。幼從父祖游，商於宋、衛之間，能持贏舉詘，與時俯仰，鬥智智勝，爭時時會，獲利恒數倍。父奇之，因捐千金，令入齊鬻鹽，逐什一之利。公念鹽權繫足邊大策，匹夫操利病，宜急公課而緩私營。又擇人任時，勤挈中，審贏縮，歲入利益不資。然亦有天幸。曾一日鹽就渡，值水淺，不任負舟，他商輒以淺阻。公曰："渡當有水。"水果大至，人咸驚服公之先識。不十年，遂累資逾萬，此非所謂以奇勝者耶？公已身致傾縣之富，令稍自媮奉以明得意，無不可者。顧服食、騶僮悉從節約，不爲富厚容。富者率右利而左儒見，謂手一編，搦寸管，無救嗷嗷。公締姻蘇憲副於食貧時，不爲悠悠子浮言搖動。富者率專財而病骨肉，公絕口不居功，罄資產與叔氏析而兩之，所餘萬金均之五弟，各構華屋，置良疇，歲時對案而食，愉愉如也。公壯歲輸粟，援例爲醫士，後復奉恩詔以壽官，學士、大夫雅相引重。公氣不加溢而志加冲，孜孜焉好行其德不倦也。此非所謂歸于仁義者耶？夫致身青雲之士設爲名高者則以言利爲諱，隱居岩穴之士設爲名高者亦以終貧爲羞，此史遷作傳，有味乎其言之也。假令公生當漢季，史遷必亟取焉，固在陶、猗之列，卓、程之上矣。

公起家力行，宜享修齡，乃五十九遽卒，豈富與壽造物者不兩盡以全予人耶？公配李孺人，幼閑女誡，靜慧和柔，孝舅姑，睦姒姁，身不出梱內而賢孝之譽宗黨莫不聞。公居外無內顧，居室無私篋，皆其助也。年亦五十九，先公卒。有子二人，長儀賓永安，次國子上舍永寧，皆能修公之業而息之，如陶朱公之子若孫，公爲不亡矣。

公既與李孺人合葬于樊莊世阡，上舍君乞余言表諸墓道之右。余特書公善治生，惇行義，彰彰在人耳目者，令其樹石，傳之有永。若世系、生卒及子女婚嫁之詳具蘇憲副所撰志中。

校勘記

〔一〕"蛾"，據文意疑當作"餓"。

〔二〕"冷"，據文意疑當作"泠"。

〔三〕同上。

〔四〕"玉"，據文意當作"土"。《吕氏春秋·任地》："有年瘞土，無年瘞土。"高誘注："祭土曰瘞。年，穀也。有穀祭土，報其功也。無穀祭土，禳其神也。"

〔五〕"讓"，據上文當作"禳"。

〔六〕同上。

〔七〕"藉"，據文意當作"籍"。

〔八〕"喦喦"，據文意疑當作"嘖嘖"。

〔九〕"捆"，據文意疑當作"梱"。

〔一〇〕"競"，據文意疑當作"竟"。

〔一一〕"階"，據文意疑當作"偕"。

〔一二〕"喆"，據文意疑當作"詰"。

〔一三〕"誦""髦之"，底本漶漫不清，據抄補本補。

〔一四〕"同知宋某、判官蕭某、吏目劉某"，清乾隆《鳳臺縣志》卷十四《藝文二》作"同知宋宗周、判官蕭守卿、吏目劉宗仁"。

〔一五〕"牋"，據文意疑當作"戕"。

〔一六〕"攄"，據文意疑當作"撰"。

〔一七〕"義"，據文意疑當作"藝"。

〔一八〕"清華"，底本漶漫不清，據抄補本補。

〔一九〕"罩"，據文意疑當作"罩"。

〔二〇〕"罩"，據文意疑當作"罩"。

〔二一〕"有"，據文意疑有誤，待考。

〔二二〕"壁"，據文意疑當作"璧"。

〔二三〕"匀"，據文意疑當作"勻"。

〔二四〕"美"，據文意疑當作"羹"。

墓志銘

誥封通議大夫詹事府詹事兼翰林院侍讀學士前淮安府知府彬泉劉公墓志銘

彬泉劉公者，宮詹和宇之父也。和宇公，翱翔金馬、石渠之間，以文章雄一代，且在講筵久，最爲天子所眷注。歲辛卯，聞母張淑人訃歸。歸而再起，再格，怡然子舍，侍公膝下甚適。未幾，公遘疾卒。和宇公寢苫茹血，形爲之毀，茌荏歲餘而言謝世矣。季子虞龍，痛惟父兄之變，銜哀走闕下請郵，公得葬如例，實異數云。公卒之六年，是爲壬寅，虞龍始克襄葬事，持公壻崔上舍汝第狀徵銘於予。予，公姻也，誼安可辭？

公諱崇文，字原質，別號彬泉。先世籍高平縣北中太里，天順中始遷大糧山居焉。高祖瑢，曾祖壙，祖賫，俱有隱德。父韜，起明經，官學博，用公任户部初考恩封户部主事。母陳氏，封安人，生公兄弟四人：長崇道，庠生；次崇德；次公；次崇儒。公生而聰穎，有絕人之資，書過目烺然成誦。治《周易》，不由師授，能洞晰羲、文、周、孔奧旨。甫垂髫，工舉子業，大爲渭南劉令君所賞拔，以千里駒目之。督學使者至，試輒高等。癸卯，舉於鄉。丁未，成進士，出宰中丘。中丘介真、順孔道，冠蓋旁午，簿書鞅掌，夙稱難治。公敏若承蜩，案無留牘，即畿南六郡疑事所不能剖、疑獄所不能聽者取以咨公，無不片言立決也。邑多巨猾，善持有司短長，恣爲奸利，一見公，咸咋舌屏迹。因而罷門攤之重征者，除羨餘之逾額者，及一切衙前公費之無名者，聲望蔚起。會有虜警，烽火徹於近甸，督撫檄各邑揀兵戍塞下，中丘稱最。公莅事明察，彊直自遂，三尺亡所假，遂有"鐵劉"之謠，薦章十餘上。庚戌之變，轉餉急才，公未滿考，超擢户部主事，奉命監兑江西。再司餉昌平，以勤幹著績。丙辰，使督儀真運。未抵任，值倭犯淮，時論推公，公又擢守淮安。淮當倭犯水陸之沖，隳城朽甲，一無足恃。公至，則築高墉，飭精械，可戰可守。倭聞之，逡巡潰去。明年，倭復來，勢益張，爲必破淮計。公慷慨提兵親與倭角，入訣張淑人曰："守土之臣，義不得顧家矣，子其善自愛。"俄而前鋒少却，遠近望見有髯將軍者揮戈逐倭，我兵遂大捷，公精誠足以感神助如此。兩臺録公功，宜晉秩一級，當塗者靳弗予。蓋公監兑江西，時嚴相子多入居粟者金且有所屬，招公不往，陰使人微諷之，公又漫若不省者，相子銜之切齒。公知其修前郄，亟圖歸養避之。草方具，而嚴相父子果欲中以内察，賴大司徒方公力爲解得已。更嗾訪先王御史羅織昌平事劾奏，逮入京，下御史臺獄，勘核無左驗，徑授意門客坐贓謫戍。時適外察，仍以考功法中之。迨後，直指王公湘極白公冤狀，公始得開伍，而考功法則，格於例不能除也。壬午，奉恩詔冠帶閑住。辛卯，天子念和宇公講筵勞，優異所生，下張淑人身後之典，并推封公通議大夫、詹事府詹事兼翰林院侍讀學士，如和宇公官。蓋公昔罷官歸，年才三十八耳。自惟生平砥礪，不敢後於常人，一旦忤權奸，中以奇禍，每撫和宇公頂而祝之曰："天道有知，其在兒乎？"故公誥詞云："貝錦何人，廟堂因而賜玦；承家有子，天道信若張弓。"公之心於是乎足慰矣。

公天性坦率曠達，絶無一毫矯飾拘攣之態。信心而謀，不擇毀譽；信口而談，不擇利害；信是而蹈，不擇險夷。入官僅十二年，仕官僅二千石，不死於倭，幾死於權，才百不一試，志萬不一伸，投迹山林，邑鬱難老。乃日取用世者聊以玩世，權子母，徵貴賤，修陶朱之術，孜孜求田問舍，浮湛里社花酒之游，不以軒冕自異，要以耗雄心，消礧魂。人或有不諒之者，公掀髯長嘯，殊不以屑意也。

予自登仕籍，獲交於公父子，耳目甚悉，居常竊嘆。公以率，和宇公以謙；公以辯，和宇公以默；公以放達，和宇公以檢柙。豈家庭訓戒期以相反耶？抑造物有異賦，雖父子一氣亦有不能盡肖者耶？天以和宇公白公，而又不使和宇公陟臺鼎盡究公之用，長算詘於短造，茲其故又不可知矣。

公厚於骨肉，伯叔早逝，公爲恤其嫠，更擇佳婿以嫁其二女。憲副常體山公其一也。公於天文、地理之書無所不窺，亦不肯竟。初好玄，久覺其妄。逃而之卜，卜種種奇驗。晚精於醫，略試其術輒已，似不欲以一技成名者。獨敬神一念始終無替，如新關侯廟，護顯聖觀，創高禖祠，皆章章可據。

公生於嘉靖元年二月初九日，卒於萬曆二十四年二月二十八日，享年七十有五。元配張淑人，女德、婦行、母儀種種粹備，具大學士山陰王公志中。子三：長虞夒，即和宇公，辛未進士，詹事府詹事兼翰林院侍讀學士、經筵日講官，娶郭氏，封安人，繼侯氏；次虞龍，國子生，娶秦氏；次虞皋，先公五年卒，娶李氏，繼孟氏。女一，適上黨國子生崔汝第。孫男一，京，恩生，聘張氏，予姪女。孫女三：一字副使郭鑒孫某，一字張某，俱和宇公出；一字戶部郎中牛從龍子麟胤，虞龍出。茲卜萬曆壬寅某月某日開張淑人之壙，奉公合葬，禮也。銘曰：

於赫劉氏，振之自公。一日千里，蚤步南宮。剖竹中丘，執法如鐵。揚歷計曹，斤斤若巘。海氛甚惡，于淮之陽。公驅五馬，適值披猖。典在封疆，義無反顧。一鼓摧凶，惟神之助。有豺當道，公抖其鬚。磨牙咀血，公則何辜？公後既昌，公冤竟白。譬彼張弓，天道不忒。九重異數，八座階榮。考槃綠野，儘足浮湛。黃髮告終，再軫帝郵。淑人有知，共安玄室。

封承德郎户部主事謙齋先生暨元配贈安人李氏合葬墓志銘

吾澤有好學篤行君子，曰謙齋先生。先生有子保寧君，適以苗氏顯。方保寧君拜二千石之命也，便道過里爲先生壽，念先生老，保寧越在三千里外，依戀膝下者久之，不忍行。先生曰："而畏蜀道難哉？彼叱馭者何人也？吾老人健善飯，且有土孫侍，簡書可畏，而其勉之。"有土者，保寧君之冢子，鄉進士君也。保寧君重違親意，含淚別而西。既就任，省問之使相屬於道。比保寧君秩滿，偕計吏北上，聞先生起居微恙，晨夜兼馳，未抵家，僅七日而先生已捐館舍矣。保寧君撫棺長痛，幾不欲生。時余自河藩遷貳冏曹，登太行，入郡城，即吊唁保寧君于廬次。保寧君匐匐言曰："孰使焕倍親而仕哉？曩焕所以戀戀不忍行者正慮今日耳。家人傳言先君病已革，尚從惛憒中張目問曰：'焕兒何時來？其促之。'逾日，復問曰：'焕兒來耶？'若將待焕瞑目者。一父一子，此際何堪！即有孫可恃，永訣之謂何？徒以升斗抱終天之恨，焕將何所逭死也？惟是先君綿德淬行不忍湮，敢徵惠一言，勒諸竁中之石，焕又將籍以逭死也。"言訖，淚潸潸下。予素悉先生之行，且悲保寧君之意，遂不辭而銘之。

先生姓苗氏，諱杰，字子才，別號謙齋，學者因稱爲謙齋先生。高祖□，曾祖昱，祖銑，俱有隱德。父時雍，由選貢官迪功郎[一]，以理學著聞。母李氏。先生生而淳篤，不好嬉弄。弱冠入郡庠，充博士弟子員。近守庭訓，晝則下帷，夜則焚膏，邃其力于學，學日益進，文日益有名。當是時，迪功公方解綬歸，先生執匕箸問寢興，不以學故廢色養。亡何，迪功公卒，先生寢苫襄事，悉遵朱紫陽所定《家禮》，鄉曲之譽翕然歸之。督學使者每歲按部校士，輒奇先生之文，置之高等。郡守、學博推選德行之士以風屬衿帶，亦無加先生上者。即衿帶士推他人不免有後言，至先生則各愧嘆，以爲弗及。先生雅急義，不侵然諾。有內親某孤嫠在室，旁有力者乘機布賂，謀據其巢。當事公受其私，巢且立破。先生忿然面直之，當事公銜甚。未幾，督學使者蒞澤，當事公夜構蜚語，明欲中傷，甫漏下五鼓，當事公忽不疾而殂。翼日，同官於袖中得其草，則相顧詫異，謂先生之有天也。先生雖以學行有譽於諸生間，乃屢上秋闈竟不偶。保寧君少年一戰，遂奪其標。先生嘆曰：“有子如此，奚必自我貴哉？”即辭餼于有司，不復修博士業。人有言少須，歲〔二〕可里選者，則笑曰：“吾業以貴須子，乃不須一第而須一貢耶？”惟日取迪功公所著《燕居日錄》以檢飭身心而力行之，于名利場澹如也。保寧君奉先生緒訓，揚歷中外垂二十年，所至著有聲績。屢以安車迎先生入宦邸，屢拒不就。先生兩拜綸封，儼然貴重矣，驕矜不加赫而禮加沖。晚歲，郡大夫以鄉飲大賓之禮延之，先生遜謝不可得，傴僂而趨。其以謙自居，久而彌篤，非外飾而中逃之，少修而老棄之也。

　　先生素不善病，初遘疾，即謝去醫藥。親友强之，因嘆曰：“吾年七十七，不爲不壽；兩以子貴蒙恩，不爲不榮。吾豈須藥活者哉！”至于生平不逐侈靡，不尚浮屠，言必期信，事必師古，真可謂好學篤行君子矣。先生以正德十九年九月初三日生，以萬曆十九年十一月初二日卒。元配李氏，敕贈太安人，婉嫕貞淑，蚤閑女訓。先生專力于學，無內顧慮，皆其助也。實生保寧君，深山大澤，良非虛語。先先生三十七年卒。子一，即保寧君煥，由隆慶辛未進士歷戶部正郎，出守保寧府，娶處士司〔三〕勛長女，敕封安人；女一，適段霽：俱太安人出。繼室亦李氏，無出。孫子三：長有土，登萬曆乙酉鄉試；次廣土；次昨土。孫女六，一適四川副使趙九思子生員求益，一適予次子生員光斗，一字中書舍人徐觀瀾子體仁，一字儀賓段尚友子丕光，一字生員張應禮子所學，一字運同裴述祖子會哥。曾孫子一，女一，俱幼。保寧君卜于先生卒之次年三月初十日與李安人合葬于迪功公之傍，禮也。銘曰：

有燁其文，不以文升，乃貽之子與孫。有卓其行，孰敗其名，徒以殞其身。彼蒼何心，蓋輔德于冥冥。伉儷齊聲，不齊者齡。薈薈佳城，片石永存。

封文林郎直隸河間府任丘縣知縣環溪馮公暨
元配蘇孺人繼配楊孺人合葬墓志銘

環溪馮公以萬曆二十七年十二月三日卒。又二年，其子文選君將營葬事，遣使持舉人陳君熺狀走京邸丐予銘諸幽石。予，公姻也，稔知公，曷可辭？

公諱春，字應元，環溪其別號云。馮氏在高平唐安東里爲著族，自諱德者始。德生深，深生贄，贄生裕。倜儻好義，以子貴贈奉政大夫、南京户部福建司郎中，配李氏，贈宜人，大司空一泉郭公志之。裕生顥，由嘉靖丙午舉人歷官山東按察司僉事、整飭開原兵備，長才遠馭，所至并有聲績，大參孔鄉蘇公志之。配陳氏，封宜人，生二子，公其長也。公虬歲聰敏，讀書解大義，下筆馳騖，不拘拘軌於章句。累試有司，輒不售。當是時，贈郎中公老矣，僉憲公業舉於鄉，百爾家政，日棼日巨。公不忍令老者傴僂拮据，僉憲公下帷手一編，左枝右撐，荒未竟之業，已慨然嘆曰："丈夫何所不見才，乃勞親以俟異日不可必之功名哉？"遂棄書，綜米、鹽、粟、帛之事。公饒心計，權子母，徵貴賤，仍遣鬻鹽、鐵於瀛、滄之間，不數載，資漸裕。僉憲公雅好客，屢相錯於門。公灑掃供張，日歡適其意。後僉憲公令武邑，公即從之武邑；守涿鹿，公即從之涿鹿。武邑豪官李某善持令短長，恣爲奸利。僉憲公不勝憤，數欲糾按其罪。公從容諫曰："虛舟可觸石乎？奈何以官餌豪若[四]喙？雖長寧能點白璧也？"僉憲公卒善遇之。豐村大姓某偵公之來，候諸途，饋以二尊，發之則白金數鋌也。公怒，叱之去。公之明識類若此。僉憲公游宦不以家累自隨，公爲戒僮僕，嚴扃鑰。僉憲公履衝劇、刁疲之區，戴星出入，關節不開，惟公是賴。

蘇孺人莊淑有加，慧[五]親族，莫不聞。其棄二孤也，伯十四齡，文選君甫九齡耳。陳宜人不之官，姑婦相倚久，一旦失冢婦，如失左右手。公遭此不幸，身兼內外之政，上堂娛母，下堂撫子，得楊孺人入室，壼儀再肅，公稍爲寬慰。自是僉憲公游宦兩都，分桌遼左，遂不能從。然址拓於西，廞辟於東，第宅、園池修置雄於里閈，僉憲公益安於宦而無復內顧之慮矣。

公居常念僉憲公起家麟經，己不獲繼書香爲恨，嚴督文選君學。比文選君壬午用麟經魁賢書，丙戌成進士，公聞而喜可知也。至痛兩尊人不及見，則又時時泣數行下。文選君令任丘，三年報最，封公文林郎、任丘縣知縣，儼然貴重矣。出恒跨一款段，從二三平頭奴入市廛。有走避者，笑止之曰："若勿避，我固馮大舍也。"文選君累以安車迎公，公不往，強之再三，乃傳語曰："爾謂宦邸適耶？吾謂居里適，百於宦也。重門擊柝，何如西園東第之逍遙；兀坐獨酌，何如徵樂飛觴之欣暢。爾勿強我。"文選君由令高等入銓部，會啓事忤旨，再降再復，公馳書慰勿介介。文選君尋謁告歸里，竟中忌挂計典，鬱鬱恐貽親憂。公更寬解之，曰："此命也，苟無愧心，得喪一致，臧氏何尤哉？"公少爲貴公子，老爲封君，前安父於宦，後安子於命，里人皆艷嘆，以爲弗可及。

公體厚神王，磊落曠達。不修郤[六]，亦不構人之郤[七]。能面折人，亦能周人之急。推腴産於仲氏，仍恤其孤之失所者。郝氏姑有子貧，廩之終身。卜者操術行竊，縱弗問。歲祲，捐資、粟若干賑飢，不吝也。公飲啖兼人，酷好長夜之飲。工蹴鞠，四方投足者皆出其下。已過六十，壯健逾於少年。涉遠登山，不喘不汗。冬月晨起，飲冰水數甌立盡，似長年者。素不善病，偶中痰不能言，遂不起，惜哉！詎[八]生嘉靖十三年十月初二日，壽六十有六。

元配蘇氏，贈孺人，繼配楊氏，封孺人，咸有女德、婦行，俱先公卒。子男四：養性，庠生，娶龐氏，郃陽丞一薰女，繼牛氏，棟女，蘇氏，監女，何氏，紹宗女，李氏，守信女；養志，吏部文選員外郎，娶朱氏，贈孺人，東光簿秦女，繼李氏，封孺人，壽官鍾靈女。女一，適楊自得，蘇出也。養心，殤；養大，庠生，娶常氏，應登女。孫男十一人，孫女五人。養性生秋闈、延壽，俱殤，一女，字趙之程，一幼。養志生昌明，娶庠生陳情女；景明，聘監生陳悃女；昺明，殤；晟明，聘戶部員外高環女；旭明，幼；昺[九]明、昱明，俱殤。一女，字張茂禎，官生光奎子，即予孫也。又二女，俱殤。文選君卜於二十九年十二初九日奉公并兩孺人合葬於蒼苔嶺祖塋之次，予乃爲之銘曰：

孰爲之前？豸繡峨然。孰爲之後？水鏡湛然。度則磊然，樂則陶然。兩配均賢，豈必齊年？生也寄然，没也倏然。蒼苔之原，有石穹然，有冢纍然，是曰封君之阡。

順慶府丞進階朝列大夫遜山裴公墓志銘

公諱宷，字子和，別號遜山，澤州大陽里人，唐開國公行儉之苗裔也。明興，諱榮者自下村里來徙。榮生彥，彥生廣，廣生椿。起儒生，爲清豐縣丞，有惠政，祠名宦。居鄉以廬墓孝聞，旌表其門，祀鄉賢。以孫貴累贈禮部尚書。椿生爵，是爲懷恬公，三尹岩邑，以子貴累贈禮部尚書。懷恬公三子：長諱宁，郡學生；次諱宇，禮部尚書；次即公也。公生穎秀，異凡兒，日記數千言。少長，博習經史，爲文奇特。十九舉山西鄉試，六試禮闈弗偶，謁銓授睢州守。睢，劇郡也，雜屯營，多盜，地瀕黃河，數爲患。公至之明日，河決城下，公捍之有法，患乃已。修防補壞，三閱月始竟，河久更不爲患者，公之力也。指揮某恣橫，睢人苦之。公移文監司逮治，徑置諸法，諸武人自是稍稍戢矣。歲餘，所緝獲大盜亡慮數十百，境內以寧。他政悉舉稱是。秩滿，擢南陽府同知。南陽多礦，盜盜相劫殺，輒數百，桐柏盜郝址者至仇死其兄家十餘人。公至，設法補前盜，盡獲其杰，殲焉。郝址携妻子遠遁，追及湖南，擒之。居三載，治行稱最，常軼于郡守。守銜之，遂得左調歸。歸里中歲餘，營別業村西，爲終老計。亡何，調順慶，强起。之順慶甫三月，悵然曰："吾年十九登名賢書，優游公車中垂二十年，仕而至郡大夫，官五品，人生取用亦云宏矣。今而後不知有吾年，安知有吾官？且也吾居里中不加詘，居官不加益，今而後即吾年永，奈何以無益處吾餘，吾何以官爲哉？"遂投劾歸，歸時年五十耳。尋有詔得加朝列大夫，進金緋。居恒幅巾白帢，游別業，蒔花樹竹，焚香誦老子，與鄉之縉紳公往來結社其中，陶然詩酒，日相娛也。又三十年乃卒。

公豐頤，善笑語，磊落不拘小節，而能脱然世故之外。軒冕可捐以頤吾真，與老氏之旨合，故用豐而年長。居官、居家多所建豎，亦足以垂不朽。豈與夫湛溺功名，進則營營，退則戚戚，無終日之樂以娛其天年者同日道哉！公生於正德己卯正月初一日，卒于萬曆丁酉二月三十日，享年八十。元配孟氏，處士澍女，嘉靖戊午四月十七日卒，年三十有九；繼劉氏，儀賓世清女，萬曆丁亥六月十六日卒，年四十有五：俱婉淑，稱内助云。子一，本一，光祿監事，聊城縣丞，孟出。女一，適陳憲副子庠生繼洛，側室孟氏出。孫男二，述伊，述説，俱庠生。曾孫四：弘王、弘才、弘綱，述伊出；弘毅，述説出。曾孫女三：長許聘余孫茂和，餘俱幼。玄孫一，耆壽。光祿君卜吉于某月某日葬君暨二配於北岡之原，走使京邸屬余銘。銘曰：

仕不耽榮而道則尊，祿不嗜厚而席則温。綏而福履，宜而子孫。千秋萬歲過焉而式者曰："是爲裴先生之寢門。"

棗陽令清河王公墓志銘

清河王公歲癸酉與予同舉於鄉，又同出念虛吳先生之門。身不滿七尺，而持議多奇，居然有古節俠之致。爲文自創一矩矱，不拘拘傳注。既數上春官不第，筮仕膚施令。邊邑荒瘠，公與民休息，民甚便之。未幾，以艱歸。服闋，補棗陽。當是時，邪臣陰以礦税之利中上意，中貴人四出，海内騷然。陳奉在楚，尤恣橫。棗陽有青山者，素無礦，奉聽奸民之誘，建議開之。公顧子侄，嘆曰："吾在此，坐視百姓魚肉，畏蠅狗一璫，漫爾結舌，可若父母何？"即移文奉，大意謂棗陽無大市巨賈，税外增税，擾之已甚；無礦開礦，民又何堪？遂與奉忤。奉憑城社，素驕倨，責有司以苛禮。比至青山，道、府畢會，公從中道入，長揖見。奉憤憤，語侵公。公直云有司屬道、府，不屬閹官，竟不屈。奉亦竟不能屈公，拂袖而出。諸市井無賴子爲奉羽翼者，公捕治不少貸，餘黨斂戢。百姓歡若更生，願世世尸祝公，而奉銜公次骨矣。公入計，奉飛語刺公及同地相忤者，有旨削公籍。公飄然去，無幾微芥蒂。會臺諫交章救公，激上怒，并逮公。緹騎使者憐公冤，思緩行以俟上怒稍霽，可無他虞。子侄輩亦泣勸之。公笑曰：“若欲作兒女子態耶？委質爲臣，生死惟命，緩將安之？且寬百姓而死，不愈於欺朝廷而生耶？”慷慨登檻車。既抵京，待命錦衣衛獄，久不報。蓋上明聖，極知中貴人誣妄，特欲申主威、素觀聽耳，實無意罪公。旬月之間，公遽邁疾以殁。公甫殁，而奉以激變楚民敗，臺諫復交章爲公白，而公不少待矣！公之殁也〔一○〕，爲萬曆辛丑十二月初九日，詎〔一一〕生嘉靖己酉十月十二日，壽僅五十有三。嗚呼痛哉！

公諱之翰，字維藩，別號清河，世爲绛州人。曾祖原，祖琛，咸業農。父永亨，始業儒，生四子，公行二。坦中瑰行，拓犖不羈，推世産與兄，撫侄若子，里人靡不高其義。元配張氏，先公卒，生子二：長聯芳，郡庠生，娶文氏；次聯捷，聘杜氏。女一，適庠生趙墪。繼娶張氏，生子一，聯元，聘劉氏。孫男一，接武，聘張氏。

初公之殁也，予時貳計部，偕都下同年二三友爲公經紀其喪，又馳召公子聯芳於绛。靈輀就駕，丹旐搖搖，祖奠路傍，有淚如霰。因念從古忠良之禍皆起於爲國爲民，公視死如歸，亦有何憾！然清議具在，天聽本虛，異日天子悟臺諫言，憫公之冤，恩恤備至，公更當含笑於九原矣！聯芳以不朽片石來托，誼不忍負，乃揮淚而銘之曰：

爲誰而忤？爲誰而褫？爲誰而逮？爲誰而死？無抑弗雪，無言弗酬。公名千古，在兹一丘。

鄉進士文江劉公墓志銘

萬曆癸酉，余以《尚書》舉于鄉，時同榜中最少者沁州劉文江也。文江生纔十八年耳，姿容儁雅，博極群書，爲文清逸有蘇氣。其器度冲粹又若老成人者，同榜諸兄弟靡不嘉其爲廊廟才也。甲戌，丁内艱。丁丑，上春官不第，論者稱屈，曰：“有如此才而擯棄弗録者乎？意者天將老其才而用之也。”無何，文江以疾逝矣。文江有伯兄心江公，偕計至都門，謁予，垂涕言曰：“天乎！何奪吾弟之速乎？吾弟總角聰穎過人，書經目輒成誦，瓊枝玉樹，將大吾門，而今遽已也。吾弟弱冠登桂籍，蜚聲三晋，將翶翔翰署，蔚爲儒宗，而今遽已也。吾弟事二親孝，母疾，旦夕侍湯藥，寝食皆廢。母卒，哀毀骨立，喪葬悉如禮。友于二三兄弟，賓于妻，下逮臧獲，無怨言，似長年者，而今遽已也。且其死也，老父在堂，幼妻在帷，膝下無三尺之孤以嗣也。天乎！天乎！使吾家父哭子，長哭少，其謂之何？計可以塞吾父之悲而寬吾弟之憾者必托之銘。有吾郡豐潤尹時君之狀在，子其銘之，勿辭。”

按時君所爲狀，大都即心江公所言者。溯其家世，爲銅鞮巨族。文江諱夢龍，字雲化，別號文江。妻王氏。曾祖道。祖廷賜，任東陽簿。父甲，太學生。世有厚德，積而能施。母霍氏，生文江兄弟四人，長即心江，諱夢周，庚午鄉進士；次夢熊，廪生；次即文江；次夢弼。文江生于嘉靖三十五年二月初二日，卒于萬曆七年十月十五日。既卒，心江公命其子某爲之嗣，而厝之淺土也，在萬曆八年某月某日。夫以文江之才學僅博一舉，年不過廿四，如列缺之光，一瞬即滅；如太阿之新發于硎，鋒未試而輒摧也。予安得不悲而銘之？銘曰：

胡豐其才？胡限其就？胡靳其嗣？胡促其壽？造物者果有意于若人乎哉？無意于若人乎哉？予銘若墓，庶可以傳不朽。

亳州判官致仕前鳳陽府同知清宇林公墓志銘

郡城三十里而東，崇山浚谷，民率以耕牧爲業，青衿之士蓋寥寥焉，未有以科名顯者，有之自清宇公始。公諱一桂，字□□，清宇其別號云。高祖某，曾祖某，祖仲成。父守庫，以公貴贈文林郎、太康縣知縣。母趙，封太孺人，生三子，公爲之長，次雙桂，次三桂。公幼頭角嶄然，雙目炯炯，性聰穎。初從里社學，群兒競嬉戲，公獨危坐誦讀，扯之不爲動。里學究詫曰：「何物農家兒，乃秀異若此？」弱冠，充郡博士弟子員，明《周易》。田家作苦，時從牛背上手一編，朗然成誦。徹夜篝燈在牖，呫唔不少輟。以故學日益邃，文日益有聲。癸酉，舉鄉試第二名。五上春官不售。當是時，二尊人老矣，趣公仕，冀旦夕沾一命爲生前榮。公不得已，謁選天官，授交河令。交河故濱海湄，邑十室九空。公噢咻其民，若飢寒之迫身，瘡痏之着體。甫滿歲，誦聲大作，薦章交至。未幾，丁父憂歸。服闋，起補太康。太康在中州，固所稱善地也。屬比歲不登，流殍載道，群不逞借口饑民，剽劫四起。公思救荒莫如賑，賑莫如速，遂不俟申報，輒開倉賑濟。百姓扶老携幼，歡而且泣，曰：「活我者公也，微公，皆爲溝瘠矣。」公因而繩奸宄之借劫者，盜亦屏息，賢聲更逾於治交河。時銓曹方重久任，縣令非俸五六載不得它轉。公兩任，甫滿三載，用令高等，擢鳳陽府同知，蓋近年所僅見者。去之日，父老攀轅泣留，若失慈母，則公之得民可知也。後公以修觀道經太康，百姓争戴香迎拜，曰：「公活我者，誰其嗣之？」代公令爲周某，憸人也，而有奧援，不勝慚恚，因百方媒蘗公，甚且假手甘心焉。當道雖知公賢，竟用大計調，周亦坐墨敗。公調渭源，其地山磽，其民椎朴，氈裘之爲幕而戎狄之與鄰。公因俗拊循，民甚德之。歲餘，丁母憂歸。先是，上官某過渭，威勢甚赫，公迎謁、館饋悉簡於他邑，衙之次骨。公既去，復中以大計論降。公降亳州判官，茌任歲餘，鬱鬱不得志，乃愀然嘆曰：「吾前以得民調，後以不得上官降，宦途滋味備嘗之矣，五斗尚可戀乎？」徑拂衣歸。歸而與田夫、牧竪爲里社之飲，出則跨一款段，共二三知友，樂山水，耽絲竹，陶陶然不復問人間事矣。

公孝於親，友於二弟。弟蚤世，恤其嫠而擇嫁其遺息。胸無城府，口無枝葉。人無不可親，不以貴疏賤；財無不可共，不以貸忘施：似有太古之風者。素無病，偶病痰喘，數月遂不起。生於嘉靖丁酉三月初七日，卒萬曆壬寅六月初九日，得壽六十有六。元配田氏，贈孺人，蚤卒；繼配田氏，封孺人：婦德、母儀著於梱内。生男子三人，俱庠生，長毓芳，娶田嘉法女；次鍾秀，娶牛洞女；次萃秀，娶郜天桂女。孫男二人，孫女八人。公卒之次年，是爲癸卯，公子毓秀等卜吉二月十五日，葬公於北窪之原，持狀丐銘于予。予與公同年，誼最厚，稔知公者，乃不辭而銘之。銘曰：

崛起東嵎，化農而孺。人則瑾瑜，仕則崎嶇。乃賦歸輿，其樂于于。巍如藥如，千秋此墟。

修職郎〔一二〕陝西華陰縣丞正山袁公墓志銘

正山袁公以萬曆甲申四月十六日卒於家。逾年乙酉，其子儀賓君將營葬事，持庠生狀丐予爲銘。予奉諱里居，于儀賓君亦有瓜葛之雅，義不可以不文辭。

按狀，公諱寅，字伯涵，正山其別號也。先代居泫陽，洪武初徙澤州黄華厢，遂占籍焉。高祖景昭，曾祖伸，祖勝，俱以耕讀世其家。父鏜，母郭氏，生公兄弟三人，公爲之長。公齠年端重雅淳，不妄嬉戲。稍長，入里塾習舉子業，弗成，因棄去，曰：“丈夫豈必屈首受書，窮年兀兀，然後貴哉？”則以資援例謁銓部，尋得省祭，還鄉。後奉部檄入選，授直隸潼關衛知事，階八品矣。衛官武人，且故紈绔子，多以驕粗廢。賴公明習吏事，佐益多方，身遠膏脂，軍伍振肅。嘗承公委諸疑事，皆立辦。用受知于上，遂交口薦之。課最，升華陰縣丞。華陰爲三輔孔道，民俗刁悍。公守官清介，綽有賢聲，雅不欲折腰道傍，伺過客顔色，飄然挂冠以歸。歸則日挾匕箸侍二尊人食，友愛諸弟昆，效棠棣之好。庭誨子侄輩，勿以惰荒廢學，勿以矜縱損名。以故人淬儉勤，世業漸拓，赫然爲黃華甲族云。公兩任卑官，俸入稱薄，回視囊橐，所餘幾何，乃天性好施，不計宦積。遇宗黨貧不能存者賑之，婚喪不能舉者助之。子侄概慷慨仗義，能成公之志焉。

公以正德辛未十二月十五日生，享年七十有四。元配秦氏，處士廷章女，婉嫕幽閑，婦德甚茂，公居官拓業，內贊弘多。側室關氏。子二人：長維藩，充郡掾，蚤卒，娶趙氏，儀賓時和女；次維梟，濕[一三]川王府儀賓，娶鎮國中尉俊杠女：俱秦出也。女二人：一適隰川府輔國中尉充劂，封恭人，秦出；一字鎮國中尉俊穎子，關出也。孫男二：本立，充藩司掾，娶馮氏，儒官天榮女；本極，幼：俱維梟出也。孫女三：一適宣寧府奉國中尉廷觥，封安人，維藩出；一字户部主事苗焕子廣土；一幼：俱維梟出也。曾孫女一，幼。

公莅官有治聲，居鄉有芳譽，桂蘭繞膝，玉牒聯姻，猗與盛矣！下碾之北，公世阡在焉。儀賓君以十月初一日襄窀穸之事，從吉兆也。予銘之曰：

誰謂丞卑？遂志則高。誰謂蓄少？能施者豪。公壽伊何？稀齡逾四。公福伊何？森然蘭桂。佳城鬱鬱，公之世阡。我銘于石，公德永傳。

壽官槐堂先生林公墓志銘

吾郡有隱君子曰槐堂先生，先生有子曰交河君。初，交河君髫年負奇質，雙目炯炯，書涉睫即成誦。弱冠充郡博士弟子，試輒高等。萬曆癸酉，以《周易》舉晋省第二人，聲名籍甚，固芥視一第者。乃四上春官不售，交河君嘆曰：“第不第數也。有二親在，生不能徼五斗之禄以爲養、半通之綸以爲榮。異日雖八珍具陳，九命重賁，奚益焉？”即先生亦曰：“仕豈必進士貴哉？及吾在而仕，睹若光顯，足慰衰年，胡戀戀一第爲也？”于是交河君謁司銓，授今職矣。交河君釋蔬蹻，簿書廉而才，吏治蒸蒸起，旋具板輿迎先生養。先生曰：“爲人子業已受命宰百里，夙夜勤瘁，奈何復以吾老人温凊[一四]分心。且吾家居，有季子侍，狎親鄰，督耕牧，悠然樂之，兀坐官邸非吾願也。”竟弗往，又重拂交河君意，則遣趙夫人就之。交河君既不得請，惟時致温脆以安先生于里，而入娱慈闈，出理邑政，治行爲三輔最。纔滿歲，臺使者薦獎交至。歲在甲申冬十二月，先生獨步于野，失足墮小崖下，崖深可三尺許，强起歸家，飲餤不復入口，卧榻七日而卒，蓋月之十五日也。交河君聞訃，拊心號泣，曰：“孰使予輕制科而亟從仕？非爲吾父耶？而吾父顧不少待耶？吾日蹴蒲視寢，躋堂視膳，疾視藥，斂視含，不猶愈於徇薄禄而抱恨終天耶？天乎！天乎！何奪吾父之速也？”爲位，朝夕哭臨，請監司委他官守篆。既得代俎托，徒跣奔歸。入里舍，伏棺擗踊隕絶者數四。已揮涕爲狀，徵銘于予。予年來痛先封君、孺人相繼棄孤，各鑱銘隧石，以圖不朽。予于先生固年家子也，雖不文，義安可辭？

按狀，林氏爲澤郡東平里巨族，曰厚者先生之始祖也。再傳而生欽，欽生鷟，鷟生萬，萬生仲成，爲先生父。娶于趙，生男子二，伯守倉；仲即先生。先生性淳貌古，强本力嗇，口不譚人短長，身無猥薄之行。自少迄壯，公家賦役殫資力以供，以故儲庾日益殷。乃勤督藏獲，墾瘠土成上腴，視他農所獲恒倍。趙夫人復恭蠶桑，紡績佐之，賴以漸裕。先生性嗜酒，每沾醉輒扼腕而嘆，蓋嘆世無顯者，徭役不息云。當是時，交河君已從塾師游，進習舉子業，駸駸日上矣。交河君食廩郡學，復其身家，先生引滿曰：“幸甚！幸其免于役也。”交河君以文章魁三晉，捷報至，先生引滿曰：“幸甚！幸門自子而大也。”交河君縉墨綬，稱萬戶侯，名在薦書，譽問煊赫，先生又引滿曰：“幸甚！幸方來顯揚吾已也。”先生見可而足，順竟而樂，固庶幾古之知道者，豈獨全于酒乎哉！

先是萬曆改元，詔優耆德。郡守遴重先生，給以冠帶。先生雖傴僂拜受，猶自逡巡，曰：“吾野老懼辱明詔，他日以吾子貴，得生荷國恩，則幸也。”假令先生壽逾稀齡，交河君三載考最，綸命寵逮，夫婦與逮，夫婦與偕，斯不亦榮邁哉？而今已矣！交河君方以縣令高第馳聲，褒揚非遠；諸孫鳳毛麟趾，奕奕庭階：先生之所得于天者未爲不全也。

先生生于正德丁丑二月初一日，享年僅六十有八。配趙氏，婦德母儀，兩擅其美。子三人：長一桂，即交河君，娶田氏，文智女，繼田氏，賙女；次雙桂，早卒；次三桂，娶樊氏，文舉女。女四人，長適賀天寵，次適郭守仁，次適尚好仁，次適錢守廉。孫男四：長毓秀，娶田氏，嘉法女；次鍾秀，聘趙氏，憲副九思女；次萃秀、孚秀，尚幼：俱交河君出也。孫女三：長適樊毓卿，次字樊問仁，俱三桂出；一在襁褓，交河君出也。曾孫男一，培，聘張雲程女，毓秀出也。

交河君卜乙酉年四月十八日葬先生于北谷原祖塋之次，予既志而繫之銘，曰：

種田多穫，種德多祺。時乃天道，馨無不宜。厥祺維何？徵之令子。百里飛鳧，顯揚伊始。方食其報，遽返其真。曄曄寵命，有待而申。菶鬱佳城，君子所息。爰勒貞珉，千秋考德。

壽官乾莊曹公墓志銘

乾莊曹公，余同年友昌黎令曹君世卿父也。昌黎君始舉癸

西，與余相得甚歡，負其才，視掇第如拾芥耳。既上計春官屢
詘，乃憮然嘆曰：“第不第數也，有二親在，生不獲享升斗之養，
徼朝廷一命以爲榮，即没而八珍具陳，九命交賁，吾親何知焉？
吾計決矣。”于是就選天曹，授昌黎令。昌黎固燕京肘邑〔一五〕，
便道之官，遣一僮持家問起居二親。乾莊公色喜，敕僮還，貽書
曰：“爾今綰墨綬宰百里矣，百里之命，爾實司之，謹守官箴，
以崇令德。二老人健，善飯，爾勿庸念爲也。”昌黎君得書，西
望親庭，跪受教。莅事僅三月，治化大行，而乾莊公訃音至矣，
計蓋萬曆十一年六月十八日也。昌黎君悲號曰：“天乎！天乎！
吾之不俟一第而就縣官也，非爲吾親也？顧使吾親不少延耶？即
吾侍親側，病侍藥，没視含，不猶愈于徇升斗而不及決耶？”遂
徒跣奔歸。入里舍，憑棺痛哭，幾絶者數四。已乃越數百里走
書，持貢生任憲所爲狀丐銘于予。予年家子也，義不忍辭。

　　按狀，公諱成，字汝章，別號乾莊。上世居鄉寧，國初徙稷
山家焉，至公蓋五世矣。曾大父福，大父真。父鑒，母解氏，生
公兄弟三人，公其仲也。幼淳慤不嬉戲，讀書解傳注大義。苦家
貧，昕夕拮据，學業中廢。天性孝友，父嘗遭暴疾，籲天願以身
代。事繼母文甚備，若忘其非所生者。處昆弟怡怡，下逮族侄孫
輩，損資恤困，罔吝也。人不擇少長咸加禮遇，心洞達，無城
府，能面折人之過，亦能振人之急，於是人憚其正而德其恩者甚
衆。里中營創稷神祠，蓋義舉也。富室相顧，弗肯捐濟，公出資
爲之倡。捐者爭奮，祠宇告成，人靡不多公之好義焉。

　　公每以家貧廢學爲恨，昌黎君甫髫年，即責令習舉子業，冀
成初志。昌黎君竟以鄉進士起家，宦業寖寖然盛矣。侍御賀公按
山以西，重公名，給冠帶榮之。公固長者，氣不加溢而禮加沖。
所居在姑山、汾水之間，問稷西疇，藝花南圃，日拉二三朋叟，
徜徉雲水，飛觴爲樂，于勢利澹如也。人或嘲其懶，笑而弗答，

遂自號"乾莊懶人"云。

公恬静閑適，百歲可期，壽僅六十有七，遽卒，惜哉！溯其生，則正德十一年九月二十五日也。配薛氏，性婉淑，佐公拓業，訓子成名，妻道母儀，里閈有述。男子一人，即昌黎君，娶趙氏，生員璧女。女子二人，一適趙孚；一適王柟。孫男三人：一鴻，娶何氏，生員東裕女，繼薛氏，生員良相女；一鶚，縣庠生，娶裴氏，鴻臚序班念女，繼趙氏，之程女；一鶴，幼。女孫五人，一適史家棟，一聘任濟，一聘郝應魁，餘幼。曾孫女一人，幼。

昌黎君卜以是年十一月初六日葬公于縣城北祖塋之次，禮也。余乃銘之曰：

懿哉曹公，潛德弗耀。孝友自天，惟義是好。發祥令子，邁迹賢科。優游耆艾，樂彼山阿。慚爾無營，静斯可久。食報方期，胡不上壽？有涯者生，不朽者名。於千萬年，視此貞珉。

壽官南山牛公暨配呂氏合葬墓志銘

南山公諱廷，字君寧，所居近南山，峰巒環亘，顧而樂之，因自號"南山"云。世爲高平縣唐安西里人。曾大父鳳，大父仲舉，父朴，母陳氏。於兄弟行居四，幼淳篤，不好嬉戲。稍長，從塾師習舉子業，通經書大義。苦于家累，多輟業，竟無成，公因嘆曰："大丈夫豈必用經術顯哉？積學致貴、積資致富等耳。吾將爲四方之游矣。"遂杖馬箠適滄、瀛、邢、衛之間，逐什一餘息。公饒心計，審棄取。居間持籌，預度某物時甚輕，鮮高值，積而守之，不久當有厚售；某物方翔貴，非急售，且不鬻于市，已而果然。公籌算奇中，大率類此。以故資日裕，乃入運司行鹽。鹽關軍國大計，豪商巨賈駢集，難用名高。公資雖不逮他商，而信義卹卹動閭閻，人人無不知有南山公者。勤掣中，均貿遷，歲入利視他商恒倍，不二十年，累資數萬，額鹽所布殆遍于燕、薊之境及河以北、山以東云。

公既用鹽鹽起，念昆弟貧，不欲獨擁財自庇，則悉取鹽息分贍之。撫諸子姪孫輩尤有恩，擇可業儒者延師教以儒，不可者輒貸輕資，令食所入，迄今皆屋接楹，田連陌，森森然成立也。公在旅邸久，忽嘆曰："吾用赤手徒步累息數萬金，勞瘁經營，歷世逾七十年所矣。游子故鄉，誰不繫念？夜行衣綉，昔人興嗟，歸與！歸與！爾輩其善爲之，勿令墮吾志。"諸子姪并群商爲公治鹽事者唯唯拱聽。長蘆士大夫亦裝軸設祖榮公之行。

公既歸，里閈宗戚無不動色相告，喜公之來，若猶恨其晚者。樽俎交壽，日夕爲歡。公亦陶然樂此，每言："吾以家事付之子，以暮景聽之天，以樂事同之親友，南山嘯傲，吾其終焉爾矣！"適歲荒勸賑，公憮然曰："所謂富者謂其積而能施也，不則守錢虜耳。飢民朝不保夕，不勸且當自請賑之，矧勸乎？"即捐金若干賑濟。時富室各私所有，莫肯先倡者。邑侯固安楊公高公之義，特薦于行部使者，揭扁里門，仍給冠帶，以鄉飲大賓之禮賓公。公傴僂再三辭避，弗獲，始應命。楊公尤嘉重焉。

公偉視修髯，亭亭如山立，稀齡已邁，健若少年。每親朋夜宴達曙，目不交睫，略無委頓容。浮白引滿，號稱劇飲者亦自愧爲弗及，此上壽徵也。素不善病，一病遂不瘳，何哉！公以正德庚午十二月初五日生，以萬曆丙戌十一月初一日卒，得壽七十有七。元配呂氏，馬村處士德宏女，幽閑貞靜，宗黨莫不聞，佐公起家，多其力也。惜享年不永，以正德己卯正月二十三日生，以嘉靖乙卯十月二十五日卒，壽僅三十有七。繼田氏，長蘆處士繼先女，賢淑有聲，堪與呂并。子男一，應存，國子生，雅度宏襟，好施樂善，有公之風焉。娶陳氏，安齋公女。女一，適龐一蒲：俱呂出也。孫男一，文煥，聰敏不群，器可遠到，聘蘇氏，庠生民化女。孫女二，長字舉人段梧子榮身，次字廩生張光壁子懋淳，予之長孫也。公子應存以明年三月初八日卜吉於鳳翥山祖塋之次，啓呂孺人竁而合葬焉，先期遣使走京邸，持段春元狀丐予言，銘諸隧石。予考太史氏述貨殖，不高其行誼而高其資，心竊鄙之。公資比素封而嫺然好義，至動臺使、邑長令褒譽，蓋賢而隱于賈者也。即在千載之前，予猶艷慕，况得于目見，且有絲蘿之雅者乎？是宜銘。銘曰：

羡彼碩人兮拮据起家，瞻爾昆弟兮廣屋連畬。捐金賑活兮陰德靡涯，行誼牽牽兮賓禮孔嘉。元配偕德兮梱内無譁，庭階衍慶兮蘭桂芬華。鳳山之麓兮埋玉者耶，考德貞珉兮千秋匪遐。

處士南園常公暨配牛氏合葬墓志銘

南園公者，里中所稱爲隱君子也，姓常氏，諱代倉，字從庫。嘗闢園于居墅之南滸，樹異果，種嘉蔬，山水清幽，心形兩適，因自號“南園”云。公世籍高平縣回山西里居牛莊。曾大父英，大父嵩。父儒，母牛氏，繼王氏，生公兄弟三人，伯代良，季代敖，公其仲也。公幼淳篤，從塾師學，于書義不甚了了。稍壯，乃投筆，從兄商于陳、蔡之郊，審盈縮，明取與，口無飾賈。久之，人相信，亦不忍欺之，積資漸裕。公性孝友，念逐刀椎利，遠游千里外，不獲温清〔一六〕晨昏，則時時致異味、佳綿于二親，代趨庭之養。曾聞有小疾，輒晝夜馳赴。抵家，嘗湯藥，進饘粥，衣不解帶，目不交睫，愁懼滿容，至疾瘳乃已。後二親相繼告終，居喪哀毁骨立，棺葬悉如禮。季弟蚤夭，且亡嗣，公每言及，未嘗不泫然長涕也。伯兄亦中年卒，所遺二子，公爲延賢師，訓以舉子業，弗就，始令服賈。擇嫁其女，妝奩從厚焉。公性好施予，族黨待舉炊者甚衆，稔有心計者數人，捐百金，僦旅舍，督之貿遷，各有嬴蓄。公二侄籍遺資累而息之，且至逾萬，迄今賑窮施藥，遵公之遺訓也。公兢兢好修者，蓋賢而隱于賈者矣。

公生弘治十七年八月二十八日，卒於隆慶二年四月二十九日，得壽六十有五。配牛氏，廷祐之女，淑嫚[一七]貞閑，敬姑和姒，身不出梱內而賢孝之譽宗黨莫不聞。生于弘治十八年十月初十日，卒於萬曆十三年七月十一日，得壽八十有一。副室洪氏、宋氏、孫氏，俱先公卒。男一人，應選，以資補國學生，孫出也。娶蘇氏，梅之女。女三人，適李汝登、王家相、趙文華，俱牛出也。應選卜閏九月初九日奉牛孺人之柩，啓公窆而合葬焉。予爲銘曰：

彼君子兮樂南園，孝友聞兮何不愆？富而好修兮老彌堅，懿哉配兮德并賢。貽燕翼兮福綿綿，雙玉埋兮永兹世阡。

兩淮徐隱君墓志銘

歲己亥，予不佞客長安而都諫徐君則以謁歸憩里中，乃趣使持所爲伯父隱君狀丏予志。夫志以志生人世實，明質直，勿飾爾。都諫君業以直道起家，頃奉簡命覆按高句驪，功罪公而核，即得忤而直聲益振。據狀所指，豈不鑿鑿足垂不朽哉？蓋都諫君乃予同年友，予與隱君比井閭，有世契，固惋嘆不能已，而以予所睹記隱君行最悉，其所爲慷慨，好爲恭儉，能以富善行其德者耶！

吾晋地瘠，俗樸而喜習事，《蟋蟀》歌之矣。人不以儒行顯融當世，則廢箸乘時，以自發其骯髒魁桀之氣，而售其琦。隱君生而警敏，讀書能了大義。比壯，性沉毅，廣顙偉度，不妄笑語，亦不輕以顏色假人。苦上户役，入爲衛掾，簿牒治，得上官心，非其好也。甫數歲，邅謁部以省祭歸里，不屑逐升斗之餘矣。乃探篋發藏，縱游汝、潁間。設輕重，視穰惡，緣本得末，廿餘年累資逾萬，即鴟夷子用計然豈有加哉？隱君固心逾下，守逾虛，不爲才長傲，不爲豐易約，繩藏獲寧嚴勿弛，嶄焉檢厲，用恢前人之業，而獨以其暇出。伏臘隆師傅，課子力於學。至於匍匐佐人之急，則又與鄉者鬥智窺機利若陰陽，而拆〔一八〕券棄責比于彈鋏先生矣。是故其舉子觀光獨晚，而以茂才擢黌序獨先。其里人飲德慕義，則又浸假欲與之化，抑何賓賓哉！蓋嘗論太史公稱子贛鬻財致饒益，卒以結駟連騎先後孔子，名布天下，心竊疑之。繇茲以譚，則財何可盡絀哉？承蜩、沒水率有道焉，而況以富足登之禮誼者乎？隱君素嗜養生家言，靜煉性，動煉神，老而矍鑠，更善晚啖，似有所得者。初都諫君在告久之，隱君引大義強起，嶄以直諫報天子。暨銜命東驅，則復扼攬世路之囏，竟鬱鬱以歿。此其人固有嫻乎其大者，可與尋常銖兩之夫同日論哉？予不佞故重有嘉焉。

隱君諱椿，字壽夫，別號兩淮。生嘉靖改元癸未，以今萬曆二十七年己亥卒，得年七十又七。其先曾大父信任，爲某倉大使。大父銳，父源，皆有隱德。母張氏。厥配魏氏。繼王氏，爲壽官枋女，鄉進士允寧姊也。子一，觀光，郡庠生，娶魏學正大觀女。女五，一適平涼知府王忠顯，一適其女兄弟之子武進邦，一適袁浩，其二殤。孫男二：一存仁，聘保寧知府苗煥女；一居仁。卜以本年十月十一日葬武家莊之西原。銘曰：

峨峨太行，佳氣鬱蔥。有美其菀，陟茲素封。既富緊穀，在隱而雄。百千其世，厥慶方崇。

太學生襟川牛君墓志銘

太學君者，義官南山公廷之子，處士朴之孫，仲舉之曾孫也。少聰穎不群，弱冠補博士弟子員，文名籍甚。尋肄業太學，遂爲太學生云。君生世僅四十二年耳，紫色豐頤，兩頷骨前拱，步趨凝重如山，望之者知其爲福禄多壽人也。長算修途，未涉其半而胡爲遽棄耶？溯君之積行，更有不可知者。

自南山公以赤手起家，累資逾萬。君修業而息之，不四五年間，資倍于昔。語曰："君子富好行其德，小人富好適其力。"由予耳目所睹記，千金之子僅僅得志，或以錙銖疏骨肉，或以豪奢雄里閈，或以纖嗇薄親故，即命曰素封何稱焉？君近族某某皆南山公所嘘携成立者，南山公捐館舍，某某私相念君孑然遺孤，必倚我輩如左右手，且牖下鄙儒不閑外事，是奇貨可居者。君策馬抵青、齊、燕、衛之境，召集故所命行賈者，持籌課積，毫髮不爽。尋揚言曰："某可留，某可去者。"留者重其托，去者厚其酬，即千金不吝，去留各得其歡，人人無不感且泣，以爲南山公不死也。

唐安多富室，故以頡頏相高，君一旦資出其上，誰爲甘之？君褆身接物，循循無富厚容，雖屋連楹，田連陌，不以尺寸爭捷，不以睚眦修郤，居然有讓畔之風，人人皆愧嘆，以爲弗及。比歲連遭大祲，人不自保，内宗姓、外親識待君舉火者若干人，君一一資給之，久而不厭。疾病人所時有，君擇知醫者，歲費數十金，施藥以濟之。暴骸不能葬者，予之棺而瘞之。客途被劫待盡如王繼美，匍匐欲死如趙邊葦，不問爲何許人，即解橐中囊償恤之，曰："吾不忍使螻蟻一官淪落不就，且令立稿道左也。"微而方伎，卑而臧獲，賤而優伶，皆御之以恩，各得所望去。其他新廟報神賜，築堤障狂瀾，捐粟賑飢民，一切陰德顯功可爲延年貽慶地者亦復何限，而君之壽顧止此耶？豈富與壽造物者不全以畀人耶？君夙精醫藥，初冒雨感寒，投以温散調中之劑，即霍然矣。乃誤聽庸醫，用大黄、芒硝暴下者，再不愈，則用附子、麻黄大汗之，元氣盡脱，遂至不起。豈定數應爾，君不能自主耶？卒之日，識與不識皆爲墮泪，此可以驗君之素，即松喬之年不以易此矣。

君諱應存，字子中，別號襟川。母呂氏，繼母田氏，事之以孝聞。君以嘉靖二十八年八月初七日生，以萬曆十八年八月初一日卒。配陳氏，處士勤女，備淑德，修閫政，君多賴之。子男一人，文煥，縣庠生，矯矯負青雲器，娶蘇氏，庠生民化女。女三人：一字段榮身，舉人梧之子；一字張茂淳，廩生光璧之子，即予之長孫也；一字龐龐君子文煥。卜于本年九月初三日葬君于鳳翥山祖塋之次，持舉人段梧狀泣請予爲銘。知君者莫如予，乃爲銘曰：

何材弗負，而扼賢關？何德弗積，而僅中年？何哉造物，不畀以全？何以不朽？銘石在阡。

奉國將軍孝泉公墓志銘

奉國將軍孝泉公，隰川恭僖王之曾孫也。恭僖王第六子成鈕封鎮國將軍，生聰泩，封輔國將軍，娶趙夫人，生奉國云。奉國甫十六齡，則輔國已捐館第矣。趙夫人煢煢在帷，用慈垂訓。奉國性至孝，謙抑淳篤，既不以天潢之貴驕人，又不以世祿之風自待。居常嘆曰：“漢、唐、宋宗室如更生、絳、鼎皆樹勳流芬，爲玉牒增重。吾輩悠悠坐食縣官，猶可委于國制使然，奈何事豪奢，損令德哉？”于是茂勤崇儉，狗馬不蓄，衣裘不飾，賓筵無長夜之飲，第侍無二八之娛。南郭、東皋問田築圃，暇則兀坐一榻，左圖右書，澹如也。畚歲爲強宗所侮，竟以自立勝之。晚年世業益拓，操履益慎，方池曲榭，魚鳥日親，優哉游哉，若不知老之將至者。至于口不挂臧否，胸不藏鱗甲，豪不牟齊民之利，足不履郡大夫之庭，從少至老始終一致，信可謂翩翩佳公子矣。

奉國諱俊栦，以正德丙子八月十五日生，以萬曆庚寅正月初十日卒，得壽七十有五。子三人，皆封鎮國中尉，循雅謙儉，綽有父風。長充煬，配鍾氏，經歷衡靈女。次充煌，配宋氏，監生道義女，繼蔡氏，璽女。次充焜，配李氏，縣尉鵬女。女一人，封古密鄉君，儀賓劉高揚。孫男一人，幼，未名。孫女九人，一適關天秩，一適荊好古，一適劉定國，餘幼。奉國之子將以九月初三日卜葬于太平原祖塋之次，乞予銘諸隧石，予乃銘曰：

於赫宗子，本茂枝繁。翩翩奉國，德義不愆。既昌其後，亦永其年。千秋可述，太平之原。

儀賓宜山司公墓志銘

萬曆壬午七月十七日，宣寧王府儀賓宜山司公以疾卒於正寢，其子邦業游太學上舍，訃聞京邸，號跳奔臨。既卜厝有期，乃持庠生李君杰狀匍匐謁予，泣言曰：“不肖孤邦業冢子也，不獲視先君含殮，抱恨終天。倘得籍手仁人一言，鑱諸幽石，先君死且不朽，不肖孤亦不朽。”予方以未訣先太孺人抱罪永恨，聞其言而悲之。遂許焉。

按狀，公諱秉義，字質甫，別號宜山，世爲澤州平川厢人。高祖鳳，曾祖皋。祖潤，隰川王府儀賓，誥封朝列大夫。父玠，授丘縣幕秩，以廉勤聞。母李氏，生公兄弟三人，公爲之長。公體貌頎碩，性質淳篤。髫年遭父疾，内供湯藥，外督農桑，昕夕不少息。仲弟秉禮蚤卒，季弟秉直復不慧，公獨任劬勤，友愛備至，蓋其孝友亦天性也。公既配信成鄉君，封承務郎，聯姻玉牒，稱儀賓矣。以予耳目所睹記，儀賓者類多局博狗馬、娼優絲竹之好，嗜欲若渴，捐財若遺，縱佚游間，世業竟落，其稍自振厲者何寥寥哉！此無異故席厚積，靡俗漸然也。公皎皎不污，屏絶諸好。計縣幕公所遺才中人產耳，蚤夜拮据，節制諸費，持籌較息，贏得深藏，甫廿年，累資逾萬。前所稱游閑者始未常不病其異，卒之拓先業，雄里閈，乃競交口其能也。公素不善病[一九]，一病顧弗起，詎[二〇]生嘉靖十五年六月廿日，得壽四十有七。男子二人，長即邦業，國子生，娶龐氏，庠生敬女；次邦泰，聘段氏，儀賓尚友女。女子一人，適廩生李培元：俱苗氏出也。

邦業等卜于公卒之明年癸未某月某日，葬公于石店先塋之次，予乃爲之銘曰：

碩人頎頎，作賓王室。孝友之性，實自天植。俗靡是振，勤殖厚封。廿年屈指，世業滋充。壽不逮耇，富則雄里。考實勒銘，公其寧矣！

誥封太宜人吳母何氏墓志銘

太宜人吳母者，誥贈奉直大夫吳慎齋配，吳念虛先生母也。先生治吾澤號良二千石，太宜人實儀迪之。太宜人即言不踰梱而邦人至今稱之，如歌妊姒也。乙未春，先生自東郡述職謁歸，爲太宜人壽，因留依膝下，圖百歲之養。而今且以訃來，以志若銘屬。余南向潸然隕涕者久之，已而讀所爲狀，則又擊節頌太宜人之聖善乃滋備也。

太宜人出自廣昌何氏，蓋乃名族云。夙失怙，獨蹭蹬嫺姆氏訓。十六年而歸奉直公，則前室惸然二女在焉，太宜人輒能卵翼[二一]，不啻己出。奉直公淹諸生中，殊自苦。太宜人拮据佐之，動以義命相規勉，不作牛衣泣也。太宜人年二十九而奉直公先背，時王姑謝孺人頹焉耄矣，舅氏東野君暨姑氏李孺人方種種堂上，念虛先生纔舞勺，而仲季輩又呱呱待哺啼褓間。太宜人痛甚，立分死已，彊起飲泣而抱奉直公遺命，則取其大者，矢兩髦從之。太宜人固淑而多才，隨受家，秉內政，嶄然朝夕，王姑而下靡不得歡。東野君雅勤伏臘祀事，又愛客，隆師傅，太宜人爲雞鳴盥櫛效之，應命惟謹。東野君幸甚，謂奉直公固在。而念虛先生輩退奉程督，籝燈熒然，伊唔不少懈也。先生以甲子魁于鄉，辛未成進士，守武定，尋得調吾澤。太宜人潘輿隨所之，則時歔歙，謂先生曰：“徼天之靈以有今日，顧吾奈何甘而禄？其以而翁志布諸百姓，勿相忘。”蓋奉直公後期年而謝孺人卒，又更數年而舅姑兩尊人次第得考終，太宜人謂是可歸報奉直公於地下矣。念兹箕裘，其惟今日〔二二〕。將因〔二三〕緣益光大之。居常禮佛，爲慈悲心，喜施予，衣浣茹〔二四〕素，獨孎所贏，務起人之瘠。諸姻黨貧不自贍、死無以殯者，輒爲就深淺匍匐以之，雖詩人所侈不是過也。嗟乎！太宜人以睘然孤嫠，出萬有一生之餘爲吳氏勤俯仰，斯已難矣，而甘茶如薺，細大咸得，至老死不少倦，雖士人君子有爽然自却者，此可與尋常媼婦輩道哉？制以太宜人因子貴爲請旌命，一時直指、督學諸使者采輿人議，褒揚有加，將庸爲史册光。太宜人自是共天壤不朽矣。

太宜人生以嘉靖庚寅年三月八日，卒以萬曆丙申年正月十有五日，春秋六十又七。子男三人：長即念虛先生，諱某，歷東昌郡守，娶何氏，封宜人；次思齊，娶謝氏，繼娶賴氏；次思敬，爲博士弟子，娶易氏。女二，長適劉世芳，幼殤。孫男十一：長履和，太學生；次履貞，庠生；又次履純，履中，履期，履直，履久，履偕，履遜，履旭，履全。曾孫男六，尊生，尚生，慶生，新生，睿生，百生。念虛先生將以某月日卜葬太宜人於某所。予固雅習太宜人，且握風紀之重，不敢爲諛〔二五〕，謹志其〔二六〕懿行若此，則又爲之銘曰：

謂母也賢，婦德□□。謂母也婦，爲烈丈夫。心匪石兮洵不可轉，儀九十兮殆不可選。死不愧生，生不愧言。展兮其邦之媛。風儀在庭兮龍合在淵，千秋馬鬣兮光燭於天。

校勘記

〔一〕“郎”，底本漫漶不清，據抄補本補。

〔二〕“歲”，底本漶漫不清，據抄補本補。

〔三〕“司”，底本漶漫不清，據抄補本補。

〔四〕“若”，據文意疑當作“右”。

〔五〕“慧”，據文意疑當作“惠”。

〔六〕“郗”，據文意疑當作“郄”。

〔七〕同上。

〔八〕“詎”，據文意疑當作“距”。

〔九〕“咼”，據文意疑有誤，待考。

〔一〇〕“也”，底本漶漫不清，據抄補本補。

〔一一〕“詎”，據文意疑當作“距”。

〔一二〕“即”，據底本目録當作“郎”。

〔一三〕“濕”，據文意疑當作“隰”。

〔一四〕“凊”，據文意疑當作“清”。

〔一五〕“邑”，據文意疑當作“腋”。

〔一六〕“凊”，據文意疑當作“清”。

〔一七〕“嬯”，據文意疑當作“嬟”。

〔一八〕“拆”，據文意疑當作“折”。

〔一九〕“病”，底本漶漫不清，據抄補本補。

〔二〇〕“詎”，據文意疑當作“距”。

〔二一〕“卵翼”，底本漶漫不清，據抄補本補。

〔二二〕“日”，底本漶漫不清，據抄補本補。

〔二三〕“將因”，底本漶漫不清，據抄補本補。

〔二四〕“衣浣茹”，底本漶漫不清，據抄補本補。

〔二五〕“諜”，底本漶漫不清，據抄補本補。

〔二六〕“謹志其”，底本漶漫不清，據抄補本補。

祭　文

祭少保王文端公文

　　光岳氣分，真才間出。端揆地峻，名世間值。多才如晋，公實其尤。多輔如明，公鮮其儔。公貌惟何？岩岩萬仞。公器惟何？汪汪千頃。瓊琚玉珮，公之文章。鑒空衡平，公之肝腸。探驪之珠，折鹿之角。載筆詞林，橫經講幄。才本王佐，學爲帝師。爰從銓貳，蚤踐台司。宋可匡姚，房更資杜。密勿同心，夷我王路。參陪未幾，遂秉國均。不動聲色，正笏垂紳。商鼎自調，周袞獨補。中外欣欣，式歌且舞。豈無憑社，亦有含沙。惟親衆止，以杜群邪。國本叢疑，諫章驟入。天子震怒，降旨譴黜。公持不下，請開延英。封還內降，冀悟聖明。未睹轉圜，翻同激石。曾是好名，願乞骸骨。子房翼漢，長源安唐。公之顯諍，功足相方。公如神龍，霖雨八極。能見能潛，不尸其迹。又如威鳳，鳴于朝陽。翩翩五采，千仞翱翔。公身雖歸，帝心旋悟。乃建元儲，如公之愫。誰非輔弼，首鼠何多？且前且却，名亦不磨。帝念公忠，遣使存問。公言既行，公復何病？佇望公起，救我蒼生。豈其厭世，遽游太清？帝益興嗟，摧我梁棟。加秩易名，恩恤優[一]重。養蒙不穀，荷國士知。左提右挈，終始弗渝。林宗有言，人亡國瘁。公之存亡，安危攸繫。臨風長涕，爲公爲私。典刑已矣，吾將疇依？耿耿列星，公神長在。千里緘詞，遙申一酹。

祭少司寇吳韞庵公文

南國多奇，公才可數。瑞肇紫陽，籍通瓊圃。釋褐起家，升華水部。專典越城，噢咻循拊。治行焯焯，齊芳卓魯。帝曰良哉，維浙爾怙。藩臬薦揚，翱翔獨苦。茂樹勛猷，久虛崇嫵[二]。方晉容臺，俄傳開府。保障中州，揆文奮武。露浥銅臺，霜凝玉斧。河不驚瀾，閭皆按堵。帝曰良哉，邦刑爾主。進陪秋卿，錦游故土。班聯八座，養逾三釜。塤奏簫鳴，其樂詡詡。爲里之標，爲國之柱。居無何兮，恙生膝腑。浹旬未彌，侵以二竪。天不憖遺，遽摧棟宇。騎尾與箕，返真玄圃。某代匭河陽，獲承篷羽。左提右携，佩鞭負弩。臭味偶同，保厘何補？擬入留京，步趨繩矩。訃報江湄，涕零飛雨。徒拜公堂，委蛇莫睹。一死一生，遂判今古。公將焉之？我行踽踽。有醑在卣，有粢在簠。灑淚陳詞，公其不吐。

同門公祭賀文南老師文

嗚呼！西江灝渺，夙多偉人。我師繼起，籍甚厥聲。藝圃抽英，成均質縈。射策金門，遂奪其錦。彈琴鳴鶴，溧水之陽。烏臺簡任，實司紀綱。綉斧光臨，惠我三晉。惟晉有材，矯矯龍奮。文衡再秉，四輔范型。參苓术桂，藥籠之珍。廷尉持平，肺石無枉。于門可高，王國以長。豈不夙夜？二竪忽侵。乞歸一疏，悠悠我心。松菊未荒，丘壑不淺。樊有青蠅，忽來見點。槐柳并列，田魏相傾。誰能察察，嗤彼營營？世態紛紜，從古若此。朝露易晞，河清難俟。位不酬抱，歸不待年。冥心造化，蟲臂鼠肝。冀甲方周，妖夢遽踐。命實爲之，百身徒憾。薦賢爲國，古稱上臣。癸酉多士，盡在公門。某等幸辱栽培，敢私桃李。報國報師，永言共矢。修途伊阻，執紼無從。生芻束錦，灑泪臨風。

同年公奠劉書川老師文

嵩岳降祥，河洛鍾瑞。誕啓先生，展也偉器。掞藻擷華，蜚聲芹閟。名冠賢科，早偕計吏。甲第載登，鵷班委佩。尋司武選，清肅視躬。世胄罔賄，猾胥寢奸。於赫穆廟，裕邸龍潛。戀簡宫僚，武選獨賢。移屬宗伯，翰秩仍兼。日參鶴禁，獻替不愆。穆廟龍飛，覃恩舊學。晋爵璽卿，報告方岳。時維宰臣，專權恣憸。投劾失歡，斥守興國。尋擢晋臬，學政攸宗。士沐愷悌，化雨春風。分守商洛，督學關中。諭俗陶儒，清譽〔三〕益崇。未幾脱簪，洛下容容。

嗚呼！先生之中外揚歷〔四〕，操履公忠。宜躋上壽，宜膺顯庸。奈何官未逾乎四品而輒以忤退，壽未逮乎五旬而遽以永終？天道窈冥，人事難測〔五〕。不永者年，玉樹庭植；中詘者位，鴻恩世食。天其大有意于先生，先生亦可無遺恨于地下矣！某等咸爲造士，留官金臺。戴恩未報，聞訃銜哀。徒臨風而灑泪，悵執紼之莫偕。陳荒詞而敬奠，冀俯鑒此悽懷。

公奠同門吳繩庵文代作

嗟嗟吳君，詎止此耶？丁丑之春，予分校禮闈，得士二十有一人，君與焉。臚宴之夕，相率謁予于邸第，予始遍扣其人而識之。當是時，君固强仕之年，恂恂然一長者，意他日必大受厚享士也。未幾，君剖竹令烏程，便道歸省，栖遲未發，而二親見背，遂守制家居。當是時，予亦守制旋里矣。未幾，又聞君以疾謝世矣。

嗟嗟吳君，詎止此耶！以君之才學，僅博一第，位不過一令，壽不越五旬，天意已不可究詰矣！且聞其卧疾也，以庶孽之變憤懣鬱抑以死。其[六]死也，少婦在帷，弱息當戶，爾室不睦，竟將疇依，君其能無遺憾于地下耶？此予所以深爲君惜而泫然長涕也。予制滿赴講筵之召，入自都門，同門二三子道君之死之故，無不歔欷墮淚者。國失一良士，吾門失一良友，即在吳氏，又誰與亢宗者哉！此予與二三子所以深爲君惜而悲嘆不已也。要之死生逆旅，變故浮雲，天既厄君之身，亦必昌君之後。君而達觀乎此，自可瞑目于地下。予與二三子亦爲君寬之矣。師生之誼，兄弟之情，托諸奠詞，遙寄丘隴，君其鑒之。

同門公奠黃惺吾乃翁文

和璧光融，干將龍躍。厄于楚庭，室其銛鍔。惟公綺年，名譽昭焯。發爲文詞，波涌星曜。屢試弗售，優游一壑。晚蒙湛恩，章報有爍。惟公素行，率繩履約。施及閭鄰，飲醇荷澤。何膏弗明？何種弗穫？乃有令子，堂構克拓。馳驟天衢，風雲磅礴。署中紫薇，階前紅藥。實具鍾釜，以承公樂。京邸晨昏，一堂唯諾。時手簡編，嗒焉自若。耄期將至，體履曡鑠。方來寵[七]光，言命之爵。胡遽乘鸞，游神寥廓？某等通家，分誼非薄。俄承哀問，既悲且愕。緬彼老成，今不可作。曷抒我誠？陳詞奠酹。靈兮歸來，尚歆冥漠。

六科公奠楊宜庵乃翁文

哲人崛起，秀毓大方。有偉其度，玉質金相。談詩解頤，冀之匡鼎。矜帶峨峨，孰躐其景？爰升西蜀，載薦南宮。《長楊》一賦，司馬流風。粉署含香，柏臺佐憲。中外踐揚，聲猷斯遍。有玄可草，無閣可投。故吾猶在，拂袖林丘。乃有嗣賢，世其家學。接武雲霄，翩翩奮踔。滇邑治行，簡在九重。汝作耳目，惟明惟聰。禁闥從容，拾遺補闕。讜議日聞，凜乎風節。杯棬茹痛，扶襯[八]西歸。倚廬未幾，公遽乘箕。稀壽垂登，嗣美有托。得全全昌，厭世非薄。某等嘉與令嗣，先後瑣垣，通家誼重，傷蔑何言？束帛瓣香，椷詞寄奠。錦水巴山，溯風凄嘆。

祭閻地山翁文

有美閻宗，溯源泫氏。疇其亢之？實自翁始。金神入夢，感而生翁。蚤歲岐穎，矯矯人龍。采泮水芹，振詞壇羽。秋月鹿鳴，升于天府。下帷緼藉，搖掌青雲。數奇南省，躑躅都門。爰用選人，漢庭分竹。茂宰清豐，父母孔鞠。宓琴潘雉，化洽四郊。寧陽再徙，士女攀號。兩邑飛鳧，貞操卓望。直道忤時，風塵骯髒。寧能俯首，曳裾王門？還我丘壑，綠髮抽簪。位不仇才，施不竟抱。白水之湄，哲人高蹈。乃開北第，乃拓西疇。省耕課讀，歲月夷猶。謝爾紛華，守茲溪谷。人亦有言，自貽多福。徵祥哲嗣，顯允二難。伯魁省薦，仲藉賢關。矧是孫曾，芬芳蘭桂。翁樂誰如？膝前四世。皤皤黃耇，賓于澤宮。郡守飲之，三讓益恭。七十六齡，慎桃集慶。不杖而行，神完氣勁。僉曰難老，如彼松筠。妖夢忽兆，坐奠兩檻。鶴馭太清，飄飄何往？耆舊凋零，輿情悵惘。養蒙不肖，夙翁是欽。朱陳再講，世好攸尋。邇歲不天，大憂接會。翁也憐之，弔唁相繼。曾未數月，翁亦溘焉。追惟德雅，涕泪長潸。祖哉有期，拜柩一奠。雲慘繐幃，儼翁降鑒。

奠蘇孔鄰憲副文

嗚呼！有赫蘇宗，慶源厚衍。孰發其祥？自公始□[九]。□[一〇]年矯矯，藝苑楊芬。秋風丹桂，燕奏鹿鳴。射策彤庭，翩然入彀。并駕曲江，袍笏待漏。出宰凫縣，維周之都。案無留牘，庭有懸蒲。剔蠹洗冤，渝煩搔痒。謠[一一]播青天，薦書日上。入佐鳩署，三尺稱平。移司邦計，廉惠蜚聲。主德聖明，爰咨臺諫。簡書瑣臣，公膺其選。忠惟抱赤，志切批鱗。侃侃正議，爲時直臣。直道忤權，奪我瑣闈。一麾而東，朝留風節。萊兗重地，先後飭循。吏避資斧，氓樂更生。千里江防，崔苻時警。一振軍容，水氛坐寢。帝眷西顧，再撫三秦。耄倪歡[一二]頌，舊德新仁。望重薇垣，名高棠蔭。夙夜在公，勞瘁獨任。誰將貝錦，遽點青蠅？彼構言者，亦獨何心？趨入里門，怡愉大嘯。我有良田，長林豐草。無端二豎，早已相凌。彼蒼不吊，德曜忽沉。位不配才，年不配德。薦紳咨嗟，里巷驚盡。某等情托姻□[一三]，義投□[一四]漆。音徽猶在，楚些難招。束帛生芻，薄言爲奠。公神何之？儼垂降鑒。

祭趙心海憲副文

澤夙多才，矯矯龍奮。久厄賢科，自公再振。公之學行[一五]，蚤焯泮芹。起家釋褐，所至飛聲。剖竹樊川，謠興[一六]活佛。召下秦中，爭攀其轍。直鉤弗餌，分計留京。彼主爵者，亦獨何心？士論讙然，南轅獲返。賦董湖湘，脂膏不染。職金外帑，宿蠹一清。魚陽轉餉，萬竈回春。閫外需才，胸中富甲。西顧鄜延，屬公鎖鑰。龍圖撫紬，芳軌可尋。懇荒起瘠，惠我軍民。虜入永興，疆吏不職。臣節謂何？乃公之飾。九重萬里，公發其欺。卒然銜之，中以單辭。朝議方清，里門甚適。勉爲蒼生，再持川節。簡書是畏，六月南征。嚇暑煽虐，忽隕厥身。嗚呼！誰謂無天？公誣乃白。誰謂有天？公身乃滅。四品非賤，未究公施。六十非夭，未究公祺。楚些難招，巫陽難問。豈戀西方，遄歸清淨？某與公蘭金投契，姻婭鍾情。丁年結綬，丙夜談心。把酒河梁，相視哽咽。何意分襟，遂成永訣？星駿過里，哭公於堂。音容頓隔，寧不痛腸？有肴在盛，有酒在爵。奠公以文，公神可作。

祭苗謙齋封君文

惟公之文，蜚聲芹泮。衿帶峨峨，孰窺其岸？惟公之行，焯譽鄉邦。圓不隨俗，方不失常。搏彼秋風，豈無健翮？未睹扶搖，惟數之厄。孤嫠可恤，姜菲何心？將肆其毒，先隕其身。積慶乃鍾，如種斯穡。亦越嗣賢，紹其家學。翱翔桂藉，騰踏天衢。公所未得，實厚其雛。赤縣淪膏，香曹贊計。公所未施，于茲弘濟。鍾釜可樂，板輿久虛。戀戀丘壑，結擁驪駒。帝錫溫綸，嘉爾式穀。再命之榮，亦孔之馥。公不自滿，愈履謙冲。可能豪舉，穢我素風？安步當車，縫衣當綺。日日慎桃，攖寧而已。嗣公叱馭，非易循陔。公命無諧，聞猿愴懷。返駕長驅，不憚九折。公不少延，竟阻永訣。父兮罔極，何能爲情？含斂未視，堂斧則親。誰皆百年？逾稀望耋。誰皆食報？綸封再接。世所欣艷，富壽榮名。公享其備，疇與之倫？某等誼講未陳，情關肉骨。吊公於堂，有淚簌簌。酒肴既潔，侑以片詞。公神可作，尚其鑒茲。

祭同年林清宇文

於惟吾澤，接踵賢科。越在東鄙，寥寥奈何？有山則深，有谷則邃。豈無聞人，鍾茲靈瑞？公也崛起，頭角[一七]嶷然。易耕而讀，邁迹獨賢。弱冠操觚，洽聞強記。采泮水芹，樹詞壇幟。秋風振翮，僅讓一籌。我晋人士，允拔其尤。四上春官，竟爾點額。兩宰花封，惠流蒼赤。黃堂贊政，藉甚才名。胡爲見中，市虎樊蠅？俄而隴西，俄而江北。五斗何心？飄然解紱。春花秋月，興寄東山。黃金易盡，白髮誰憐？曾未幾時，遽嬰痎疾。揮手人間，神游八極。嗚呼！一第何常？紛紛入彀。如公之文，終於一售。一官何事？碌碌橫金。如公之才，屢值其屯。凡厥有生，氣厚者壽。如公之身，古稀未遘。某等當年附驥，蚤歲投膠。巫陽難問，楚些空招。束帛生芻，炙雞絮酒。灑泪几筵，公其鑒不？

祭趙岳父文

嗟我岳父，質直之性，强幹之才。渥乎其容，端乎其度。蚤歲固以資貌推擇爲掾，非其好也。曾未逮者，脱巾而歸，優游山林，絶迹官府。惟與樵人、牧子、圃老、畯夫，東壁西鄰，南村北里，修伏臘，占晴陰，叙寒暄，畢婚嫁，悠然樂之。倘亦有龐鹿門、鄭谷口之風乎？年過五十即謝家政，付之二子。性嗜酒，或對客[一八]飛觴，或臨軒獨酌，陶然而醉，灑然而醒，外形骸[一九]，齊[二〇]豐約，庶幾哉得全于酒者。歲在丙子，予以計偕爲[二一]別則岳父病矣。自言面無病容而髀肉消半，氣喘語急，痰嗽時有。予疑或多飲所致，勸其止酒薄味，療以清凉之藥，漸當平復。比予叨制科，入中秘，雖歲時通訊而遘問無由，計別來二載餘而岳父竟鶴升矣。訃聞京邸，盡室驚悲。壬午歲，予持節封秦，冀遂省覲，乃道聞先孺人之變，號跳抵家。逾歲，先封君亦棄養焉。接遘大憂，煢煢在政。兹者屬岳父窆穸卜告，乃始獲一奠于靈几前。門户依然，音容永隔。陳詞寫愫，有泪長潸。嗚呼痛哉！

同年公祭賀文南老師乃堂太宜人文

嗚呼！婦德之貴，惟淑與順。母儀之令，匪育伊訓。惟是二者，古難其兼。婉婉夫人，具美靡愆。始相大夫，克揚厥聲。宜于姒姑，以洎族姻。大夫之學，克相以勤。大夫之仕，克相以清。大夫之婦，若爲弗聞。潔我樽罍，以娱友賓。既相厥夫，亦成厥子。惟御史公，爲[二二]吏儀軌。始令于常，撫惸育嫠。頌碑峨峨，溧水之湄。人謂公德，甘棠是追。公顧曰嗟，母式之貽。既徵南臺，揚歷中外。引維絜綱，流清決穢。人謂公德，如彼霖霈。公顧曰嗟，母訓攸賴。公之所至，民祝而思。祝之伊何？如魯頌僖。爰及壽母，黃髮期頤。伊母之德，壼閣是師。伊母之福，百祿孔綏。副笄六珈，象服是宜。綸綍自天，有赫其輝。胡不百年，嗇者其誰？伊母訃聞，公哀立摧。匪公之哀，士民斷悲。民奪之父，士奪之師。矧是吾儕，公所大造？視彼恒情，曷勝痛悼。痛悼徒殷，執紼靡從。長跽陳詞，溯彼北風。千里一奠，以薦厥衷。

同年公奠陳岐岡乃堂文

有鳳鳴陽，五花燁燁。起自河東，產於丹穴。丹穴惟何？是曰孺人。早閑閨訓，淑德有聞。洵美封君，鳳友爰卜。孺人歸之，鏘鏘和樂。媚姑當戶，閫政尚嚴。孺人承之，能同其歡。春井獨操，機杼自手。東方既明，篝燈在牖。誕茲侍御，時稱鳳毛。和丸斷織，母氏劬勞。棘院揚芬，彤闈射策。帝曰賢良，賜第通藉。剖竹秦隴，安車以從。陶繢不薦，百里清風。召拜西臺，觸邪指佞。淮海霜棱，孺人之訓。方新綸命，已逾稀齡。翟冠象服，雙壽長春。唯侍御君，晝游持斧。畏此簡書，不遑將母。豈期一夕，寶螰[二三]忽沉？訃聞京邸，吊者填門。一子各天，竟阻永訣。此恨何堪？一涕一血。某等通家世講，梓里後生。視母猶母，傷爽同情。念彼嗣賢，惠文柱後。母年有涯，名則不朽。緦帷遙望，執紼無從。陳詞遣奠，灑泪隨風。

祭苗安人文

語云“妻從夫榮，母以子貴”，此常論也。然亦有夫不必其初醮而榮則過之，子不必其自生而貴則過之，備觀安人，殊可醮〔二四〕羨。蓋安人以封主事公爲之夫，固非有指腹之盟、結髮之契也，再簡修儀，繼主壺政，蘋繁改托，伉儷重諧，儼然稱令婦者幾五十年；以太府君爲之子，又非有懷胎覆卵之恩、推乾就濕之苦、含餳着絮之慈、畫荻和丸之教也。翟冠象服，玉珮金鐺，重錦時披，雙鬟列侍，赫然稱嚴母者逾三十年。嗚呼！代有名家，郡多鼎族，豈少素媛，亦有黃嫗。或久富而暫貧，或先勞而後逸，或班席易間，或萊彩難逢。如安人者，井臼不親，筐筥未試，入門即主母，坐堂即尊姑，不鞠子而撫孫，不孕女而禮婿，恩弘錫類，孝等嗣徽。此貴此榮，獨全獨厚，逾七望八，鶴馭遥升，安人真無遺憾於地下矣。嗚呼！誰築誰居？誰炊誰食？太府之心，想更悲惻。某之次子，幸忝東床，陳詞一奠，庶舉予觴。

告祖考妣受三品封焚黃文

恭惟我祖考孝友之行洽于宗盟，忠信之風孚于里閈。厚積薄享，貽我後人。邁迹賢科，位躋九列。三年奏績，帝用寵嘉。亞卿崇階，特推及祖。我祖妣令姿貞範，亦茂膺淑人之號。制詞褒美，足闡潛光。惟是生晚歲遥，音容未睹。感今推昔，悼慕徒殷。敬製紫綬、金章、翟冠、象服各一副，附奉靈御，伏祈鑒歆。更篤祐我孫枝益綿，昌乎世澤。謹以柔毛剛鬣、粢盛醴齊恭申虔告。

告考妣受三品封焚黃文

恭惟我顯考秉性剛方，賦才卓犖。蚤游芹泮，士讓其文；晚樂丘園，人高其行。身雖屈而未試，慶則積于有餘。垣墉裕作室之謀，詩禮垂過庭之訓。養蒙淵源克紹，甲第新開。春省秋垣，皇恩再霈。生前身後，綸命重光。迨揚歷乎兩都，遂晉躋乎九列。三年奏績，帝益寵嘉。溯詒穀之令猷，體顯揚之初願。亞卿峻秩，特用推崇。我顯妣孝敬提躬，慈和逮下，式端壺範，蔚有徽音。乃由孺人載進淑人之號。龍章鳳藻，三錫帝廷。褒贊之詞，視昔加美。惟是音容日遠，追養靡從。祇奉璽書，增傷罔極。敬製紫綬、金章、翟冠、象服各一副，仰充靈御，伏祈鑒歆。尚祐啓我後昆，愈光昭乎先德。養蒙不勝感慕摧咽之至，謹以柔毛剛鬣、粢盛醴齊恭申虔告。

告祖文

養蒙以二十二年九月十六日蒙恩升都察院左僉都御史，協理院事。中臺重地，綱紀百司。九列崇階，頡頏四輔。祇尊先訓，叨荷廷推。餘慶所貽，不勝感慕。敢不上匡國是，下正官邪，永肩一心，光我世譜？謹以柔毛剛鬣、粢盛庶羞用申虔告。

告祖文

養蒙學本家傳，才非國器。南床北院，叨冒良多。兹者伏蒙聖恩升本院左副都御史，協理院事。位班三事，職并六卿。匡定朝常，總持風紀。惟是慶源衍積者厚，所以澤蔭芘藉者弘。追溯厥由，實深感荷，敢不愈堅晚節，確守素心，上酬稱乎祖恩，遠光顯乎先德。謹以柔毛剛鬣、粢盛醴齊用申虔告。

告祖文

貽謀自祖，實浚慶源，繩武推孫，聿昭善報，故德澤必百年始厚，而祿仕亦奕世重光。養蒙奮迹賢科，位躋九列。長子光房嗣登甲第，榮授中書。宦業彌昌，書香愈遠。此皆憑藉祖考之積慶，何以酬答君親之洪恩？惟孝惟忠，從今益勵。流長蔭茂，追溯所由，謹以柔毛剛鬣、粢盛醴齊恭申虔告。

告祖文

嘗聞盛德之後其嗣大昌，積善之家餘慶駢集。養蒙不肖歷官二十六載，孤忠自許，位列九卿。第一子光房再登黃甲，第二子光斗、第三子光奎續沐恩蔭，先德之憑藉可謂弘矣。茲者第四子光樞、第一孫茂初又并入郡庠，紫綬青衿，後先接武，書香益遠，世澤彌光。水木本源，敢忘所自？謹以柔毛剛鬣、粢盛醴齊用申虔告。

告祖文

無子則立嗣，賴以延一脉之傳；有子則還宗，方可篤一本之意。向者二親念兄啓蒙年遇四十未有子息，命養蒙以第三子光奎爲之嗣，會親告祖，禮也。至萬曆戊子，兄生子光璇，蓋在立嗣五年之後。今兄身雖謝世，而光璇年已長成，既有子矣，又何繼焉？茲特令光奎還宗，庶名實不淆，情理兩合。總之，下全兄諾，上體親心。謹以潔牲醴齊用申虔告。

告祖家廟成安神主文

古者大臣必有家廟以祀其先，仁孝之心于斯爲重。養蒙登第二十八年歷官叨至三品，向者身游薄宦，未遑經營，兼之宅近市廛，恐致喧褻。茲卜美地，高枕北崗，襟帶河山，風氣完美，固顯考平日登眺所甚許可者也。仰遵先志，鳩材飭工，今已落成，門堂清肅。恭奉神主，履吉尊藏，瞻禮几筵，洋洋如在。尚佑啓我後嗣，益弘振乎前猷。雲霄增甲第之光，風木永蒸嘗之獻。謹以柔毛剛鬣、粢盛醴齊用申虔告。

閣　試

内訓韵語

　　兩儀肇立，厥分陰陽。后參陰教，君統陽剛。陰陽既正，內外有章。陰教允肅，陽德彌光。粵稽古昔，內助咸崇。嬩汭嬪虞，姒氏興周。姬籙載衍，實惟任姜。明德翊漢，長孫毗唐。女中堯舜，宋祚斯昌。彼昏不知，敢忽帷房？薰柱貽孽，裂繒招殃。風靡綺閣，變起霓裳。揆諸慶代，奚啻霄壤？淑慝一別，治忽攸彰。赫赫帝后，可容怠荒？時誦《采蘋》，承筐是將。蕭雍在廟，潔[二五]修蒸嘗。時誦《葛覃》，絺綌是庸。鷄鳴儆戒，夙夜不遑。小星慈洽，魚貫恩隆。和樂宜之，妒忌不萌。翟瑜在御，曳綈飭躬。宮閨效之，儉德益弘。脱簪納誨，茲服臨堂。片語回天，比于廷良。六嬪九御，粉黛盈宮。無然嬉狎，廩廩在旁。八珍環列，阻饞是皇。蘭寢雖安，念恤逋亡。外政勿預，牝鷄勿鳴。言不逾閫，壼政以清。田竇勿縱，請乞勿容。憑藉寵靈，或易朝常。劉傳班誡，彤管焜煌。陳之户牖，罔敢不臧。矧我高后，懿則洋洋。欽哉訓詞，徽音莫忘。

議處京操班軍疏

　　臣竊惟天下之大勢在王畿之重輕，王畿之大防在武備之强弱。方今治安既久，武備漸弛，勿論天下，即京營之弊已甚，而其所尤甚者則京操之班軍是已。臣伏考之令甲，自我成祖文皇帝建都幽燕，密邇胡虜，在京設五府七十二衛，隸勝兵三十餘萬，以寓居重馭輕之意。又歲起大寧、中都、徐、豫、青、齊之軍，更番赴京操演，此其睿算深遠，難言之矣。一則可以壯王畿而負常尊之勢，一則可以威四方而消不軌之謀，一則可以備調遣而潛抑京軍之驕惰，誠得內外相資相制之術而貽久安長治之規也。行之幾二百年，沿習故常，弊孔百出。起班者曾無實伍，操演者徒具虛聲，或困于宦豎之侵漁，或苦于工役之傷瘁，以致虛糜糧餉，實效罔收。

曩者經正統乙巳、嘉靖庚戌之兩大變，至調邊兵入衛，而京操之軍曾不得匹馬半鏃之用，亦惡用此輩爲也。臣愚不知兵計，竊據今日之弊而思振飭之力，其大要有四：

一曰重領操之官。夫班軍起操，有把總以帥之，有都司以統之，非無官也。然以紈袴之庸材而負貪殘之梟性，剋糧索賄，鞭笞橫加，甚且有納其班值，不令起行抵京，點操隨時僱替者矣，此所謂債帥也。謂宜愼擇廉明之武弁，畀之統領，都司不索賄于把總，把總不索賄于班軍，則剋剝之風清，代替之患免，而良將之幕皆精兵矣。

二曰揀應操之卒。夫衛所軍丁，老幼者半，壯健者半。老弱者坐屯而食，猶謂虛糜。今遇班操之期，一概撥發，肩不能任戈戟，手不堪執弓矢，而關給月糧多于坐食，此所謂冗卒也。謂宜愼簡蹻捷之衛士上之京操。年二十以下、六十以上者悉汰除之，責補其家之壯丁，勿得徇囑納賄以冒糧備數，則投石超距之士畢集于團練而隊伍不爲冗涸矣。

三曰恤班軍之苦。夫外衛軍丁家多貧窘，每當操備領月糧于官庚，而貼班錢于私戶。今之行糧，毋論官減其數，有已下班而猶未得支者。私戶之錢亦揹勒弗以時給，枵腹就道，無怪乎老弱之濫充而壯健者之幸脫也。謂宜優恤其奔走之勞，道路之費，凡月糧、私錢，官爲趁期追給，又不以無故之搒掠殘其肌膚，則不待椎饗之惠而少壯者爭就班操，士氣且自奮矣。

四曰務京操之實。夫兵而不操與無兵同，操而不實與不操

同。今抽外衛之軍分班操演，將精練技藝以備征調、固根本，非
爲工役設也。一入京門，輒充雜役，始猶云借用，今則以爲當
然，而貪婪監督之宦竪且多索其名數而重折其工值矣。剥膚之
苦，最沮喪士氣。謂宜將起班之軍與京營甲士嚴加操練，使耳必
閑鉦鼓之音，目必熟旌旗之色，勿以工作勞其體，勿以折價匱其
財，下班回衛者亦責令衛所掌印官刻日訓練，不致惰冗，則人人
皆熊羆之士而收操兵之實效矣。

此四者議皆成祖立法之初意，而今日之因循玩愒極弊而不可
不返者也。皇上倘能俯納臣言，大加振飭，則武備修而神京鞏
固，封守慎而邊圉肅清，所以復我成祖犁庭之盛而潛弭京營驕惰
之風者即此在矣。臣愚不任惓惓，惟聖明財擇。

不加賦而上用足議

今天下之患安在哉？莫大于賦斂不休而國用稱詘也。主計之
臣日廩廩籌于上，權利之臣日殷殷奉于下，而隨取隨用，隨用隨
竭，卒未睹富足之效，此何以故也？將謂財之在官與？則内府以
好用請，水衡以工費請，大司農輒告匱焉，非在官也。將謂財之
在民與？則江淮困于轉漕，燕、冀苦于索虜，重以水旱饑饉之
憂，閭閻嗷嗷，不給朝晡，非在民也。先正司馬溫公所謂財利之
數不在官則在民者幾爲虛語矣。夫不在官，則上病；不在民，則
下病。爲國而至于上下交病，此豈細故也哉？

愚竊計之，天地生財，本足以供國家之用，而用之所以不□
者不在于賦之不加，惟在于用之無節。胡不即周、漢之事觀之
也？周之盛時，王畿僅千里耳。以千里之賦，内供上用，外養千
八百國之君，自有饒餘，迨其後王淫縱而求金之令下矣。漢文帝
比歲詔蠲田賦，粟紅貫朽，至于武皇汰侈而海内空虛。此非節與
不節之明效哉？今天下賦有定額，不減于國初，而民無蓋藏，不

可以重困，所議者節用而已。故欲加賦以足用者是刳四肢以充腹也，欲足用而不知節者是注江河以實漏卮也，其舛均矣。聖明在上，慎儉德以先天下，無長楊、羽獵之娛，無聲色、珠玉之玩，無土木、甲兵之快，而詔旨每下，惓惓以節財用是急，復御書于殿壁以自儆。而國用恒不足者無他，有節財之心而耗財之孔未塞故也。耗財之孔，愚不能悉其詳，如內府金幣多沒于貂璫之手，宗藩歲祿漸苦于支派之□；官職太冗而俸日靡，軍伍已虛而糧日蠹；以至光祿慶宴之費，撫賞贈恤之需。諸如此例，其必不可已者固自有常秩在，而其可以議裁、可以計省者〔二六〕亦當審其盈縮之宜，稽其浮實之故，而通之以樽〔二七〕節經久之權，則周成、漢文富足之效庶可致乎！不然，今之間架稅矣，酒酤榷矣，山林川澤之利無一不屬之官矣，乃猶紛紛然議加賦，固非裕民足國之長策。若或巧爲取民之計，如均輸、手實，自同商賈，則其害又甚于加賦。此司馬公之所深不取者，豈聖世所宜行哉？

愚方攻鉛槧，授之握算，不知縱橫，胡敢干主計者之權。第聖天子春秋鼎盛，益明習國事，有如一旦臨軒問曰："今天下錢糧，上供幾何？藩封廩祿幾何？文武官員、京邊軍士俸糧幾何？一歲出入總幾何？"在主計者必熟畫而條對之矣，區區末議又何與焉？

四方言利病一切報罷論

昔者嘗讀《宋史》，至李文靖爲相，于四方所言利病一切報罷，未嘗不愕然而疑也。蓋人君端拱清肅之上，而以四方之利害安危寄之于相，爲相者即皇皇焉吐哺受言，日昳〔二八〕更化，猶恐無以集芻蕘之見，揚祖宗之休，俾害除利興，生民禔福，乃一切報罷，此遵何道哉？及掩卷再思，始知相臣之體固然，而老成之遠致非可以常見測也。夫爲相之體亦有辨矣，處守成之世與開創之世異，相守成之君與開創之君異。開創之君佺傯甫定，制作伊始，非熟審利害、攬罩群策，則無以立綱陳紀而爲子孫千萬世典則之垂。守成之君，祖宗良法纖悉畢具，與民休息，何事更張？惟兢兢然率舊章而奉揚之，自足以貽天下和平之福。故有進循襲之謨于開創之朝則迂矣，有進紛更之説于守成之世則悖矣。

宋自藝祖開基，太宗興國，真宗端冕而繼之，固所謂守成之世，非開創之朝也；正與民休息之時，非制作伊始之日也。文靖爲相，有見于此，故慎祖宗之法，抑新進喜言之士，于四方所言利害一切罷之，此非拒衆謀而忽國事也。蓋賢如賈傅而後有治安之疏，賢如陸相而後有經濟之策，彼漢文、唐德猶不肯用其言，而況曉曉新進之士乎哉？新進之士樂于言之見售，而不顧國之大體。吾想其言不過曰："祖宗之法弊矣！不可以不更也。如此而爲，利可興焉；如此而爲，害可革焉。"聽其言，非不灑灑然足采，而用其言，卒以致紛擾潰亂之憂。且天下無全利，亦無全害。一利之興，人未必蒙其利，而害已伏；一害之革，害固少減于目前而利源已壅；甚有一人以爲利而一人以爲害者，一人以爲害而一人以爲利者，有初陳其利害而中自變其説者。此何如賈、陸之言，而可苟徇以滋國蠹哉？漢世之相業，論者以曹參、魏相爲首。考之漢史，參守畫一之法，醉言者以醇酒，民用以寧；相謹厚稱上意，惟條行祖宗故事，宣治用茂。自古未有不以守法而治、變法而亂者，蓋宰相之用言，譬如良醫之用藥，祖宗之法經百試而皆善，即參、苓、术、桂，足以培養人之元氣而無害；新進之言逞于一試而忘其厲毒，即硝、黃非不可以攻疾，而人之元氣索然萎矣。此文靖老成之見，所以寧罷其條請之空言，而不賈紛更之實禍也。不然，四方盜賊、水旱之事至瑣細矣，文靖且日取而奏之，沖齡之主將以郡縣之艱難而動宵旰之儆戒，況四方利病所當興革正國事之至大者，乃肯輒爾報罷乎？卓哉！文靖之見，真可爲相天下者法也。自是而後，安石作相，不識此體，日取祖宗之成法而輕變之，彼初謂新法大爲民利，而不知宋家之精神、命脉已耗弊而不可收拾。故至今嘉宋祚之盛者以爲文靖貽之，而傷宋祚之敗者以爲安石蘖之也。然則相天下者，信不可以不慎也。

五德之運考

自古帝王受命而興，其嬗代之序載在史策，可考而知也。逮戰國鄒衍，始推言五德之運以決帝王相乘之統。劉向復推廣其義，作《五行傳》。自今考之，有主于相克者，則曰："夏得木德，商以金勝之；商得金德，周以火勝之。"此衍之説也。有主于相生者，則曰："太昊氏始出震，以木德王，次而神農以火，黃帝以土，少昊以金，顓頊以水，帝嚳以木，堯以火，舜以土。"此向之説也。若夫配以五方，分以五色，屬以五音，貫以五數，世代循環，相尋不已。術士家咸祖談之，在儒先則直斥其不經見矣，愚故竊有疑焉。夫五行之用，布濩於天地之間，自一人一事以至于百工萬化，罔不取足，而況帝王重寶，可獨遺之？若謂衍之説盡不可信與，則秦代周，從所不勝爲水德，漢克秦，張蒼等皆云應赤帝之祥，宜尚火德；公孫臣推衍議，言宜尚土德，當有黃龍見。後黃龍果見成紀，蒼議卒詘，此何以驗也？謂衍、向之説盡可拘與，則黃帝、顓頊、帝嚳、堯一姓而所尚頓殊，何秦漢以後不然也？夏之揖遜，周[二九]于虞何？主于克而不主于生也。要之，讖緯、術數之學與星官、堪輿諸家并傳，亦自不可盡廢，但達人之通致，不當拘術士之偏談耳。

蓋論五德之流行，雖足以乘其運而論歷代之世運，亦不必分屬于德。吾聞其有撫五辰、修六府而興者矣，不聞其修一德而興也；吾聞其有狎侮五行、汩陳五行而替者矣，未聞其乖一德而替也。如徒以數尚六、七，色尚青、赤，音尚徵、羽，類而附之，則興者果一德之旺而替者果一德之衰耶？蓋五德之運，天之所以示乎人而非人之所易測；五德之修，人之所以應乎天而自足以維其運。天人之際微乎！微乎！帝王厤數何拘小術定之哉？至謂天、地、人之異統，忠、質、文之異尚，夏、商、周之迭更，此則理之説而非數之説也，是故儒先重之也。漢以後，術士謂唐用火德，宋用土德，我朝受命，有謂其尚火德，有謂其尚土德，紛紛無定。若必拘拘于此，則六朝之更姓、五代之分裂豈五德遂絶而無所乘耶？契丹之滅晉、五胡之亂華、元之代宋又乘夫何德耶？故愚斷以爲不可廢衍、向之説，而亦不必拘衍、向之説也。若夫探五行之精、敬五事之用以斡造化轉移之微權，使吾之德足以當天之運而天之運不至於爽吾之德，此在今日所當競競者也，衍、向之説存而弗論可也。

程　士

人主大公至正之心

論曰：人君端天下之化原者無他，惟持之以天下之心而不以己與之而已矣。何則？人君統一天下，而天下紀綱振替悉屬於君身，顧其端居密勿，奧窔深邃，豈能以一人之力事斷而物料之乎？又豈任一人之情，恣睢自用，拂天下而從己乎？亦惟持之以天下之心。天下之心何心也？天下億萬人，而善善惡惡之心非億萬心也。人主之爲天下而澄神湛思，宰事揆物，必其與天下不拂，而賢否昭明，賞罰畫一，宰執得以行其志，臺諫得以關其忠，則紀綱就理而天下登綦隆矣。故朱子論治天下，莫先於正紀綱，正紀綱莫要於宰執之秉持、臺諫之補察，而歸之以人主大公至正之心恭己於上而臨之，蓋語治本也。試論之。

天下之人亦夥矣！廟堂之上，岩穴之下，賢者抱道而待舉，而不肖者亦厠迹而并馳；有功者跂足而自奮，而有罪者未始不厚貌而自匿。風氣異宜，習俗異尚，莫不各以其欲求遂於上人主者。必以己之意求遂其欲，安得一一而中之？藉令務無爲之理，修玄默清静之風，兀然安坐而委置之乎？是逸豫其心也。倘欲智籠群愚則有時而屈，力并衆庶則有時而催，整齊其一切之法，綢繆其文章，又有時而玩，非以心握其紀綱，何以使天下有治而無亂哉！所謂紀綱者，不過辨賢否以明上下之分，核功罪以公賞罰之施。人主又不能課文吏之具、執操切之術，以一身而獨任之，故爲天下置宰執。宰執者，受心膂之寄以秉持此紀綱者也。又爲天下置臺諫。臺諫者，任耳目之司以補察此紀綱者也。而人主不過以大公至正之心臨之。大公至正之心非人主一人之心，而天下之人之心也。何則？人而有恂哲淵惠、砥行好修者，非獨其賢之自爲當舉，而天下之心有不以爲當舉者乎？人而有崇飾喬宇、比周作奸者，非獨其人之不肖當絀，而天下之心有不以爲當絀者乎？人而有畢智竪勛與敗謀債事者，此非獨其人之喁喁冀賞、惴惴逃罰也，而天下之心有不以爲當賞而當罰者乎？故賢、不肖之等功罪之狀亦紛然不齊。若其賢之當進，不肖之當絀，功之當賞，罪之當罰，所謂千萬人而一心者也。至於千萬人一心，即大公至正之心也。故人主不以己治天下，而以天下治天下。以天下治天下者，付之宰執、臺諫，吾不過以天下之心握其紀綱之術。是故岩穴奧漢果有恂哲淵惠、砥行好修之士，臺諫曰賢，宰執亦曰賢，天子因與之議進焉。其進一人也，天子何私何偏？與天下共陟之而已矣。廊廟朝宁果有崇飾喬宇、比周作奸之臣，臺諫曰不肖，宰執亦曰不肖，天子因與之議退焉。其退一人也，天子何私何偏？與天下共黜之而已矣。又果國家有畢智竪勛與敗謀債事之輩，臺諫曰："某也賞，某也罰。"宰執亦曰："某也賞，某也罰。"天子因與之議賞罰焉。其賞一人、罰一人也，天子何私何偏，不過與天下共賞罰之而已矣。無私之心，大公之心也；無偏之心，至正之心也。大公至正之心非天下之心乎？持天下之心以治天下，故賢奸不共國而治，賞罰不移時而決。是以賢者盈庭而不肖者一不得厕其間，功者蒙顯榮而無功者不得冒有功之賞，則紀綱得其理。故舉天下億萬之衆，不惟俯首馴志，不敢自外于明天子之憲，乃其耳聞目習，咀茹漸染，仰聖人公正之化，鼓舞歡忻于其中，民無乖戾而俗號玄同，休聲旁暢，淳化熙洽。人見聖王之治風移俗易，綱舉目張，以爲總攝而整齊者若是其密，而豈知王者大公至正一念固爲之權輿哉？若賢不進，不肖不退，其何能國？有功不賞，有罪不罰，即聖人不能化天下。君心不公不正，則進退賞罰又何以悉當？是紀綱者治天下之要，而君心者又非治天下之本耶？

予稽治于有唐，當其時風俗於變，政稱上理，而惟堯以如天之心主于上。是故側陋可揚，師錫可用，而方命、嚚訟之輩，即以四岳之僉謀、胤子之至戚不與也。陶唐氏之民是以大和，故其歌曰：“帝力于我何有？”夫帝力且不知，又何有心非巷議之民？皞皞之氣象所以于今爲烈也。此非其彰明較著者耶？雖然，人主一心，攻之者衆，而左右近習又蠱惑君心之尤也。君心一惑，則賢者或以耿直而黜，不肖者或以嫵媚而録，有功者或以苟苴而輒掩，有罪者或以根蒂而蒙幸，非大公至正之心，乃先入之心也。存一先入之心，即宰執、即臺諫一進退則以爲借資，一賞罰則以爲鬻權，天下何由治者？故人主貴清心以屏佞幸，而純心以任宰執、臺諫，天下無不理矣。此又先儒未發之意也。

攬權任人策 [三〇]

問：自昔哲后御世，兢業萬幾，非總攬則專任之，兩者操柄異矣。大都總明英察之主尚總攬，久而弊也，啓內竊之門；恭儉溫文之主尚專任，久而弊也，釀外移之漸。史冊所載可按而睹也。黃、虞三代母容議已，漢而下有不任臺閣者，有臨朝獨斷者，有悉委政事者，有力排群議者，四君初政疇不稱勵精虛己哉？乃弊竟不免，豈攬不蘄於總而任不蘄於專歟？豈攬者非可攬而任者非可任歟？或君道有在，攬與任可相濟，不可遍〔三一〕執與？

洪惟我太祖以神武開基，罷中書而分部院，成祖以聖哲纘緒，建內閣而備咨詢，各有深意，亦可窺測其似否。嗣是若孝宗推任耆碩，厚澤以培，世宗獨攬威權，頹綱以振紀，于實錄諸書甚詳也，可得而揚厲之歟？今皇上春秋鼎盛，益明習中外事，每鋤大奸，剔宿蠹，睿斷一出，天下莫不誦聖德之明；政務咸聽荃輔擬議可否，乙夜省決，天下莫不誦聖心之虛。兼攬與任而兩善之，此萬世一時也。第太阿難持，初心易怠，蓋臣拂士忠愛無己之忱，若鰓鰓焉慮其後者。誠欲永守二祖、二宗之所以得，杜漢、唐、宋四君之所以失，將何道而可？儻亦有大要大本可爲九重保終之一助者乎？爾多士其頌言之，勿諱勿略。

帝王之提衡寰宇者有治體，而弘濟化理者有治要。治體尚飭，故權不可以不攬，而所云攬權者非自用之謂也；治要尚公，故人不可以不任，而所云任人者非偏委之謂也。故攬權而自用，則神太用而勞，精太用而竭，其弊也，徒以啓內竊之門，即聰明英察之主所不免焉；任人而偏委，則偏聽者生奸，獨任者成亂，其弊也，徒以攘〔三二〕外移之漸，即恭儉溫文之主且自蹈焉。此兩者蓋終古不易也。聖主知其然，于英毅果斷之中而不廢咨詢延納之益，于推心造膝之際而不弛杜漸抉微之防，當攬而攬，當任而任，治體以振，治要以弘，此豈非綦隆之休風、聖哲之上務哉？知此則漢、唐、宋之得失可指，而我二祖二宗與我皇上之所以追綜[三三]上古、超越近代者亦得以揚厲其萬一矣。

且攬權與任人之說何昉乎？周公戒成王曰：“自今以後，爾其立政立事。”此攬權之説也。然陝以東則召公主之，陝以西則畢公主之，又何嘗不任？舜之命禹曰：“咨禹，爾宅百揆，亮采惠疇。”此任人之説也。然四凶播虐，流殛有刑，三苗不恭，徂征有命，又何嘗不攬？世儒不察而猥欲分之，其爲攬權之説者則曰：“五味不以口決而以庖尹，則人將輕君而重庖尹矣；五音不以耳決而以樂師，則人將輕君而重樂師矣。”而爲任人之説者則曰：“使士[三四]女化而爲絲，不能治絲；使農夫化而爲禾，不能治禾。”此其説不兩當哉？不知攬而不任則君侵臣職矣，任而不攬則臣擅君權矣，斯兩者蓋相濟爲用而不可偏執也。黃、虞三代毋容議已，漢光武鑒先朝之失，躬親吏事，至以司隸督查三公，其究也，數傳之後政柄潛移，識者疵其中興之未盡美；唐憲宗懲列藩之橫，慨然發憤，凡有大謀悉從中斷，其卒也，九閽之前邪謀頓起，論者惜其大業之不克終。玄宗耽太平而委任林甫，以致忠賢如九齡、韓休等相繼罷黜，漁陽、劍門之禍敗則林甫之爲也；神宗喜新法而專任安石，以致老成如司馬、富、呂輩先後擯棄，熙寧、元豐之紛擾則安石之爲也。夫玆數君者，方其勵精虛己，寧不願駕黃、虞，軼商、周哉？而卒者皆不免於弊，豈其權不可攬而人不可任耶？蓋所貴攬權者，攬之而得其體也。不得其體，而疲精神以爲天下役，何裨于治？此光武、憲宗之所以失而未見其得也。所貴任人者，任之而得其要也。不得其要，而脱事權以與臣下共，何利于上？此玄宗、神宗之所以亂而卒遠于治也。得失、治亂炳炳若此，夫非萬世之炯戒哉？

洪惟我太祖高皇帝神武開基，特罷中書，分置部院。成祖文皇帝聖哲纘緒，爰建內閣以備咨詢。蓋一則懼權歸三公而旁落之弊成，一則懼奧處九重而聽睹之資寡，淵哉！聖心固各有攸當矣。若孝宗推任耆碩，如洛陽、餘姚、茶陵、華容、浮梁皆備宣咨，似顓任人矣。然當承平無事之日，嘉與賢公卿商㩁石書以培厚澤，其時不得不任人也。況四方章奏面賜裁決，其攬固自在乎？世宗獨攬威權，如大禮之議、勛爵之封、鎮守之革咸出廟算，似顓自用矣。然當國事頹靡之日，不與左右謀，獨奮乾斷以振紀綱，其時不得不攬權也。況暖閣問道，和顏賜茶，其任又自在乎？

恭惟我皇上春秋鼎盛，益明習中外事，懲奸剔蠹，霜摧電擊，至睿也；政務悉聽，荃輔擬議，明目達聰，至虛也；威振而群心攝，情孚而眾志輸。醞化日登，至順也：皇皇乎真萬世一時已。執事猶怒然長顧，穆然深思，以太阿難持、初心易怠為慮，豈欲借塵露以裨海岳乎？愚則以為皇上不患不攬權，而患其太察；不患不任人，而患其太疏。當今天步正夷，聖心方銳，國家有大除拜、大典禮、大征調、大刑章與夫督撫機宜、諫臺疏奏，誠當日臨便殿，躬自覽裁。至千百司庶僚各有職掌，街談巷語，浮贗難稽，奈何聽記偵伺，一一煩聖慮也？以是而稱攬權則左矣。輔臣職總機密，責在平章，事隸六曹，原有主者。誠當不時召問，熟計便宜，咫尺天顏，誰敢飾詐？既可以熟察才品，且可以練習萬幾。矧先朝召蹇、夏、劉、馬，故典具在，奈何建白紛紛，猶未荷聖允也？以是而稱任人則狹矣。夫太察則耳目易淆，人將有所窺而穆清之治體不肅；太疏則心膂未洽，人將有所忌而夾輔之治化不弘。故惟廓綱恢紘，以專任為總攬而時收夫獻替相資之益，則總攬愈神；提街挈領，以總攬為專任而時運夫鼓舞不測之權，則專任愈當。即二祖二宗率由是道，今日所當留意者也。

雖然，愚猶有獻焉。夫攬權者利用剛，任人者利用明，而剛與明有外于皇上之一心乎？有所斷而有所不斷，非剛也；有所照而有所不照，非明也；始剛而終之以怠，始明而終之以壅，非剛與明之至也。肘腋易親，第惟易昵，恩數或溢而曲示優容，請乞雖頻而過爲姑息，寧無之乎？有之，則剛者怠矣。冕旒蔽日，貂璫盈前，鑒徹遐陬而不能不近爇于城社，電燭紳弁而不能不改視于披闥，寧無之乎？有之，則明者壅矣。故人君一心，萬化之本也。君欲節則身强固，而剛德之運也不息，可以爲總攬之主；聖學茂則心清寧，而明德之照也有常，可以爲任人之資。此草茅狂瞽之見，或可爲聖明保終之一助者也。惟執事其與進焉。

用才策〔三五〕

問：士能爲可用，不能必世之見用，蓋自古嘆之。譚者乃謂才人類多負氣露奇，所持論不免傷驟與戇與激，以是往往不獲盡用。若賈誼于漢、劉黃于唐、蘇軾于宋誠才矣，而遭時遇主，旋進旋退，竟以疏斥流落終其身，或亦三子有才而不善用之過也。嗟嗟！無才責士，士俯首甘之矣；才不見用，士亦且奈之何？意必有任其責者耶？如徒厚責于三子也，則當三子時不有稱儒者氣象、一代山斗、千載真儒其人乎？《天人三策》何如《治安》一書，佛骨抗章何如賢良置對，正心數語何如力詆連篇，迹其持論，固未嘗傷驟與戇與激也，宜所至見容，所言收效矣。胡爲乎不用？又胡爲乎用之不盡哉？繇斯以譚，于三子何足也？豈才之難合耶？將才之售于世與世所指爲才別有在耶？夫六子皆瑰瑋特達之器，世不常有者，乃令生也以不用含抑，没也以不用被訾，主司竊有疑焉。古今世道一耳，諸士懷才待用，必有慨于中，願聞其説。

人之説曰：非才之難，所以自用者實難，此言似矣，而實不然。才也者，能爲可用而不能爲用者也。譬之騏驥，但能爲騏驥而已，而成騏驥之用者，御騏驥者也；譬之梗梓，但能爲梗梓而已，而成梗梓之用者，制梗梓者也。故才之不用，未可以責才也。夫才亦有責，養之而有所弗完，蓄之而有所弗厚，挾而持之而有所弗堅，此可以責才也；授之而有所弗達，試之而有所弗效，紛然投之而有所弗理，卒然加之而有所弗支，此可以責才也。才之不用，未可以責才也，蓋有棄才者焉。知而弗舉，舉而弗任，任而弗終，棄才者之責也，蓋又有忌才者焉。己未能而人能則嫉，己能而人偶不能則病。門墻之外則薄之而不錄，意見之殊則詆之而不置。君之所信則務以成其疑，君之所疑則務以成其去。位出己上則擠之而使下，位出己下則抑之而使不上。才之不用，忌才者之責也，未可責才也。

漢之賈誼、唐之劉蕡、宋之蘇軾非千古所稱才人耶？之三子者，當其時各挾匡濟之略，遭明智之君，而以放逐、流離困窮零落終其身。遇一失而不復合，功一試而不復收，氣一阻而不復振，人見其終之無成，而遂嘆恨于始之不善爲用。夫立談之頃，爲人慟哭，而以爲驟，誠有似乎驟也；廷對之初，指切左右，而以爲戇，誠有似乎戇也；力詆新法，不遺餘論，而以爲激，誠有似乎激也。獨不曰《治安》一書通達國體乎？《賢良》一策漢、魏無比乎？力詆連篇爲國爲民乎？如謂三子不善爲用，然亦有抱三子之才而又無其驟與戇與激者，所遇亦往往若是，則三子者恐未可過責也。是故當誼之世，則有若董仲舒《天人三策》，淵源純粹，視《治安》一書異矣，稱之者曰"有儒者氣象"；當蕡之世，則有若韓愈佛骨抗章，闢邪崇正，視賢良置對異矣，尊之者曰"一代山斗"；當軾之世，則有若程顥正心數語，論辯從容，視力詆連篇者異矣，贊之者曰"千載真儒"。此皆善用其才者也，無所謂驟與戇與激也。若是于君宜有家人、父子之歡，若是于國宜有轉旋、補浴之績。而尚論其世，擬觀其始終，舒也一傅江都，再傅膠東，不爲誼者無幾焉；愈也一刺潮州，再刺袁州，不爲蕡者無幾焉；顥也一不合之京西，再不合之扶溝，不爲軾者無幾焉。何也？蓋舒所能爲者正誼明道耳，多欲曲學之君臣非舒所能如何也；愈所能爲者起衰濟弱耳，奉佛從諫之君臣非愈所能如何也；顥所能爲者稽古定志耳，紛更執拗之君臣非顥所能如何也。夫以此三子者不爲驟與戇與激明甚，而猶以不用，則何疑于彼三子？故絳、灌伸則誼屈，守澄、宗閔進則賫退，安石、惠卿留則軾去，其以棄以忌，不以驟與戇與激，亦明甚也。自古才、不才未有能并立者也，然而不才者常勝，何也？不才人憸邪回互，其計無所不至；才人光明坦率，其心常無所防。不才人淫朋比周，其爲類常盛；才人高亢峻潔，其爲勢常孤。不才人脂韋斌媚，常結主之歡；才人正直謇諤，常觸君之怒。理有固然，勢有必至也。俗士昧于大較，乃謂誼當先交歡絳、灌以行其志；賫不當齒及君側，令韋、裴不敢收錄；軾當緘口，如友人畢仲游之戒。嗟嗟！使三子而若此也，何以爲三子哉？是亦左矣。愚獨慨夫今之人逐波望影，無所異同，托之曰“善藏”；首鼠模棱，無所正救，托之曰“持重”；趨炎嗜進，無所顧避，托之曰“達權”；喬宇昧踪，無所測識，托之曰“妙用”。一有憂治危明之士抵掌而談國是，輒目之爲狂；矜節砥行之士强項而拂要津，或嗤之爲愚。倘亦謂其不善用才乎，夫以露奇爲殷鑒，是使賢者常結舌；以含辱爲懿規，是使不肖者常借口：非所謂至當之論也。蓋才者，光岳之精也，國家之楨也，世道人心所賴以維持者也。乃令生也以弗用死，死也以弗用議，才者何不幸若是耶？

生故因明問而惓惓設論，以慰英雄于九原，而揭權衡于萬古，俾下之人常求爲可用，而上之人常不失爲用，毋令後之慨今，亦猶今之慨昔也，則人才幸甚。

救荒彌盜策〔三六〕

問：今天下蓋患荒、盜已，即如中土，比歲一不登，積莩在野，間左黠少借饑名閧于市，攫金掠粟，不知三尺爲何物，兩河重地，勢蓋旦夕可虞也。聖天子採言官議，沛然下德音，且蠲且賑，又將申亂民之禁，恩如雨露，威如雷霆，僅爾蘇戲，追惟往事，救弭亦無餘策矣。所幸天惠遺黎，歲事告稔，饑者有餘穰，借逞者假息于隴畝，似無事也。昔人有云"豐年不如凶年"，又云"大亂之本必起于小奸"，信斯言也。豈豐年不宜有而小奸亦爲梗〔三七〕歟？或確有所據歟？免徵有例，捕盜有格，令甲非不備也。說者問拘以歲則民苦于例之内，拘以數則盜逸于格之外，然歟？否歟？頃計臣以實倉庾請，樞臣以練保甲請，業已奉旨下所司急行之，果長算歟？且司府所在告空，實之何藉？烟廬散如星落，練之何方？蓋嘗聞漢文帝之富民、唐太宗之止盜矣，畢竟富國富民，其謀孰便？除盜止盜，其效孰優？諸生試借前箸籌之，慎毋曰："事往矣！不須過計也。"

世之籌國者猶養身然，疾病未生則培養之，疾病偶罹則調攝之，疾病既除則防範之，此其心誠切，其慮誠周也。今日所患若荒與盜者，非若人之疾病乎哉？故變患隱而預爲之所者，圖之早者也；變患至而急爲之厝者，計之得者也；變患消而漫然置之若遺者，斯無策矣。執事于策士之末以荒、盜下詢，豈以草茅之士目擊其艱，身罹其害，將拒捥思一譚乎？生也愚，弗識忌諱，請試陳之。

彼大河南北當天地中，商賈目爲利藪，仕宦號爲康衢，即其搢紳、士庶亦自哆以富強誇于他鄉久矣。邇來日就凋耗、強黠，至三四年間冬不雪，春夏不雨，大風拔木，洪流決堤，灾屬薰籠，禾黍若髡，閭落蕩然，僵胔白骨茫茫滿目，而強悍者相率爲椎埋、斷禦之雄。傷心哉！非復夙昔景物矣。幸而百執事鞅掌拮据，諸使者蒿目矢心，聖天子宵旰而蠲賑、禁諭之，竟亦回天挽和，甌窶之祈禳有應，萑苻之桴鼓不鳴，庶幾可免饑寒、竊劫之患矣，奈之何國事、人情又有不能盡如願者？未享豐成之福，先被征求之擾。鎡刈在手，而按籍而稽賦者在門矣；箱捆在途，而持券而索逋者升堂矣。且城市游手蕪莽鼠心，飾衣膏吻之心蹻焉復萌，凌弱暴寡，皆忿己之無窺。人之有日夕思甘心于其間，信不如枵腹蜾蠃，猶然饑吟而寒曝也；信不如釜罄笥縣，猶然宵鈎而晝偃也。脱死之遺黎，情殊可憫；偷生之小孽，勢更可虞。蘇子所謂“豐年不如凶年”，“大亂之本必起于小奸”，誠有據哉！

顧今之二三當事者惟見歲事之稍稔，即慮及于國儲；惟見劫風之稍平，即慮及于民命。故蠲緩方行，催科踵至；疲癃甫起，鞭敲有聲。脅從勿治，渠魁弗殲；不幸是憐，蔓黨姑息。嗟乎！嗟乎！何不幸而今之良民方有一旦之衣食，隨蒙百計之誅求耶？何幸而爲今之惡少安享肉帛之甘暄，不被誅芟之法禁耶？以此免徵，則民虛受惠而不見德；以此捕盜，則盜敢玩法而不見威。執事所謂“苦于例之內”，“遺于格之外”，誠有見哉！今之長算誠無逾于實倉廩、練保甲者，計臣、樞臣之請業已奉旨施行矣。第倉廩可實也，實之以折工、准役之正法則可，而實之以多罰、加贖之濫鋙，則開出入之門；實之以饋遺、宴享之靡費則可，而實之以扣役、加耗之餘資，則啓科斂之漸；實之以易陳入新、賤糴涌糶之權宜則可，而實之以富民無名之指借、豪惡罪外之輸罰，則長奸軌之釁。是其事又實倉廩者所宜辨也。保甲可練也，然練之于官，技可習也，如吏胥、快捕之凌索何？練之于民，衆易聚也，如老弱、貧富之情替何？練之于盜藪利叢之地，患可禦也，如僻遠鄉陬借口而肆遍斂，農時賈會廢業而供驅使何？是其事又練保甲者所宜辨也。一利舉一害因，一策行一弊隨，自古記之矣。要之，主之者朝廷也，行之者督撫、直指與藩臬諸臣也，而尤在諸有司之區畫何如耳，蓋凶與盜原相仍而救與弭無二政。

愚因以爲事變未至則當預爲之所，故荒蕪可懇，毋以沙污之地、鹼礫之鄉而廢；水利可興，毋以蓄泄之難、築排之費而阻；

游惰可禁，毋以宗儀之拂、豪右之抗而懈；浮訟可杜，毋以因仍之久、慣習之故而弛。是所謂圖之早者也。事變既至則當急爲之厝，倉有陳紅則按籍而放之可也，群聚而飼之可也。邑有竊閧，則宥微眚而寬之，非縱也；用重典而懲之，非忍也。里有善良，則勸其借以杜悖出，道之仁亦訓之守也；旌其義以倡好施，榮其身亦作其志也。事有權變，則議興作，禁酤屠，使力者食而費者節也；躬禱祠，弛鹽鐵，使惑者安而愚者趨也。是所謂計之得者也。變患既消，則不當漫然置之若棄。積逋難于驟辨，議謂停以蘇之，促督可休，非政拙也；窮寇忌于深追，議曲貸以寬之，自新可開，非長奸也；敝風靳于頓革，議規制以便之，奢僭可懲，非迂譚也；良心錮于俗成，議教訓以牖之，鄉耆可約，非虛文也。是所謂不失于無策者也。嗟嗟！富國富民，謀有便否；除盜止盜，效有淺深。執事蓋洞燭之。舉前數者，或于富民止盜之方大略備矣。雖然，維持于閭閻，不若責成于樞筦；運籌于守宰，不若陶冶于廟廊。此漢文帝陳陳相因由于蠲租惜費，而唐太宗外戶不閉本于薄賦輕徭，千古艷談，可考鏡也。故一人之節侈恩威，天下之豐歉治亂因之矣。執事以爲何如？

校勘記

〔一〕“優”，底本漶漫不清，據抄補本補。

〔二〕“嫵”，據文意疑當作“臚”。

〔三〕“清譽”，底本漶漫不清，據抄補本補。

〔四〕“歷”，底本漶漫不清，據抄補本補。

〔五〕“難測”，底本漶漫不清，據抄補本補。

〔六〕“其”，底本漶漫不清，據抄補本補。

〔七〕“寵”，底本漶漫不清，據抄補本補。

〔八〕“襯”，據文意疑當作“襯”。

〔九〕“□”，底本漶漫不清，據清司昌齡《法志拾遺》卷三當作“顯”。

〔一〇〕"□"，底本漶漫不清，據同上書當作"鬈"。

〔一一〕"謡"，底本漶漫不清，據抄補本補。

〔一二〕"□□□"，底本漶漫不清，據《泫志拾遺》當作"耄倪歡"。

〔一三〕"□"，底本漶漫不清，據同上書當作"婭"。

〔一四〕"醪"，據文意疑當作"膠"。

〔一五〕"之學"，底本漶漫不清，據抄補本補。

〔一六〕"輿"，底本漶漫不清，據抄補本補。

〔一七〕"頭角"，底本漶漫不清，據抄補本補。

〔一八〕"對客"，底本漶漫不清，據抄補本補。

〔一九〕"骸"，底本漶漫不清，據抄補本補。

〔二〇〕"齊"，底本漶漫不清，據抄補本補。

〔二一〕"爲"，底本漶漫不清，據抄補本補。

〔二二〕"爲"，底本漶漫不清，據抄補本補。

〔二三〕"嫠"，據文意疑當作"婆"。

〔二四〕"醓"，據文意疑當作"艷（豔）"。

〔二五〕"潔"，底本漶漫不清，據抄補本補。

〔二六〕"者"，底本漶漫不清，據抄補本補。

〔二七〕"樽"，底本漶漫不清，據抄補本補。

〔二八〕"晐"，據文意疑當作"戾"。

〔二九〕"周"，《明文海》卷一百二十一作"同"。

〔三〇〕"攬權任人策"，據底本目録補。

〔三一〕"遍（徧）"，據文意疑當作"偏"。

〔三二〕"攘"，據文意疑當作"釀"。

〔三三〕"綜"，據文意疑當作"踪"。

〔三四〕"士"，據文意疑當作"工"。

〔三五〕"用才策"，據底本目録補。

〔三六〕"救荒彌盜策"，據底本目録補。

〔三七〕"梗"，據文意疑當作"梗"。

五言古詩

壽董節推祖母貞節

青青原上松，磷磷澗中石。寧同百卉萎，堅貞永弗易。結髮事君子，婉孌一何適！中道忽相捐，悲哀日號血。誓將從九京，重爲遺言惜。上堂奉姑嫜，下堂撫弱息。蹉跎六十春，茹苦志靡貳。食報何遲遲，蘭孫乃邁迹。峨峨董氏門，潛光方奕奕。尺疏達楓宸，璽書賁幽穴。陳詩擬《柏舟》，千古欽完節。

金臺與李龍峰丈夜話偶成

行行辭北闕，望望寄南征。道出金臺下，傾蓋遇故人。故人驅五馬，矯矯立風塵。握手重踟躕，且復話平生。直道苦難合，良士羞曲檗。宦途多荆棘，寧論古與今？是非兩無猜，旦夕何見明？所以漆園叟，和光混其真。我有一斗酒，與君暢此情。相期十日飲，願崇千歲名。念彼同袍友，落落如晨星。佳會良不易，灑泪共沾襟。慷慨從此別，努力佩斯箴。

七言古詩

咏《大風秋風辭》 閣試

漢祖逐鹿定中原，英姿雄略真無前。《大風》一歌何慷慨，猶思猛士寄于蕃。安危自古恒相倚，開創憂勤本如此。誰道霸心尚未忘，沛中父老皆色喜。何事武皇好騁游，征誅封禪不曾休？南巡正值秋風起，草木黃落雁聲悠。此時懷人不能寐，嗟既老兮始知悔。縱使威加海內空，蓬萊方丈皆荒昧。輪臺之詔雖足多，漢家元氣竟如何？泗水真人本神武，令人千古誦遺歌。

咏《開創功臣圖畫》閣試

憶昔高皇起懷泗，手提三尺驅胡字。群雄仗策謁轅門，翺翔各奮風雲志。中山開平與岐陽，東甌黔國何昂昂！更有穎公稱虎將，列侯叱咤馳疆場。天戈南指定建業，首平僞漢江濤裂。直揮驍騎踏三吳，小醜那得逞凶孼？一鼓長驅朔漠清，收滇下蜀帝圖成。紀績漫誇周鍾鼎，論功齊上漢麒麟。于今慷慨勤遐想，忽向綾綃瞻遺像。生氣猶如翊運雄，英風颯颯真奇爽。獨憐奕世列金貂，紈綺何曾譜六韜？不向黃沙凈烽火，却從戚里鬥奢豪。九重天子重推轂，幾見拊髀思頗牧。安得武胄振家聲，開創功臣應再續？

五言律詩

挽少保馬文莊公老師二首

一夕台星隕，三朝耆舊零。乾坤銷間氣，河華失精靈。捧日心猶壯，乘箕事已冥。秦關千里道，蕭颯擁歸軿。

西土迴仙馭，北風動素幨。千秋虛絳帳，五夜委金扉。易水寒增凍，秦雲愁不飛。生芻聊一奠，揮淚悵何依？

華陰望岳

太華鬱岩嶢，三峰切紫霄。望中青靄合，天外彩霞飄。石隱棲仙峽，藤封入谷橋。吾將凌絕頂，玉女共逍遥。

游華岳

平生愛遐覽，雅志未能酬。五岳何年遍？三峰此日游。雲松藏石室，鸞鶴閟丹丘。惆悵希夷峽，惟聞澗水流。

封秦事竣別高訥軒二首

一從附驥尾，五載接英游。秘苑披文翰，掖垣侍冕旒。激揚君已重，獻納我何謀？握手秦關道，星軺去復留。

尚憶春明別，殷勤訂後期。一朝持使節，三輔奉旌麾。對酒寧辭醉，彈棋莫惜疲。《渭城》休更唱，努力副清時。

碧落禪林候王節推含吾韓太守岱
野值雨未至偶成

碧落何年寺？珠林白日陰。兩峰盤閣近，一徑入雲深。潭影空禪性，鍾聲遞梵音。嘉賓猶未款，風雨坐來侵。

雨中二公遣吏訂次日約

層雲迷曉嶂，宿雨濘長途。詎謂空林遠，堪勞使節趨？欹松疑轉蓋，鳴澗迓前驅。忽訂明朝約，登臨興不孤。

次日雨霽二公枉駕再成一律

夜來看雨霽，延佇意如何？曲徑雙旌轉，空林二妙過。青松餘秀色，碧澗足新波。處處田家慶，遥聞《擊壤歌》。

徐涵碧丈下第歸書此慰之三首

春風未得意，落日豈勝情？抱璞悲三獻，驚人失一鳴。寧高題柱客，實老下帷生。遥夜看龍氣，雙虹貫斗明。

一從偕計吏，幾度泪沾衣。歲月儒冠誤，風雲壯心違。人情疑罔象，天意信玄微。借問珠林鶴，何年向闕飛？

誰謂幽燕市，黄金高滿臺。如何千里駿，猶自委蒿莱？汗血原龍種，嘶風豈下材？異時伯樂顧，聲價一朝來。

中秋同林清宇閻静吾楊公庵徐涵碧四丈游青蓮三首

山落青蓮色，招提向此分。慧燈當晝見，清梵隔松聞。一水斜通澗，雙峰半入雲。老僧扶錫杖，迎訊亦殷勤。

共此中元約，登臨亦快哉。晚風生梵閣，秋月净蓮臺。衲子添香至，奚童載酒來。遠公不可作，白社竟誰開？

寶界香烟合，松林霽色分。歸雲猶抱岫，大地總消氛。佛擁蓮花座，僧翻貝葉文。浮生閑便得，吾欲謝紛紜。

馮堠坡明府以直道罷政晚秋走慰賦此贈之五 [一]

羡爾逃名者，翛然一敝廬。庭懸高士榻，架滿鄴侯書。碧岫飛觴外，丹林杖策餘。浮雲心共遠，瀟灑竟誰如？

百里曾飛鳧，一朝蚤挂冠。寧求知我貴？應嘆作人難。擊筑寒風動，銜杯夜月殘。芙蓉雙劍在，空向匣中看。

骯髒非無意，崎嶇自宦途。辭榮稱傲吏，著論擬潛夫。歲月增華髮，漁樵失壯圖。雄心何所托？日醉酒家胡。

直道元多忌，歸來好自由。開軒當翠巘，鑿沼引清流。世事空蕉鹿，生涯付海鷗。莫將楊子淚，漫灑到滄洲。

埃山高臥處，不減子雲亭。地涌雙泉白，_{所居有雙泉，因以名里。}天連萬壑青。問奇無俗客，傳世有遺經。一任人嘲甚，蕭條晝掩扃。

埃坡談仙津津有味再賦嘲之

白日誰能駐？青山爾自便。逍遥彭澤令，放達竹林賢。詩酒閑同野，鶯花巧趁筵。此中多樂事，何必更求仙？

仲夏彬泉劉伯翁枉駕遂游南河庵觀音閣次日以登塔二章見示依韻答之遂得十二首敢同學步深愧續貂

殿閣層臺上，河山四望中。梵音清繞席，塔影峭浮空。密樹斜含翠，殘霞晚作紅。倚欄吟眺久，明月在林東。

長河盤地軸，孤塔聳天中。君已超三昧，因之覽四空。片雲浮岫白，落日射檐紅。塵世不可極，愁看逝[二]水東。

何處堪逃俗，尋幽向此中。地偏諸品静，心定萬緣空。欄外風生袂，池邊雨褪紅。石林有精舍，疑是虎溪東。

幾年藏舍利，瑞塔起河中。絶頂凌霄漢，飛檐倚太空。風迴金鐸響，日映寶珠紅。即此堪躋眺，何須羨浙東？_{舍利塔在浙東明州。}

振衣層塔上，縹緲五雲中。地接嵩河迴，天含潤壑空。放歌雙眼白，把酒片顔紅。不盡登臨興，明朝馬首東。

共有逃禪興，相將法界中。觀形忘四大，會理悟三空。社結應呼白，蓮開不染紅。浮生無住着，杯酒任西東。_{右和東韻。}

肩輿尋勝境，步屧上層臺。樹杪輕嵐入，檐前返照來。天空清梵遠，松暝暮鴉回。搖筆成佳句，珠璣落九垓。

白雲懸塔影，丹壑護香臺。不淺幽人意，因陪上客來。菩提千樹合，法界七燈回。舍利藏珠在，毫光遍八垓。

飛利凌霄起，岧嶤倚石臺。烟霞空外繞，日月象中來。幡影當河落，鐘聲隔岸回。天門一以嘯，清籟滿三垓。

溪光搖梵閣，山色傍蓮臺。松下驅車度，橋邊載酒來。眠雲僧入定，蹴水燕飛回。徒倚星辰近，曇花散累垓。

岸轉遙分界，河流曲抱臺。閑雲常不散，好鳥去還來。有客談三諦，無僧繼萬回。禪僧名。可能資佛力，福利通田垓？

一水人烟近，深林隱佛臺。不緣投社至，聊爲訪禪來。石鼎香猶爇，松門鶴未回。坐觀雲欲斂，暮色起平垓。右和臺韻。

送楊公亮出參閩藩四首

念我同心友，春風別帝都。分藩閩地遠，畏路海天孤。詞賦原先達，句宣亦壯圖。賜環應未久，去矣莫踟蹰。

供奉頻年事，飄零此日情。宦程論巧拙，世態故縱橫。白雪存高調，黃金結後盟。亦知嚴助意，不是厭承明。

豈薄金章貴？翻思玉署游。幾裁《鸚鵡賦》，空散鷫鸘裘。駿骨終誰棄？娥眉祗自愁。王恩如可報，那得問滄洲？

尚有談天舌，寧爲玩世容？物情徒好鶴，吾道總猶龍。日月藏名拙，風塵托志慵。四明無別墅，何處寄孤踪？

涿鹿別萬仰山二首

去去憐同病，臨風各愴神。褰帷予向鄴，攬轡□□秦。不盡彈冠意，無端按劍人。良朋日益遠，肝膽共誰陳？

豈有回天力？空傳抗疏名。浮沉雙劍在，骯髒一官輕。易灑臨岐淚，難忘戀闕情。前薪誰復問？朝事向來清。

金臺寄別同館諸丈六首

補袞違初願，分藩作壯游。春風飄紫綬，芳草引青驪。世事談何易，人情遠自休。明珠吾亦愛，此去肯輕投？

一入青瑣闥，悠悠十二年。敢云人是鑒？詎信直如弦？宦拙寧堪調，才疏不受憐。那知分岳地，猶得近中天？

骯髒元吾道，馳驅亦主恩。一麾辭上國，匹馬向中原。轉覺心無愧，空嗟舌尚存。同時二三子，誰復在金門？

戀闕心恒赤，逢人眼未青。尚思折柳處，暮色起離亭。吾黨憐同調，其徒嘆獨醒。半生何所事？雙鬢已星星。

此日分薇省，當年共玉堂。吾生甘淡泊，爾輩信飛揚。人世呼牛馬，天池咏鳳凰。由來各有適，何必計行藏？

去住交情見，都門祖帳開。浮名非我戀，僻性任人猜。獻納慚無術，句宣愧不才。故園松菊在，好擬賦歸來。

七月七日敬承用韞招飲董園時敬承將
有留院之命同諸丈賦此二首

河漢明如練，園亭暑漸消。清樽期不負，折簡遞相招。纖月流螢樹，微雲度鵲橋。還將牛女意，悵別在今宵。

對酒雖云樂，當歌奈別何？君今浮去棹，誰復賦明河？南指三山近，西飛一葉多。含情俱脉脉，好爲慎風波。

和魏見泉人日見懷詩二首

各天俱抱病，人日總難支。慘淡《陳情表》，清新開府詩。心丹終許國，鬢白爲憂時。多少春來事，無由話所思。

大典遲遲舉，徵求急度支。避讒頻罷草，撥悶強題詩。燕雀娛堂日，豺狼滿路時。親朋勞問訊，轉切故園思。

贈魏見泉奉詔歸養兼述彼我之懷四首

帝建中丞節，人推保障功。石壕無怒吏，雁塞有降戎。九載甘棠雨，千秋苦蘗風。并州諸父老，擁道泣何窮？

幾曾煩白簡？端爲恤蒼生。不盡回天力，彌深愛日情。彩衣方爛熳，玉樹更崢嶸。多少庭闈樂，寧論去就名？

結綬良非易，抽簪亦是難。容衰虛見妒，病久強加餐。此道宜丘壑，其徒別肺肝。年來憂國淚，不敢向人彈。

久臥頻投劾，長關且避氛。浮名仍誤我，完節已歸君。燕市愁中月，行山夢裏雲。秋風漸搖落，伏枕不堪聞。

又四首

屈指論開府，惟君獨繫思。直寧甘衆忌，清復畏人知。塞有金湯險，門無桃李私。蒼生爭墮淚，回首有遺碑。

武公方警抑，令伯已辭官。不易三公貴，寧承一日歡？龍章褒德遠，豸綉舞衣寬。好入丹青筆，長留畫裏看。

六十猶嬰慕，八千自大椿。趨庭朝問寢，扶杖夜留賓。此日依親膝，他年報主身。忠臣兼孝子，千古更誰倫？

落落終難合，翩翩信不群。百年同隙日，萬態任浮雲。土木形骸在，烟霞色相分。北山應共入，莫遣有移文。

即事五首

鬼物真無忌，妖書敢續傳。當年法太縱，此日令何嚴？窟兔計應狡，池魚殃可憐。那堪更假手，消息問皇天？

黃閣推遺老，丹心代主憂。誰言成小草，吾意等浮漚。何地投豺虎？從人呼馬牛。獨醒無足嘆，世事本悠悠。

到處頻宣捷，連章競叙功。禁中多頗牧，塞上盡羆熊。粉飾千年調，牢籠四海空。內憂良可慮，誰復悟宸聰？

伊人開利孔，此輩擁征軒。往往憑城社，紛紛禦國門。蒼生惟有淚，白簡竟空言。屢見天垂戒，應知動至尊。

仁愛天心切，憂勞帝念深。明樓刻日建，便殿幾時臨？畨下輪臺詔，先捐少府金。老臣欣世泰，高枕碧山岑。

五言排律

賦得月重輪閣試

萬里中秋月，清光倍可憐。漸升青海外，高向碧霄懸。似鏡飛銀漢，如珠映玉川。影搖金掌動，輪傍玉樓旋。兆瑞流虹渚，先幾貫斗纏。瑩空鴻翩度，澄夕〔三〕篷聲傳。擬并卿雲見，應同湛露涓。太平欣有象，歌〔四〕咏戴堯天。

靈芝詩爲張鳳樓憲副賦

羨爾靈芝種，何年降玉京？仙圖標異質，瑞典著嘉名。畫棟分朱蒂，雕題絢紫英。煌煌如起策，曄曄似〔五〕連瓊。漢寢誇三秀，齊房艷九莖。豈緣清露潤？總是太和精。對籜從家慶，駢臻薦壽禎。從茲備五福，世世沐恩榮。

謝比部祖母貞節詩代作

偕隱違初願，《柏舟》祇自傷。青年辭膏沐，白日厲冰霜。身并萱華茂，庭培玉樹芳。烏臺推勁節，紫極錫褒章。籍注雲霄迥，恩沾雨露長。蘭孫標水鏡，晝省動輝光。食報誰云後？行看奕世昌。

題羅文峰《萱壽重封卷》

令子登朝久，慈闈歷歲長。三遷餘鶴髮，五位下龍章。再沐皇恩重，仍鍾上壽祥。仙姿明紫帔，蓮露薦霞觴。階擁萱華茂，庭聯玉樹芳。斑衣頻戲彩，彤管更生香。天寵方優渥，君家慶未央。

碧落寺松

誰種萬株松？森森寺外峰。眠雲青靄亂，度月翠陰濃。曲蓋凌岩起，盤根帶石封。風迴清響合，雨過碧烟重。幹古雕臺對[六]，花香净土供。冰霜原有操，桃李豈爲容？坐息菩提樹，三生此地逢。

劉項陽母太安人節壽綸封

東海靈藹秀，齊山寶嶪懸。悲將熊膽和，喜見鳳毛騫。大孝揚慈訓，孤忠仗主憐。兩都推起草，片晝净飛烟。捧檄非無意，承恩自有天。龍章分曉闕，象服照春筵。桃實供王母，胡麻饋列仙。稱觴何以誦？佳氣五雲連。

題銀臺田繹吾乃祖州守公册葉

矯矯雲中彦，居然曠代英。揮金憑世德，振玉起家聲。伯仲皆高第，昂藏總大名。雙鳧飛近甸，五馬擁專城。却寇猷何壯，蘇氓節更清。無媒空自媚，有□不堪營。兩地甘棠惠，百年俎豆情。鄉評推後進，廟食凛先生。豈謂天難定？懸知福未盈。貽謀非宦業，接武是邦禎。蘭省披香入，銀臺視草行。欲觀流慶遠，綸綍正崢嶸。

七言律詩

召見平臺賜銀幣酒饌紀恩閣試

綸綍傳宣下九重，平臺清切瑞烟濃。殷勤肅伏聞天語，咫只〔七〕開帷識聖容。内帑琛分搖彩幣，上方珍錫浸黃封。叨承恩數應無比，報稱惟期擴赤悰。

清明雨霽閣試

曉風吹雨散燕臺，霽色新從霄漢回。太液波深搖翠檻，御溝水涌灩青苔。潤沾綠樹枝偏秀，濕透紅香花正開。最喜清和當令節，天衢萬里净浮埃。

賀謝比部乃堂受封正值初度比部亦歸壽代作

新捧恩綸出建章，即看畫錦媚高堂。彩衣偏映春江色，綺席猶携漢署香。姑射仙姿明紫帔，蓬萊玉蕊薦霞觴。仁瞻寶婺輝南斗，天寵年年慶未央。

送馮具區告病南歸

天涯芳草意如何，堪向都門聽別歌。歲月秘書頻染翰，江湖樽酒罷鳴珂。祇緣多病辭鵷鷺，遽忍同聲寄薜蘿。幸際熙朝優侍從，南歸勿久戀漁簑。

送劉少雲醫士南歸吳下

幾年神術擅三吳，此日高名動帝都。六技漫從涪老授，十全真與越人俱。杏林花發春風滿，藥鼎丹成紫氣鋪。好訪烟霞歸玉笈，君家原自接方壺。

林都諫弘齋萊庭重壽祖母九十，父七十

清朝獻納屬才賢，重慶堂中戲彩鮮。玉液近分仙掌露，嘉賓時祝海籌篇。雙成笙度長春里，方朔桃開不老天。却羨君家多善事，仁看三世沐恩偏。

送徐檢庵翰講册封荊藩自云且欲卜居陽羨

使者翩翩出石渠，金泥玉檢護丹書。祇因胙土頒周社，暫許乘軺輟漢廬。節駐方成晴日永，帆歸靈澤夏雲舒。上林仁待簪狐筆，江海母勞遠卜居。

游華岳

絕巘嵯峨倚碧空，三峰如削自青葱。玉泉亂灑千岩瀑，石洞斜吹萬壑風。東帶星河連鞏洛，西瞻太白俯岐豐。從來仙境多奇勝，況在秦關百二中。

至青柯坪華陰尹劉君小酌

曲蹬層梯手自捫，青柯坪上一開樽。蓮華忽落仙人掌，露液如凝玉女盆。縹緲可能探石室？扶搖直欲問真源。誰言十八盤中險，咫尺應須叩帝閽。

碧落經三宿賦此

去住從來未可憑，暫偷閑卧碧雲層。朝趨梵閣依三寶，夜扣禪關對一燈。檻外疏風搖古樹，橋邊細雨長新藤。端居悟却無生理，渾是山中老衲僧。

閻晉吾下第走筆相慰

公車才子嘆飄蓬，惆悵清時不易逢。荊璞再投空有淚，隋珠難合竟何窮？可堪緑鬢愁來短，轉覺青雲賦未工。佇待三年新翮就，翩翩飛入上林中。

中秋同林清宇閻晉吾楊公庵徐涵碧四丈游青蓮偶成

勝游那不戀同群？共向禪關叩白雲。石磴縈回千嶂合，珠林窈窕一溪分。鷲岩秀落青蓮色，龍藏香含貝葉文。夜月禪心清似水，如何終日苦塵氛？

次日值雨旋霽

苦海茫茫未有津，十年回首迹猶新。予甲戌游此，乙酉再游□云。逃禪幾向真如境，玩世仍非大隱身。雲散空山應識幻，雨餘净土不飛塵。慈航欲渡無從問，蓬萊西風倍愴神。

有懷公亮伯禎二丈二首

十載清朝侍從同，一麾踪迹共漂蓬。猿聲亂落巴山雨，蜃氣橫吹閩海風。東觀尚留曾視草，西臺猶識舊乘驄。春明別後時相憶，極目遥天阻片鴻。

樽酒如澠悶可揮，懷人千里更依依。悲岐楊子情偏苦，叱馭王遵願已違。湖海風塵雙劍在，雲霄事業一身歸。孤臣定有憂時淚，灑向天涯作雨飛。

贈某尹改教某庠 代作

畚歲梁園憶問津，憐君今日尚沉淪。懷無白璧堪留妒，坐有青氈莫厭貧。驛路春風催客斾，橋門秋水引儒紳。懸知下席談經處，桃李陰陰景自新。

送苗文峰守保寧

春草菲菲擁客車，仙郎縮綬出京華。津樓日永迎雙節，棧道雲連度五花。入座山開屏是錦，近郊水曲字成巴。他年蜀郡推高第，漢詔黃金未足誇。

送余雲衢丈冊封周藩 [八]

從來詞客重游梁，況捧天書出建章。葉剪如圭開社遠，河流似帶指盟長。賦成梁苑雄風起，酒器夷門俠骨香。見説中州凋弊甚，可容假節濟世荒？

送李榕崖省丈冊封荆藩

玉節親持出建章，翩翩誰不羨仙郎？茅分赤社仍周典，賦就皇華入楚疆。岳立如雲移去幰，湖平似鏡待歸航。侍臣剩有金莖露，携向庭幃薦壽觴。

《青瑣同聲卷》和楊太宰二山韵二首

青瑣長依日月光，翩翩結駟向蘭堂。三臺星傍金門侶，四座風生玉樹行。樽酒近分仙掌露，衣冠真接令公香。慚予獻納曾何補，賴有夔龍弼聖皇。

掖垣前後有輝光，暇日將相醉華堂。曳履夔龍分鼎席，彈冠禹貢滿顏行。省蘭已作同心佩，諫草還期異代香。可是衣冠誇勝事？願傾葵藿答今皇。

與同館諸丈小集分韵得"東"字

諸子翩翩漢苑東，當樽意氣爲誰雄？寸心吾黨形骸外，萬態人情感慨中。鸚鵡夜傳千里月，鶺鴒寒度五陵風。談經抗疏名俱薄，莫嘆青雲計未工。

爲某公作

新開憲府控江城，更喜慈闈集壽禎。千隊水犀環雀舫，九華靈曲度鸞笙。彩衣舞處牙雲擁，玉鏡看來鬢雪盈。欲識千秋多樂事，婺星高傍太微明。

少司馬邢昆田總督川貴經略播事二首

金符玉節下神京，暫借元戎萬里行。川合東西新授律，地連羅甸總專征。寒生柘嶺風搖旆，春到巴江雨洗兵。自有長纓堪繫頸，捷書計日報承明。

皇恩浩蕩洽殊方，小醜蠢如漢夜郎。三面已開曾祝網，兩階自舞正垂裳。西邛盡喻相如檄，南越應隨陸賈裝。從古上功收不戰，聖朝寧爲事要荒？

南臺夏日即事三首

池亭避暑葛衣輕，倚欄時傳擊柝聲。望處湖山元不俗，携來琴鶴有餘清。紅蕖裊裊爭輝萼，翠篠娟娟正吐萌。景物自佳風土異，苦蒸何限故園情？

法臺雲净曉烟輕，獨坐惟聞鳥雀聲。地傍鍾山氣[九]自王，門縈湖水迹偏清。時平三殿憂方切，陽極群陰兆已萌。却憶泰壇陪從日，不勝戀闕倍含情。

長江風正片帆輕，慷慨中流擊楫聲。千隊水犀明組練，百年天塹見澄清。幕中妙略頻虛箸，海外妖氛未折萌。豈少長纓堪繫越？投鞭萬里若爲情？

和答魏見泉中丞二首

身外浮榮一鼠肝，豈因五斗戀長安？病來鷄骨難消妒，老去雄心慚據鞍。入市於今爭信虎，當門自昔不容蘭。與君玩世終何意？好向山中訪鶡冠。

從來窮達任乾坤，惟有丹心向至尊。仗鉞君多紓上策，持籌我愧擁高軒。狐狸當道寧須問？桃李成蹊本不言。但願朝廷無闕事，何妨拂袖老衡門？

又二首

匡時誰復抱忠肝，悄悄春來枕未安。内殿幾年瞻御幄，中原何日息征鞍？世情更覺風波險，雅性偏宜林壑寬。共道塞垣須魏尚，可能同着遠游冠？

紛紛中使簇黄旛，海内騷然不忍言。湯德故應恢祝網，漢家何事苦牢盆？山川黯淡無靈氣，市井蕭條有淚痕。見説公卿憂共切，排雲數欲叩天閽。

壽鄭範溪七十

三朝樞筦舊孤卿，綠野青樽世外情。天爲降申扶社稷，人於勒石想干城。西陲戎馬偏多警，末路風塵早避名。共道稀年身更健，璽書何日下承明？

劉少宰詹學父母雙壽

蚤脱塵寰甘息機，雙雙鳩杖擁林扉。逍遥莊叟原龍卧，縹緲金仙自鳳飛。太史橫經台席重，中丞建節海氛稀。分憂不比尋常孝，豈必稱觴戲彩衣？

壽趙吏部乾所母

壽域新開曲水觴，若因修禊迓殊祥。爭傳王母來西極，詎謂山公在北方？籙注千秋瞻白鶴，丹成九轉度玄霜。瓊宮雅勝人間樂，況是龍章寵未央。

別駕竹亭謝君河內佳公子也交游半天下今七十老矣忽至都門賦此贈之

當年河朔盛簪裾，玩世寧嫌禮法疏？三獻未酬空抱璞，一麾何事蚤懸車？黃金落落樽前盡，白髮蕭蕭鏡裏餘。七十如君仍矍鑠，都門分手重踟躕。

五言絕句

高平尹楊錦溪祖母恩褒孀節八咏，蓋劉彬老構題命作也。

孀節堅持

恨入青鸞舞，悲成黃鵠歌。《柏舟》風可咏，從一矢靡他。

松檜秋霜

亭亭松與檜，幽谷挺貞蕤。獨傲繁霜苦，寧同百卉萎？

夙宵勞瘁

未亡甘食蘗，不死爲存孤。憔悴當門户，憂勞歲月徂。

杼機冬月

朔風冷孤幃，愁緒縈絲積。永夜不停梭，織殘素機月。

鵬翼垂雲

北海鵬初奮，燕山桂早芳。懸知天意在，衍慶兆孫昌。

虬蒸雲表

杏苑春雲麗，花封錦綬明。潘輿多樂事，應慰斷機情。

龍章旌叙

慈節烏臺重，恩綸鳳闕新。試觀臣向傳，高義共嶙峋。

鳳詔天來

彤管揚清譽，鸞書下紫泥。千秋應不朽，表里有新題。

七言絕句

游華岳

仙掌雲開五色光，峰頭仿佛乳芝香。乘虛欲采芙蓉露，好薦君王萬歲觴。

温泉四絶

憶昔唐皇事宴游，千官曾賜浴靈湫。莫言水是無情物，似向池中咽不流。

羯鼓聲傳蓮正開，太真扶浴九龍來。可憐驚破霓裳後，不見歌臺見綠苔。

寵幸華清樂未央，玉環中斷恨何長？只今惟有松間月，長照當年賜浴堂。

何物新來塞上酥，賜錢猶自爲胡奴。今人却恨溫泉水，羞睹《楊妃出浴圖》。

附春聯

朝望本虛，分藩謬同四岳；<small>以下庚寅冬過家作。</small>
邊才非據，推轂慚負群公。

此日薇垣，春入覃懷風扇暖；
當年蘭省，曉排閶闔月生寒。

曳紫拖金，慚無才猷堪濟世；
種蘭植桂，幸有詩禮可傳家。

獻納志酬，曉漏尚懷青瑣闥；
旬宣功渺，春風先到白雲居。

陽德方亨，彈冠濟濟皆時彥；<small>以下辛卯冬過家作。</small>
慶源久衍，接武繩繩有嗣賢。

棘槐司鼎鼐，台垣簪組交輝；
伯仲吹壎篪，藝苑和鳴相應。

分省無功，敢希踪於令僕？

紹庭有子，幸接武於賢科。

世澤流光，培三槐之寶樹；
科名繼美，接五桂之芳林。

麗日焜煌，天上金門咫尺；
春風披拂，人間玉樹琳琅。

龍種生龍，騰躍空群於冀北；
鳳毛似鳳，覽輝邁種于河東。

紫極星纏，龍劍射光於參井；
丹山日麗，鳳毛耀彩于梧桐。

桂斧三秋，世占月中之籍；
家駒千里，時空冀北之群。

北溟鵬奮，已扶萬里秋風；
上苑鶯遷，先占一枝春色。

趨庭敢自多龍種，
玩世何妨托馬曹。

碧桃紅杏，儘和雲露艷春風；以下居京作。
翠柏蒼松，甘向山林老勁節。

黃道天開，九土遍沾新雨露；

青宮日麗，萬年永奠舊山河。

祖宗三代，沐綸封重光隱德；以下俱于壬寅還家後作。
父子兩科，開甲第謹守素風。

六十年周甲，知檢點之多疏；
八千歲爲春，信逍遥之可樂。

遡留侯之名宗，雅抱赤松素志；
居晉公之故里，敢希緑野芳踪？

有子紹箕裘，新承雨露；
無心戀軒冕，蚤乞山林。

皇世知春，陽和應遍山澤；
臣門似水，清白可遺子孫。

皇極履端之辰，用新百度；
君子道長之會，宜對三陽。

瑞啓鳳毛，久著謝宗之器；
斗携龍角，載頌羲仲之春。

鳳紀更端，五彩應河東之瑞；
龍纏回次，一鳴空冀北之群。

椿萱并茂，千年鸞鶴慶長春；

棠棣聯芳，三晋衣冠傳盛事。

挂冠勇退，脫幾多閑是閑非；
杖策春游，尋無限佳山佳水。

堂可平山，數點浮雲歸遠岫；
田非負郭，一犁春雨共前村。

深山舊築草玄亭，聊堪大隱；
曲水新開采藥圃，儘足閑游。

浮名易中，何如嗽石枕流？
真樂難尋，亦再傍花隨柳。

芳草多情，賴此牛羊妝點；
碧山無恙，任他豺虎縱橫。

土水形骸，生來原無媚骨；
烟露趣味，老去自有仙姿。

澹泊無求，已許青山供藥餌；
婆娑何事？不妨黃髮伴漁樵。

龍奮春雷，滾滾起千層紅浪；
豹含曉霧，翩翩成五色斑文。

已遠畏途，千里蒓鱸殊自適；

何須長物，一庭琴鶴有餘清。

麗日明郊，五畝園田五畝宅；
春風滿座，半床圖畫半床書。

直道事人，不負山中樂道；
浮名誤我，何如物外逃名？

載獻王春，僻性最宜尋水石；
重開花甲，浮生何必問雄雌？

抗疏乞身，軒冕原非至樂；
明農教子，詩書自有餘香。

高臥雲山，閑處漸諳閑趣味；
靜披圖史，澹中愈樂澹生涯。

物外逍遙便是仙，何事十洲三島？
塵中解脫即爲佛，不須五竺諸天。

口無擇言，身無擇行，如臨師保；
問[一〇]一善言，見一善行，若決江河。

結綬當年，曾許丹心盟皎日；
懸車未老，肯教白髮負青山？

蚤歷清班，九列絲綸饒雨露；

新成小築，一方泉石帶烟霞。

曉日穿簾，四壁圖書相掩映；
春風拂檻，滿庭蘭桂正芬芳。

門遠紅塵，令節敢希三戟重？
堂開緑野，閑雲常伴一身輕。

高卧遠塵氛，自憐樗櫟甘疏散；
春游多樂事，轉覺園林勝市朝。

佳境足逍遥，玩世何如青眼客？
奇文共欣賞，卜居亦有素心人。

家有象賢，紫氣遥含新雨露；
門無俗客，滄洲獨卧舊烟霞。

轉日何功，蚤辭沼上夔龍伍；
交年幸健，好伴山中鸞鶴群。

草木有知，并育難酬真宰德；
雲山無恙，端居幸樂太平春。

萬境皆春，坐擁白雲千頃；
一塵不到，睡高紅日三竿。

晚景得閑，洛下耆英思結社；

春山無伴，席間小友可敲棋。

身歷三朝，天上賜閑偏得早；
膝環四世，人間禔福總應稀。

林下風清，九霄矯矯搏鴻羽；
池邊春暖，五色翩翩識鳳毛。

五柳當門，亮節敢希陶令里？
群書插駕，清風應似鄴侯家。

留方寸地與子孫，始無忝於祖；
對只尺天報君父，斯不愧爲臣。

家貯青箱，萬卷詩書原有種；
世登黃甲，九重綸綍自常新。

綠野爲堂，琴樽漫對三春景；
青山如几，杖屨聊當五岳游。

擁書萬卷，何暇南面百城？
教子一經，寧須負郭二頃？

春草隨袍，夙荷天公之雨露；
秋竿有節，還期歲晚之冰霜

堂構方新，四代衣冠儼俎豆；

箕裘不墜，千年禮樂對河山。

去國此身原戀直，居鄉何事不迂疏？

青春野圃尋佳趣，白日晴窗檢異書。

閑雲漫引山中屐，暇日頻敲石上棋。

臨流自洗巢由耳，賭墅人推謝傅名。

宦拙非緣明主棄，身閑肯與俗人游。

閑身已幸紅塵遠，老景偏宜綠野游。

抗疏幾年投赤紱，開尊常日對青山。

聞雷亿待蛟龍起，避地真同麋鹿群。

黄髮敢勞明上問？青山久許老臣歸。

身閑總帶烟霞色，性定應同土木容。

社結青蓮高士遠，尊開綠野故人同。

留賓每喜尊前綠，閲世何妨鬢上班？

一亭静玩陶籬月，萬竹清摇蔣徑風。

負郭僅餘五畝業，探囊惟有一床書。

宦到白頭總是拙，名垂青史未爲痴。

病自荳爐思後起，人疑蕉鹿夢中游。

閑門正與青山對，別業遥連綠水開。

静裹柴門惟燕雀，老來藥圃是桑麻。

許掾宦情游物外，王珣素業在山中。

歸來松菊杯堪把，老去芝蘭葉漸抽。

匡時尚帶冰霜色，避俗應多丘壑情。

宦迹雲霄真夢□，主恩日月在冥鴻。

茅垣静繞栖雲室，野水潜通浴鶴池。

雄心無復看龍劍，野性真堪擁鹿裘。

蓬蒿密擁懸車地，鷗鷺群隨抱瓮亭。

山中雨屐登猶懶，樹上風瓢挂亦煩。

白日自高徐孺榻，青春誰御李君車？

問情任曳東山屐，清夢猶懸北闕鍾。

宦迹廿年成白首，君恩一日重青山。

笑向市城開俗眼，喜從園野見吾心。

銷盡雄心堪自老，煉來凡骨漸應仙。

鷄肋浮名醒後澹，龍池春色夢中過。

樓瞻北極心常戀，門對南山意自閑。

談深忽作憂天語，病久方知荷帝私。

君門萬里瞻猶近，閬苑三山隱自高。

升沉事事歸陳迹，耕鑿年年飽太平。

長誇謝傅圍棋樂，不作虞鄉解印愁。

懸車坐領青山色，扣角閑爲白石歌。

以閑銷日月，何力報乾坤？

松筠容我老，雲物向人新。

老得滄州趣，春怡白首情。

天供閑日月，地闢舊園廬。

厤數增明主，星光健老臣。

林下春先到，堂前日載陽。

校勘記

〔一〕“五”後，據文意疑脫一“首”字。

〔二〕“看逝”，底本漶漫不清，據抄補本補。

〔三〕“夕”，底本漶漫不清，據抄補本補。

〔四〕“歌”，底本漶漫不清，據抄補本補。

〔五〕“曄似”，底本漶漫不清，據抄補本補。

〔六〕“雕臺對”，清雍正《澤州府志》卷四十八、乾隆《鳳臺縣志》卷十七《藝文》作“先朝植”。

〔七〕“只”，據文意疑當作“尺”。

〔八〕明楊起元有同名詩，見《重刻楊復所先生家藏文集》卷八。

〔九〕“氣”，底本漶漫不清，據抄補本補。

〔一〇〕“問”，據文意疑當作“聞”。

附　録

正議大夫資治尹户部右侍郎贈户部尚書元冲張公墓銘

余與張公同官中州，而相得歡甚。已余督學晋中，而公嗣光房實稱門下士，居恒義氣擬托，若將集夔、龍而友奭、旦，非徒以奕世通家之故而已。公雖功成身抽乎，乃世方急材，余日夜固以望其强起也，豈意其業已捐館而墓且封耶？痛哉天乎！人之云亡，邦國殄瘁，余睹厥嗣之持狀謁銘，而不勝涕洟之交實也。嗟乎！嗟乎！公之銘非余銘而誰銘？

按狀，公諱養蒙，字端叔，別號元冲。張之先系出黄帝，其在漢留侯其後也。留侯之先五世相韓，支裔居韓之澤，至公五世祖郁生順，順生擴，擴生東里公穩，以公貴贈通議大夫、户部右侍郎。東里公生晋山公四維，補郡諸生，以公貴封禮科給事中，累贈通議大夫、户部右侍郎。晋山公丈夫子二，公居次。未冠，有聲諸生間。今上癸酉，舉鄉試第三人。丁丑，成進士，改翰林院庶吉士，授禮科給事中。辛巳，升吏科右，轉刑科左，丁内外艱。丙戌，復除吏科左給事中。戊子，升工科都給事中。庚寅，升河南左參政。辛卯，入爲太僕寺少卿，升大理寺右少卿，尋轉左。壬辰，升南京都察院右僉都御史，提督操江。甲午，升都察院左僉都御史。乙未，升左副都御史。丁酉，升户部右侍郎，督東征兵餉。戊戌，奉召命還部。壬寅，移疾歸里。

公幼穎異，所授程書過目輒成誦。治《尚書》，不由師授，獨冥契焉。事晋山公、薛淑人最孝。晋山公遭家難，公甫十齡，

即憤惋曰若之何其紓憂於親也。自是讀書愈奮，竟用文學顯。薛
孺人之喪也，公方奉册命封秦藩，以不及視含殮號痛幾絕。侍晉
山公疾，衣不解帶者四十日，朝夕籲天，請以身代。及屬纊，躃
踊號痛，如喪薛淑人時。喪祭誠信，盡心力，然不一雜浮屠及時
俗禮。自傷祿養日淺，每忌日涕泫泫下也。與伯兄同居五十年，
無間言。公家故貧，僅境瘠田百畝，悉委伯兄，不問出入。獨念
族居散伕，至不識面，無異塗人，乃捐資爲會，朔望一聚食，有
貧不能婚葬者，量所費賙之。公素廉，即寸幣一錢不輕取予。自
參政河北，督兵江上，所羨贖鍰及餉各數千金，人以故事白，當
括取以行，不即疏而獻諸朝。公却之，曰：“吾無所用，故不取，
非矯廉也。疏獻則沽名以疵物，吾又不爲，第籍記而已。”貴至
卿貳，簠簋無長物。公嘗語諸子曰：“乃翁以清白遺爾曹，謂乃
翁不善治生耶？”其内行修潔如此。

公負幹濟材，以世爲己任，遇事敢言，持大體。所任職夷險
無較，善因資而立權，事未形見，見善敗徵，人服其先識。骯
髒，不阿權貴，以是宦輒所至輒有能聲，異己者亦因而擠之，未
竟其用，世咸惜之。其初入諫垣也，當江陵柄國，言事者多伺指
先以揭關白，名曰“說閤”。公心非之，必疏上而后投揭，曰：
“吾不忍見霍氏之副封也。”於是直聲動六垣間。已上言請罷淫
祀祠額，已請正捕營馬額，已請議會審平反，已因歲祲請禁奸民
肆掠以恤富民，已諫止聖駕再閱壽宮，已請酌收川民餘木以寬比
累，已請罷諸路織造。羅秀者，故滕瑠所愛幸優也，重賂謀僉書
金吾，至螫去本兵以行其私。公憤之，乃疏列五不可，并責樞臣
阿權受賄，竟褫職，公論快之。何某時爲大司空，御史用考功法
糾彈之。何爲巧中軋御史大夫，使引疾去，御史坐謫者四人。公
謂國體、臺體不宜損也，抗章別白，極言將來流弊至於士氣大
沮，悠悠世態，結舌何難？即有奸如山，誰敢先發？恐非朝廷之

福。疏入，人多危之，乃奪俸三月；然士氣卒伸，朝論以明，則公倡之也。時部寮有謀改官臺省者，同列相競喧，傳都下。川南守臣矯制覆軍，委罪將吏，倚奧援，莫可問。公上言：“部屬改科道非祖制也，徒啓倖門；彼邀功掩襲以致敗績，奈何不痛自悔責而遺過於下，專制之義謂何？”上皆嘉納之。巡視太倉，上疏言：“金花取用溢額，捐度支以厚私藏，是與瓊林、大盈同譏。”而是時章奏漸多留中，公上疏曰：“邇來封事易授，絲綸難降，日復一日，旬復一旬，群疑漸起，衆志紛攜，且有置章奏於不必亟覽矣，且有視批答爲不必亟發者矣。”後其言悉驗。

公在諫垣久，益明習治體，知無不言，人多其伉直。即去諫垣而總臺綱矣，諸御史有因言得罪者，輒爲申救。其有彈文涉誣，藉總憲勘是非者，則又力言非振揚體。會兩宮灾，公應詔陳言，條上四事，曰君臣太隔，曰臺諫太輕，曰官中不易多任刑威，曰内帑不宜多藏寶貨。逾年，三殿灾，公又上言：“重灾不可再玩，實政不可再虛。郊廟必躬詣以謝嚴譴，便殿必亟御以通物情，國本必亟建以定人心。亟罷采礦、開店之使，亟減左右宦妾之刑。此皆應天之實事，而應天之實心。”且曰：“罪己不如正己，格事不如格心。”又自惟久任獻替，不忍見朝廷風旨漸異、紀綱輕重漸乖，上疏言：“部院之體漸輕，科道之體漸輕，撫按之體漸輕；曰進獻之塗漸重，曰内差之勢漸重。”娓娓數千言，皆匡時石畫。晋陪司農，無言責矣，而歸志且決。復惟受國厚恩，不可徒去，連上疏請罷礦稅，不報；請早定國本，不報。有詔罷礦稅，旋反汗，公執奏六不可，又不報，章即寢而〔一〕人人傳誦，紙爲之貴。凡公前後疏諫，語雖切直而持大體，大宗伯馮公稱之曰：“伊門中第一手也。”每有疏議，必相印正云。

公爲諫官，積資深，出參藩守，時論多不平。公夷然即馳之河北，留意職事，案無滯牘。有與潞藩官校格鬥者，用法者欲坐之戍，公爲持平杖之。鋤豪猾，除苛政，爲百姓請命，滿歲，所部大治。以夙望召爲卿。時國儲未定，有旨先封王以待嫡，政府諍止，公與有翼贊力焉。亡何，倭夷發難，遴重臣督師江上以備留都。公受特簡，於是至則復巡徼，造戰艘，繕鐅刀、藤簰等器。有新兵無額餉者，時議欲散之而恐生變。公曰："此易耳。"因閱兵汰其老弱以補新兵。諸公嘆服，以爲不可及。當是時，東南半壁恃以無恐。及倭犯朝鮮，公則入署憲臺矣。封倭之議，朝紳聚訟，公直言封事必敗，果如公料。大司農以遼餉匱甚，日夜講尋利端，至欲重諸道田賦，仕而削籍得入資復除。公持不可，獨以内索珠寶可暫停耳。聖躬違和，諭罷礦税。公聞之喜，趨入署，案行文書，立下諸道，蓋慮有反汗也。已而果然。因其事耦變，曲中機宜，而料事如神類如此。而又精人倫鑒，以立談定人終身。蓋嘗一典河南省試，一分校武闈，所取文武士并得人云。

然疆直自遂，往往與諸人異，及功見言信，當事者愧所不如。而諸所搏擊不避要人，各思以中之矣。諫垣時有欲以年例擠之者，不果，竟出之河北。及公策倭奇中，議定於戰，不快公者日耽耽欲逐公，則以公爲户部侍郎督餉往，計困公以不能。公顧益自發舒，馳至武清，訪求水運，兼行之。公私文牘皆出一手，未兩月，集餉二十萬，因謝病。言者摘公請休疏，目爲規避。公且辯且辭，書七上，皆寢。已又掯摭《憂危宏議》以窘公，賴上聖明，降旨別白，令公安職，而忌者齮齕日甚。會計議邊餉，與大司農左，於是與大司農并罷歸，語具在狀中。蓋公歸之日，而傾朝祖餞者相與扼捥公之未竟其用也，公意自若。

歸則杜門却掃，日惟檢古方書，煉服藥餌，時前子孫授經書大義，或召故舊歡飲，道平生，問歲豐歉。居數月，病良已，始稍通賓客、後進晉謁。有病公簡亢者，諸子以聞。公曰："吾備位九列，不可屈體徇人，若爾曹不以門第驕人，則兩得之矣。"

里居不復談朝政，然聞朝廷用一正人、行一善政則欣欣喜，有未當則邑邑累日。絕迹公府，遇地方利病事，直言無遜。甲辰，以前平播功受賜銀幣於家。次年，微足疾，已而創甚，遂不起。彌留無世態語，第謂諸子曰：“吾生平不敢負國、負民、負所學，可無愧。㤅修短，數也。”略無牽繫。歿之日，遠邇傷悼，守臣以聞，詔贈户部尚書，藩臣諭致祭，給水衡金錢營兆域，蓋異數也。

公修幹美鬚髯，額有赤志，居然鵠立。天性剛直，立朝以辨是非邪正爲先，所遇權貴皆異己相嫉者。公孤立行一意，雖遭齮齕，而所持轉力。論者謂其通達正直，廉介忠誠，兼賈太傅、汲長孺、包希仁、司馬君實而一之，而近代如三原王端毅與之合轍，蓋質論也。少而嗜學，至老不衰，於書無所不窺，而注意於《通鑒綱目》，常舉以訓後進，曰：“此應世之具，非他藝文比也。”爲文以意識爲宗，不事浮綺，詩工五言，奏議忠懇，與陸敬輿埒。所著文集若干行卷於世。

公生嘉靖甲辰十二月二十五日辰時，歿萬曆乙巳歲十二月初十日丑時，享年六十有二。元配趙處士公志女，屢封淑人。子男四：長光房，辛丑進士，官中書舍人，娶顔氏，儒官問邦女，繼娶趙副使九思女；次光斗，官生，娶苗知府焕女；次光奎，官生，娶常副使存仁女；次光樞，庠生，娶武壽官思孝女。孫男五：茂初，庠生，娶牛太學生應存女，光房出。茂貞，娶馮吏部員外養志女；茂恂，聘牛户部郎中從龍女；茂和，聘裴庠生述伊女；茂素，聘劉舉人時達女：俱光奎出。曾孫男一，碩抱，茂初出，聘裴庠生弘淳女。中書君光房等將以丁未十二月初十日葬公於澤之大陽鄉西北香山之麓，從新兆也。

李三才曰：余與張公相與最久，蓋習其生平云。迹公神明義氣，每以烈丈夫自期許，嘗欲爲縣官備緩急以自樹，乃以骯髒賈忌，不究其用，豈非天哉？然余聞貂璫銜命，至司農署排闥怒呼，而終謂張公正人，不敢犯。又聞營卒脱巾，至榜通衢，欲殺尚書、御史某某，而亦不敢一言及公。何公之誠心直道可以信豪璫、格悍卒而竟不能釋人朝之嫉耶？亦足嘆矣。向令公稍易其志，隨時軟美，不過生竊尚書，再盜宮保，多苟俸錢，以饜妻孥止耳，天下豈少若輩乎？何没没也！此不足以當公之一噱，又何稱焉？公嗣光斗曰：“先君有言，‘君子落得做君子，小人枉了做小人’，狀偶遺之，必欲載之志。”此非公之言也，先正有言而公稱述之也。嗚呼！亦足以見公之學有原本矣，則其生平所樹豈偶然哉！豈偶然哉！乃爲之銘曰：

太行畫裂精靈嘻，青陽之裔孕多奇。翩翩來讀中秘書，納于大麗晦不迷。安得尚方剸雍渠，殫忠造怨古所咨？君王聖明臣勿欺，貝錦雖工徒爾爲。去乘六氣下白鯢，嬰弗垂堂光陸離。麗牲華表鬱崔巍，千秋令名烜若斯。

賜進士第、嘉議大夫、總督漕運、提督軍務、巡撫鳳陽等處地方兼海防、都察院左副都御史關中李三才撰文

正議大夫資治尹户部右侍郎贈户部尚書張公行狀

萬曆乙巳十二月初十日，吾師少司徒元冲張公卒於家，守臣以聞，詔予恩恤。於是宗伯議祭，司空議葬，太宰議贈，制皆曰“可”。乃贈公户部尚書，遣藩臣致諭祭，給水衡金錢營兆域，蓋優恤云。其孤中翰君光房等將乞言于名世元老，謂胤公戊子所舉士也，緘書走其弟光斗屬爲狀，且曰先師遺命也，其曷敢辭？

狀曰：公諱養蒙，字端叔，初字泰亨，元冲其別號也。系出黄帝第五子青陽，生揮，爲弓正，主祀弧星，賜姓張，其後宗支蔓延於天下。至漢留侯張良者，韓人也，五世相韓。澤於戰國屬

韓地，公其苗裔云。先世居澤西北隅五十里一小莊，族寖大，人因以張莊名其地。後徙居大陽，遂爲大陽望族。代無顯者，至五世祖郁生順，順生擴，擴生東里公穩，有隱德，贈通議大夫、户部右侍郎。東里公生晋山公四維，郡諸生，封禮科給事中，贈刑科左給事中，累贈如東里公，則皆以公貴也。晋山公二子，公居次。幼穎異，六歲過目能成誦。家貧，束修不具，晋山公乃自爲授《書》。無何，遭閱墻變，公隨母匿避諸姻家。已從麓泉申先生三月，辭歸。是時，晋山公以家難奪業，所治《尚書》僅爲粗解其半，公潛思默會，自卒業焉。初爲制舉義，即多驚人語。十四，試《約法三章論》，有聲。十七，舉茂才高等，自是試無不高等矣。方晋山公之遭家難也，公甫十齡，即憤惋曰："爲人子而不能釋親之憂，非夫也。"至是，晋山公念轗軻終身，無以顯揚東里公，乃數舉激公學。公學益力，遂工古文辭。里人孟少參兄弟并以才名自負，意不可一世，顧獨嚴重公。萬曆癸酉，舉鄉試第三人。丁丑，成進士，選翰林院庶吉士，讀中秘書。其學務考國家故實及前代治亂所由，屬詞會文切理，期於一字增減不得，人皆謂史局當留公矣，而竟不留。或言公廷試卷實在鼎甲，江陵易以己子，更置之三甲後以杜人疑，語頗傳聞，江陵嫌之，故出爲禮科給事中。先是，皇上大婚禮成，令甲，中秘士得需拜官之日推恩所生，故晋山公得封如公官，母薛封孺人云。公既爲給事，毅然以直諫爲己任。時江陵柄國，言事者率先呈揭，名曰"説閣"。公獨先上疏而後投謁，且論罷其所私喬某。周藩請熒惑觀音祠額，公以淫祀奏止之。辛巳，轉吏科右給事中，巡視京營，議正捕營馬額，積弊頓清。會聖駕大閲，賜銀幣。尋升刑科左給事中，署科事。條議寺臣分審職務，法司慎議覆以副欽恤。壬午，奉命册封秦藩，饋遺一無所受。中途聞母訃，一痛欲絶，念不及臨訣、視含，毀骨立矣。逾年，晋山公亦卒。公侍病不脱衣冠者四十日，藥必親嘗，延醫百方療治，及朝夕拜禱，請以身代，竟弗效。踴躃孺慕，如不欲生，勺水不入口者三日。棺衾、含殮靡不盡心力，然不一雜浮屠及時俗禮，有識者嘆曰："不圖今日睹喪禮之正也。"

公家故貧，教授生徒，洎舉孝廉，晋山公始置瘠田百畝。至是悉委伯兄督之，第計口取給焉。兄性豪侈，時或不給，亦夷然不爲意。獨念族人多就食四方，有數歲不一晤，祖孫、叔侄、昆弟不相識面者，則惻然曰："此何異途人？彼五世而上其誰也？"乃稍捐資爲會，合族人朔望一聚食，有力不能婚葬者量所費多寡賙之。丙戌九月服闋，猶追念二親，逡巡不欲行，親朋強之，始入。

補吏科左給事中，以先是壬午今皇太子生覃恩，守制者俟服除補給，因得再贈晋山公爲刑科左給事中。時比歲大侵，奸民借口肆掠，有司莫之禁，以致富家巨室所在驚惶，而小民流移反膜外視之，道殣相望，至不忍目，乃上言"奸民當治，流民當恤，富民當愛"。羅秀者，故滕瑢優奴也，憑藉主資重賂津要謀僉書大金吾。大司馬繼津王公持不可，中螫去，瀕行，語人曰："我去，羅秀必上錦衣大堂矣。"已而果然，公憤名器之濫莫此爲甚，且以一賤流黌緣通神，至逐去本兵，乃疏其五不可，并責新樞臣阿權受賄。秀竟褫職，公論快之。丁亥內察，臺臣拾及何大司空起鳴。何，執政私人也，兩疏詰辨，誣御史大夫慎軒辛公仇嗾之。嚴旨下問，辛公遽引疾去，并謫御史張鳴崗等四人，人情大駭。公惜國體、臺體兩有損也，上言：

> 自修昔掌留臺，荷陛下特旨簡任，乃忽以流言投杼，臣所未解。蓋御史職主糾彈，原不關白臺長，伏下簪筆，柱後惠文，風裁宜何如者？若頤指可使，臺中可謂無人矣。起鳴與自修昔同省垣，今同八座，交臂事主，何嫌何疑，而頓起

風波，首乖雅道？將來臺長畏此糾纏，方引嫌避咎不暇，又何暇垂紳正色，儼然立紀綱重地乎？十三道御史，陛下既授以風憲之職，與六科同有拾遺之權。其初疏具劾也，爲衙門修職掌，決非觀望成風；再疏具辨也，爲衙門存體面，豈敢抗旨求勝？陛下始而疑，繼而問，終而譴斥加焉。今而後拾遺可廢乎？寧免拾及大臣，能保其不受指反噬乎？當此不諱之朝，士氣大沮，悠悠世態，結舌何難？即有奸如山，誰敢先發？闔門席藁，無所望於孤卿；借劍埋輪，無所望於臺諫：恐非朝廷之福。

疏上，無不爲公危者。會顧公憲成、王公德新亦相繼有言，皆得重譴。公以言官姑奪俸三月。又時二三部僚濡足權門，謀改科道，以致同列互爭，喧傳都下；川南守臣以執政鄉會同年邀功，失事不自引罪，反以捷聞。公上疏云：

部屬改科道，非祖制也。至正德以來，或因臺諫一時多缺，它屬無堪行取者，遂偶一行之。邇臺諫未睹缺人，各官尚苦淹滯，何無故開此幸門也？待取者已多覬覦之心，旁觀者頓起紛紜之議，且既云選改，其得者必爲其賢也。得者爲賢，是謂不得者非賢也。賢者以卓異見收，則餘者以尋常抱愧；失者以沉淪觖望，則得者以僥幸冒嫌。部臣縉綬含香，展采錯事，孰非擇而用之者？奈何令賢否、得失一旦迥分，抱愧、冒嫌兩受其敝乎？

臕乃非奉旨原剿之夷，徐元太誤聽人謀，欲循假道之便，坐收掩襲之功，顧乃墮夷術中，一軍盡覆。止宜痛自悔責，力求貶削，奈何專委罪於三將違制與僉事鄭東升等失謀乎？假令潛師直搗，夷不堤防，幸而捷也，元太當以矯制論與？抑以奇捷聞與？事始則巡撫主其成議，事後則巡撫避其失機；師捷則巡撫冒其首功，師敗則巡撫逃其明罰。專制之義謂何？

上皆嘉納之。內供金花舊有定額，自萬曆六年加買辦銀二十萬。時科臣執奏，有旨「待數年後積貯稍充，即行停取，仍復舊額」。業逾十年，取用如故，度支苦之。公奉命巡視太倉，上言「往年當事者搜取外省之財入京庫，已非藏富於民之義；今損度支金錢以厚私藏，人其謂何？年復一年，外取不已，見今貯庫銀僅三百四十萬，不過十七年盡矣。無論意外緩急種種可虞，瓊林、大盈貽譏前史，亦豈清朝美事」，蓋已慮及皇上之好貨矣。不報。

戊子秋，奉命典河南試。今相國龍江沈公爲大宗伯，先是一給事某挾執政求往，弗許；以其弟某往，亦弗許，獨以人望推公。公矢公校閱，夜不假寐者十餘日，不拘房考、呈卷前後及額數多寡，錄胤等八十人，多知名士，明年春榜者十二人，蓋從來未有云。

自公之復除吏垣也，益侃侃伉直，執政頗不便公，乃授意海豐楊太宰處以年例，選君某不可，乃止。無何，吏科都給事中缺，資俸俱當公補，而執政慮益不便也，乃懸缺月餘，俟升工科都給事中某，以其缺補公，而後以所私某補之，某即前求典河南試者也。公既掌工垣，諫止聖駕再閱壽宮，請酌收川民餘木以寬比累，請暫停江南織造，亟停傳造潞綢，皆國家大體。而又因頻年治河無功，建議久任河臣，大略謂河臣與邊臣同，不久任，其不便有三。而是時章奏已漸多留中。汲縣令李某以潞府錢糧訐奏郡守周某，科參、部覆俱久不下，乃上言「邇來封事易投，絲綸難降；催請雖數，批發未聞。在皇上靜攝起居，必非厭怠幾務，但日復一日，旬復一旬，情隔九閽，則群疑漸起；事干三尺，則眾志紛携。皇上今以聖體微恙而遲覽章奏，久之且有置章奏於不必亟覽者矣；今以聖心稍疑而遲賜批答，久之且有視批答爲不必蚤發者矣”，皆切時要論云。公久在省垣，明識治體，練習朝章，口無二言，事不再計，大政、大疑咸取決焉。

己丑，充武舉同考試官，取武狀元趙紳等二十五人。時前補吏科都給事中某以不厭人望爲光禄少卿王公汝訓所劾，某急求救於省僚，冀公疏論。王謂：“省臣，言官也，當論它署官，反爲它署官論，衙門體面謂何？”公笑曰：“果如此言，則言官何所不至？倘公疏一人，人以黨護目之，將闔衙門被□，所損體面不更大乎？”某計阻，乃誘一新進李某單疏擊王，疏出，舉朝欲唾其面，負慚去，尋被察。某屢挂彈章，亦被察，遂切齒公矣。徐繕部某者大有穢聲，獨以執政庇加銜卿寺。公發其貪黷及夤緣升官中式狀，罷之。執政以是益不便公矣。庚寅春，復授意海豐，出爲河南左參政，分守河北，一時公論大爲不平。今南戇[二]巡撫李公汝華時在諫掖，抗章言：“張某天挺人豪，不宜擠之外轉。”公望益大起，而巧圖内轉者反不安其位去。海豐亦以是益不厭人心，交章論罷矣。宋莊敏公繼秉銓，一日言於執政，曰：“近來言官無肯爲朝廷做實事者，前僅有一張某，被外轉去矣。”執政赧然。

公既抵河北，絕不以薦歷瑣闥厭棄簿書，手自批發，案無留牘，一切詞訟惟關大故者始受理，曰：“吾非養尊，不敢侵有司事也。”鄭藩恃在世廟時曾以建言被錮，頗驕恣。其妾弟孫天策、千户張東銘怙寵虐民，公悉繩之法。大猾葛蕈等號三十六天將，一郡苦之。公窮治捕除，境内肅然。已奉兩臺檄議條鞭法，區畫周祥，軍民至今稱便。

辛卯，前執政罷相，銓部從輿望，入公爲太僕寺少卿。明年，遷大理寺右少卿，秋轉左。時太倉柄國，先是業請册立得俞旨，准於二十一年舉行。至是，忽有三王并封待嫡之命。太倉未暇詳酌，誤以爲可舉，舉朝哄然。太倉，舊館師也。公偕同館余太史繼登、馮太史琦言不可狀，太倉悔不及咨詢，累疏爭之，議竟寢。後公在南都，復上書勸葂請册立以信前旨。太倉卒反覆諫爭，公翼贊有力焉。

是時倭警初聞，臺臣鑒嘉靖末年之害，建議江防當擇才望重臣責成久任，輿論謂無如公者。乃以癸巳春初〔三〕升南京都察院右僉都御史，提督操江，兼管巡江。時承平日久，操江一缺直藉以優待賢者，率不數月遷去，一切武備、兵餉多不暇詳舉。公念既因防倭受皇上委任，即星夜馳赴南都，至則加意振飭，令甲一新。已又請復游、巡營兵，添造沙、福等船，欒刀、藤牌等器，爲戰守具，于是江上軍容奕奕改觀矣。操江轄南畿及九江共十五郡，交移蜂午〔四〕，較河北什倍。公批發如馳，案無留牘，亦如守河北。軍民詞訟亦惟關江防者始受之，餘雖大故，置不問，曰：「吾不敢侵該管撫按權也。」先是，御史大夫洪溪衷公爲南大司馬，嘗以備倭募兵數千，然未議餉，第取給於南大司農。久之，大司農謂非額也，弗應，衷公遂欲散遣之。公曰：「此輩多無賴子也，散之何往？恐生亂。不如因閱江防兵，汰其老弱者，即以新兵補之，餉可不增而兵皆精壯。」南都諸公大服之。

甲午九月，升都察院左僉都御史，協理院事。乙未春，始得代，歸里舍。值有哭兄〔五〕之變，兼以南中濕熱傷脾，遂臥病，疏請在藉調理。是年夏，再升左副都御史。至秋病間，乃履任。會御史某爲群小所誘，誣論某，因公論不容，請本院堂上官勘其是非，蓋欲嫁禍也。御史大夫衷公難其事，以屬公。公具疏言：「御史與堂官有統無屬，從來建白原不相關，彼是非可否自有公論。若拾它人齒牙之垢，矜自己搏擊之名，見人言不與，反委責堂官，則臣等日爲各御史辨別是非且不暇，何暇爲皇上振揚風紀乎？」疏出，某懼，因自首被誘始末，群邪大沮。是後每議朝政得失，公務持正論，新建遂目攝之，謂爲北黨之魁，嘗語人曰：

"李漸庵後持異議者此人也。"一時正人有所論列皆疑公指授，而帷幄私人始耽耽視之矣。

丙申，御史大夫衷公卒，公奉命署院事。值兩宮灾，太宰立亭孫公率九卿上修省要務，托公具草。公條上四事，曰君臣太隔，曰臺諫太輕，曰宮中不宜多任刑威，曰内帑不宜多藏寶貨，讜正不阿，朝紳無不嘆服。次年，三殿又灾。時孫公已去，一時無復有敢言者，公自上疏，謂："重灾不可再玩，實政不可再虛。郊廟必躬詣以謝嚴譴，不則天地、祖宗之怒恐未解也；便殿必亟御以通物情，不則中外壅蔽之患恐未撤也；國本必亟建以定人心，不則道路揣摩之謗恐未釋也。亟罷采礦、開店之使以杜直省之亂階，亟減左右宦妾之刑以彌蕭墻之隱禍。此皆應天之實事，而應天之實心未及也。罪己不如正己，格事不如格心。陛下平日成心有四，曰好疑，曰好逸，曰好勝，曰好貨。四心既戒，則百志惟熙。以此回天心，即以此凝天福矣。"語益切直，中外傳誦，紙爲之貴。前是注各御史差，不無曲徇揀擇。公曰非法也，一切以憲規行之，毫無所遷就。且署院僅數月，而行取之催疏八九上，尤近年希有云。

無何，皇上以兵部考察事切責言官，降黜御史歐大倫等，已而波及夏之臣等，復於開進職名内勾去姚三讓等，前後共十九人。嚴旨疊下，人人惴恐，公獨抗章申救。御史曹學程偶以言事觸聖怒，徑直大辟，救者皆被重譴，公仍再疏申救。又自惟久任獻替糾繩之責，不忍見朝廷風旨漸異、紀綱輕重漸乖，復疏"三輕二重"上之，曰部院之體漸輕，曰科道之職漸輕，曰撫按之任漸輕，曰進獻之塗漸重，曰内差之勢漸重，幾數千言，皆激切，不報。

初，倭之犯朝鮮也，大司馬石某受執政指，與奸人沈惟敬輩陰有所許，因臺省持之急乃變，言倭來實爲求封，一封便可了東事矣。公兩與會議，極言倭欲豈止一封，沈惟敬許倭當亦不止一封。倭不封固變，封亦變；我不封固當備，封亦當備。大司馬盡排群議，獨[六]任惟敬以國，僥幸議非是。是時，薊遼總督月峰孫公亦言倭情叵測，封事難成。石以爲異己也，恚甚，矯誣以四幣招倭，奏之。疏下，九卿會議，蓋執政從內主，欲借是中孫公以奇禍也。時楊大司農某主議稿具，不令衆見，但請以次畫題，次當及公。公曰：“孫公當世正人，所言失當軸指，未見議意云何而遽畫題，萬一有不測，誰執其咎？”楊不得已，始以稿示公。公酌議妥當，然後畫題。覆上，孫公僅從薄譴，公之力也。

新建既與公不合，群小復構煽其間，嫌日益深，故久推戶部右侍郎不報。至是，命忽下，蓋大察將近，恐公相左，故遠之也。給事戴某者，新建客，以年例外補。時選君白公所知，公同鄉，新建疑爲公使，遂欲借東事困公逐之，乃乘有事山陵，密令楊大司農疏公往督餉。公毅然曰：“吾受上恩厚，常愧無以稱塞，不遇盤錯，安別利器？此正吾報國之日也。”因上言，請一應體統、行事與督□同，各撫鎮、司道以下俱聽節制，及預陳措餉之議，部覆報可。乃遣家累還里，自駐節武清，料理餉事。又念陸運艱難，必兼水運，方克有濟。適督臣邢公亦有海運之議，乃多方訪求，力主行之。約司道有承望推阻，致誤事機者，請以白簡從事，衆始受約唯謹。甫逾兩月而餉大集，計可二十餘萬矣。公故臞，善病，益以積勞，困伏床褥者兩匝月，度不堪再勞，且督餉非臥理之官，乃請乞骸骨，不允。

而新建計是不足以去公也，乃嗾御史許聞造以詐病推避論矣。聞造，故吏科給事中某中表，又入新建帷幄，故有甘心焉。公辯言：“臣料理餉務俱有次第，據報運過之糧幾二十餘萬石，居已於勞而遺人以逸。臣實有病，有何推避？乞賜罷免，并根勘聞造所言以明誣枉。”新建擬票：“張某還着遵奉敕旨，往來遼東、天津調度催償，豈可因言求去，自蹈規避?”公又言：“臣不幸素有狗馬之疾，近復增劇〔七〕，臥床七十餘日，醫藥罔效。雖奉温綸，實皆罪案，臥留則違往來催償之旨，引去又冒自蹈規避之嫌。疏凡七上，俱見寝，而《憂危竑議》出矣。蓋數年前少司寇呂公坤官晋臬，嘗刻《閨範》一書，戴某乃牽合時事，先論其包藏禍心而是書遂踵其後，謂公與中丞魏公允貞、前選君白公所知等朋黨司寇，陰附鄭氏，謀摇國本。其書盛傳坊肆，至徹宸聰，蓋新建與某輩一網打盡之計也。心聞驚駭欲死，疏請根勘來歷以明心迹，并乞扶病回籍聽勘。”奉旨：“這事情原是戴士衡結黨奸惡，報復白所知劣轉之私仇，捏造書詞，惑世誣人。朕已洞知，有旨處分了。張某著安心供職。”公再疏辯辭，不允。

自丁酉公出督餉，至是戊戌七月，新建以東事敗露斥去，少司馬李公條議餉事仍歸督撫，召回部，復再疏乞歸，不許。時聖節伊邇，而武清咫尺都門，不敢擅歸〔八〕里舍，又念三品當考績，庶幾徹東里公恩命，可藉以副晋山公期誨，不得已輿疾入都。適當武會試，代知貢舉。事竣，考最，授通議大夫，贈大父、父如其官，大母王、母薛、妻趙皆淑人。予三代誥命，蔭一子國子生。

而前御史許某者度以新建帷幄私人，内計不免，復撦拾奸書無稽語詆公。公疏辯求去，更乞根究奸書以昭示天下後世。上報曰：“僞造妖書，離間天倫，惑世誣人，朕已洞明。昨許聞造妄奏，牽連反復，排唊臣僚，且又屢假陳言保固禄位，姑從寬降處了。張某着照舊供職。”公復再疏求去，不許。伏念聖恩隆重，數數堅辭非人臣誼，因勉出視事。先是徐給事觀瀾以東事論罷新建，連及四明，時公督餉駐武清，實不與聞，而四明謂徐與公同里同榜，意有所指授，并恨之，既逐徐去，復日夜媒蘖公，思圖之矣。

公既屢疏乞歸未遂，乃力疾具草，偕同官諫止礦稅，不報。又念國本一日不定，則群疑一日不解；群疑一日不解，則讒言一日不息。遂上言：

> 册立、冠、婚，大典也；敕諭"三禮并行"，大信也。中外臣民仰窺聖心之已定，共諒聖心之無他，佇望刻日舉行久矣。頃者一陽肇復，萬慶俱新，中旨未傳，所司無備，九卿、科道遵往例合辭公請，未報也；禮部、禮科循職掌單辭恭請，未報也。臣竊迹往事，因諗近聞，慮及聖主之受誣，慮及孤臣之苦謗，義有不忍默默者。蓋天下之事，早則信，遲則疑；定則信，更則疑。況遲不止於期月，而更不止於再三者乎？皇長子初生，曾以祗承宗社頒矣。已而爲待嫡之説，曾許二十一年册立矣。已而爲遲二三年之説，册立、出閣，十八年嘗并傳矣，而未并行也：來年辦錢糧，後年春册立，十八年嘗口宣矣，而未實行也。小臣激聒，一旦改期，滿朝緘默數年，遲遲如故也。閣臣之膝空前，禮臣之舌殆敝，以職去者幾，以言去者幾，遲遲如故也。下方疑其不肯早而事果遲，下方疑其未必然而期果爽，妄疑妄中，轉申轉疑。始以道路之揣摩，繼以纔奸之播弄，誣謗橫起，驚駭聽聞，更將疏遠孤介無干之臣捏造僞書，打盡一網。向使當年儲位早正，安得有此？往事悠悠，亦足寒心。且皇長子睿體久充，淑女久選，主器在震，咏桃宜春，若春月不舉，更待何月？十九歲不册，更待何歲？近日又有一種議論，謂皇上添修庫房數百餘間，工必不可速成，將借此以遲之；派買珠寶二千餘萬，銀必不可猝辨，將借此以遲之。人之多言或未可信，今連疏見格，恐又中其疑也。

不報。無何，關酉死，倭兵退。兵部叙公督餉功，擬與督臣同陞蔭、優賚。四明益不懌，乃削去右都之陞，第賜銀幣，再蔭一子國子生，蓋深慮右都階同八座，愈難圖也。自議典禮以來，皇上籍索珠寶無算，前楊大司徒但知阿旨固寵，絕不以邊餉爲急。楊卒，陳繼，仍循故轍。公數爭之，不聽。遇公入署，即戒諸曹郎母呈奏進珠寶。公乃九疏乞歸，不報。前後推少司馬、少宰、南大司空，亦皆不報。蓋柄臣忌其大用，又避逐賢名，聊事羈縻，徐俟乘機圖之也。

辛丑秋，三品當再考，以久病乞休，又不報。越兩月，皇上有冊立之命。公念際國家大慶，臣子豈忍言去？復勉出。考六年滿，進階正議大夫、資治尹，復以叙甘鎮二捷功再賜銀幣。壬寅仲春，聖躬違和，諭停采榷。公聞，喜動於色。時大司農注籍，公邂朝問安畢，即入署，立催移文各撫院。未午，文盡發，蓋竊慮聖明之反汗也。俄果然，公執奏有六不可，謂：“惟天眷聖，惟聖格天。天啓聖衷，革茲弊政。病安而改，何以答天？不可一。絲綸已布，渙汗難收。若朝令而夕遽更，成何政體？不可二。海內久苦礦稅，如在水火之中。未罷望罷，猶恨其遲；罷而復行，詛怨必甚。不可三。前諭已頒，耳目難掩，中使束裝且去，孰肯聽其再留？百姓擲瓦相酬，孰肯聽其再剝？不聽之中，何事不有？不可四。朝廷失信於百姓，則百姓絕望於朝廷，後雖實有罪己息民之言，亦皆視爲故紙。不可五。爲輪臺之悔則收之猶蚤，爲奉天之悔則感之已遲，遲蚤之間，安危迥異。不可六。六不可之外，更有臣等所不忍言者。”不報。

時邊餉愈缺，多至百餘萬，告急者相屬於道。公語大司農：“宜暫停內索珠寶，急擘畫軍興以解燃眉。不然，萬一九邊有脫巾之虞。我輩責將安委？”殆大司農亦勉從，托公具草。已復中變，乘公未入署，別創一條例，其中最謬戾者，欲遍天下重稅田畝，及將察論罷閒官并許納贖得復叙用，舉人、進士即罪至遣戍者亦許納贖得復銓除。公聞而異之，即趨入署，疏已寫强半矣，因辭不署名。乃大司農自負爲理財奇策，竟單名上之，公遂移病不出，果未得旨，而省臣露章彈之矣。大司農且愧且忿，走四明所圖公。四明私沾沾，謂是可以逐公也，乃令詐稱病，委篆公。自未有六卿見任而遽令侍郎署印者，蓋欲加公以排擠僚長名，且將掣其肘，就機以溺職逐之，即先年新建督餉故智也。公謂抱病經年，且方累疏乞休，乃控疏辭篆，并極言其非體，語侵四明。四明遂嗾一給事以推諉、怨望論公，而公遂得旨，與大司農并罷矣。惜哉！大司農、四明同年生，初意借其力逐公，不虞己亦不免，緣尚非腹心甚難割之人，又可避獨逐公名，故不復彼顧。嗟乎！嗟乎！四明爲計誠狡而大司農亦何愚之甚也。

公去之日，舉朝爲之扼腕，名卿大夫、端人正士祖餞郊外，公譚笑而去。抵里，則杜門却掃，日惟檢閱古方書，修服藥餌。或時前子若孫指授經意〔九〕，或招飲故舊，問稼穡，較歲豐歉，及話前輩長者事。居數月，病漸已，始稍通賓客，吊唁親友。素病時俗僥倖，凡事務從儉素，力行古道，延見後進，禮度蕭然。有病其簡亢者，諸子以聞，公曰：「吾位登九列，不可屈體徇人，渠等自不見前輩之風，我何尤焉？若爾曹能不以宦家子驕人，則兩得之矣。」最惡仕宦武斷，故凡族僕與人閧，即理直亦先朴之，方別是非。歷官三十載，未嘗一字請托，至是尤絶迹公庭。惟是地方利病有詢及者，則直言無隱，曾不以套語相欺也。郡多宗人，毫不與干涉。嘗誡諸子曰：「不交若輩，自然無怨無德。」居恒絶口不譚朝事，但聞廟堂用一正人、行一善政，未嘗不欣欣色喜；聞用一匪人、行一疵政，未嘗不邑邑累日。語云「身在江湖，心懸魏闕」，公也有焉。甲辰，里居以叙前平播功，仍賜銀幣。

公天性孝友，追念二親禄養日少，每遇忌辰，輒悲涕不自持。與伯兄同居五十年，兄殁，撫孤侄猶子。先是，兄逾四十未有嗣，遵晋山公命，以行三子繼焉。及謝政歸，見侄已成立，曰："吾兄業有子矣，奈何復以吾子分其財？"即爲文告晋山公，令歸宗，盡以兄所置腴産付侄，止受晋山公所遺瘠田、敝廬之半分給諸子。居約，時有所稱貸，悉如數償之。治家以嚴，子孫侍立終日，不命之坐不敢坐。少有過失，即厲聲呵責之。每云"門第高可畏不可恃，兒曹當謹守素風，毋墮我家聲。"生平極慎取予，即一錢寸幣不敢苟。官至卿貳，簏篋無長物。方其守河北也，贖鍰積若干緡[一○]，瀕行，詹守啓東以爲言，且云："前公者尚取浮于數，況此皆公當得物，又如許之多，而乃盡置之乎？"公笑曰："此際正不必論多寡，但一問數便屬有意。彼取者自有用，吾無所用故不取。非矯廉也。"詹守嘆服。及操院得代，計贖羨可三千金，一無所取。有謂當題者，公曰："此沽名事，難爲前後人，但一印册籍記。"而治餉支剩亦不下千五百金，俱解還河西務。又當上索珠寶時，商人日夜賄領銀、賄脱役，前後兩大司農物議沸騰，司屬亦多以墨敗，獨公毫無所染，故宵人百計傾之，卒無敢迹污者。公嘗語諸子曰："吾以清白遺汝，爾曹寧謂乃翁不善治生耶？"蓋道其實云。

公雖善病，然四十後即獨宿，一二姬媵僅侍巾櫛。稍不快輒茹淡，且不喜飲，兩尺脉沉細悠長，修軀美髯，額有赤志若鶴形。然是皆宜壽而僅逾六旬，豈天之未欲平治天下與？何奪公之速也？公初無大恙，甲辰以後時覺小腿及足痛，自謂暮年常事。乙巳仲冬，忽大痛，即就醫外室，已左足創甚，然殊無病容，飲食譚笑自若。醫亦謂肢體之病，無足慮者。然竟以是不起，傷哉！公之疾革也，趙淑人臥病十年矣，命諸子扶掖出，問後事，公曰："吾以布衣遭上聖明，至位通顯，祖父母、父母咸沐恩褒，子孫漸皆成立，徵之造物者厚矣。自分生平不敢負國、負民、負所學，可以無愧無怍。修短之數，聽之彼[一一]蒼，此心略無牽繫。一切後事諸子自能辯，無俟[一二]吾言也。”少選，淑人復問更有何言，但曰“够了，够了，無可言者”，即促淑人入自理疾。是日夜分後溘焉長逝，則萬曆三十三年乙巳十二月初十日丑時也，距生嘉靖二十三年甲辰十二月十五日辰時，享壽六十有二。

公天性剛正，嚴於嫉惡，爲諸生時，能面叱一霸生，凛凛風采已露一斑。立朝以辯是非邪正爲先，進君子、退小人爲急。居諫垣十二年，初值江陵當國，即相左；嗣以吳縣師門之雅，雖不欲自處菲薄，然私人、私事實一無所縱舍。既都憲席，風力愈勁，六載之間，抗新建、四明兩柄臣，一以直道行之，縱屢遭排陷而節操益堅，得失利害悉置度外，定見定力，自謂賁育不能奪也。又聞公守河北時，有誤犯潞藩官校者，其中使遽啓王屬按君。按君倉皇無措，欲戍其人謝王。公曰：“鬥毆無成法，杖其人而遣之，足矣。”按君有難色，公固謂：“王仁明，決無深求意，此不過左右欲以立威耳。即萬一失王意，罪在該道，不以相累也。”按君猶擬城旦，王卒命釋之，如公言，按君大慚。又公時病瘍，已江防病脾，已督餉，病幾不起，然事皆朝至朝報，夕至夕報，一無所稽留。諸子數請節勞，公曰：“郵置多寠人，豈能久待？徒爲猾胥罔利地耳。”蓋公才識既精敏，而又真心任事，故隨試而效，然實未盡其用也；而又以節掩，故不以才名。論者謂其通達國體如賈太傅，正直不阿如汲長孺，廉潔無私如包希仁，忠誠懇切如司馬君實，勤敏幹辦如陶忠武。揆之我明，勁正忤時又如三原王端毅，而近有薦公者云“擎天妙略，捧日精忠。砥玉鎔金，高品敻超凡近；條天規地，洪施鼎借熙明”，皆確論云。素不交星相，門無雜賓，尤不交中貴人。長安邸第比鄰文書房，大璫李某三年無一面，某亦不敢請見。其曹每至部催索珠寶，則排闥徑進，甚至毆辱門[一三]官，訴詈大司農，獨遇公在，則相戒無入，曰：“張□□正人，不可犯也。”又三大營選鋒激變，馳驟都城，揭榜通衢，殺陳尚書、某御史，終無一字及公。其爲人敬服也又如此。

少即嗜學，至老不倦，自六經、三史以及諸子百家、稗官野史無不該覽，格言、要務多手自抄録。於文好《左》《國》，司馬子長，於詩好盛唐、杜工部，奏議則獨契陸宣公，其最所注意者尤在《通鑒綱目》一書，嘗語諸子曰：“此應世之具，非若他藝文徒留連光景也。”爲文以意識爲宗，務摹畫神情，不事浮詞綺語。詩靡所不工，尤工爲五言。奏議忠懇剴切，則逼真陸宣公矣。所著有詩文、奏議合若干卷行於世。

配趙氏，處士公志大女，兩封孺人，晋封淑人。子男四：長即中書君光房，辛丑進士，娶顏氏，儒官問邦女，繼趙氏，四川按察司副使九思女；次光斗，官生，娶苗氏，保寧府知府焕女；次光奎，官生，娶常氏，陝西按察司副使存仁女；次光樞，庠生，娶武氏，壽官思孝女：俱趙淑人出。孫男五：茂初，庠生，娶牛氏，太學生應存女，光房出。茂貞，娶馮氏，吏部員外養志女；茂恂，聘牛氏，户部郎中從龍女；茂和，聘裴氏，庠生述伊女；茂素，聘劉氏，舉人時達女：俱光奎出。曾孫男一，碩抱，茂初出，聘裴氏，庠生弘淳女。中書君光房等將以丁未□月□日葬公於澤之大陽鄉西北香山之麓，諭葬新兆也。

胤至么貌，忝爲公弟子高等，通籍以來，每聞縉紳先生品騭當世正人，未有不首推公者。往石大司馬起部時方赫然負盛名，公遽以小人目之。當其時，未有不疑且駭者，後其言果驗。前所稱吏科都給事中某自恃雄才巍科，在諸僚友前口若懸河，獨見公則氣奪語塞，幾不能措一辭。至其封事，尤多先見，種種時事，眾人皆焦唇敝舌爭之于數年之後，公獨防微杜漸，言之于數年之前。藉令柄國者稍與之同心戮力，有裨熙朝當自不細，而顧多不相容，豈不惜哉！又公雅負人倫鑒，操院所薦雅多賢者。戊子舉士獨胤碌碌，餘皆競相砥豎，不愧公衣鉢。又誠信直道，令^{〔一四〕}人一見邪念都消。梧垣數年，所誘掖夾持卒享^{〔一五〕}大名、都顯位者指可數屈，君子成人之美，公當之矣。

嗟呼！嗟呼！世之仕宦者類多脂韋依附，謂不如是無以取大位。以公之始終不合於執政宜何如，其落落不偶者而亦卒都卿貳何與？聞公少時，有善相僧暨診太素脉者，皆言當大貴，豈非命有固然，人固不得而抑之也耶？次君光斗之言曰：“先君寢疾時，謂百年後必得某公志，某公表，而某爲之狀，三人者皆直筆也。而某又有一日雅，必不負余，余目待是暝矣。”胤聞其言而悲之，且甚愧焉，乃即中書君光房等所爲公行述而稍衡概之如此，伏惟名世元老賜采擇焉。

門人寧陵喬胤頓首謹狀

張毅敏公傳

當神祖中葉，其能諤諤立朝，襟領衆正，自掖垣登九列，無事無時弗昌言極論者，蓋首數澤州張公云。公名養蒙，字端叔，別號元冲。自幼穎異絶人，讀書每出獨解，不假師傅。癸酉，舉賢書。又三年，成進士，選入中秘，每試高第，時宰有意出之，遂給事禮垣。公之在中秘也，其學不尚文辭，務明習朝章典故與古今治亂興衰所繇。既爲給事，遂以直諫爲己任云。時江陵柄國，上書者先白副封。公獨否，而首劾罷其私人，丰采固已棱棱露矣。巡視京營，則議止^{〔一六〕}捕營馬額，積弊頓清；言荒政，則云奸民當治，流民當恤，當^{〔一七〕}民當愛；言邊事，則請罪大吏之邀功失事者，云“事始主^{〔一八〕}其成議，事後避其失機；師捷冒其首功，師敗逃其明罰”，蓋指膩乃事，而大吏者亦執政^{〔一九〕}之所私也。巡視太倉，則言搜外府以實内府已非藏富之義，縮内支以厚私藏尤蹈大盈之失。在工垣，則諫止聖駕再閱壽宮，請收餘木以寬蜀民，請罷織于潞以寬晉民、于江南以寬吳越之民，言河事則請久任河臣與邊臣等以需實效。公既久次省中，益明練敏達，口無二言，事不再計，大政、大疑咸取決焉，而強直自遂。自丁亥之察，大司空與御史大夫辛公相訐，致嚴旨下訊，一時若吏部顧公憲成、王公德新，御史張公鳴崗輩皆得重譴。公侃侃辨擊不撓，當軸者固已銜之，顧無以難也。閹奴羅秀憑藉主勢，廣行賄賂，求爲大金吾。司馬繼津王公持不可，即中螫去。王公去而羅已進矣。公力論，竟褫其職。繕郎某工於掃門，自登第以至卿寺皆具穢聲，公又論罷之。以是側目者愈衆。冢宰海豐公乃以年例出公參河北政矣，朝論咸爲不平。而公怡然就道，精勤其職，絕不知者有內外重輕也。

　　無何，入爲同貳，轉大理。而是時島夷釁起，物情洶洶，乃以公爲都御史，操江南都。公加意振飭，討軍實，壯行伍，壁壘、旌旗煥然一變。暨島事靖，復入公副院事。公持朝政得失，抗論自如。兩宮災，公爲冢宰立亭孫公具疏，曰君臣太隔，曰臺諫太輕，曰宮中不宜任刑，曰內帑不宜多藏。三殿災，公復上疏，謂“罪己不如正己，格事不如革心”，而爲四箴，曰好逸，曰好疑，曰好勝，曰好貨，語益切直。其他若請考選，論三輕二重，救言官曹學程、區大倫等，皆身冒不測。新建張公執政，復目攝焉，以爲多持異議，指爲北黨之魁。而津門督餉之命出矣，公復怡然往，拮据兩月，集餉二十餘萬，新建無以中之。會《憂危竑議》之禍起，乃竄公名其中，賴上神明，察而不問。新建甫以事罷，而四明沈公復與公爲隙矣。公九上疏乞骸，不允，乃復視事，而與司農議理財不合，新建從中中之，因與司農同去國。去之日，名卿大夫咸爲扼腕，公又怡然也。歸則杜門却掃，絕口不談世事；然聞用人、行政得失是非，未嘗不形憂喜于色，以是知公非忘天下者。天下亦皆望公再出，盡展其用。年僅下壽，一疾而逝，於乎惜哉！

公生平内行淳篤，不好酒及色，潔廉自持，先世田廬携取瘠者。初筮仕，持節藩封，饋遺無所受。分守河北，贖鍰悉委之郡庫，郡守嘆以爲難。操江積羨可三千緡，治餉餘亦可二千，皆識而籍之官，且不自標爲名高。嘗笑謂諸子：“阿翁以清白貽爾曹多矣，爾曹毋謂不善治生耶！”比疾革，諸子請所言，公曰：“吾以布衣遭聖明，位通顯，沐恩三世，子孫成立，生平不敢負國、負民稍有愧怍。足矣！足矣！夫復何言？”是爲萬曆乙巳之仲冬，距生嘉靖甲辰，得年六十有二。

積資自給事至户部右侍郎，祖某、父某皆贈如公官。祖母、母及正室趙俱贈、封淑人。公薨，予祭葬及謚，贈尚書，蔭子，恩禮備焉。丈夫子四：光房，以進士爲光禄少卿；次官生光斗；次光奎，山東參政，都轉運使；次庠生光樞。孫男十三，孫女二，曾孫男四，嫁取、字聘皆名族，詳具李中丞志、孫太常碑中。而請余傳者，大參公也。大參公又言，公居長安，與大璫比棟而居，三年無一面，璫亦不敢請謁。貳計部，時群貂每索寶珠，排闥訴詈不可聞，遇公則肅然止。營卒激變，榜通衢，將殺某尚書、某御史，而不敢一字及公。公又能前識石司馬之爲人，策島事必敗，可謂大臣矣。公好讀書，尤得力於《通鑑》。性知人，嘗一典中州試，所取多名士，此又公之緒也。

贊曰：讀《張毅敏狀》，反覆其章奏，仰嘆神宗之爲神也。方《憂危》議起，時宰方欲爲一網計，而士大夫無一株連者。至張公前後切諫，多絶痛不堪之語，曾弗督過也。聖主哉！聖主哉！乃公始仕，即與江陵忤。文定、文蕭皆公師也，略無少徇，至三王并封之議，公且不難逆耳而規矣。老而復與新建忤，與四明忤。主聖臣直，豈不然乎？公修幹偉貌，少時有挾許負術者能策公必貴。公直如弦，屢遭排陷，宜如何流落不偶，而命貴者終貴也。彼蜍也，志也抱葉之蟬也，果人人九列乎哉！

賜進士及第、奉直大夫、協正庶尹、左春坊左諭德兼翰林院侍講、掌司經局事、纂修實録、知起居注、誥敕撰文、經筵日講官長洲文震孟撰

家大人毅敏公全集後跋

不肖奎承先大人餘蔭，叨一命之榮，繇郎署而刺郡，歷鹾運以參藩，二十年來一惟先大人家訓，書紳佩服，罔敢失墜，豐芑之貽謀遠矣。

先大人秉正嫉邪，孤高峭直。始以中秘補左省，弼違糾懸，侃凛不阿，雖遇明主不諱危言，每爲時相齮齕，繼以諫垣出憲河藩。忌者未已。復有東漕之督，初心實欲困以所難，孰知適成其所易也。生躋九列，歿受綸褒，誰謂止樊者終能翳玉乎？所有奏疏、詩文十卷彙刻於齊鹾公署，附之家乘以垂不朽。其先後叙則鄒南皋、馮琢庵兩年伯，暨王述文侍御、魏元白中丞、姚現聞太史，詳哉！其言之矣。若夫先大人之懿行淳德，俱悉李修吾中丞、文湛持太史志傳中。剞劂告竣，撫卷爲之追感。

時崇禎庚午之菊月也，男光奎謹跋

校勘記

〔一〕"章即寢而"，底本漶漫不清，據抄補本補。

〔二〕"戁"，據文意疑當作"贛"。

〔三〕"春初"，底本漶漫不清，據抄補本補。

〔四〕"移蜂午"，底本漶漫不清，據抄補本補。

〔五〕"哭兄"，底本漶漫不清，據抄補本補。

〔六〕"獨"，底本漶漫不清，據抄補本補。

〔七〕“增劇”，底本漶漫不清，據抄補本補。

〔八〕“擅歸”，底本漶漫不清，據抄補本補。

〔九〕“意”，底本漶漫不清，據抄補本補。

〔一〇〕“緡”，底本漶漫不清，據抄補本補。

〔一一〕“彼”，底本漶漫不清，據抄補本補。

〔一二〕“俟”，底本漶漫不清，據抄補本補。

〔一三〕“辱門”，底本漶漫不清，據抄補本補。

〔一四〕“令”，底本漶漫不清，據抄補本補。

〔一五〕“享”，底本漶漫不清，據抄補本補。

〔一六〕“止”，據文意疑當作“正”。

〔一七〕“當”，據明文震孟《藥園文集》當作“富”。

〔一八〕“事始主”，底本漶漫不清，據抄補本補。

〔一九〕“大吏者亦執政”，底本漶漫不清，據抄補本補。

抄　録

《東臺疏草》序〔一〕

《東臺疏草》，余同年中丞張公元沖爲給事時所奏副也。公由讀中秘爲給事，先余數年憂歸。余從諸省郎後訊公，人人服公無間言已。公再入省垣，余或南或病歸，踪迹差池，竊以不得面公爲快快。及余再入銓，公以直道忤時黜參知河南藩事。人人争上書，云“張給事故戀，未負國家，胡得令給事外徙？且張給事資當内轉，又無論賢也”，公之賢愈彰。亡何，時政稍新，公始得升大理，晋南院操江都御史。公至留，余復以滿歸，雖一再接公論議，然知公雖相與朝夕者，莫之逾也。從而索公所上諸疏讀之，其詞讜，其心粹白，其識趣超，其守一于正而不變，宜公師表臺省而興望攸歸也。江陵柄政，是時臺省争揣其意之所欲以中其心，黑白易見也；壬、癸之際，左右之祖未定，言臣揣摩其意兩投之，黑白難見也。不一二年間，權有所歸，意有所落，當意則用，不當意則舍，言臣又復如江陵時事，不復知人間有公論矣。公身處其間，一惟公論之所之，不知權勢爲何物。夫公論所在即理之所在，理之所在即天地、鬼神亦且感格，豈曰人心？公之言也不以己而以天下，天下頌公亦以天下不以己。嗟乎！豈色矜而貌取者哉？馮太史用韞氏序公疏末，以近世隳節者爲憂。余竊惟道陰、陽兩端而已，陽爲剛毅，爲光明洞達；陰爲暗昧，爲側媚軟熟。惟乍陰乍陽，倏正倏邪，是不可方物者也。彼之隳節者，乍陰乍陽者也。公胸可揭皎日，與人語洞悉五臟，天下且以公大用卜陽道之長，余所謂知公之深者或者其在斯乎！同志刻公

《疏草》竣[二]端，余敬識數語簡首。公才識敏練，建竪未艾，余雖老岩岫乎，猶能握管爲公紀述，兹特一班云。

萬曆癸巳秋月之吉，吉水年弟鄒元標拜序

藏毅敏公奏議文集記[三]

先毅敏公奏議文集十卷，成於明崇禎之庚午，乃先光禄公爲山左參政時所刊也，遭流寇之亂，缺略不全。余少時常見先大人暨仲叔坐論時每言及此，即太息長嘆，恨不立爲補全，奈家貧無資，有志未逮。甲子春，余奉學憲札委充鄉賢祠奉祀，慨板之不完，而又傷所藏之非其處也。爰承仲叔命，率胞弟玉衡、堂弟玉綏叙其殘篇，始知共缺一百六十葉九，藏諸秘室，俟力量稍足付梓以行於世，此余之志也。至先光禄《酉陽治績》《酉陽公牘》《全齊蘉政録》板之全否尚未可知，蓋此時强梁者猶視以爲奇貨可居云。

時乾隆甲子之荷月也，七世孫玉繩謹記

校勘記

〔一〕録自抄補本。

〔二〕“竣”，明鄒元標《鄒子存真集》卷二《中丞見沖張公東臺疏草序》作“臺”。

〔三〕録自抄補本。

輯　佚

增修吳王廟記[一]

　　西大陽乾地有吳王廟，援稽所迹，蓋□□西□□山而創建者。山在村之西表，昔人奉吳王像於其巔，應感如響，時人赫然敬之。後有妖者□□□歲大，鄉人駭而毀其棟宇。茲地遂因廟之，在正德年間。寧遠縣令成錫等綜理厥事，草創正殿三楹，南殿三楹，底法構而中止，歷經凡三修而亦竟未備。歲久，垣墉復葺，戶牖□□□□神塑未置，空曠□□五十載。至嘉靖四十年，成輅仍舊功而修，且增重焉，築兩翼室，東西殿各三楹。其正殿爲吳王，其東斜殿爲龍王，其西斜殿爲香山神，東殿則風伯神，西殿則子孫神，南殿改爲大門出入之所，廟貌巍然煥然。然而數十載□□□□，至是迄然而告成矣。

　　嘗考紀籍：「太伯讓位，起封□吳。」茲晉土地，斯神奚事焉？祀典云：「凡有功德於民者則祀之。」當商衰周盛，大王志在翦商，太伯不從。犬□逐□，傳位季歷。太伯識之，即與仲雍托逃荊楚，斷髮文身，示不可用。國民仰德歸心，君事之。乃都平江，□冕聽治，號曰句吳。後人追慕其風，故立廟，意者其□茲乎！□狄梁公毀淫祠千七百所，僅存惟四祠，而太伯遇焉。其當祀也□奚疑？

　　社首成永濕、霍本周、成性、段□□刻石以闡前功不朽，請余爲記，因備舉其建之終始云。

　　萬曆十年十月吉旦立

　　賜進士第、刑科左給事中、前翰林院庶吉士、禮科給事中、

吏科右給事中、巡禮東營械務郡人元冲張養蒙撰

　　廩膳泉申令篆額

　　野士東川李景行書

明故文林郎陝西韓城縣尹唯軒吳公暨
配孺人李氏郭氏合葬墓志銘〔二〕

　　賜進士第、通議大夫、戶部右侍郎、前都察院協理院事左副都御史、工科都給事中、侍經筵翰林院庶吉士郡人眷生元衝張養蒙拜撰

　　萬曆己亥正月十五日，唯軒吳公卒於正寢，將營葬事，厥子東望伏匍詣余，請爲志銘，曰："敢藉斯文之雅以光我泉壤。"其狀則俊士培元李生著也。

　　按狀，公諱自省，字守約，別號唯軒，世籍堀頭里人。高祖榮，曾祖璋，祖澤。父邦寧，姚郭氏，實生公。公生而聰慧不凡，抱雋才，日記數千言。稍長，從師受《毛詩》，文日益有名。無何，屬籍學宮，補弟子員。公刻志淬礪，昕夕不少休。每督學使者、州守董甲乙諸生，公名輒居甲，英譽騰起，執經願受業者趾相錯也。據條約宜補膠廩，以次補者年衰讓之，一時靡不多公者。已而中甲子高第，閉門靜養，不事干謁，蕭然無異寒士。屢上春官弗利，遂詣銓部，得知韓城縣。公下車，慈祥愷悌，專務以德化民，清操爛〔三〕然，蒲鞭懸而不用。有兄弟爭田者質於公，公諭之曰："奈何以塊土秦越而雁行哉?"訟者愧服。有宦游親死未斂者，公爲斂之。甫周歲賢聲嘖嘖，顯陟可待。會縣有典史回籍者私臨邑境，公訝而損遣之。彼懷忿嗛斷〔四〕，乃中傷公於當道。公恬不與辯，束敝衣、書冊，實以來時之篋尚未滿，浩然而歸。歸而幾無以自存，鄉有大賈，高公之義，收拾公

纖毫餘俸而息之，賴以糊口。

公天性孝友，事兩尊人必誠必敬。父歿，日夜號泣，復斂哀容以侍母。念父未沾禄養，蒞政韓邑，冀以養母，而又爲妻菲所厄，古人風木鍾釜之悲有以哉！以故公痛之深，竟以此齎恨而終。弟卒，蠲資治喪，不少吝。妹孀居，甥孤幼，撫育訓誨，悉底成立。公平生中鮮它腸，不棄寒賤，不趨要津。韓城薛公以憲副理山以西學政，即疇昔荷公殮親之德者，公一刺不投，餘可推也，詎非淵穆之良士、鄉曲之都程乎！柱史徐公、州守馮公扁其門曰“燕處超然”、“盛世逸賢”，得之矣。

公生於嘉靖壬辰八月初八日，享年六十有八。元配李氏，繼郭氏，俱貞靜端莊，柔順婉淑，先公卒。側室二，劉氏，王氏。子一，即東望，郭出，習博士家言，將來可期進取，聘李氏，廩生培元之女。女四：一適李解元之孫承志，一適郭褖後，俱劉出；一適李國柱，一聘李曾子，尚幼，俱王出。東望卜本年五月十二日合葬公夫婦於莒山祖塋之次，從吉兆也。余即志而銘之曰：

　　猗與吳公，惟人之雄。聰穎且樸，寬大而容。騰聲芹序，遺愛花封。彼譖貝錦，我隱冥鴻。逸賢之度，長者之風。美哉淑媛，孝敬則同。孟桓接迹，梁鮑比踪。承家有嗣，衍慶無窮。莒山矗矗，沙水溶溶。重泉妥玉，佳氣攸鍾。

澤庠生員田莘拜書并篆

玉工逯海刊

明故西堌李公配孺人趙氏合葬墓志銘[五]

賜進士第、中憲大夫、都察院右僉都御史、奉勅監督操江兼管巡江、前大理寺右少卿、工科都給事中、待選翰林院庶吉士郡人元衝張養蒙撰

鄉進士、文林郎、知陝西韓城縣事眷晚生懷軒吳自省書

鄉進士眷晚生□□□篆

予奉命官南都，會右孝廉業成均。一日，李君學詩匍匐千里，泣詣孝廉，請曰："遭時不辰，天降禍，割我先慈。然懿行彰明在人耳，忍令其湮滅哉？願邀名筆爲彤管光，庶幾報罔極萬分一。"蓋孝廉與李辱中表，稔知趙相德□西堀公未竟業，狀李氏爲悉，予不忍辭不銘。

按狀，西堀諱克能，字師冉，世爲澤堀頭巨姓。高王父斐，薦永樂丁酉鄉書。曾王父選，廩郡庠，以子訓貴，累封奉政大夫。王父璉，考嘉績，俱潛德弗耀。妣盧于弘治十八年舉公。公幼茂樸，寡言笑。稍長，就外傅，翻經史即晝夜不輟，慨然有亢宗志。尋父喪，商游千里，輿襯甫歸，爲家政所奪，弗竟初志。事繼母孫曲盡色養，弱弟之出自異母者，尤因心友之，終身無□□色，時稱"孝友西堀公"云。先孺人四十年卒。孺人趙氏□而□□，恭順自天。父壽官，母連氏，交相鍾愛。迨嬪西堀公，恪主中饋，勤女紅，奉二尊人以孝謹聞，一門之內，諸姑、姒娣雍如也。嗣西堀公變，春秋僅得四十。哀號旦夕，撫尸痛哭，水漿不入口者七日。時孟李甫垂髫，仲李方在襁褓，家人寬慰再三，絕而復蘇，泣曰："未亡人何難一死！從所夫游地下，如二孤何？"始彊起，綜理家政，居恒茹茶飲蘗，雞鳴振衣，宵分乃寢。用是，李氏中葉式微如綫，藉以復振，二孤亦克自樹立，以商賈起家。而孫枝繁衍，方興未艾，豈偶然耶？觀風使者廉其狀，檄郡守丁公扁其楣曰"名時懿節"，信哉！

西堀公生弘治十八年八月十四日，卒嘉靖三十二年五月初六日，享年四十有九。孺人生正德八年五月二十二日，卒萬曆二十年七月初九日，享年八十。優游引年，詎非令德食報胡克至此？子二：長學詩，娶孫氏栗女，繼王氏；次學禮，娶郜氏，周邦女。女二，長適本里吳應薦：俱孺人出。次適坡頭宋守田，側室孔出。孫男四：長存榮，娶郜氏□漢女；次春輝，娶張氏希孔女，學詩出，次春盛，娶孫氏庠生雲鵬女；次春□，聘孫。女二：俱學禮出也。曾孫女一，春榮出也。筮萬曆癸巳閏十一月二十三葬於堀頭東嶺，啓西堀之藏合焉。銘以賁之，禮也。銘曰：

碩哉李公襲世芳，豐德嗇年天何諒？有淑其媛稱未亡，茹茶飲□操冰霜。撫孤□緖亢宗祐，皇恩表節門閭光。□□□□□□□，八十遐算天道彰。繩繩振振子孫得，百歲合笑歸□堂。佳城□□鬱相望，行山高兮丹水長。

重修資聖寺記[六]

予聞之文中子曰："佛，西方之聖人也。"其説本於《列子》，蓋佛教行於西，猶儒教行於中國，禪慧宗旨精者得吾儒之似。至謂大地、山河爲幻妄，謂君臣、父子爲假合，則荒誕不經。故自漢、明以後，歷代綿邈，其教遞盛遞衰與。吾儒角[七]學者誦法孔氏，往往辭而辟之。要之，佛教亦未可盡廢也。塗之人過孔氏門墻，輒掉臂以去。遙瞻佛院，則持瓣香而趨焉，一何恭也！虓夫悍卒，三尺罔懲，終入寺門，則口念彌陀，合手禮拜，一何馴也！破釜失聲，箕帚詬語，人情誰輕一毛？至爲檀越，施舍則千金不吝，又何易也！蓋佛教之漸民也久矣。彼其三塗、六道、八難、二輪之説，不惟愚民崇信，奔走香火以徼福利，所稱二諦、四宗弘闡名義，衣冠之士猶然北面焉。夫地非西域，俗異恒沙，人匪緇髡，欲以空寂持《心經》咒戒行而登天下於皇王之理也，即大士如來或亦難之，而況其遺教乎？然能使人絶欲妄而守真空，畏果報而修善業，以助吾儒文物、條令之所不及，則亦胡可廢也？

吾鎮舊有寺，北齊天保賜名"永建"，宋天禧改名"資聖"。

歷勝國、昭代，因之歲久傾蝕。鎮人守備裴本立、壽官李時中等捐資募緣，大加新飾。金妝大士、菩薩三座，重修正、大殿五間，護法善神一堂，東西方丈兩院，上東樓五間，下東樓六間，二門一座，碑亭四座，月臺二座，後墻一十八丈，儼然一名剎云。願藉如來力，同登上乘天，此所謂可以佐儒教，亦今日重修意也。

修起於萬曆六年，迄十七年工完。寺僧理季、理委、心明勤於督募，終始多勞，得并書。其他檀越名氏，則詳列於碑之陰。

賜進士第、文林郎、工科都給事中、侍經筵官、前翰林院庶吉士晋城張養蒙撰

萬曆庚辰選貢、順天府霸州大城縣教諭晋城李先蓁書

本寺院主僧心明同弟心妙、心保、心寧、徒性陽

大明萬曆十七年仲春吉旦，澤州大陽北里一甲里長李時中，同男李葵，孫李世績立

本寺院主僧心明同弟心保、心妙、心寧，徒性陽

玉工李鸞刊

明故壽官王公暨元配姬氏及陳氏合葬墓志銘〔八〕

賜進士第、徵仕郎、刑科左給事中、侍經筵、前翰林院庶吉士眷生元衝張養蒙撰

王公卒，厥子鵬奮等將營葬事，乃衰杖哭踊詣余廬而請曰："先人將卜吉窆宅，丐口公口以垂永世。"余與公季子鵬升同游申先生門，諗知公德，誼不容嘿。

按狀，公諱口，字口口。口口口溪遠，先居上黨微子鎮，後遷處西大陽，爲澤州人。曾祖諱顯，祖壽官諱威。父諱景順，妣口氏，生二子，長曰宗，次即公。天性純樸，少耽詩書，既以家

務奪志，遂從父服賈吳、魯間。□有膽略，登險涉遠不憚艱辛，計算如老成人。事二親曲盡孝養。早失怙，孀母以中塞爲憂，公百□解慰，凡獲海錯異品，必携以奉親。與兄怡怡，食必迭推，勞必躬代。兄近六旬方誕一子，曰鵬翰，弱疾將危。公虔禱神佑，願以一子代翰身，未幾翰愈，而公子諱鵬來者殂矣。兄遘疾，躬喂藥粥，同寢一處。兄卒，仆地哀號，送終悉以成禮。教諸子侄，各就一業，每以勤儉訓迪，□□師親友，於今咸有成立。客郊城伽泇〔九〕□四十餘年，出入人竟莫測。存心坦易公平，不罔利，不詒人。浸浸家累萬金，既完且美，猶冲澹自如，衣不重綺，食不兼肴，恒曰"服用過度，懼干造物責譴。"晚歲旋梓里，日但省耕灌圃，督傭播種，封植盡力，溝洫鮮不孚於天時。□火六十餘載，囊無私積，終兄身庭無間言。親族有不給者，必垂憫賙援。社有興作，務捐資以助。故在在敬服公德，樂譽人口。值萬曆登報覃恩民間，公以德壽兼優，縉紳公舉，□臂冠服榮身。年逾八旬，步履尚健，忽焉不疾而逝。

　　配姬氏及陳氏，俱閑雅貞淑，□□内闈。績紡鼉織，□修中饋，匪不克□撫姑心。姬首其事，陳翼其成，諸婦循訓，妯娌和睦，内助之賢，兩相媲美，基業興隆，二母之勞足多焉。公生於弘治十三年八月十九日，卒於萬曆八年六月二十八日，享年八十有六。姬母生於弘治十四年十月初二日，卒於萬曆八年六月二十八日，享年八十。陳母生於正德十年三月九日，卒於萬曆十四年二月二十二日，享年七十。子五人：長鵬奮，州庠生，娶段氏，仕冲女，側室趙氏，廷善女，姬所出；次鵬來，早殤，冥配孟氏，廩膳生霏之女；次鵬薦，娶田氏，籽之女，繼李氏，庠生朝聘女，側室韓氏，大林女；次鵬升，州庠廩膳生，取青紫可待，娶李氏，儒官應時女；次鵬揚，娶成氏，永沛女：俱陳所出。女三人，長適龐徵，次適田毛慶，次適巡檢李景生。孫男四人：長秉樞，聘周纂鎮何忌女；次秉極、秉權、秉機，俱幼。女孫六人，長適張泊化，次適蘇依淳，次字金門俊，餘未字。將以萬曆十四年四月初九日啓壙合葬於北苑祖塋之次，謹依志而銘曰：

嗚維王公，衡平矢直，心夷性純。勤儉垂後，信義□人。名播遐邇，德動縉紳。姬孺賢静，陳配淑貞。夫壽妻若，子彦孫麟。北崗千祀，鑒此青瑶。

郡庠生不肖男王鵬奮泣血書

郡庠生不肖男王鵬升泣血篆

玉工李鸞刊

明故四川布政使參議懷溪孟公并配安人龐氏合葬墓志銘[一○]

賜進士第、大中大夫、河南布政使司左參政、前工科都給事中、侍經筵、翰林院庶吉士眷生張養蒙撰

賜進士第、奉議大夫、陝西按察司僉事、前工科給事中、侍經筵太原年家晚生萬自約書

賜進士第、文林郎、福建道監察御史、侍經筵郡人侍生周盤篆

懷溪孟公以隆慶辛未二月二十日卒於鄉，越十有三年，是爲萬曆癸未，所配龐安人卒，始襄其窀穸之事，蓋安人意也。公之嗣子履中持庠生閻一元狀徵銘於余。予與公同里閈，視之爲先達長者。音容雖邈，典刑其在，義安可辭？

公諱顔，字學顔，世籍澤州大陽里。高大父鑒，曾大父彪，俱隱德弗耀，俱贈都御史。大父遲齋先生，諱春，起家進士，歷官都御史、吏部左侍郎，爲時名臣。父素溪先生，諱陽，由進士官大行，以諫武皇南狩，廷杖死。母顔氏哭之，亦死。夫死忠，

妻死義，一門烈烈，視同時諫死諸臣事尤偉。世皇踐祚，旌直臣，贈大行御史，贈顏孺人，録其子爲恩生，即公也。當是時，公蓋藐焉孤耳，有異質，以奇童聞里中。遲齋先生愛之，燕客恒置膝上，令屬對對，回應精絶，一座嗟賞。公雖髫年，天性孝至，每值二親忌辰，輒涕洟不食飲。爲小詩以寫其孤苦，詞旨凄惻，讀者靡不堕泪。因自號“懷溪”，蓋懷素溪先生云。公念以經術起甲第，箕裘謂何？篝燈熒熒，博綜墳史。嘉靖丁酉，以《毛詩》舉鄉試第三人。明年，成進士，筮仕常熟令。常熟於蘇爲劇邑，地連三藪，歲賦可當北方一大郡。負逋灑[一一]寄，徵調更雜。又猾胥癏民，行采[一二]通神，飾説勝天，巧伺有司長短而陰持其柄。公精於吏事，均税額，寬積逋，與民更始，富豪無所影匿。矢清操，剔頑蠹，吏胥抱案牘外惴惴不敢出一語。賢聲焯起，臺使者交疏薦之，擢户部主事。三奉尚書檄，主帑庾出納，膏脂自遠，關節不通，雅受之於上。擢陝西按察司僉事，分巡關以西。秉公飾度，一路風清。佐制開壽通防，咸鑿鑿中窾。秋闈監簾外事，録文半出其手，爲仕子程遵故事。以臬臣入賀萬壽，適胡騎南寇，躪畿輔，殺略甚慘。大將軍仇鸞，狡而有奥主，□失守，然以捍禦功奏。庭議推公有風力，往勘之。鸞豫恐以危言，冀如初奏。公曰：“是役也有君父命在，吾可黨汝以欺耶？且若生靈何？若鬼神何？”躬歷胡慘躪地，一一核實歸報，議雖格不用，士論偉之。亡何，擢四川布政使參議。旬宣川南，威澤熙洽，指日秉節鉞大用矣，然猶未登强仕之年。公忽嘆曰：“吁嗟！蜀道自昔稱難。人生貴適志耳，富貴何時？”即引疾乞休，西□難其去，挽留再三，不可，遂歸。歸則築“溪隱園”，葛巾羅裳，徜徉其中，與戚知洽杯酒殷勤之歡。山麓水湄，春花秋月，靡不狎而樂之。興到輒詩，詩成則浮白引滿，顧客長嘯，自云：“三公之榮弗與易此矣。”樂此者殆十年，又嘆曰：“吾脱屣富貴而耽逐花酒，相去幾何？吾聞至人與天地同久，惟善圖耳。吾將從事茲道矣。"下關却掃，静室焚香，翻閱《黄庭》、藏經，時跏趺閉睫，吐納欠伸，若有契於玄修之事，前所神游戚知終歲不獲一面，更自號"静恒居士"，意在延年也。公食飲兼人，生平不善病，一病乃弗瘳，豈修短有數，未可以人力延耶？公頎身豐度，方頤大耳，性嚴重，常面折人，人多憚之。於書無所不窺，爲文警敏閎博，詩镕渾似少陵，稿多散逸，惟所著《孟亭集》藏於家。

配龐氏，封安人，河南按察使東華公之女。出自名閨，幼通班誡，相夫從仕，中饋潔修。季年督梱政，井井有條，嚴不可犯，下逮婢僕凛如也，説者以爲有丈夫之風焉。卒於五月十四日，壽六十有八。子男一，紹祖，聰慧絶倫，早殤，幽配李通判芝之女。公於孟氏爲大宗，不可無後，乃以從弟庠生曾之次子履中爲嗣，蓋公之遺命，安人成之也。履中，國子生，娶李氏，監生性弟之女。孫男一，師文，郡庠生，敏而文，娶郎氏，奉祀官之女。孫女一，適庠生劉虞皋，太府彬泉公之子，太史和宇公之弟也。曾孫女一，未聘。履中卜於安人卒之年八月十一日，與公合葬於大坡世塋之次。夫公以忠義之胄，宜壽且昌，乃年不逮者，胤子中絶。茫茫天道，詎可知哉？予既志而系之銘曰：

有赫孟氏，鳴玉接武。帝旌諫臣，特恩斯溥。公起恩蔭，克紹箕裘。一經應制，百里稱侯。入佑計曹，公清自矢。視厘於京，外揚風紀。封疆失守，狡帥職何？廷議簡重，遑恤其寅？西蜀旬宣，金緋燁燁。蠲賦歸田，狎玉泉石。晚希玄白，終歲閉關。方漸難老，遽謝人寰。猗歟安人，惟德之配。閫政聿修，嚴而勿替。胡奪之子？孰盛其傳？嗣者岳立，亦足象賢。厥有世藏，松梧鬱茂。二璧永安，千秋不朽。

鄉試卷〔一三〕

《詩》云："迨天之未陰雨，徹彼桑土，綢繆牖户。今此下民，或敢侮予？"孔子曰："爲此詩者其知道乎？"

同考試官學正姜批：治道貴豫，周公、孔、孟之心一也，是篇發明殆盡，可録。

考試官教授譚批：詞雅理明。

考試官教授劉批：簡切。

詩人托物以喻治，聖人深有取焉，蓋爲治貴未然之防也。詩人之言深於治道矣，宜聖人取之以昭訓與，孟子引言以勉時君也。若曰治國固在於仁，而強仁莫要於豫。吾謂閑暇之時宜與賢能明政刑者豫也，嘗有以徵之矣。彼《鴟鴞》之詩，周公托爲巢以喻治國者也。其云"陰雨未作，而徹彼桑土"，豫爲綢繆者言有備也。牖户既葺，而今此下民某敢侮予者，言無患也。旨哉！是詩獨觀乎化理之要道而作者，故孔子以知道贊之。蓋以識達治體，而罕譬之旨實明當務之急；心在王室，而微婉之詞深得先事之防。世已治矣，人心所易忽者，而陰雨之謀有長慮焉，是治不忘亂，而人君思患豫防之道一諷誦可識其微也；時已安矣，人情所不虞者，而桑土之計有深思焉，是安不忘危，而人君制治保邦之道一涵咏可通其故也。非知道者其孰能之？由是而知賢能者綢繆邦國之人，政刑者綢繆邦國之具，誠不可不及時爲之圖矣。強仁之事孰加於此？抑考之《易》言"繫于苞桑"，《書》稱"不見是圖"，其識治道均也。而孔子獨深贊乎是詩者，其亦瘝瘝周公而咏嘆之乎？自古冲英踐祚，成王稱賢，而憂先王室，周公爲最。使繼體之君、憂國之臣能法成王、周公以圖治焉，理道可坐致矣。夫子舉而贊之，所以垂訓後世也何切哉！

《易》："明王慎德，四夷咸賓。"

同考試官學正姜批：氣格峻整，詞華精粹，不事剿說，而文采蔚然，杰作也。

考試官教授譚批：精練之作。

考試官教授劉批：純正。

大臣述明王來遠之由，所以規君者，至矣！甚矣！德足以感天下也。即四夷之遠且應之，而況於近者乎？此王者無外之化。召公述以告武王，蓋爲受獒規也。若曰：君天下者，不患遠人之不來，而患己德之不修，是故古之明王慎焉察治忽之原而以理制欲，不溺於好尚之偏；審向背之本而以道御情，克端夫元良之範。一日不謹，懼累吾之德也，故不敢自信其克明，而猶兢兢以操存，務要於聖修之極可焉；一念不謹，懼害吾之政也，故不敢自安於罔愆，而猶亹亹以省察，務底於天德之精可焉。夫慎德則有以繫華夷之望矣，豈獨内順治已耶？故言乎四夷，地之相去，至遠也，而聲名施及，自興乎盍歸之願；德之流行，至難也，而神化潛乎，自切乎欲附之心。來王來享，彼固樂於用賓而正朔不及不計也，蓋翕然傾向，有若或趣之者矣；率俾率服，我惟取其作賓而政教不加不拘也，蓋勃焉丕應，有若或速之者矣。斯則端其本以感之，無所於覬也；觸其機以應之，無所於窺也：古之明王懷遠如此。今西旅貢獒而受之也，寧不嫌我之覬而虞彼之窺乎？吾王可以省矣。吁！召公以此訓戒，其亦防微杜漸之心與！雖然，德修矣而夷不至，吾之心可但已耶？故苗民逆命，帝敷文德，惟知自治而已矣。後世席中國廣大，欲以力困胡而臣服之，卒致海内虛耗，其於内外夷夏之辨蓋未有味乎其旨也。

重陽前一日招同訥庵惟度凝陽星若青
門登吹臺即席和星若韵

靜臥藜床懶已深，每逢秋老倍關心。閱人勝迹還詞賦，歷劫荒臺自古今。斷篆每從殘處認，寒英偏向冷邊尋。良朋預踐登高約，漉酒聯鑣覓遠岑。

録自清乾隆《河南通志》卷七十四

過周廢舊址

芳草萋迷問故宮，群群牧馬泣悲風。當年翠輦經行路，無盡兼葭滿舊叢。

舞榭歌樓憶昔年，道人荷鍤盡成田。祇今伏雨閑風後，野牧還來拾寶鈿。

録自清乾隆《河南通志》卷七十四，又見清乾隆《祥符縣志》卷二十二

望　　岳

薄宦驅馳路，名山指顧間。蒼茫通上界，飄渺隔塵寰。雲氣偏宜昔，秋容故在山。直須尋屐齒，賈勇一躋攀。

録自明張維新《華岳全集》卷九

華　　山

野色依稀背郭村，探奇振策迂朝暾。蓮花峭蒨雲中出，石孔瓊瑤浪裏翻。玉女芳姿春不老，仙人高掌露常存。我來欲上峰頂坐，并把浮丘駕紫軒。

說著登華便壯游，況逢名岳又清秋。飛泉半落銀河影，宿霧常合翠壁流。冉冉雲根生羽翰，悠悠人世見丹丘。泠然直御天風

上，灝氣空中一望收。

録自明張維新《華岳全集》卷十一

重修乾清宮奉慈駕還御恭紀

五雲飄渺護慈闈，萬乘朝扶玉輅歸。綉座新開丹鳳麗，朱楹重構彩鸞飛。榴花萬朵迎宮扇，萱草千叢映袞衣。聖主遠同周武孝，願歌太姒續遺徽。

録自明萬曆《順天府志》卷九

校勘記

〔一〕輯自《三晋石刻大全·澤州卷》，原碑存山西省澤州縣大陽鎮西街村湯帝廟内。

〔二〕輯自《三晋石刻大全·澤州卷》，原碑存山西省晋城市北街一民居院内。

〔三〕“爝”，據文意疑當作“噭”。

〔四〕“嗉斷”，據文意疑有誤，待考。

〔五〕輯自《三晋石刻大全·澤州卷》，原碑存山西省澤州縣巴公鄉渠頭村。

〔六〕輯自《三晋石刻大全·澤州卷》，原碑存山西省澤州縣大陽鎮一分街資聖寺内。

〔七〕“角”，據文意疑有誤，待考。

〔八〕輯自《澤州碑刻大全》，原碑存山西省澤州縣大陽鎮一分街。

〔九〕“伽泇”，據文意疑有誤，待考。

〔一〇〕原碑存山西省澤州縣大陽鎮。

〔一一〕“灑”，據文意疑有誤，待考。

〔一二〕“行采”，據文意疑有誤，待考。

〔一三〕録自《萬曆元年山西鄉試録》，天一閣博物館《天一閣明代科舉録選編·鄉試録》。